Teachers and Teacher Education

교사와
교사교육

박상완

박영story

이 저서는 2018년 대한민국 교육부와 한국연구재단의 지원을 받아 수행된 연구임(NRF-2018S1A6A4A01037664).

This work was supported by the Ministry of Education of the Republic of Korea and the National Research Foundation of Korea(NRF-2018S1A6A4A01037664)

머리말

교육에서 교사의 중요성을 이야기할 때 가장 흔히 사용되는 표현은 교육의 질은 교사의 수준을 넘지 못한다거나 교육의 성패를 좌우하는 것은 교사라는 것이다. 오늘날 학교교육에서 교사의 중요성과 역할은 변화하고 있지만 교사는 여전히 학교 개선이나 교육의 질 개선 노력의 중심에 있다. 교사와 교사교육에 대해 연구하고 관심을 두는 사람이라면 교육에서 교사가 중요하다는 것, 또 그래야 교육이 잘 될 수 있다는 것을 가슴 깊이 받아들이고 있을 것이다.

이 책『교사와 교사교육』도 기본적으로 이러한 입장에 있다. 이 책은 교육에서 교사가 중요한 만큼 교사 이해와 교사교육, 즉 교사의 역할, 특성을 이해하고 교사를 어떻게 가르칠 것인가에 주목할 필요가 있다는 점에서 교사와 교사교육에 대한 연구, 이론, 실제에서 다루어야 할 핵심 주제를 분석하는 데 초점을 두었다.

이 책은 저자가 공부를 시작한 1990년대 초부터 지금까지 교사와 교사교육에 대해 연구한 다양한 주제들을 재정리하고 발전시킨 것이다. 한국연구재단의 2018년 저술출판지원사업에 선정되면서 책 집필을 본격적으로 시작할 수 있었다. 그러나 책 집필을 구상한 초기, 저술출판지원사업 계획서를 작성한 즈음에는 깊이 생각하지 못한 문제들이 책의 각 장을 집필하고 마무리하는 과정에서 점점 심각하게 다가왔다. 이 문제는 크게 세 가지이다.

첫째, 이 책에서 다루는 주제의 다양성, 산만함을 보완할 필요가 있었다. 움베르토 에코는 백화점식으로 나열된 다양한 주제를 다룬 책은 나쁜 책의 전형이라 했다. 저자가 연구해 온 교사와 교사교육에 대한 다양한 연구들을 발전시키고 교사교육 분야의 주요 내용들을 새로 추가하면서 책에서 다루는 주제가 다양해지고 핵심 주제가 분산되는 문제가 있었다. 한국연구재단의 지원을 받아 계획하고 집필한 책이기에 책의 제목과 각 장의 구성을 자유롭게 변경하기는 어려웠다. 처음 구상한 책 제목과 내용을 유지하되 각 장에서 다룬 핵심 주제를 보다 명확히 하고 각 장 간 연결성을 보완하여 문제를 해결하고자 하였다.

둘째, 이 책의 초고를 평가한 익명의 심사자(이는 한국연구재단 심사과정의 일부였다)는 교사교육의 범위에 대한 연구자의 정의가 더 드러나는 책 제목을 달라는 의견을 제시하였다. 몇 가지를 고민하다 원래 구상했던 제목을 유지하기로 했다. 다소 개방적인 현재의 제목은 교사와 교사교육에서 다루는 다양한 주제를 포괄하기에 더 적절하다고 생각했기 때문이다. 대신 결론 장에서 저자가 생각하는 이론과 실제의 통합을 지향하는 교사교육의 방향을 보다 명확하게 제시하였다. 이 책에서 교사교육은 교사양성교육을 말하며 현직교육과 대비가 필요한 경우 직전교육으로 표현하기도 하였다.

셋째, 공교육을 보완 또는 대체하는 사교육의 영향력이 크고 학교 밖 교육 기회가 많은 우리나라에서 교과를 가르치는 전문가로서 교사의 위상은 약화되고 학생 돌봄, 안전, 인성교육 책임자로서 교사에 대한 기대는 높아지고 있다. 이는 교과내용, 교수방법, 교수(teaching) 전문가로서 교사의 전문성을 강화하고 이러한 전문성을 고양시키는 교사교육을 강조하는 이 책의 기본 입장과 일견 상응하지 않는 것으로 보인다. 그러나 교과를 가르치는 것과 학생의 돌봄, 안전 지원, 인성교육은 별개로 분리되어 있는 것이 아니라 통합적인 것이며, 교수 전문성은 학생 교육에 필요한 다양한 요소(교과, 교육과정, 학생 이해 등)를 포괄한다고 보아야 할 것이다. 이 책에서 다루는 교사와 교사교육 연구, 이론, 실제도 이를 전제로 한다.

개인과 사회의 발전과 변화가 교육을 통해 이루어질 수 있고 이러한 교육을 가능하게 하는 것은 질 높은 교사와 교사교육, 그러한 교사를 있게 하는 사회라 할 수 있다. 어떠한 사회·경제적 환경에서 태어나든 학생들이 자신의 능력(적성, 소질, 잠재력 등)을 개발하고 다른 사람들과 건강하고 행복하게 살아갈 수 있도록 교육하는 것, 보다 평등하고 공정한 교수학습 여건을 만드는 것은 교사의 핵심 역할이라 할 수 있다. 『교사와 교사교육』은 이러한 가정 하에 교사와 교사교육에 관한 다양한 주제들을 다루었다. 각 장은 학생의 삶, 가르치는 일에 열정과 소명을 가진 교사는 어떤 교사인가, 이러한 교사가 되기 위해 갖추어야 할 전문성은 무엇인가, 이러한 교사를 어떻게 교육하고 유지할 것인가라는 질문과 연결되어 있다.

학생 교육에 열정과 소명을 가진 교사를 길러내고, 유지, 지속시키는 데에는 다양한 요인이 복합적으로 작용한다. 이론과 실제가 연계된 전문적인 교사교육, 교육행정체계 및 학교의 구조와 문화 개선, 학교행정가의 리더십 등이 뒷받침되어야 할 것이다. 『교사와 교사교육』은 이 중 교사교육을 주제로 한 것이다. 저자가 2018년 발표한 『학교장론』, 2013년 발표한 『지방분권과 교육』은 각각 학교행정가와 교육행정체계를 탐구한 것이다. 학교의 구조와 문화 개선은 향후 과제로 남겨둔다.

이 책은 교육의 질은 교사의 질을 넘지 못한다거나 교사가 중요하다는 강조에도 불구하고 교사와 교사교육에 대한 정책적 지원은 제한적일 뿐 아니라 학생, 학부모의 교사 전문성에 대한 기대와 존중 감소, 교사들의 교육에 대한 헌신과 소명 약화 등이 복합적으로 나타나는 시점에 교사와 교사교육의 가치와 방향에 대해 생각해보고자 한다. 교육의 질은 교사의 질을 넘지 못하지만 이러한 교사의 질은 이를 보장하는 사회와 국가의 질에 좌우된다. 즉, 교사의 질은 교사 개인보다는 교사 집단, 교사들이 서로 협력하는 협력적 전문성을 발휘할 때 보장되고 학부모, 학교행정가, 교육학자, 지역사회가 뒷받침할 때 지속될 수 있을 것이다.

칸트는 이론적 지식의 완전성과 체계적 통일성은 학자들의 공동과제로 이루어지며 지식공동체의 일원인 학자 개개인은 커다란 이론적 건축물을 짓는 일에 각자가 기여할 뿐이라고 한다. 교사교육의 이론적 건축물을 짓는 일에 기여하고자 한 이 책이 교사와 교사교육을 연구하는 지식공동체의 동료 연구자, 현장 실천가에 의해 더욱 보완, 발전되어 나가기를 기대한다.

이 책의 초안을 읽고 조언해 준 숙명여자대학교 박소영 교수님과 최유리 연구조원에게 특히 감사한다. 또한 책의 출판을 기꺼이 맡아준 피와이메이트와 김다혜 편집자님에게도 깊이 감사드린다.

2021년 9월

박상완

차례

제1장 서론

오늘날 교사는 교과지식을 잘 전달하는 것만으로는 부족하다. 사실 교과지식 전달이 교사의 주된 역할이었던 적은 없었다고 할 수 있다. 교육은 어느 시대에나 학생들이 현재 그리고 미래 사회에서 건강하게 살아갈 수 있도록 하는 기능을 해왔으며 이는 교과지식을 가르치는 것만으로 가능하지 않다. 생활지도, 생활교육은 교과를 가르치는 것(교과교육)과 함께 학교교육의 핵심적인 영역으로 간주되어 왔다. 최근에는 생활교육뿐 아니라 인성교육, (민주)시민교육 등 교과교육과 구분되는 학교교육의 구성 요소는 더 늘어나고 있다. 이는 학교에서 교사가 하는 일, 역할의 변화를 수반한다.

교사[1)]들은 학생들이 미래 사회 변화에 적응하고 대비하도록 해야 할 뿐 아니라 스스로도 대응할 필요가 있다. 또한 교육의 특성이라 할 수 있는 교육목표와 성과의 불확실성, 다원성 속에서 교육의 의미와 보람을 찾고 자신의 역할 수행에 필요한 역량을 갖출 필요가 있다. 이는 결국 교사들을 어떻게 가르칠 것인가라는 교사교육의 중요성, 전문화 문제와 연계된다. 이 점에서 교사교육은 교육학 분야의 주요 연구 주제로 탐구되어 왔으며 관련 저술들도 다양하게 발표된 바 있다.

교사와 교사교육에 관한 국내의 주요 저술들은 대체로 정책적 관점에서 역대 정부별 주요 교원정책의 변화를 분석하거나(고전, 2002; 신현석, 2010) 법·제도사적 관점에서 초·중등 교사교육의 역사를 다루고 있다(김영우, 1987, 1989, 1996, 2001). 또 일부 저술은 종래 교직과목의 하나로 포함되어 있던 〈교사론〉 수업 교재로 개발된 것으로 『교사교육론』이라는 책명으로 다양한 주제를 다루고 있다(예: 강기수, 2000; 김남성 외, 2005; 서재복 외, 2011). 미래 교사에게 필요한 소양과 지식으로서 교직관(변천), 교원의 권리와 의무, 교직윤리, 교사의 자격 · 양성 · 임용 · 연수(능력개발), 학생 상담 · 진로지도, 학급경영, 교원단체 등이 이들 책에서 다루는 주요 주제들이다. 이외에도 사범대학의 형성 및 발달 과정을 중심으로 교사교육을 분석한 연구들이 있다(예: 박상완, 2000, 박수정, 2003).

교사와 교사교육에 관한 기존 저술들은 그 나름대로 중요한 학술적 가치와 실제적 유용성이 있다. 그러나 이들 저서는 교원정책 관점, 교사교육제도사 관점에서 교사교육을 다룸에 따라 교사와 교사교육에 관한 국내외 주요 연구와 이론적 논의들을 충분히 다루고 있지 못하고 하나의 연구 분야, 학문 분야로서 교사와 교사교육에 대한 이해, 접근은 부족하였다. 이러한 문제 인식에서 이 책은 기존 교사교육에 관한 주요 저술들을 비판적으로 평가하고 교사와 교사교육 연구와 실제와 관련된 핵심 주제를 선정 · 분석한다. 이 주제는 교사교육 연구 분야의 주요 학술문헌들을 소개하고 있는 교사교육 핸드북을 토대로 선별하였다.

1. 교사와 교사교육 분야 국내 저술에 대한 비판적 분석

가. 교사양성교육사 연구

우리나라에서 역사적 · 제도사적 관점에서 교사교육을 연구한 대표적인 연구자로는 김영우(1987, 1989, 1996, 1998, 2001)를 들 수 있다. 김영우는 근대부터 현대에 이르기까지 우리나라의 초등 교사양성교육과 중등 교사양성교육 그리고 현직교사교육의 변천과 역사적 발달 과정을 광범위하게 분석하였다. 김영우는 우리나라 '교사교육사(史)' 연구 분야에서 거의 독보적인 학자라 할 수 있다.

그러나 최근 이 계보를 잇는 연구자나 연구물은 매우 한정되어 있다. 역사적 관점에서 교사교육을 다룬 연구는 박수정(2003), 양은주(2009), 김태웅(2015) 등을 들 수 있다. 박수정(2003)은 1940년대 사범대학 창설의 의미와 초기 사범대학의 성격을 분석하고 이를 박사학위논문으로 발전시켰다. 박수정(2003)의 연구가 해방 이후 중등 교사양성교육의 역사를 사범대학을 중심으로 분석한 것이라면, 양은주(2009)는 광주교대 사례를 중심으로 초등 교사양성교육의 역사를 분석하였다. 이 연구에서는 초등 교사양성기관이 일제 강점기의 사범학교에서 2년제 교육대학으로 다시 4년제 교육대학교로 발달되어 온 점에 주목하여 특히 초등 교사양성 '교육과정'의 변화 과정을 분석하였다. 최근에는 김태웅(2015)이 우리나라 교사양성교육의 연원을 일제 강점기보다 앞선 개화기로 보고 일제 강점 초기 백암 박은식의 사범교육(師範敎育) 활동을 분석하였다.

역사적 접근에 기초한 교사와 교사교육에 관한 연구는 대체로 특정 시기, 교사양성교육기관(사범학교, 사범대학, 교육대학), 또는 인물을 중점적으로 분석하거나 거시적으로 제도의 발달사, 변화 과정을 다루고 있다. 이러한 제도사적 접근은 교사와 교사교육 분야의 핵심 주제이기는 하나 그 범위가 한정되어 있다는 점에서 의의와 동시에 한계가 있다.

나. 교원 및 교원정책 연구

우리나라 교원의 특성 및 교원 관련 주요 정책을 분석한 저술로는 고전(2002), 이차영, 박찬주, 김영철(2003), 신현석(2010)을 들 수 있다. 고전(2002)의 『한국교원과 교원정책』은 총 13개의 장으로 구성되어 있다. 책 제목에서 잘 드러나듯이, 한국 교원에 관한 다양한 주제, 예를 들어, 한국 교원의 역사, 한국인의 교직관, 교원지위론, 교원의 기본권 제한론, 교원 인력구조 및 인력관리의 특징을 세밀하게 다루었다. 또한 해방 후부터 2000년대 초까지 한국 교원정책의 역사적 전개, 1990년대 말~2000년대 초 주요 쟁점이 되었던 교원지위향상 입법 정책, 교직단체 이원화 정책, 교장임용정책, 교원정년 조정 정책, 교직발전종합방안 등 주요 교원정책을 분석하였다.

특히 마지막 장인 '13장 한국 교원과 교원정책의 과제와 전망'에서는 지방교육자치제와 학교자치의 관계, 학교자치시대 교원의 역할과 정책 과제를 제시하고 있다는 점에서 주목할 만하다. 학교자치는 2010년대 중반 이후 본격적으로 논의되고 있는 교육정책의 주요 화두 중 하나이다. 2019년 1월에는 전국 최초로 전라북도에서 학교자치 조례가 제정되어 학생, 학부모, 교직원 등이 학교 운영에 참여할 수 있도록 자치 기구 설치가 법제화되었다. 이 책이 발표된

2002년은 교육자치법이 제정된 지 10년에 불과하여 지방교육자치제의 발달도 미진한 시기였다는 점을 고려하면 학교자치 시대를 예견하고 교원의 역할을 논의하였다는 점은 선진적이라 할 수 있다.

이차영, 박찬주, 김영철(2003)의 「한국 교원정책의 종합적 진단과 전망」은 한국교육개발원의 연구 보고서로 발표된 것으로 1995년 이후에 나타난 다양한 교원정책들을 정책평가 틀에 근거하여 종합적으로 진단하고 시사점을 도출하였다. 이 보고서에서 다룬 교원정책은 현장 교원과 교육연구기관의 전문가를 대상으로 한 설문조사(분석대상 교원정책 선정을 위한 조사)를 통해 선정한 것이다. 주요 교원정책은 교원양성기관 평가 정책, 교과교육 전공 교수 확충 정책, 교직 개방/유연화 정책, 교원임용시험제도의 개선, 부전공 자격연수 정책, 자율 연수 지원 정책, 성과 상여금 제도, 근무환경 개선 정책 등 여덟 가지이다.

주요 분석 결과로, 교원정책은 어떤 시기의 정책이든 한편으로는 교원의 분발을 촉구하고 다른 한편으로는 그들의 사기를 진작시키는 양면적 목표를 추구한 것이었다는 점, 이러한 교원정책에 대해 교원들은 끌려가기나 회피(그 바람이 지나가기를 기다리면 된다)와 같은 소극적 거부 양상만 보인 것이 아니라 저항(성과 상여금 반납 투쟁)이나 버티기(현장의 협조가 없이는 어떤 교원정책도 성공할 수 없다는 입장) 같은 적극적 거부 반응을 보이기도 한 것으로 분석하였다. 주요 결론으로 정책의 내용적 합리성과 과정적 대응성이 겸비되지 않은 정책은 결국 실패한다는 점을 제시하였다. 다양한 교원정책을 다루되 교원정책 분석 틀을 토대로 각 정책을 종합적으로 분석하고 핵심 특징을 도출한 점은 이 책의 강점으로서 실제적·이론적 의의가 크다.

신현석(2010)의 『한국의 교원정책』은 각 정부의 교원정책, 직전 단계의 교원정책, 현직 단계의 교원정책, 근무환경의 교원정책 등 총 4부 14개의 장으로 구성되어 있다. 책의 머리말에서 밝히고 있는 바와 같이 직전 단계, 현직 단계, 근무환경별 교원정책으로 책을 구성한 것은 교육인사행정 과정 영역 분류 방식을 우리나라 현실에 맞게 응용한 것이다(신현석, 2010: 7).

각 정부의 교원정책에서는 국민의 정부, 참여정부, 이명박 정부의 교원정책을 다루었으며, 직전 단계의 교원정책으로는 교원수급, 교원양성, 교육실습, 교원임용 정책을 분석하였다. 현직 단계의 교원정책으로 교원연수, 교원평가, 근무성적평정, 교원승진을, 근무환경의 교원정책으로 교원업무, 교원보수, 교직

단체 등을 다루었다. 교원정책 분석을 위한 공통된 분석 틀을 개발하기보다 각 교원정책의 특성에 따라 다른 접근 방법(신제도주의적 접근, 정치학적 분석, 조사 분석 등)을 활용하고 있다.

우리나라의 주요 교원정책을 포괄적으로 분석하고 있는 이 책을 통해 저자는 '한국적' 교육정책의 정착에 기여하기를 기대하고 있다. 그러나 한편으로 우리나라 교원정책의 발달과 주요 쟁점들은 우리나라의 고유한 환경 속에서 유래하는 것이며 이를 과학적으로 분석한 것이라면 굳이 '한국적' 교육정책, 교원정책이라는 강조를 두지 않더라도 한국적 교원정책의 발달에 기여한다고 볼 수 있다. 한국적 교원정책은 다양한 연구의 축적과 해석과 재해석 그리고 이러한 과정을 함께 하는 학문 공동체를 통해 발달할 수 있다.

다. 교원양성기관의 교원양성교육과정 연구

특정 교원양성기관(대학)의 교사양성교육 현황, 교사양성 교육과정을 분석한 연구들로는 주영주 외(2005), 신현석 외(2020)를 들 수 있다. 주영주 외(2005)의 「이화교원교육기준 개발 연구」는 사범대학 특성화 사업으로 이화여자대학교 교원교육분야 특성화 사업단이 추진한 연구 보고서이다. 연구 결과는 학술 논문으로도 발표되었다(주영주 외, 2006). 이 보고서는 이화여자대학교 사범대학 교사양성과정에 적용할 교사 전문성 기준(이화교원교육기준)을 개발하고 이를 성취하기 위한 교육과정 기준, 교수 기준, 평가 기준을 개발한 것이다. 전문 학술서로 발간된 것은 아니지만 주요 국가의 교원양성교육과정이나 교사 전문성 기준에 대한 체계적인 분석을 토대로 이화여자대학교 사범대학의 교사교육 목표, 교육과정 · 교수 · 평가 기준을 명확하게 설정하고 다른 교사양성기관과의 차별화(특성화)를 시도하였다는 점에서 의미가 있다. 이는 대학의 특성에 맞는 교사교육 프로그램을 개발한 미국의 위스콘신 대학이나 미시간 주립대학 사례에 비견된다고 할 수 있다.

그러나 교사양성기관의 교사교육 목표, 교사 전문성 기준 등이 지속적으로 발전, 확산되고 대학 특성에 맞는 교육과정 개발의 의의가 있으려면 사범대학 졸업생 대다수가 현직 교사가 될 수 있어야 할 것이다. 이화교원교육기준이 문서로만 존재하는 것이 아니고 사범대학 특성화 사업보고서를 위해 만들어진 것이 아니려면, 이화여대 사범대학의 교사양성교육과정 개편뿐만 아니라 이

과정을 이수한 학생들이 현직 교사가 되어 이화교원교육기준의 현실적 타당성을 검증, 반성, 발전시킬 수 있어야 할 것이다. 교원교육기준을 교육실습 프로그램 개발에 적용한 연구(서경혜 외, 2006)가 있지만 이화교원교육기준의 개선, 현장 검증 등에 관한 연구는 찾아보기 어렵다.

신현석 외(2020)의 『한국 교원양성교육의 현황과 미래』는 고려대학교 교육대학원 설립 50주년 기념 학술심포지엄 주제(한국 교원양성교육의 미래)를 발전시킨 책이다. 머리말에서 밝히고 있듯이 이 주제는 50주년을 맞은 교원양성기관의 의미, 학령인구 감소 등 교육 현장의 급격한 변화, 교원양성교육의 현황과 미래에 대한 종합적인 점검과 발전 방향을 모색하기 위해 기획된 것이다. 또한 저자에 따르면 이 책의 의미는 교원양성교육을 정책, 제도적 · 학술적 차원이 아닌 교사양성기관의 입장에서 본다는 점, 학문적 배경이 다른 고려대학교 사범대학의 각 교과 교수, 서울대학교 사범대학 교수, 현장 교사 등 다양한 주체의 참여, 협력에 의해 이루어진 점 등을 들 수 있다.

이 책은 총 3부 15개의 장으로 구성되어 있다. 한국 사회 변화와 교원양성교육에 대한 성찰에 이어 제1부 교원양성 교육과정의 문제와 개선 방향, 제2부 교과별 교원양성교육의 현황과 미래, 제3부 한국 교원양성교육의 미래 방향이다. 사범대학 내 각 교과별(국어, 영어, 수학, 역사, 지리, 체육, 가정, 정보 · 컴퓨터 교과) 교원양성교육의 현황과 미래를 포함하고 있는 점은 이 책의 주요 특징이자 강점이라 할 수 있다. 또한 이 책은 교직과정 교육을 '교직교육'으로 명명하고 실태와 과제를 분석하고 있으며(14장), 최신 자료, 국제화의 관점 논의는 다소 부족하지만 교원양성교육(기관)의 국제화라는 상대적으로 새로운 주제를 다루고 있다는 점(15장)도 다른 저술과 차별화된다.

그러나 이 책이 고려대학교 교육대학원 설립 50주년 기념 학술심포지엄의 주제를 발전시킨 것이라는 점을 고려해보면 교육대학원의 교원양성교육의 현황과 미래를 보다 중점적으로 다룰 필요가 있다. 이 책에서는 사범대학의 교원양성교육과 교육대학원의 교원양성교육을 엄밀하게 구분하고 있지 않으나 두 체제는 학부와 대학원이라는 교원양성교육의 수준뿐 아니라 교원양성교육에 대한 기본 가정, 교육과정 구성 등에서 상당한 차이가 있다.

특히 우리나라 교원양성교육 발전을 위해 사범대학이나 교육대학 체제에서 벗어나 대학원 중심 교원양성체제로 발전할 필요가 있다는 논의들이 제기되고 있다는 점을 고려해보면(예: 황규호, 1999; 김병찬 외, 2018), 이 책에서 두 체제를 구분하지 않은 채 중등교원양성교육을 분석한 것은 아쉬움이 크다. 이 책이 정책, 제도적·학술적 차원이 아니라 교원양성기관의 노력을 담은 것이라면 고려대학교 교육대학원의 교원양성교육, 고려대학교 사범대학의 교원양성교육의 현황, 특성, 미래를 심도 있게 분석하는 작업이 필요할 것이다.

라. 학술단체 발간 교사, 교직, 교사교육 연구

교사와 교사교육 분야의 대표적인 전문 학술단체로는 한국교원교육학회를 들 수 있다. 한국교원교육학회는 최근 총 2편의 책을 발간하였다. 한국교원교육학회 편(2018)의 『한국의 교직과 교사 탐구』는 2018년 창립 50주년을 맞은 한국교원교육학회의 주요 회원들이 저자로 참여에서 발간한 책이다. 머리말에는 한국교원교육학회가 한국 '교원교육학'의 학문적 발전을 견인하고 교원의 전문성 신장과 위상 제고를 위해 노력해 왔으며 이 책이 한국의 교원교육학에 입문하고자 하는 후속 세대를 위해 발간된 '학술 전문서적'이라는 점을 명시하고 있다(한국교원교육학회 편, 2018: 3).

이 책은 유치원, 초등학교, 중학교, 고등학교, 특수교육을 아우르는 통합적 관점에서 교직과 교사에 관한 기본 내용, 현재 이슈, 미래 전망 등 총 3부 15장으로 구성되어 있다. 한국의 교원교육학에 입문하고자 하는 후속 세대를 위한 학술서로서 기획된 책으로 교사교육에 초점을 두기보다는 교직과 교사에 관한 주요 쟁점을 다루고 있다. 각 장에서 다루고 있는 주요 주제는 다른 국내 저술에 비해 본서와 유사한 점이 많다. 그러나 본서는 교직과 교사라는 광범위한 주제에 걸친 주요 쟁점을 다루기보다 교사와 교사교육에 관한 주요 연구, 이론 및 실제에 초점을 두고 있다는 점에서 차이가 있다.

한국교원교육학회 편(2019) 『한국 교사교육 - 성찰과 미래 방향 -』은 2018년도에 이어 한국교원교육학회 50주년을 기념하여 한국교원교육학회 차원에서 기획한 책이다. 머리말에서는 한국 교원교육 이론과 실제의 발전에 기여를 해 온 한국교원교육학회가 한국 교원교육 50년의 역사를 성찰하고 새로운 50년을 내다보며 발전 방향을 모색하기 위해 이 책을 기획한 것으로 밝히고 있다(한국교원교육학회 편, 2019: 3). 이 책은 교사교육의 성찰과 미래 방향, 교사교육의 이념 및 철학, 교사교육 정책 및 제도 성찰, 영유아교육, 초등교육, 중등교육, 특수교육분야 교사교육 성찰, 유·초·중등교사양성'전공' 교육과정의 성찰과 과제 등 총 여덟 개의 장으로 구성되어 있다.

교사교육의 분야를 대상(아동/학생)을 기준으로 영유아교육·초등교육·중등교육·특수교육 분야 교사교육으로 구분한 것은 한국교원교육학회 회원들의 전공 분야를 고려한 것으로 이 책의 주요 특징이라 할 수 있다. 또한 전체 일곱 개의 장을 종합하는 제8장(교사교육의 성찰과 미래 방향)은 미래 사회가 필요로 하는 교사의 역량을 분석하고 미래 방향 탐색 틀로서 체제공학(시스템 엔지니어링, system engineering)과 복잡계(complex system) 관점을 제시하고 교사양성체제의 개혁 방향을 제안하고 있다.

여기서 체제공학 관점과 복잡계 관점은 교사양성체제가 복잡계임을 전제로 교사양성체제 개혁 추진 시 다양한 요소 및 요소 간 상호작용을 고려한 체제공학의 포괄적 접근을 시도해야 한다는 입장을 말한다(한국교원교육학회편, 2019: 33). 다양한 요소를 고려한 포괄적 접근을 지향함에 따라 이 책에서 제시하고 있는 교사양성체제의 개혁 과제는 다양하다. 그러나 여러 시기에 작성된 원고들을 조합하여 하나의 장으로 구성함에 따라 장 내에서뿐 아니라 이 책 전체와의 연계성과 일관성은 다소 떨어져 다른 일곱 개의 장을 종합적으로 성찰한 측면은 다소 약하다고 할 수 있다.

이상 교사와 교사교육에 관한 주요 저술을 종합해보면, 교사와 교사교육을 제도사나 정책적으로 분석하는 것은 그 자체로 의의가 있다. 또한 한국교원교육학회와 같이 대상을 기준으로 교사교육 분야를 구분하여 분석한 것도 의미 있는 시도이다. 그러나 이러한 접근은 교사와 교사교육에 관한 주요 연구와 이론적 논의를 깊이 있게 다루지 못한다는 한계가 있다. 우리나라에서 교사와 교사교육 연구는 교사의 자격, 양성, 임용, 연수, 평가, 보수, 승진 등 인사행정, 교원정책 분석 틀에서 관련 제도 변화와 주요 쟁점을 분석하고 이에 대한 대안 또는 개선 과제를 탐색하는 데 초점을 두어 왔다.

이에 따라 교사와 교사교육 분야에서 기본적으로 탐구되어야 할 주제, 예를 들어, 교사교육의 목적과 가치, 교사학습, 교사에 관한 심리적·사회적 분석 그리고 교사교육 연구와 이론의 발달, 학문적 탐구 분야로서 교사교육 측면은 상대적으로 충분하게 다루어지지 못하였다. 이러한 문제의식을 바탕으로 본 저술은 교사와 교사교육에 관한 주요 주제들을 체계적으로 분석하고자 한다.

2. 미국 교사와 교사교육 분야 주요 저술의 특징과 시사점

미국에서 체계적인 교사교육 프로그램 개발과 교사교육 개혁은 1980년대 중반 이후 활발하게 이루어지기 시작하였다. 1980년대 초 미국의 교육(학교) 실패에 대한 위기의식이 고조되면서[2)] 교사교육 개혁에 대한 요구도 높아졌다(Houston, Haberman, & Sikula, 1990: ix). 교사교육 개혁이 추진되면서 교사교육에 관한 연구도 활발하게 이루어졌으며 이는 1980년대 중반 이후 교사와 교사교육에 관한 다양한 저술이 발간되는 기반이 되었다.

교사와 교사교육 분야의 대표적인 저술로는 미국 교사교육자 협회(Association of Teacher Educators)가 발간한 『교사교육 연구 핸드북(Handbook of research on teacher education)』을 들 수 있다. 이 핸드북은 1990년에 처음 발간되었으며(Houston, Haberman & Sikula, 1990), 1996년 제2판(Sikula, Buttery & Guyton, 1996), 2008년 제3판(Cochran-Smith et al., 2008)이 발간되었다.

교사교육 연구 핸드북은 확고한 증거를 바탕으로 교육의 변화를 촉진하기 위해 기획, 시작되었다(Cochran-Smith et al., 2008). 제1판 서문에서 밝히고 있는 바와 같이 1983년 발표된 「위기에 처한 국가」와 이어진 수많은 보고서에서 교수(teaching)와 교사교육에 대한 비판을 제기하고 있지만 당시 교사교육 분야에서 발전된 다양한 연구 기반에 대한 이해는 부족하였다. 핸드북은 교사교육의 개선은 학교의 개선에 필수적이라는 신념 하에 교사교육에 책임이 있는 사람들에게 교사교육에 관한 최신 연구들을 다양한 관점에서 제공하고자 하였다(Houston, Haberman & Sikula, 1990: ix).

초판은 9개 주제 영역에 총 48편의 논문을, 제2판은 7개 주제 영역에 48편의 논문을 수록하고 있다. 제2판 머리말에서는 초판과 제2판이 상호보완적이고 함께 활용할 것을 제안하고 있다(Sikula, Buttery & Guyton, 1996: x). 2008년 발간된 제3판은 책의 구성 면에서 이전 판과 큰 차이가 있다. 초판과 제2판은 교육자의 양성을 핵심 주제로 하여 교사교육의 지식 기반을 보다 확장하는 데 초점을 두었으며, 제3판에서는 교육자 양성이라는 목적은 동일하나 새로운 접근 방식을 시도하였다. 교사교육의 광범위한 맥락을 개념화하고 최신 연구를 포괄적으로 검토하는 것을 넘어서서 교사교육에 관한 아홉 가지 기본적인 쟁점을 도출하고 이를 질문 형식으로 제시한 것이다. 핸드북 제3판은 아홉 가지 질문(주제 영역)을 중심으로 하여 각 4개 영역으로 구성되어 있다. 핵심 쟁점 및 쟁점이 지속된 이유, 섹션을 구성하는 장과 주요 문헌, 논평을 선정한 이유를 제시하는 도입, 각 파트(주제 영역)를 구성하는 주요 최근 연구(framing chapter), 교사교육 분야의 고전적 · 현대적인 주요 문헌(artifacts), 다양한 정치적, 이념적 입장을 보여주는 연구원, 교사, 교사교육자, 정책 입안자, 재단 이사 등이 작성한 논평(commentaries)이다.

교사교육자 협회의 교사교육 연구 핸드북과 별도로 2017년에는 SAGE 출판사에서 두 권으로 된 『SAGE 교사교육 연구 핸드북(SAGE Handbook of research on teacher education)』이 발간되었다(Clandinin & Husu, 2017). SAGE 교사교육 핸드북은 교사교육 연구의 현황과 미래에 관한 최근 동향을 개관한 것으로 교사교육 연구가 미래의 교사교육 실제와 정책에 어떻게 영향을 미칠 수 있는가에 주목하고 있다. 열두 개로 구성된 하위 주제 섹션은 학습을 핵심 개념으로 하여 교사가 되는 것을 학습하는 것과 관련된 다양한 주제를 다루고 있다.

미국교육연구협회(American Educational Research Association: AERA)가 1963년 처음 발간한 『교수 연구 핸드북(Handbook of research on teaching)』은 교수 및 학습 연구에 관심 있는 연구자들을 위한 저술이다(Gage, 1963).[3] 인구 조사와 같이 교수 연구 핸드북은 10년 주기로 발간되는 것으로 1973년 제2판, 1985년 제3판, 2001년 제4판, 2016년 제5판이 발간되었다. 2016년 발간된 교수 연구 핸드북 제5판(Gitomer & Bell, 2016)은 교수의 역사에서부터 기술적 쟁점까지 다양한 주제를 다루고 있다. 1,000페이지가 넘는 방대한 분량의 『교수 연구 핸드북』은 교수 연구에 관한 비판적, 개념적 분석을 제공하고 교수와 교사교육에 관한 쟁점이 연구와 어떻게 연계되는가를 분석하고 있다.

달링-하몬드와 브랜스포드(Darling-Hammond & Bransford, 2005)의 『변화하는 세계에서 교사를 양성하기(Preparing teachers for a changing world)』는 전미교육아카데미(National Academy of Education) 교사교육위원회(Committee on Teacher Education)가 효율적인 교수와 학습, 교사학습에 관한 연구에 기초한 교사교육과정에 대해 2년간 작업한 결과를 발표한 것이다. 우리나라에서는 『최신 교사교육론』이라는 다소 상이한 제목으로 번역되었다(강현석 외, 2009). 책의 부제로 "교사들이 학습해야 할 것과 할 수 있어야 하는 것"으로 붙여져 있는 것에서 알 수 있듯이 이 책은 교사교육과 관련된 핵심 개념, 전략을 개괄한 것으로 신규 교사들에게 필수적인 지식이 교사양성 교육과정과 어떻게 연결될 수 있는가를 다루고 있으며 총 12개의 장으로 구성되어 있다. 도입, 학습이론과 교수에서 학습이론의 역할, 발달에 적합한 실제를 위한 교사교육, 학생의 언어발달 증진시키기, 교육목표와 목적: 교육과정 비전 개발하기, 교과 가르치기, 다양한 학습자 가르치기, 평가, 학급경영, 교사는 어떻게 학습하고 발달하는가, 교사교육 프로그램 설계, 교사교육에서 커리큘럼 개선 실행 등이다.

코크란-스미스와 자이크너(Cochran-Smith & Zeichner, 2005)의 『교사교육 연구: 연구 및 교사교육 영역 AERA 패널 보고서(Studying teacher education: the Report of the AERA panel on research and teacher education)』는 미국교육연구학회(American Educational Research Association) K 분과(교수와 교사교육)에서 발간한 책이다. 책의 머리말과 서문에서 밝히고 있는 바와 같이 이 책은 1990년대 중후반 공립학교 및 교사의 질이 연방, 주, 지방 정부의 핵심 정책으로 다루어지고 교사교육 개혁 논쟁이 제기되던 시기인 1999년에 기획되었다. K 분과 부의장을 지낸 교사교육 분야의 저명한 학자 두 명을 공동 의장으로 하여 패널을 구성하고 교사교육에 관한 연구를 종합하고 새로운 연구 주제를 개발하였다. 그러나 이 책은 교사교육의 전 영역에 걸쳐 주요 연구들을 포함하고 있는 핸드북 형태로 기획된 것은 아니며 다양한 학문적 배경을 가진 패널 위원들의 관점과 전문성을 고려하여 교사교육 분야의 주요 주제를 선정, 집필, 토론하는 과정을 거쳤다. 이 책은 모두 12개의 장으로 구성되어 있다.

미국의 교사교육에 관한 주요 저술들은 본서(『교사와 교사교육』)를 기획하는 데 기초가 되었다. 『교사교육 연구 핸드북』과 코크란-스미스와 자이크너의 『교사교육 연구: 연구 및 교사교육 영역 AERA 패널 보고서』는 본서의 목차를 구성하고 교사교육 연구의 주제와 쟁점, 교사교육의 역사, 교사양성교육과정, 교사교육 거버넌스 등에 관한 논의를 발전시키는 데 활용하였다. 달링하몬드와 브랜스포드의 『최신 교사교육론』은 본서에서 교사학습에 관한 주요 연구와 이론적 논의를 추가, 발전시키는 데 특히 참고가 되었다.

3. 이 책의 구성

이 책은 교사와 교사교육에 관한 다양한 이론적·실제적인 주제로 구성된다. 책의 구성과 주제(장) 선별을 위해 『교사교육 연구 핸드북』(초판~3판)과 『교사교육 연구』 등 주요 저술과 우리나라에서 발표된 『한국교원과 교원정책』, 『한국의 교원정책』, 『한국 교사교육』, 『한국 교원양성교육의 현황과 미래』 등을 참고로 하였다.

가. 기본 가정과 형식

이 책을 구성함에 있어 특히 세 가지를 염두에 두었다. 첫째, 교사와 교사교육 분야의 주요 주제와 관련된 연구를 체계적으로 분석, 정리하고자 하였다. 이는 교사교육을 제도사적 관점이나 정책적 관점에서 접근하기보다 하나의 연구 분야로 이해하기 위한 것이다. 교사와 교사교육에 관한 연구는 관련 정책을 수립하거나 제도 개선에 필요한 증거, 근거를 제공하고 이론의 발달을 촉진한다는 점에서 의미가 있다. 우리나라에서도 교사와 교사교육 관련 연구가 양적, 질적으로 계속 발전하고 있으므로 이러한 연구들을 체계적으로 축적, 평가하고 공유할 필요가 있다.

둘째, 교사교육은 일련의 연속적인 과정이라는 점이다. 교사교육은 교사가 되고자 하는 사람을 선발·교육하고(직전교육), 초임 교사들이 교직, 학교, 가르치는 일에 잘 입문·적응하고(입문교육, 수습교육), 현직교사들이 전문가로서 계속적으로 성장·발전하도록 교육하는(현직교육, 계속교육) 전 과정을 포함한다. 이 책에서는 교사양성교육에 보다 초점을 두고 있지만 교사교육은 직전교육, 입문교육, 현직교육을 포괄하는 전체 맥락, 과정 속에서 이해될 필요가 있다. 누가 교사가 되는가, 교사가 알아야 할 것과 할 수 있는 것은 무엇인가, 교사는 가르치는 것(teaching)을 어떻게 학습하는가, 교사의 계속적인 성장과 발달을 어떻게 보장하고 지원할 것인가 등의 문제는 교사와 교사교육 분야에서 핵심적으로 다루어야 할 질문이며, 교사와 교사교육에 관한 연구를 통해 이러한 질문에 대한 답을 확인하고 정리할 필요가 있다.

셋째, 교사교육의 맥락과 환경, 교사교육 거버넌스가 지속적으로 변화하고 있으며 이에 대한 대응으로서 교사교육 연구 기반을 강화할 필요가 있다는 점이다. 교사의 역할은 시대, 사회 변화에 따라 다양하게 규정되고 있으며(연구자, 반성적 실천가로서 교사 등), 학교 현장에서 교사가 직면하는 문제와 이에 대응하는 방법도 달라지고 있다. 이는 교사교육 개혁에 대한 요구가 지속적으로 제기되는 배경, 근거이기도 하다. 이는 우리나라만의 문제가 아니며 미국에서도 1980년대 이후 교사교육 개혁은 정부의 주요 정책 과제가 되어 왔다. 다만, 미국에서는 교사교육 개혁 요구에 대응하여 교사교육 개선이 학교 개선을 위한 필수적인 요소이며, 교사교육 정책, 제도 개선을 뒷받침할 교사교육 연구 기반을 확충하기 위한 노력이 지속되어 왔다는 점에 주목할 필요가 있다. 이는 이 책이 주요 교원정책보다 교사와 교사교육에 관한 주요 연구와 이론을 분석하는 데 중점을 둔 이유이기도 하다.

이러한 관점에 기초하여 이 책은 교사와 교사교육에 관한 다양한 국내외 연구를 검토하되 각 장의 주제를 다룬 국내의 주요 연구들을 소개하는 핸드북(handbook)과 같은 형식을 일부 취하고자 하였다. 우리나라에서도 교사와 교사교육을 주제로 한 수많은 연구들이 매년 발표되고 있고, 교사교육 또는 교원교육 분야 학술지도 《한국교원교육연구》(한국교원교육학회), 《교원교육》(한국교원대학교 교육연구원), 《교사교육연구》(부산대학교 과학교육연구소) 등이 있다. 이외에도 교사와 교사교육에 관한 연구를 발표할 수 있는 학술지는 매우 많다. 사실상 교육 분야 한국연구재단 등재(후보)지들은 모두 그 대상이 된다고 할 것이다. 또한 석·박사 과정을 마쳤거나 과정 중에 있는 현장 교원들이 발표하는 연구들이 대체로 교사와 교사교육을 주제로 하고 있다고 본다면 교사와 교사교육에 관한 국내 연구들은 양적으로 상당하다고 할 수 있다.

이에 따라 이 책은 교사와 교사교육에 관해 주요 국내 연구 결과들을 소개하고 분석함으로써 교사와 교사교육에 관한 실제적인 문제와 쟁점을 이해하고, 이를 개선하는 데 필요한 교훈과 시사점을 탐색하고자 한다. 아울러, 우리나라 현실에 기초한 교사와 교사교육 관련 연구와 이론의 발달과 관련 연구를 촉진하는 데 기여하고자 한다. 또한 보다 담대하게 이 책은 교사와 교사교육에서, 교육학 분야의 영원한 과제인 이론과 실제, 연구와 실제가 어떻게 연계, 조화되고 상호 기여할 수 있는가를 모색하는 데 기여하고자 한다.

나. 책의 구성

이 책은 6부 열여덟 개의 장으로 구성되어 있다. 제1장 서론은 이 책의 목적과 책의 구조를 발전시킨 배경으로서 국내외 주요 저술을 분석하고 각 장의 주요 내용을 안내한다.

제1부 교사와 교사교육 연구는 총 세 개의 장으로 구성된다. 제2장 교사교육의 관점과 목적에서는 교사교육을 이해하는 다양한 관점, 패러다임을 분석한다. 교사교육 관점은 교사교육의 지향(orientation), 접근(approach), 패러다임(paradigm), 전통(tradition) 등 연구자에 따라 다양한 용어로 지칭되고 있다. 이 장에서는 학문적 패러다임, 실제적 패러다임, 기술적 패러다임, 개인주의적 패러다임, 비판적/사회적 패러다임, 효과적 교사, 반성적 교사, 탐구적 교사, 변환적 교사, 학자-전문가 모델, 양육자-전문가 모델, 임상 전문가 모델, 도덕적 행위자-전문가 모델 등 교사의 역할, 교사교육의 목적과 가치에 대한 상이한 관점들을 분석한다.

제3장 교사교육 연구 동향과 미래 방향에서는 먼저 교사교육의 개념과 범위를 규정하고, 교사교육 연구 영역과 주요 연구 주제를 범주화한다. 선행연구를 토대로 미국과 우리나라의 교사교육 연구 동향과 특징을 분석하고 이를 토대로 교사교육 연구의 미래 방향을 제안한다. 외부 환경의 변화에 따른 불확실성이 커질수록 교사교육 개혁과 정책에서 장기적인 전망과 연구 또는 증거 기반 의사결정은 더욱 중요해지고 있다. 교사교육 연구는 이러한 증거 기반 의사결정을 뒷받침해 준다는 점에서 중요하다.

제4장 교사교육 연구방법에서는 양적 연구방법으로서 실험연구와 설문조사연구, 질적 연구방법으로 사례연구방법의 특징과 연구를 소개한다. 교사와 교사교육 연구에서 자주 활용되고 있는 교사 대상의 주기적인 설문조사로 한국교육개발원과 서울시교육청에서 개발한 교원종단연구를 분석한다. 이는 교사와 관련된 주요 연구 및 정책 관심사를 확인하는 데 도움을 준다. 사례연구방법은 교사교육 연구에서 가장 많이 활용되는 연구방법 중 하나이지만 사례의 개념과 연구 절차가 체계적이지 않다는 점에서 비판받고 있기도 하다.

제2부 교사교육의 역사는 외국의 교사교육 역사와 우리나라의 교사교육 역사를 분석한 두 개의 장으로 구성된다. 제5장 외국의 교사교육 역사는 미국,

영국, 프랑스 등 우리나라 교사교육 제도나 정책 개선에 참고가 되는 세 국가의 교사양성교육의 역사를 분석한다. 지면의 제약으로 인해 각 국가의 교사교육의 역사를 세밀하게 분석하지는 못하였으나 주요 국가의 교사교육 역사는 우리나라 교사교육의 특징을 이해하고 미래의 교사교육을 구상하는 데 통찰을 제공한다.

제6장 우리나라 교사교육의 역사는 문헌 분석을 토대로 교사양성제도사를 중심으로 분석한다. 우리나라 교사양성교육의 역사를 언제부터 볼 것인가는 연구자에 따라 차이가 있는데 여기서는 지면의 제약으로 해방 이전(대한제국(구한국) 시기부터 일제 강점기)을 제외하고 해방 이후(미군정기와 정부 수립 이후부터 최근까지)만을 다룬다. 또한 해방 이후 우리나라의 교사양성교육은 초등과 중등이 독자적으로 발달하였다는 점에서 초등과 중등 교사양성교육의 역사를 구분하여 정리한다.

제3부는 교사 역할과 역량을 다룬다. 3부는 세 개의 장으로 구성된다. 제7장 교사의 역할은 기능적 관점과 규범적 관점에서 교사의 역할을 분석한다. 교사의 법적 개념과 교직의 성격에 대한 분석을 토대로 교사가 하는 일, 직무 등 기능적 관점에서 교사의 핵심 역할은 교과수업지도, 생활지도, 학급경영 등 세 측면으로 구분하여 논의한다. 규범적 관점에서 교사의 역할은 교사에게 요구되는 자질, 교사 역할에 대한 은유 등을 기초로 전문가로서 교사, 연구자로서 교사, 반성적 실천가로서 교사, 책임주체(agency)로서 교사, 학습 컨설턴트(코디네이터, 큐레이터)로서 교사의 특징을 분석한다.

제8장 교사의 역량은 역량 중심 교육의 실행을 위해 교사에게 요구되는 다양한 역량을 분석한다. 역량 교육이 강조되면서 이를 실천할 교사 역량 개발은 교원정책의 핵심 과제가 되고 있다. 미래 사회에 대비하여 학생들에게 '무엇을 가르치고 어떤 역량을 기를 것인가'라는 질문은 '어떻게 가르칠 것인가'라는 질문과 맞물려 있다는 점에서 이 장에서는 교사 역량의 개념, 교사 역량 개념 틀 개발 사례, 교사 역량 개발을 위한 과제 등을 분석한다.

제9장 오늘날의 교사는 우리나라 교사의 인구학적 특성, 사회·심리적 특성을 분석한다. 교사의 인구학적 특성은 교육부·한국교육개발원이 매년 발간하는 『교육통계연보』를 토대로 교사의 성별, 학력, 경력 등을 분석한다. 교사의 사회·심리적 특성으로는 교사 지위, 만족, 헌신, 효능감 등을 중심으로 우리나

라 교사의 특성을 분석한다.

제4부 교사교육 체제, 교육과정, 거버넌스는 세 개의 장으로 구성된다. 제10장 교사교육 체제는 우리나라 교사교육 체제 연구에서 제기되어 온 교사교육 체제의 주요 쟁점을 도출·정리하고, 역대 정부에서 추진되어 온 교사교육 체제 개편 정책, 현 교사교육 체제에 대한 대안을 몇 가지로 유형화하여 분석한다.

제11장 교사양성 교육과정은 교사양성 교육과정의 구성(교과내용, 교과교육, 교직이론, 교육실습 등), 교사교육의 지식 기반과 교사양성 교육과정 관련 주요 쟁점을 분석한다. 이를 토대로 다문화 사회, 학생의 다양화에 따른 교사교육의 과제 등 교원양성 교육과정의 발전 과제를 제안한다.

제12장 교사교육의 거버넌스는 교사양성교육에 영향을 미치는 주요 주체, 이해관계자의 특성을 토대로 교사교육 거버넌스를 분석한다. 교사교육 연구에서 거버넌스에 대한 논의는 상대적으로 부족하였다. 이 장에서는 거버넌스의 개념과 최근에 제기된 굿 거버넌스 논의를 분석하고 교사양성기관평가/역량진단 제도를 중심으로 교사교육에 참여하고 있는 주요 주체(조직, 기관)와 이들의 영향을 분석한다.

제5부는 교사학습을 주제로 한다. 교사학습은 교사는 가르치는 것을 어떻게 학습하며 이는 어떻게 유지되는가를 탐구하는 연구 분야로 교사 전문성 개발과 연계되어 있다. 제13장 교사학습의 관점과 쟁점은 교사학습 개념과 교사학습을 이해하는 다양한 관점, 교사학습 영역을 분석하고 교사학습 지원을 위한 쟁점과 과제를 제시한다. 교사교육 연구에서 교사학습에 관한 연구는 교사들이 무엇(what)을, 어떻게(how) 학습하는가, 교사학습의 특징은 무엇인가에 대한 논의를 토대로 교사학습을 체계화, 이론화하기 위한 개념적 틀, 분석 틀을 개발하고 이를 통해 교사지식이 교사의 실천과 어떻게 연계되는지를 체계화, 이론화하는 데 기여할 수 있다.

제14장 교사학습공동체와 교사학습은 교사학습에 대한 공동체적 접근을 중점적으로 분석한다. 우리나라에서 교사학습공동체는 교사 전문성 개발을 위한 대안적 접근으로서 그리고 혁신학교 정책과 연계하여 학교혁신을 위한 핵심 조직으로서 이해되고 있다. 이 장에서는 전자에 보다 초점을 두고, 교사학습공동체를 중심으로 수업 개선과 학생 학습을 증진하는 데 필요한 효과적인 교사 전문성 개발, 교사학습의 특징을 분석한다. 교사학습과 교사학습공동체를 주

제로 한 선행연구를 토대로, 교사 전문성 개발, 교사학습 기회의 종류, 목적, 내용, 방법, 맥락 등 주요 특징을 분석하고 교사학습에 대한 새로운 접근으로서 교사학습공동체의 속성, 형성 및 발달, 성과 등을 분석한다.

제6부 교사교육에서 이론과 실제는 교사교육에서 늘 쟁점이 되어 온 이론과 실제(실천)의 관계에 관한 다양한 논의를 다룬 두 개의 장으로 구성된다. 제15장 교사교육에서 이론과 실제의 관계에서는 교사교육에서 이론과 실천의 관계를 논의한 주요 문헌을 토대로 이론과 실제의 분리 문제가 논의되는 맥락을 분석한다. 또한 (교사)교육에서 이론과 실제의 관계를 다룬 대표적인 연구로서 듀이, 프링, 코타겐의 연구 관점을 소개하고 이를 토대로 교사교육에서 이론과 실제의 관계를 이해하는 입장을 세 가지 모델로 제시한다.

제16장 이론과 실천의 연계·통합을 위한 교사교육 방법과 과제는 교사교육에서 이론과 실천의 연계·통합을 지향하는 다양한 교사교육 방법을 분석한다. 교사교육에서 이론과 실천의 관계에 주목한 교사교육 방법으로는 사례방법, 문제 기반 학습, 마이크로티칭, 포트폴리오, 반성적 교수법(교사교육), 구성주의 교사교육, 전문성 개발 학교 등을 들 수 있다. 이 장에서는 이 중 사례방법, 문제 기반 학습, 반성적 교수법(교사교육)의 주요 특징과 교사교육에서 이론과 실제(실천)의 통합에 주는 시사점을 분석한다.

제17장 결론은 교사교육의 재설계 방안을 제안한다. 교사와 교사교육에 관한 다양한 주제를 분석한 이 책의 마지막 장에서는 교사교육 재설계(안)로 교사교육전문대학원을 제안한다. 교사교육전문대학원은 학부 과정에서 가르칠 교과와 관련된 전공과정을 이수하고 2년간의 집중적인 교사교육과정을 이수하며 초등과 중등 교사양성기관은 통합하되 프로그램은 분리한 체제로 직전교육부터 현직교육까지 일관된 전문 교사교육을 제공하는 것을 특징으로 한다. 이는 전문교육으로서 교사교육의 질과 위상을 강화하기 위해 이 분야 전문가와 실천가들이 지속적으로 협의하여 발전시켜 나가야 할 잠정적인 방안이다.

제1부

교사와 교사교육 연구

제2장 교사교육 관점과 목적

교사의 핵심 역할이 무엇이며 이러한 교사를 어떻게 교육할 것인가에 대한 생각은 이해관계자에 따라 차이가 있으며 정부 정책이나 사회 변화에 따라서도 계속 달라지고 있다. 학교에서 교사는 교과지식을 가르칠 뿐 아니라 학생들의 전인적 성장 · 발달을 지원하고, 인성교육 · 시민교육을 담당하며, 학생들이 미래 사회 변화에 대응하여 살아갈 수 있는 역량을 갖추도록 교육하는 역할을 할 것으로 기대된다. 즉, 교사는 기본적으로 학교의 가치와 목적을 실현하는 데 기여해야 하며 교사교육은 이러한 교사를 성공적으로 길러내는 것이라는 점은 분명하다(Hansen, 2008b).

그러나 교사를 위한 가장 좋은 교육, 교사를 성공적으로 교육하는 것이 어떤 것인가에 대해서는 다양한 입장 차이가 있다. 이는 학교교육의 목적과 이를 실현하기 위해 교사들이 필요로 하는 교육, 교사들의 자신의 일을 잘 수행한다는 것이 무엇인가에 대한 가치와 관점의 차이로 인한 것이라 할 수 있다(Hansen, 2008b).

교사교육 연구에서 교사교육의 목적 논의는 교사교육 관점(패러다임)에 관한 연구를 비롯하여 한센(Hansen, 2008b), 소케트(Sockett, 2008) 등 일부 연구에서 찾아볼 수 있다. 특히 교사교육의 목표와 그 목표를 달성하기 위한 수단에 대한 일련의 아이디어(Feiman-Nemser, 1990)를 나타내는 교사교육 관점은 교사교육의 가치와 목적에 대한 다양한 철학적 입장을 잘 보여준다. 우리나라에서는 1990년대 들어 미국의 교사교육 관점을 소개하는 연구들이 다수 이루어졌다(이철배, 1992; 노종희, 1994; 조연순 외, 1997; 박상완, 2000; 김병찬, 2000).

한센(2008b), 소케트(2008)의 연구는 교사교육의 목적을 탐구해야 할 이유와 근거를 잘 보여준다. 한센은 현상 유지와 관련된 기능(function)이 아니라 변화와 창의성과 연관된 목적(purpose)을 논의해야 한다는 점에서 교사교육의 목적에 대한 네 가지 보편적(일반적) 관점을 제시하고 있다. 소케트는 교직의 주요 특징을 서비스와 지식이라고 보고 두 개념에 기초하여 교사교육의 목적을 인식론적 측면과 도덕적 측면으로 구분한다. 이를 토대로 그는 네 가지 교사교육 전문가 모델(학자, 양육자, 임상가, 도덕적 행위자)을 제시하고 있다.

교사교육의 목적과 관점에 대한 논의는 교사와 교사교육 연구의 출발점이 된다. 교사교육에 관한 다양한 주제를 다루기에 앞서 이 장은 교사교육의 개념과 범위를 명확히 하고 교사교육의 관점과 목적을 탐색한 주요 연구들을 분석한다.

1. 교사교육의 개념과 범위

교사교육은 복잡한 과정과 활동을 포괄하는 개념이다. 교사교육을 넓게 보면, 일선 학교에서 필요로 하는 교사를 충원하기 위해 교사 희망자를 선발하여, 일정한 프로그램에 따라 교육시키고, 교사자격을 부여하고, 자격을 가진 사람을 대상으로 일정한 절차를 거쳐 교사로 신규 임용하고, 임용된 교사를 대상으로 교사로서의 전문성을 유지·발전시킬 수 있도록 지속적인 교육을 실시하는 과정 모두가 포함된다. 즉, 교직 희망자의 선발, 교육(직전교육), 자격부여, 임용, 연수(현직교육) 등 교원(인사)정책의 전 과정은 곧 교사교육을 구성하는 부분이라고 할 수 있다. 이 점에서 교사교육은 교육행정학의 주요 탐구 영역의 하나로 간주되고 있다.

진동섭(1998: 315)은 교사교육을 교사들로 하여금 직무수행에 필요한 지식과 기술 그리고 행동을 습득케 하여 생애의 전 과정에 걸쳐 교직사회에 잘 적응하고 발전하도록 도와주기 위한 교육으로 정의한다. 교사교육은 교사가 되기 이전부터 교사가 된 후 퇴직할 때까지 지속적으로 이루어지는 과정으로서 교사로서 필요한 기본 소양, 지식, 기술, 태도, 가치관 등을 습득하고 신장시키기 위한 교육을 포괄한다(진동섭, 1998). 도일(Doyle, 1990)은 이보다 폭넓게 정의하여 국가와 학교에서 필요로 하는 재능 있고 동기화된 교사를 계속적으로 공급하고 유지하기 위한 과정으로 본다.

교사교육의 개념은 교사교육이 포괄하는 영역, 범위에 기초하여 구분되기도 한다. 교사교육은 그 대상에 따라 교사가 되고자 하는 사람(이하에서는 편의상 예비교사로 칭하기로 함)을 위한 직전교육(pre-service education, teacher preparation, initial teacher education), 신규 교사(new teacher)를 대상으로 하는 입문교육(induction education)과 일정한 과정을 거쳐 임용된 정규 교사(employed teacher)를 대상으로 하는 현직교육(in-service education), 현직연수를 모두 포괄한다. 교사교육의 범위를 정리하면 [그림 2-1]과 같다.

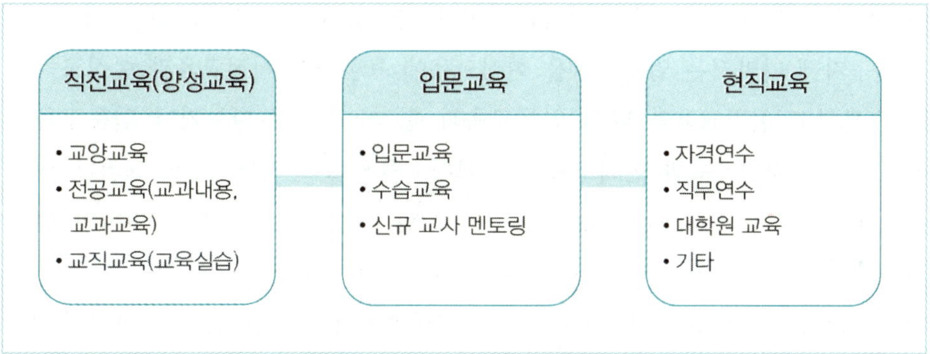

[그림 2-1] 교사교육의 범위

여기서 직전교육은 교사가 되기 위한 완성교육이라기보다 준비교육으로 이해할 수 있다. 교사양성교육의 성격과 관련하여 일본에서는 준비교육론과 완성교육론이 논의된 바 있다. 국내에는 박남기(1997)가 이를 소개한 바 있다. 여기서 준비교육은 교사양성교육을 교사로서 계속적인 전문적 성장을 준비하는 교육으로 이해하는 입장을 말한다. 이 입장에서 교사교육은 교사양성 단계에서 완성되는 것이 아니라 전 생애에 걸쳐서 계속되는 것으로 이해된다. 반면 완성교육은 교사양성교육 단계에서 교사 전문성 함양이 완성되는 수준으로 제공되어야 한다는 입장이다. 일본에서는 교사양성교육이 완성교육 관점에 뿌리를 두고 이루어져 왔다는 점을 문제로 제기하였다.

일본의 준비교육론과 완성교육론 논의는 대학에서 이루어지는 교사교육(직전교육)의 성격을 명확히 하는 동시에 직전교육과 계속교육의 연속성으로서 교사교육의 특성을 잘 보여준다. 대학의 교사양성교육은 교사로서 필요한 모든 것을 갖추는 과정이기보다는 교사가 되기 위한 준비교육으로 기본적인 소양과 지식, 기술, 태도를 학습하는 과정이라 할 것이다. 교사 이직률이 낮고 교사로 임용된 이후 30년 이상 근무하는 우리나라의 교직 상황을 고려할 때, 2~4년간의 교사양성교육을 통해 교사로서 알아야 하고 할 수 있어야 하는 것을 모두 학습하고 완성하기는 어려울 것이다.

교사교육에서 입문교육을 별도로 구분하는 것은 교직 입직자의 조기 이직, 퇴직을 방지하기 위한 입문교육의 중요성을 강조한다는 의미가 있다. 특히 미국의 경우 교직 입직자의 상당수가 5년 내로 이직하여 교직을 일시적으로 거쳐 가는 직업, 회전문(revolving door)으로 비유되고 있어(Ingersoll, 2003) 교사들이 장기간 근무하는 우리나라보다 입직교육의 중요성이 강조되고 있다.

연구자에 따라서는 입문교육을 현직교육에 포함시켜 직전교육과 현직교육으로 구분하고 현직교육을 다시 입문교육과 현직교육으로 나누거나 입문교육은 제외시키고 직전교육과 현직교육만을 교사교육으로 보기도 한다. 그러나 외국 문헌에서 교사교육(teacher education)이라고 할 때는 직전교육을 의미하며 현직교육(in-service teacher education)은 직원 개발(staff development), 계속적 전문성 개발(continuing professional development)로 표현하여 두 개념을 구분하고 있다.

종합하면, 교사교육은 교사의 역할 수행에 필요한 지식, 기술, 태도, 가치 등을 학습하는 과정, 가르치는 것을 배우는 과정(learning to teach), 과정과 프로그램이라 할 수 있다. 교사교육의 범위를 좁게 한정하면, 직전교육을 의미하고 넓게 보면 직전교육, 입문교육, 현직교육을 모두 포괄한다. 이러한 직전교육, 입문교육, 현직교육은 각기 고유한 목적이 있는 동시에 상호보완적이다. 1980

년대 이후 평생교육, 평생학습, 생애학습 개념이 발달하면서 교사교육은 직전 교육에 국한되지 않고 교직의 전 기간에 걸쳐서 이루어진다는 점에서 평생교육 또는 계속교육으로 이해된다. 또한 교사교육은 시간적으로 2~4년간의 직전 교육 과정에 국한되지 않으며, 공간적으로는 교사양성기관에서뿐 아니라 학교 현장이나 다양한 현직 연수기관, 온라인 과정 등을 통해서 이루어진다.

2. 교사교육 관점의 개념과 유형

교사교육은 교사에게 요구되는 역할, 즉 학생을 가르칠 자질과 능력을 가진 교사를 교육하는 과정, 프로그램, 활동이라 할 수 있다. 여기서 교사의 역할, 교사가 갖추어야 자질과 능력은 무엇이며 이를 어떻게 교육할 것인가에 대해서는 교사교육 관점(패러다임)에 따라 다양한 입장이 있을 수 있다.

가. 교사교육 관점의 개념

교사교육 관점은 교사교육의 지향(orientation), 접근(approach), 패러다임(paradigm), 전통(tradition) 등 연구자에 따라 다양하게 지칭하고 있으나 그 의미는 유사한 것으로 볼 수 있다. 예를 들어, 자이크너(Zeichner, 1983)는 교사교육 관점을 교사교육과 관련되어 있는 주요 문제(학교교육, 가르치는 일, 교사의 역할, 교사교육의 목표 등)에 대한 신념과 가정을 나타내는 것으로, 파이먼-넴서(Feiman-Nemser, 1990)는 교사교육의 목표와 그 목표를 달성하기 위한 수단에 대한 일련의 아이디어로 정의한다. 정리하면, 교사교육 관점은 교사교육의 철학과 목표, 교사교육의 내용 및 방법, 교사의 자질과 능력 등 교사교육에 대한 이념과 사고를 총체적으로 표현한 것이라 할 수 있다.

교사교육의 관점에 대한 연구는 주로 미국의 교사교육 프로그램 발달과 교사교육 개혁의 역사를 분석한 연구들에서 찾아볼 수 있다. 예를 들어, 바로우만(Borrowman, 1956)은 교사교육 프로그램을 일반교육(general education)과 전문교육(professional education)으로 구분하고 후자를 다시 교육의 기능(function)에 따라 자유교육 지향(liberal orientation)과 기술교육 지향(technical orientation)

으로 구분하고 있다. 자유교육과 기술교육의 구분은 교사교육의 가치와 목적, 내용을 규정짓는 기본적인 틀이라 할 수 있다. 교사교육 프로그램 계획에서 자유교육적 기능과 기술교육적 기능의 관계와 그 비중을 어떻게 보는가에 따라 교사교육의 가치와 목적에 대한 관점의 차이가 생긴다고 할 수 있다. 이후 교사교육 관점 논의는 일반교육과 전문교육 그리고 자유(교양)교육과 기술교육이라는 틀을 토대로 보다 확장되고 분화되었다.

나. 교사교육 관점의 유형

교사교육 관점은 연구자에 따라 여러 유형으로 구분되고 있다. 예를 들어, 자이크너(1983)는 교사교육의 기능은 무엇이며, 교사교육에서 강조되어야 할 것은 무엇인가, 또 바람직한 교사교육의 실제는 무엇이 되어야 할 것인가 등의 질문을 토대로 교사교육 관점을 전통적-기능중심 교사교육, 행동주의적 교사교육, 개인주의적 교사교육, 탐구중심 교사교육 등 네 가지 교사교육 유형으로 구분하였다.

파이먼-넴서(Feiman-Nemser, 1990)는 교사교육의 개념적 패러다임을 검토한 선행연구를 분석·종합하여 교사교육의 패러다임을 학문 지향, 실제 지향, 기술 지향, 개인주의(인본주의) 지향, 사회적·비판 지향 등 다섯 가지 지향(orientation)으로 정리하였다. 각 패러다임은 교사의 역할, 교수(teaching), 학습(learning), 가르치는 방법 학습(learning to teach) 등에 대한 상이한 입장을 가지고 있다. 리스튼과 자이크너(Liston & Zeichner, 1991)는 교사교육이 시작된 이래로 교사교육 프로그램과 다양한 교사교육 개혁안들은 교사교육에 대한 특정한 관점(패러다임)을 반영하고 있으며 특히 교사의 역할과 교수(teaching)를 보는 입장에 차이가 있다고 지적한다. 이들은 교사교육 패러다임을 학문 전통, 사회효율성 전통, 발달주의 전통, 사회재건주의 전통 등 네 가지 전통(tradition)으로 구분하였다.

이 세 가지 연구에서 범주화하고 있는 교사교육 관점은 용어상 다소 차이가 있지만 미국의 교사교육 발달 과정에서 교사교육에 대한 기본 가정과 신념이 어떻게 변화되어 왔는가를 보여준다. 국내에서는 이철배(1992)의 석사학위논문(「교사교육의 유형에 관한 분석적 연구」)에서 교사교육 관점을 체계적으로 분석한 바 있으며, 노종희(1994: 116-118)는 파이먼-넴서(1990)의 교사교육 관점을 학문중심적 접근, 실천지향적 접근, 기술공학적 접근, 인본주의적 접근, 사회적/비판적 접근으로 간략하게 소개하였다. 이 외에도 박상완(1998, 2000), 김병찬(2000) 연구에서 교사교육 관점을 분석하고 있다.

보다 최근에는 곽영순(2014)이 교사교육 패러다임을 논의하고 있다. 곽영순(2014)은 4차 산업혁명으로 대표되는 21세기 미래형 교사교육에는 새로운 패러다임이 요구된다는 점에서 지난 30여 년간 교사교육을 지배한 패러다임을 과거 지향적인 효과적 교사 패러다임이라고 규정하고 미래 사회의 학교교육을 위한 미래 지향적 교사교육 패러다임으로 반성적, 탐구적, 변환적 패러다임을 제시하였다. 그러나 이 연구는 교사'교육'의 관점이라기보다 교사의 역할을 보는 관점을 제시한 것으로 효과적, 반성적, 탐구적, 변환적 교사는 각각 기술적, 실제적, 개인적, 비판적/사회적 교사교육 관점에서 상정하는 교사상과 연계된다. 이상 교사교육 관점의 유형을 정리하면 〈표 2-1〉과 같다.

〈표 2-1〉 연구자별 교사교육 관점 구분

구분	학문	실제	기술	개인	비판/사회
자이크너(1983)	-	전통적-기능중심	행동주의적	개인주의적	탐구중심
파이먼-넴서(1990)	학문적	실제적(실천지향)	기술적(기술공학)	개인주의적(인본주의)	비판적/사회적
리스튼과 자이크너(1991)	학문적	-	사회효율성	발달주의적	사회재건주의
곽영순(2014)		반성적 교사	효과적 교사	탐구적 교사	변환적 교사

다. 교사교육 관점별 주요 특징

교사교육 관점은 기본 철학, 교사교육의 목적, 교사교육의 내용과 방법, 교사의 역할 등에서 상이한 입장을 보여준다. 선행연구를 종합해 볼 때 교사교육 관점은 다섯 가지로 구분할 수 있다. 각 교사교육 관점의 주요 특징을 분석하면 다음과 같다.

1) 학문적 관점

학문적 관점(academic paradigm)은 공식적인 교사교육 프로그램이 체계화되기 전부터 유지되어 온 교사교육을 이해하는 기본적 입장이라 할 수 있다. 여기서는 고전적 자유교육을 교사를 교육하기 위한 핵심 프로그램으로 간주한다. 학문적 관점은 교사들이 교과(학문)를 가르칠 수 있도록 준비하고 훈련시키는 데 전문적 기술보다 자유교양교육과 전통적인 학문적 교과(academic discipline)에 기초한 프로그램을 중시한다.

학문적 관점에서 교사의 교수(teaching)는 지식의 전달과 이해의 발달로 이해된다. 여기서 교사의 역할은 지적인 지도자, 학자, 교과 전문가로 간주된다(Feiman-Nemser, 1990; Liston & Zeichner, 1991). 이러한 역할을 수행하기 위해 교사들에게 필요한 것은 학문적 능력, 교과지식의 숙달이다. 이 관점에서 잘 가르치는 것이란 학생들을 기존의 것과 다른 사고와 앎의 방식으로 이끌고, 교과의 구조를 가르치고, 학문적 내용에 대한 의미 있는 이해를 강화시키는 것을 의미한다.

학문적 관점에서 기존의 교사교육은 상당한 비판을 받아왔다. 교육 코스는 지적으로 수준이 낮고 피상적이며 지적인 기초와 자원이 부족하다는 것이다(Schneider, 1987). 이에 따라 학문적 관점에서는 교사교육을 대학원 수준으로 하거나 교사교육 코스를 거치지 않고 교사가 될 수 있는 경로를 다양화하는 방안, 교사교육 프로그램에서 교양강좌수를 늘리는 방안 등을 지지한다.

2) 실제적 관점

실제적 관점(practical paradigm)은 실제/실천 지향(Feiman-Nemser, 1990) 또는 전통적-기능중심 교사교육(Zeichner, 1983)으로 불린다. 실제적 관점에서는 숙련된 전문가가 지니고 있는 기능(craft), 기법(technique), 예술적 기교(artistry) 등이 중시되며 가르치는 일에 대한 지식의 원천으로서 그리고 가르치는 것을 배우는 수단으로서 '경험'을 강조한다. 가르치는 것은 본질적으로 교사 개인의 예술적 기교, 적응력, 창의성이 요구되는 작업이지만, 교사들은 독특한 상황을 다룰 뿐 아니라 교사의 일은 모호하고 불확실하다는 점을 인정하고 있다. 가르치는 것을 배우는 것은 직접적인 경험과 동료나 스승과의 상호작용을 통해서 이루어진다. 이러한 경험을 통해서 신참자는 전문가 공동체(사회)와 실제의 세계에 입문하게 된다는 것이다.

이 관점에서는 전문가가 가지고 있는 지식과 능력을 숙달하는 것을 강조하기 때문에 예비교사들이 교사교육 프로그램을 결정하는 데 참여하거나, 교사교육의 교육적·사회적 맥락에 대해 비판적으로 사고할 수 있는 능력을 가지고 있는가는 중요시되지 않는다. 즉, 이 관점에서 교사교육은 훌륭한 교사나 스승들이 가지고 있는 지식의 핵심을 파악하는 것이다. 이러한 지식은 그 성격상 암묵적(tacit)이며, 구체적으로 성문화(codification)하기 어렵다는 특성을 가지고 있기 때문에 실제 문제를 해결하는 데 있어 정형화된 기술이나 지식을 적용하는 데 한계가 있다는 점을 인정한다.

그러나 실제적 관점은 미국의 교사교육이 사범학교(normal school)에서 연구중심의 종합대학교로 편입된 이래 약화된 관점이라 할 수 있다(Zeichner, 1983). 그것은 교사교육을 도제 과정으로 보고, 가르치는 일에 관한 지식은 시행착오(과학적 연구가 아니라)와 경험 있는 실천가들의 지혜에 의해서 축적된다는 아이디어가 연구 중심 대학교육과 상반되기 때문이다. 현 교사교육에서 실제적 관점의 아이디어는 교육실습에서 찾아볼 수 있다.

3) 기술적 관점

기술적 관점(technical paradigm)은 사회효율성 전통(Liston & Zeichner, 1991), 행동주의적 패러다임(Zeichner, 1983), 성과 중심 접근법(outcome-based approach), 역량 접근법(competency approach)(Grow-Maienza, 1996) 등 다양한 용어로 칭할 수 있다. 기술적 관점(사회효율성 전통)은 행동주의 심리학에 철학적 기반을 두고 있으며 교수에 대한 과학적 연구(예: 다양한 수업 기술 및 기법, 교사 행동과 학생 성과 간의 과정-산출 분석 등)를 강조한다. 기술적 관점은 대학 내에서 교사교육(자들)의 학문적 입지를 강화시키려는 전략의 하나로 간주되어 왔다(Liston & Zeichner, 1991).

또한 기술적 관점은 학생의 학습과 관련이 있는 구체적이고 관찰 가능한, 가르치는 기술의 습득을 강조한다. 특히, 이 관점은 전문직으로서 교수(가르치는 일)는 과학적 지식을 축적하고 그것을 응용함에 따라 발달한다고 가정한다. 따라서 교수에 대한 과학적인 기초를 탐구하고 우수한 교사의 특성과 교사 활동을 세밀하게 분석하거나(교수 효과성 연구) 학교 현장에서 교사들이 실제로 수행하는 직무를 분석하고(역량에 기초한 교사교육 프로그램 연구) 이를 기초로 교사교육 프로그램을 설계한다. 교수에 대한 과학적·분석적 연구는 교사교육의 기초가 되는 지식 기반(knowledge base)을 구축하는 데 기여한 것으로 평가된다.

이 관점에서 교사교육의 주요 목표는 가르치는 일을 능숙하게 수행할 수 있는 교사를 만드는 것이다. 즉, 교사교육은 교사가 수행해야 할 과제를 실행하는 데 필요한 기술을 습득하는 과정이며, 이러한 기술의 발달을 강화시키는 것이다. 교사들이 숙달해야 할 기술(technology)이나 역량(competence)은 사전에 행동적인 용어로 구체화되어 있으며, 그것의 달성 여부를 평가할 수 있는 준거도 구체화되어 있다. 이 관점에서 교사는 효과적인 교수 원리와 방법의 집행자(executor)이며 의사결정자나 기술자(technician)로 비유된다. 예비교사들은 전문적 지식을 수동적으로 받아들일 뿐 교사양성 프로그램의 내용과 방향을 결정하는 데 중요한 역할을 하지는 않는 것으로 간주된다. 이 관점에서는 교사의 개인적 발달이나 반성적 사고 능력은 중시되지 않는다.

기술적 관점에 대한 비판은 각 교사교육 프로그램이 기초해 있는 지식 기반의 타당성, 행동주의 심리학에 대한 비판과 연계되어 있다. 즉, 복잡하고 불확실한 개념인 교수(teaching)의 의미가 경험적 연구를 통해 분석될 수 있는가, 교사 행동과 학생 성과 사이의 관계를 타당하게 분석할 수 있는가, 교사교육에서 길러내고자 하는 교사의 행동을 미리 규정하는 것은 교사교육 프로그램의 효과를 떨어뜨리는 것은 아닌가, 교사에게 필요한 개인적 의미의 성장은 어떻게 파악할 수 있는가 등의 문제가 제기된다. 또한 기술적 관점은 보수주의 경향을 띤다는 점에서 비판받고 있다. 즉, 기술적 관점은 현 체제 내에서 교사의 역할이 무엇인가를 상세하게 밝혀내는 데 초점을 두고 있기 때문에 학교와 사회의 현상 유지를 정당화하며 교사교육자나 교사들의 재건주의, 비판주의 사고의 발달을 제한한다는 것이다.

4) 개인주의 관점

개인주의 패러다임(Zeichner, 1983; Feiman-Nemser, 1990; Grow-Maienza, 1996) 또는 발달주의 전통(Liston & Zeichner, 1991)으로 불리는 개인주의 관점(personal paradigm)은 진보주의 철학과 아동 연구, 발달주의 심리학 등에 철학적 기반을 두고 있다. 이 관점의 옹호자들은 기존의 교사교육이 발달주의 철학이나 아동의 성장과 발달 패턴을 이해할 수 있는 창의적이고 상상력이 풍부한 교사를 양성해내지 못했다고 비판한다. 이 관점에서는 아동 중심 교육을 제공하는 학교에서 가르칠 교사는 아동에게 제공해야 하는 것과 같은 지원적이고 자극적 환경에서 교육받아야 하며 교사 스스로 자신의 가치관을 분명히 하고 가르치는 활동에서 자신의 의미와 스타일을 발견할 수 있어야 한다고 본다.

개인주의 관점에서 교사가 획득해야 될 표준적인 능력은 없다. 아동의 발달 단계에 대한 지식을 획득하고, 학생의 감정을 이해하고 교사 자신이 한 개인으로서 발달해가는 것이 강조된다. 즉, 교사 자신의 개인적 발달이 교사교육의 핵심적 부분이다. 훌륭한 교사는 한 인간이며 자기 실현을 추구하는 독특한 개성을 지닌 사람(Liston & Zeichner, 1991)으로 이해된다.

발달주의 전통에서 교사는 예술가(artist), 자연주의자(naturalist), 연구자(researcher), 학습자(learner)로 간주된다. 예술가로서 교사는 아동 발달 심리학에 대한 깊은 이해를 기초로 풍부하고 자극적인 학습 환경에서 세심하게 계획된 활동을 제공하고 아동들이 학습하도록 자극하는 역할을 한다. 자연주의자로서 교사는 아동의 발달 및 관심과 일치하는 커리큘럼과 학습 환경을 만들 수 있어야 하며, 연구자로서 교사는 자신의 일과 삶에 대한 과학적이고 실험적인 연구 태도를 지니고 새로운 연구와 관찰에 비추어 기존의 절차에 대해 끊임없이 문제를 제기하고 탐구할 수 있는 능력을 길러야 한다. 또한 학습자로서 교사는 가르치는 것을 배운다는 것은 곧 자기 자신을 이해하는 것을 배우는 것임을 이해해야 하며 교사는 학습에 도움이 되는 조건을 만드는 역할을 한다. 개인주의 관점에서 교사교육은 교사들이 이러한 다양한 역할을 수행할 수 있도록 필요한 능력을 길러주는 것이다.

그러나 교사로서 발달해가는 것이 무엇인가에 대해서는 학자들마다 다르게 정의되고 있다. 즉, 교사가 되는 것은 학생의 역할에서 책임감 있는 교사의 역할로 심리적인 변화를 갖게 되는 것이라는 입장, 교사가 되는 것은 개인의 심리 상태를 발전시키고 자신에게 가장 좋은 교수 방법을 찾는 과정, 또는 예비교사들이 초기의 자아충족감에 대한 관심에서 학생과 학생의 학습에 대한 보다 성숙한 관심을 갖도록 변화시키는 것을 돕는 데 초점을 두는 입장 등으로 다양하게 구분된다(Feiman-Nemser, 1990). 또한 개인 중심의 교사교육 프로그램을 통해서 일반적으로 받아들여질 수 있는 훌륭한 교수 능력을 발달시킬 수 있을 것인가, 즉 개인의 가치와 사회의 공통된 가치 사이의 조화를 어떻게 이룰 수 있을 것인가 하는 점이 해결해야 할 과제로 제기된다.

5) 비판적/사회적 관점

비판적/사회적 패러다임(Feiman-Nemser, 1990) 또는 사회재건주의 패러다임(Liston & Zeichner, 1991; Grow-Maienza, 1996)은 진보주의적 사회관과 학교교육에 대한 급진적·비판적 사고에 기반을 두고 있다. 즉, 새로운 사회질서 형성에 있어 교육의 힘을 낙관하는 입장과 학교는 기존의 사회 불평등 유지에 도구적 기능을 한다는 부정적인 입장으로 구분해 볼 수 있다. 그러나 양자는 모두 교사가 사회개혁에 중요한 역할을 하며 따라서 교사교육과 학교교육은 보다 정의롭고 민주적인 사회를 만들기 위한 중요한 요소라는 생각을 공유하고 있다.

이 관점에서 학교는 사회의 지적인 기반을 재구성하는 데 중요한 역할을 한다. 교사교육은 현 사회의 정치·경제·사회 문제를 철저히 이해하고 현 상태를 개선하는 데 노력하며 사회문제를 연구하고 비판적으로 생각하는 시민을 교육시킬 능력이 있는 교사를 양성하는 것이다. 즉, 교사교육은 교사가 사회재건의 지도자가 될 수 있도록 준비시키는 것이다.

비판적/사회적 관점에서 교사는 교육자와 정치가, 사회 지도자로 비유된다. 학급에서 교사는 민주적 가치를 발달시킬 수 있는 학습공동체를 만들고 집단문제 해결을 위해 노력하며, 학교에서 교사는 교육과정 개발과 정책을 만드는 데 참여하며, 지역사회에서 교사는 지역사회에 참여하고 정치 활동을 통해 교육기회와 학교의 여건을 개선시키기 위한 다양한 활동을 한다.

이 관점에 기초한 교사교육은 매우 이론적인 수준에서 논의되고 있어 구체적인 프로그램으로 정립된 예는 많지 않다. 비판적/사회적 패러다임에 기초한 교사교육 프로그램의 예로는 신 대학(new college)이라는 실험적 교사교육 프로그램을 들 수 있다. 신 대학의 커리큘럼은 학생들이 사회적 발달에 기여할 수 있는 다양한 기회를 제공하는 것을 목표로 한다. 학생들이 일정 기간 산업체에서 일하거나 인턴 교사, 정치 활동 참여 등 다양한 경험을 통해서 정치적·경제적·사회적 문제에 대한 자신의 입장을 취할 수 있는 능력을 발달시킬 것을 강조한다. 비판적/사회적 관점은 사회 개선을 위해 실험주의와 반성적 탐구(reflective inquiry) 능력, 즉 사회 질서에 대해 비판적으로 생각하는 능력을 길러주는 데 강조점을 두고 있다.

교사교육 관점의 주요 특징을 요약하면 〈표 2-2〉와 같다.

〈표 2-2〉 교사교육 관점별 주요 특징 요약

구분	학문적 관점	실제적 관점	기술적 관점	개인주의 관점	비판적/사회적 관점
기본 철학	인문주의	-	실증주의 인식론, 행동주의 심리학	발달주의 심리학	비판이론, 사회재건주의 이론
교사교육의 강조점	교과지식에 대한 이해(숙달), 교과의 핵심적 아이디어(교과구조), 학문적 능력	훌륭한 교사가 가지고 있는 지식과 그 지식의 학습 도제교육 방법	가르치는 기술의 발달 및 그에 대한 과학적 연구	교사의 욕구, 관심사, 교사의 자아발달과 심리적 성숙	교사교육이 이루어지는 교육적·사회적 맥락 탐구, 사회문제에 대해 자신의 입장을 취할 수 있는 능력 개발
교사교육의 목적	학문적 교과, 내용을 배우는 것일 뿐 아니라 학문적 사고 능력의 훈련 과정	도제학습의 과정	가르치는 데 필요한 기술을 습득하고 이러한 기술의 발달을 강화시키는 과정	어떻게 가르칠 것인가를 교육하는 과정이기보다 교사가 되어가는 과정. 개인 발달의 한 형태	비판적 탐구과정에 입문지속할 수 있는 능력을 길러주는 것. 정의롭고 민주적인 사회를 만들기 위한 전략
교사 역할	지적인 지도자, 학자, 교과 전문가	기능인, 도제	의사결정자, 기술자(technician)	예술가, 연구자, 자연주의자, 학습자, 촉진자	실천가, 사회개혁가, 사회지도자, 정치활동가
교수 및 가르치는 것을 학습하는 것(teaching, learning to teach)	지식의 전달과 이해의 발달. 자유교양교육을 배우는 것. 잘 가르치는 것은 기존의 것과 다른 앎과 사고방식으로 이끌고 '교과의 구조'를 가르치는 것	교사 개인의 예술적 기교, 적응력, 창의성이 요구됨. 가르치는 방법의 학습은 직접적 경험이나 동료 또는 스승과의 상호작용	과학적 지식을 축적·응용함에 따라 교수 지식은 발달함. 가르치는 방법의 학습은 교수에 대한 과학직 연구에 기초한 원리를 습득하는 것	가르치는 방법의 학습은 자기 자신을 이해하는 것을 배우는 것. 예비교사와 교사교육자 간의 사적인 상호작용 강조	가르치는 방법의 학습은 교수활동과 관련되는 일에 대해 질문을 제기하고 현상을 분석할 수 있는 능력과 기술을 갖추는 것

3. 인식론적·도덕적 목적에 따른 교사교육 모델

전문직의 위상을 결정하는 요인으로 소케트(Sockett, 2008)는 해당 직업 분야의 지식 체계와 해당 직업이 제공하는 서비스의 질, 그리고 희소성을 들고 있다. 여기서 희소성은 사회적으로 결정됨에 따라 전문직의 위상은 결국 지식 체계와 서비스의 질에 따라 결정되는 것으로 볼 수 있다. 이를 교직에 적용해 보면 교직의 위상은 교직이 갖고 있는 전문적인 지식 체계와 교직(교사)이 제공하는 서비스의 질에 따라 달라질 수 있다. 교사는 교과 전문성을 가지고 교과를 잘 가르쳐야 할 뿐 아니라 교직에 대한 사명감, 헌신, 윤리, 열정 등을 갖추어야 한다는 요구는 교사의 역할에 대한 기대가 지식뿐 아니라 교사가 수행하는 교육활동(서비스)의 질에 영향을 받는다는 점을 보여준다.

관련하여 소케트(2008)는 교사교육의 목적을 인식론적 측면과 도덕적 측면으로 범주화하고 이에 기초하여 교사교육의 모델을 네 가지로 제시하고 있다. 이러한 네 가지 모델은 교사 전문성 논의를 보다 확장하고 전문적인 교사교육 실제가 구축될 수 있는 가이드라인을 제공할 수 있을 것으로 기대된다. 소케트가 제시한 네 가지 모델은 학자-전문가, 양육자-전문가, 임상 전문가, 도덕적 행위자 전문가를 말한다. 각 교사교육 모델은 좋은 교사의 이미지를 나타내며 상호 배타적이지는 않으나 교사교육에 대한 도덕적·인식론적 관점의 차이를 잘 보여준다.

가. 학자-전문가 모델

학자-전문가(scholar-professional) 모델에서 교육은 가치 있는 활동, 여러 세기에 걸쳐서 개발된 사고형식(forms of thought)으로 입문하게 하는 것으로 이해된다. 교육의 목적은 지성의 개발, 지적인 수월성을 추구하는 것이며, 교사는 지혜와 마음(정신)을 개발하는 데 헌신할 것으로 기대된다. 이 모델의 교사교육에서는 학문적 교육과정, 예비교사의 지적인 노력이 강조된다.

학자-전문가 교육의 도덕적 목적은 전통적·관습적 미덕, 고전적·관례적인 것으로 도덕성 함양을 위해 지식을 습득하며 이를 통해 예비교사들이 민주 사회의 훌륭한 구성원이 되도록 만드는 데 초점을 둔다. 학자-전문가 교육의 인식론적 목적은 교사가 자신을 과학자, 역사가, 철학자, 지리학자 등으로 인식하도록 하는 것이다. 단순히 교과의 관점을 '전달'하는 사람이 아니라 교과(학문)를 가르치는 사람이다. 이에 따라 지적인 훈련이 중시된다.

이 모델에서 학문(지식 체계)은 교수에 중요한 영향을 미치며 학문(교과) 특성에 따라 교수 방법론은 상이할 수 있다. 즉, 과학 교수에서는 실험, 철학은 세미나, 역사는 출처, 원전 등이 중시된다. 이러한 차이점은 교사교육에도 반영된다. 학자-전문가가 되는 것은 교과에 대한 철저한 이해뿐만 아니라 교과와 관련된 인식론적 논쟁에 교사가 적극적으로 참여하는 것이다. 특정 교과를 가르치는 방법은 명확하지 않기 때문에 교수 방법 논쟁은 교과의 학문적 성격, 본질에 대한 철학적 합의보다 정치적으로 결정되는 경향이 있다. 교사교육과정은 학문의 틀 내에서 지적인 능력을 개발하는 데 초점을 두며 도덕적 목적은 이에 부가되어 있는 것으로 이해된다.

나. 양육자-전문가 모델

개인의 발달, 성장에 초점을 두는 입장으로 교사와 아동의 관계를 중시한다. 아동은 교과보다 중요하다. 교사교육의 도덕적 목적과 인식론적 목적은 모두 개인 발달과 연계되며 개인의 성장에 초점을 둔다. 양육자-전문가(nurturer-professional)는 개인적 특성과 아동-교사 간 관계에 주목하며, 교사의 도덕적 역할을 부모(특히 어머니)와 같다고 본다. 이 모델은 아동 중심 교육, 20세기 중반의 페미니즘에 뿌리를 두고 있다.

양육자-전문가 모델에서 교육의 도덕적 목적은 개별 교사나 아동을 보호하는 부모가 아니라 아동에 초점을 두고 있으며 도덕적 초점은 어머니다움, 자애로움, 돌보는 사람과 돌봄을 받는 사람의 관계에 있다. 이 모델에서 세 가지 개념이 도덕적 아이디어의 핵심을 이룬다. 첫째, 수용성(receptivity)은 다른 사람에 대해 개방적일 뿐 아니라 신뢰와 이해를 구축하는 관계를 말한다. 둘째, 관련성(relatedness)은 관계를 만들고 관계에 헌신하며 관계를 성장하도록 만드는 능력을 말한다. 셋째, 민감성(responsiveness)은 관계에 헌신, 기여할 준비를 의미한다.

양육자-전문가 모델에서 교육의 인식론적 목적은 교과지식을 전제로 관계를 구축하는 것이다. 양육자-전문가는 지적인 삶을 수용하지만 근대 학교의 관료적, 기술적인 틀을 넘어서고자 하며 관계의 바람직성을 인식론적 맥락에 둔다. 학문을 학습하는 것은 가르치는 것을 학습하는 데 필요불가결하며 각 학문은 다른 학문과 관계가 있다고 본다. 교과에 대한 종합적이고 통합적인 이해를 위해 역사와 철학에 대한 탐구가 필요하며 학문적 관점은 이러한 관계를 탐구함으로써 보다 깊이 이해될 수 있다. 이 모델을 활용하기 위해서는 아동 교육에서 교사들이 현재보다 더 많은 자율성과 자유를 가져야 한다.

다. 임상 전문가 모델

임상 전문가(clinician professional) 모델은 가르치는 일(teaching)을 전문직으로 보며 네 가지 모델 중 교사교육에서 가장 널리 수용되는 모델이다. 이 모델에서 교사는 의학의 임상의(clinician)와 유사한데 임상의는 과학적 근거가 있는 이론, 연구 결과를 실제에 적용하며 이에 대해 반성적 판단을 한다. 임상 전문가로서 교사는 자신의 전문적 정체성을 개발하고 교육과정 비전을 개발한다. 개별 교사는 자신을 전문가로서 보아야 할 뿐 아니라 학자, 변화 주체, 양육자, 아동 옹호자(보호자), 도덕적 행위 주체자로 간주한다. 교사들이 자신의 정체성을 개발하는 것은 자신의 업무와 전문적 실천 규범에 헌신하는 것을 보장한다는 점에서 중요하다.

임상 전문가 모델에서 교사교육의 도덕적 목적은 민주 사회에서 교사들이 자신의 정체성을 개발하도록 하는 것이다. 즉, 교사들은 교육의 사회적 목적에 대한 이해를 포함하여 자신이 가르치는 교과를 보다 큰 사회적 맥락에서 이해하고 학교의 다양한 기능 즉 학문적, 직업적, 사회적, 시민적, 개인적 기능을 이해해야 한다. 교육기회의 평등은 다양한 학습자를 가르치고 공정한 학급을 만들기 위해 필요하며 교육의 핵심 목적은 모든 학생의 발달을 가능하게 하는 것에 있다.

또한 교사교육의 인식론적 목적은 교사들이 자신의 전문적 실천을 연구 기반 학문적 지식에 뿌리를 두도록 하는 것이다. 이는 단순히 지식을 알게 된다는 것으로는 충분하지 않다. 신규 교사들은 연구 결과를 숙지하고, 연구 결과는 현장에서 활용할 수 있는 이론이 된다는 것을 이해하며, 실제적인 교수와 구체적인 관련성을 갖는 연구 결과를 받아들여야 한다. 여기서 연구 기반 학문 지식은 신념(사람이 보유하는 것), 증거(신념의 정당화를 위해 사람이 접근할 수 있는 것), 진리(개인이 믿지만 개인과 독립되어 있는 것) 등을 포함한다.

이 모델에서 교사 전문성은 반성적 실천과 연계된다. 반성적 교사가 되는 것은 교사가 자기 행동의 근거를 탐구하고 경험적 연구와 가치탐구 활동을 할 준비가 된다는 것을 말한다. 교사 반성의 핵심적인 특징은 연구 기반, 즉 학문적 지식을 비판하고 자신이 활용하는 교수 실천을 지속적으로 검증함으로써 자기 신념을 갖는 것이다.

임상 전문가 모델에서 교사교육은 광범위한 학문적 지식, 연구에 근거하고 있다. 교사교육의 지식 기반이 되는 연구와 이론으로는 아동이 어떻게 학습하는가에 대한 기초 연구, 학습에 대한 교수 전략 등을 포함한 광범위한 학문적 지식과 연구, 학생의 학습에 영향을 주는 교사들이 어떻게 학습하는가에 관한 연구 등을 들 수 있다. 임상 전문가로서 교사는 연구 지식을 검토하고 비판할 수 있어야 하며, 교사교육은 단순한 경험적 연구를 가르치는 것이 아니라 가치와 규범을 검증하는 것이어야 한다.

라. 도덕적 행위자-전문가 모델

도덕적 행위자-전문가(moral agent-professional) 모델은 앞에서 제시한 세 가지 교사교육 목적이 모두 정당하며 어느 모델도 우선하지 않는다고 본다. 이 모델은 가르치는 일을 도덕적 행위(moral activity)로 간주한다. 교육의 사회적, 도덕적인 목적과 인식론적 목적은 연계되어 있다고 보며 도덕적 미덕(인내, 용기 등)과 인식론적 미덕(정확성, 명확성 등)의 통합을 추구한다.

도덕적 행위자-전문가 모델은 학생을 가르치고 교사들을 교육하는 데 있어 도덕(moral)이 가장 기본적이고 지배적이며, 널리 만연되어 있다는 입장을 가지고 있다. 여기서 기본적이라는 것은 교육 참여는 인간 발달을 위한 보편적인 노력이라는 것이며, 지배적이라는 것은 교육 참여의 목적 자체가 도덕적이라는 의미이다. 또 만연되어 있다는 것은 학급 생활에서뿐 아니라 교육과정 선택, 교과 수업, 교수 방법의 효율성 등에서 도덕이 관련되지 않는 측면이 없다는 의미이다. 이러한 의미에서 도덕적 목적을 갖는 것은 인식론적 목적을 갖는 것이라 할 수 있다. 그러나 윤리와 도덕에 관한 관점은 연구자에 따라 다양하다는 비판도 제기된다.

도덕적 행위자-전문가 모델에서 교사교육은 가르치는 일과 관련된 덕을 개발하고 교사로서 자기발전을 강조하며, 전문적 규범이 아니라 인간적 가치와 헌신을 통해 정체성을 개발하는 것에 초점을 둔다. 도덕적 정체성은 개인이 접하는 가치에 대한 헌신을 통해 구축되며, 이러한 덕은 개인의 자산일 뿐 아니라 기관(제도)의 자산이 된다. 여기서 개인적 덕으로는 성실, 돌봄, 진실성, 정직,

연민 등이 있으며, 사회적 덕은 정의, 절제, 재치, 신중함 등을 들 수 있다.

이 모델에서 교사교육의 도덕적 목적과 인식론적 목적은 통합된다. 교사교육은 아동의 종합적 발달과 성장에 초점을 둔 도덕적 목적뿐 아니라 학문적 내용 숙달과 지적인 발달을 위한 인식론적 목적을 가지고 있다. 교사는 복잡한 도덕적 문제에 끊임없이 직면하게 되며 이중적 의무를 지게 된다. 즉, 스스로 도덕적이 되는 것뿐 아니라 아동들에게 특정한 가치를 가르치는 역할을 담당한다.

4. 교사교육의 목적: 전통적 관점과 대안적 관점

교사를 위한 전문적, 공식적인 교육이 실시된 19세기 이후 교사교육의 가치와 목적은 중요한 쟁점이 되어 왔다. 한센(2008b)은 교사를 위한 가장 좋은 교육이 무엇인가에 대해 이해관계자에 따라, 사회 변화에 따라 다양한 입장이 있으며 이는 전통적(일반적) 목적과 대안적 목적으로 구분된다고 보았다.

가. 전통적 교사교육 목적

가르치는 일은 복잡한 일일 뿐 아니라 사회 변화에 따라서 교수의 복잡성이 더해짐에 따라 학교에서 교사가 하는 일은 다양하게 규정되어 왔다. 즉, 학교에서 교사는 (1) 학생의 학습 및 행동에 관련된 심리적, 사회적, 문화적 측면, (2) 가르치는 교과의 논리적, 실제적 측면, (3) 학급과 학교교육의 사회적, 도덕적, 지적, 심리적 측면, (4) 학교교육에서 학부모-교사, 교사-행정가, 교사-교사 관계의 정치적 측면을 고려하여 교육활동을 할 필요가 있다(Hansen, 2008b: 12).

한센은 교사의 역할에 대한 이러한 기대는 교사교육에 관한 지배적인 가치 및 목적을 형성해 왔으며 이는 크게 네 가지로 구분되는 것으로 보았다. 즉, 교사교육은 (1) 일과 생활(미래)을 위한 준비, (2) 학문 학습, (3) 개인 발달, (4) 사회 정의를 목적으로 한다는 것이다. 네 가지 교사교육의 목적은 교사교육에 대한 상이한 가치를 반영하고 있으나 교사교육 실제에서 각각의 가치는 중복되거나 복합적으로 나타날 수 있다.

첫째, 일과 생활을 위한 준비는 대부분의 학부모들이 가장 중요하게 생각하는 가치이며 교사교육자들 사이에서도 가장 널리 공유되는 가치라 할 수 있다. 이를 실현하는 방법에 대해서는 다양한 입장 차이가 있으며, 또 이는 교사교육 프로그램을 구성하는 기준이라기보다 좋은 교육의 '결과'로 간주될 수 있다. 미래의 직업과 생활을 준비하는 것은 교육의 목적이자 성공적인 교육의 결과로 볼 수 있기 때문이다.

둘째, 학문(교과, 지식) 학습은 교사교육이 지향하는 기본적인 목적이라 할 수 있다. 교사는 가르칠 교과에 관한 전문적 지식을 갖추어야 하며 이를 위해 교사교육 프로그램은 교사의 교과지식, 교수방법을 개발하기 위한 과목들로 구성할 것을 강조하는 입장이다. 셋째, 개인 발달은 교사교육이 전문가로서 교사 개인의 성장과 발달을 지향한다는 점을 강조하는 입장으로 이는 교사교육 관점의 하나로 제시된 개인주의적 관점과 연계된다. 넷째, 사회 정의를 강조하는 입장은 다문화 교육, 문화 다양성 존중, 민주교육, 시민교육 등과 연계되며, 교사교육을 통해 사회 정의를 진전시킬 수 있을 것으로 본다.

이러한 교사교육의 목적은 교사교육자에 따라서도 달리 나타날 수 있다. 구성주의를 지지하는 교사교육자는 예비교사의 행위주도성과 참여를 중요하게 간주하며 다중지능 이론을 강조하는 교사교육자는 세계를 이해하는 방법이나 측면(예술적, 수학적 등)이 다양하다고 생각한다. 사회 정의를 교사교육의 핵심적 목적으로 간주하는 교사교육자는 학교교육을 통해 인종, 계층, 성 등에 기초한 사회의 부정의를 바로잡을 수 있으며 교사교육을 사회 변혁에 참여할 새로운 교사 세대를 길러내는 도구로 간주하고 문화적 다양성을 강조한다. 민주사회에서 학교교육의 핵심 목적은 젊은 세대가 시민으로서 기능할 수 있는 기술, 지식, 성향을 갖추는 것이며 교사교육은 이러한 역할을 할 수 있는 교사를 길러내는 것으로 간주한다.

그러나 하나의 교사교육 프로그램이 다양한 목적을 배제하고 한 가지 목적에만 부합하는 것은 아니다. 또한 교사교육 프로그램은 다양한 가치와 목적을 반영하고 있어 교사교육의 기반이 되는 목적을 명확하게 규정하기 어려울 수도 있다(Hansen, 2008b). 그럼에도 불구하고 교사교육의 가치와 목적에 대한 논의는 교사교육과 관련된 쟁점을 명확히 하고 이를 비판적으로 검토하는 데 기여할 수 있다. 예를 들어, 교사교육의 목적이 생산적 생활과 일을 준비하는 것이라고 할 때, 생산적 생활이란 무엇인가? 학문적 학습을 강조하는 경우에도, 누구의 지식인가, 어떤 지식이 가장 가치 있는가, 누가 결정하는가, 언제 어떻게 학생들에게 제시되어야 하는가, 지식의 심리적 측면과 논리적 측면을 효과적으로 구분하도록 가르치는 방법은 무엇인가 등은 교사교육의 목적 논의와 관련된 주요 질문들이다.

나. 대안적 교사교육 목적

대안적 교사교육 목적으로 두 가지를 제시하고 있다. 이는 공익(public interest)과 개인성(개인적 특질)을 함양(cultivation of personhood)하는 것이다. 첫째, 교사교육 목적을 평가하기 위한 준거로서 공익(public interest)은 개인적 이익(interests)이나 관심, 흥미(interest)와 구분되는 개념이다. 공익 관점에서 볼 때 교사교육은 하나의 이론적 전망이나 가치 영역을 넘어선다. 공익은 인간 활동의 결과가 사회 경계를 넘어서 다른 사람들에게 영향을 줄 때, 그리고 영향을 받는 사람들이 이러한 결과에 주목하고 이에 대응할 때 성립하는 개념이다. 교사교육은 예비교사들이 다른 사람의 관점을 수용하고 다른 사람들을 통해 자신의 가치를 더 분명히 하고 자신과 다른 사람의 교육 가치와 목적에 대해 비판적인 사고를 형성하게 해준다(Hansen, 2008b: 20).

둘째, 개인적 특질(개인성, 자아) 함양은 교육받은 사람의 특성과 연계된다. 교육받은 사람은 교사교육자들이 제시하는 중요한 교육적 가치를 구현하는 인간이라 할 수 있다. 한센은 교육은 인간이 이전의 이해 상태를 버리고 새로운 것을 받아들일 때 이루어지며 이는 용기를 필요로 하는 일이라고 한다. 또 이러한 교육은 개개인의 특성(개성)을 개발하는 것이라는 점에서 개인에 따라 다른 학습 방법과 접근이 요구된다. 이에 따라 교육이 이루어지기 위해서는 교사의 지속적인 격려와 지원적 환경 조건이 마련되어야 하며 교사교육은 예비교사들이 교육의 이러한 특성을 이해하도록 해준다.

한센이 제시한 전통적인 교사교육의 목적(일과 생활 준비, 학문 학습, 개인 발달, 사회 정의)과 대안적인 교사교육 목적(공익과 자아 함양) 논의는 교사교육의 기본 가치를 비판적으로 검토하고 교사교육의 목적을 심층적으로 이해하는 데 도움을 준다.

5. 소결

교사교육의 목적이 무엇인가라는 질문은 교사교육이 필요한가라는 질문과도 연계되어 있다. 교사교육에 관한 철학적인 논의는 왜 교사교육이 중요한가를 분명하게 이해할 수 있게 해준다(Hansen, 2008a: 5). 또한 교사의 질과 교사교육의 질은 서로 연계되어 있지만 다른 관점에서 검토할 필요가 있다(Snoek, 2019).

교사교육의 목적을 논의하는 것은 교사교육이 가치가 있으며 교사들이 아동에게 미치는 영향에 있어 그리고 교사 자신의 교육 활동에서 차이를 가져올 수 있다는 것을 전제로 한다. 성공적인 교사가 된다는 것은 무엇을 의미하는가를 명확히 하기 위해서는 계속적인 교사교육을 필요로 한다. 교사들은 학생 학습과 행위의 심리적, 사회적, 문화적 측면, 교과의 논리적, 실체적 측면, 학급, 학교 내 상호작용의 사회적, 도덕적, 지적, 심미적 측면과 학부모-교사, 교사-행정가, 교사-교사 관계의 정치를 고려해야 한다.

또한 교사들은 경제, 사회, 기술, 환경 문제 등 급격하게 변화하는 세계에 관한 분명한 관점을 개발할 필요가 있다. 교육목적의 기반이 되는 가치와 신념의 다양성을 이해하고 교사교육에서 이러한 가치의 다원성을 학습해야 한다(Podeschi, 1987). 이 점에서 교사교육은 가치 다양성에 주목해야 한다. 교육목적에 대한 분명한 이해, 교육의 개인적·사회적 목적의식을 갖지 않는다면 교사는 전문가가 아니라 단순한 기술자나 기능인으로 간주될 것이다.

제3장 교사교육 연구 동향과 미래 방향

학교교육의 질이 교사의 질을 넘지 못하는 것과 같이 교사의 질은 교사교육의 질에 좌우된다. 교사의 질 개선을 위한 교사교육은 상당히 포괄적인 과정과 활동을 포함하고 있다. 교육행정학 분야에서 이루어진 교사교육 연구는 대체로 현 교사교육 상황을 진단하여 문제점을 드러내고 이를 해결하기 위한 개선방안을 제시하는 정책연구의 성격을 띠고 있다. 이러한 연구에서 제시하고 있는 교사교육의 문제와 개선 과제는 대체로 유사하다(김갑성 외, 2009). 교사교육 연구에서 동일한 주제가 반복적으로 논의되고 발전된 주제가 다루어지지 않는다는 비판은 이미 1990년대 중반부터 제기되어 왔다(곽영우 외, 1996).

교사교육 연구에서 발전된 주제가 다루어지지 않는 것은 다양한 요인에 기인하겠지만 교사교육 '연구'와 관련하여 먼저 생각해 볼 수 있는 것은 교사교육 실제가 변하지 않았다는 점이다. 다양한 교원정책 연구를 통해 교사교육의 문제와 개선 방안이 제시되어 왔지만 1960~70년대 정착된 우리나라의 교사교육 체제, 교사교육의 내용과 방법, 교육과정 구성 등은 현재까지 큰 변화 없이 유지되고 있다. 교사교육 체제와 실천에 변화가 없다는 것은 교사교육 연구에서 다룰 수 있는 '새로운' 주제가 한정될 뿐 아니라 그동안 교사교육 연구를 통해 제안된 교사교육의 문제나 개선방안이 실현되어 그 타당성을 검증할 기회가 없었음을 의미한다.

또한 교사교육 연구에서 교사교육의 문제점이나 개선방안들이 다양하게 제시되어 왔지만 이는 실증적인 검증을 거친 것이라기보다 대체로 선행연구를 반복하거나(인용과 재인용) 논리적 분석에 기초한 것이다. 과학적 연구를 통해 축적된 증거와 이론에 기초하지 않은 교사교육 문제와 개선방안 논의는 교사교육의 개선과 변화를 가져오기 어려울 뿐 아니라 교사교육 연구의 발전에도 기여하기 어렵다.

한편으로 '새롭다'는 이유만으로 이런저런 이론, 분석 틀을 빌려오는 관행도 교사교육 연구의 발전에 장애가 된다. 그렇다고 교사교육 연구에서 새로운 관점, 이론을 활용하는 일이 불필요하다거나 무용하다는 것은 아니다. 교사교육 실제의 이해와 개선을 위해 다양한 이론적 관점과 분석 틀을 적극 활용하되 그 근거와 타당성은 규범적·논리적 논의 수준에서 벗어나 과학적으로 검증될 필요가 있다.

이러한 문제 인식에서 이 장에서는 교사교육 연구 관점, 교사교육 연구의 발달, 교사교육 연구 영역과 주제를 검토하고 교사교육 연구의 미래 방향과 과제를 제시한다. 이는 이 책의 각 장에서 다루는 주제가 교사교육 연구 주제 범주와 어떻게 연계되는가를 이해하는 데 도움이 될 것이다. 앞에서 제시한 교사교육 연구의 한계를 이 장에서 모두 해결한 것은 아니다. 교사교육 연구의 미래 방향에서 제안한 과제들을 포함하여 이 장에서 분석한 내용들은 향후 교사교육 분야 연구자와 실천가들의 협력을 통해 이론적 검토와 과학적·실증적 연구를 통한 검증이 이루어져야 할 것이다.

1. 교사교육 연구 관점

가. 내용-과정 연구 관점과 기술적-분석적 연구 관점

1980년대까지 미국 교사교육 연구의 주요 특징을 체계적으로 분석한 레니어와 리틀(Lanier & Little, 1986)은 '교사교육과정'에 초점을 두고 이 분야의 연구를 크게 두 가지 관점으로 구분하였다. 첫째, 전문가 중심의 내용-과정 연구(expert-designed content and process studies) 관점은 교원양성교육이 전문가나 연구자들이 선정한 바람직한 효과를 내고 있는가 하는 점에 초점을 둔다. 효과에 주목함에 따라 투입-산출 효율성을 강조한다. 둘째, 기술적-분석적 교육과정(descriptive-analytic curriculum work) 관점은 학생들이 교사교육과정 동안 실제 무엇을 배우는가에 초점을 둔다. 레니어와 리틀은 예비교사나 현직교사가 보유하고 있는 지식과 이해에 초점을 두고 이를 분석할 것을 보다 강조한다. 미국에서는 1970년대 말 이후 후자의 관점에 기초한 연구(교사학습, 교사지식 등)가 활발하게 이루어졌다(예: Cochran-Smith & Lytle, 1999; Shulman & Shulman, 2004).

나. 기술적 관점(질 통제 관점)과 개인주의적 관점

교사교육 연구 관점을 질 통제 관점(quality-control perspective), 기술적 관점(technical perspective)과 개인주의적 관점(personalistic perspective)으로 구분한 경우는 도일(Doyle, 1990)이다. 교사교육 연구에서 기술적 관점은 행정적인 통제와 교사의 지위에 관심을 두는 반면 개인주의적 관점에서는 교수(teaching) 및 가르치는 것을 배우는 것(learning to teach), 복잡한 지적인 과정(knowledge)과 교수 지식에 대한 주체로서 교사의 중요한 역할(empowerment)에 초점을 둔다. 전자의 입장에서 교사교육 연구의 주요 주제는 교수 효과성 연구, 과정-산출 연구로 대표되며, 교사나 교사교육과 관련된 사회적 지위나 통제(행정적인 통제)가 초점이 된다. 후자의 입장에서는 행정가가 교사를 통제하기 위해 사용하는 지식이 아니라 교사가 학교 현장에서 사용할 수 있는 지식에 초점을 둔다. 도일은 교사교육 연구가 기술적 관점에서 개인주의적 관점으로 변화되어야 함을 강조하였다.

다. 개선지향 접근과 이해지향 접근

개선지향 접근과 이해지향 접근은 이홍우(1992)가 교육과정 연구의 접근법을 개선지향 접근법과 이해지향 접근법으로 구분한 것을 따른 것이다. 개선지향 접근과 이해지향 접근은 교사교육 연구뿐 아니라 우리나라 교육학 분야에서 이루어지는 다양한 연구에 적용될 수 있다. 여기서 개선지향 접근법은 교육과정(교사교육) 현실에서 시정을 요하는 문제점은 무엇이며, 그것은 어떤 방향으로 시정되어야 하는가에 관심을 두는 것을 말한다. 대체로 정책 개선을 주 목적으로 하는 각종 정책 연구들이 이러한 관점에서 수행된다고 할 수 있다. 반면 이해지향 접근법은 교육과정(교사교육) 현실은 개선의 대상이기도 하지만 보다 중요하게는 이해의 대상이기도 하다는 전제 하에 교육과정(교사교육) 현실, 실제를 이해하는 데 관심을 두는 연구이다.

라. 교사교육의 전제 조건, 과정, 결과

교사교육 연구의 발달 과정에서 교사교육의 내용, 방법, 절차, 과정 등 교사교육 연구의 초점은 변화되어 왔다. 야거와 스미스(Yarger & Smith, 1990)는 교사교육 연구를 교사교육의 전제 조건, 과정, 결과 등 세 가지로 구분하고 이론적으로 이들의 조합에 따라 전제-과정 연구, 전제-결과 연구, 과정-결과 연구, 전제-과정-결과 연구 등 네 가지 유형의 연구가 가능하다고 본다.

여기서 교사교육 연구의 전제 조건은 교사교육에 영향을 미치는 조건과 변수를 의미하며, 그 예로는 학생, 교사교육자, 제도적 특성, 교사교육의 물리적 환경, 학교/대학의 구조 등을 들 수 있다. 교사교육 연구에서 전제 조건에 대한 관심은 부족하며 연구 주제로 간과되는 경향이 있다. 교사교육의 과정은 교사교육 프로그램과 관련된 모든 요소를 말한다. 구체적으로 교사교육 프로그램의 실제 구조, 구성 요소, 프로그램 실행에서 사용된 교사교육 방법 등을 들 수 있다. 특정 대학의 교사교육 프로그램 및 교사교육 운영 사례를 분석한 연구들은 대체로 이 범주에 들 수 있다.

교사교육의 결과는 교사교육 프로그램 실행으로 나타나는 교사교육 수혜자(예비교사)가 보여주는 행동 등 직접적인 결과를 말한다. 이는 교사교육 노력의 성공과 실패를 판단하는 종속 변수라 할 수 있으며(Yarger & Smith, 1990), 교사의 역량, 웰빙, 만족, 헌신 등을 예로 들 수 있다. 교사교육의 성과 또는 결과를 무엇으로 볼 것인가, 이를 어떻게 측정할 것인가는 논란이 된다.

교사교육 연구를 계획하고 실행할 경우 연구자들은 교사교육의 전제 조건-과정-결과의 각 측면을 세심하게 고려해야 할 것이며 연구 목적과 연구 문제에 적합한 연구방법의 활용 등 방법론적 적합성을 확보하는 것이 중요하다

(Yarger & Smith, 1990). 이와 함께 연구의 질 보장을 위해 연구의 외적 타당도, 내적 타당도, 구성 타당도, 통계적 타당도 등을 확보하기 위한 노력을 기울여야 할 것이다.

2. 교사교육 연구 영역 및 연구 주제

가. 교사교육 연구 핸드북의 교사교육 연구 영역과 주제

교사교육의 범위가 포괄적인 만큼 교사교육 연구에서 다루는 연구 주제도 다양하다. 교사교육을 학문적, 이론적으로 체계화하기 위한 노력의 일환으로 교사교육 연구 영역을 범주화하려는 노력이 일련의 연구자에 의해 이루어져왔다. 예를 들어, 레니어와 리틀(Lanier & Little, 1986)은 미국의 교사교육 연구를 개관하면서 교사교육 연구 영역을 (1) 교사교육 담당자, (2) 교사교육 대상, (3) 교사교육 과정, (4) 교사교육 환경 등 크게 네 가지로 범주화하였다.

카즈와 라스(Katz & Rath, 1985)는 교사교육 프로그램 변인(parameter)을 세분화하여 열한 가지로 제시하였다. 이는 (1) 교사교육의 목적, (2) 예비교사의 특징, (3) 교사교육 담당자의 특징, (4) 교사교육 내용, (5) 교사교육 방법, (6) 교사교육 시간과 시기(time/timing), (7) 교사교육 풍토(ethos), (8) 교사교육 관련 규칙과 규정, (9) 교사교육 자원, (10) 교사교육 평가, (11) 교사교육 프로그램의 효과 등이다.

교사교육 분야의 주요 연구 영역과 연구 주제는 제1장에서 소개한 바 있는 『교사교육 연구 핸드북』을 통해서도 확인해볼 수 있다. 1990년 발간된 교사교육 연구 핸드북 초판은 교사교육 연구 영역을 9개로, 1996년 발간된 제2판은 7개, 2008년 발간된 제3판은 9개로 구분하고 있다. 2017년 세이지(SAGE) 출판사에서 발간한 『SAGE 교사교육 연구 핸드북』은 총 12개 섹션으로 구성되어 있으며 『교사교육 연구 핸드북』과 유사하게 방대한 양의 교사교육 연구들을 포함하고 있다. 교사교육 연구 영역을 정리해보면 〈표 3-1〉과 같다.

〈표 3-1〉 교사교육 연구 영역

구분	연구 영역
Houston (1990)	A. 탐구 분야로서 교사교육 B. 교사교육 거버넌스 C. 교사교육의 맥락과 모델 D. 교사교육 참여자 E. 교사교육 커리큘럼 F. 교사교육의 과정(process) G. 평가와 확산 H. 커리큘럼 영역별 교사교육 I. 교사교육의 관점 확장
Sikula, Buttery & Guyton (1996)	Ⅰ. 연구 분야로서 교사교육 Ⅱ. 충원, 선발, 초기 교육 Ⅲ. 교사교육의 맥락 Ⅳ. 교사교육 커리큘럼 Ⅴ. 계속적인 전문적 성장, 발달, 평가 Ⅵ. 다양성 및 형평성 쟁점 Ⅶ. 교사교육의 새로운 방향
Cochran-Smith, Feiman-Nemser, McIntyre & Kelly (2008)	1부. 교사교육의 초점은 무엇인가(교사교육의 목적) 2부. 교사들은 무엇을 알아야 하는가(교사 역량: 지식, 신념, 기술, 헌신) 3부. 교사교육은 어디에서 이루어져야 하는가(교사교육 환경과 역할) 4부. 누가 가르치는가? 누가 가르쳐야 하는가(교사 충원, 선발, 유지) 5부. 차이가 차이를 만드는가(다양성과 교사교육) 6부. 가르치는 것을 어떻게 배우는가(교수방법 학습) 7부. 누가 책임자인가(교사교육에서 권위와 자격 정책) 8부. 우리가 안다는 것을 우리는 이떻게 아는가(연구와 교사교육) 9부. 교사교육의 좋은 점은 무엇인가(교사교육의 위상)
Clandinin & Husu (2017)	1. 교사교육 분야 매핑(maping) 2. 교사교육에서 교사 정체성 학습 3. 교사교육에서 교사 행위 주체성(agency) 학습 4. 교사교육에서 교육(교수)의 도덕적·윤리적 책임 학습 5. 교사교육에서 교육(교수)의 사회적·정치적·문화적 책임 협상방법 학습 6. 교사교육에서 교육학(Pedagogies)을 통한 학습 7. 교사교육에서 교수 내용 학습 8. 교사교육 및 경력 전반에 걸친 전문 역량 학습 9. 교사교육에서 평가를 통한 학습 10. 교사교육자의 교육 및 학습 11. 교사교육의 사회적·정치적 맥락 12. 성찰

『교사교육 연구 핸드북』은 교사, 교수, 교사교육 관련 연구들이 상당한 정

도로 축적·발전되고 있음을 잘 보여준다. 핸드북은 교사교육 분야의 최근 연구 경향, 핵심 주제와 쟁점이 무엇인가를 보여줄 뿐 아니라 교사교육 실천과 교사교육 개혁이 개인적인 경험, 정치적 결정, 학문적 유행에 좌우되지 않고 연구를 통해 밝혀진 증거에 기초하여 이루어질 수 있는 기반을 제공한다. 이 점에서 핸드북은 교사교육 연구자뿐 아니라 교사교육자들에게 유용한 정보를 제공하고 있다(Yager & Smith, 1990; Schwartz, 1996; Doyle, 1990; Griffin, 1992).

나. 국내 연구에서 교사교육 연구 영역과 주제

국내 연구에서 교사교육 연구 영역을 제시하고 있는 경우는 일부 연구로 한정되어 있다. 진동섭(1998)은 교원교육 분야에서 역사적, 현실적, 학문적으로 관련 당사자들의 관심을 끌어온 중요한 주제와 문제를 중심으로 교원교육의 본질과 특성을 살펴볼 수 있다고 보고 교원교육의 주제 영역을 네 가지로 제시하였다. (1) 교원교육기관 구성원의 특징(학생과 교수의 인구통계적·심리적·사회적 특징), (2) 교원교육과정과 방법(교원교육과정의 구성 요인, 교원교육과정의 효과, 교원교육 방법, 교원교육과정 평가 등), (3) 교원교육체제(교원교육 프로그램의 구조, 교원교육기관의 구조와 통치체제), (4) 교원교육 지원체제와 환경(교원자격제도, 교원교육평가인정제도, 행정적 지원체제, 유관 단체와 기관, 기타 정치적·문화적·사회적 환경 요인) 등이다.

교사교육 연구의 성격을 분석한 박상완(1999)은 국내외 선행연구 분석을 토대로 교사교육 연구 영역을 일곱 가지로 구분하였다. (1) 교사교육의 접근법 또는 패러다임 연구, (2) 교사교육 제도, 교사교육기관의 발달과 역사 연구, (3) 교사교육 교육과정 연구, (4) 교사교육 참여자의 특징에 관한 연구, (5) 교사교육기관의 체제와 통제 체제 연구, (6) 교사교육 환경 요인(관련 단체, 정부, 정치적·경제적·사회적 환경 요인 등)에 관한 연구, (7) 교사교육 분야의 새로운 연구 등이다.

박남기(2001)는 '교사교육 경제학 관점'에서 우리나라 교사교육 정책 및 관련 이슈를 재해석하고 교사교육 연구가 다루어야 할 연구 주제 방향을 제시한다. 여기서 교사교육 경제학은 경제학적 시각을 빌어서 교사교육을 이해하는 학문적 시도를 말한다. 즉, 경제학적 틀을 가지고 교사교육(교사교육의 경제학. economics of teacher education)을 분석하거나 교사교육의 중요 이슈를 경제학적 시각을 활용하여 이해하려는 연구(경제학적 교사교육. economical teacher education) 분야이다(박남기, 2001: 2).

박남기는 경제학적 틀로 교사교육을 이해할 경우 교육학적 틀을 가지고 접근할 때 보이지 않던 많은 이슈들이 의미를 가지고 다가오며, 그 예로 교사교육 재정 지원의 문제점을 당위성 차원이 아니라 양적 데이터에 근거하여 볼 수 있다는 점을 들고 있다. 교사교육 경제학의 연구 영역은 크게 일곱 가지이다. (1) 교사교육 공급과 수요, (2) 교사교육 재정, (3) 교사교육 투입, (4) 교사교육 산출, (5) 교사교육의 비용-효과와 비용-수익 분석, (6) 교사교육의 내적 효율성과 외적 효율성, (7) 현직교육 경제학이다.

교사교육 연구 영역을 이와 같이 구분할 경우 저자가 주장하는 대로 교육학적 관점에서 밝히기 어려웠던 새로운 쟁점을 파악할 수 있을 것이다. 교사교육을 수요-공급이라는 경제학의 기본 개념 틀과 재정(비용) 효율성 측면, 투입-산출의 체제모델에서 분석한다는 점을 주요 특징으로 들 수 있다. 그러나 교사교육의 가치와 목적, 교사교육 내용과 방법 등 교육학적 관점을 간과하게 된다는 문제가 있다. 더 중요하게는 교사교육을 경제학적 관점에서 접근해야 할 이유, 논리가 분명하지 않다. 교사교육 이해에 새로운 시각을 제공하는 것은 비단 경제학적 관점만은 아닐 것이다.

다. 종합

교사교육 연구 영역은 새로운 이론과 다양한 연구방법론의 발달, 타 학문과의 학제 간 연구를 통해서 더욱 확대되고 있다. 교사교육 연구 영역을 구분, 범주화하는 것은 교사교육 분야의 주요 연구 주제와 연구 경향을 파악하는 데 유용한 틀을 제공한다. 이 책에서는 국내외 연구에서 제시한 교사교육 연구 영역 및 연구 주제를 종합하여 교사교육 연구 분야를 다음 여덟 가지로 정리한다. 괄호는 이 책의 각 장이 교사교육 연구 영역과 어떻게 연결되는가를 표시한 것이다.

- 교사교육 목적, 가치, 철학을 다룬 교사교육 접근법 또는 패러다임 (2장)
- 교사교육 제도 및 교사교육의 발달과 역사 (5장, 6장)
- 교사교육 커리큘럼과 교과교육과정: 프로그램 구성 요소 및 평가 (11장, 16장)
- 교사교육 참여자: 교수, 학생(예비교사), 실습교사(현직교사) 특성 (7장, 8장, 9장)

- 교사교육 체제와 거버넌스 (10장, 12장)
- 교사교육 맥락 및 환경 요인: 교사교육 관련 단체와 기관, 정부, 정치적·경제적·사회적 환경 요인 (4장, 12장)
- 교사의 전문적 성장, 발달, 평가 (13장, 14장)
- 교사교육 분야의 새로운 연구(탐구) 영역 (3장, 4장, 15장, 17장)

3. 교사교육 연구의 발달과 주요 특징

가. 미국의 교사교육 연구 발달과 주요 특징

미국에서 교사교육 연구는 1970년대 텍사스 대학(University of Texas at Austin)의 연구 개발 센터와 시라큐스 대학(Syracuse University)의 교사교육 센터에서 본격적으로 추진되기 시작하였으며, 1990년대 중반에는 교사교육을 위한 지식 기반 구축을 위해 국가 데이터를 구축하려는 노력이 이루어졌다(Lee & Yarger, 1996). 증거, 데이터 기반 교사교육 개선을 위해 교사교육 연구 핸드북이 발간된 것도 이러한 배경에서 이루어진 것이라 할 수 있다.

미국 교사교육 연구 동향과 특징은 1920년대~2000년대까지 미국 교사교육 문제의 발달과 교사교육 연구를 연계시켜 분석한 코크란-스미스와 프리스(Cochran-Smith & Fries, 2005, 2008)의 연구에서 확인해볼 수 있다.[4] 코크란-스미스와 프리스(2005, 2008)는 교사교육 연구의 역사는 교사교육의 문제(problem)가 어떻게 규정되고 분석, 해석되었는가를 확인함으로써 설명될 수 있다고 전제하고 교사교육 연구의 특징을 시기적으로 구분하고 있다. 이에 따르면, 1920년~1950년대는 교육과정 문제, 1950년대 후반~1980년대 초는 훈련 문제, 1980년대 초~2000년대 초는 학습 문제, 1990년대 중반~2000년대 후반은 정책 문제로서 교사교육 연구가 이루어졌다.

1) 교육과정의 문제

교사 수요 증가로 교사교육이 확대되면서 교육과정의 문제가 핵심 쟁점으로 부각되었다. 코크란-스미스와 프리스는 교사교육에서 교육과정의 문제는 특히 1920~1950년대 쟁점이 된 것으로 분석하였다(Cochran-Smith & Fries, 2008: 1068-1072).

미국에서는 1920년대부터 교사교육을 개선하기 위한 노력들이 활발하게 이루어지기 시작하였으며 관련한 연구도 증가하였다. 19세기 말~20세기 초는 산업화, 도시화, 이민자 증가 등의 사회 변화로 초·중등학교 교육은 엘리트 교육에서 대중교육으로 전환되기 시작하였다. 학교 교육과정은 광범위하고 체계성이 부족하였으며 학교 간 교과 구성, 시간 배정, 다루는 주제 등에서 통일성도 부족하였다. 일부 교육 단체는 초·중등학교 교육과정의 문제를 검토하기 위한 위원회를 구성하였으며 이를 통해 고등학교 교육과정에서 직업교육과 예술·체육교과 제외, 교과별 이수학점수 구체화 등을 제안하였다(Cochran-Smith & Fries, 2008: 1068).

초·중등 교육과정에 대한 논쟁은 교사교육에도 영향을 주었는데 특히 고등학교 교사를 위한 적절한 교육과정이 무엇인가가 논란이 되었다. 대체로 고등학교 교사를 교육하기 위해서는 엄격한 학문교육이 필요하다고 하였으나 사범학교, 단과대학, 종합대학 중 어디에서 교육해야 할 것인가에 대해서는 이해관계자에 따라 의견이 갈렸다. 특히 사범학교 모델 지지자와 대학 수준 교사교육 지지자 간에 입장 차이가 크게 나타났다. 사범학교 모델 지지자들은 대학졸업자들이 학문훈련은 받지만 교육훈련을 제대로 받지 못함에 따라 학급경영이나 학생들과 생활하는 법을 알지 못한다고 비판한 반면, 대학 수준의 교사교육 지지자는 사범학교 교육이 방법을 강조함에 따라 교사교육을 경시하고 심오한 학문과 자유교육을 제공하지 못한다고 비판하였다.

1910~20년대에는 교사교육에서 진보주의와 전문주의가 강조되었으며, 일반교양, 전문지식, 기술적인 기법 등을 중심으로 교사교육 커리큘럼을 구성할 것을 제안하는 연구들이 주를 이루었다. 1920~40년대는 효과적인 교사의 핵심 특징을 탐구하고 교사교육 커리큘럼을 이에 맞추어 조정함으로써 교직을 개선하려는 압력이 확산되었다. 교직의 질 개선에 대한 압력으로 교사교육 커리큘럼에 대한 연구가 촉진되었다. 연구의 초점은 설문조사, 면담조사 등을 활용하여 효과적인 교사의 핵심 특성과 기술을 확인하고 이를 교사교육과정을 통해 가르칠 수 있는가를 파악하는 것이었다(Cochran-Smith & Fries, 2008: 1072).

1930년~1945년 사이에는 교사교육을 체계화하고 통일성을 기하려는 노력이 이루어졌다. 교사교육 프로그램과 교육과정에 대한 단순한 기술보다 전문가 설문조사, 상관관계 연구가 주로 활용되었으며, 교사교육에 관한 연구를 종합한 결과가 처음 출간되기도 하였다. 이 시기 교사교육 연구는 교육과정 구축, 교사교육에 적합한 코스와 교육과정, 이론과 실제 통합, 교사의 인구학적 특성, 훈련 수준(기관), 교사자격 취득에 필요한 전문과정 등에 초점을 두었다. 또한 경험적 데이터와 연구자의 전문적 경험에 기초하여 교사들이 알아야 할 것과 할 수 있어야 하는 것이 무엇인가를 밝혀내고자 하였으며 이는 교사교육 연구의 역사에서 지속적으로 탐구되어 온 문제이기도 하다.

그러나 교사교육의 문제를 교육과정 측면에서 접근한 초기 연구에서 제시된 연구 결과, 다양한 권고 사항은 교사교육자들이 활용하기에는 매우 일반적이며, 반 지성주의, 근시안적 관점, 획일적인 진보주의 이념에 기초한 것이라는 비판을 받았다. 또한 이 시기 교사교육은 직업교육을 지나치게 중시한다는 비판과 함께 지나친 진보주의라는 비판이 동시에 제기되었다. 이에 따라 교육학 기술보다 자유교양교육과 과학에 기초한 새로운 교사교육을 위한 교육과정이 제안되기도 하였다. 교사교육에서 교육과정의 문제, 교사를 교육하기 위한 적합한 교육과정이 무엇인가는 현재에도 지속적으로 쟁점이 되고 있다.

2) 훈련의 문제

학생의 학습 효과를 높이는 교사의 특정한 행동이나 능력을 함양하는 데 교사교육이 효과적으로 이루어지고 있는가, 기대한 성과를 산출하고 있는가의 관점에서 교사교육의 문제를 보는 입장이다. 교사교육은 훈련 관점에서 많은 비판을 받아왔다. 교사교육은 학교에서 교사들이 실제 직무를 수행하는 데 도움을 주지 못하고, 교사교육의 내용과 교수 방법은 적절하지 못하며(Coolahan et al., 2004), 교직에 대한 긍정적인 인식을 심어주지 못하고 있다는 비판이 대표적이다. 즉, 교사교육은 초·중등학교 현장에서 필요로 하는 교사의 자질과 능력을 길러주는 데 적절하지 못하다는 것이다.

그러나 교사교육을 통해 길러야 할 적합한 교사의 자질과 능력은 무엇인가에 대해 명확하게 규정되거나 합의되어 있는 것은 아니다. 디디(Dede, 1990)가 지적한 바와 같이 미국 교사교육 개혁에서도 적합한 교사 자질이 무엇인가에 관한 질문은 지속적으로 제기되어 왔다.

훈련 문제로서 교사교육에 대한 연구는 교사 행동에 영향을 미치는 훈련 절차의 발견에 초점을 둔다. 연구방법으로는 실험 설계가 선호되지만 실증적 기반이 취약하고 인과관계를 설정하기에 개입 변수가 많다는 문제가 있다. 또한 훈련 관점에 기초한 교사교육 연구들이 교사들의 지식, 신념 및 이전 경험이 교실에서 교사의 행동을 어떻게 중재하는지를 설명하는데 취약하며, 교실과 학교의 복잡한 문화, 정책의 영향 등을 규명하지 못하고, 예비교사의 훈련을 학생의 학습 성과와 연결시키지 않았다는 점 등에서 비판받고 있다(Cochran-Smith & Fries, 2008).

3) 학습의 문제

학습의 문제는 교사교육을 통해서 교사들이 실제로 무엇을 배우는가, 교사의 지식, 이해, 태도는 어떻게 성장·발달하는가, 교사들이 배워야 할 다양한 지식(예를 들어, 학습자에 대한 지식, 교과와 교육과정에 대한 지식, 교수에 대한 지식 등)은 어떤 교육과정과 경험을 통해서 학습되고 있는가, 이러한 학습을 촉진하고 저해하는 요인들은 무엇인가 등과 관련된 문제를 말한다. 이는 교사와 교사교육 연구의 핵심 주제들이기도 하다.

학습 문제로서 교사교육 연구는 다양한 연구방법과 질문을 다루고 있다. 연구자들은 교사들의 지적, 사회적, 조직적 맥락뿐 아니라 교사들의 태도, 믿음, 지식 구조, 성향, 인식과 이해에 초점을 두고 교사가 다양한 교수방법을 어떻게 학습하는가를 규명하고자 하였다. 이와 함께 슐만(Shulman, 1987)이 교사가 어떻게 이해하고 교과 지식을 어떻게 사용하는지에 대해 놓치고 있다고 지적한 바와 달리, 일부 연구자들은 교사들의 지식과 믿음을 학생들의 학습 및 다른 결과들과 연결하는 연구의 필요성을 강조하였다. 교사교육이 학습 문제로 구성될 때 교사의 지식 및 신념에 대한 이해는 그 자체로 중요한 연구 목적이 됨에 따라 교사의 지식과 학생의 학습과의 연관성이 간과될 우려가 있다는 점(Cochran-Smith & Fries, 2008)은 경계해야 할 것이다.

4) 정책의 문제

특정 정책이 교사교육에 미치는 영향이나 효과를 통해 교사교육의 문제를 보는 입장으로, 경험적 증거나 비용-효과 등 경제 분석에 기초하여 교원정책이 기대한 성과를 달성하고 있는가에 주목한다. 즉, 교사교육과 관련된 다양한 변수 중 어떤 정책 변수들이(예: 대안적인 교사교육 프로그램과 전통적인 교사교육 프로그램 비교, 실습기간 연장의 효과 등) 학생의 교육성과에 체계적이고 긍정적인 영향을 미치는가에 초점을 두고 교사교육의 문제를 검토한다(Cochran-Smith & Fries, 2005: 93).

정책 문제로서 교사교육 연구는 2000년대 이후 활발하게 이루어지고 있다. 그러나 연구 결과는 연구에 따라 다소 상이하게 나타났다. 예를 들어, 교사양성교육, 교사 자격 변수가 학생의 학업성취 등 교육 결과 변수에 영향을 미친다는 연구와 그러한 영향을 지지할 증거가 없다는 연구, 부분적인 영향을 보고한 연구 등으로 연구 결과는 다양하게 보고되고 있다. 정책적 문제로서 교사교육 연구의 본질은 정책 입안자들이 통제할 수 있는 교사교육 정책 요소 중 학생 성과로 이어질 가능성이 높은 변수를 파악하는 것이라 할 수 있다. 정부의 정책 결정은 실증적 증거에 의해 추진되어야 한다는 점은 분명해 보인다.

그러나 정책 연구의 비교 준거에 대한 검토가 필요하다. 정책 문제로서 교사교육 연구는 가장 중요한 교육적 결과를 시험 점수로 정의되는 학생 성취에 초점을 맞추게 되지만 이는 교사교육의 유일한 목표는 아니며 학생 성취도 외 학생과 교사 측면에서 다양한 교육적 성과가 있을 수 있으며, 학교 맥락에 대한 검토도 필요하다(Cochran-Smith & Fries, 2008).

이상에서 제시한 교사교육의 문제(도전)는 교사교육 연구에서 지배적인 접근을 나타내는 것으로 교사교육 연구의 발달 과정에서 이들 문제는 서로 중첩되거나 상호영향을 미치며 공존해왔다고 할 수 있다(Cochran-Smith & Fries, 2008: 1053). 네 가지 교사교육 문제와 교사교육 연구의 주요 특징을 정리하면 〈표 3-2〉와 같다.

〈표 3-2〉 교사교육 연구 개관 (1920년대~2000년대)

구분	시기	정책/책무성 맥락	교사교육 문제가 어떻게 개념화되는가	교사교육 문제가 어떻게 연구되는가
교육과정 문제로서 교사교육	1920s-1950s	• K-12 교육과정에 일관성과 엄격성 결여에 대한 우려 • 1차 대전 후 교사교육 프로그램 확대 • 교사교육의 적절한 장	• 교사교육 개선은 효과적 교사의 특성에 관한 연구에 기초하여 커리큘럼을 체계화, 표준화하는 문제로 개념화	• 대규모 설문조사가 주요 연구설계 • 설문조사와 다른 데이터는 교사의 핵심 성격을 확인하고 이것이 교사교육 커리큘럼에

구분	시기	정책/책무성 맥락	교사교육 문제가 어떻게 개념화되는가	교사교육 문제가 어떻게 연구되는가
		소-사범학교, 대학 • 교직 개선 및 교사교육 통합 위한 노력		서 가르쳐질 수 있는가를 결정함 • 설문조사 데이터의 통계적 요약과 상관연구 요청 • 출판된 교사교육 관련 경험적 연구의 종합
훈련 문제로서 교사교육	1960s-1980s	• 1957년 소련 우주선 스푸트니크호 발사로 학교에 대한 대중의 우려 악화 • 교사교육 책임진 교육전문가가 크게 비난받음 • 교사교육에서 자유교육 확대, 교육학 축소 요구 • 교사훈련, 충원, 교사교육 연구센터에 대한 연방정부 지원	• 교사교육 개선은 교수에 관한 연구와 일치하는 바람직한 교수 행동을 만들어내는 훈련 전략을 찾는 문제로 개념화	• 과정-산출 연구가 주요 연구 설계 • 통제집단과 다른 훈련을 받은 예비교사 처치집단 자료 • 실험연구와 상관연구에 기초하여 교수 및 교사교육 과학을 정립하고자 함 • 연구는 역량기반 교사교육 운동과 연계
학습 문제로서 교사교육	1980s-2000s	• 1983년 위기에 처한 국가와 다른 보고서는 학교 실패를 경제 우려와 연계 • 전문화된 교수인력과 전문적 교수 기준에 관한 새로운 전국 위원회 요구 • 교사교육 개혁을 위해 홈즈그룹, 교육 개선을 위한 전국 네트워크 설립	• 교사교육 개선은 교수를 위한 전문적 지식을 체계화하고 전문적 일생에 걸쳐 가르치는 것을 어떻게 학습하는가를 이해하는 문제로 개념화	• 교사교육 연구 초점은 훈련절차에서 학습과정으로 전환 • 교사의 태도, 신념, 경험, 지식 습득과 활용을 연구하기 위한 질적, 비판적 접근과 교사교육에 관한 다양한 연구 패러다임과 관점 등장 • 교사지식, 사고, 학습 관련 연구 프로그램이 주요 연구센터에서 개발 • 다문화 교사교육, 다양성을 고려하여 가르치는 것을 어떻게 학습하는가에 주목
정책 문제로서 교사교육	1990s-현재	• 세계경제 전환, 지속되는 성취 격차는 학교, 교사, 교사교육에 대한 우려 촉발	• 교사교육 개선은 대학기관, 주정부, 연방정부 수준에서 비용-효과, 성과중심 정책을 확인, 실행하는 문제	• 교사교육 연구의 초점이 투입과 교사학습 과정에서 학생 성과로 전환 • 주요 연구 설계는 학생의

구분	시기	정책/책무성 맥락	교사교육 문제가 어떻게 개념화되는가	교사교육 문제가 어떻게 연구되는가
			로 개념화	시험 점수 개선과 상관관계가 높은 정책 수단을 확인하기 위해 계량경제, 비용-편익, 기타 교사교육 정책 및 실천 분석을 포함함. • 부가가치와 사례연구, 설문조사, 면담자료 설계를 연계한 혁신적 혼합연구 설계

출처: Cochran & Fries(2008). pp. 1051-1052의 〈표 53.1〉을 정리함. 단, 원문에 제시된 관련 연구 사례는 제외함.

미국의 교사교육 연구 동향을 종합해보면 1990년대 이후 교사교육 연구에서 질적 접근법과 서술적 접근법이 주목받고 있으며 보다 다양한 연구방법이 활용되고 있다. 또 교사교육 연구에서 다루는 주제 범위는 점차 세분화, 확장되고 있다. 그러나 교사교육 연구에서 어떤 연구가 가장 중요한가에 대한 일치된 의견은 없으며, 교사교육 연구자들의 다양한 학문적 배경을 고려할 때 교사교육 연구는 다학제 간 연구 분야로 특징지을 수 있다(Lanier & Little, 1986; Yarger & Smith, 1990).

나. 우리나라의 교사교육 연구 동향과 주요 특징

우리나라 교사교육 연구의 동향과 특징은 박상완(1999), 김병찬, 유경훈(2013)의 연구에서 확인해볼 수 있다. 박상완(1999)은 국내외 선행연구 분석을 토대로 교사교육 연구의 특징을 크게 네 가지로 정리하였다. 첫째, 교사교육 연구에서 교사교육과정의 전문성과 정체성 확립이 중시되고 있다. 관련 연구로는 교사교육의 지식 기반으로서 교과교육학과 일반교육학의 학문적 성격에 관한 연구, 교사교육과정으로서 교양, 교직(교육학 과목), 전공과목의 성격에 대한 논의, 각 과목 간의 관계에 대한 연구 등을 들 수 있다(박상완, 1999). 특히 1990년대 초반 교사지식의 성격을 분석한 연구들(예: 윤기옥, 1992; 강신복, 1995)은 그전까지 우리나라 교사교육 연구에서 거의 논의되지 못했던 부분으로 새로운 연구의 흐름을 형성하였다고 할 수 있다.

둘째, 학교와 대학의 교사교육을 연계시키려는 노력과 더불어 현장 학교의 교사교육 기능을 강화시키려는 경향을 들 수 있다. 대학에서의 교사교육이 이론 과목에 치중하고 있으며, 학교 현장에서 필요한 자질과 능력을 길러주는 데에 별다른 기여를 하지 못하고 있다는 비판이 강하게 제기됨에 따라(김갑성 외, 2009) 교육실습의 기간과 학점 수를 늘리자는 것과 관련된 연구들 또는 보다 급진적인 제안으로는 교사를 대학에서가 아니라 영국과 같이 학교 현장에서 양성하자는 학교 중심의 교사교육에 대한 논의나 주장을 들 수 있다(김재웅, 1998). 그러나 교사교육에서 학교의 역할을 강화하거나 또는 아예 학교 중심으로 교사를 양성하자는 주장은 우리나라와 같이 일선 학교의 자율성이 부족하고, 대학과 학교 간의 사회적 지위에 있어 상당한 격차를 보이고 있는 현실에서는 많은 어려움이 있을 것으로 예상된다.

셋째, 교사교육 기관에 대한 양적인 확대보다는 질적인 통제를 강화하려는 경향을 들 수 있다. 1990년대까지 정부의 교사교육 정책의 핵심은 교사의 수요와 공급에 기초한 교사교육기관의 양적인 확장에 둔 것이었다면, 1990년대 후반 들어서는 교사교육기관에 대한 질적인 통제를 강화하고 교사교육기관 간에 경쟁을 유도하려는 질 통제 정책으로 변화되고 있다. 그 예로 임용시험제, 교사양성기관평가제 시행을 들 수 있다.

넷째, 교사교육의 체제 개편에 대한 논의를 들 수 있다. 이러한 체제 개편 논의는 특히 교사교육을 목적으로 설립된 사범대학에 초점을 두고 진행되고 있다. 과거에는 주로 종합대학교 내에서 사범대학과 기초학문대학 간의 교사교육을 둘러싼 갈등에 의한 것이었다면, 최근에 제시되고 있는 체제 개편 논의는 종합대학 내 사범대학의 존립 자체의 문제와 연계되어 있어 보다 심각하게 인식되고 있다. 사범대학의 체제 개편의 안으로서 가장 자주 언급되는 것은 교사교육 기간을 연장하거나 사범대학의 다양한 모형을 마련하는 것으로 요약된다. 여기에 대학원 중심의 교사교육이 논의되고 있으나 사실상 현재의 교사교육의 여러 문제점이 해결되지 않은 채 교사가 되는 데에 요구되는 학력만 높이는 것에 대해서는 회의적인 반응이 더 우세한 편이다.

이상의 논의를 기초로 박상완(1999)은 우리나라에서 교사교육 연구는 교사교육의 실제를 기술하고 이해하려는 목적보다는 교사교육 현실의 문제를 찾아내고 이를 개선하기 위한 실용적인 목적으로 인식되어 온 것으로 평가하였다.

또 교사교육의 효과를 높이기 위한 다양한 방안들이 제안되었으며 이를 중심으로 교사교육 연구의 흐름이 형성되어 왔다고 할 수 있다. 이와 같은 연구는 교사교육 현실의 문제를 해결하는 데 일차적인 관심을 두는 개선 지향적 접근법(이홍우, 1992)으로 특징지을 수 있다.

김병찬, 유경훈(2013)은 우리나라 교원교육 분야 전문 학술지인 ≪한국교원교육연구≫에 게재된 논문을 토대로 우리나라 교원교육 연구 동향을 분석하였다. 이 연구에서는 1984년부터 2012년 사이에 한국교원교육연구에 발표된 총 743편의 방대한 논문을 연구 주제와 연구방법 등 두 측면에서 주요 특징을 분석하였다. 분석 결과를 정리하면 첫째, 연구 주제 측면에서 우리나라 교원교육 연구는 ① 연구 분야의 다양성, ② 교사에 대한 연구와 교사교육에 대한 연구의 미분화, ③ 교사교육 철학이나 관점 연구의 미흡, ④ 이론 연구보다 현장 연구 위주 등 네 가지 특징이 있는 것으로 분석하였다. 둘째, 연구방법 측면에서는 ① 연구방법의 다양화, ② 양적 연구 편중 현상의 심화 등의 특징이 있는 것으로 분석하였다.

또한 교원교육 분야의 연구는 다층적인 차원에서 매우 광범위하게 이루어지고 있고, 직전교사교육, 입직교육, 현직교사교육 등 교원교육의 범위가 넓고, 대학의 교수들뿐만 아니라 연구기관의 연구원, 각 교사교육기관의 담당자, 국가 및 교육청의 담당자 등 매우 다양한 주체들이 교원교육 분야를 연구하고 실행하고 있다는 점도 주요 특징으로 들고 있다. 김병찬, 유경훈(2013)의 연구는 ≪한국교원교육연구≫에 발표된 논문으로 한정하여 교원교육 연구 동향을 분석하였다는 점에서 한계가 있지만 우리나라 교원교육 분야 연구 동향의 한 특징을 보여 주고 있다는 점에서 의의가 있다.

다. 교사교육 연구의 발달과 관련된 주요 요인

대부분의 역사가 그렇듯이 교사교육 연구의 발달도 다양한 요인에 영향을 받아 진전되어 왔다고 할 수 있다. 여기서는 교사교육 외부의 정치, 경제, 사회 변화보다는 교사교육 연구에 보다 직접적인 영향을 미친 주요 변화를 살펴본다. 교사교육 연구의 역사를 분석한 코크란-스미스가 디머즈와 함께 발표한 연구(Cochran-Smith & Demers, 2008)는 교사교육 연구의 변화를 설명하는 요소로 교육 연구 패러다임과 연구방법, 교사학습과 교사발달, 교육 책무성에 대한 이해, 인식의 변화를 제시하고 있다.

1) 교육 연구 패러다임과 방법의 변화

교육 연구 전반에서 연구 패러다임은 실증주의에서 포스트모더니즘으로 전환되고 있으며 이러한 변화는 교사교육 연구에도 영향을 미치고 있다(Cochran-Smith & Demers, 2008). 1970년대 말부터 교육 연구에서 인지과학, 인류학, 해석적 접근이 발달하면서 교수(teaching)와 학습에 대한 인식도 변화되었다. 즉, 가르치는 일은 단순한 사실을 전달하는 것이 아니라 질문을 제기하고, 학생, 부모와 관계를 형성하고, 다른 전문가와 협력하며, 다양한 데이터를 해석하고, 다양한 배경과 능력을 가진 학생의 욕구를 충족하고, 실제 문제를 해결하는 것을 포함하는 복잡한 활동으로 이해되고 있다. 학습 또한 단지 정보를 얻는 것이 아니라 이전의 지식과 경험에 기초하여 이루어지는 것이며, 단순한 사실이 아니라 사용 가능한 지식을 개발하고 정보를 이해하고 조직하는 과정으로 이해되고 있다(Cochran-Smith & Demers, 2008: 1010).

이러한 교육 연구 패러다임과 방법론의 변화로 교사교육의 과정(process)에 보다 초점을 두는 새로운 연구 주제들이 다루어지고 있다. 교실 환경·맥락에 관한 연구, 학급 생활의 사회적 관계와 조직, 교수학습의 맥락과 문화에 초점을 두는 연구들이 그 예이다. 코크란-스미스와 디머즈(Cochran-Smith & Demers, 2008: 1010)에 의하면, 1970년대 말부터 교사교육 연구의 초점은 교사의 행동에서 교사의 지식, 학습, 사고, 아이디어로 전환되었으며, 교사의 태도, 신념, 가치가 시간의 경과에 따라 어떻게 변하는지 또는 변하지 않는지를 탐구하는 연구들이 보다 활발하게 이루어지고 있다.

2) 교사학습, 교사발달에 대한 이해의 변화

연구 패러다임의 변화와 함께 1970년대 이후 교사학습, 교사발달, 교사의 역할을 이해하는 방식도 달라졌다고 할 수 있다. 1970년대 말부터 교사학습에 대한 새로운 이미지, 새로운 교사교육 모델, 교사 전문성 발달을 이해하는 새로운 패러다임이 논의되고 있다. 이에 따라 교사학습은 교사양성과정에서 한 번에 이루어지는 것은 아니며, 전문성 개발(발달)은 교사들이 자신의 일에 대해 어떻게 생각하는가에 대한 연구에 기초하여 다양한 정보를 얻을 수 있다는 점이 부각되고 있다.

또한 교사들이 무엇을 행하는가에서 무엇을 아는가, 교사지식의 원천은 무엇인가, 그러한 지식의 원천이 그들의 학급 활동에 어떤 영향을 주는가 등에 대한 논의가 활발해지고 있다. 교사학습과 교사발달에 대한 이러한 새로운 접근은 구성주의와 연계된다. 교사학습은 장시간에 걸쳐서 이루어지며 이전 지식을 새로운 이해와 연결하는 적극적인 학습이 필요한 것으로 이해되고 있다.

3) 교육 책무성에 대한 인식의 변화

교사교육 연구에 영향을 미치는 또 다른 요인은 교육자, 정책결정자, 일반대중 등이 교육 책무성을 이해하는 방식의 변화이다. 공립학교는 늘 책무성 요구를 받아왔지만 책무성의 내용(정의), 학교교육의 질에 대한 기대는 계속 변화되어 왔다. 1950~60년대 미국의 책무성 논의가 학교 자원의 효율적인 활용, 효율성에 초점을 두었다면 이후 정치, 경제, 사회 변화로 책무성의 초점은 결과에 집중되었다.

특히 1980년대 교육개혁 보고서들은 학생들의 학업성취 수준을 높이기 위한 새로운 기준 설정, 교육과정 개정, 졸업 요건 강화 등을 주요 책무성 정책으로 제안하였다(Holmes Group, 1986; National Commission on Excellence in Education, 1983). 이러한 표준 및 책무성 운동은 1990년대 이후 교사교육 정책과 연구에서 투입보다 산출을 중시하는 변화를 초래하였다. 또한 1990년대 중반에는 교사교육에서 과정이 중시됨에 따라 예비교사들이 가르치는 것을 어떻게 학습하는가, 신념, 태도의 변화, 학습을 지원하는 맥락, 교수 지식 등에 대한 연구가 강조되었다. 교사교육 연구와 정책에서 강조점의 변화(투입에서 산출, 과정)는 교육 책무성 변화와 연계되어 있다.

4. 교사교육 연구의 미래 방향과 과제

교사교육 연구는 교사교육의 내용과 방법, 교사(교육)의 효과에 영향을 미치는 다양한 요인들을 확인하고 실제 문제를 해결할 수 있는 자료, 근거를 제공해준다. 교사교육 연구에서 향후 탐구할 주요 주제, 연구 방향은 다양한 연구자들에 의해 제시되고 있으며(Ducharme & Ducharme, 1996; Yarger & Smith, 1990; Cochran-Smith & Fries, 2008; 박상완, 1999; 김병찬, 유경훈, 2013; 송경오, 2014) 이는 교사교육 분야에서 탐구할 가치가 있고 유망한 연구가 무엇인가를 확인하는 데 도움을 준다. 선행연구를 종합하여 교사와 교사교육 연구의 미래 방향과 과제를 정리해보면 다음과 같다.

(1) 교사교육의 과정에 주목하여, 교직 지원자의 다양한 특성 중 교직에서의 성공을 예견할 수 있는 요소는 무엇인가? 교직 적·인성 검사는 예비교사의 교직 수행 능력을 얼마나 예측할 수 있는가? 교직 적성과 잠재력을 가진 예비교사를 선발하기 위해 고려해야 할 요소는 무엇인가? 등의 문제를 탐색할 필요가 있다. 이러한 질문에 답하기 위해서는 예비교사를 대상으로 이들의 특성, 교사교육 경험, 교원임용 준비 과정, 교직 입직 이후 교직 생활에 이르기까지 장기간에 걸친 종단연구가 필요할 것이다. 이러한 종단연구는 양적 연구를 기반으로 하되 질적 연구를 토대로 횡단적 분석을 보완할 필요가 있다.

(2) 교사들이 교수 지식과 기술을 습득하는 최적의 시기는 언제이며 그 경로와 방법은 무엇인가? 예비교사들은 대체로 대학에서의 교사양성교육이 교직 수행에 도움이 되지 않거나 만족스럽지 않다고 평가한다(김갑성 외, 2009). 이러한 상황을 고려할 때, 예비교사들이 교사교육을 통해서 무엇을 학습하는지, 이는 실제 교직 수행에 어떤 면에서 도움이 되는지, 현직교사들은 교사 연수를 통해 무엇을 학습하며, 교사의 교수 지식, 교사 전문성은 언제, 어떻게 개발되는가에 대한 심층적인 연구가 필요하다. 이러한 연구는 교사교육이 이루어지는 다양한 사회, 정치, 문화적 맥락에 대한 이해를 기반으로 해야 할 것이다.

(3) 교직의 여성화에 비해 학교 관리직, 교사교육자 중 여성 비율이 낮은 이유는 무엇인가? 최근 초·중학교의 학교 관리직 중 여성의 비율이 점차 높아지고 있지만 학교급에 따라 차이가 있다. 대체로 초등학교와 중학교 단계에서 여성 관리자의 비중이 높은 반면, 고등학교에서 학교 관리자는 대부분 남성이다. 학교급에 따라 차이가 나는 이유는 무엇인가? 교사교육이 남학생과 여학생에게 미치는 영향은 차이가 있는가? 학교급, 성별에 따라 교직 수행 및 교사 경력 개발의 차이, 학교 관리자의 성별에 따른 리더십 차이, 이러한 차이가 각 성별의 교사에게 미치는 영향 등 교사교육, 교직 수행에서 성별을 고려한 연

구가 필요하다.

(4) 교사교육에서 널리 활용되고 있는 (반성적) 저널 쓰기, 포트폴리오의 가치와 효과는 무엇인가? 교사교육에서 사례 활용의 효과는 무엇인가? 등에 답할 수 있는 다양한 연구가 필요하다. 더샴과 더샴(Ducharme & Ducharme, 1996)은 일찍이 교사와 교사교육 연구에서 사례연구가 널리 활용되고 있지만 사례연구 결과가 교사교육 실제에 어떻게 활용되고 있으며 교사교육의 질을 높이는 데 기여하는가에 대한 실증적인 데이터는 부족하다고 비판한 바 있다. 이 비판은 우리나라에도 적용될 수 있다. 국내 교사교육 연구에서 저널 쓰기, 포트폴리오 활용에 대한 연구는 상대적으로 유아교육, 특수교육 분야에서 보다 활발하게 이루어지고 있다(예: 임승렬, 2000). 김병찬(2009)은 중등 교직과목 수업에서 저널 쓰기의 의미를 분석한 바 있다. 저널 쓰기, 포트폴리오, 문제해결법 등 교사교육 실천과 연계될 수 있는 교사교육 연구가 보다 다양하게 이루어질 필요가 있다.

(5) 교사들의 경력이 쌓이고 성숙함에 따라 교사들의 교육 현상에 대한 이해, 학습자에 대한 태도, 자기 개념, 신념에 어떤 변화가 일어나는가? 교사의 생애 발달 과정과 주요 특징은 무엇인가? 교사를 대상으로 하는 장기 연구(종단연구)의 필요성에 대한 논의가 이루어지고 있다는 점(최인희 외, 2019; 박소영 외, 2017)은 주목할 만하다. 이러한 연구 결과는 현장 교사에 대한 이해를 높이는 데 도움이 될 뿐 아니라 교사교육의 내용과 방법, 교사교육 프로그램 설계에 활용될 수 있다.

김병찬, 유경훈(2013)은 ≪한국교원교육연구≫ 학술지 논문에 나타난 교원교육 분야 연구 동향 분석에서 교사에 관한 연구와 교사교육에 관한 연구가 구분, 분화되지 않은 것을 문제로 제기하고, 교사교육 연구 및 실행을 활성화하고 발전시키기 위해 교사교육 연구의 특성화 및 활성화, 교사교육 연구의 학문적 기반 강화가 필요하다고 제안한다. 그러나 교사에 관한 연구와 교사교육에 관한 연구를 이와 같이 엄밀히 구분할 필요가 있는지는 논의가 필요하다. 교사교육 연구는 교사에 관한 연구, 교수에 관한 연구와 상호 밀접하게 관계되어 있으며 이들 연구를 기반으로 교사교육의 이론과 실제는 보다 발전할 수 있을 것이기 때문이다.

로티(Lortie, 1975/2017: 397)가 지적하듯이 교직 변화에 관심 있는 사람들은 교사들의 신념과 성향을 고려해야 하며, 이는 교사교육 연구의 발전에도 기여한다. 교사의 성향, 신념, 일상적인 수업, 교수 상황에서 학생의 학습에 영향을 주는 조건, 교사의 성향이 학생들에게 미치는 영향 등에 관한 연구, 즉 교사에 관한 연구와 교수에 관한 연구는 교사교육 연구의 주제를 보다 확장하고 심화시키는 데 기여하는 것으로 보아야 할 것이다.

(6) 교사교육자의 특징은 무엇인가? 우리나라에서 교사교육자에 대한 연구 즉, 교사교육자에 관한 인구통계학적 데이터와 그 의미에 대한 연구(Ducharme & Ducharme, 1996)는 매우 드물다. 국내에서 발표된 최근 연구로는 이효휘, 박창언(2019)을 들 수 있다. 이 연구는 교사교육자(teacher educators)를 주제어로 2008년부터 2018년까지 과학웹(Web of Science) 데이터베이스에 수록된 국제 학술지 게재 연구논문들을 대상으로 텍스트 마이닝과 언어네트워크 분석 방법을 활용하여 연구 동향을 분석하였다. 분석 결과를 토대로 기존 교사교육자 관련 연구는 교사교육자 이론, 양성과정, 정체성, 교사교육자의 연구 전문성 제고 등 측면에 집중되어 있으며, 향후 다양한 연구방법을 활용한 연구, 비교분석 연구가 필요한 것으로 제언하였다.

(7) 우리나라 교사교육에 대한 연구 영역의 범위를 분명하게 하는 학문적 정체성 수립을 위한 다양한 연구가 필요하다. 송경오(2014)는 미국, 핀란드 등의 교사교육 연구가 교사교육의 하위 주제, 영역인 교사교육 교육과정, 교육내용, 교육방법, 교육실습, 교사교육 담당자 등으로 세분화되어 있는데 비해 우리나라의 교사교육 연구는 매우 포괄적이라는 문제를 제기하고 있다. 이에 따라 교사교육의 학문적 경계를 명확히 하고 교사교육의 중핵적인 연구 영역, 연구 내용을 심도 있게 연구할 필요가 있음을 제안하였다.

(8) 교사교육의 철학적 논의, 교사교육의 관점 및 이론을 제공할 수 있는 연구와 교사교육의 실제를 분석하는 연구, 실제 지향적 연구가 조화를 이룰 필요가 있다(송경오, 2014). 관련하여 정윤경(2013)은 교사교육에서 다루어야 할 이론적 연구 주제로서 교사 본질에 대한 탐구, 교사관과 교직윤리, 교사교육의 논리적 가정에 대한 비판, 교사교육의 내용과 방법적 대안 모색, 교사교육 제도 및 정책 개선, 교사 전문성 개념에 대한 비판, 교사교육에서 교육철학의 적합성에 대한 문제의식 검토 등을 제안한 바 있다. 교사교육 분야가 학문 분야에서 견고하게 서기 위해 교사교육과 관련된 이론 연구가 보다 확대되고 활성

화될 필요가 있다(송경오, 2014: 246).

(9) 연구방법 측면에서 양적 연구와 질적 연구 간 균형이 필요하다. 송경오(2014: 246)는 우리나라 교사교육 연구가 양적 방법에 지나치게 편향되어 있어 이에 대한 성찰적 자세가 필요하다고 지적한다. 즉, 우리나라에서 최근 연구의 과학화가 강조되면서 교사교육뿐 아니라 교육학 분야 전반에서 문헌연구, 이론연구가 퇴조하고 경험연구, 질적 연구보다 양적 연구가 증가하는 경향이 있다는 것이다. 연구방법은 연구 문제에 따라 정해진다는 점에서 볼 때, 이는 우리나라 교사교육 연구는 양적 연구에 적합한 연구 문제에 집중되고 있음을 시사한다.

그러나 송경오(2014)는 연구의 과학화를 강조하는 미국의 교사교육 연구에서, 문헌연구와 질적 연구가 거의 80% 이상을 차지하고, 양적 연구방법은 대규모 조사 분석을 할 필요가 있는 연구 문제에서만 활용하고 있다는 점에서 우리나라와 매우 대조적이라는 점을 지적하고 있다. 우리나라 교사교육 연구에서 연구방법론의 균형이 필요하다는 것은 교사교육 연구 주제, 영역에 변화가 필요함을 시사한다.

(10) 현장 교사들의 교사교육 연구 참여를 장려해야 할 것인가? 연구자로서 교사와 전문 실천가로서 교사의 역할은 어떻게 구분, 통합될 수 있는가? 전문 연구자와 교사 연구자가 교사교육 연구에 기여하는 바는 어떻게 차별화될 수 있는가? 교사들은 기존의 연구가 비실제적이고 타당성이 없는 것이라고 비판하는데 이는 교사들이 당면하는 실제적인 어려움에 대한 관심에서 이루어지는 연구는 거의 없기 때문이다(Lortie, 1975/2017: 405). 이에 따라 교사들은 현장의 문제를 다룬 실행연구를 수행하거나 대학원에 진학하여 전문 연구자가 되기도 한다.

관련하여 로티(1975/2017)는 대학원이 능력있는 교사들을 교실로부터 끌어내어 교육청의 행정직이나 대학 교수직으로 보내고 있으며, 박사학위는 교사가 학급 문제 관여하는 것과의 결별을 상징하는 것으로 이해되고 있음을 지적한 바 있다. 이것은 가르치는 일이 학교 경영이나 대학교육보다 덜 중요하다는 인상을 줄 수 있다는 점에서 문제가 될 수 있다. 로티도 지적하듯이 교사-연구자의 역할을 담당할 사람을 뽑아서 양성하는 일은 조심스럽게 이루어져야 한다.

교사-연구자는 학교, 학급 현실 문제에 대한 보다 나은 해결 방안을 탐색하는 한편 가르치는 문제를 직접 연구하기도 한다. 또 자신의 주도 하에 연구를 수행하거나 같은 주제에 대해 연구하려는 동료교사를 도와줄 수 있다. 이러한 교사-연구자는 외부 연구소, 대학의 연구원 간 연결고리가 될 수 있으며, 연구 아이디어를 전달해주고 유용한 연구 결과를 전파시킬 수 있다(Lortie, 1975/2017: 405). 교사-연구자의 정체성, 연구자로서 교사의 역할, 교사교육에 주는 시사점 등에 대한 논의, 연구가 보다 활성화될 필요가 있다.

5. 소결

이 장에서는 교사와 교사교육 연구 주제와 동향, 교사교육 연구의 미래 방향과 과제를 분석하였다. 교사교육 개선은 개인의 경험, 과거의 관행, 정치적 결정이 아니라 과학적·체계적 연구와 이론에 기반을 두고 연구를 통해 확인된 증거에 기초하여 이루어져야 한다는 점에서 교사교육 연구는 중요하다.

교사교육 연구는 교사교육의 학문적 정체성을 명확히 할 뿐 아니라 교사교육의 내용과 방법, 교사교육 실제의 이해와 개선, 교사교육과 관련된 첨예한 쟁점이나 정책 현상을 분석하고 대안을 제시하며 정부 정책에 논리적으로 대응할 수 있는 기반을 제공할 수 있다. 교사교육 정책 결정을 위한 이론적·실증적 근거를 제공한다는 점에서 교사교육 연구는 증거/연구기반 교원정책을 실현하는 데 기여할 수 있을 것이다.

그러나 교사교육 연구와 교사교육 문제(해결)의 관계는 복합적이다. 문제에 대한 교사교육 연구 결과가 다르게 나타날 경우 연구에 대한 불신을 야기할 수도 있다(Cochran-Smith & Fries, 2008). 또한 연구 결과가 난해하고 전문 용어로 표현될 경우 정책 입안자는 연구 결과를 이해하기 어려워 무시할 수 있다. 반면 연구 결과가 합리적이고 경험적으로 이해할 수 있는 것이라면 상식과 다를 바 없는 것으로 인식될 수 있다(Lee & Yarger, 1996).

이 점에서 교사교육 연구가 현실의 문제 해결을 위한 개선 지향적 연구, 교원정책 결정을 위한 기초 정보를 제공하는 연구로 한정되는 것은 경계해야 할 것이다. 교사교육 연구가 발전하기 위해서는 교사교육의 이론적 기반을 강화할 수 있는 다양한 이론 개발과 교사교육 연구 주제의 확장, 교사교육 연구방법론의 발달과 정교화, 교사교육 연구 공동체 활성화 등이 요구된다.

제4장 교사와 교사교육 연구방법

교사와 교사교육 연구에서 활용되는 연구방법은 양적 연구와 질적 연구로 크게 대별할 수 있지만 연구 주제에 따라 세부적인 연구방법은 차이가 있다. 연구방법은 연구자가 연구 문제를 다루기 위해 선택한 지적 전략으로 연구자의 이전 교육 경험, 맥락과 연구 문제에 따라 선택된다(Lee & Yarger, 1996). 교사교육 연구에서는 문헌연구, 양적 연구, 질적 연구가 다양하게 활용되고 있다. 대체로 1980~90년대 이후 질적 연구방법이 점차 널리 활용되고 있지만 일반화를 위해 양적 연구들도 여전히 교사와 교사교육 연구에서 중요한 위치를 차지하고 있다.

우리나라의 경우 최근 교사를 대상으로 하는 종단조사 설계가 이루어지고 있고(예: 박소영 외, 2017; 최인희 외, 2019), 한국교육개발원의 한국교육종단연구와 시 · 도교육청(서울, 경기, 부산 등)에서 실시되는 교육종단연구 등에서 교사를 대상으로 한 다양한 설문조사가 시행되고 있다. 국제적으로는 2008년, 2013년, 2018년에 각각 시행된 OECD 교수학습국제조사(TALIS), 미국에서 2년 주기로 공립 초등학교와 중 · 고등학교에 재직 중인 교사와 교장을 대상으로 데이터를 수집하는 교사와 교장 설문조사(National Teacher and Principal Survey)를 들 수 있다.

이러한 교사 대상 설문조사들은 양적 연구를 위한 주요 데이터를 제공함으로써 양적 연구 활성화에 기여하고 있다. 한국교육개발원과 일부 시·도교육청은 교육종단연구(조사) 데이터를 활용한 연구 결과를 발표하는 학술대회를 매년 개최하고 있으며, 이러한 연구를 통해 교사와 가르치는 일의 특성, 교육활동의 효과성을 검증하는 다양한 연구들이 이루어지고 있다. 대규모 데이터를 활용하지 않고 연구자들이 자신의 연구 목적에 맞는 조사 연구를 설계·실시하는 연구 결과도 지속적으로 발표되고 있다. 이러한 양적 연구뿐만 아니라 면담조사, 생애사 연구, 근거이론을 활용한 질적 연구도 교사와 교사교육 연구에서 점차 다양해지고 있다.

이 장에서는 양적 연구방법으로서 실험연구와 설문조사 연구를 간략하게 정리하고 국내 교사교육 연구에서 자주 활용되는 설문조사 데이터인 한국교육개발원의 한국교육종단연구와 OECD TALIS의 교사 대상 설문 문항을 분석한다. 또한 최근 교원을 대상으로 하는 국가 수준의 종단연구인 교원종단연구 설계(최인희 외, 2019), 서울시교육청에서 설계한 서울교원패널(가칭) 설계(박소영 외, 2017; 박상현 외, 2018), 서울교원종단연구 2020(정송, 2020)의 주요 내용을 소개한다. 이들 연구는 교원을 대상으로 한 조사 연구를 설계한 것으로서 교사와 교사교육 연구와 관련된 주요 주제를 확인하고 향후 연구를 위한 기초자료로 활용될 수 있을 것이다. 질적 연구방법으로는 사례연구방법의 주요 특징과 국내 연구 사례를 분석한다.

1. 교사교육 연구방법론

교사교육 연구에서 활용되는 연구방법은 양적 연구와 질적 연구로 크게 구분되지만 문헌·이론연구, 역사·철학연구 등과 같이 양적 연구나 질적 연구로 범주화하기 어려운 연구 분야들도 있다. 교사교육 연구에서 어떤 연구방법을 활용할 것인가는 연구자의 인식론적 배경, 문제 인식, 연구 문제에 따라 달라진다. 기본적으로 연구 문제가 방법론을 결정하며, 연구 질문과 연구방법론을 일치시키는 것은 일관성 있는 교사교육 연구의 의제 개발과 실행을 위해 해결해야 할 중요한 문제 중 하나이다(Yarger & Smith, 1990).

또한 어떤 연구방법을 사용하든 연구의 타당성(연구 결과의 적합성), 신뢰성(연구 결과의 일관성), 일반화 가능성(연구 결과의 적용 범위)은 연구의 내적인 질을 결정하는 중요한 요소이다. 연구방법에 따라 이들 세 가지 요건을 충족하는 정도와 방식은 상이하며 경우에 따라 이들 요소는 상충되기도 한다. 연구는 이러한 한계 내에서 최선의 조건을 충족하기 위한 과정이라 할 수 있다(Lee & Yarger, 1996). 교사와 교사교육 연구에서 활용되는 주요 연구방법을 정리하면 다음과 같다.

가. 양적 연구

1) 실험연구와 준 실험연구

실험연구(experimental study)의 목적은 독립 변수와 종속(또는 결과) 변수 사이의 원인-영향 관계를 확인하기 위해 이미 존재하는 관계를 시험하거나 가설, 이론을 세우고 이를 검증하는 것이다. 무선 표집을 통해 많은 경쟁 가설을 통제하고 이후 확률 이론을 사용하여 경쟁 가설의 신뢰성을 설명한다. 준 실험연구는 원인-영향 관계에 대한 가설을 시험한다는 점에서는 실험연구와 동일하지만 실험연구보다 상대적으로 덜 강력한 모델을 검증하는 연구라 할 수 있다. 그러나 실험연구와 준 실험연구는 교육 분야뿐 아니라 실제 상황에서 적용하는 데 제한되는 경우도 있다(Lee & Yarger, 1996).

교사교육 연구 분야에서 실험적인 연구는 대체로 소규모 단위로 이루어지며, 특정 과정이나 프로그램에 피실험자를 상제 배정하는 것이 불가능할 경우 연구자는 자기 선택을 통해 피실험자를 독립집단에 임의 배정하기도 한다. 또 일부 연구는 비교 가능한 대조군 그룹을 식별하기 어렵거나, 비용이 너무 많이 들거나, 참가자 풀이 너무 적거나, 비윤리적인 경우 실험집단만을 포함하여 연구를 진행하기도 한다(Lee & Yarger, 1996).

교사교육 분야에서 (준) 실험연구방법은 대체로 교수방법의 효과를 분석한 연구들에서 찾아볼 수 있다. 예를 들어, 최근 교사교육 방법으로 활용되고 있는 문제중심학습(PBL)을 적용한 수업효과 분석연구(김수진, 이미숙, 2019; 이정은, 2019)가 이에 해당된다. 교사교육에서 문제 기반 학습 활용에 대해서는 제17장에서 보다 상세히 다루었다.

2) 조사 연구(survey research)

조사 연구는 표본을 통해 수집된 정보를 바탕으로 특정 쟁점에 대한 모집단의 특성이나 인식을 추정하는 연구이다. 조사 연구의 목적은 확률 이론에 근거하여 표본으로부터 표본오차의 일정한 범위 내에서 모집단의 특성을 일반화하는 것이다. 이러한 조사 연구의 중요한 과제는 오류를 줄이고 모집단에 대한 추론의 정확성을 높이는 것이다(Lee & Yarger, 1996). 조사 연구는 표집을 통해 모집단에 대한 정보를 얻을 수 있는 매우 경제적인 방법이지만 타당하고 신뢰할 수 있는 결과를 얻으려면 많은 전문지식이 필요하다.

조사 연구는 교사와 교사교육 연구에서 자주 활용되는 방법으로 교사교육 프로그램에 대한 학생의 인식, 교사교육이 학생들에게 적절한 경험을 제공하는지 평가하고 그 성과를 확인하는 데 유용하다. 그러나 무선 표집을 활용하지 않거나 연구 대상이 특정 지역에 한정될 경우 일반화하는 데에는 한계가 있다. 또한, (예비)교사들의 자신에 대한 인식이나 교사교육 프로그램에 대한 판단이 주관적이거나 편견에 근거할 수 있으며, 조사 연구의 세부적인 내용(문항)의 적절성, 조사도구 개발 및 타당화 부족 등의 문제가 있을 수 있다.

또한 최근에는 생명윤리 및 안전에 관한 법률 제정(2004년 1월 제정, 2005년 1월부터 시행), 인간을 연구대상자로 하는 연구에 대한 심의를 위한 연구윤리심의위원회(Institutional Review Boards, IRB) 설치 · 운영 등 인간 대상 연구에 대한 규제가 엄격해지면서 개인 연구자가 조사 연구를 설계하고 데이터를 수집하기보다 기존 조사 연구 데이터를 활용하는 사례가 점차 늘어나고 있다. 국내에서 교사와 교사교육 연구를 위해 주로 활용하는 데이터로는 한국교육개발원의 한국교육종단연구, 일부 시도교육청에서 실시하고 있는 교육종단연구(예: 서울 · 경기 · 부산교육종단연구), OECD TALIS 등을 들 수 있다. 아울러 한국교육개발원과 서울시교육청은 최근 교원을 대상으로 한 조사 연구로 교원종단연구와 서울교원패널(가칭), 서울교원종단연구 2020을 추진하고 있다. 이에 대해서는 제3절에서 보다 상세하게 분석한다.

나. 질적 연구

1) 사례연구

사례연구(case studies)는 최근의 교사와 교사교육 연구에서 널리 활용되고 있지만 연구방법으로 명확하게 정의되고 있지 않다(Lee & Yarger, 1996). 이에 따라 야잔(Yazan, 2015)은 교육 분야의 주요 질적 연구자인 인(Yin), 스테이크(Stake), 메리암(Merriam)의 대표 저작을 비교하여 사례연구의 특징을 체계적으로 분석한 바 있다.

리와 야거(Lee & Yarger, 1996)는 인식론적 차이를 중심으로 사례연구의 접근 방식을 세 가지로 정리하였다. 첫째, 실증주의에 기반을 둔 인(Yin, 2002)의 접근 방식이다. 인(2002)은 사례연구는 실제 맥락 내에서 현대적인 현상을 조사하며, 현상과 맥락 사이의 경계가 명확하게 드러나지 않을 때 여러 가지 근거를 사용하는 실증적 연구로 정의한다. 인의 사례연구는 조직 및 경영 연구에서 가장 일반적으로 사용된다(Lee & Yarger, 1996). 둘째, 인지과학 전통에 기반을 두는 접근법이다. 이 접근 방식은 다양한 질적 방법을 이용하여 상이한 패턴을 발견하고 집단을 분류한 후, 각 집단의 일반적 사례 패턴을 제시한다. 셋째, 서술적 연구 전통에 근거를 둔 접근법이다. 이는 상황적 요인에 대한 상세성과 명확성을 동시에 추구하는 반면 한 번에 한 가지 사례 또는 매우 적은 수를 다루도록 연구자를 제한한다는 한계가 있다. 또한 용이성과 단순성으로 일부 연구자가 무모하게 연구를 수행할 우려가 있으며, 다른 연구방법을 활용한 더 심층적인 정보를 만들어 내지 못한다는 한계가 있다(Lee & Yarger, 1996).

인의 실증주의 사례연구는 개념, 구조 및 광범위한 교사교육 프로그램이나 기관을 설명하는 데 유용하다는 점에서 널리 활용되고 있다. 인지과학 전통은 연구자가 교사들의 다양한 교육 경력 시점과 환경에 걸쳐 교사의 변화를 세심하게 관찰하고 설명하는 데 적합하며, 서술적 연구는 상대적으로 최근에 발전한 분야로 반성, 동료 간 소통과 협력을 통한 전문적 발달을 분석하는 데 활용되고 있다(Lee & Yarger, 1996).

2) 문화기술연구법

인류학에서 흔히 현장연구라고 불리는 문화기술연구법(ethnography)은 삶의 방식 또는 식별 가능한 집단의 문화에 대한 연구를 수행하는 것을 말한다(예:

교사교육자의 삶 이해에 관한 연구). 연구 대상자와 함께 생활하며, 사람들의 개념, 믿음, 관습 등 문화를 이해하는 데 초점을 둔다. 이에 따라 문화기술연구법 연구자가 연구의 핵심 도구라 할 수 있다. 연구의 신뢰성은 다양한 데이터 수집 방법 사용, 정보원의 다양성, 참여자의 다양한 관점 등을 활용하고 있는가에 의해 결정된다. 이해의 과정은 주관적인 경험과 집단의 일원으로서 통찰을 통한 문화의 객관적 이해를 모두 포함한다.

문화기술연구법의 장점 및 특징은 내부자의 관점에서 사회적, 문화적 의미를 풍부하게 서술할 수 있으며, 이론 검증이나 확인을 위한 다른 연구방법과 달리 문화나 특정 현상(에 관한 자료)을 기반으로 귀납적으로 결론을 도출하고 이론을 구축하는 것이다. 반면, 연구 환경에서 장기간 체류하기 위한 시간, 자원 및 노력 등 연구 수행에 수반되는 실질적인 문제가 있다. 교사교육 맥락에서 볼 때, 문화기술연구법은 현장에서 교사교육의 주요 쟁점, 관련 집단, 참여자를 만나고 이해할 수 있다는 장점이 있는 반면 본질적인 문제도 있다.

리와 야거(Lee & Yarger, 1996)는 교사교육 연구에서 문화기술연구법의 한계를 제시한 바 있다. 이는 첫째, 문화기술연구자는 새로운 결과를 제시하기보다 경우에 따라 친숙한 것을 친숙하지 않도록 만들기 위해 노력하거나 독자들이 지루해하지 않기 위해 노력해야 한다. 둘째, 교사교육의 처방적, 규범적 성격으로 인해 문화기술연구자의 개인적 경험과 신념은 객관적·분석적으로 수용되기 어렵다. 이러한 한계로 교사교육 연구에서 문화기술연구법을 활용한 경우는 드물며, 문화기술연구법을 사용한 경우에도 엄밀한 의미에서 문화기술연구가 아니라 문화기술연구 기법을 차용한 것이라는 평가를 받고 있다.

문화기술연구법을 활용한 국내 연구로는 수학교사의 신념과 교실 규범 연구의 이론적 기초를 탐색한 연구(조정수, 2001), 현장 교사의 자문화기술지를 통해 초등 교사양성기간(4년의 초등 예비교사기간) 동안 시간적 경과에 따라 기술한 연구(김재윤, 이동성, 2020)를 들 수 있다. 또 김병찬, 임종헌(2017)은 한국 교사들은 어떻게 살아가고 있는가라는 질문을 제기하고 교사의 삶을 다룬 기존의 질적 연구 자료를 활용한 2차적 문화기술연구방법(meta-ethnography)을 토대로 희노애락 관점에서 교사의 삶을 분석하였다. 교사와 교사교육 연구에서 문화기술연구방법을 활용한 연구는 상대적으로 적은 편이며, 대체로 현직 교사를 연구대상(참여자)으로 삼고 있다.

다. 역사·철학연구

1) 역사적 연구

역사적 연구는 과거에 대해 배움으로써 현재를 이해하는 것이다. 특정 학문과 밀접하게 연관되어 있고 뚜렷한 연구 기법을 가진 다른 조사 방식과는 달리 역사적 연구는 이론적 틀과 연구방법 모두 다방면에 걸쳐있다. 역사적 연구는 과거를 분석함으로써 과거를 현재, 경우에 따라서는 미래와 연결시킨다. 그러나 역사적 자료원의 확보 가능성, 정보의 진실성, 신뢰성, 인과관계와 상관관계의 혼동, 연구에 활용된 정량적 또는 정성적 연구방법의 한계 등 여러 한계가 있다.

교사교육 연구 맥락에서 역사적 연구가 활발하지는 않지만 교사교육의 역사 또는 교사양성기관(사범대학)의 역사를 분석한 연구들을 들 수 있다. 미국의 교사양성교육의 발달 과정을 분석한 연구로는 클리포드와 거쓰리(Clifford & Guthrie, 1988), 라바리(Labaree, 2004)를 들 수 있다. 라바리의 저서는 최근 『교사교육의 딜레마』라는 제목으로 번역본이 출판되었다. 국내 연구에서 교사양성교육의 역사를 분석한 김영우(1996)의 연구, 개화기 사범학교(한성사범학교)와 교원양성교육을 분석한 연구(한용진, 2006), 한국 사범대학 제도의 형성 과정을 분석한 연구(박수정, 2003) 등이 있다.

2) 철학적 연구

철학적 연구는 다른 연구방법과 달리 동일한 방법이나 절차를 고수하지 않으며, 이론의 개발이나 검증에서 데이터를 사용하기보다 논리에 의존한다. 철학적 연구는 데이터를 사용하지 않음에 따라 연구 맥락에 존재하는 제약으로부터 자유롭다. 철학적 연구는 규범적인 질문과 문제를 다루는 연구와 개념의 분석을 다루는 연구로 구분할 수 있다(Lee & Yarger, 1996). 앞 절에서 제시한 교사교육 관점, 패러다임을 분석한 국내외 연구들이 이에 해당된다(예: Zeichner, 1983, 노종희, 1994; 박상완, 2000).

또한 국내 연구로는 교사교육의 목적, 내용과 방법, 교사교육과 대학의 역할 면에서 피터스의 교사교육의 철학을 분석한 연구(이병승, 2011), 교사를 위한 교육철학적 반성의 개념적 의미를 아리스토텔레스의 실천적 지혜 개념을 통해 그 의미를 명료화하고자 한 연구(이가희, 양은주, 2016), 초중등학교 교사 교육 과목으로서 교육철학의 수업 목표와 교수방법상의 원리를 분석한 연구(한기철, 2019) 등을 들 수 있다. 특히 한기철(2019)의 연구는 교직과목 중 '현장성 결여'라는 비판에 가장 심하게 노출되어 있는 과목 중 하나인 교육철학은 교육 실천활동을 전문적으로 수행하는 교사들에게 가장 필요한 지식이며 예비교사들이 자율적 전문인으로서의 탁월성을 발휘하는 일에 직결되는 교과목이라는 점을 주장하고 있다.

교사교육 분야의 주요 연구 영역을 연구방법론을 중심으로 분석한 자이크너(Zeichner, 1999)는 5개의 주요 범주를 제시하고 있다. (1) 조사 연구(survey research), (2) 교사교육 프로그램에 관한 사례연구(case studies), (3) 개념 및 역사 연구, (4) 가르치는 법을 학습하는 것에 관한 연구, (5) 자기 연구(self-study)를 포함한 교사교육 활동의 본질과 영향에 대한 연구 등이다. 1990년 경 자기 연구의 발달은 교사교육 연구에서 주목할 만한 변화라 할 수 있다(Zeichner, 1999: 8).

이 범주는 상호 배타적이지 않으며 중첩되기도 한다. 최근에는 양적 연구와 질적 연구를 혼합한 혼합연구, 다학문적 접근이 이루어지면서 다양한 연구방법론을 활용한 교사교육 연구가 발전하고 있다. 아울러 프링(Pring, 2000/2015: 6)과 같이 양적 방법과 질적 방법, 과학적 패러다임과 해석적 패러다임을 예리하게 이원론으로 구분하는 것은 잘못이라고 보는 연구자도 있다. 이를 고려할 때, 연구방법을 구분하는 것은 연구의 성격을 명확히 하려는 것으로 연구를 배타적으로 범주화하기 위한 것은 아니라고 보아야 할 것이다.

2. 교사 대상 주기적·종단적 조사 연구

가. 교사 대상 조사(연구)의 필요성

교육의 질과 성과를 높이는 데 교사가 중요하다고 하지만 우리나라 교사의 특성을 체계적으로 파악할 수 있는 실증적인 자료는 부족하다. 그동안 교원을 대상으로 한 조사는 학생 데이터를 수집하는 과정에서 부가적으로 이루어지거나(예: KEDI 교육종단연구, TALIS, PISA), 교원 정책의 효과를 검증하기 위해 특정 시점에 일회성으로 이루어진 것이 대부분이었다(박소영 외, 2017; 박상현 외, 2018; 최인희 외, 2019). 이러한 연구들은 학생 대상 조사 연구에 교사 자료를 부가적으로 조사하는 것으로 교사의 특성을 분석하는 데 초점을 둔 것은 아니지만 교사와 교사교육에 관련된 다양한 정보, 아이디어를 제공하고 있다.

교사를 주요 대상으로 하는 주기적·종단적 조사 연구는 아직 설계 단계에 있기는 하지만 한국교육개발원의 교원종단연구(최인희 외, 2019)와 서울시교육청의 서울교원패널설계 연구(박소영 외, 2017; 박상현 외, 2018; 정송 외, 2018), 서울교원종단연구 2020(정송, 2018)이 있다. 두 기관에서 교사 대상 조사 연구를 추진하게 된 직접적 배경은 다소 차이가 있다. 한국교육개발원은 우리나라 교사의 특성에 대한 이해, 정부 정책을 뒷받침하기 위한 국가 수준의 교원종단조사가 필요하다고 본다면, 서울시교육청은 서울교원인사제도 운영의 효율화에 보다 초점을 둔다. 그러나 우리나라 교사의 특성에 대한 실증적이고 장기적인 자료를 수집·분석할 필요성은 두 조사 연구에서 공통적으로 지적하고 있다. 이하에서는 교사 대상 주요 조사 연구로 이들 네 연구의 주요 특징과 교사 대상 조사 내용을 분석한다.

나. 한국교육종단연구

1) 주요 특징

한국교육개발원의 한국교육종단연구는 초·중등학생의 인지적·정의적 발달 상황과 가정과 학교에서의 교육 경험을 확인하고 이러한 경험이 학생들의 인지적·정의적 발달에 어떠한 영향을 미치는지 파악하는 것을 주요 목적으로 하는 종단적 교육조사연구이다. 한국교육종단연구는 두 개의 집단(코호트)을 가지고 있는데 하나는 한국교육종단연구 2005이고, 다른 하나는 한국교육종단연구 2013이다. 한국교육종단연구 2005가 2011년 고등교육 단계로 이행됨에 따라 초·중등교육에 대한 정보를 수집하기 위해 2013년 초등학교 5학년을 대상으로 하는 새로운 한국교육종단연구 2013을 구축하였다(김양분 외, 2013).

한국교육종단연구 2005는 중학교에서 시작하여 중학교에서 고등학교 진학 과정과 고등학교에서 대학 진학 과정 등 상급학교 진학 과정에서 하급 학교의 교육경험과 결과가 어떤 영향을 미치는가를 파악할 수 있다. 한국교육종단연구 2013은 초등학교에서 시작하여 중학교에서 고등학교 진학, 고등학교에서 대학 진학을 위해서 초등학교에서 어떤 준비를 하는지를 고려한 것이다. 한국교육종단연구 2013의 제1단계는 초·중등교육 기간, 제2단계는 고등교육 기간 및 직업 생활 기간이다(김양분 외, 2013). 한국교육종단연구 2005와 한국교육종단연구 2013의 주요 내용은 〈표 4-1〉과 같다.

〈표 4-1〉 한국교육종단연구 2005와 한국교육종단연구 2013 비교

단계	조사 시기 및 기간		주요 조사 내용	주요 분석 내용
	2005 코호트	2013 코호트		
1단계	중학교 1학년 ~ 고등학교	초등학교 5학년 ~ 고등학교	• 학생의 인지적, 비인지적 성취와 발달 • 가정의 교육적 지원 • 중등학교의 교육수준 • 학교생활 및 교우관계 • 고등학교 진학 과정	• 학생의 인지적, 정의적 발달과 변화 • 초·중등학교 효과 • 사교육 및 선행학습 효과 • 각종 초·중등 정책 효과
	2005년~2010년	2013년~2020년		
2단계	고등학교 졸업 ~ 만 28세까지	고등학교 졸업 ~ 만 28세까지	• 인지적, 비인지적 성취 • 대학진학 및 대학생활 • 중등교육 이후 교육 경험과 수준, 진로 및 직업 획득 등	• 대학진학 효과 • 대학 및 대학교육 효과 • 초기 직업 획득에 영향을 미치는 요인 • 학교교육 및 각종 교육정책의 변화 과정, 효과 비교 분석
	2011년~2020년	2021년~2030년		

출처: 박소영 외(2017). p.19.

2) 한국교육종단연구의 교사 대상 설문조사 영역

한국교육종단연구 2005와 2013은 단계별, 설문조사 시기별로 조사대상 구성 및 설문 내용에 상당한 차이가 있다. 한국교육종단연구 2005에서 교사 대상 설문조사는 학생들이 중학교에 재학하는 기간 동안인 1차~3차 조사까지 실시되었으며, 조사대상은 담임교사였다.

한국교육종단연구 2005의 교사 대상 설문조사 항목은 교사 배경, 교사의 수업활동, 학교 인식, 자아개념 등 크게 네 영역으로 구성된다. 한국교육종단연구 2013에서 교사 대상 설문조사는 1, 2차 연도에만 실시하였으며, 조사 항목은 크게 6개 영역으로 구성되어 있다. 주요 조사 내용은 〈표 4-2〉와 같다.

〈표 4-2〉 한국교육종단연구의 교사 대상 설문 주제(영역)

한국교육종단연구 2005	한국교육종단연구 2013
교사 배경 특성: 성별, 연령, 교직배경, 담당업무, 교직단체	교사 배경 특성: 성별, 연령, 경력, 고용 형태
교사의 수업활동: 학급담임활동, 수업활동, 수준별 수업, ICT 활용, 검사평가 결과 활용, 과제 부여 및 수업 평가, 교육, 수업 지장 요인, 교사연수 경험	교직 이수 영역: 교직 동기, 교원자격증 취득 기관, 교원양성 교육과정에 대한 도움 정도(만족도)
학교에 대한 인식 학교의 비행 일탈 수준 인식, 동료 교사 인식, 학교장 지도성 인식, 학교 지원 인식	교사의 전문성 신장 영역: 최종 학력, 연수 현황, 수업 개선 활동
교사의 자아개념: 효능감, 만족도, 학업성취에 대한 교사 태도	교사 직무 영역: 업무, 담임 활동, 수업활동
-	학생 및 학교에 대한 인식 영역: 학생, 동료 교사, 학교장, 교육 활동에 대한 인식, 학교 교육목표에 대한 인식
-	자기인식 영역: 교사 효능감-교수 효능감, 생활지도 효능감, 만족도

다. OECD의 교수학습국제조사(TALIS)

1) 주요 특징

교원을 대상으로 정기적으로 실시되는 국제 조사로는 OECD에서 2013년 처음 실시한 교수학습국제조사(Teaching and Learning International Survey, 이하 TALIS)가 있다. TALIS는 교사 및 교수-학습 관련 데이터 수집을 목적으로 하는 5년 주기의 국제비교 연구이다. 이는 동일한 교원을 대상으로 조사하는 종단연구 방식은 아니며 5년마다 교원을 대상으로 설문조사를 실시하여 교원과 교수-학습 실태에 대한 현황 정보를 제공한다(박소영 외, 2017: 2). TALIS는 2008년 처음 실시되었으며, 2013년 2차 조사, 2018년 3주기 조사가 실시되었다.[5)]

TALIS는 기존의 OECD 교육지표 사업이 학생(학업성취) 중심으로 구성되고 있어 교직 환경, 교수-학습 등 교사와 관련된 교육 정보가 상대적으로 부족하다는 문제 인식에서 보다 객관적인 교원 자료 제공, 효과적인 교원정책 개발,

회원국 간 교원정책 비교 등을 목적으로 시작되었다(허주 외, 2016: 3). TALIS의 조사대상은 중학교 교원(교사와 교장)이며 중학교 수준의 참여를 기본으로 한다. TALIS 2013(2주기 조사)부터 초등학교, 고등학교, TALIS-PISA 연계 조사 참여를 추가로 선택할 수 있도록 하고 있다(허주 외, 2016: 3). 우리나라는 2018년 실시된 3주기 TALIS 조사에서 초등학교와 중학교 수준 참여를 선택하였다. TALIS 조사는 첫 단계에서 학교를 표집하고 두 번째 단계에서 학교 내 교사를 표집한다. 학교 표집 시 소속 교육청, 설립 유형, 지역의 인구 규모 등의 변수를 고려한 층화무선표집 방법을 적용하며, 각 학교 내에서 20명의 교사를 무선 표집한다.

2) TALIS 2018의 주요 주제(영역) 및 교사 대상 설문조사 내용

TALIS의 주요 주제(설문 내용)는 조사 시기별로 다소 변화되었다. TALIS 2018은 교사의 역할에 대한 인식, 평가, 보상이 어떻게 이루어지는가를 핵심으로 하며(허주 외, 2016), 주제는 초점과 수준의 두 차원으로 구분된다. 여기서 초점(focus)은 교사의 전문적 특성, 교육적 실천과의 관련성 정도를, 수준(level)은 주제가 논의되는 제도적 차원을 말한다(이동엽 외, 2018: 27).

TALIS 2018 주제는 교사 수준에서 6개 주제와 학교 수준에서 3개 주제, 그리고 최신 쟁점 2개 등 총 11개의 주제(조사 영역)가 선정되었으며 세부 주제 영역은 〈표 4-3〉과 같다.

〈표 4-3〉 TALIS 2018 주제

교사 수준	학교 수준	최신 쟁점
교사의 교수 활동과 신념	학교장 리더십	혁신
교사의 전문적 활동	학교풍토	다양성과 형평성
교사교육 및 초기 준비	인적자원 문제 및 이해관계자 관계	
교사의 피드백 및 전문성 개발		
직무 만족 및 동기		
교사 자기효능감		

출처: 이동엽 외(2019b). p.21의 표를 재구성함.

라. 한국교육개발원의 교원종단연구 설계

1) 목적 및 주요 특징

한국교육개발원의 교원종단연구는 향후 국가 수준에서 교원을 대상으로 하는 종단연구를 실시하기 위한 기초연구로 수행되었다. 이 연구에서는 문헌연구, 설문조사, 전문가 협의회, 델파이 조사를 토대로 우리나라 교사의 특성을 분석하기 위한 주요 변인을 도출하고 변인 간의 관계를 규명하는 개념모형을 개발하여 교원종단연구에서 활용할 수 있는 조사도구를 개발하고자 하였다. 이 연구에서 설정한 교원종단조사(연구)의 목적은 어떠한 특성을 가진 사람들이 교사로 입문하고 이들이 교직에 종사하면서 어떠한 교사로 성장·변화하는지를 파악하여 교사를 이해하고 지원하기 위한 근거자료를 수집하고 분석하는 것이다(최인희 외, 2019).

교원종단연구 설계를 위해 이 연구에서는 교사 특성에 관한 연구, 교원정책에 관한 연구, 교원의 발달과 생애에 관한 연구, 국내외의 교원 대상 설문조사(예: OECD TALIS, 미국의 교사 및 교장 설문조사, 신규교사 종단연구 등) 등 다양한 문헌을 수집·분석하였다. 또한 교사 대상 설문조사, 학교교육 전문가 대상 델파이 조사, 주요 전문가 의견을 종합적으로 검토하여 종단연구 설계를 위한 개념모형과 조사 항목을 도출하고 조사도구를 개발하였다. 또한 교사 특성 변인을 설정함에 있어서 교사의 특징과 변화를 분명하게 드러낼 수 있어야 한다는 점과 자기보고(self-report) 방식으로 장기간 반복해서 실시되는 종단조사에 적합해야 한다는 점을 주요 원칙으로 고려하였다.

이러한 원칙에 근거하여 이 연구에서는 교사의 교직 수행을 교사의 가치, 태도, 행동 등 세 가지 차원으로 구분하고, 이러한 교사의 가치, 태도, 행동은 교사의 개인적 특성뿐 아니라 교사가 근무하는 학교와 사회적 조건에 영향을 받게 된다는 점을 고려하여 개념모형을 설정하였다. 이 개념모형에 근거하여 조사 항목과 문항개발이 이루어졌다.

교원종단조사 실시 기간, 조사방법, 표본 구성 등과 관련하여 이 연구에서는 두 가지 방안을 제안하였다. 첫째, 교직 경력별 코호트 설계이다. 이는 교직 경력별로 신규교사, 교직 경력 10년차, 교직 경력 20년차 등 세 개의 코호트를 구성하여 10년간 동시에 추적·조사하는 방식이다. 둘째, 신규교사 코호트 설계이다. 이는 교원종단조사 시행 첫해에 신규교사를 대상으로 코호트를 구성하여 이들을 15년간 추적·조사하고, 첫 번째 구성한 코호트(신규교사)의 교직 경력이 6년차가 되는 해에 새롭게 신규교사 코호트를 구성하여 15년간 조사를 실시하는 것이다.

2) 교원종단조사 설문 내용

교원종단연구는 교사의 교직 수행을 가치, 태도, 행동 등 세 차원으로 구분하여 교사 특성을 파악하고자 하였다. 또한 교사의 가치, 태도, 행동에 영향을 미치는 요인은 교사 수준과 학교 수준으로 구분하고 각각을 배경요인과 과정요인으로 구분하였다. 교원종단연구의 조사도구(문항)의 주요 내용을 정리하면 〈표 4-4〉와 같다.

〈표 4-4〉 KEDI 교원종단연구 조사도구(문항) 구성

구분	영역		하위 요소
교사의 교직 수행 특성	가치		교육관, 교직관
	태도		교직경로 설정, 교사 효능감, 직무만족도, 소진, 교원정책에 대한 태도
	행동		수업 관련 교육활동, 전문성 개발 활동
교직 수행에 영향을 미치는 요인	교사 수준	배경요인	인구사회학적 배경, 교직 입문 정보, 현재 근무 정보
		과징요인	입무 수행(결징 권한, 비중, 스트레스)
	학교 수준	배경요인	학교정보
		과정요인	학교문화, 구성원 간 관계

출처: 최인희 외(2019)의 [부록 4] 조사도구(문항)를 토대로 정리함.

마. 서울시교육청의 서울교원패널 설계와 서울교원종단연구 2020

1) 주요 특징

서울시교육청의 서울교원패널(가칭)은 서울시교육청 소속 교원에 대한 체계적인 자료를 수집·관리·분석하기 위해 종단조사로 설계되었다. 박소영 외(2017)의 연구에서 서울교원패널 조사 설계와 조사 항목에 관한 기초연구를 수행하였고, 이를 바탕으로 박상현 외(2018)는 종단적 자료 구축을 위한 실행 방

안에 관한 연구를, 정송 외(2018)는 서울교원패널 문항개발 및 타당화 연구를 수행하였다. 2020년에는 서울교원종단연구 2020이 수행되었으며 서울교원패널에서 서울교원종단연구로 명칭은 변경되었으나 조사목적과 연구모형 등은 동일하다(정송, 2020).

서울교원종단(서울교원패널) 조사는 교원의 생애주기에 따른 성장과 변화를 다양한 측면에서 파악하고, 교원의 활동과 성장 및 변화에 영향을 미치는 요인(개인, 학교, 정책·제도 요인)을 검증하는 것을 주요 목적으로 한다. 교원의 성장, 변화를 조사하기 위해 종단연구로 설계하며 이들의 변화를 추적 조사할 수 있는 설문 영역과 문항을 개발하였다. 또한 교원의 전문성과 삶의 질 향상과 관련된 정책 제안을 위한 기초 자료를 구축함으로써 서울시교육청 교원인사와 교원정책 실행 등에 활용하고자 하였다.

서울교원종단(서울교원패널) 조사는 국내에서 처음으로 시도되는 교원 대상 종단 조사라는 점에서 의의가 있으며 조사대상과 조사목적 면에서 한국교육개발원의 교원종단연구 설계와 차이가 있다. 한국교육개발원의 교원종단연구가 우리나라 전체 교원을 대상으로 교육, 교원에 관한 다양한 쟁점을 다루는 데 비해 서울교원패널은 조사대상이 서울시 교원으로 한정되어 있으며 조사의 주요 목적 또한 서울시교육청의 교원정책 및 인사제도를 개선하는 데 있다는 한계가 있다(최인희 외, 2019).

서울교원패널의 기초 설계를 연구한 박소영 외(2017)는 경력에 따라 교사의 관심 영역이나 발달 단계 등이 변화한다는 선행연구에 기초하여 패널 조사는 신규교사, 5년차, 10년차, 15년차, 20년차, 25년차 교사 등 여섯 가지 패널을 제안하였다. 이를 토대로 패널 자료를 구축하기 위한 방안을 보다 구체적으로 탐색한 박상현 외(2018)는 경력별 코호트(1년, 5년, 10년, 15년, 20년, 25년)를 구성하여 단기간(6년 정도)에 반복적으로 조사하는 방안과 15년 정도의 장기적으로 조사를 하는 방안을 제안하였다. 서울교원종단연구 2020은 교직 경력별 코호트를 구성하여 추적하는 방안과 신규교사를 패널로 구축하여 추적하는 방안 등 두 가지 실행방안을 고려하고 있다(정송, 2020).

2) 조사 모형과 조사 내용

서울교원패널의 조사 모형과 조사 내용은 박소영 외(2017)의 연구와 박상현 외(2018)의 연구에서 다소 차이가 있다. 여기서는 박소영 외(2017)의 연구를 변화, 발전시킨 박상현 외(2018)의 연구에 제시된 내용을 살펴본다.

서울교원패널의 연구모형은 개인 및 가정 배경, 학교, 정책 및 제도는 교사의 전문성 개발 활동과 여가 활동에 영향을 미치고 이러한 활동이 교사의 역량과 삶의 질(웰빙)에 영향을 미치는 것으로 구성되어 있다. 여기서 역량은 객관적·인지적 성취도 수준을 나타내며, 웰빙은 주관적·심리적 측면의 만족도 수준을 나타내는 지표이다. 교사의 역량과 웰빙은 교사가 느끼고 행하는 활동인 교사의 전문성 개발 활동과 여가 활동에 영향을 받으며, 이는 개인 특성 및 가정 배경, 학교, 정책 및 제도와 같은 특성 변인에 영향을 받게 된다. 서울교원패널 연구모형은 [그림 4-1]과 같다. 서울교원종단연구 2020에도 그림의 모양은 다소 변형되었으나 변인과 모형은 그대로 활용되고 있다.

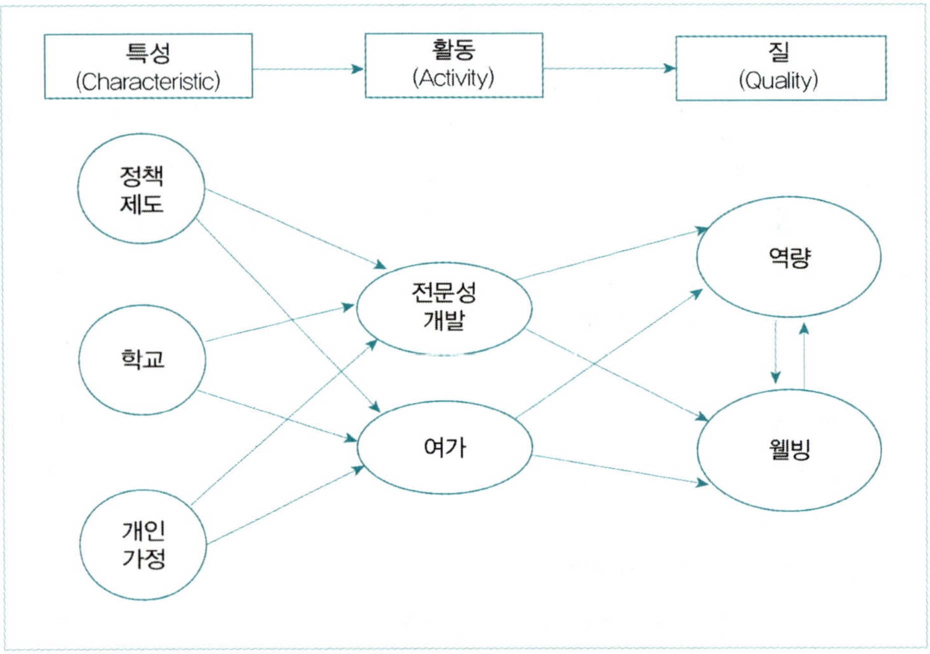

[그림 4-1] 서울교원패널 연구모형
출처: 박상현 외(2018). p.90.

이러한 연구모형에 기초하여 개발한 서울교원패널의 조사 항목은 (1) 교사 특성 변인은 인구통계학적 배경, 현재 근무정보(학교급, 담임여부, 담당과목, 지역 등), 교직정보(교직 선택 동기, 자격 등), 교직태도(사기, 효능감, 소진, 소속감 등), 학교풍토(교원, 학생, 학부모), 업무 비중 및 부담, 정책 및 제도(이해도, 중요도, 실행도) 등 일곱 개 영역으로 구분된다. (2) 활동 변인은 전문성 개발(자격연수, 직무연수, 개인자율연수 등), 여가(활동별 여가시간과 만족도) 등 두 개 영역으로 구분되며, (3) 교사의 질 변인은 역량(비판적 사고, 의사소통, 협업, 창의성)과 웰빙(임금, 근무환경 등 요인별 직무만족도, 생활만족도)으로 구성된다. 2020년도에는 「서울교원종단연구 2020」 문항개발 및 타당화 연구를 통해 종단조사에 사용될 문항을 개발하고 예비조사를 통해 타당화하는 과정을 거쳐 2020년 본 조사를 준비하고 있다(정송, 2020).

3. 교사와 교사교육 연구를 위한 사례연구방법

사례연구방법은 교육 분야를 포함하여 사회과학 분야에서 널리 활용되고 있는 연구방법이지만 사례연구의 설계와 실행에 대해서는 연구자 간에 다양한 입장이 제시되고 있다. 교육 분야에서는 인(Yin, 2002), 메리암(Merriam, 1998), 스테이크(Stake, 1995)의 사례연구방법이 널리 사용되고 있다(Yazan, 2015).[6] 사례연구는 특정 현상이 '왜(why)', '어떻게(how)' 발생했는지에 대한 질문에 적절한 해답을 제시할 수 있는 연구방법으로 현실에서 발생하는 실제 현상에 대한 심층적이면서 폭넓은 이해와 분석을 가능하게 해준다. 이러한 사례연구는 연구자가 관심을 갖는 특정 현상과 맥락 간의 경계가 불분명할 때 그 현상을 실생활의 맥락에서 분석하고, 현상과 맥락 간 인과관계를 효과적으로 분석할 수 있는 연구방법이다(Yin, 2009).

이 절에서는 야잔(Yazan, 2015)의 연구를 토대로 인, 메리암, 스테이크가 제시한 사례연구의 주요 특징을 분석하고 사례연구방법을 활용한 일부 국내 연구를 검토한다.

가. 사례의 개념과 범위

사례연구에서 사례(case)의 개념과 범위는 연구자에 따라 다양하게 정의되고 있다. 야잔(2015)의 분석에 따르면, 인은 사례를 실생활의 맥락 내에 있는 동시대적인 현상으로 광범위하게 정의하고 있다. 인은 관심 있는 현상에 대한 이유(why)와 방법(how)을 탐색하는 데 다른 질적 연구방법보다 사례연구가 의의가 있다고 본다. 스테이크는 사례를 경계가 있는 체제, 통합된 체제로 정의한다. 사례는 경계가 있으며 복합적이고 특정한 기능을 하는 사물, 객관적 실체로 이해된다. 스테이크는 특히 사례연구를 프로그램을 분석할 때 활용될 수 있는 주요 연구방법으로 본다. 메리암은 사례를 경계가 있는 사물, 단일체, 단위로 정의한다. 여기서 사례는 사람, 사물, 집단, 프로그램, 정책 등 무엇이든 될 수 있다. 메리암이 정의한 사례 개념이 가장 포괄적이라 할 수 있다.

메리암은 사례연구가 활용될 수 있는 범위도 매우 광범위한 것으로 간주한다. 사례연구의 특징을 메리암은 세 가지로 정리하고 있다. 즉, 사례연구는 특정한 상황, 사건, 프로그램, 현상에 초점을 둔다는 점에서 개별적이며, 풍부하고 깊이 있는 기술을 한다는 점에서 기술적이며, 독자의 이해를 촉진한다는 점에서 발견적이라는 특징을 갖는다(Yazan, 2015: 139).

또한 사례는 연구자에 따라 여러 유형으로 구분되고 있다. 예를 들어, 이론의 검증에 가장 효과적인 사례는 결정적 사례(crucial case)라 하며, 이는 해당 사례의 내용이 이론의 지지를 받거나 거부되면 누구나 이를 받아들일 수밖에 없는 중요한 사례를 말한다. 엑스타인(Eckstein, 1975)은 사례를 이론에 가장 부합하는 사례(most-likely case)와 가장 잘 부합하지 않는 사례(least-likely case)로 구분하기도 한다. 인은 사례를 독특한 사례(extreme 혹은 unique case), 전형적 사례(representative 혹은 typical case), 폭로성 사례(revelatory case), 종단적 사례(longitudinal case) 등 다양하게 구분한다.

나. 사례연구의 설계

사례연구에서 가장 중요한 부분은 이를 설계하는 것이다. 사례연구가 다른 연구방법에 비해 구체적인 수행 절차와 방법이 명확하지 않고 연구 전략, 틀이 명확하지 않다는 비판에 대응하여 인은 특히 사례연구 설계의 중요성 및 이를 명확히 하는 데 많은 노력을 기울인 바 있다(Yazan, 2015: 140).

인(2002)은 사례연구 설계를 기본 연구 문제를 탐구하고 궁극적으로 결론에 도달하기 위해 다양한 경험적 데이터를 연결하는 논리적 순서로 정의한다. 사례연구는 사례 분석단위를 기준으로 분석단위가 하나인 경우 단일 사례연구 설계로, 다수인 경우 복합 사례연구 설계로 구분된다. 또한 인은 사례연구에서 구조화되고 엄격한 설계를 강조하며, 사례연구 설계의 주요 구성 요소로 다섯 가지를 제시하였다. 이는 연구 문제, 주장(명제), 분석단위, 데이터와 주장을 연결하는 논리, 결과를 해석하는 준거 등이다. 인은 사례연구도 양적 연구와 같이 보다 엄격하고 체계적인 연구 설계를 할 필요가 있음을 강조한다.

스테이크는 인과 달리 유연한 사례연구 설계를 지지한다. 스테이크는 쟁점이 되는 연구 문제만 명확하다면 연구 수행과정에서 연구 설계는 얼마든지 변경될 수 있다고 본다. 이에 따라 사례연구의 연구 설계는 구체적이지 않아도 되며 사례연구에서 보다 중요한 것은 연구 문제이다. 연구 문제에 따라 관찰, 인터뷰, 문서 검토 등 사례연구방법을 구조화할 수 있으며, 연구가 진행되면서 연구 문제가 보다 구체화되고 명확해지기도 한다. 스테이크는 사례연구의 유형을 사례 자체가 중요한 내적 사례연구(intrinsic case study)와 쟁점, 연구 문제가 중요한 도구적 사례연구(instrumental case study)로 구분한다. 사례연구에서 유연한 사례연구 설계를 지지하는 스테이크의 입장은 체계적이고 엄격한 연구 설계를 지지하는 인과 대비된다.

메리암(1998)은 인과 스테이크의 중간 입장으로 질적 연구 설계를 위한 단계별 과정을 제시한다. 이는 문헌 검토, 이론적 틀 구축, 연구 문제 확인, 연구 문제 구체화, 목적 샘플링 등 일련의 과정을 포함한다. 특히 메리암은 목적 표집과 이론적 표집 개념을 구분하여, 목적 표집은 데이터 수집 전에 이루어지는 반면 이론적 표집은 데이터 수립과 함께 병행될 수 있다고 본다. 이는 자료 수집 전에 연구 설계를 마쳐야 한다는 인의 입장과 대비된다. 사례연구 설계는 연구 목적, 연구 문제에 따라 스테이크가 제안하는 바와 같이 유연하게 구성될 수 있지만 단계별 과정이 명확하지 않을 경우 길을 잃어버릴 수 있다는 점에서 특히 초보 연구자의 경우 사전에 구체적이고 단계적인 연구 설계를 할 필요가 있다.

다. 데이터 수집

사례연구에서 데이터 수집은 다양한 방법을 통해 이루어질 수 있다. 이는 사례를 체계적, 종합적으로 파악하고 사례연구의 질을 높이기 위한 것이다. 데이터 수집과 관련하여 인은 양적 데이터와 질적 데이터를 모두 활용할 것을 권장하는 반면, 스테이크와 메리암은 질적 데이터 활용을 중시한다.

데이터 수집과 관련하여, 인, 스테이크, 메리암의 입장은 차이가 있다. 양적 연구와 같은 객관적이고 체계적인 절차와 방법을 활용할 것을 강조하는 인은 데이터 수집 전에 데이터를 어떻게 모을 것인가를 사전에 계획하고 예비조사를 실시하여 데이터 내용과 절차 등을 포함한 데이터 수집 계획을 체계화할 것을 제안한다. 아울러 인은 사례연구의 주요 데이터 소스로 문서, 기록물, 면담, 직접 관찰, 참여 관찰, 인공물 등이 있으며, 연구자는 각 자료의 강점과 약점을 이해하여 보다 다양한 자료를 수집하기 위해 노력할 필요가 있다고 지적한다.

이와 달리 스테이크는 데이터 수집은 특정한 시기에 이루어지기보다 언제든 공식적, 비공식적으로 이루어질 수 있다고 본다. 이는 사례연구에서 데이터 수집 시기뿐 아니라 데이터의 범위를 매우 포괄적으로 이해하는 것으로 데이터의 적정성에 대한 논란을 야기할 수 있다(Yazan, 2015: 143). 메리암은 데이터 수집에 관한 종합적이고 광범위한 지침을 제안하고 있다. 특히 사례연구에서 면담 기법으로, 좋은 질문과 피해야 할 질문, 면담 가이드, 면담 시작, 면담 대상자와의 상호작용, 면담자료 녹음과 평가 등 효과적인 면담 방법을 구체적으로 제시하고 있다.

라. 데이터 분석

데이터 분석은 연구 주제를 탐색하는 데 필요한 다양한 증거들을 수집, 분석, 범주화, 검증, 재결합, 개편하는 것을 말한다. 양적 연구와 질적 연구의 이분법에 반대하는 인의 경우 사례 분석에서 데이터 분석은 양적 자료와 질적 자료를 모두 포괄할 것을 주장한다. 반면, 스테이크와 메리암은 사례 분석에서 데이터 분석은 질적 자료로 한정하고 있다. 또한 인은 연구방법으로서 사례연구가 체계적으로 정의된 전략과 기법이 부족하다는 비판을 극복하기 위해 연구자는 보다 구조화된 분석 지침과 원리를 가지고 있어야 한다고 본다. 관련하여 인은 질 높은 데이터 분석을 위해 타당도(구성 타당도, 내적 타당도, 외적 타당도)와 신뢰도 등 네 가지 원칙을 준수할 것을 제안하고 있다. 연구자는 잘 정의되고 구조화된 데이터 분석 절차를 통해 이들 준거를 통제할 수 있어야 한다는 것이다.

또한 스테이크는 데이터 분석을 의미부여로 이해한다. 즉, 연구자의 인상, 느낌은 데이터의 주요 원천이며 그에 의미를 부여하는 것을 분석이라고 본다. 그는 분석 프로토콜의 활용을 인정하지만 프로토콜의 지침보다 연구자의 직관과 느낌을 더 우선하며, 연구자는 데이터 수집과 분석 과정을 동시에 수행해야 한다고 본다. 스테이크는 사례연구 과정에서 데이터 수집과 분석을 위한 명확한 시점은 없다고 본다. 또한 스테이크는 사례연구의 데이터 분석에서 질적 연구와 양적 연구를 구분하고 있는데 이는 엄격한 연구를 위해 양자 간의 철학적인 유사성을 강조하고 양자를 모두 활용할 것을 주장하는 인과 대비된다. 야잔(2015: 145)은 초보 연구자들은 데이터 수집 및 분석을 위한 보다 구체적인 지침을 필요로 한다는 점에서 스테이크보다 인의 사례연구 안내가 보다 적절하다고 평가한다.

메리암은 질적 연구에서 데이터 관리와 분석 기법을 제시하고 있다. 메리암의 사례연구를 위한 질적 데이터 분석 모델은 스테이크와 인의 사례연구를 상호보완하고 있다. 첫째, 메리암은 데이터 분석을 데이터를 이해하는 과정으로 본다. 데이터를 이해한다는 것은 사람들이 말한 것과 연구자가 보고 읽은 것을 통합하고, 축소하고 해석하는 것을 말한다. 즉, 의미를 만드는 과정이다. 이러한 메리암의 입장은 구성주의 인식론에 기초한 연구에 지침을 제공한다. 즉, 연구자의 직관이나 느낌을 강조하는 스테이크보다 메리암은 사례연구 분석 과정에서 구성주의를 활용하는 데 지침을 제공해준다.

둘째, 메리암은 스테이크와 마찬가지로 데이터 수집과 분석은 동시에 이루어져야 한다고 본다. 메리암은 데이터 수집과 분석의 동시성은 질적 연구 설계의 핵심적인 속성으로 실증주의 인식론에 기반을 둔 연구와 가장 큰 차이가 있는 부분이라고 강조한다. 아울러 데이터 수집과 분석은 반복적이며 역동적인 과정으로 모든 데이터가 수집되었다고 데이터 분석이 종료되는 것은 아니라고 본다. 데이터 분석은 연구가 진행되면서 보다 집중적으로 이루어지며 동시적이고 상호작용적 과정이기 때문에 사전에 설계한 데이터 수집 및 분석 계획은 연구 과정에서 변경될 수 있다고 본다.

셋째, 메리암은 질적 데이터 분석을 위한 보다 구체적인 지침을 제시하고, 연구자들이 분석하고 있는 데이터에서 이론을 개발하기 위해 필요한 질적 분석 기법과 과정 수행을 위한 단계적인 방향을 제시한다. 또한 컴퓨터 소프트

웨어 프로그램 활용에 대해서도 안내하고 있다는 점에서 메리암의 사례연구는 초보 연구자들에게 유용한 지침이 될 수 있다.

마. 데이터 타당화

실증주의 연구 전통에서 발달한 타당도와 신뢰도 개념을 질적 연구에서 적용하는 데에는 기본적으로 한계가 있다. 이에 따라 사례연구에서 데이터의 타당도와 신뢰도에 대한 연구자들의 입장도 차이를 보이고 있다. 인은 명시적으로 실증주의 입장을 표명하고 있는 것은 아니지만 사례연구나 연구에 접근하는 방법 면에서 볼 때 실증주의에 가깝다고 할 수 있다(Yazan, 2015). 특히 인은 사례연구자들이 내적 타당성, 외적 타당성, 신뢰도, 구성 타당도와 같은 네 가지 조건을 극대화할 것을 주장하고 양적 연구와 질적 연구를 구분하는 이분법에 대해서도 비판적이다. 인은 두 연구 전통의 공통점에 주목하고 연구의 질적 수준을 높이기 위해 양적 사례연구와 질적 사례연구를 구분할 필요가 없다는 입장을 취하고 있다.

반면, 스테이크와 메리암은 구성주의 인식론에 기반을 두고 질적 연구와 양적 연구의 구분, 질적 연구의 독특성을 강조한다. 특히 스테이크는 구성주의와 실존주의(미결정론)가 질적 사례연구의 기반이 되어야 한다고 보고 질적 사례연구의 연구자는 해석하는 사람, 해석을 수집하는 사람으로 이해한다. 메리암은 구성주의 관점에 기반을 두고 현실은 개인과 사회 세계의 상호작용으로 구성되는 것이며, 객관적인 실체가 아니기 때문에 현실에 대한 다양한 해석이 가능하다고 본다.

사례연구에 대한 연구자들의 인식론적 관점은 데이터의 타당화에 대한 입장에서도 분명하게 나타난다. 인은 타당도(구성, 내적, 외적)와 신뢰도는 모든 사회과학 분야에서 연구의 질을 판단하기 위한 중요한 준거이며, 연구의 질과 엄격성은 이러한 준거를 충족하는가에 의해 판단되어야 한다고 본다. 스테이크는 데이터의 타당화를 위한 삼각측정 전략으로 데이터 소스, 탐구자, 이론, 방법론적 삼각측정 등을 제안하고 있다. 특히 스테이크는 연구의 정확성과 대안적 설명, 해석을 찾는 과정에서 연구자의 훈련을 강조한다.

메리암은 질적 연구에서 현실은 전체적이고 다면적이며 계속 변화하는 것이며, 양적 연구와 같이 발견, 관찰, 측정될 수 있는 단일의 고정된 객관적 현상이 아니라고 가정하고 있기 때문에 전통적인 타당도와 신뢰도 개념을 적용하기 어렵다고 본다. 서로 상반되는 상이한 인식론을 가진 연구자들이 수행하는 질적 연구에 타당도 준거를 적용하는 것은 부적합하다는 것이다. 대신 메리암은 질적 연구에서 타당도와 신뢰도를 높이기 위한 기법과 전략들을 다양하게 제안하고 있다. 초보 연구자들은 메리암이 제안하는 분석 기법과 지침, 스테이크의 삼각측정 등을 통해 질적 사례연구 계획을 세울 수 있을 것이다 (Yazan, 2015: 147). 이상 인, 스테이크, 메리암의 사례연구방법을 비교하여 정리해 보면 〈표 4-5〉와 같다.

〈표 4-5〉 인, 스테이크, 메리암의 사례연구법 비교

구분	인(Yin)	스테이크(Stake)	메리암(Merriam)
인식론적 입장	실증주의	구성주의, 실존주의(비결정주의)	구성주의
사례, 사례 연구의 정의	• 사례: 실생활 맥락 내의 현상 • 사례연구: 관심 있는 현상에 관한 how와 why를 조사하는 경험적 탐구	• 사례: 경계와 부분, 목적을 가지고 있는 통합된 체제 • 사례연구: 사례의 독특성과 복잡성 연구	• 사례: 경계가 있는 물건, 단일체, 단위, 사람, 프로그램, 집단, 특정 정책 등 • 사례연구: 경계가 있는 현상에 대한 집중적·전체적인 기술과 분석
사례 연구 설계	• 경험적 데이터를 연구 문제와 그 결론에 연결시키는 논리적 순서	• 연구 진행 과정에서 주요 변화를 허용하는 유연한 설계 • 연구자는 2~3가지 연구 문제를 가지고 있어야 함. 점진적으로 연구 초점을 명확히 함	• 문헌 검토는 이론 개발과 연구 설계에 기여하는 핵심적인 단계 • 문헌 검토에서 나오는 이론적 틀은 연구 문제와 강조점 개발에 도움이 됨
데이터 수집	• 양적 자료와 질적 자료 모두 활용·통합 • 연구자의 기술, 훈련 배경에 영향을 받음 • 여섯 가지 데이터 수집 방법 활용: 문서, 기록물, 인터뷰, 직접 관찰, 참여관찰, 물리적 인공물	• 질적 데이터만 활용 • 질적 사례연구자가 되기 위해서는 좋은 데이터의 원천을 알아볼 수 있어야 함 • 데이터 수집 방법으로 관찰, 인터뷰, 문서 분석 등을 활용	• 질적 데이터만 활용 • 질적 사례연구자는 필요한 기술을 습득하고 효과적인 인터뷰, 주의 깊은 관찰, 문서에서 데이터 찾기에 필요한 절차 준수해야 함 • 인터뷰, 관찰, 문서 분석 등 세 가지 데이터 수집 기법 활용
데이터	• 다섯 가지 대표적인	• 데이터 수집과 분석 동	• 데이터 수집과 분석 동시 진행

구분	인(Yin)	스테이크(Stake)	메리암(Merriam)
분석	기법: 패턴 매칭, 설명 구축, 시계열적 분석, 프로그램 논리 모델, 교차사례 종합	시 진행 • 두 가지 전략: 범주 종합, 직접적 해석	• 여섯 가지 분석 전략: 민속지학적 분석, 내러티브 분석, 현상학적 분석, 지속적 비교방법, 내용 분석, 분석적 귀납법
데이터 타당화	• 사례연구자는 구성 타당도, 내적 타당도, 외적 타당도, 신뢰도를 확보해야 함	• 데이터 타당화 문제는 삼각 기법에 관련됨 • 삼각 기법 활용을 위한 네 가지 전략: 데이터 소스, 탐구자, 이론, 방법론적 삼각 기법	• 내적 타당도 향상을 위한 여섯 가지 전략: 삼각 기법, 참여자 확인, 장기적 관찰, 동료 검토, 참여연구, 연구편향 공개 • 세 가지 신뢰도 보장 방법: 연구에 대한 입장 설명, 삼각 기법, 청중 추적 • 세 가지 외적 타당도 향상 기법: 심층적 기술, 전형적 또는 모델 범주, 다면적 설계

출처: Yazan(2015). pp. 148-150의 〈표 1〉을 요약·정리함.

바. 국내 교사교육 연구에서 사례연구방법의 적용 예

교사교육 연구에서 사례연구방법을 활용한 연구들은 주제 면에서 매우 다양하며 양적으로도 상당히 많은 편이다. 예를 들어, 조덕주(2009)는 미국 뉴욕대학 교사교육 프로그램을 중심으로 반성적 실천 기반 교사교육 프로그램 사례연구를 수행하였다. 이 연구에서 사례는 뉴욕대학의 세 가지 주요 강좌(프로그램)이며 뉴욕대학 교사교육과정 규정, 세 강좌의 목적 및 내용, 수업 실제 및 평가 내용을 분석하였다. 데이터 수집 방법은 면담과 실제 수업 장면 관찰을 주로 활용하였다. 데이터 분석법은 연구자가 명시적으로 밝히고 있지 않으나 내용상 프로그램 논리 모델 분석과 내용 분석법을 활용한 것으로 볼 수 있다. 데이터 타당화 과정에 대해서는 밝히고 있지 않다. 사례연구 결과로 제시한 시사점은 반성적 실천인 양성을 위한 선행 요건으로서 현장 경험의 강화, 현장 경험이 갖추어야 할 성격, 반성적 실천인 구현을 위한 목표 요소의 추출, 나에서 시작하여 우리 및 사회로 이어지는 내용 구조화, 구체적이고도 다양한 교수학습 방안, 학습 공동체의 형성, 이론을 토대로 한 실천과 실천을 토대로 한 이론이 적절히 융합된 구조화된 교수학습 계획 등이다.

정민수, 이동성(2014)은 스마트교육 선도 교사들의 교수 경험에 대한 질적 사례연구를 수행하였다. 이 연구에서 사례는 스마트교육 선도 교사 8명의 교수 경험이다. 구체적으로 교사들이 스마트 교실 환경에서 어떠한 교수 전략을 구사하는가, 교육과정을 어떻게 재구성하는가, 교육평가를 어떻게 수행하는가를 분석하였다. 데이터 수집 방법으로는 인터뷰와 문서 분석을 활용하였으며, 데이터 분석 방법은 명시적으로 밝히고 있지는 않으나 장기간(9개월)에 걸친 자료 수집, 지속적 비교방법, 내용분석법을 적용하였다. 데이터 타당화를 위해 동료 검증과 구성원 검증을 실시하였다.

주요 연구 결과는 크게 세 가지로 제시되었다. 첫째, 스마트교육 선도 교사들은 학생들과의 상호작용을 강화하기 위하여 다양한 교수 전략을 구사하며, 둘째, 교사들은 변화된 스마트 교실 환경에 적합하도록 교육과정과 텍스트를 재구성함으로써 폭넓은 교육내용을 제공하고, 학생들의 학업성취도를 높이고자 하였다. 셋째, 스마트교육 선도 교사들은 차별화된 스마트 수업평가를 통하여 교육적 상호작용이 활발한 자기주도적 수업을 실현하였다. 수업평가는 학생들의 학습목표 도달 정도를 최종적으로 점검하기 위한 수단이라기보다 자기발견 및 자기점검 기능으로 활용하였다.

박알뜨리, 이정인, 이신혜(2018)는 교사의 연구 경험에 대한 사례연구를 실시하였다. 이 연구에서 사례는 3명의 교사(초, 중, 고 교사 각 1인), 보다 구체적으로 이들이 연구를 진행하는 과정(연구 경험)이다. 데이터 수집 방법으로는 연구자들도 밝히고 있듯이 개별 면담만을 활용하였다. 데이터 분석은 범주 종합과 네트워크 분석법을 적용하였다. 데이터 타당화에 대해서는 명시하지 않았다. 주요 연구 결과는 첫째, 연구 참여자 3인 교사 모두 스스로를 연구자라고 인식하고 있었으며 연구란 교수학습 및 생활지도에 대한 고민이라고 정의하였다. 둘째, 교사가 연구를 하는 이유는 교과(학습)에 대한 학생들의 흥미를 유발시키고, 교사의 효능감 및 전문성 신장, 교사로서의 부담감 및 책임감 때문이다. 셋째, 교사의 연구 과정은 문제의식과 목표 설정, 수업설계, 실행, 반성, 공유의 순으로 이루어지며, 연구 과정에서 경험한 어려움으로 교수설계의 어려움, 교사에 대해 사회가 기대하는 역할로 인한 어려움, 교사 분위기 등을 언급하였다.

4. 소결

이 장은 교사와 교사교육 연구방법을 양적 연구, 질적 연구, 역사·철학적 연구로 구분하여 주요 특징과 관련 국내 연구를 분석하였다. 아울러, 교사교육 분야 양적 연구를 위한 기초 자료를 제공하는 주요 연구로 OECD 교수학습국제조사(TALIS), 한국교육개발원의 한국교육종단연구, 교원종단연구, 서울시교육청의 서울교원패널, 서울교원종단연구의 주요 특징과 내용을 검토하였다. 질적 연구 방법으로는 사례연구법의 특징을 분석하였다. 교육 분야에서 사례연구법을 대표하는 인, 스테이크, 메리암을 중심으로 이들이 제시하는 사례연구 방법의 주요 특징과 차이점을 분석하고 국내 사례연구를 소개하였다.

대부분의 연구에서와 마찬가지로 교사와 교사교육 연구에서도 연구 목적, 연구 문제, 연구 주제에 따라 다양한 연구방법의 활용과 새로운 연구방법 개발이 요구된다. 연구자가 가진 교육적 가치와 규명하고자 하는 문제에 따라 연구 목적과 연구 문제가 결정되고 연구 문제에 따라 연구방법을 선별하게 되지만 연구방법은 연구자가 활용할 수 있는 연구방법 기술과 활용 가능한 자료에 따라 제한된다. 이 점에서 연구방법은 교사교육 연구의 범위와 논의를 보다 확장·심화시키는 데 핵심적인 역할을 한다.

이에 따라 연구 설계 과정에서 연구 문제와 연구방법은 동시에 고려되어야 할 것이다(Floden, 2008: 1185). 아울러, 교사교육 연구에서 간학문적 접근이 보다 활성화될 필요가 있다. 이미 1990년대 중반 리와 야거(Lee & Yarger, 1996)가 지적한 바와 같이 교사교육 연구자의 학문적 배경이 매우 다양하고, 교사교육 연구가 이루어지는 맥락(학교 현장, 대학)이 복잡함에 따라 다양한 방법적 전문 지식이 요구된다. 또한 상이한 교육적 가치, 시각을 가지고 다양한 연구방법을 활용할 수 있는 교사교육 연구자를 훈련하는 것 또한 교사교육 연구 분야의 중요한 과제라 할 수 있다.

제2부

교사교육의 역사

제5장 외국의 교사교육 역사

일반적으로 역사적 접근은 시대별로 또는 특정 시기의 주요 사건과 이들 간의 연관성을 규명하고 그 시대정신을 분석하는 데 초점을 둔다. 레비스트로스(Levi-Strauss)는 역사적 접근을 통해 제도의 변화 과정을 살펴봄으로써 여러 현상의 기저에 자리 잡고 있는 구조를 밝혀낼 수 있다고 지적한 바 있다(Lortie, 1975/2017: 27). 그러나 국가에 따라 교사교육 제도의 발달 역사는 차이가 있다. 오늘날 대부분의 교사들은 4년제 또는 그 이상의 고등교육을 받지만 교사가 되기 위해 대학 수준 이상의 교육이 필요하게 된 것은 비교적 최근의 일이다.

교사교육 이론과 연구를 선도하고 있는 주요 국가들의 교사교육 제도의 역사적 발달 과정을 분석하는 것은 우리나라 교사교육 체제와 교사교육 관련 쟁점을 이해하고 이를 체계적으로 평가할 수 있다는 점에서 의미가 있다. 미국의 교사교육 제도는 우리나라 교사교육 제도의 형성과 발달에 중요한 모델이 되어 왔다. 이는 우리나라의 초·중등 교사교육 체제가 형성된 미군정기뿐 아니라 현재에도 마찬가지이다. 미국의 교사교육 제도를 분석하고 거기에서 시사점을 찾기 위한 노력은 최근에도 지속되고 있다(예: 양성관, 2006; 지정민, 2014).

영국은 대학(원) 기반 교사교육과 더불어 학교 기반 교사교육 제도라는 독특한 교사양성 시스템을 운영하고 있다는 점에서 주목할 필요가 있다. 국내에도 소개된 바 있는 학교 기반 교사교육(김재웅, 1998)은 학교 간 교사 수급 여건의 차이, 학교단위경영제(학교운영위원회)의 발달, 학교 연합체의 발달 등을 기반으로 발전한 제도라 할 수 있다. 프랑스는 국가 수준의 교사양성교육 및 임용 시스템을 운영하고 있다는 점에서 우리나라와 유사하다. 교사양성교육은 대학원 석사과정 수준에서 이루어지며 교사양성교육과 임용시험을 연계하고 있다는 점에서 독특한 체제라 할 수 있다.

이 장에서는 우리나라 교사교육 제도의 발달과 밀접한 관계가 있는 미국 교사교육 제도와 함께 학교 기반 교사교육을 비롯하여 다양한 교사교육 프로그램을 운영하고 있는 영국, 그리고 대학원 석사과정 수준의 단일 유형의 교사양성체제를 운영하는 프랑스의 교사교육의 역사를 분석한다. 국가별 교사교육 역사는 시대별로 또는 특정 시기를 염두에 두고 교사교육과 관련된 중요한 사건과 시대정신을 분석하는 전통적인 역사학적 접근 방법을 취하기보다 교사교육을 담당한 주요 기관, 제도를 중심으로 분석하는 발달론적 접근 방법을 택하였다.[7] 이는 교사교육 제도의 발달에서 나타나는 계속성과 단절성을 분석하는 데 유용한 접근으로 교사교육 제도가 현재와 같은 특징을 갖게 된 배경과 과정을 이해하는 데 도움이 된다.

1. 미국의 교사교육 역사

가. 19세기 사범학교 설립 이전의 교사교육

미국에서 교사교육과 교사자격에 관한 공식적인 제도는 공교육제도가 발달한 19세기 중반에 와서 마련되기 시작하였다. 공교육제도 발달 초기까지 교사의 자격 요건은 매우 다양하였다. 교사가 되기 위한 일반적인 기준은 없었으며 교사의 선발은 지방 교육위원, 성직자, 지역사회에서 지도적 위치에 있는 지역 유지들이 결정하였다(Lortie, 1975/2017: 46). 이에 따라 일부 중학교 교사 중 대학교육을 받은 경우가 있었지만 대부분의 교사, 특히 초등학교에 근무하는 교사들의 학력 수준은 높지 않았다(Lortie, 1975/2017: 46). 19세기까지도 고등학교는 흔하지 않았기 때문에 공립학교에 임용된 교사들의 대부분은 중학교 수준의 교육을 받은 사람들이었다.

19세기 말에서 20세기 초 미국의 교사교육은 급격히 변화되었다. 19세기 후반 교사 후보자의 도덕적 성품이나 경건한 종교적 태도 등을 기준으로 해당 지역 교육위원회가 교사자격을 인정해주던 방식은 새로운 체제로 변경되었다. 교육위원회가 교사자격을 부여하던 것에서 주정부가 자격 검정을 거쳐 교사자격을 부여하게 된 것이다. 초기에는 주정부가 교사 희망자들에게 직접 시험을 부과하였으나 점차 대학에서 소정의 교육과정을 이수한 사람에게 교사자격을 주는 방식으로 다시 변경되었다(Lortie, 1975/2017: 47). 이에 따라 교사가 되고자 하는 사람은 사범학교(normal school) 졸업 이상의 학위를 취득하지 않으면 안 된다는 생각이 퍼져갔다(지정민, 2014: 184).

그러나 실제로는 1921년까지만 하더라도 미국의 대부분의 주에서 교사의 학력에 대한 특별한 기준을 마련하고 있지 않았다(Elsbree, 1939: 351). 14개 주에서는 고등학교 졸업의 학력을 요구하였으며 일부 주에서는 교육에 관한 특별과정을 이수하는 것으로 충분하였다(Lortie, 1975/2017: 47). 19세기 중반 교사양성을 목적으로 하는 사범학교가 설립되었지만 그 이후 상당 기간까지도 교사교육을 위해 특별히 학문적 훈련이 필요하다고 생각되지 않았다. 교사가 하는 일은 정보나 가치의 전달로 여겨졌으며, 지식을 '소유'하면 가르치는 일에 관한 공식적인 교육(교사교육)을 받지 않거나 조금만 받고도 다른 사람에게 잘 전달할 수 있을 것으로 생각되었다(Gimmestad & Hall, 1995).

나. 19세기~20세기 초 사범학교의 발달과 교사교육

1) 사범학교(normal school)의 발달

미국에서 교사양성을 위한 전문적인 교육은 1800년대 교사양성소(학원)나 사범학교(normal schools)의 설립으로 시작되었다. 미국에서 최초의 사범학교는 1839년 메사추세츠에서 설립되었다. 이후 사범학교는 급속도로 퍼져나가면서 점차 증가하는 교사 수요를 충족하는 역할을 담당하였다(지정민, 2014: 188). 사범학교 설립은 당시 교사들에게 고등학교 교육 이상의 대학교육을 요구하게 된 시대 흐름과도 관련이 있다. 전반적으로 일반 대중의 교육 수준이 향상되어 교사교육 수준이 높아지기도 하였지만 당시 경제 여건이 어려워져 구직자가 늘어나면서 교육위원회가 교사들의 교육 요건을 높일 수 있었다는 점(Lortie, 1975/2017: 47-48)도 주요 요인이 되었다.

사범학교는 중등학교를 마친 학생을 대상으로 2년 과정의 교사 훈련 프로그램을 제공하였다. 중등학교 교사들에게 교육학 훈련을 요구하는 움직임은 사범학교에서 2년간의 초등 교사훈련 기간을 4년 학사과정으로 연장하는 것과 병행되어 나타났다. 사범학교는 중등교사들을 위한 과정도 제공하였는데, 대체로 학문 분야에 대한 집중적인 연구를 포함하는 중등교육 전공이었다.

초기 사범학교는 학생들이 그들이 가르칠 교과를 이해하고 가르치는 기술을 습득하는 것을 목표로 하는 단기 교육과정으로 구성되었다. 특히 19세기 후반까지 초등학교 교사들은 좋은 성격(품성)을 가지고 자신이 가르칠 초등학교 수준에 맞는 교육내용을 마스터할 것이 요구되었다(Gimmestad & Hall, 1995). 초기 사범학교에는 중등학교 교사양성과정은 없었다. 중등교육은 일부 소수에게 제공되고 있었고 중등학교 교사들은 대학 수준에서 학문적 교과를 연구한 사람들 중에 선별되었다. 중등학교 교사를 위해서는 전문적인 교사교육이 제공되지 않았던 것이다. 중등교육 팽창으로 중등교육 이수자가 증가하자 사범학교는 입학 자격조건을 고등학교 졸업자로 높여 학생을 선발하였으며, 약 2년간의 교육과정을 제공하는 기관으로 발달하였다(Gimmestad & Hall, 1995).

초기 사범학교의 2년 교육과정은 초등학교 교과목인 읽기, 철자법과 수리학 과목과 기하학과 철학과 같은 중등학교 수준의 일부 교과목, 교육의 역사, 심리학, 교수방법, 관찰과 실습과 같은 교육학 관련 과목으로 구성되었다. 중등학교에 진학하는 학생들이 거의 없을 무렵인 초기 사범학교에서는 중등학교에서 배울 수 있는 교과목이 사범학교 교육과정으로 포함되어야 했다. 그러나 사범학교에 고등학교 졸업자들이 입학하게 된 이후에는 중등학교 수준의 교과목은 필요하지 않게 되었다.

2) 사범학교 교육과정의 특징

사범학교 교육과정은 점차 전문성을 띤 교과목으로 구성되었으며 이는 두 가지 접근 방식으로 구분되었다. 첫째, 교사가 가져야 하는 교과목에 대한 지식과 학문적 지식은 다르다는 점에서 출발하여 학문적 지식을 재구성하는 방식으로 전개된 것이다. 인디애나 주립 사범학교(Indiana State Normal)를 중심으로 발전한 이 접근은 학습 심리학에 기초하여 교사들이 학습자였을 때를 반추하여 학생이 부딪힐 수 있는 문제를 예상해보고 이를 해결할 수 있도록 교육하는 것이다(Feiman-Nemser, 1990).

두 번째 접근 방식은 교수방법상의 이론과 훈련을 강조한다. 오스웨고 사범학교(Oswego Normal and Training School)를 중심으로 실물교수법(direct teaching)에 근거하여 학생에게 교과목을 가르치는 방법에 관한 교육과정을 편성한 것이다. 이 학교에서 학생들은 시범수업을 관찰하고 철저한 감독 아래 교수법을 학습하는 방식으로 이론과 실제를 연계시키는 훈련을 받았다. 이후 실물교수법은 헤르바르트 학파의 예비, 제시, 연합, 일반, 응용 등의 5단계 교수법으로 대치되었고 이는 후에 직접 교수법(direct instruction)의 모태가 되었다(Feiman-Nemser, 1990).

19세기에 발달한 사범학교는 가르치는 일에 대한 소명의식을 불어넣는 역할을 담당하였다. 당시 사범학교는 실천가를 교육함으로써 직업의 전문화에 기여하고자 하였으며, 이 점에서 종합대학의 교육학과 혹은 사범대학(교육대학)보다 더 효과적으로 그 목적에 충실했다고 볼 수 있다. 그러나 사범학교의 교육과정은 전문적 교사를 양성하는 데에는 분명한 한계를 가지고 있었다(지정민, 2014: 188). 사범학교는 중학교 졸업 이상의 학력을 가진 사람이라면 입학할 수 있었으므로 일반적인 고등학교의 교육 수준과 큰 차이를 보이지 않았다. 부분적으로 교육철학이나 교수법을 교육하기는 하였지만 고등학교 교사를 양성하는 데에는 한계가 있었다. 또한 사범학교는 당시 점차 수요가 증가하던 지역 교육감(장), 교장, 기타 전문적 학교 관리자를 길러내는 교육기관의 역할을 하는 데에도 한계가 있었다. 사범학교는 미국의 교사교육 발달 과정에서 짧은 시기 동안 과도기적인 역할을 수행하는 데 그쳤다고 할 수 있다.

대학 수준의 교사교육이 필요하다는 인식이 확산됨에 따라 사범학교의 수는 점차 줄어들면서 사라지게 되었으나 일부 사범학교는 교사대학(teachers' college)으로 발달되었다. 이들 대학은 2년제에서 4년제 과정으로 교사교육 기간을 연장하고 인문교육 관련 교육과정을 포함하였다. 사범학교로 출발한 교사양성기관들은 교사대학으로 발전하였으며 이후에는 인문학 학위와 전문교육(교사교육)을 제공하는 주립대학(state college)으로, 종합대학(university)으로 발전하였다. 이들 사범학교에서 출발한 교사양성기관은 초기에는 교사교육이라는 분명한 목적을 가지고 있었으며 교사교육 외의 다른 학사과정 프로그램은 제한적으로 운영되었다.

다. 인문대학에서의 교사교육

인문대학(liberal arts colleges)은 특정 학문 분야의 심도 있는 연구와 일반교육(general education)에 초점을 두는 학부 수준의 교육을 제공하는 소규모 기관이다. 인문대학은 대부분 사립대학이고 종교와 연관되어 있으며 전문교육(교사교육)보다는 목사직 준비나 의학 관련 학사과정을 제공해왔다. 이들 대학에서 전문교육 프로그램의 질은 인문교육 프로그램보다 낮았다. 인문대학들은 대체로 경제적 이유에서 지역의 성인 학생들을 위한 교사교육 프로그램을 제공하였으며 규모는 매년 20-50명 정도로 작았다(Gimmestad & Hall, 1995). 인문대학에서 교사교육 프로그램은 교육학과(department of education)에서 담당하였으며 우리나라 교직과정과 유사한 형식이었다.

미국 대학교육에서는 교양지식, 인문지식과 생활에 필요한 지식은 양립할 수 없다는 생각이 오랫동안 지배적이었다. 인문교육은 자유인에게만 허용되는 것으로 생각했던 그리스 시대와 유사하게 고전적인 인문교육과정을 지지하는 사람들은 직업을 준비할 필요가 없는 사람들에게만 인문교육이 가능한 것으로 생각하였다. 대학교육은 학생들에게 전통적인 지식을 소개하고 학습에 필요한 지적 습관과 기술, 인문적 가치와 사회적 책임감을 길러주는 것으로 이해되었다.

이러한 전통에 따라 19세기 이전의 인문대학들은 전문적 직업을 가지거나 사회의 지도자가 될 선발 집단에게 고전적인 교육을 실시하였다. 대학 졸업자 중 일부는 고등학교 교사가 되었다. 고등학교는 대학을 준비하는 학생들을 위한 과정으로 당시 대학과 고등학교는 폐쇄적인 교육기관이었다(Feiman-Nemser, 1990).

근대에 들어와서 인문대학의 전통적인 교육과정에 문제가 제기되었다. 19세기 말 자연과학 등 새로운 학문이 발전하기 시작하였으며 대학에 따라서는 이러한 새로운 학문을 필수교과로 운영하였다. 또한 19세기 후반에는 4년제 대학과 종합대학교에 교육학 담당 교수직 및 교육학과가 만들어졌다. 대학의 수가 증가하면서 대학의 교양학부는 고등학교 교육을 담당할 교사를 교육하는 주요 과정으로 여겨졌다(Lortie, 1975/2017: 47-48).

20세기 초반에는 전통적인 교양교육의 이상과 전문교육 간의 균형을 맞추기 위한 새로운 교육과정이 편성되었다. 대체로 대학교육의 초기 2년 동안은 지식의 폭을 넓힐 수 있는 교육과정으로, 후기 2년은 학생의 전문적인 관심 영역에 부응할 수 있는 과목을 선택하는 교육과정으로 구성되었다. 그러나 인문대학의 인문주의 전통에서 교사교육은 전문교육보다 인본주의 가치, 비판적 사고, 역사적 안목 등을 길러주는 일을 의미하는 것이었다. 즉, 개인 혹은 시민으로서 인간상을 기르는 것이 곧 교사교육이었으며 특정한 학습과정이나 교수에 대한 처방 방법을 교육하는 것은 아니었다.

라. 종합대학에서의 교사교육

20세기 들어 교사를 위한 공식 교육 기관이 늘어나기 시작하였다. 다목적 기관으로 만들어졌거나 단일 목적 기관에서 다목적 기관으로 진화, 발달한 종합대학(comprehensive colleges and universities)은 두 가지 이상의 전문직이나 직업 관련 학문 분야(경영학, 간호학, 교육학, 엔지니어링 등)를 둔다는 점에서 사범학교나 인문대학과 차이가 있었다. 종합대학에서 교사교육의 발달은 중등교사의 전문적인 지위를 높이려는 사회적 필요와 관련이 있다. 고등학교가 증가하면서 더 많은 교사가 필요해졌으나 사범학교가 급증하는 교사교육 수요를 충족하지 못함에 따라 종합대학이 교사교육에 참여하게 된 것이다(Schneider, 1987).

종합대학에서 교사교육의 발달은 교직의 전문화 과정과 관련이 있다. 종합대학 내에서 교육대학(education school)은 법학교육이나 의학교육과 같이 교사교육의 가치를 높이고 교수학습에 관한 전문적 지식을 발전시키며 교육 지도자를 전문적으로 양성하고자 하였다. 그러나 대체로 저명한 연구 중심 종합대학의 교육대학은 교사양성교육을 제공하는 것보다 새로운 경력 개발에 관심이 있는 경력 교사들에게 대학원 교육을 제공하고자 하였다.

중등교육의 급속한 팽창으로 교육행정가, 장학사, 교육전문가 등에 대한 수요가 늘어났고 교육대학은 이러한 수요에 대응하여 경력 있는 남교사들을 훈련시키는 새로운 사회적 임무를 담당하게 되었다(Powell, 1976). 교육대학은 성(性)이 교직과 교사교육의 위상에 영향을 미친다는 점에서 여교사보다는 남교사에게 경력 개발 기회를 주고자 하였다. 그러나 이로 인해 교실을 떠나는 교사들의 수가 증가하게 되었고 오히려 남은 교사들의 지위를 저하시키는 결과를 낳았다(Clifford & Guthrie, 1988: 119).

종합대학에서 교사교육이 발달한 배경을 로티(Lortie, 1975/2017: 48)는 두 가지로 지적한다. 첫째, 교사 자원을 확충하기 위한 것, 둘째, 교사가 되는 문을 확대함으로써 교사에 대한 보상(보수)을 낮은 수준으로 유지하기 위한 것이다. 교사가 되는 문을 넓힘으로써 교직 입직 기회를 확대하는 것은 교직의 유인가와 보수가 낮다는 취약점을 상쇄시키는 효과가 있으며, 이러한 정책 기조는 현재에도 유지되고 있다. 즉, 개방형 교사교육체제를 통해 교사양성과정에 입학할 수 있는 문을 확대한 결과 교직은 입직이 쉬운 직업, 낮은 보수 수준을 유지할 수 있는 직업으로 자리 잡게 되었다. 4년제 대학의 번성과 함께 발전한 교사교육 프로그램은 대학 수준에서 이루어지는 직업교육 가운데 가장 문이 넓은 분야 중 하나가 되었다(Lortie, 1975/2017: 48).

종합대학 내에서 교사교육 프로그램의 위상은 높지 않았다. 교육대학은 연구보다는 수업과 서비스를 강조하였으며 연구와 실천 사이에 역할 혼동과 양면성을 가지고 있었다(Gimmestad & Hall, 1995). 교사교육의 학문적 위상을 높여야 하는 동시에 학교 현장의 실천적 요구에 대응해야 했으며 대학과 학교 현장의 압력 사이에서 갈등을 겪게 되었다. 대체로 종합대학의 교육대학들은 교사양성교육보다 대학원 교육과 연구에 주로 관심을 기울임으로써 학문적 압력과 전문적 압력에 적응하였으며 교수들은 과학적 연구를 지향하고 현장 교사와는 거리를 두고자 하였다(Clifford & Guthrie, 1988).

그럼에도 연구 중심 종합대학 내에서 교육대학은 입학기준이 낮고, 기술 중심이며, 연구의 지적인 가치, 학문에 대한 사명감이 의심스럽다는 등의 비판을 받아 왔다(Clifford & Guthrie, 1988; Labaree, 2004/2020). 교육대학의 교사교육 강좌는 인문학적 내용보다는 공리주의적이고 기술 중심이며, 교사교육자의 사회·경제적 지위는 낮고 연구의 양도 적다는 것이다. 이러한 비판은 교육대학이 연구 중심 종합대학에 편입된 이래 제기되어 온 것이라 할 수 있다(Schneider, 1987). 대학 내에서 학문적 위상을 정립해야 할 뿐 아니라 학교 현장의 실천과도 연계해야 하는 교사교육의 이중적 입장, 전통적인 인문주의 가치와 실제적 가치 사이의 갈등은 현재에도 유지되고 있다.

마. 1980년대 이후 교사교육 개혁과 교사교육 체제의 다원화

미국에서 교사교육 개혁이 가장 활발하게 추진된 것은 1980~1990년대라 할 수 있다. 1980년대 중반 이후 교사교육 개혁이 추진되면서 미국의 교사교육은 다원화되고 보다 발전하였다. 이 시기 미국에서 교사교육 개혁이 추진된 직접적인 배경은 교사교육 프로그램에 등록하는 학생 수가 급격하게 감소되었다는 데 있지만(Imig & Switzer, 1996; Labaree, 1996) 이와 함께 전통적인 4년제 교사교육에 대한 불만도 중요한 계기가 되었다.[8)]

1980년대 들어 교육의 초점이 평등성에서 수월성으로 바뀌면서 교육의 질에 대한 관심이 높아졌고 이에 따라 공립학교 교육에 대한 비판이 제기되었다는 점(Reyes et al., 1999)도 교사교육 개혁의 추진 배경이 되었다. 학교교육의 질적 수준에 대한 불만과 비판은 교사교육에 대한 비판으로 이어졌으며, 결국 각 주 또는 대학별로 새로운 교사교육 프로그램을 시도하게 된 계기가 되었다(Clark, 1992). 1986년 100여 개의 교육대학 학장을 중심으로 조직된 홈즈 그룹은 교직의 전문화, 대학과 학교의 연계, 교사교육 프로그램의 개혁(대학원 수준의 교사교육 프로그램의 제공) 등의 개혁안을 제시하였다. 특히 홈즈 그룹에 가입한 대학이나 이들의 개혁안을 지지하는 주 또는 대학들을 중심으로 교사교육 개혁이 활발하게 추진되었다(Gideonse, 1992). 그러나 미시간 대학(University of Michigan)처럼 홈즈 그룹에 가입하지 않은 연구 대학도 비슷한 시기에 교사교육 프로그램 개혁을 추진하였는데, 그 핵심은 교육실습 강화(실습기간의 연장 및 대학과 학교의 협력 강화)와 5년 차 프로그램의 도입이었다.

또한 미국 교사교육 개혁 사례를 분석한 연구들에서는 공통적으로 교사교육 개혁 과정에서 고등교육기관, 교육대학, 교사교육학과 등 교사교육자들의 영향력이 적었던 반면 주정부의 관료, 정치가, 주지사, 주지사가 임명하는 위원회 및 위원회 의장의 영향력이 크게 작용하였음을 지적하고 있다(Barr, 1992; Ishler, 1992; Cooper & Tate, 1992; Clark, 1992). Clark(1992)은 미국의 교사교육 개혁은 교육대학이나 교사교육자들이 주도적으로, 자발적으로 참여하여 이루어진 것이 아니라 주지사 및 주 행정가 그리고 이들로 구성된 조직에 의해 강요된 것이었다고 평가하기도 한다.

1980년대~1990년대 교사교육 개혁을 통해 나타난 주요 변화는 1년간의 집중적인 교육실습을 도입함으로써 교사교육에서 일선 학교와 실습지도 교사의 역할이 강화되었다는 점이다. 교사교육 프로그램에서 교육실습이 강화되면서 실습지도 교사를 확보하는 것과 그들의 협력을 이끌어내는 것이 중요한 과제가 되었다. 전통적인 교사교육 프로그램(4년제)의 개혁뿐만 아니라 단기간의 대안적인 교사 자격 프로그램이나 학교 중심의 교사교육 프로그램이 일부 주에서 도입된 점도 교사교육과 관련된 주요 변화 중의 하나이다. 이러한 단기간의 교사교육 프로그램으로는 몇 주간의 여름 학기를 활용한 교사교육 훈련 프로그램(Dallas, L.A.)과 TFA(Teach for America)와 같은 우수 대학 졸업생을 선발하는 교사 자격 프로그램 등이 있다(Darling-Hammond, 2000).

1980년대 추진된 미국의 교사교육 개혁의 기본 방향(교사교육 기간의 연장, 프로그램의 질 제고, 장기간의 실습, 학교 현장과 대학의 협력 등)은 현재에도 유지되고 있으며, 대학별로 다양한 교사교육 프로그램을 시도하고, 재시도하고 있다. 우수한 교사를 교육하기 위한 적합한 방법과 프로그램이 무엇인가에 대한 탐구는 지속되고 있다.

2. 영국의 교사교육 역사[9)]

가. 개요

영국의 공립학교(maintained)와 비공립특수학교(Non-Maintained Special School)의 정규교사가 되기 위해서는 교사양성과정(Initial Teacher Training: ITT)을 이수하고, 영국 교육부의 교수규제기구(The Teaching Regulation Agency : TRA)가 수여하는 교사자격(Qualified Teacher Status: QTS)을 취득해야 한다. 교사자격 취득을 위해 이수해야 하는 교사양성과정(ITT)은 연령과 교과에 따라 전문화되어 있다. ITT 프로그램은 연령 단계에 따라 3-11세, 7-14세, 11-19세 과정으로 구분되며, 교사양성기관에 따라 다양한 프로그램을 제공한다. 대체로 초등교사 훈련은 3-7세, 5-11세 또는 7-11세로 구분되며, 중간 학년 교사 훈련은 7-14세, 중등교사 훈련은 교과에 따라 11-16세, 11-18세, 14-19세로 나뉜다. ITT 프로그램은 최저 4개 학년 이상으로 구성된다(박상완, 박정우, 2019).

ITT 프로그램을 마치고 QTS를 취득하면 신규교사(Newly Qualified Teacher:

NQT)로 고용될 수 있으며, 신규교사는 1년간의 법적인 입문기간(induction period)을 거쳐 정식 교사자격을 취득하게 된다. NQT는 입문과정을 거치지 않은 교사자격(QTS) 취득자를 말한다. NQT를 고용하는 학교는 교사자격기준에 따라 NQT를 지도하고 모니터할 '입문과정 튜터(induction tutor)'를 지정해야 한다. 아울러 입문과정 시작 전에 NQT가 교사기준(teachers' standards)을 충족하는가의 여부를 평가하기 위한 기관을 지정해야 하며, 공립학교에서는 대체로 지방교육당국(local authority)이 이를 담당하게 된다. 입문기간 동안 입문과정 튜터는 NQT의 수업을 관찰하며 NQT는 최소 3회 이상 공식적인 평가를 받는다.

입문과정 종료 시 교장은 NQT의 교사기준 충족 여부를 보고하고 추천한다. 입문과정을 만족스럽게 마치지 못한 NQT는 교육부에 항소할 수 있다. 입문과정을 성공적으로 이수하지 못할 경우 공립학교에는 고용될 수 없으나 사립학교, 아카데미, 자유학교, 외국의 영국 학교 등에는 근무할 수 있다(박상완, 박정우, 2019).

나. 공식적 교사교육(훈련) 체제의 발달

영국의 교사교육은 학교 기반/수습직(apprenticeship)에 중점을 둔 모델과 대학에 기반을 둔 모델 등 두 가지 모델로 발달해 왔다. 학교 기반/수습직 모델은 19세기에 발달하기 시작하였으며 20세기에는 대학에 기반을 둔 훈련 모델이, 1980년대부터는 학교 기반/수습직 모델이 다시 주가 되고 있다. 영국에서 교사교육의 역사는 국가 교육(state education)의 역사와 깊이 관련되어 있다.

영국에서 공식적 교사교육(훈련) 시스템은 19세기 초에 발달하였다. 19세기 이전에는 옥스퍼드 대학이나 캠브리지 대학에서 학위를 받고 성직자 자격을 가지고 있는 경우 중상위층 학생을 가르치는 교사가 될 수 있었다. 하위 계층의 학생을 가르치는 교사는 글을 알고 수리적 지식만 필요로 하였다. 대략 1805년부터 종교 단체(religious societies)들이 하층 학생을 위한 초등교육을 제공하기 시작하면서 교사 수요가 급증하게 되었다. 이에 따라 단기간에 기본적인 교육을 제공하는 학교 기반(school-based) 교사 훈련이 발달하였다. 이어 1820~40년대에는 교파 소속 기숙형 교사 훈련 기관들이 발달하였으며 대체로 단기간에 걸쳐 실용적인 지식을 교육하였으며 교육적 지식의 중요성은 낮았다.

1846년에는 초등학교의 교육 수준을 높이고 교사 훈련 학교/컬리지 지원자를 늘리기 위해 교생(학생 교사, student teacher) 시스템이 운영되었다. 이는 초등학교 졸업 후 13세부터 교사로 근무하면서 5년간 학교 기반 교사 훈련을 받도록 하는 것이다. 1880년대 말에는 교생(pupil teacher) 센터를 중심으로 한 교사 훈련이 발달하였다. 이 모델은 교생들이 절반은 학교 기반 실습을 하고 나머지 절반은 우수한 초등교사들이 근무하는 지정 센터에서 전문적·학문적 훈련을 받도록 하는 것이다. 교생 센터 체제는 교사 훈련자로서 교사의 부담은 줄이고 연대는 강하게 하기 위한 것이었으나 전국적으로 표준화된 체제는 아니었으며 지방이나 가난한 교파 학교들에까지 널리 확산된 것은 아니었다.

다. 1900년대 이후 교사교육(훈련)의 발달

20세기 초 미래 교사들에게 중등교육이 제공되면서 교생 체제는 사라지게 되었으며 대신 컬리지/대학 중심의 교사교육이 확대되었다. 수습직(apprenticeship) 모델과 유사한 학교 기반 교사 훈련 체제는 유지되었지만 교사 훈련은 대학 기반 제도가 주를 이루게 되었으며 이는 1980년대 말까지 이어졌다.

1910년대~1940년대 동안에는 교사 훈련에서 이론과 실천의 적절한 균형에 대한 논쟁이 제기되었다. 지역 교육위원회(Board of Education)는 교생을 평가할 권한을 대학에 양도하였으며 대학은 교사자격인정에 보다 깊이 관여할 수 있었다. 1944년 이후의 교육 재구조화를 통해 교사자격 없이 교사가 될 수 있는 경로는 폐지되었으며 이는 대학 졸업자들로 교직 전반을 개편하기 위한 것이었다.

1963년 고등교육에 관한 로빈슨 보고서가 발표된 이후 교사 훈련과 대학의 관계는 행정적·학문적으로 더 밀접하게 연계되었다. 교사 훈련 컬리지/대학의 일부 우수한 학생에게 교육학 학사(B.Ed)가 수여되었으나 1972년 발표된 제임스 보고서에는 교사가 되기 위해서는 학사과정을 졸업해야 했다. 1980년대 말부터 현재까지는 컬리지/대학 기반 교사교육 모델이 약화되고 정부 통제에 기초한 학교 기반/수습직(apprenticeship) 모델이 보다 강조되고 있다.

1990년대에는 학교와 교사 훈련 기관 간 파트너십 구축, 교육실습생이 있는 학교에 대한 재정 지원, 실습생 지도에 참여하는 교사들에게 학교 기반 멘토라는 새로운 전문적 역할 부여 등이 이루어졌다. 1990년대 중반에는 교사 훈련에 관한 새로운 기준을 만들기 위해 교사훈련기구(Teacher Training Agency-TTA)가 만들어졌으며, TTA는 2005년 교사개발기구(Teacher Development Agency-TDA)로 개편되었다.

1990년대 이후 교사 훈련 기관들은 학교와 협력하고 교사 훈련 계획과 실행, 학생 선발과 평가에 학교가 참여하도록 하였다. 교사 훈련 기관(Initial Teacher Training: ITT)은 학교와 파트너십 합의서를 만들고 이 합의서에는 각 파트너의 역할과 책임을 명시하고 교사 훈련에 관련된 직원을 어떻게 준비시키고 지원할 것인지, 파트너 간 자원을 어떻게 분배하고 할당할 것인지를 명시하였다.

또한 교사자격은 교사개발기구(Teacher Development Agency: TDA), 교육표준청(Office for Standards in Education OFSTED) 등 새로운 정부 기관의 모니터링 및 평가 하에 기준 기반 평가에 근거하여 수여되었다. 또 교사가 되는 경로는 학교 기반 교사 훈련, 컬리지/대학 기반 교사 훈련, 현장 실습을 중시하는 대학원 수준 교사 훈련(Graduate Teacher Scheme), 학사 후 교사자격과정(Postgraduate Certificate in Education-PGCE) 등으로 더 다양해졌다.

라. 학교 기반 교사교육(훈련)에 관한 논쟁

학교 기반 교사교육(훈련)은 영국의 독특한 제도로서 많은 논쟁이 있어 왔다. 정부는 컬리지/대학 기반 교사 훈련이 너무 이론적인 접근이라 여겼고 교수 기술과 기법을 중시하면서 학교 기반 교사교육을 지지해왔다. 그러나 정부가 고등교육기관(higher education institutions: HEIs)이나 학교와 충분한 상의를 거치지 않고 교사 훈련의 성격과 결과를 통제하는 것은 논란이 되었다.

일부에서는 교사 훈련을 위한 현직 교사의 전문성, 헌신, 시간 투자, 우선도 등의 면에서 학교 기반 교사훈련의 존립 가능성(viability)에 의문을 제기한다. 아울러, 학교 기반 교사교육 체제는 19세기의 교생 시스템으로 회귀하는 것으로, 비이론적, 비전문적, 비체계적이라는 비판도 제기된다.

그러나 학교 기반 교사 훈련이 과거 모델과 유사하다고 하여 이를 퇴보적, 부정적으로만 단정 짓기보다 이를 역사적·전문적 교사 훈련 전통의 하나로 볼 수 있다는 입장도 있다. 20세기 동안 교사 훈련은 컬리지/대학에서 담당했으나 현직 교사들의 감독, 고문 역할은 여전히 교사 훈련의 중요한 부분이었으며 학교와 고등교육기관의 연계도 중요하였다. 또 1980년대 초에는 고등교육기관들이 학교와 교사 훈련 기관 간 파트너십을 강화할 것을 제안하였으며 옥스포드 인턴십 제도 (Oxford Internship scheme)와 서섹스 파트너쉽 모델(Sussex partnership model)은 그 예라 할 수 있다.

2000년대 중반 TDA는 학교 기반 교사 훈련을 더 발전시키고자 하였다. 학교 기반 교사 훈련은 현직 교사들을 교사 훈련에 참여시킴으로써 교사의 실력을 키우고 전문 지식을 공유하고 다양한 직종의 사람들을 만날 수 있다는 장점이 있다는 것이다. 그러나 멘토-예비교사의 정서적, 관계적 요인이 학교 기반 교사 훈련의 성공을 좌우하며, 학교 간 교사 훈련의 일관성, 표준화가 부족하고 멘토 교사 개인의 생각에 의존한다는 점은 여전히 문제로 지적되고 있다.

또 대부분의 멘토링 연구는 시간, 업무량, 충성심 등 멘토들이 직면하는 어려움을 보고하고 있다. 학교 기반 교사 훈련에서 멘토교사들이 전폭적인 지원을 받고 멘토링을 위한 충분한 시간이 보장 되면 멘토링의 질이 더 높아지고 효과적이지만 멘토들은 이론을 가르치는 것을 불편해하며 이론적인 것은 고등교육기관이 담당하는 것을 선호하고 있다. 이는 기술이나 전문 지식은 학교에서, 과학적인 것은 고등교육기관에서 배우는 교사교육 모델이 가장 바람직하다는 것을 시사한다. 대부분의 연구에서 학교 기반 교사교육을 발전시키기 위해서는 공식화된 행정상의 파트너십이 아니라 진정한 참여, 의사결정 등 학교와 고등교육기관 간 파트너십이 매우 정교해야 한다고 지적한다.

마. 교사 훈련의 내용: 예비교사의 지식과 기술

1980년대 말에는 모든 공공 부문에 대한 정부 규제가 강화되었다. 1984년에 설립된 교사교육인증위원회(Council for the Accreditation of Teacher Education: CATE)는 교생(student teacher)을 평가할 기준 역량(competences)들을 개발하였고 이는 느슨하게 적용되었다. 1990년대 초 학교 기반 교사교육이 확대되면서 OFSTED의 교사양성기관에 대한 감독, 평가가 시작되었다.

또한 1997년 2월 TTA는 교사자격(Qualified Teacher Status: QTS) 취득 기준, 입학 기준, 초등 교사양성 교육과정(영어, 수학) 개정 등을 포함한 교사 훈련 교육과정과 새로운 교사 기준(standards)을 제시하였다. 교육부는 이를 보완하여 교과지식(subject knowledge), 학급 경영(Class Management), 모니터링 평가(Monitoring Assessment), 기록과 보고(Recording and Reporting), 전문적 문제(Professional Issues) 등의 영역에서 80개의 세분화된 교사 기준을 개발하였다. 학생들은 각 기준에 매우 좋음, 좋음, 만족, 불만족 등 1~4점의 평가를 받았다. OFSTED는 학생에게 부여된 성적이 적절하고 일관되는지, TTA의 요구에 부합하는가를 확인·평가하는 역할을 담당한다.

2002년 9월 새로운 평가 기준이 발표되었는데 전문적 가치(professional value), 대인 관계 기술(interpersonal skills), 통합 쟁점(inclusion issues) 등을 보완한 것이다. 새로 개편된 교사 기준은 개인 가치와 실천(Personal Values and Practice), 지식과 이해(Knowledge and Understanding), 교수(Teaching) 등 세 개의 주제로 구성된다. 이는 모든 교사들이 교과지식을 갖추고 교수와 학습 전문성(expertise)을 지닐 뿐만 아니라 교직에서 요구되는 다양한 능력에 대비해야 한다는 인식을 반영한 것이다. 또한 교사 훈련은 예비교사들이 학생 행동 관리(behaviour management)와 사회적 통합(social inclusion) 등의 문제에 대비할 수 있도록 준비시켜야 한다는 것이다(TTA, 2002). 2000년대 초 교사 훈련 모델은 평가를 통한 통제, 학교 기반 및 기술 지향, 교과지식에 초점을 두었다. 교사 기준은 2007년에도 새로 개정되었다.

교사 기준 설정과 OFSTED의 교사양성기관 평가 등 기술 기반 모델에 대한 비판은 고등교육기관 내의 교사교육자들에 의해 제기되었다. 주요 비판 내용을 정리해보면 첫째, 교육부의 정책이 교육의 전문성을 약화시키고 직업적 전문성(professional expertise)과 자율성(autonomy)을 무시한다. 둘째, 기준 기반 모델의 평가 방식, 기록과 발표(recording and reporting) 등은 관료주의적이며 전문성 발날보다 교수와 학습에 대한 도구주의적 관점을 중시한다. 셋째, 가르치는 것을 쉽게 측정 가능한 것으로 세분화하고 전문적 발전보다 결과만을 중시하는 등 교수와 학습 과정의 복잡성을 제대로 이해하지 못한다는 것이다.

바. 2010년 이후 교사교육의 변화

2000년대 이후 영국 교사교육은 다양한 경로로 확장되었으며 여러 제도 변화가 있었다. 2003년 지도자로서 잠재력을 가진 우수한 대학원생 유인을 목표로 처음 도입된 교직 먼저(Teach First) 프로그램의 확장, 퇴역 군인들을 위한 프로그램(Troops to Teachers) 개시, OFSTED의 교사양성기관 평가에 대한 지속적 개혁, 교사양성기관 입학생에게 부과되던 수리력 및 읽기쓰기 능력 시험(numeracy and literacy professional skills tests) 폐지(2020년 4월부터) 등을 들 수 있다.

교육부는 2014년 4월 전문가에게 교사양성교육(ITT)에 대한 검토를 의뢰하였으며 그 결과는 2015년 1월 발표되었다. 이에 의하면, ITT 시스템은 전반적으로 좋은 성과를 내고 있으며 다양한 교사 훈련 경로 중 어떤 과정이 더 나은가는 확인하기 어렵다. 주요 개선 사항도 제시되었는데 이를 정리하면 네 가지이다.

첫째, ITT에 없어서는 안 될 요소가 무엇인지에 대한 공통 이해가 필요하다. 교육부는 ITT의 핵심 내용 체계를 개발할 필요가 있다. 둘째, ITT 내용 중 가장 개선되어야 할 것은 평가에 대한 훈련이며, 행동 관리(behavioral management)를 우선하고 실용적 조언과 전략을 제공해야 한다. 셋째, 영국 전역에 멘토링 시스템이 부족하며 멘토들을 위한 국가 기준(national standard)을 개발해야 한다. 넷째, 교사양성 경로에 대한 정보가 명확하지 않으며 전국 교수 및 지도성대학(National College for Teaching and Leadership: NCTL)의 교직 안내(Get into Teaching) 사이트는 교직 지원자들이 ITT 코스 선택을 더 쉽게 할 수 있도록 개선되어야 한다.

이러한 개선 사항은 대부분 수용되었으며, 특히 2019년 11월 ITT의 핵심 내용 체계(Core Content Framework)가 발표되었으며 ITT의 내용이 보다 체계화되었다. 이는 ITT 과정 종료 시 예비교사들이 교사 기준(Teachers' Standards)을 충족하기 위해 무엇을 우선시해야 되는가에 대한 방향성을 제공하였다. 또한 ITT의 행동 관리(behaviour management) 관련 내용을 개선하여 ITT 제공자들이 충족해야 할 최소 요건을 구체화하였다. 학교 기반 교사 훈련에 참여하는 멘토를 위한 국가 기준이 개발되었으나 이는 법적으로 부과된 것은 아니며 ITT 제공자들이 멘토 선택과 훈련을 위한 참고 자료로 활용될 수 있도록 하였다.

2016년 3월 발간된 정부 백서(White Paper)인 "모든 곳에서 교육 수월성 보장(Education Excellence Everywhere)"은 ITT 개혁에 대한 여러 제안을 포함하고 있다. 이를 정리해보면 첫째, 학교 기반 ITT와 동시에 대학 기반 교사 훈련을 강화한다. 둘째, 새로운 학교 기반 ITT 제공자들을 승인하고 지원자가 부족한 과목과 채용이 어려운 분야에 대해서는 학교 기반 교원양성과정(School-Centred Initial Teacher Training: SCITT) 기반 훈련을 확대한다. 셋째, ITT 제공자들에게 교사 훈련 인원 배정에 관한 정보를 제공하기 위해 새로운 질 기준(quality criteria)을 제시한다. 우수한 ITT 제공자들이 교사 훈련에 지속적으로 참여할 수 있도록 장기적인 교사 훈련 인원 정보를 제공하며, 새로운 질 기준을 충족하지 못하는 ITT 제공자에게는 교사 훈련 인원을 배정하지 않는다. 넷째, ITT 내용을 개혁하여 교과지식, 행동 관리, 증거 기반 실습(practice) 등에 초점을 두도록 한다.

또한 영국은 최근 더 많은 사람들에게 교사직을 체험할 수 있는 기회를 제공하기 위하여 2019년부터 교사 주도성 개발(Discover Teacher initiative) 정책을 시행하고 있다. 관련하여 가상 현실(VR) 교실과 교사 인턴십 프로그램, 학교 체험의 날(school taster day) 확대 등을 시행하고 있다. 또한 번거로운 시스템 때문에 ITT에 지원하는 것을 단념하지 않도록 하기 위해 정부는 ITT를 위한 종합 지원 서비스(one-stop application service for ITT)를 시행하고 있다. 또한 교육부는 ITT가 더 효과적이고 효율적이 되도록 지원하기 위해 ITT의 핵심 내용을 개선하고 대학과 학교가 협력하여 보조 교사(teaching assistants)들이 교사가 될 수 있는 방안을 연구하고, 보조 교사들이 학교에서 근무하면서 교사자격을 취득할 수 있는 길을 마련하는 등 교사교육 개선을 위한 다양한 노력을 기울이고 있다.

3. 프랑스의 교사교육 역사[10)]

가. 배경

프랑스의 교육 시스템은 국가 차원에서 결정되며 교육과정은 교육부에서 결정한다. 프랑스는 '아카데미 (académies)'라는 30개의 교육 구역으로 나누어져 있으며 각 구역은 대통령이 임명하는 교육감이 관할한다. 우리나라와 마찬가지로 프랑스의 교사는 공무원이다. 교사들은 국가에 고용되어 봉급을 받고 국가에서 정한 학교에 근무한다. 초등교사들은 전국적으로 30개로 구분되어 있는 지방교육행정단위인 아카데미(académies)별 꼬뮌(우리나라 기초자치단체에 해당하나 더 규모가 작음) 내의 초등학교에 배치된다. 반면 중·고등학교 교사들은 국가에서 고용하며 프랑스 내 모든 학교에 배치될 수 있다. 다만 교사 배치(발령) 과정에서 교사 의견과 다양한 기준이 고려된다.

미국이나 영국과 달리 학교는 교사를 선택할 수 없다. 프랑스 교사 연합은 이러한 시스템을 강력히 지지하고 있는데 이는 국가가 아카데미, 학교, 교사 간의 형평성을 유지해야 한다고 보기 때문이다. 학교가 교사를 선택하는 시스템은 형평성을 무너뜨릴 수 있다고 하지만 이를 바라보는 시각은 다양하다.

중등학교 교사는 대부분 한 과목을 가르치며(직업학교에서는 예외가 있기도 함) 초등학교 교사는 초등 교육과정에 있는 모든 과목을 가르친다. 모든 교사들은 석사학위를 취득해야 하며 경쟁시험(이하 편의상 임용시험이라 함)을 거쳐 선발된다. 임용시험의 종류는 우리나라와 같이 학교급 및 유형(직업)별로 구분되어 있을 뿐 아니라 특수교육, 체육, 상담 등 전문 분야별로도 구분되어 있다(박상완, 2016).

중등 교사임용시험은 국가 수준에서, 초등 교사임용시험은 꼬뮌/아카데미 레벨에서 시행한다. 임용시험은 필기시험과 구두시험으로 구분된다. 전통적으로 임용시험은 전공과목에 대한 지식을 평가하며 교수(teaching)와 교육학(pedagogy)에 대한 평가는 거의 이루어지지 않았다. 그러나 최근에는 임용시험의 목적을 전공과목에 대한 지식을 평가하는 것이 아니라 채용 과정으로 바꾸고자 하는 경향이 나타나고 있다. 전통적인 교사임용시험은 국가가 각 분야의 전문가를 임용한 후 직업교육/훈련을 한다는 입장이었다면 최근에는 전공과목에 대한 전문적 지식이 좋은 교사를 만들지 않는다는 점에서 교사임용시험 방식에 대한 많은 논쟁이 야기되고 있다.

나. 1990년 이전의 교사교육

프랑스에서 1990년 이전의 교사교육은 초등과 중등이 분리, 독립되어 있었다. 초등교사양성은 사범학교(Ecole Normales)에서 이루어졌다. 사범학교는 19세기 초에 설립되어 200년 가까이 다양한 계층의 사람들을 초등교사로 양성하는데 중요한 역할을 하였다. 초등 교사양성교육은 초기에는 고등학교 수준에서 이루어졌으나 이후 2년제 과정으로, 1980년대 후반부터는 4년제 대학 과정으로 발전하였다.

사범학교 입학은 선발을 거쳐 이루어졌는데 사범학교 입학 선발은 곧 초등교사 선발이나 마찬가지였다. 사범학교 입학 후 일정한 훈련을 거쳐 거의 자동적으로 초등교사가 되었기 때문이다. 사범학교에 다니는 학생들은 공무원으로 간주되었고 이에 상응하는 급여도 지급되었다. 사범학교는 대학과 독립된 기관으로 사범학교 교육은 대학교육이나 연구와 분리되어 있었다.

중등교사는 대학에서 양성되었다. 학생들은 학사과정을 마친 후 임용시험을 거쳐 교사로 임용되었다. 중등학교 교사들은 전공과목 소양(성적)에 따라 임용되고 임용 후 지역 교육학 센터(Centre Pédagogiques Régionaux: CPR)에서 전문교육(훈련)을 받았다. 이 전문훈련은 교생실습(tutored practice in school)과 장학관의 교육학 강의로 구성되었다. 직업학교 교사교육은 별도 기관인 국가견습 사범학교(Ecole Normale Nationales d'Apprentissage: ENNA)에서 이루어졌다.

1990년대 이전까지 프랑스에서 교사교육은 고용 후 훈련 형태로 이루어졌다. 이러한 교사교육의 주요 문제점으로는 직업 능력을 고려하지 못한다는 점, 전공과목에 대한 지식에만 중점을 둔다는 점 등이다. 중등 교사교육을 담당한 대학 또한 교사로서 직업적·전문적 훈련은 대학이 할 필요가 없다고 보고 전공과목 관련 지식을 가르치는 데 집중하였다. 1970~80년대 교육학 연구와 현직 연수가 발달하면서 대학 내 교육 연구기관들이 설치되고 교육 자료와 직무연수를 위한 강의 개발, 교육 연구, 다양한 전공 분야의 교수법 개발 등이 이루어졌지만 전문교육은 여전히 중요하지 않다고 여겨졌다.

다. IUMFs 설립 (1990~2004)

1) IUMFs 설립 목적과 주요 특징

프랑스의 교사양성체제는 1989년 7월 교육법(loi d'orientation sur l'education) 제정으로 큰 변화가 있었다. 이 법안은 교육의 주요 원칙을 명시하고 있는데, 이는 교육은 국가의 최우선 순위이며 아동이 교육의 핵심이라는 점, 학년은 1년 단위가 아닌 3년 단위의 사이클로 조직하며 국가에서 정한 교육과정에서 명시한 역량을 습득해야 한다는 점 등을 담고 있다.

아울러 교사교육 기관으로 1990~1991년에 걸쳐 지역별(아카데미별)로 1개의 교사양성대학(Instituts universitaires de formation des maîtres: IUMFs)을 설치할

것을 명시하였다. IUFM은 대학에 소속되지 않은 독립된 기관이지만 대학과 유사한 지위를 갖고 대학과 밀접하게 연계되어 운영되었다.

IUFM은 종래 초등과 중등으로 분리되어 있던 교사교육을 통합하여 모든 초·중등 교사들을 같은 기관에서 훈련하는 것을 목적으로 하였다. 또한 IUFM은 교사양성교육뿐 아니라 현직 교사 훈련, 교육연구 등 세 가지 역할을 담당하였다. IUFM 제도 도입 후에도 교사가 되는 방법에는 큰 변화가 없었다. 초·중등학교 교사가 되기 위해서는 3년의 대학과정을 졸업하고 2년 과정의 IUFM에서 1학년 말에 임용시험에 응시하여 합격해야 한다. IUFM 1학년은 임용시험 준비에 초점을 두며 2년 차에는 수습교사로서 근무하며 2학년 말에 정식 교사가 되는 시험을 거치게 된다.

교사는 교과 역량뿐 아니라 전문적인 준비가 필요하다는 점에서 IUFM의 교사교육은 세 영역으로 편성되었다. 첫째, 교과 정체성에 관한 지식으로 교과(학문)지식이다. 이는 역사와 인식론, 다른 교과와 사회에서의 역할, 응용과 활용에 관한 지식이다. 둘째, 교수와 학습에 관한 지식으로 지식 전달과 교수학(didactics) 습득, 교육학(pedagogy) 등에 관한 지식이다. 셋째, 교육 시스템에 대한 지식으로 국가 교육정책과 교육 기관, 학생 발달과 심리, 교육 체제, 사회적 역할, 기술 역량 등에 관한 지식이다. IUFM 1년 차 과정에서는 교과지식, 교수법, 교육학 등을 이수하며, 2년 차 과정에서는 대부분의 수업이 실습과 연계되며 전체 시간의 1/3은 수습교사로 근무하며 졸업논문(professional dissertation)을 준비한다.

IUFM의 교육과정은 세 가지 면에서 일관성을 중시하였다. 첫째, 교육과정에서 이론과 실습의 일관성과 연관성이다. 학생들이 이론적 지식과 실질적인 능력과 역량을 키울 수 있도록 구체적이고 실질적인 상황에서 의미를 탐색하는 지식, 구체적인 상황에 대응할 수 있는 지식을 강조하고 교사교육자와 학교 내 튜터의 협력, 실천에 대한 반성적 분석 등을 중시한다. 둘째, 교직 입직 전 훈련과 현직 훈련의 일관성이다. 교사는 항상 교육을 받아야 한다는 점에서 현직교육을 강조하고 교직 입직 전부터 훈련이 필요하다는 것이다. 셋째, 전문 훈련과 연구의 일관성이다. IUFM은 대학 수준의 교육 연구 개발을 강조한다. 예비교사들이 연구물을 읽고 질문하며 해결해야 할 문제를 제시하고 연구방법을 활용하여 반성적으로 사고하도록 교육한다.

2) IUFM 제도의 의의와 한계

IUFM 제도는 프랑스 교사교육 제도 발달에서 중요한 의미를 갖고 있다. 이를 정리해보면 첫째, 교사라는 직업은 재능만이 아니라 배움과 전문적인 준비가 필요하며 재능있는 교사를 찾기보다 많은 사람들을 훈련시키는 것이 더 중요하다는 점에서 보다 체계적이고 전문적인 교사 훈련을 제공하였다. 둘째, 종래 초등 교사양성은 사범학교로 명확하였지만 중등 교사양성 경로가 뚜렷하지 않았다는 문제를 해소하여 초등과 중등교사 모두 IUFM이라는 단일제도 하에서 교사교육을 제공하였다. 이로써 초·중등 교사 간 보수와 지위 차이를 해소하고 모든 교사들에게 같은 문화(common culture)를 제공할 수 있게 되었다. 셋째, IUFM은 교사양성을 보다 학문적이고 더 전문적으로 개편하고자 하였다. 종전에는 초등교사들은 대학교육을 받지 않았고 중등교사들은 자신이 가르칠 한 가지 교과에 대한 교육만 받았으나 IUFM은 교과지식뿐 아니라 교수학, 교육학 지식을 제공하고 학문적 연구와 대학과의 연계를 강화하였다.

그러나 IUFM 제도는 많은 정치적, 이념적 논쟁을 낳았다. 이는 IUFM 체제의 교사교육에서 교육학(pedagogy)과 교수학(didactics)의 비중이 늘어난 것과 관련이 있다. 정치적으로는 IUFM이 좌익 개혁으로 좌익 교사들을 양성한다는 비판을 받았다. 정치적 우파 입장에서 교육학(pedagogy)은 좌익 개념으로 여겨졌고 IUFM에서 교육학의 중요성이 증가했기 때문이다. 이념적으로는 공화주의자(republicans)와 교육학주의자(pedagogists)의 대립이 있었다. 여기서 공화주의자는 정치적인 성향이라기보다 교육에 관한 보수적인 입장을 말한다. 공화주의자들은 교육은 예술이며 과학이 아니라 믿는다. 이들은 교육의 중심은 상식과 실용주의라 믿으며 교육학을 무의미하고 무가치하며 실질이 없는 말뿐이라고 여긴다. 또한 이들은 교과지식이 교사교육의 핵심 요소라 믿으며 협동과 프로젝트에 기반을 둔 교육학적 방법을 비판한다. 반면 교육학 전문가들은 IUFM에서 교육학, 교수학, 심리학이 강화되는 것을 지지하였다.

또한 IUFM의 교사교육 내용과 방법과 관련하여 교생실습과 IUFM의 코스를 연계하는 것이 중요했음에도 현직 교사와 IUFM의 협업은 매우 취약하였다. IUFM의 코스는 교실에서 일어나는 일들을 연습하고 분석하는 도구가 되고, IUFM의 실습 분석 세미나 코스는 실습에서 일어난 일들을 분석하는 세션으로 운영되었으나 이 코스가 정착되기까지 어려움이 있었다. IUFM 설치 후부터 예비교사와 학교의 요구를 만족시키기 위한 교사교육의 혁신이 지속적으로 요구되었다.

라. IUFM과 대학을 통합한 석사과정 체제 도입 (2005~2012)

IUFM을 기반으로 한 프랑스의 교사교육은 2005년 IUFM이 대학에 통합되면서 새로 개편되었다. IUFM이 처음 설립된 1990년에는 대학이 교사교육에 관심이 없었고 정부는 IUFM을 대학과 독립된 기관으로 두는 것이 더 효율적으로 교사를 양성할 수 있을 것이라고 생각하였으나 IUFM 설립 후 15년이 지난 시점에는 이러한 체제의 한계가 드러나게 되었다. IUFM을 대학에 통합한 주된 이유는 IUFM이 학술 문화(academic culture)를 발전시키기 어렵다는 점이었다. 일부 IUFM은 대학 및 대학의 연구와 연관성이 없이 운영되었다. 또한 대부분의 국가에서 교사교육이 대학에서 이루어진다는 것도 주요 이유가 되었다.

IUFM을 대학에 통합하면서 제기된 주요 문제 중 하나는 교사교육 프로그램 이수 후에 어떤 학위를 수여할 것인가 하는 점이었다. 2008년 정부는 임용시험에 응시하기 위해 석사학위가 있어야 한다고 발표함에 따라 2년의 IUFM 과정은 석사학위 과정과 임용시험 준비로 구성되었다. 임용시험은 2학년 말에 응시하도록 하였다. 전문교육의 비중은 축소되었고 종래 1학년 말 임용시험 합격자가 갖던 수습교사 자격과 이에 따른 공무원 보수도 폐지되었다.

또한 IUFM에서 수행하던 현직교육(in-service training)은 아카데미가 관할하게 되었으며 이로 인해 직전교육과 현직교육의 일관성이 약화되고 현직교육은 대학이 아닌 중등학교와 아카데미의 소관이 되었다. IUFM의 기능이 축소되고 교사가 되는 방법이 불투명해짐에 따라 IUFM 지원자도 크게 감소되었다.

마. 새로운 개혁: ESPEs (2013~현재)

2012년 대통령 선거 이후 정부는 교사교육을 위한 새로운 개혁을 추진하였다. OECD PISA 평가에서 프랑스의 성적이 좋지 않았고 교사 질에 대한 우려가 제기되었다. 이러한 문제를 해결하기 위해 교사교육 시스템을 개혁하기로 한 것이다. 2013년 9월 1일 법 개정으로 IUFM은 설립된 지 23년 만에 폐지되었고 이를 고등교육대학(Ecole Supérieures du Professorat et de l'Education: ESPE)이 대체하였다. 또 2019년 신학기부터 ESPE는 고등교사교육기관(instituts nationaux supérieurs du professorat et de l'éducation: Inspé)으로 명칭이 다시 변경되었다. 이는 21세기에 보다 적합한 교사양성을 목적으로 하는 마크롱 정부의 뜻을 반영한 것이다(http://www.devenirenseignant.gouv.fr). 그러나 교사교육의 기본 체제와 내용은 종전 ESPE와 동일하다(박상완, 박정우, 2019).

ESPE들은 대학 내의 기관으로 각 아카데미별로 하나씩 설치되었다. ESPE의 목적은 학사 취득 후 2년 동안 전문 교사교육을 제공하고 국가 석사학위(Métiers de l'Enseignement, de l'Éducation et de la Formation: MEEF - Teaching, Education and Training Professions)를 취득하는 것이다. 훈련 방식은 '샌드위치 교사교육'이라 할 수 있다. 이는 학문 코스와 학교 실습을 병행하는 것이다. 기본 틀은 IUFM과 유사한데, 3년의 학사과정 후 학생들은 ESPE에 입학하여 2년간의 교사교육을 받게 된다. 임용시험은 1학년 말에 응시하며 1학년 과정 동안 MEEF 준비와 임용시험을 준비한다. 2학년 과정에서는 MEEF를 준비한다. 임용시험 합격 후 2학년 과정 동안 학생들은 수습교사로서 보수를 받고 학교에 근무(실습)하며 대학원 수업과 학교 실습을 병행하게 된다.

ESPE 도입으로 교사 지원자 수는 늘었지만 ESPE에서는 짧은 시간 내에 새로운 체제에 적합한 교육과정과 교육내용을 만들어야 했다. 또한 석사학위는 취득하였지만 임용시험에 떨어지거나 반대의 경우 학생들은 일 년 더 공부해야 하며 이에 대비한 프로그램을 개발할 필요도 있었다. 교사가 되기 위한 통상적인 석사학위는 MEEF이지만 다른 분야 석사학위를 가진 학생들도 임용시험을 볼 수 있는 자격이 부여되었으므로 이들을 위한 새로운 교육과정이 필요하였다.

또 학생들은 석사학위와 임용시험 준비를 병행해야 하는 ESPE 프로그램을 어려워하였다. 또 ESPE 2년 차에는 실습과 논문 작성을 병행하면서 석사학위 과정을 이수하는 점도 어려운 점이었다. 학생들의 배경 또한 다양해졌다. IUFM이 처음 설치되었던 20년 전에는 대부분의 학생들이 학사과정을 마치고 바로 진학한 젊은 학생들이었지만 최근에는 직장 경험이 있는 학생들도 많은 편이다. 이러한 다양한 학생들을 지원할 수 있는 프로그램을 개발하는 것이 중요한 과제가 되고 있다.

바. 프랑스 교사교육의 성공과 실패

프랑스에서 교사와 교사교육에 대한 대중의 시선은 IUFM이 처음 설립된

1990년대와 비교할 때 완전히 바뀌었다고 할 수 있다. 과거 교사라는 직업은 예술 또는 재능이 중요하다고 생각했다면 오늘날에는 전문적 능력과 훈련이 필요하다고 인식한다. 교사가 되는 방법은 종래에는 IUFM, ESPE를 통해 현재는 Inspé를 거쳐야 한다는 것이 보다 명확해졌다.

IUFM이 설립된 초기에는 교사 지원자 수가 적었으나 IUFM이 정착되면서 교사 지원자는 점차 증가하였다. IUFM은 23년 동안 500,000여 명의 교사들을 훈련하였다. IUFM 제도 말기에는 교사 지원자 수가 줄었으나 ESPE와 Inspé의 설립으로 교사 지원자 수가 다시 증가하고 있다.

IUFM 초기의 가장 큰 문제는 대학 문화, 중등교육 문화, 초등 문화 등 세 문화의 충돌이었다. IUFM은 세 문화 간의 균형을 유지하려 했지만 쉽지 않은 일이었다. 최근에는 Inspé 구성원과 Inspé 학생들의 실습을 돕는 학교 교사들 간의 갈등이 있다. 일부는 교사교육/실습은 반드시 교사 경험이 있는 사람들이 해야 한다고 생각하면서 Inspé의 학문적 배경을 가진 사람들은 교사교육을 제대로 하지 못한다고 생각하기 때문이다.

교사교육에서 대학의 역할 또한 어려운 문제 중 하나이다. 1990년 경 대학들은 교사교육에는 관심이 없었고 교과지식만을 가르치고자 하였다. 대학은 자신들이 특히 중등 교사교육의 주체라고 생각한다. IUFM이 대학과 독립된 기관으로 설립되면서 대학은 교사교육의 중요성을 인식하고 교육학, 교수법을 교육하는 데 참여하고 있다. 현재 Inspé는 대학에 소속되어 있는 만큼 향후 대학이 교사교육에 더 많은 책임을 부담하게 될 것이다.

IUFM 설립은 프랑스의 교육연구(educational research), 특히 교수학(didactics)을 발전시킬 수 있는 기회를 제공한 것으로 볼 수 있다. 교사교육에 학문적 관점(academic dimension)을 접목시키는 것은 교사 훈련과 연구를 연결하고 교육연구의 결과를 교사교육에 통합시키는 것을 의미한다. IUFM에 새로운 학문적 자리가 만들어지고 교육 연구자들이 고용될 수 있었으며, 일부 IUFM은 대학과 협업하여 교육 연구를 수행하는 새로운 연구소를 만들었다.

IUFM의 주요 목적은 교사교육을 더 학문적(academic)이고 전문적(professional)으로 만드는 것이었고 이는 Inspé의 목적이기도 하다. 그러나 더 학문적이라는 것은 경우에 따라 더 이론적이라는 의미로 이해되었고 학생들은 이것이 실제 상황에 대한 준비를 못 시킨다고 생각했다. 더 학문적이라는 것은 가르치고 배우는 것에 관한 실질적인 상황을 이해하고 분석하는 것을 뜻한다. 이를 위해 이론과 실천을 연계하고(articulating theory and practice), 지적이고 과학적인 도구가 필요하다. 논문을 쓰는 것은 학문적 훈련을 위한 주요 과제이지만 교사교육은 더 전문적이어야 한다. 이는 교직에 대한 명확한 비전과 전문적 역량이 무엇인지 정확히 파악한다는 것을 의미한다.

또한 IUFM은 공통 핵심 커리큘럼(common core curriculum)을 만들기 위해 노력했는데 이는 공통 문화와 공통 정체성을 개발하기 위해서라고 할 수 있다. 그러나 IUFM은 이를 성공적으로 추진하지는 못하였다. 프랑스의 오랜 관행으로 인해 초등교사와 중등교사의 직접적 정체성은 완전히 다른 것으로 이해되었다. IUFM에 이어 ESPE, Inspé는 교사들이 수강할 공통 과목(common modules)을 개발함으로써 공통 문하와 정체성 개발을 위한 노력을 지속하고 있다.

교사교육 또 다른 중요한 문제는 이론과 실제(practice)를 연결하고 Inspé의 수업과 학교 실습을 연계하는 것이다. IUFM은 실습 분석 세미나(practice analysis seminar) 등을 통해 학생, 대학, 튜터를 연결하고자 했으며 ESPE, Inspé는 샌드위치 트레이닝을 통해 학교와의 연결성을 갖고자 하였다. 수습교사 기간 동안 실력있는 교사와 함께 시간을 보냄으로써 전문 역량(professional competencies)을 기르도록 하는 제도도 이론과 실제를 연계할 수 있는 프로그램이다.

IUFM, ESPE, Inspé는 샌드위치 트레이닝을 통해 교사훈련을 위한 내용과 방법을 발전시켰다. 그러나 교사 훈련과 임용시험은 차이가 있었다. 임용시험에서는 전문 역량(professional competencies)보다는 전공과목 지식이 중시되었다. 이에 따라 학생들은 IUFM과 Inspé의 1학년 과정에서 교직 준비와 임용시험 준비를 병행해야 하는 것을 어려워하였다.

교사들이 필요한 지식과 능력을 교사양성과정에서 모두 얻을 수는 없다. 교사는 계속적인 교육(훈련)이 필요하며 직전교육 이후 현직교육이 지속되지 않는다면 교사교육의 효과는 반감될 것이다. 특히 최근에는 디지털 정보와 커뮤니케이션 기술(Digital information and communication technologies: ICT)이 발달하면서 교수와 학습에 영향을 미치고 있으며 이는 교직에도 영향을 준다. 교육과 ICT의 통합은 오래 전부터 시도되었지만 최근 코로나바이러스감염증-19(COVID-19)로 학교와 교사들이 이를 실지로 받아들이고 실행하게 되었다.

교직은 디지털 기술의 영향으로 본질적으로 변화하고 있다. 교사들은 이러한 변화를 인정하고 받아들여야 할 것이다. 지식을 쌓을 수 있는 다른 방법이 많아지면서 학교의 핵심 역할은 변화하고 있다. 학교의 역할은 학생들의 집중력을 높이고 호기심을 기르고, 반성적으로 사고하고 사회적으로 만드는 것이다. 디지털 기술과 자원으로 인해 교직은 더 협력적이고 네트워크화되고 있다. 현 Inspé 체제는 교사들이 이러한 디지털 사회에 걸맞은 책임 있는 전문가로 성장하도록 지원할 것으로 기대되고 있다.

4. 소결

이 장은 미국, 영국, 프랑스의 교사교육 역사를 분석함으로써 국가별 교사교육의 발달 과정과 특성을 이해하고자 하였다. 이는 우리나라 교사교육의 특징을 보다 객관적으로 이해하는 데 도움을 줄 것이다.

미국 교사양성교육의 역사는 사범학교를 거쳐 종합대학으로 발전해 가면서 교사양성 프로그램의 기간을 늘리고, 교사교육의 지식 기반, 학문적 위상을 정립하는 동시에 학교 현장의 실천적 요구에 부응하기 위한 과정이었다고 할 수 있다. 특히 미국은 교사양성 프로그램 진입을 엄격하게 제한하기보다는 다양한 인적 자원들이 교직에 쉽게 입직할 수 있도록 함으로써 교사의 인적 구성을 다양화하는 대신 다른 전문직에 비해 상대적으로 낮은 처우와 보수를 유지하고 있다. 이에 따라 미국에서 교사교육 프로그램에 입학하는 대부분의 학생들은 졸업 후 교직에 취업하고 있지만 교사가 된 이후 5년 이내에 이직률이 매우 높다는 점이 문제가 되고 있다

미국에서도 교사교육에서 대학과 학교 간 연계는 제한적이지만 1980~90년대의 교사교육 개혁을 통해 교육실습 기간을 연장하고 실습지도교사의 역할을 강화함으로써 이러한 한계를 극복하기 위한 노력을 지속하고 있다. 또 정부나 재단의 지원을 받아 대학별로 다양한 교사교육 프로그램을 시도하고 있다는 점은 주목할 부분이다.

영국은 교육부를 중심으로 교사교육 개혁이 추진되고 있으며, 국가 수준의 교사자격 기준 설정, 다양한 교사교육기관(공급자)이 교사 훈련에 참여하고 있

으며, 교사가 되는 길을 다양하게 열어두고 있다는 점이 특징적이다. 특히 대학 기반 교사교육과 학교 기반 교사교육이 병행되고 있으며 1980년대 이후 이론 중심의 대학 기반 교사교육보다 실천 중심의 학교 기반 교사교육이 보다 중시되고 있다는 점도 주목할 부분이다. 그러나 최근 사회 변화에 따라 학교의 개념, 역할이 변화함에 따라 현재의 학교 기반 교사 훈련이 어떻게 변화할 것인가도 주요 쟁점이 되고 있다. 또한 핵심 교과지식과 기술의 균형, 변화하는 교육 시스템에 적응하는 교사를 훈련하는 것이 과제가 되고 있다.

중앙집권적 교육시스템을 운영하고 있는 프랑스는 교사교육도 국가(교육부) 주도 하에 운영되고 있다. 미국이나 영국과 달리 프랑스는 석사과정 수준의 단일 유형의 교사양성기관을 두고 이를 중심으로 공립학교 교사를 체계적으로 교육하고 있다. 종래 다원화되어 있던 프랑스의 교사교육기관은 1990년 IUFM을 설립하면서 많은 변화와 발전을 이루었다. 2013년 IUFM이 폐지되고 프랑스의 교사교육 체제는 대학원 석사과정 수준의 교육을 제공하는 ESPE 체제로, 다시 Inspé 체제로 개편되었지만 IUFM의 교사교육 목적과 기본 틀은 유지되고 있다. Inspé는 교사교육에 새로운 활력을 불어 넣고 교사교육 방법과 내용에 대한 성찰을 촉진하고 있다.

우리나라뿐 아니라 미국에서도 교사양성교육에 대한 비판은 늘 제기되고 있다. 교사교육의 지식 기반이 취약하고 대학과 현장 간 연계가 부족하며, 교사교육자와 교사의 자질과 역량 문제 등은 공통된 문제점들이다. 교사교육과 관련하여 제기되고 있는 여러 문제점을 해결하고 궁극적으로 교사교육의 질을 높이기 위해서는 교사교육에 영향을 미치는 다양한 주체들 간의 협력, 적극적인 역할과 상호작용이 필요할 것이다.

제6장 우리나라 교사교육의 역사

우리나라에서 근대적인 교사교육이 시작된 시기는 19세기 말 대한제국(구한국) 시대(1897.10.12.~1910.8.29.)이다. 근대적인 학교교육제도가 도입되면서 교사양성교육이 이루어지기 시작하였으나 일제 강점기가 이어지면서 우리나라 고유의 교사양성교육이 발달하기는 어려웠다. 일제 강점기 교사교육은 일본의 사범학교를 모델로 하여 보통학교(초등) 교사를 양성하기 위한 교육이 이루어졌다. 중등 교사교육은 1920년대 중반 이후 실업계, 특히 농업 분야에 한정하여 제한적으로 이루어졌다.

이에 따라 해방 이전 교사양성교육에 관한 연구는 일제 강점기에 발달한 사범학교와 임시교원양성소를 중심으로 제시되고 있다. 일제 강점기 중등 교사교육은 대부분 일본인을 대상으로 하였으며 분야도 실업계로 한정되었다는 점에서 보면 우리나라의 교사교육은 해방 이후 본격적으로 이루어졌다고 할 수 있다. 근대적인 교사양성교육의 발달이 충분히 이루어지지 못한 상태에서 일제 강점기를 맞게 되었고, 일제 강점기 시대 교사양성교육은 우리나라 고유의 특성을 반영하지 못하고 정치적, 문화적, 교육적으로 편향, 왜곡되어 있기 때문이다.

이에 따라 이 장에서는 우리나라 교사양성교육의 역사를 초등과 중등으로 크게 구분하고, 시기적으로는 해방 후 미군정기와 정부 수립 이후부터 최근까지로 구분하여 분석한다. 해방 이전 교사교육은 대한제국(구한국) 시기와 일제 강점기로 구분할 수 있는데 여기서는 지면 제약상 다루지 못하였다. 해방 이후부터 1990년대까지 초·중등 교사양성교육의 역사는 김영우(1967, 1989, 1992, 1996)의 저작을 토대로 정리하였으며, 1990년대 중반 이후 현대까지는 관련 법령과 선행연구를 토대로 분석하였다(예: 박수정, 2003; 안홍선, 2016, 2017). 이 장은 새로운 역사적 사실이나 자료를 발굴한 것은 아니라는 한계가 있지만 교사양성제도사[11] 측면에서 관련 법령과 문헌을 토대로 교사양성교육의 역사를 체계적으로 기술·분석하고자 하였다.

1. 초등 교사교육의 역사

우리나라 교사양성교육의 역사는 교사교육기관의 발달사와 거의 같이 논의되고 있다. 해방 이전 교사양성교육은 사범학교를 중심으로 초등학교 교원양성에 집중되어 있었으며 중등교원양성은 이과교원양성소, 지리박물교원양성소 등에서 이과계, 지리, 박물 교원양성으로 한정되어 있었다. 해방 이후에는 초등과 중등 교사양성교육이 각기 독자적으로 발전하였으며 이러한 체제는 오늘날에도 이어지고 있다.

시기적으로 볼 때 해방 이후 교사양성교육은 미군정기와 대한민국 정부 수립 이후로 크게 구분된다. 1948년 8월 15일 정부 수립 이후에는 교사양성교육과 관련한 주요 법령의 제·개정과 제도 변화에 따라 1960년대~1980년대와 1990년대 이후로 구분할 수 있다. 해방 이후부터 1980년대 말까지 유지되어 오던 국공립 교원양성기관 졸업자에 대한 의무발령(복무)제도가 폐지되고 1991년부터 교원임용시험제도가 도입되었기 때문이다. 이러한 우리나라 교사양성교육의 주요 특징은 초등 목적형과 중등 개방형 교사양성체제의 발달로 규정할 수 있다.

가. 미국 군정기(1945.8.15.~1948.8.15.) 초등 교사양성교육

해방 후 정부 수립 시까지 교사양성교육은 초기에는 일제 말기 사범학교를 계승하였으나 1946년부터는 교육심의회에서 마련한 신학제가 실시됨에 따라 사범학교도 신학제에 따라 개편되었다. 미군정기 사범학교는 본과와 교원양성과(연수과)를 두었으며, 3년제 본과는 초급 중학교 졸업자, 1년제 교원양성과는 고급 중학교 졸업자가 입학할 수 있었다. 교사양성을 위한 주요 교과목은 본과의 경우 국어, 사생, 과학, 수학, 체조, 외국어, 교육, 실업, 미술, 공예, 음악으로 구성하였다.

1945년 8월 해방 당시 남한에는 10개의 사범학교가 있었으나 미군정의 교사양성 방침에 따라 1943년 4월부터 예과와 본과를 둔 전문학교로 승격되어 있던 경성, 대구, 경성여사범 등 3개 사범학교는 중등 교사양성기관으로, 나머지 7개 사범학교는 초등 교원양성기관으로 존속시켰다. 1946년에는 초등교사 수요 충당을 위해 서울, 개성에 사범학교를 신설하고 1947년에는 충주, 군산, 목포, 순천, 부산, 강릉, 안동 등에 초등교원양성을 위한 사범학교를 신설하였다.

사범학교 설치와 더불어 초등교사 수요 충당을 위해 사범학교에 단기 강습과나 임시 초등교원양성과를 부설하였으며, 이 외에도 각 도에 임시초등교원양성소(1~5,6개)를 설치하여 초등 교사양성교육을 실시하였다. 이에 따라 미군정기 초등 교사양성교육은 각 도에 설치된 사범학교를 중심으로 하되 부족한 초등교사를 단기간에 양성하기 위한 임시초등교원양성소, 단기 강습과나 임시 초등교원양성과 등에서 이루어졌다. 경북과 같이 일부 지역에서는 일반 중등학교에 1년제 사범과를 부설하여 초등 교사양성교육을 대행하기도 하였다(김영우, 1967: 82).

나. 정부 수립 이후 초등 교사양성교육

1948년 8월 15일 대한민국 정부 수립 이후 다음해 말인 1949년 12월 31일에 우리나라 최초의 교육법이 공포되었으며 1952년 4월 23일에는 교육법 시행령이 제정되면서 우리나라 교육제도의 법적 근거가 마련되었다. 교육법과 동법 시행령에 규정된 초등 교원양성제도는 미군정기와 큰 차이가 없었다. 다만 경북에 설치되어 있는 중등학교 부설 사범과를 폐지하고 1949년 대구사범학교를 신설하였으며, 제주도에 설치되어 있던 1년제 교원양성소를 1951년 3년제로 개편하였다가 1953년에 다시 제주사범학교로 승격시켰다.

또한 정부 수립 이후 교원양성기관의 국립화가 추진되었다. 교육법 제정 당시부터(1949.12.31.) 사범학교는 국립 또는 공립에 한하는 것으로 규정되어 있었다(교육법 제128조). 이에 따라 1950년 4월 1일을 기해 전국의 16개 사범학교를 국립으로 이관시켰으며, 1949년 이후 설립된 대구와 제주사범학교는 1952년과 1956년에 각각 국립화되었다(김영우, 1967: 83-84).

정부 수립 후 1950년대 전까지 초등 교사양성교육은 사범학교, 사범학교 연수과, 중등학교 교직과, 임시교원양성소 등 다양한 기관에서 이루어졌다. 특히 1950년대는 6.25 전쟁(1950.6.25.~1953.7.27) 후 부족한 초등교원을 신속하게 양성하기 위해 사범학교에 강습과, 초등교원양성소, 특설 교원양성소, 연수과 등을 부설하여 1년 이내 단기 과정을 두었으며, 고등학교에도 교직과정을 설치하여 초등학교 준교사 자격증을 수여하기도 하였다.

다. 1960~1980년대 초등 교사양성교육

1960~1980년대 초등 교사양성교육은 체제 면에서 큰 변화를 거쳤다. 1962년 중학교 졸업자를 대상으로 교사양성교육을 실시하던 고등학교 수준의 사범학교가 2년제 초급대학으로 승격되었고, 1981~1984년에 걸쳐 다시 4년제 대학으로 발전하였다. 1957년 설립된 이화여대 초등교육과를 제외하고 4년제 대학에서 초등 교사양성교육이 이루어진 것은 1980년대 초에 이르러서이다. 중등 교사양성기관인 사범대학이 해방 이후부터 2년제 또는 4년제로 운영된 것과 비교할 때 20~35년 늦은 것이었다.

초등교원 수요 면에서 1960년대는 초등학교 취학 아동 증가로 초등교원 수요가 급격하게 늘어났을 뿐 아니라 경제발전으로 초등교원의 이직률이 증가하였다. 이에 따라 정부는 각 시·도에 교육대학을 증설하고 정원을 늘렸을 뿐 아니라 과잉 상태에 있는 중등교원 자격증 소지자를 초등교사로 임용할 수 있도록 하였다. 또한 다양한 단기 초등교원양성과정을 마련하였다. 1970년대 이후 초등교원 공급 과잉 현상이 나타나 이를 해소하기 위해 16개 교육대학 중 5개 교육대학(마산, 군산, 목포, 안동, 강릉)이 폐지(일반대학으로 개편)되어 11개 교육대학으로 감축되었으며(김영우, 1996: 189), 임시초등교원양성소도 폐지되었다. 1972년에는 방송통신대학교 초등교육과가 설치되면서 초등학교 준교사를 양성하였으며, 1985년에는 유·초·중등학교 교사양성교육을 담당하는 단설 대학으로 한국교원대학교가 신설되었다.

1960~1980년대 초등 교사양성교육은 사범학교(1960~1962), 교육대학(1963년~), 보수교육제도(1964~1968), 임시초등교원양성소, 이화여자대학교 사범대학 교육학과(초등교육전공)(1957~), 방송통신대학교 초등교육과(1973~), 한국교원대(1985~) 등 다양한 기관에서 이루어졌다.

라. 1990년대 이후 초등 교사양성교육

1990년대 초등 교사양성교육은 1980년대와 유사하게 11개 교육대학과 이화여대 초등교육과, 한국교원대학교의 초등교육과를 중심으로 이루어지고 있다. 그러나 1990년부터 교원임용시험제도가 시행되면서 졸업자의 무시험 임용제도가 폐지되고, 교육대학 재학생에 대한 입학금, 수업료 면제 및 학비 보조금 제도와 더불어 복무의무제도, 남학생에 대한 병역상 특혜 제도 등도 모두 폐지되었다. 대신 사도장학금이 마련되어 1990학년도부터 교사로서 적성과 성적 우수자에 대한 장학금을 지원하였으며, 입학생 선발 시 교직적성 및 인성 검사를 실시하고 면접시험 등을 도입하였다.

또한 1993년 교육대학 표준교육과정을 새로 제정하여 1993학년도 신입생부터 적용하도록 하고 국립학교 설치령 개정을 통해 교육대학을 교육대학교로 개칭하고 학장을 총장으로 개칭하도록 하였다. 1994년 12월 교육법 개정을 통해 교육대학에 초등교육전공을 위한 대학원을 설치할 수 있게 되었다(김영우, 1996: 281-282).

1990년 3월부터 이화여대 교육학과 초등교육전공 과정은 입학정원 30명의 초등교육과로 개편되었다. 이대 초등교육과는 우리나라 유일의 사립 초등교원 양성과정을 운영하는 학과로, 초등교육의 이론과 교육현장에 대한 연구를 통해 초등학교 교사를 양성함과 동시에 초등교육의 학문적 분야에 종사할 교육전문인을 양성하는 것을 목적으로 하고 있다(김영우, 1996: 298).

마. 초등 교사양성기관의 종류와 주요 특징

해방 이후부터 현재까지 우리나라 초등 교사양성교육을 담당한 주요 기관은 사범학교, 교육대학교, 이화여자대학교 초등교육과, 한국교원대학교 초등교육과, 제주대학교 등으로 분화되어 왔다. 중등 교사양성기관의 설치, 폐지가 다양하게 이루어진 것에 비해 초등 교사양성기관의 경우 지역별로 교육대학교의 증설과 폐지가 있었고, 제주교육대학교가 제주대학교의 한 단과대학으로 개편된 것 등이 가장 큰 변화라 할 수 있다.

1) 사범학교와 사범학교 연수과

정부 수립 이후 사범학교는 3년제의 본과와 1년제의 연수과를 두었으며, 입학 자격은 본과는 중학교 졸업자 이상의 학력을 가진 자로, 연수과는 고등학교(고급중학교) 졸업자 이상으로 한정하였다. 초등교사양성을 위한 교과목은 국어, 사생, 교육, 철학, 수학, 과학, 체육, 교련, 실업, 가정, 음악, 미술, 외국어였다. 교육실습을 위해 부속 초등학교를 설치하였으며, 12주의 교육실습이 이루어졌다. 사범학교 재학생에 대해서는 수업료를 면제하였고, 학비보조금을 지급하였다. 대신 수학연한에 해당하는 기간만큼 학교에 근무할 의무가 있었다.

미군정기에 부족한 초등교사를 양성하기 위해 사범학교에 설치하였던 교원양성과는 정부 수립 후에도 사범학교 연수과란 명칭으로 존속되었다. 연수과는 부족한 초등교사양성을 위해 설치된 기관으로 초기에는 시설이 우수한 10개 사범학교에 1학급씩 설치하였으나 나중에는 연수과의 학급수를 제한하지 않고 초등교사 수요에 적절하게 대응하도록 하였다. 1955년에는 10개 사범학교에 연수과가 설치되어 있었으며, 제주, 대구사범학교에는 연수과 2학급이 설치되어 있었다. 연수과는 1956년 초등교사 수급이 안정화되면서 폐지되었다.

2) 중등학교 교직과

1950년대 부족한 초등교사 보충을 위해 일반 고등학교와 간호고등학교에 초등교사양성을 위한 교직과를 설치하였다. 교직과는 주로 여자고등학교에 설치되었다. 중등학교 교직과에서는 교육원리, 교육사, 교육심리 분야 90시간, 교육방법, 교육과정, 교육평가 60시간, 교사론, 초등교육론 30시간 등 총 180시간을 이수하고 3주의 교육실습을 거쳐 초등학교 준교사 자격증을 취득할 수 있었다(김영우, 1967: 84).

3) 교육대학교

1960년대 초등 교사양성교육에서 가장 큰 변화는 1962년 3월 1일 시행된 국립학교설치령에 국립대학교에 교육대학을 병설하도록 한다(제5조의2)고 하여 교육대학 제도가 법적으로 명시된 것이다. 1961년 9월 1일 혁명정부가 제정, 공포한「교육에 관한 임시특별법」제6조에 초등교사는 2년제의 국공립 교육대학에서 양성한다는 근거를 마련하였다. 이어 1962년 2월 17일 국립학교설치령 개정으로 1962년 3월 1일부터 기존 사범학교가 교육대학으로 발족되었다. 이에 따라 서울, 인천, 춘천, 청주, 공주, 대구, 전주 등의 사범학교가 교육대학으로 승격되고, 제주사범학교는 제주대학 부설 교육과로 개편되었으며 광주사범대학, 부산사범대학도 교육대학으로 개편되어 각 도에 1개씩의 교육대학이 설치되었다.

1962년 3월 1일 발족 당시 교육대학은 국립대학에 병설되어 있었으나 1963년 국립대학교에서 분리하여 단설 교육대학으로 개편되었다. 또한 1963년에는 진주, 안동, 군산, 목포 교육대학이 증설되었다(김영우, 1967: 85). 교육대학 수는 1962년 10개에서 거의 매년 1개교씩 늘어나 1969년 16개였다. 그러나 1970년대 들어 초등교원 공급 과잉 현상이 나타나면서 교육대학 학생 정원이 감축되었으며, 당시 설치되어 있던 16개 교육대학 중 5개 교육대학(마산, 군산, 목포, 안동, 강릉)은 일반대학으로 개편되어 1978년부터 교육대학 수는 11개가 되었다. 교육대학에 부설하였던 임시초등교원양성소가 폐지된 대신 1970년대에는 교육대학에 각종 연구기관, 연구소가 부설되어 다양한 연구 활동이 이루어졌다(김영우, 1996: 191).

1980년대 교육대학의 수업연한을 4년으로 연장 개편되었으며, 1981~1984년까지 연차적으로 전국 11개 교대를 4년제로 개편하였다. 이는 당시 교육대학의 수업연한을 4년으로 연장해야 한다는 교육계 내외의 주장과 초등교원양성체제의 세계적 추세에 따른 것이다(김영우, 1992: 135).

1990년대 교원임용시험제도가 도입되면서 교육대학 체제에도 변화가 생겼다. 무시험임용제, 복무의무제도가 폐지되면서 재학생에 대한 입학금, 수업료 면제, 학비보조금 제도도 폐지되었다. 교육대학의 명칭이 교육대학교로 개칭되고 학장은 총장으로 개칭되었다. 1993년도부터는 교육대학 표준교육과정이 적용되었다. 이에 따르면, 교육대학 학사과정 이수에 필요한 총 학점은 150학점 이상(교양 46학점, 전공 104학점 이상)이다. 교육대학의 교육과정은 교양과정과 교직(전공)과정으로 크게 구분하며 대학의 자율 조정이 가능하도록 하되 교직(전공)과정은 교육학교육(21학점), 교과교육과 특별활동(58학점), 심화과정(21학점, 18개 과목 이내), 교육실습(4학점)으로 구성하였다.

4) 보수교육제도(1964~1968)

보수교육제도는 1964년 6월 29일 교육공무원법 개정을 통해 법적 근거가 마련되었다. 이는 사범대학 졸업자, 실업계 대학의 교육과(실업교육과) 졸업자, 4년제 대학 졸업자 중 재학 시 소정의 교직과 학점 이수자로서 소정의 보수교육을 받은 자에게 초등 2급 정교사 자격을 수여할 수 있도록 한 제도이다. 1965년 10월 28일 교육공무원법을 다시 개정하여 과잉 상태에 있는 중등 교사 자격증 소지자로서 필요한 보수교육을 받은 사람에게 초등 2급 정교사 자격을 수여할 수 있도록 하였다.

보수교육제도는 1964년 교육대학에 개설되어 1968년도까지 운영되었으며 초기에는 주로 5주 과정이었으나 1966년부터 8주 과정의 보수교육이 실시되었다(김영우, 1996: 181). 보수교육제도는 교육대학에 임시초등교원양성소가 설치되면서 1968년 폐지되었으나 법적 제도 면에서는 현재에도 초등 교사양성기관의 하나로 존속되고 있다. 1980년 6월 9일 교육부는 보수교육에 관한 규정을 개정하여(문교부령 제465호) 필요한 경우 보수교육제도를 운영할 수 있도록 하였다(김영우, 1996: 270).

5) 임시초등교원양성소(1967~1972)

초등교사 충원을 위한 또 다른 제도로 초급대학 이상의 대학 졸업자들을 대상으로 단기간 교육을 실시하여 초등 2급 정교사 자격증을 수여하는 임시초등교원양성소가 운영되었다. 임시초등교원양성소는 교육법 제124조(교육부 장관은 대통령령이 정하는 바에 의하여 임시로 교원양성기관 또는 교원재교육기관을 설치할 수 있다.)에 근거하여 1966년 3월 19일 제정된 임시교원양성소 규정(대통령령 제2469호)에 따라 1967년부터 교육대학에 설치되었다.

현재 임시교원양성소는 모두 폐지되었으나 법 규정은 남아 있다. 또한 1965년 10월 28일 교육공무원법 개정을 통해 초등 2급 정교사의 자격 기준에 임시

교원양성기관 수료자를 포함시켜 임시초등교원양성소 수료자에게 초등교사 자격증을 수여할 수 있는 법적 근거를 마련하였다(김영우, 1996: 182-183).

임시교원양성소 규정에 근거하여 교육부가 마련한 '임시 초등교원양성 실시요령(1967.4.18)'에 따라 1967년부터 춘천, 청주, 광주, 진주 등 4개 교육대학에 1차로 임시초등교원양성소를 부설하여 18주 동안 교직과정(교육기초, 아동발달과 지도, 교육과정, 학급경영, 초등국어교육, 산수교육, 사회교육, 과학교육, 실과교육)과 예능과정(체육, 음악, 미술교양)의 과목을 주당 34시간 총 612시간을 교육하여 초등교사로 충원하였다(김영우, 1967: 86).

또한 지역에 따라 초급대학 졸업 이상의 학력을 가진 사람을 확보하기 어려운 경우가 있어 1968년부터 임시초등교원양성소에 준교사 과정을 설치하여 고등학교 졸업자를 대상으로 18주간 교육한 후 초등학교 준교사 자격증을 수여할 수 있도록 하였다(김영우, 1992: 134). 이에 따라 임시초등교원양성소에는 정교사반과 준교사반을 두게 되었다. 1967년부터 교육대학 부설로 설치된 임시초등교원양성소는 1971년까지 18주간의 단기 교육으로 초등교사를 양성하였으나 1970년대 초등교원 공급 과잉 현상이 나타나면서 1972년 말에 모두 폐지되었다. 그러나 임시교원양성소 규정은 현재에도 초등 교원양성기관의 하나로 법적 제도로 남아 있다.

6) 이화여자대학교 사범대학 교육학과(초등교육 전공)(1957~)

1957년 설치된 이화여자 사범대학 교육학과는 세부 전공을 아동교육, 초등교육, 중등교육, 교육행정 전공으로 구분하였다. 초등교육 전공 과정에서 초등교원양성교육을 실시하였으며 이는 우리나라 최초로 4년제 대학과정에서 초등 교원양성교육이 이루어진 것이다. 그러나 국가로부터 초등교사 자격증을 인정받아 초등교원으로 임용될 수 있었던 것은 1960년대 중반 이후이다(김영우, 1996: 186). 1964년 4월 이화여대 교육학과 초등교육 전공 졸업자 41명이 초등교사 자격증을 받고 공립 초등학교 교사로 임용되었다(김영우, 1996: 186).

1990년대 들어 이화여대 사범대학 교육학과 초등교육전공 과정은 입학정원 30명의 이대 초등교육과로 개편되었다. 교육학과의 하위 전공 과정으로 독립된 학과로 발전한 것이다. 이대 초등교육학과의 1994학년도 전공과목은 아동발달과 교육, 초등교육론, 기악 및 실기, 초등음악(미술, 체육)교육 및 실기, 초등국어(초등사회, 초등미술, 초등체육, 초등수학, 초등과학) 기초이론, 초등국어(초등사회, 초등미술, 초등체육, 초등수학, 초등과학) 교육방법, 초등종교 및 도덕교육, 초등 실과교육, 컴퓨터 교육, 초등교육이론 및 실제, 부모-아동 관계 세미나, 초등특수아 연구, 아동문제연구 등으로 편성되어 있다(김영우, 1996: 298-299).

7) 방송통신대학교 초등교육과(1972~1989)

정규대학에 진학하지 못하는 이들에게 대학 진학의 기회를 주고 과열된 대학 진학열을 해소하기 위한 방안의 하나로 1972년 방송통신대학이 신설되었으며, 설립 초부터 초등교육과를 두어 초등 교원양성교육을 실시하였다. 방송대 초등교육과는 고교 졸업자를 대상으로 2년간 교원양성교육을 실시하고 초등학교 준교사 자격증을 수여하였다. 수업연한은 2년이었으며 정원은 2,000명 이내였다.

그러나 1970년대 들어 초등교원 공급이 안정화되면서 방송대 초등교육과는 양성교육보다는 현직교육에 보다 중점을 두게 되었다. 즉, 방송대 초등교육과는 초등학교 현직교사 중 초급대학 학력을 갖지 못한 교사들에게 초급대학 졸업의 학력을 취득할 수 있는 제도로 활용되었으며, 경력에 따라 상급자격증(1급 정교사)을 취득할 수 있었다(김영우, 1967; 김영우, 1996: 227-228). 방송대 초등교육과 졸업 시, 초등 2급 정교사 자격증 소지자로서 교육경력이 3년 이상인 경우 1급 정교사, 준교사 자격증 소지자로서 2년 이상 교육경력이 있는 경우 2급 정교사 자격을 취득할 수 있었다.

1980년대부터 방송대 초등교육과는 현직 교원들의 학력 신장을 위한 재교육기관으로서 기능을 담당하게 되어(김영우, 1996: 275), 초등 교사양성교육 기능은 폐지되었다. 방송대 초등교육과는 1981년 5년제 학사과정으로 개편되었다가 1990년 4년제 학사과정으로 재개편되었으며 1989년 교육과로 명칭을 변경하였다. 2009년에는 교육학과와 청소년 교육과로 학과가 분리되었다(한국방송대학교 교육학과 https://learn.knou.ac.kr/, 2020. 1. 20. 검색).

8) 한국교원대학교 초등교육과(1985~)

한국교원대학교(이하 "교원대"라 함)는 1984년 3월 15일 제정된 한국교원대학교 설치령에 근거하여 종합교원양성기관으로 신설되었으며, 설치 시부터 초등교육과를 두고 초등교원을 양성하였다. 1985년 12월 개정된 한국교원대학교 학칙에 의하면 초등교육과의 학생 정원은 80명이며, 수업연한은 4년, 입학 자격은 고등학교 졸업(예정)자로 대학입학 학력고사를 거치고 시도교육감의 추천을 받은 자로 한정하였다.

교원대의 교사양성교육에서 특이한 점 중 하나는 생활훈련과 기숙사 입사를 의무화하여 교사로서 인격도야와 협동정신 함양 등을 강조하고 있다는 점이다. 즉, 학생들은 재학 기간 중 생활훈련을 받으며, 2년 동안 의무적으로 기숙사에 입사하여 생활훈련 과정을 이수해야 했다. 대신 학생들의 숙식비와 피복비를 국고에서 지급하였다(김영우, 1996: 277-278). 이는 해방 이전 사범학교 재학생에 대해 학비와 생활비를 지원한 제도와 유사한 것으로 교원대는 부분적으로 사범학교 전통을 계승하기 위한 제도로 볼 수 있다. 교육과정의 기본 방향에서 투철한 사명감을 지닌 교원양성, 풍부한 교양과 건강한 심신을 갖추게 하고 전문적 지식, 교과지도력을 강조한 것은(김영우, 1996: 278) 이를 잘 보여준다.

또한 교원대는 교원양성교육의 선도적 모형 개발을 지향하였지만 1980년대 이후 오늘날까지 교원대와 같은 종합교원양성기관은 더이상 설립되지 않았으며, 우리나라 고유의 교사양성교육 모델 개발이 이루어지지도 못하였다. 1990년대 이후 교원대 제1대학 초등교육과는 제도 면에서 1980년대와 큰 차이 없이 유지되었다.

2. 중등 교사교육의 역사

해방 이후 중등 교사양성교육은 미군정기에 기본 틀이 마련되었으며 이후 1980년대까지 고등교육 팽창과 더불어 개방형 교사양성체제를 기반으로 다양하게 발전하였다.

가. 미국 군정기 중등 교사양성교육

해방 이후 미군정기(1945.8~1948.8)까지 중등 교사양성교육은 사범대학을 중심으로 하되 부족한 교원 수요를 충당하기 위해 임시교사양성기관을 통해서 이루어지기도 하였다. 당시 사범대학은 2년제 대학과 4년제 대학이 공존하였는데, 2년제 사범대학에서는 중학교 교사, 4년제 사범대학에서는 고등학교 교사를 각각 양성하였다. 오늘날 제기되고 있는 중학교와 고등학교 교사양성교육의 분리가 해방 직후에는 시행되고 있었음을 보여준다. 해방 직후 경성사범대학(1945.10.), 대구사범대학(1946), 공주사범대학(1948.11)이 설치되었으며, 공주사범대학은 2년제 도립 사범대학이었다.

미군정기의 중등 교사양성교육은 해방 후 일본으로 귀환한 중등학교 교원을 충원하고 한국의 중등학교를 재개하기 위해 필요한 교원을 충원하는 데 집중되었다. 미군정기 동안 한국인을 중심으로 조직된 조선교육위원회와 조선교육심의회는 새로운 학교교육제도와 교육정책, 학교운영 방침 등 전반에 대해 자문하였다. 특히 조선교육심의회 제7분과위원회(사범교육)에서는 교원훈련, 사범학교의 목적과 학급편성, 장학금, 사범학교 설치, 교원재교육, 교원 자격 등을 심의, 자문하였다.

중등교원 수요를 충당하기 위해 미군정청 교육부는 중등교원양성을 위한 긴급 조치로 중등교원양성소와 중등교사양성과를 설치하여 단기간 중등교원을 양성하도록 하였다. 이와 함께 정규 중등 교원양성기관으로 사범대학을 신설하였다. 이에 따라 미군정기 동안 중등 교원양성교육은 사범대학, 중등교원양성소, 중등교원양성과, 중등교원양성강습회, 임시중등교원양성소, 국어교사양성소 등 다양한 기관에서 이루어졌다(김영우, 1996: 327-328).

미군정기에 설치된 사범대학(경성사범대학에서 발전한 서울대학교 사범대학과 대구사범대학)의 입학 자격은 6년제 중학교 졸업자로 하였다. 사범대학(4년제) 졸업 후 중학교와 고등학교에서 가르칠 수 있는 중등학교 교사자격증이 수여되었다. 사범대학에서는 필수과목, 전공과목, 선택과목, 교직과목을 교수하였으나 미군정기에는 교직과목의 과목명이나 학점, 교수내용 등이 확립되어 있지 않아 학생들이 이수한 과목과 학점수는 달랐다. 다만 교육실습은 6학점을 취득하도록 하였다(김영우, 1996: 331).

서울대학교 사범대학은 8월, 31명의 제1회 졸업자를 배출하였는데 이들의 출신 학과는 교육과, 국어과, 영어과, 사회과, 역사과, 지리과였다(김영우, 1996: 332). 대구사범대학교는 1948년 7월 제1회 졸업자를 배출하였으며, 영문학과,

사회생활과, 물리화학과 등 총 15명이었다.

사범대학 이외에도 미군정기에는 중등교사양성을 위한 다양한 단기 중등 교원양성기관이 설치되었다. 이들 단기 교사양성기관은 당시 급격히 증가하는 중등교원의 수요를 충당하기 위한 불가피한 조치였다고 할 수 있다. 단기 중등 교원양성기관으로 중등교원양성소는 사범대학과 실업계 대학에 설치되었다. 경성사범대학은 1946년 6개월 과정의 중등교원양성소를 설치하여 국어, 사회생활, 역사, 생물, 가정 등 5개 학과 교원을 양성하였다. 1947년부터 중등교원양성소의 수업 기간이 1년으로 연장되었으며 수학, 물리화학, 체육과, 1948년에는 영문과가 증설되었다.

대구사범대학과 한양공과대학에도 1947년부터 중등교원양성소를 설치하였으며 특히 한양공과대학은 전기, 화학, 기계, 토목, 광산과 등 공업계 교사양성 교육을 실시하였다. 1948년에는 춘천농과대학, 광주의과대학, 연희대학 등에 중등교원양성소가 부설되었다. 사범대학과 실업계 대학에 부설한 중등교원양성소를 통한 중등 교원양성교육은 정부 수립 이후에도 지속되었다.

아울러 초등 교사양성기관인 사범학교에도 중등교원양성을 위한 중등교원양성과가 설치되었다. 특히 부족한 이과계 중등교원양성을 위해 대학과 사범학교에 1~2년 과정의 중등교사양성과가 설치되었다. 1946년 서울대학교 농과대학에 임시 생물중등교사양성과가 설치되었으며, 1946~1949년간 공주여사범학교에 중등교사양성과를 설치하여 가사과, 수리과 중등교원을 양성하였다. 이외에도 경성대학의 중등국사교원양성강습회(1945.11), 중등국어교사양성을 위한 조선어학회의 한글강습회(1945.9~1946.1), 세종중등국어교사양성소(1948.9) 등에서 중등 교원양성교육을 실시하였다.

나. 정부 수립 이후 중등 교사양성교육

정부 수립 후 1950년대까지 중등 교사양성교육은 사범대학, 중등교원양성소, 대학의 교직과 등에서 실시되었다. 사범대학은 1949년 12월 31일 제정된 교육법과 1952년 4월 23일 교육법 시행령에 근거하여 중등 교사양성기관으로서 제도가 완비되었다. 1950년대 사범대학은 기존 서울대학교 사범대학, 대구사범대학, 1948년 7월 설립된 도립 공주사범대학을 중심으로 하되 국립 사범대학과 사립 사범대학이 증설되기 시작하였다.

사범대학과 실업계 대학에 부설되어 있던 중등교원양성소는 1950년대 말까지 계속 운영되었으며, 예능계 대학에도 설치되어 이과, 실과, 예능계 중등 교원양성교육을 담당하였다. 중등교원양성소를 폐지하는 대신 사범대학에서 양성하지 못하는 중등교원을 안정적으로 확보하고 일반대학 졸업자도 교직에 진출할 수 있도록 문호를 개방하기 위해 1957년 일반대학 교직과를 설치하였다. 중등 교직 개방 정책은 실업계 교원양성에서도 잘 나타난다. 정부는 실업계 대학 졸업자에게는 교직교육 없이도 중등교원이 될 수 있도록 함으로써 일반대학과 실업계 대학이 중등교원의 주요 공급원이 되도록 하였다(김영우, 1996: 342).

이러한 교직 개방 정책은 교원 수요가 많은 시기에 불가피한 선택이었을지 모르지만 교사 공급이 초과되면서 중등교사양성을 목적으로 설립된 사범대학과 일반대학, 실업계 대학의 교사양성교육의 차별성, 사범대학의 정체성 문제가 제기되는 불씨가 되었다. 1990년대 초 교원임용시험제도 도입은 정부 수립 이후부터 추진된 정부의 중등 교직 개방 정책에 따른 결과라 할 수 있다.

정부 수립 이후 1950년대까지 중등 교원양성교육은 사범대학, 중등교원양성소, 일반대학 교직과를 중심으로 이루어졌다.

첫째, 사범대학은 중등교원양성을 목적으로 설립된 대학으로 2~4년제로 편성되었다. 교육법과 동법 시행령에 근거하여 1950년대 사범대학은 제도적으로 완비되었으며, 사립 사범대학도 증설되기 시작하였다. 1951년 대구사범대학은 경북대학교가 신설되면서 경북대학교 사범대학으로 편입되었다. 2년제 도립사범대학이었던 공주사범대학은 1950년 국립으로 이관되었고 1954년에는 4년제로 승격되었다. 1951년에는 최초의 사립 사범대학으로 이화여자대학교 사범대학이 신설되었으며, 1954년 2월에는 조양가정보육사범학교가 2년제 수도여사범대학으로 개편되었다.

1950년대 사범대학은 국립 5개(4년제 3개, 2년제 2개), 사립 3개(4년제 1개, 2년제 2개) 등 총 8개가 설치되어 중학교(2년제 사범대학: 부산, 광주, 서울문리, 수도여사범대학)와 고등학교(4년제 사범대학: 서울, 경북, 공주, 이화여대 사범대학) 교사양성교육을 실시하였다. 사범대학 입학 자격은 사범학교, 고등학교 졸업 이상의 학력을 가진 사람으로 재학생에 대해서는 수업료를 면제하고 학자금을 지원하였다. 대신 수업연한의 1/2에 해당하는 기간 학교교육에 종사할 의무가 있었다. 총 이수학점수는 180학점이었다.

둘째, 임시중등교원양성소는 단기 과정의 중등 교원양성기관으로 1940년대 후반에 설치되었던 임시중등교원양성소는 1950년대에도 존속되었다. 1953년 4월 20일 교원의 양성과 재교육에 관한 임시기관 설치령 제정(대통령령 제781호)에 근거하여 중학교 교원양성을 목적으로 임시중등교원양성소를 둘 수 있도록 하였으며, 임시중등교원양성소는 2년제 사범대학에 관한 규정을 준용하도록 하고 수업연한, 명칭, 위치 등은 교육부 장관이 고시하도록 하였다.

임시중등교원양성소 관련 법령 제정으로 1950년대 중등교원양성소 체제는 더욱 정비되었다. 수업연한은 1951년까지는 6개월~1년이었으나 1952년부터 2년으로 연장되었으며, 1940년대 말부터 1950년대까지 사범대학이나 일반대학에 중등교원양성소가 설치되었다. 1950년대 중등교원양성소를 설치한 대학으로는 서울대학교 사범대학(1947~1953), 농과대학(1948~1958), 전남대학교 의과대학(1948~1956), 춘천농과대학(1948~1958), 서울대학교 문리과대학(1949~1956), 한양공과대학(1949~1958), 부산수산대학(1950~1957), 서울대학교 미술대학(1953~1958), 음악대학(1953~1958), 연희대학교(1953~1957), 진주농과대학(1956~1958), 숙명여자대학(1956~1958) 등에 중등교원양성소가 설치되었다. 그러나 1950년대 말 중등교원 수급이 원활해지면서 중등교원양성소는 1959년에 모두 폐지되었다.

셋째, 1954년 11월 11일 제정된 교육공무원 자격검정령 시행세칙에 근거한 일반대학 교직과정은 사범대학과 함께 중등 교원양성교육을 담당하는 2대 기관으로서 위치를 차지하고 있다(김영우, 1996: 350). 교직과정은 일반대학에서 교원자격증을 취득하기 위해 이수하는 선택과정으로 일반대학의 우수한 졸업자를 교육계에 확보하고 사범대학에서 양성하지 못하는 교과의 담당 교원을 양성하여 중등교원의 수급을 원활하게 하는 데 그 설치 목적이 있다(김영우, 1996: 350).

1954년 일반대학 교직과정 제도화 당시 교직과정 설치를 위해서는 교직과 담당 전임교원, 교육실습 대용 부속학교 등 시설기준을 충족해야 하며, 이와 함께 교육실습 3주(최종 학년에 실시)와 16학점의 교직과 과정기준을 준수해야 한다. 또한 교직과정 이수를 통해 교원자격 무시험검정을 받기 위해서는 졸업성적 총 평균 C(70) 이상, 교직과 각 과목 성적 B(80) 이상이어야 한다.

일반대학 교직과정 설치인가는 매 학년 초마다 교육부 교원자격검정위원회의 심사를 거쳐 이루어졌으며, 이에 따라 교직과정을 설치하는 대학과 학과는 매년 일정하지 않았다. 대체로 문리과 대학, 예능과 대학, 실과계 대학에 교직과정이 설치되었다. 일반대학 교직과 설치인가 대학수는 1955년 23개 대학, 1956년 29개 대학, 1957년 20개 대학, 1958년 22개 대학 94개 학과, 1959년 31개 대학 171개 학과 등으로 임시중등교원양성소 폐지가 논의된 1958~59년 크게 늘어난 것을 알 수 있다.

다. 정부 수립 후~1950년대 중등 교사양성교육

1949년 12월 31일 교육법 제정으로 새로운 학제가 마련되면서 교사양성제도도 정비되었다. 정부 수립 후 마련된 교사양성제도에 따라 중등교원은 사범대학에서 양성하되, 초기에는 중학교와 고등학교 교사양성교육을 구분하였다. 그러나 1960년대 들어 중학교와 고등학교 교사양성교육을 4년제 사범대학에서 실시하는 것으로 통합하였다. 또한 1950년대에는 국립 사범대학을 증설하고 사립 사범대학의 설치를 인가하였을 뿐 아니라 1955년에는 일반대학 교직과정을 설치하여 증가하는 중등교원 수요를 충당하고자 하였다. 1952년부터 사범대학에 부설된 중등교원양성소의 수업연한을 2년으로 연장하였으며, 서울음대, 미대, 진주농대, 숙대 등에도 중등교원양성소를 증설하였다. 이들 중등교원양성소는 사범대학이 확대되면서 1950년대 말에 모두 폐지되었다.

라. 1960~1980년대 중등 교사양성교육

1960~1980년대는 중등교사양성 규모가 양적으로 늘어났을 뿐 아니라 교사양성기관도 다양하게 발달한 시기였다. 1960년대는 국가의 경제개발계획 추진으로 산업계의 인력 수요가 증가함에 따라 교직 지원자의 수가 줄고 기존 교사의 이직률이 높아지면서 중등교원 수요가 증가한 시기였다. 이에 따라 중등교원 확보를 위해 임시교원양성소가 다시 설치되는 등 중등 교사양성교육은 사범대학, 교육연수원, 임시중등교원양성소, 일반대학 교직과정, 실업교육과, 일반대학 교과교육과, 교육대학원 등 보다 다양한 기관에서 이루어지게 되었다.

1950년대부터 중등 교원양성교육을 담당하였던 사범대학, 일반대학 교직과정은 1960년대에도 계속적으로 확대되었다. 1961년 5.16 군사혁명으로 수립된 혁명 정부는 1962년 3월 2년제 사범대학을 4년제 사범대학으로 개편하고 중학교와 고등학교 교사를 모두 4년제 사범대학에서 양성하도록 하였다. 또한 1962년 3월 서울대학교에 교육연수원을 설치하였다. 이는 혁명정부가 제안한 새로운 중등 교원양성기관으로 4년제 대학 졸업자를 대상으로 1년간 교직교육을 집중적으로 실시하여 단기간 중등교원을 양성하기 위한 제도였다. 혁명정부는 교육연수원을 중심으로 중등 교원양성교육을 실시하고자 사범대학의 교사양성 규모를 축소하고 일반대학 교직과정을 폐지하였으나 교육연수원 제도가 정착되지 못하고 1963년 2월, 1년 만에 폐지되었다. 교육연수원이 폐지되면서 사범대학의 교원양성 규모는 다시 확대되고 일반대학 교직과정 제도도 부활되었다.

1966년에는 일반대학 교직과정 외에 일반대학에 사범계 학과로 교과교육과를 설치하여 졸업자에게 중등교원 자격증을 수여하는 제도를 도입하였다. 이는 지역에 따라 부족한 교원을 각 지역에서 양성하고 특수한 교과목의 중등교사를 양성하기 위한 것으로, 국공립 일반대학 사범계 학과 졸업자에 대해서는 국공립 사범대학 졸업자와 동등한 자격과 권리를 부여하여 수업료 감면과 의무발령이 적용되었다.

1960년대 중등 교원양성교육에 있어 가장 주목할 만한 제도적인 변화는 1963년 각 대학에 교육대학원이 설치되어 1965년부터 중등 교원양성교육을 담당하였다는 점이다. 또한 1967년부터는 중등교원 확보를 위해 1959년 폐지되었던 임시중등교원양성소를 대학에 부설하여 16~18주간의 단기교육을 통해 중등교원을 양성하였다. 아울러 우수한 실업계 중등교원을 안정적으로 확보하기 위해 실업계 대학 졸업자에게 준교사 자격증을 수여하는 제도를 시행하는 한편 1963년부터는 공과대학, 농과대학, 수산대학 등 실업계 대학에 실업교육과를 설치하여 교직과정 이수자에게 중등 2급 정교사 자격증을 취득할 수 있도록 하였다.

1970년대 중등교사양성제도는 1960년대와 크게 다르지 않았다. 이에 따라 1970년대 중등 교사양성교육은 사범대학을 비롯하여 일반대학 교직과, 임시중등교원양성소, 실업교육과, 일반대학 사범계학교(교과교육과), 교육대학원 등 다양한 기관에서 이루어졌다. 1970년대 중등교원양성제도에서 가장 특기할만한 일은 1970년대 초 임시중등교원양성소 운영이 중지되었다는 점과 1970년대 공업 발전을 반영하여 실업계 중등교원 특히 공업계 중등교원을 보다 전문적으로 양성하기 위해 충남대학교에 공업교육대학이 설치된 것이라 할 수 있다.

1980년대 중등교원양성제도는 1970년대와 큰 차이는 없었으나 전반적으로 교사양성 규모를 축소하고 실업계 교원양성을 위한 제도 개편이 추진되었다. 1980년대 중등교원양성은 1970년대와 마찬가지로 사범대학, 일반대학 교직과정, 교육대학원, 일반대학 교과교육과, 실업교육과, 공업교육대학 등 다양한 기관에서 이루어졌으며, 사범대학을 중심으로 한 목적형 교원양성교육과 일반대학 교직과, 교육대학원 등 개방형 교원양성교육이 병행되었다. 그러나 교원수급의 적정화를 위해 국립 사범대학의 정원을 크게 감축하고 영세 사립 사범대학을 일반대학으로 개편하도록 하였으며, 일반대학 사범계 학과 신설을 억제하고 교직과정 이수자의 수를 제한하고 이수요건을 상향 조정하였다. 1970년대 초 운영이 중지된 임시중등교원양성소는 1980년대에도 여전히 법적인 제도로 남아 있었다.

1980년대 중등 교원양성교육에서 가장 특기할 점은 충남대학교 공업교육대학이 공과대학으로 개편됨에 따라 공과대학의 공업교육학부에서 실과교원양성교육이 실시되었으며, 1985년 초·중등 교사양성교육, 교육연구를 통합적으로 실시하기 위해 한국교원대학교가 설립되었다는 점이다.

1960~80년대 걸쳐 다양한 중등 교사양성기관이 발달함에 따라 교사양성을 목적으로 설립된 사범대학의 정체성, 전문성에 대한 비판이 제기되었다. 무엇보다 중등교사 수급의 불균형이 심각해지면서 1980년대 말 교원임용시험제도 도입의 계기가 된 헌법재판소 결정이 이루어지게 되었다. 즉, 교사임용시험제도 시행은 해방 이후부터 1980년대까지 정부가 중등교사 수급을 고려하여 교사양성 규모를 조정하지 않았을 뿐 아니라 교사양성교육을 사범대학을 중심으로 한 목적형 체제보다는 개방형 체제를 지향한 결과라 할 수 있다.

한편, 교육부는 1980년대 들어 교원양성제도를 개선하기 위해 1981년 12월 교원양성기관에 대한 운영 평가를 전국적으로 실시하고 장단기 교원수급계획을 수립하여 종합적인 개선방안을 마련하였다. 사범대학 제도 개선을 위해 사범대학 교육과정 연구 개발, 신입생 선발 방법 개선, 면접 및 신체검사 기준 강화 등이 제안되었다(김영우, 1989: 279-280).

마. 1990년대 이후 중등 교사양성교육

1990년대 이후 현재까지 중등 교원양성교육은 사범대학, 한국교원대학교(2, 3, 4대학), 일반대학 교과교육과, 일반대학 교직과정, 교육대학원 등에서 이루어지고 있다. 임시중등교원양성소는 모두 폐지되었지만 관련 법령, 제도는 존속되고 있다. 1980년대에 이어 1990년대에도 중등교원 자격증 소지자가 과잉 공급되고 있음에도 불구하고 교원양성기관 수는 증가하였다. 사범대학 수는 1993년 국립 12개, 사립 27개로 1990년에 비해 2개가 증가하였다. 2009년에는 10개 학과로 구성된 충남대학교 사범대학이 설립되었다. 일반대학 교직과정도 1990년 85개 대학에서 1993년 102개 대학으로 증가하였다. 1990년대 이후 중등교원양성과정 이수자 중 여학생 수가 지속적으로 증가하였다는 점은 주요 특징 중 하나이다. 사범대학을 예를 들면, 1993년 입학자 수 중 여학생은 74%였으며(김영우, 1996: 467), 이러한 경향은 2000년대 이후에도 지속되었다.

우리나라 교원양성제도와 정책은 1990년대 들어 교원임용시험 제도가 도입·시행되면서 근본적으로 변화된 것으로 볼 수 있다. 김영우(1996: 464)는 1990년대 중등교원양성체제는 1980년대와 동일하였다고 하였지만 이는 교원양성기관의 종류에 한정된 평가이다. 교원임용시험제도가 시행되면서 교사양성교육의 내용과 질보다 임용시험 합격 여부가 중요하게 되었다.

이에 따라 다양한 중등 교사양성기관, 교사양성교육 경로 간의 차별성, 사범대학이 중등 교원양성교육의 중추 기관이라는 평가, 사범대학 재학생에 대한 특전은 유지되기 어렵게 되었다. 1990년대 들어 국립 사범대학 입학자에 대한 입학금, 수업료 면제, 학비보조금 지급, 복무의무제도는 폐지되고 사범대학과 사범계 학과의 대학입시에 교직적성·인성검사, 면접고사를 실시하게 된 것은 중등 교원양성교육에서 사범대학의 위상 변화를 반영한 것이라 할 수 있다.

해방 이후 1980년대까지 교원양성제도는 교원의 수요와 공급을 맞추거나 고등교육의 발달에 따라 등장한 종합대학의 외형을 갖추고(단과대학으로 사범대학 설치) 고등교육 이수자의 수를 늘리는 등 양적인 측면에 치중되어 왔다. 교사양성을 목적으로 하는 사범대학을 설립하고 일반대학 교직과정을 인가하였지만 교사양성교육의 철학과 목적, 이에 기초한 교사양성교육의 기준(standards), 교사양성교육의 내용과 질적인 수준에 대한 논의는 부족하였다.

1990년대 임용시험제도가 시행되면서 중등교원양성 정책은 교원양성기관의 설치 및 폐지 등과 같은 제도적인 변화보다는 중등교원양성 규모를 지속적으로 줄이면서 임용시험의 경쟁률을 낮추고 수급 균형을 맞추는 데 초점을 두고 있다. 1990년대 중반부터 실시된 교원양성기관평가는 중등교원양성 규모를 조정하고 교원양성기관의 축소, 폐지 등에 영향을 미치고 있다. 중등교원양성 교육과정 면에서는 교직과정의 교과목과 이수학점수를 조정하는 등 부분적인 변화가 있었으며, 임용시험 과목과 출제 경향은 교사양성교육에 영향을 미치는 요인이 되고 있다.

바. 중등 교사양성기관의 종류와 주요 특징

1) 사범대학

중등교원양성을 목적으로 설립된 사범대학은 1950년대까지 2년제와 4년제로 구분하여 2년제는 중학교 교사, 4년제는 고등학교 교사를 양성하였으나 1960년대 들어 2년제 사범대학은 폐지되고 4년제로 일원화되었다. 1960년대 중반에는 증가하는 중등교원 수요에 대응하기 위해 중앙대(1965), 조선대(1965), 경희대(1965), 성신여자사범대(1965), 상명여자사범대(1965), 한양대(1967), 동국대(1969), 부산대(1969) 등 총 8개 대학에 사범대학이 신설되었다. 이에 따라 1960년대 말까지 설치된 사범대학 수는 국립 4개, 사립 9개 등 총 13개였다. 이수학점수는 1950년대 180학점에서 1960년대 160학점으로 축소되었으며, 교육과정은 교양(40학점), 전공(90학점), 교직과목(25-27학점)으로 구성되었다.

1970년대에는 다수의 사범대학이 신설되는 한편 일부 사범대학은 일반대학으로 개편되고 일부 사범대학은 신설 후 학과가 늘어났다. 1970년대 사범대학 교육과정은 1973년부터 고등교육 개혁 사업으로 추진된 실험대학제의 영향을 받아 졸업학점을 160에서 140학점으로 감축하였으며 교양, 전공, 교직과정으로 구성되는 교육과정 편제는 그대로 유지되었다. 그러나 대학에 따라 구체적인 과목 편성은 차이가 있었으며 교직과목에 대한 이수 기준은 있으나 교양과목이나 전공과목 이수 기준이 없어 일반대학과 사범대학의 교육과정에 큰 차이는 없었다. 이에 따라 사범대학 교육과정의 특성, 존재 가치에 대한 논쟁의 소지가 있었다(김영우, 1996: 403).

사범대학은 1980년대 들어서도 다수가 신설되었으며, 일부 단설 사범대학은 종합대학교로 개편되고(1983년 상명여사대→상명여대, 성신여사대→성신여대로 개편) 일부 사범대학은 일반대학으로 개편되는(1988년 청주사대→서원대로) 변화를 거쳤다. 1980년대 신설된 사범대학은 한국외국어대(1980), 청주대(1980), 국민대(1981), 연세대(1981. 1983년 교육과학대학으로 명칭 변경), 제주대(1982), 경상대(1982), 경남대(1982), 계명대(1982), 대구대(1982), 전주대(1983), 한국교원대(1985), 효성여대(1986), 한남대(1986), 상명여대(1987) 등이었다. 이에 따라 1980년대 사범대학 수는 한국교원대학교를 포함하여 국립 11개, 사립 26개 등 총 37개였다.

1980년대까지 사범대학 수가 늘어난 것은 사립대학들이 경쟁적으로 사범대학을 설립하고 각 도에 국립 종합대학교가 설립되면서 사범대학이 단과대학으로 설치된 데 따른 것이다(김영우, 1996: 433-434). 이에 따라 1980년대에는 사범대학 졸업자의 과잉배출로 국립 사범대학 졸업자 중에서도 미발령자가 발생하고 그 적체 현상이 사회문제로 비화되면서 중등교원양성 규모를 줄이기 위한 조치가 마련되었다. 1986년 이후에는 국립 사범대학의 학생 정원을 대폭 감축하고 사립의 영세 사범대학을 일반대학으로 개편하였다.

사범대학의 교육과정은 1970년대와 크게 달라진 것은 없으며 교양, 전공, 교직과정, 부전공·일반선택과정으로 구분되었다. 다만, 1989년 교육법 시행령 개정으로 대학 교양과목에서 필수 이수제도가 폐지됨에 따라 사범대학에서도 교양과목을 독자적으로 편성·운영할 수 있게 되었다. 총 이수학점수는 140학점이었다.

1990년 교원임용시험제도가 시행되면서 사범대학 제도에 큰 변화가 있었다. 국립 사범대학 재학생에 대한 입학금, 수업료 면제, 복무의무제도 등이 폐지되었으며 대신 사도장학금제도가 도입되었다. 사도장학금은 국립 사범계 대학 학생 중 교원으로서 자질과 적성이 뛰어나고 학업성적이 우수한 자에게 지급되었다(김영우, 1996: 464). 또한 우수한 중등교원양성 방안의 하나로 사범계 대학 입시에 교직적성·인성검사, 면접고사제를 도입하였다. 1989년 7월 교육법 시행령 개정으로 1991년 입학생부터 사범계 대학 학생 선발 시 교직적성·인성 5~10%, 면접고사 5~10%를 반영하도록 제도화되었다. 사범대학 교육과정은 1980년대와 유사하게 유지되었으며, 교양, 전공, 교직과정으로 편성되어 있으며, 졸업에 필요한 이수학점수는 총 140학점 이상이다.

1990년대 들어 사범대학의 학생 정원은 계속 줄어들었으나 대학수는 1993년 국립 1개, 사립 1개가 늘어나 국립 12개, 사립 27개로 총 39개가 되었다. 2009년에는 충남대 사범대학이 설립되었다. 충남대는 1970년 공업교육과 설치를 시작으로 체육교육과(1975), 교육학과(1979), 기술교육과(1981) 등 사범계 학과를 운영해왔으나 2009년 10개 학과로 편성된 사범대학을 설립하였다. 사범대학 설립 시 국어, 영어, 수학교육과는 신설하고, 이미 설치되어 있는 교육학과, 체육교육과, 기술교육과, 건설공학교육과, 기계 금속공학교육과, 전기 전자통신공학교육과, 화학공학교육과 등은 사범대학으로 소속을 변경하였다. 2010년에는 일반대학 교직과정 운영을 담당하는 교직부를 사범대학 부속 시설로 변경하였다(충남대학교 사범대학 https://edu.cnu.ac.kr/edu/intro/history.do).

2) 일반대학 교직과정

일반대학 교직과정 설치의 법적 근거는 1954년 11월 교육공무원 자격 검정령 시행세칙 개정으로 마련되었다. 일반대학 교직과정은 1960년대에도 중등교원양성을 위한 주요 제도로 존속되었다. 1962년 교육연수원이 설치되면서 일시적으로 폐지되기도 했으나 1964년 교원자격검정령 제정으로 다시 중등교원 양성을 위한 주요 기관으로 유지되었다.

1964년 4월 16일 제정된 교원자격검정령 시행세칙에는 교직과정 설치기준과 교직과정 과목과 이수학점을 명시하고 있다. 이에 의하면, 교직과정 담당 전임교원은 2명 이상을 두되 교직과정 이수자 수가 200명을 초과할 경우 3인 이상을 두어야 하며, 교육실습을 실시하기 위해 병설 또는 협력학교를 두도록 하였다.

1964년 2월 26일 제정된 교원자격검정령에 의하면, 교직과정 이수자에 대한 자격검정은 교직과정 25학점(실습 4학점 6주)을 취득하고 총 학점 평균 성적이 70점 이상을 요건으로 하고 있다. 그러나 1969년 1월 23일 교원자격검정령 개정으로 교직과정 이수학점은 25학점에서 20학점으로 축소되었으며, 교육실습도 2학점 4주로 조정되었다.

일반대학 교직과 제도는 1970년대에도 중등교원양성을 위한 주요 제도로 유지되었다. 교원자격검정령 및 시행 세칙 개정 등으로 일부 교직과정 과목의 이수학점수, 이수 요건 등에 변화가 있었다. 1973년 6월 28일 교원자격검정령 개정으로 교직과정 이수자는 교직과정에서 이수학점 20학점 이상을 취득하고 전공과목과 교직과목 취득 학점 평균 70점 이상이어야 교사 자격을 취득할 수 있었다. 다만 대학 졸업학점을 160에서 140학점으로 축소한 대학은 교직과정 학점을 16학점 이상 취득하도록 허용하였다. 또한 교직과목의 과목당 학점은 2학점으로 하되 학교와 지역사회 과목을 필수로 이수하도록 하였다. 1979년 기준으로 일반대학 교직과정 설치 대학, 학과 수 및 인가 인원은 국립 12개 대학 223개 학과 39,460명, 사립 92개 대학 692개 학과 123,048명이었다(김영우, 1996: 416).

일반대학 교직과정은 1980년대에도 사범대학과 함께 중등교원양성을 위한 2대 주류 기관으로 존속하였으나 교직과정 이수학점수 조정 등 일부 제도적인 변화가 있었다. 1980년대 국립 사범대 졸업생 중 미발령자가 적체되면서 사범대학을 비롯하여 다양한 중등 교원양성기관의 교사양성교육에 대한 비판과 반성이 제기되었다. 특히 일반대학 교직과정에 대해서는 교사교육에 대한 목적의식이 약하고 전공교육에 비해 교육학교육, 교과교육을 경시했다는 비판이 제기되면서 일반대학 교직과정 교육을 강화하기 위한 조치들이 취해졌다(김영우, 1996: 450).

1982년 교원자격검정령 개정을 개정하여 교직과정 이수자에 대한 자격검정에 있어 교직과목과 전공과목의 평균 성적을 종래 70점에서 80점으로 상향 조정하고 교직과정 이수학점을 16학점 이상으로 하였다. 학과별 교직과정 이수자 수는 졸업정원의 30% 범위 내에서 선발하도록 하였다. 1983년 10월 5일 교원자격검정령 시행규칙을 개정하여 교직과정 이수학점수를 16학점에서 20학점으로 조정하였을 뿐 아니라 교직과정의 영역과 과목명을 개편하였다. 이에 따라 교직과정은 교직이론, 교과교육, 교육실습 등 3개 영역으로 구분하여 교직이론과목 14학점(7과목) 이상, 교과교육 4학점(2과목) 이상, 교육실습 2학점(4주)을 이수하도록 체계화하였다. 1987년 기준으로 일반대학 교직과정 설치 대학, 학과, 학생 정원(수강 학생 수)은 국립 19개 대학, 400개 학과, 26,771명, 사립 63개 대학, 1,212개 학과, 78,552명이었다(김영우, 1996: 456).

1990년대 들어서도 일반대학 교직과정 설치 대학은 다소 증가하였다. 1990년 85개 대학(국립 19, 사립 66)에서 1993년 102개 대학(국립 21, 사립 81)으로 증가하였으며, 학과 정원의 30%, 졸업 평균 성적 B이상인 자에게만 중등교원

자격증이 수여되었다. 교직과정 과목와 이수학점수는 총 20학점(교육실습은 2학점 4주 포함)이었다.

3) 교육연수원

교육연수원은 1961년 12월 19일 제정된 학교정비기준령에 근거하여 설치되었다. 당시 정부는 사범대학의 학과 중 문리과 대학과 유사하거나 중복되는 학과는 모두 폐지하고 문리과 대학에 없는 학과만을 두거나 신설하여 일부의 중등교원만 양성하도록 그 기능을 축소, 개편하였다. 대신 교육연수원을 신설하여 일반대학 졸업자들에게 1년간의 교직교육을 집적으로 실시한 후 중등교원 자격증을 수여하여 사범대학에서 양성하지 않는 중등교원을 양성하도록 하였다.

교육연수원은 1962년 3월 서울대학교에 처음 설치되었으며, 서울대 사범대학 학과는 축소, 조정되고 일반대학의 교직과정은 폐지되었다. 중등교원양성의 문호를 개방하고 우수한 중등교원을 양성, 공급하기 위한 새로운 제도로 제안된 교육연수원은 일반대학 졸업자를 대상으로 1년간 교원양성교육을 실시하였으며 원생에 대해 수업료와 입학금을 면제하였다. 서울대 사범대학에 병설된 교육연수원을 설립 초기 국어, 수학, 농업, 상업, 외국어, 음악, 공업, 수산학과 등 8개 학과로 구성하고 학과 정원은 260명 이내로 하였다. 교육과정은 교직과목으로만 구성하고 이수학점은 43학점으로 하였다.

그러나 교육연수원 지원자 수가 미달되고 교원수급에 차질이 초래될 우려가 제기되면서 17명의 졸업자를 배출하고 1년만인 1963년 2월에 폐지되었다. 일반대학 졸업자를 대상으로 교직교육을 실시하고자 한 교육연수원은 5년제 또는 대학원 수준 교원양성 모델로, 1960년대 초 대학 졸업자의 수가 많지 않고 중등교원 수요가 급증하는 시기에 운영하는 데 한계가 있었다고 할 수 있다.

4) 교육대학원

교육대학원은 1963년 4월 12일 국립학교 설치령 개정을 통해 서울대학교에 처음 설치되었다. 교육대학원은 우수한 자질을 갖춘 중견교원과 교육행정가 양성을 목적으로 설립되었으나 1965년 교육공무원법 개정을 통해 교직과정을 이수하는 경우 신규 교사자격증이나 상급 교사자격증을 취득할 수 있도록 하였다. 이에 따라 이미 교사자격증을 가지고 있는 사람은 상급 교사자격증(2급 정교사 → 1급 정교사), 교사자격증이 없는 사람은 중등 정교사(2급) 자격증을 취득할 수 있도록 하였다. 일반대학에서 교사자격증을 취득하지 못한 사람이 교육대학원에 진학하여 중등교사 자격증을 취득할 수 있게 됨에 따라 교육대학원은 교사양성 기능을 일부 담당하게 되었으며, 아울러 중등교사 자격증을 취득할 수 있는 기회를 확대하는 데에도 기여하였다.

1960년대 다수의 교육대학원이 설치되었는데, 1967년에는 고려대, 계명대, 연세대, 이화여대, 1969년 경북대에 교육대학원이 설치되었다. 1970년대 들어 교육대학원의 수는 크게 늘어나 총 13개의 교육대학원이 증설되었다. 1972년 경희대, 1975년 부산대, 전남대, 충남대, 충북대 등에 교육대학원이 설치되었다. 교육대학원 증설은 1970년대 말까지 지속되었는데, 전북대(1976), 강원대(1978), 인하대(1978), 건국대(1979), 경남대(1979), 동국대(1979), 조선대(1979), 제주대(1979)에 교육대학원이 설치되었다. 그러나 최초의 교육대학원으로 설치된 서울대 교육대학원은 1975년 2월 폐지되어 서울대 사범대학 대학원 과정으로 통합되었다. 교육대학원은 주간제, 야간제, 계절제 등 대학에 따라 다양하게 운영하였다. 교육대학원에 계절제 과정을 개설한 것은 교육대학원 재학생의 다수가 현직 교사였기 때문에 이들의 수강 편의를 고려한 것이라 할 수 있다.

1965년부터 중등 교원양성교육을 담당해왔던 교육대학원은 1980년대에도 계속 존속되었으며 1980년대 중반까지 교육대학원의 수도 계속 증가하였다. 1980년 경남대, 중앙대, 한양대에 교육대학원이 설치되었으며, 1982년에는 공주사범대, 국민대, 단국대, 원광대, 영남대, 한국외대, 홍익대, 1983년 성균관대, 숙명여대, 인천대학, 1984년 동아대, 성신여대, 1985년 대구대, 1987년 경기대 등 주로 사립대학에 교육대학원이 설립되었다. 1987년 기준으로 교육대학원 수는 국립 10개 대학, 186개 학과, 3,275명, 사립 25개 대학, 418개 학과, 7,405명이었다. 교육대학원 재학생의 상당수는 현직 교원이었으므로 교원양성 규모는 이보다 적었으며 중등 2급 정교사 자격증을 취득할 수 있는 교육대학원, 학과의 수는 일정하지 않았다. 교육대학원 운영을 주간, 야간, 계절제로 편성한 것은 1970년대와 동일하였으나 1980년대 들어 수업 실시 형태에 따라 수료 기간에 차등을 두어 주간제는 4학기, 야간제는 5학기, 계절제는 6학기에 걸쳐 학점을 이수하도록 하였다.

5) 임시중등교원양성소

임시중등교원양성소는 부족한 중등교원의 충원을 위해 1946년부터 각 대학에 설치되었다가 1959년 모두 폐지된 바 있다. 그러나 1960년대 중반 이후 중등교원 수요가 증가하면서 1966년 3월 임시교원양성소 규정을 제정하고 1967년부터 사범대학에 임시중등교원양성소를 설치하여 중학교 교원을 양성하도록 하였다. 1967년 6월 29일 임시중등교원양성소 설치요령(훈령)에는 시·도별 임시중등교원양성소를 부설할 대학을 명시하였는데, 서울대 사대(서울, 경기, 강원), 경북대 사대(경상남북도와 부산), 공주사범대(충청남북도), 조선대 사범대(전라남북도), 제주대학(제주도) 등 5개 대학이다.

임시중등교원양성소는 4년제 대학 졸업자 이상의 학력을 가진 자를 대상으로 총 16주간(주당 35시간) 교육을 실시하였다. 수료 요건은 총 25학점을 이수하고 평균 성적 70점 이상, 과목당 성적 60점 이상이며 반별 인원은 40명 이하로 하였다. 1969년부터 중등교원양성소는 제1과정과 제2과정으로 개편되었다. 제1과정은 대학 졸업자를 대상으로 16주의 교육을 실시한 후 중학교 교사자격증을 수여하고, 제2과정은 중등교사 자격증 소지자를 대상으로 18주간 교육을 실시하여 중등교사 자격증을 취득할 수 있도록 하였다.

또한 1969년에는 기술계 중등교원양성을 위해 5년제 실업고등전문학교에 임시중등교원양성소를 설치하였다. 기술과 담당 중등교원양성을 위한 임시중등교원양성소는 대학 졸업자와 중등교사 자격증 소지자를 대상으로 주로 여름방학과 겨울방학 기간을 이용하여 16주간 전공교육과 2주간의 교직교육을 실시하며, 수료 시 4년제 대학 졸업자에게는 중등 2급 정교사 자격증을, 초급대학 졸업자에게는 중등 준교사 자격증을 수여하였다(김영우, 1996: 391). 기술계 중등교원양성소는 주로 공업전문대학에 설치되어 있었으나 중등교원 과다 양성, 운영 부실로 중등교원의 질적 저하를 초래하였다는 비판을 받기도 하였다.

임시중등교원양성소는 1970년대 초까지 존속하면서 특정 과목의 중등교원 양성 기능을 담당하였다. 1970년대 임시중등교원양성소는 6개가 증설되기도 하였으나 1973년 당시 설치되어 있던 13개의 임시중등교원양성소(동아대, 강원대, 충북대, 전남대, 진주농과대, 마산대, 제주대학, 부산공업전문대, 삼척공업전문대, 충주공업전문대, 대전공업전문대, 조선대, 영남대 등)가 모두 폐지되었다.

6) 일반대학 사범계 학과(교과교육과)

일반대학 교육과(사범계 학과)는 1966년 사범대학이 없는 지역과 사범대학에서 양성하지 못하는 일부 교과의 중등교원을 양성하기 위해 도입되었다. 각 지역에서 필요로 하는 중등교원과 특수한 과목의 중등교원양성을 위해 교과교육과 제도가 도입됨에 따라 주로 지방 일반대학에 교과교육과가 설치되었다. 교과교육과는 사범대학의 교직과정에 준하는 교육과정에 따라 교사교육을 실시하고 졸업자에게 중등교원 자격증을 수여하였으며, 현재까지 중등 교원양성 기관의 하나로 존속하고 있다.

1970년대 들어 일반대학 사범계 학과가 보다 확충되어 교과교육과를 통해 다수의 중등교원이 양성되었다. 당초 지역별로 교사가 부족한 과목의 중등교원 수급을 원활히게 히기 위한 목적으로 특히 국립 사범대학이 없는 시·도의 일반대학에 교과교육과를 설치하였으나 1970년대 교과교육과 설치가 남발되어 중등교사의 공급 과잉 현상을 초래하는 원인 중 하나가 되었다(김영우, 1992: 138). 1979년 일반대학 교육과가 설치된 대학은 22개 대학에 86개 학과였으며, 학생 정원은 4,030명이었다(김영우, 1996: 424). 설치 학과도 국어, 수학, 영어, 가정, 체육, 과학, 역사, 지리, 외국어 등으로, 당초 사범대학에서 양성하지 못하는 일부 교과의 중등교원을 양성한다는 일반대학 교과교육과 제도 도입의 취지에 맞지 않았다. 이에 따라 1980년대 일반대학 교과교육과의 신설이 억제되었으며, 충남대 공업교육대학을 공과대학으로 개편하여 공업계 중등 교원양성은 축소되었다.

일반대학 사범계 학과(교육교육과)는 1980년대 들어서도 중등 교원양성기관으로 존속하였지만 그 규모는 크게 감소되었다. 1980년대 중반부터 교과교육과의 신설을 허가하지 않았을 뿐 아니라 기존 교과교육과도 점차 폐지되었다. 1980년대 일반대학 교과교육과는 1980년 국립 3개 학교, 6개 학과, 410명, 사립 24개 대학, 83개 학과, 3,675명이었으나 1988년에는 국립 5개 대학, 15개 학과, 300명, 사립 18개 대학, 56개 학과, 1,430명으로 사립대학의 일반대학 교과교육과 수가 크게 감소되었다.

7) 실업교육과

일제 강점기 중등 교원양성교육은 실업계 학과에 한정되어 제한적으로 이루어졌으나 해방 이후 사범대학을 중심으로 한 중등교원양성체제가 마련되면서 실업계 교원양성교육은 농과대학, 공과대학, 수산대학 등 비사범계 대학을 중심으로 이루어지게 되었다. 실업계 교원 충원을 위해 실업계 대학 졸업자에 대해서는 교직과정을 이수하지 않더라도 준교사 자격증을 수여하였으나 실업계 중등교사를 전문적으로 양성하기 위해 1960년대 들어 실업계 대학에 실업교육과 설치를 설치하게 되었다.

1962년 12월 31일 국립학교 설치령 개정으로, 1963년 3월 1일부터 서울대학교 공과대학(공업교육과), 농업대학(농업교육과), 부산수산대학(수산교육과)에 실업교육과가 설치되었다. 또한 1963년 12월 16일 교육법 시행령을 개정하여 실업교육과는 사범계 학과로 인정하도록 하여 사범대학 재학생과 졸업생에 부여하는 것과 동일한 특전을 부여하였다. 즉, 입학금과 수업료를 면제하고 학비보조금을 지급하는 대신 수업연한에 상응하는 기간 동안 학교교육에 종사할 의무를 부과하였다.

실업교육과가 설치되면서 종래 실업계 대학 졸업자에게 교사자격증(준교사)을 수여하던 제도는 1965년 폐지되었으며, 1966년부터는 실업계 대학에서 교직과정을 이수한 사람에 한해 중등 정교사(2급) 자격증을 수여하였다. 1960년대 실업교육과는 계속 증설되어 건국대 농과대학(1964), 한양대 공과대학(1965), 삼육대학 농업교육과(1967), 원광대학 농업교육과(1967), 수도공과대학 공업교육과(1967), 광운전자공과대학 공업교육과(1967), 영남대학교 공업교육과(1968)가 설치되었다.

실업교육과 제도는 1970년대에도 실업계 중등교원양성을 위한 주요 기관으로 유지되었다. 1970년대는 경제발전으로 실업계 인력 수요가 크게 늘어나면서 실업계 교원 수요가 증가하였고, 실업교육과 설치 학교수도 증가하였다. 주로 공과대학에 공업교육과가 설치되었으며 일부 대학에서는 1970년대 말 폐과하기도 하였다.

1978년에는 공업계 중등교원양성을 전담하는 독립된 기관으로 충남대학교에 공업교육대학이 설치되면서 국립대학교에 설치되었던 공업교육과는 모두 폐지되었다. 공업교육대학은 1977년 지방 국립공과대학의 특성화 시책을 추진하면서 충남대 공과대학이 개편된 것으로 공업계 중등교원을 전문적으로 양성하게 되었다. 설립 당시 충남대 공업교육대학은 건축, 토목, 기계, 기계설계,

전기, 전자, 화학, 금속교육공학과 등 8개 학과, 475명 정원으로 편성되었다.

1980년대 실업교육과(공업교육과)는 일부 사립대학에 설치되어 실업계 중등 교원양성교육을 실시하였다. 1980년대 들어 국립 사범대학과 마찬가지로 충남대 공업교육대학 졸업자의 미발령 규모도 늘어나자 1982년 공업교육대학 정원을 축소하였으며, 1985년 2월 28일 국립학교 설치령을 개정하여 공업교육대학을 공과대학으로 개편하고 공과대학에 공업교육학부를 두어 공업계 중등교원을 양성하도록 하였다. 충남대 공업교육대학뿐 아니라 1980년대에는 실업교육과 학생 정원이 지속적으로 줄어들어 1981년 900명에서 1988년 200명으로 감축되었다(김영우, 1996: 458).

8) 한국교원대학교(1985~현재)

1980년대 중등교원이 과잉 공급되고 있는 상황에서도 다수의 사범대학이 1980년대 초 신설되었으며 1985년 3월에는 교원양성, 교원연수, 교육연구 등 교사교육의 3대 기능을 유기적으로 통괄 운영할 수 있는 새로운 모형의 교사양성대학으로 한국교원대학교가 설립되었다. 한국교원대학교는 기존 교사양성제도와는 다른 종합교원양성대학으로 유치원과 초·중등학교의 우수교원 양성과 재교육을 담당하고 교사교육 및 교육연구의 중추적 기관으로 기존 교원양성기관 운영 개선을 위한 전문적인 지원과 교육개혁을 선도하고 시범적인 역할을 수행할 것으로 기대되었다(김영우, 1996: 441).

교원대는 학부과정을 3개 대학으로 구성하였는데, 제1대학은 유아교육과, 초등교육과, 제2대학은 인문과학계열, 사회과학계열, 제3대학은 자연과학계열, 예체육계열로 구분된다. 수업연한은 4년이며, 고등학교 졸업자로서 시도교육위원회 교육감의 추천을 받은 자가 입학할 수 있었다. 졸업학점은 150학점 이상이며(부전공 이수자는 160학점 이상), 교육과정은 교양과목(45학점 이상), 전공과목(92학점 이상), 자유선택과목으로 구성하며, 전공과목은 교육학영역(19학점), 교과교육영역(3학점), 교과영역(60학점), 교육실습과목(4학점, 8주) 등으로 편성된다. 교육실습은 참관실습(1학점 2주, 6학기), 수업실습(2학점 4주, 7학기), 실무실습(1학점 2주, 8학기)으로 구성하여 사범대학보다 이수학점수와 실습기간은 2배 정도이다.

교원대학교 학생에 대해서는 수업료, 입학금을 면제하고 학비 일부를 국고에서 지급하도록 하였다. 또한 기숙사에 입사하여 생활훈련을 받는 학생에 대해서는 기숙사비와 피복비를 국고에서 지원하도록 하였다. 교원대의 교사양성교육에서 특이한 점은 생활교육이라고 할 수 있다. 교원대에 입학하는 모든 학생은 2년 동안 의무적으로 생활관 생활을 하도록 되어 있으며, 생활관 교육과정을 두어 생활습관교육 프로그램, 교양교육 프로그램, 자율활동 프로그램 등을 이수하도록 하였다. 1989년 교원대 학생 정원은 제1대학 140명(초등 120명), 제2대학 180명, 제3대학 185명 등 총 505명이었다.

1990년대 들어 한국교원대학교는 설치령 개정을 통해 재학생에게 입학금과 수업료 면제는 유지하되 복무의무를 폐지하였다. 또 1992년 제3학대학에 소속되어 있던 음악, 미술, 체육과를 제4대학을 신설하면서 이관하였고 일부 학과를 증설하였다.

3. 특징: 초등 목적형과 중등 개방형의 독자적 발달[12)]

우리나라의 초·중등학교 교사양성은 일제 강점기부터 설치·운영되어 온 사범학교와 이를 본떠 해방 이후 설립된 사범대학을 기반으로 만들어졌다. 사범학교는 초등학교 교사를, 사범대학은 중등학교 교사를 양성하는 기관으로 중등 교사양성교육은 해방 이후 처음 제도화되었다. 이들 사범학교와 사범대학은 모두 국가가 설립·운영하는 목적형 교사양성기관이었으며, 교사양성체제 구성 초기부터 초등과 중등 교사양성교육을 분리·운영하였다.

초등교사와 중등교사를 분리·양성하는 체제는 현재까지 이어지고 있다. 초기 사범교육(교사양성교육)의 목적은 '민주주의, 애국심, 국제협력에 기초한 교육제도 내에서 교사가 되고자 하는 사람들에게 교육자로서의 인격, 지식, 교수법을 완전하게 갖추도록 하는' 것이었다(우용제, 안홍선, 2006). 교사교육에서 교육자로서의 인격뿐 아니라 지식과 교수법 등을 고루 강조하고 있음을 잘 보여준다.

1960~70년대부터 팽창하는 교사 수요에 대응하기 위해 정부는 중등교사양성에 대해서는 국가 설립의 목적형 교사양성체제를 고수하기보다는 개방 정책

을 추진하였다. 이에 따라 1955년 일반대학 교직과정이 인가되었으며, 1960~70년대 사립 사범대학 인가, 일반대학 교육과 설치, 교육대학원에 교사양성 기능이 허가되는 등 현재와 같이 다원화된 중등교사양성체제가 발달되었다. 당초 일반대학 교직과정과 일반대학 교육과는 사범대학에서 양성하지 않는 실업계 등 비사범계 학과를 중심으로 설치되었으나, 교사양성기관의 양적 팽창 과정에서 이러한 제한은 없어지고 사범대학과 중복되는 학과들이 설치되었다.

중등교사양성 경로가 다원화되고 그 규모도 확대되었지만, 이들이 모두 중등학교 교사로 채용될 수 있었던 것은 아니다. 중등교사양성체제는 중등교사 수요와는 무관하게 발달하였기 때문이다. 1990년 공개전형에 의한 교사임용제도가 도입되기 전까지, 사립 교사양성기관 졸업자가 국·공립학교 교사로 임용될 기회는 거의 없었다. 그럼에도 불구하고 사립대학들은 사범대학, 일반대학 교육과, 교직과정, 교육대학원 등을 설치하였고, 이는 대학의 규모 확대에 기여하였다. 일부 사립학교에서 교사를 채용하기는 했으나 그 규모는 작았으며, 공개 전형 방식에 의한 것이 아니었기 때문에 사립대학들이 사립학교 교사 수요를 감안하여 교사양성기관을 설치한 것으로 보기는 어렵다. 결국, 사립대학들은 교사양성을 위해서라기보다는 상대적으로 추가 비용이 적게 드는 교사양성과정을 개설함으로써 대학 정원을 확대하는 데 보다 관심이 있었다고 할 수 있다.

그러나 1990년 국·공립 사범대학 졸업자를 국·공립학교 교사로 우선 채용하도록 한 교육공무원법이 위헌으로 결정되면서(헌법재판소, 1990.10.8), 1991년부터 초·중등학교 교사임용에 공개전형 방식이 도입되었다. 헌법재판소의 결정은 국립과 사립 교사양성기관 간에 교사양성교육의 질적 차이가 없다는 점을 천명한 것으로, 목적형 국립 교사양성체제의 존립 기반을 흔드는 것이었다(류방란, 박상완, 2004). 중등 교사양성기관으로서 질적 우월성과 차별성이 있을 것으로 예상되었던 사범대학의 존재 의의와 위상은 약화되었다. 또한 국립 사범대학에 진학하지 않고도 국·공립 중등학교 교사가 될 수 있었고, 국립 사범대학에 진학한다고 하더라도 교사임용이 보장되지 않았기 때문에 취업 보장을 이유로 국립 사범대학에 진학하던 인력이 유출되었을 것임은 짐작할 수 있다.

이는 한편으로 교직에 들어오는 인력을 어느 정도 걸러내는 긍정적인 효과도 있었다. 또 다른 한편으로는 교사양성교육에서 '사명감'이 강조된 배경을 짐작할 수 있다. 해방 이후 사범교육이 정착하던 초기에 사범교육의 목적은 교사로서의 '인격'을 함양하는 것이었다. 1980~90년대 우리나라 문헌들에서는 교직에 대한 '사명감'이 보다 강조되고 있는데, 이는 가르치는 일 자체보다 취업이나 신분 안정 등 다른 이유로 교직에 들어오는 인력들에 대한 반작용이었을 것으로 짐작된다.

한편, 1900년대 중반 이후 초중등 교원양성교육의 질 관리 차원에서 교원양성기관평가가 주기적으로 실시되고 있다. 교원양성기관평가는 교원양성교육 여건 개선, 프로그램의 질 제고 등 교원양성교육의 질적 수준 향상을 위하여 1998년부터 시행되었다. 1주기 평가(1998~2002), 2주기 평가(2003~2009), 3주기(2010~2014), 4주기(2015~2017) 평가가 시행되었으며, 현재 5주기(2018~)평가가 시행 중에 있다. 5주기부터 교원양성기관평가는 교원양성기관 역량진단으로 명칭이 변경되었다.

10년 전인 2010년에 시행된 3주기 교원양성기관 평가는 사범대학이 있는 대학교 45개(국립 25, 사립 30, 지방캠퍼스 5)와 교육대학교 10개를 대상으로 하였다. 3주기 교원양성기관 평가 계획에 의하면, 일반대학 교육과가 설치된 53개 대학, 교직과정만 설치된 58개 대학, 교직과정 등 운영 52개 전문대학, 교직과정 등 운영 53개 전문대학에 대한 평가가 2010~2014년간 연차적으로 실시되었다(교육과학기술부, 2010).

5주기(2019~2020) 교원양성기관 역량진단 계획에 의하면, 교원양성기관 역량진단은 교직 전문성과 미래 역량을 갖춘 예비교원 양성을 위해 교원양성기관의 역량을 종합적으로 진단하여 교육의 질 제고를 목적으로 하며(한국교육개발원, 2019), 2020년에는 사범대학이 있는 대학교 45개와 사범대학 미설치대학(일반대학 사범계 학과, 일반대학 교직과정, 교육대학원) 113교를 분리하여 실시할 예정이다. 교원양성기관의 규모는 2010년과 크게 달라지지 않았음을 알 수 있다.

중등교사양성체제가 다원화된 반면, 일제 강점기에 설치된 사범학교를 모태로 발달해온 초등교사양성체제는 국가 설립의 목적형 교사양성체제를 유지하였다. 해방 후 교육제도 개편 과정에서도 사범학교를 초등 교사교육기관으로 계속 유지한다는 입장이 유지되었으며 사범학교 증설에 대한 요구도 높았다(박수정, 2003: 144). 초등학교 교원의 양성은 중등과 차이가 있었는데, 대학 수준인 사범대학과 달리 사범학교(1945~1961)는 고등학교 수준의 교사양성기관이었으며, 1960년대 이후 2년제 교육대학(1961~1980)으로 발전하였고, 1980년 7.30 교육개혁을 통해 4년제 교육대학(1981~현재)으로 개편되었다.

사범학교와 사범대학 간에 학력 차이가 있었으나 초등교사가 중등교사보다 질이 낮다거나 교사교육의 문화적인 차이가 컸다고 보기는 어렵다. 일제 강점기부터 해방 후 1960년대까지도 사범학교에 우수한 인재들이 몰렸고 그 위상은 높게 유지되었으며, 사범학교 불합격자들이 종합대학에 진학하기도 하였다. 그러나 사범학교가 2년제 교육대학으로 개편된 1960년대 이후 2년제 교육대학과 4년제 사범대학과 이를 비롯한 4년제 대학 수준의 중등 교사양성기관 간 학력에 따른 위계가 형성된 것으로 볼 수 있다. 1980년 7.30 교육개혁으로 교육대학이 2년제에서 4년제 대학 수준으로 개편되면서 초등과 중등 교사양성기관 간에 학력 차이는 해소되었지만 20여 년간 2년제 교육대학 체제가 운영되어 왔기에 교육대학이 사범대학 등 일반대학보다 학력 수준이 낮다는 인식이 자리 잡게 되었다. 아울러, 사범학교에서 2년제 교육대학으로 다시 4년제 교육대학으로 초등교사양성체제가 발전하는 과정에서 초등과 중등교사양성체제의 통합 문제는 크게 부각되지는 않았다.

교육대학 이외 초등 교사양성기관으로는 1985년 유·초·중등 교사양성교육을 통합한다는 취지에서 설립된 한국교원대학교의 초등교육과와 사립기관으로서는 유일하게 이화여자대학교 사범대학의 초등교육과가 있다. 중등과 달리 초등교사양성체제는 교육대학을 중심으로 한 국립대학 중심의 목적형 체제를 유지해왔다. 1990년대 중반 이후 대학원 수준의 교사양성체제에 대한 논의가 확산되면서 교사양성체제 전반에 대한 개편이 논의되었고 이 과정에서 초등과 중등교사양성체제 통합 논의도 제기되고 있다. 그러나 대학원 수준 교사양성체제의 실효성, 교사양성체제 전반을 개편해야 함에 따른 이해관계자의 입장이 엇갈리고 있어 새로운 교사양성체제의 필요성에 대한 논의만 무성하고 실질적인 변화로 이어지지 못하고 있다.

4. 소결

해방 이후 우리나라 교사양성교육은 초등과 중등으로 분리하여 추진되었으며, 중등 내에서도 1960년대까지는 중학교와 고등학교 교사양성교육은 각각 2년제 사범대학과 4년제 사범대학으로 분리되어 있었다. 또한 일제 강점기에 발달된 실업계 교사양성교육은 해방 이후 사범대학이 아닌 공과대학, 농업대학, 수산대학 등에서 이루어짐에 따라 교사로서 자질과 소양, 전문성을 기르기 위한 교사양성교육이 실시되기보다는 전공교육에 집중되었다. 더구나 1960~70년대 산업발전을 거치면서 우수한 실업계 분야 인력은 산업계로 진출하고, 실업계 교사는 2년제 전문대학 수준에서 단기간에 양성되는 경로를 형성하게 되었다. 현재에도 전문대학에서 이루어지는 교사양성교육은 대부분 전문계 고등학교 교사양성을 위한 과정이다.

1990년 교원임용시험제도 시행으로 교사양성교육을 목적으로 설립된 사범대학과 일반대학 사범계 학과의 제도적인 위상과 각종 특전 및 복무의무제도 등에 변화가 있었으나 교원양성체제, 교원양성기관의 종류는 현재까지 큰 변화 없이 유지되고 있다. 다만 1980년대 이후 1990년대까지는 공급 과잉에 따른 교원수급 불균형에 의해, 2000년대 들어서는 학령인구 감소에 따른 교원수급 불균형으로 인해 교사양성교육 규모, 즉 신규교사자격 취득자 수는 정부가 규제하고 있다.

그러나 교원수급 불균형에도 불구하고 2000년대 중반까지도 교사양성기관의 수는 일부 증가하여 2020년 실시되는 5주기 교원양성기관역량진단 대상은 사범대학 설치대학 45개교, 사범대학 미설치대학(일반대학 사범계 학과, 일반대학 교직과정, 교육대학원 등) 113개교 등 총 158개교이다(한국교육개발원, 2019: 4). 이는 초등 교원양성기관인 교육대학과 교원대(2018년 진단 실시) 그리고 2021년 진단 대상인 전문대학, 한국방송통신대학교, 실기교사 양성과정을 제외한 수치이다.

우리나라 초중등 교사양성교육의 역사를 볼 때, 교사양성교육은 교사교육의 목적과 가치, 교사가 갖추어야 할 자질과 능력은 무엇이며, 이를 어떻게 교육할 것인가에 초점을 두기보다는 고등교육 수혜자의 수를 늘리는 방편으로 활용되어 왔다고 할 수 있다. 교사수급의 균형을 맞추기 위해 교사양성기관의 종류와 수를 규제, 조정하기도 하였으나 이는 초등 교사양성교육에만 적용되었을 뿐 중등 교사양성교육은 개방 정책을 유지하였다. 오늘날 교사양성교육에서 교사가 갖추어야 할 자질과 능력, 지향하는 교사상이 명확하지 않고 이수과목과 이수학점수를 조정하는 방식으로 교사양성 정책이 이루어지고 있는 것은 교사양성교육의 역사에 연원을 두고 있다. 정부나 대학의 교사양성교육은 과거의 관례, 관행에서 벗어나지 못하고 있다.

제3부

교사의 역할과 역량

제7장 교사의 역할

사람들이 맡은 '역할'의 관점에서 현실을 이해하는 것은 변화를 위한 중요한 출발점이 된다. 이는 변화의 의미와 결과를 실용적으로 분석할 수 있는 이론적 기반을 만들 수 있기 때문이다(Fullan, 2016/2017: 219). 우리나라에서 교사의 2대 역할은 교과수업과 학급경영 및 생활지도로 이해되어 왔다(강환국, 1995: 16). 최근에는 생활'지도'라는 말에 권위적인 의미가 있다고 하여 생활교육이라는 말이 대신 통용되고 있고(예: 회복적 생활교육) 학생 주체성이 강조되면서 그 의미와 내용은 다소 달라졌지만, 교과수업과 생활지도(교육)는 여전히 교사의 핵심 역할이라 할 수 있다.

이러한 기본적·핵심적 역할에 더하여 최근 교사의 역할은 다양하게 확장되고 있다. 사회 변화에 따라 학교의 기능, 교사에 대한 기대가 달라지고 있기 때문이다. 창의적 체험활동, 학교폭력예방교육, 인성교육, 역량교육 등이 학교교육에 도입된 것은 이러한 사회 변화와 요구에 따른 것이다.[13] 또한 2016~2018년에 걸쳐 제4차 산업혁명 시대 논의가 크게 유행하면서 교사의 일과 역할에도 변화가 필요하다는 주장이 다양하게 제기되었다(OECD, 2018; 김경애 외, 2015; 박영숙 외, 2017; 허주 외, 2018). 지능정보사회, 4차 산업혁명 시대 교육의 변화는 교육 분야 주요 학회(교육학회, 교원교육학회, 교육철학회, 교육행정학회, 교육정치학회 등) 및 연구 기관의 세미나, 포럼, 학술대회 주제로 다루어졌다.[14)]

2019년 말부터는 신종 코로나바이러스감염증-19(COVID-19 · 코로나19)의 팬데믹(세계적 대유행)으로 학교교육의 내용과 방법뿐 아니라 그 의미와 가치도 새롭게 인식되고 있다. 외부 사회의 변화가 실질적인 학교교육의 변화로 교사의 역할 변화로 이어지는 데에는 시간이 걸린다고 하지만 교사 역할의 세부 내용과 방법, 교사에게 기대되는 역할은 눈에 보이지 않게 조금씩 변화하고 있다. 교사의 핵심적 역할, 즉 학생을 가르치고 학생들이 공동체 속에서 함께 살아갈 수 있도록 생활 규범을 교육하는 교사의 핵심 역할은 그대로 유지된다고 하더라도 역할을 수행하는 방식은 예전과 같지 않다.

이러한 배경에서 이 장에서는 교사의 역할을 다양한 차원에서 조명해보고자 한다. 구체적으로 이 장에서는 교사의 역할을 교사가 무엇을 하는가(맡은 바 임무)와 이러한 일을 수행하기 위해 요구되는 자질, 능력(임무 수행에 요구되는 능력)으로 구분하여 검토하고자 한다. 교사들이 학교에서 하는 일을 기준으로 할 때 교사의 핵심 역할은 교과수업과 학급운영 및 생활지도(교육)이다. 최근에는 인성교육, 학교폭력예방교육, 창의적 체험활동 교육이 부가되고 있지만 넓게 보면 모두 생활교육의 범주로 포함시킬 수 있다. 교사의 역할은 교사가 하는 일을 수행하기 위해 요구되는 능력 측면에서 규정해볼 수 있다. 전문가, 연구자, 반성적 실천가, 행위주체(teacher agency), 학습 컨설턴트로서 교사 역할은 그 예이다.

최근에는 제4차 산업혁명 시대, 지능정보사회 등 미래 사회 변화에 따라 학교의 기능과 교사의 역할은 과거와 근본적으로 달라야 한다는 전제 하에 '새로운' 교사의 역할을 제안하는 연구들도 발표되고 있다(강태중 외, 2016; 김경애 외, 2015; 정미경 외, 2017; 홍선주 외, 2017). 이러한 연구에서 제시하는 교사의 역할은 대체로 가설적이고 이론적 근거는 취약하지만 크게 보면 교사가 하는 일의 내용과 이러한 일을 수행하기 위해 요구되는 자질, 능력으로 구분해볼 수 있다. 교사의 역할을 분석하는 것은 교사 개개인을 염두에 두고 교사가 각각의 역할을 골고루 다 하도록 촉구하기 위해서라기보다 교사가 하는 일에 내재되어 있는, 교사가 하는 일의 속성의 다원성을 이해한다는 점에서 의미가 있다.

1. 교사의 범위와 교사 역할 이해의 관점

가. 교사의 개념과 범위

교사(敎師)라는 용어는 19세기 후반 근대학교가 설립되면서 사용되기 시작하였으며, 가르치는 사람, 스승을 교사라 부르기 시작한 것으로 추정된다(정우현, 1993). 교사는 교육의 3주체(교사, 학생, 교육내용)의 하나로서 피교육자인 학생을 이끌어갈 뿐 아니라 학생이 자율적으로 자아형성과 자기발전을 실현할 수 있도록 보조하고 지원하는 사람이라 할 수 있다(고재천 외, 2007).

우리나라 초중등교육법에는 교원과 교사라는 용어를 모두 사용하고 있으나 의미상 차이를 두고 있다. 영문으로 교사는 teacher, 수석교사는 master teacher, 교장은 principal 등이며, 이들 모두를 칭할 때는 education staff, 학생을 대상으로 교과를 직접 가르치는 교사들만을 칭할 때는 teaching staff라 하여 명확히 구분되는 용어가 사용되고 있다. 우리나라의 경우, 학생을 직접 교육하는 사람은 교사(敎師)로, 교사를 포함하여 학교에 근무하는 학교 관리자와 대학에서 학생을 가르치는 교수(敎授) 등을 모두 포괄하는 경우는 교원(敎員)이라 한다. 그러나 일상적으로 교사와 교원은 엄밀한 구분 없이 사용되고 있으며 학술연구나 각종 정책연구보고서 등에서도 교사와 교원은 혼용되고 있다.

초중등교육법에서 교원은 초중등학교에 두는(근무하는) 교장, 교감, 수석교사, 교사 등을 총칭하는 말이며(초중등교육법 제19조 제1항), 교사는 정교사(1급 · 2급), 준교사, 전문상담교사(1급 · 2급), 사서교사(1급 · 2급), 실기교사, 보건교사(1급 · 2급) 및 영양교사(1급 · 2급)로 구분된다(초중등교육법 제21조 제2항). 그러나 이러한 법적 구분이 일상적으로나 학술적으로 엄밀하게 준수되고 통용되고 있다고 보기는 어렵다. (구)교육법(법률 제5272호)에서 교원은 각 학교에서 원아, 학생을 직접 지도 교육하는 자를 말한다(제73조)고 규정하였으나 현 초중등교육법에서 교사는 법령에서 정하는 바에 따라 학생을 교육하는 사람으로 포괄적으로 규정하고 있다(제20조 제4항).

아울러, 초중등교육법상 '교사'에는 전문상담교사, 사서교사, 영양교사와 같이 학생을 대상으로 교과학습을 담당하는(가르치는) 것이 주 직무가 아닌 사람들도 포함되며(외국의 경우, 직무를 명시하여 social worker, health service staff 등으로 칭함), 교육과정 운영을 위해 필요한 경우 초중등교육법 제19조 제1항에 따른 교원 외에도 산학겸임교사·명예교사 또는 강사 등을 학교에 둘 수 있도록 하고 있다(초중등교육법 제22조). 또한 교직원(教職員)이라고 할 때는 교원과 직원(교원 외에 학교 운영에 필요한 행정직원 등)을 통칭한다(초중등교육법 제19조 제4항).

종합하면, 우리나라에서 교사는 초중등학교 교원의 한 종류로 교장, 교감 등 관리직에 대응하는 개념, 대학에서 전문적으로 학문을 가르치고 연구하는 교수와 구분되는 개념이다. 또한 우리나라에서 교사, 교장 등 교원은 법정 자격제도에 따라 종별 '자격증'을 소지한 자로 법령이 정하는 일정한 절차에 의해 임명되거나 승인된 자이어야 한다(초중등교육법 제 21조).

나. 교사의 역할을 이해하는 관점

역할(役割)은 자기가 마땅히 하여야 할 맡은 바 직책이나 임무로, 구실, 소임, 할 일을 말한다(표준국어대사전). 이때 역할은 직책에 따른 임무, 할 일로 직무와 동일한 의미로 이해된다. 교사의 역할은 다양한 차원에서 논의해 볼 수 있다. 여기서는 교사가 수행하는 일과 당위적으로 해야 하는 일은 무엇인가라는 질문에 기초한 기능적 관점과 규범적 관점, 과거의 교사 역할과 미래의 교사 역할은 달라져야 한다는 점에서 미래지향적 교사의 역할을 정리한 곽영순(2014)의 연구를 제시한다.

1) 기능적 관점과 규범적 관점

우리나라 법령상 교사의 임무는 교직원의 임무를 규정한 초중등교육법 제20조에 명시되어 있다. 이에 의하면, "교사는 법령에서 정하는 바에 따라 학생을 교육한다." 그러나 법령에서 정하는 바가 무엇인지, 학생을 교육한다고 할 때 그 세부 내용과 범위를 상세하게 정하고 있지는 않다.

이에 따라 교사의 역할, 임무가 무엇인가에 대해서는 다양한 논의들이 제기되고 있다. 예를 들어, 김기태, 조평호(2003)는 교사의 역할을 학급, 학교, 사회 등 교사의 역할이 발휘되는 장소, 맥락에 따라 제시하고 있다. 즉, 학급에서의 역할은 교육목표 설정 및 진술자, 교육내용 선정 및 조직자, 수업 운영자, 생활지도자, 교육 평가자 역할로 구성된다. 학교에서의 역할은 학교경영 참여자, 행사 교육자, 직업인으로서 역할로, 사회에서의 역할은 변화 촉진자, 교권신장 주체, 연수 및 연구자로서의 역할을 들고 있다. 이와 유사하게 고재천 외(2007)

는 교사의 역할을 규정한 선행연구 분석을 토대로 학급에서 교사들은 학습지도자, 생활지도자, 학급경영자로서 역할을 수행하며, 학교에서는 학교경영자로서, 학교 행사 지도자로서의 역할을 하는 것으로 분석하였다.

헥과 윌리엄(Heck & William, 2002)은 교사가 하는 일을 중심으로 교사의 역할을 동료교사로서 지원하는 역할, 동역자로서 학부모와 교사가 상호보완하는 역할, 학생의 이해자로서 양육하는 역할, 학습 촉진자로서 상호작용하는 역할, 연구자로서 실험하는 역할, 프로그램 개발자로서 창조하는 역할, 관리자로서 계획하는 역할, 의사결정자로서 문제를 해결하는 역할, 전문지도자로서 도전하는 역할 등으로 제시하였다.

최근에는 지능정보사회, 제4차 산업혁명 시대 등 급격한 사회 변화에 대응하여 미래 학교와 교사의 역할이 어떻게 변화되어야 할 것인가에 대한 논의가 다양하게 전개되고 있다(김경애 외, 2015; 홍선주 외, 2017). 이 중 홍선주 외(2017)의 연구는 미래 사회 전망과 미래 학교 및 교수학습의 특징에 대한 분석을 토대로 미래 학교 교사의 역할을 전망, 제시하는 전형적인 연구 중 하나이다.

이 연구에서는 지능정보기술이 학교교육에 전면적으로 도입되는 시대가 실현되면 교사는 특정 교과지식의 전달자나 주도자 역할을 하기보다는 다양한 학습정보와 과정을 선택, 조직, 관리하는 교수학습과정의 설계자, 학생의 멘토로서 역할, 현실적·비현실적 공간에서 이루어질 교수학습활동 내용을 독자적으로 생성하는 생산자, 다양한 지능정보기술에 대한 소양을 바탕으로 학습자와의 상호작용 과정을 실시간으로 기록, 조정, 점검하고 학생 관리, 학생의 학업성취 활동을 관리하는 조정자 역할을 수행하게 될 것으로 전망하였다. 즉, 지능정보사회의 교사는 단순히 수업만을 담당하는 존재가 아니라 학교에서 이루어지는 다양한 교육적 역할, 즉 학생상담, 평가 시행과 관리, 학생 정보 관리 등 다양한 업무를 복합적으로 수행하는 존재이다(홍선주 외, 2017: 45).

그러나 이 연구뿐 아니라 미래 사회 및 미래 학교교육 변화 전망을 토대로 제시되고 있는 교사의 역할은 사실상 현재 교사들이 수행하고 있는 역할과 크게 다르지 않다. 교사는 교육과정을 토대로 학생을 교육하고 이에 수반되는 다양한 활동(상담, 평가, 기록 등)을 수행하며, 일정한 단위(집단)의 학생을 지원, 관리하는 역할을 수행해왔다. 오늘날 교사들은 정해진 교육과정을 있는 그대로 기계적으로 가르친다거나 학생의 개인차를 고려하지 않고 주입식·암기식 교육을 바람직한 교사의 역할로 생각하지 않는다. 교사가 하는 일, 역할은 매우 다양하며, 이러한 목록은 끝없이 제시될 수 있다.

이에 따라 교사의 역할은 기능적 관점에서, 즉 교사가 '무엇을' 하는가, 해야 하는가에 기초하여 제시하기보다 규범적·본질적 관점, 즉 '어떻게'에 보다 주목하여 제시될 필요가 있다. 이는 교사의 역할은 교육철학과 이념, 교사의 본질적인 자세와 태도 등에 근거하여 논의되어야 함을 의미한다. 학교교육 목적을 실현하는 데 적합한 바람직한 수업, 학생 개개인의 학습을 촉진·지원하는 바람직한 교수(good teaching)를 수행하기 위해 교사에게 요구되는 자질과 능력은 무엇인가? 교사의 역할은 어떻게 수행되어야 할 것인가? 등의 질문에 주목할 필요가 있다.

2) 과거 지향적 관점과 미래 지향적 관점

교사의 역할의 차이, 변화를 패러다임 측면에서 설명한 연구로는 곽영순(2014)을 들 수 있다. 이 연구는 과거 지향적 교사교육 패러다임으로는 21세기가 요구하는 미래 인재 역량을 길러야 하는 교사의 역할을 감당할 수 없다고 비판하고 미래 지향적 교사교육 패러다임을 제시하고 있다(곽영순, 2014). 과거 학교에서 교사의 역할이 주로 지식의 제공자 역할이었다면 미래 학교에서 교사는 지식이나 기능의 제공자로서의 역할뿐 아니라 혁신에 대해 긍정적 태도를 갖고, 자기 계발(학습)의 필요성을 인식하며, 학습자 중심의 교수 방법에 적응해야 하며, 궁극적으로 학습의 촉진자 또는 프로젝트 관리자/코치로서의 역할을 수행해야 한다는 것이다.

여기서 효과적 교사 패러다임은 책무성과 수행을 강조하며 학교를 국가의 경제적 성공에 기여할 수 있는 인적자원인 학생을 준비시키는 것을 목표로 하는 것으로 본다. 이 패러다임에서 교사의 역할은 표준에 근거한 수업, 실천 속에서 이론적 규범을 잘 적용하는 것이다. 이 관점은 교사에 대한 통제, 효율성, 책무성 등을 강조하며 정부의 권한이 확장되어 감에 따라 교사의 자신감은 감소되고 교사의 탈 전문화를 촉진한다.

미래 지향적 교사 패러다임 중 하나로 제시된 반성적 교사 패러다임은 반성적 실천인 프랙시스(praxis) 과정을 통한 교사의 전문성 확장을 강조한다. 탐구적 교사 패러다임은 평생학습의 기반이 될 연구 역량 함양을 통한 연구자로서의 교사 역할을 강조하는데 이는 교사가 이론의 소비자만이 아닌 이론의 생산자로서 역할을 할 수 있도록 해야 한다는 필요성에 기반한 것이다. 연구자로서 교사란 참여적 실행연구(participatory action research)를 통해 이론과 실천의 변화를 추구하는 것을 의미한다. 변혁적 교사 패러다임은 반성적 교사 패러다임과 탐구적 교사 패러다임을 통합한 것으로, 사회를 바꾸는 변혁적 도구로서 실천(praxis)하는 연구자의 역할을 강조한다. 이 패러다임에서 교직은 변혁적 활동으로 규정되며 현 상태에 대한 도전을 통한 새로운 교육 시스템으로의 변혁을 수행할 것으로 기대한다. 곽영순(2014: 43-80)이 제시한 과거와 미래의 교사(전문성) 패러다임을 교사의 역할을 중심으로 정리하면 〈표 7-1〉과 같다.

〈표 7-1〉 교사의 역할에 관한 관점

구분	과거 지향적	미래 지향적		
	효과적 교사 (effective teacher)	반성적 교사 (reflective teacher)	탐구적 교사 (inquiring teacher)	변환적 교사 (transformative teacher)
특징	• 학교의 목표는 국가의 경제적 성공에 기여할 수 있는 인적 자원으로 학생을 준비시키는 것 • 교수활동을 일련의 기술적 역량으로 규정 • 교육적 기준(성취) 달성 중시	• 교사에게 권한을 부여하고 학교교육 실천의 민주화 • 교사의 반성적 통찰력에 기초한 전문성 강조 • 실제 상황에서의 교사학습 기회 제공 • 반성적 실천(praxis) 강조	• 교수활동이 행해지는 맥락에 대한 교사의 탐구능력 발달에 관심 • 전문기능인이 아닌 변혁적 지성인으로서의 교사 역할 기대 • 현직교사들의 평생학습의 기반이 될 연구 역량을 예비교사교육 프로그램을 통해 길러줄 필요성 제기	• 반성적 교사 + 탐구적 교사 • 위기에 대처할 수 없는 과거 대신에 새로운 현실을 만드는 것을 개혁으로 봄 • 교직 문화 속에서 리더십 역량과 자질이 실행되고 계발됨 • 학교와 교사에게 교육과정 및 평가 결정권을 이양
교사의 역할	• 기준에 근거한 수업 • 이론적 규범을 실천 속에서 잘 번역하고 적용	• 적극적 의사결정자 • 반성적 교수활동으로 사례연구를 통한 이론의 적용 범위 가늠하고 새로운 이론 정립 작업 수행 병행(이론의 재해석) • 참여 관찰자	• 비판적 연구자로서의 교사 • 이론 소비자가 아닌 이론 생산자로서의 역할 강조 • 참여적 실행 연구(PAR)를 통한 이론과 실천의 변화 추구	• 교사 스스로 사회 변화에 기여할 뿐만 아니라 학생을 사회 변화에 기여할 수 있도록 준비시키는 것 • 스스로를 사회를 바꾸는 변혁의 도구로서 실천(praxis)하는 연구자

2. 기능적 관점에서 교사의 역할

교사의 역할은 일반사회, 학교, 학급 등 다양한 맥락에서 논의되어 왔다. 학교에서 학급(class)은 수업과 생활교육이 이루어지는 기본 단위로 학급에서 교사의 역할은 가장 기본적이고 핵심적이라 할 수 있다. 미래 사회 변화에도 불구하고 학교제도가 존속되는 한 교과학습, 학급경영 및 생활교육은 교사가 담당하게 될 가장 기본적인 역할이라 할 수 있다.

가. 교과학습지도

교수, 가르치는 일(teaching)은 교과학습, 교과지도, 수업 등을 통칭하는 것으로 교사의 가장 본질적인 역할이라 할 수 있다. 이는 교육목적을 설정하고, 교육내용을 선정하며, 교육방법을 구안하고 적절한 매체를 활용하여 교육(수업)을 시행하고, 교육 후에는 교육목적이 성취되었는가를 확인·평가하는 일련의 과정을 포함한다. 교과학습 담당자로서 교사는 적절한 수업목표를 설정하고 교육과정 분석 및 재구성을 통해 교과내용과 교수방법을 정하게 된다. 또한 본시 수업에 들어가기 전에 학생들의 선수학습의 수준을 파악하기 위한 진단평가를 실시하며, 진단평가 결과에 따라 수업 자료를 수준별로 다양하게 준비한다.

수업은 보통 도입, 전개, 형성평가, 보충·심화학습, 마무리 등의 과정을 거쳐 이루어진다. 교사는 모든 학생들이 성취기준에 도달할 수 있도록 하고 수업에 참여 기회도 고루 배정하기 위해 노력하며, 본시 수업을 통하여 학습한 내용을 확인하기 위해 교수학습 중간에 형성평가를 실시할 수 있다. 형성평가는 수업목표와 수업내용에 따라 소단원이 끝난 후 혹은 한 단위의 학습시간이 끝날 때마다 실시할 수 있다. 형성평가 결과에 따라 보충수업이나 심화학습을 하게 된다.

대체로 한 단원 학습을 마칠 때 총괄평가를 실시하게 된다. 최근 학생들의 학습부담 경감을 위해 특히 초등학교의 경우 학업성취도 평가를 실시하지 않는 경향이 있다. 그러나 학생들의 학습목표 및 성취기준 도달 여부를 확인하는 것은 교수활동의 기본 요소이며 교사들이 자신의 수업을 반성적으로 평가하는 수단이라는 점에서 교사의 교과학습활동 과정과 결과를 확인하기 위한 형성평가, 총괄평가 등을 보다 강화할 필요가 있다. 최근에는 '교육과정-수업-평가-기록의 일체화'가 강조된다. 이는 성취기준을 중심으로 교육과정을 재구성하여 학생 중심 수업을 실천하고, 수업 활동 과정을 관찰·평가하며, 그 평가 과정을 기록하고 그것을 진학 자료나 피드백 자료로 사용하는 것이다(김덕년, 2017:7).

나. 생활지도(생활교육)

교과지도, 교과학습과 더불어 생활지도(guidance)는 교사의 핵심 역할로 이해된다. 최근에는 생활지도보다 생활교육이라는 용어가 사용되면서 생활지도에서 교사의 '지도'보다 지원, 학생의 주체성이 강조되고 있다. 우리나라 초중등 학교교육에서 생활지도는 해방 이후 미국 교육의 영향으로 시작되었으며, 상담교사양성, 조직적인 생활지도 운동 전개, 각종 심리검사의 도입·개발, 상담이론이 보급된 1950~60년대 이후 크게 발전되었다. 또 1970년대 교도교사(상담교사) 제도 법제화, 1980년대 학교 생활지도 운동이 일반화되면서(주영흠, 2000: 72) 생활지도는 학교의 주요 기능으로 자리잡게 되었다.

생활지도는 학생 개인이 일상생활에서 위기 사태 또는 문제 사태에 직면하였을 때 이를 자신의 힘으로 해결할 수 있도록 도와주는 과정, 학생 각자가 자율적이고 자주적인 생활 습관을 가지고 보다 안정되고 통합된 성장, 발달을 이룰 수 있도록 도와주는 여러 가지 활동으로 정의할 수 있다(주영흠, 2000: 73-74). 이러한 생활지도는 학생의 전반적인 학교생활을 대상으로 하지만 학교에서 이루어지는 모든 활동이 생활지도의 대상이 되는 것은 아니다. 학습지도는 교과학습을 통하여 간접적으로 생활지도와 연계되며, 교과(학습)지도와 생활지도는 각각 독립적인 기능을 가지고 있으면서 상호보완적이고 통합적으로 작용한다고 할 수 있다(주영흠, 2000: 75).

생활지도의 운영 원리는 크게 네 가지로 정리할 수 있다(고재천 외, 2007; 주영흠, 2000). 첫째, 생활지도는 학생이 일상생활을 통해 여러 문제를 자기 힘으로 해결할 수 있도록 도와주는 일도 중요하지만 문제가 발생하지 않도록 사전에 지도하고 예방하는 일이 더 중요하다. 즉, 치료와 교정(치료적 생활지도)뿐 아니라 학생들을 위해 바람직한 성장 조건을 조성하는 예방적 생활지도가 더 중요하다. 둘째, 생활지도 대상은 문제 학생이나 비행 청소년에 국한되는 것이 아니며, 생활지도는 모든 학생의 건전한 성장 발달을 도모하기 위한 것이다. 셋째, 생활지도는 교사가 문제를 대신 해결해주는 것이 아니라 학생 스스로 문제를 해결할 수 있도록 기회를 제공하고 전문적으로 도와주는 일이다. 교과지도와 마찬가지로 생활지도에서 학생의 자기주도성, 책임의식을 증진시키는 것이 중요하다. 넷째, 생활지도는 일시적인 대응이 아니라 연속적이고 장기적으로 실시되어야 하며, 다섯째, 임상적인 판단뿐 아니라 학문적인 연구에 근거를 두어야 한다. 학생에 대한 편견 없이 정확하고 객관적인 지원 과정이 되어야 한다(주영흠, 2000: 87-88).

다. 학급경영자

학급은 학교의 기본 교육 단위이다. 즉, 학급은 학교의 교육목적을 달성하기 위한 학교 교육조직의 기초단위로 학습 집단인 동시에 생활 집단의 성격을 갖는다(박남기 외, 2017: 13). 학급경영의 범위는 매우 다양한데 학급경영 계획과 목표를 설정하고 학급을 실제로 운영(경영)하며, 학급경영의 결과, 성과를 평가하는 일련의 과정, 절차를 포함한다. 이 과정에는 수업경영, 행동경영, 학급 사무경영 등 학생의 학습을 지원하기 위한 다양한 활동이 포함된다. 여기서 사무경영은 교사가 학급을 경영하는 과정에서 발생·작성·처리하는 각종 문서와 전자정보들을 관리하는 활동을 말한다. 교사는 학급 사무경영의 특징과 관련 법규들을 이해하고 효과적인 사무 관리를 위한 기초 지식을 학습하고 각종 문서 처리, 학급 문서 작성 등의 업무를 수행할 수 있어야 한다.

또한 교사가 학급경영을 성공적으로 해나가기 위해서는 동료교사, 학교행정가, 교육청 관계자, 학부모 및 지역사회 인사 등과의 관계 정립이 중요하다. 특히 학부모와의 관계가 중요한데, 학교교육은 가정의 협력과 지원에 의해 보완될 수 있고 교사가 학생을 이해하기 위해서는 학생이 속해 있는 가정의 물리적·심리적 환경에 대한 이해가 필수적으로 요구되기 때문이다. 제도적인 면에서 1996년 이후 전국의 초·중등학교에 학교운영위원회가 설치되면서 학교교육의 주요 의사결정에 학부모의 참여가 법적으로 보장되고 있다. 최근 학부모의 자녀 교육권에 대한 권리 의식이 강해지면서 다양한 교육적 요구가 표출되고 있어 학생 교육을 둘러싼 교사와 학부모 간 긴장과 갈등이 빈번하게 발생하고 있다. 학술적으로도 최근 '학부모학'이라는 새로운 교육이론, 교육담론을 통해서 학교교육에서 학부모의 정당한 위상을 찾고 학부모 정체성을 정립하려는 이론적·실제적 노력이 확대되고 있다. 이에 따라 학급경영에서 교사가 학부모의 신뢰, 협력을 얻고 학부모의 관심과 교육열을 교육적인 방향으로 이끌어가기 위해서는 교육적 지도력이 요구되고 있다(박상완, 2017: 376).

라. 사회 변화에 따라 요구되는 새로운 교사의 역할

최근 미래 사회 변화가 논의되면서 교사들의 역할 변화를 전망하는 연구들도 다양하게 제시되고 있다. 미래 교사의 역할을 분석한 연구에 따르면, 미래 학교에서 교사들은 코치, 촉진자, 안내자, 교수 전문가, 지역사회 리더 등 다양한 역할을 수행하며, 한정된 공간에서 지식을 전달하는 단일한 유형의 교사는 사라진다. 교사들은 실제 학교에 상근하는 (전통적인 학교 업무와 기능을 수행하는) 교사들뿐 아니라 강사, 지역사회 인사 등과의 긴밀한 협력 관계를 통해 학생과 학부모에게 교육적 서비스를 제공하는 이들을 모두 포함한다. 또한 온라인 기술 구현 능력을 갖추고 사이버 교육이 가능한 교사를 '사이버 교사(virtual teacher)'라 표현하기도 한다. 그 외 미래의 교사에게 기대되는 역할은 학습 촉진자, 프로젝트 관리자, 코치 등으로 표현되거나 교사들의 주요 역할과 필요한 덕목 등이 혼재되어 제시되고 있다(The Learning and Redesign Lab, 2014: 19-21).

이러한 교사의 역할 구분은 체계적이고 일관된 틀에 의해서 이루어진 것은 아니지만 다양한 학습 상황에서 교사들에게 요구되는 역할이 달라진다는 점, 그리고 교사들이 자신의 강점이나 관심 분야에서 능력을 발휘하고 기여할 수 있도록 교사의 역할이 다양화될 수 있다는 점을 시사한다. 미래 교사의 유형과 역할은 정미경 외(2017: 70-71)의 연구에서 간결하게 예시하고 있다(〈표 7-2〉 참고).

〈표 7-2〉 미래 교사의 유형과 역할

출처	교사 유형	교사 역할
베리 외(Berry, B. et al., 2011)	수석교사 (master teacher)	• 수업지도(teaching), 초임교사지도, 동료교사 전문성 개발 활동 지원, 지역사회 활동 등 • 국가자격시험을 통해 엄정하게 선발
	강의전담교사 (professional teacher)	• 수업지도(teaching) 전문 경력교사 • 별도의 연수를 통해 수석교사(master teacher)가 되기도 함

출처	교사 유형	교사 역할
	레지던트 교사 (resident teacher)	• 수석교사 또는 강의전담 교사, 지역사회 대학으로부터 훈련 받음 • 궁극적으로 수석교사(master teacher)나 교육기업가(teacherpreneur)의 역할을 기대
	수습교사 (apprentice teacher)	• 수석교사와 팀을 이루어 교직수행 기간 동안 지속적으로 배우는 수습교사
	보조교사 (adjunct teacher)	• 특정한 내용적 전문성을 가진 비상근교사
	개인 맞춤형 교수학습전문가 (individual instruction specialist)	• 예를 들어 다문화가정 학생, 일반적이지 않은 학습 상황에 처한 학생 등에 대한 교수학습전문가 • 수석(master teacher) 또는 강의전담교사(professional teacher)와 동급
	사이버 교사 (virtual teacher)	• 온라인 학습 기술 관련 특별 연수를 받은 자(이상의 모든 유형의 교사가 가능함)
	커뮤니티 리더 (community leader)	• 지역사회 비영리단체 출신 • 방과 후 또는 여름방학 프로그램 등 지역사회 컨텐츠를 제공
학습과 재설계 랩(The Learning and Redesign Lab, 2014)	조력자 (facilitator)	• 공식 교육과정 담당 • 학생들의 일간, 월간, 연간 활동 계획 수립 시 도움을 줌
	코치(coach)	• 상담심리 분야 전문가 • 학생: 개별 교육 계획에 대해 피드백과 지도 받을 기회 제공 • 교직원: 학습심리에 관한 도움과 지원 제공
	프로젝트 관리자 (project manager)	• 다양한 배경 출신이 가능 • 프로젝트 관련 학생의 성장에 대한 자기 관리를 지원

출처: 정미경 외(2017). p.73.

3. 규범적 관점에서 교사의 역할

교사에게 요구되는 다양한 직무를 수행하기 위해서 교사는 전문가로서, 연구자로서, 또는 반성적 실천가로서 자질, 능력이 요구된다. 교사는 주어진 직무와 역할을 기계적으로 수행하는 것이 아니라 전문적 지식과 경험을 토대로 전문적 판단과 의사결정을 내릴 수 있어야 할 뿐 아니라 연구자로서 자신의 교육 실천, 교육 현실을 이해하고, 문제를 진단, 개선하는 실천적인 연구를 수행하고, 반성적 사고를 통해 교육실천의 의미를 새롭게 구축해나갈 필요가 있다.

이와 함께 교사는 정해진 교육과정, 교과를 가르치는 것에서 나아가 학생들이 자신의 적성과 진로에 맞는 교육과정을 선택, 이수할 수 있도록 학습 컨설턴트로서의 역할도 요구되고 있다. 또한 교사는 미래 사회 변화에 대응하여 학교 내외에서 적극적인 역할을 수행하는 주체가 되어야 한다. 이하에서는 규범적 측면, 즉 교사가 하는 일에서 요구되는 교사의 능력 면에서 교사의 다양한 역할을 제시한다.

가. 전문가로서 교사

전문가로서 교사의 역할, 교사의 전문성은 공교육 제도의 발달 과정에서 지속적으로 논란이 되어 왔으며 이는 현재에도 진행되고 있다. 교사는 자신이 가르치는 교과와 이를 가르치는 방법 등 학생 교육에서 고유한, 수준 높은 지식, 기술을 가지고 있을 것으로 기대되어 왔으나 방대한 지식을 순식간에 전달하는 AI가 일상으로 들어온 시대에 학생들에게 무엇을 어떻게 가르쳐야 할 것이며 지식을 중심으로 한 전문가로서 교사의 위상은 심각한 위기에 처해 있다(한국경제신문, 2020.11.12.).

전문성을 지칭하는 영문명은 professionalism(professionality), expertise, specialty 등이 있으나 각각의 의미는 차이가 있다(박상완, 2019: 70).[15] Professionalism은 전문성을 전문직(직업)의 속성으로 볼 때 사용되는 용어로(박선형, 2005: 93), 교육(행정)의 전문성을 논의한 조석훈(1998, 2016)의 연구에서 이 용어를 사용하고 있다. 전문가로서 교사라 할 때는 교사 전문성 개발(professional development)과 같이 professionalism(professionality)이 사용된다. 사익스(Sykes, 1999: 229)는 전문성을 '특정 직업 즉, 전문직을 성공적으로 수행하는 데 필요한 일련의 특성'으로 정의하고 있다. 그러나 여기서 성공적으로 수행한다는 것의 의미는 다의적으로 해석될 수 있다.

우리나라에서는 전문가로서 교사의 역할보다는 전문직으로서 교직의 성격, 위상에 보다 관심을 두어 왔다. 전문직 기준은 미국 의학교육 개혁 과정에서 플렉스터너(Flexner, 1910)가 도출한 기준을 토대로 교육 분야의 전문직 기준을 제시한 리버만(Lieberman, 1956)의 기준이 널리 활용되고 있다(고전, 2002: 68).

이러한 전문직 기준은 우리나라의 교직 전문성 논의에서도 일반적으로 활용되고 있다. 예를 들어, 허병기(1994: 66)는 교직이 전문직인지를 판정할 기준을 여섯 가지로 제시하고[16] 이 기준에 비추어볼 때, 교직은 전문직으로서의 모습을 보이지 못하고 어느 정도의 능력을 구비한 사람이라면 별 어려움 없이 종사할 수 있는 범상한 직업, 교직의 범속화가 이루어지고 있는 것으로 평가한 바 있다. 그는 현실적 조건 하에서 성립 가능한 교직의 성격은 전문성을 지향하는 윤리적 헌신직, 전문성에의 지향성을 갖는 직업으로 규정하였다(허병기, 1994: 73-74).

그러나 우리나라에서 교직이 전문직으로서 사회적 위상과 역할을 인정받고 있는가에 대해서는 다소 회의적 비판이 제기되어 왔다(허병기, 1994; 고전, 2002; 오욱환, 2005; 손준종, 2010; 최한올, 2013). 교직은 당위적으로 전문직이나 현실적으로 전문직으로서 인정을 받지 못하고 있으며(허병기, 1994; 손준종, 2011), 교직이 전문직이라는 말은 교직에 대한 타성적 명명 혹은 교직의 이미지를 장식하는 전통적 수사일 뿐이다(허병기, 1994: 58). 전문직으로서 교직의 불안한 위상과 교직의 비전문화 또는 탈 전문화는 우리나라에서만 나타나는 문제이거나 최근에 부각된 새로운 현상은 아니다(Apple, 2006; Hargreaves & Fullan, 2012). 우리나라의 경우 1990년대 이후 신자유주의 교육개혁이 추진되면서 교직의 전문성 약화, 전문가로서 교사의 위상 약화 현상이 두드러지고 있다고 평가할 수 있다(박상완, 2015: 228).

1995년 대통령자문 교육개혁위원회가 수요자 중심 교육개혁을 추진하고 2000년대 학교 자율화 개혁을 거치면서, 학생, 학부모의 학교교육 참여, 교육권한은 강화된 반면 전문가로서 교사의 위상, 역할은 점차 약화되고 있으며, 나아가 교직을 보는 근본적인 관점도 변화하고 있다(박상완, 2015: 228). 교사는 전문가로서 이해되기보다 수요자, 소비자인 학부모와 학생에 대응되는 공급자로서 학교교육의 결과에 대한 책무를 부담하는 주체로서, 학교 개혁을 주도할 정책 주체로서보다는 학교와 함께 개혁되어야 할 정책 대상으로 이해되고 있다. 허주 외(2018: 197)는 최근 지식정보 사회 담론에서 교사 전문성이 변화와 통제의 수단으로 논의되고 있으나 이 과정에서 교사의 전문성이 신장되기보다 오히려 약화될 수 있다는 우려가 있음을 지적한다(허주 외, 2018: 197).

전문가로서 교사의 역할이 위축, 약화되고 있다는 점은 교사들이 감정(정서)

노동을 하는 감정 노동자로 이해되고 있다는 점(손준종, 2011; 임지윤, 도승이, 2014; 황수아, 최한올, 2014)에서도 알 수 있다. 교사들은 전문가로서 자신의 정체성에 혼란을 경험하고 있을 뿐 아니라 학급에서 무엇을 어떻게 가르쳐야 할 것인가에 대한 인식에도 변화를 겪고 있다(Zembylas, 2003). 교사는 전문가로서 인정받고 지적인 권위를 가지기보다 수요자, 소비자인 학생, 학부모에 대한 봉사자(서비스)로서의 역할이 강조되고 있다. 이는 교직의 전문적 자율성과 신뢰가 위축되고 가르치는 일이 노동의 일종으로 범속화되고 있음을 보여준다.

나. 연구자로서 교사

1) 연구자로서 교사 논의 맥락

연구자로서 교사(teacher as researcher) 개념은 실행연구(action research), 교사 연구(teacher research) 논의와 함께 발달한 새로운 교사관, 교사 역할이다. 우리나라에서는 1990년대 이후 관련 연구들이 발표되기 시작하였다(예: 최호성, 1995; 최의창, 1998; 조재식, 2002; 이혁규, 2002; 양은주, 2003; 이은주, 2018; 박알뜨리, 이정인, 이신혜, 2018). 연구자로서 교사에 관한 논의는 다양한 차원에서 이루어지고 있다. 교사 역할의 재개념화와 새로운 교사상 탐색을 위해(최호성, 1995; 양은주, 2003), 학교교육 개선을 위한 새로운 접근으로, 교사 전문성 개발의 일환으로 그리고 교사 연구의 실제 이해 및 활성화 등의 맥락에서 이루어지고 있다.

연구자로서 교사는 실행연구, 교사 연구, 교사 연구자 개념과 밀접하게 연계되어 있다. 최호성(1995)은 교사 연구, 교사 연구자, 현장개선연구, 연구자로서 교사 개념을 엄밀하게 구분하지 않고 동일한 의미로 사용하고 있지만, 각각의 개념이 논의되는 맥락은 차이가 있다. 노진아, 서경혜(2009: 671)에 의하면 교사 연구자, 교사 연구에 대한 본격적인 논의는 스텐하우스(Stenhouse, 1975)가 "교육과정 연구 및 개발 입문"에서 최초로 '연구자로서의 교사'라는 개념을 소개하면서 시작되었다. 스텐하우스는 교사들이 연구를 통해 주체적으로 자신의 전문성을 향상시킬 수 있는 능력을 가지고 있고, 이러한 능력은 교사가 자신의 교육 실천을 체계적, 비판적 질문을 통해 탐구함으로써 길러질 수 있으며 교실은 교사가 연구 활동을 펼치는 하나의 실험실이라 보았다. 이러한 교사 연구자 개념은 현장개선연구 발전에 촉매제 역할을 하였다(최의창, 1998).

최근 들어 국내에서는 교사 연구의 실제, 교사들의 연구 경험 및 연구에 대한 이해 등 '연구'에 보다 방점을 둔 연구들도 점차 증가하고 있다(예: 노진아, 서경혜, 2009; 이동성, 2011; 이은주, 2018). 이들 연구는 교사가 수행하는 일의 성격, 교사의 역할에 대한 이해를 확장하는 데 초점을 두기보다 교사 연구의 실천적 성격, 교사의 연구와 전문 연구자의 연구의 차이 등에 보다 주목하고 있다.

2) 현장개선연구(실행연구)와 연구자로서 교사

연구자로서 교사의 역할은 현장개선연구(action research)와 밀접하게 관련되어 있다. 이혁규(2002)는 연구자로서 교사는 적극적으로 교육 연구와 관련을 맺고 우리 교육 현실을 제대로 이해하고 실효성 있는 처방을 만들어 내기 위해 교사의 눈으로 현실을 이해하고 문제를 진단하고 개선을 기획하는 실천적인 연구를 수행할 수 있어야 한다고 지적한다. 또한 최호성(1995: 96)은 연구자로서 교사, 현장개선연구(action research),[17] 교사 연구(교사에 의한 연구) 등을 같은 의미로 보고 연구자로서 교사의 역할을 구체적으로 제시하기보다 현장개선연구의 개념적 속성을 세 가지로 들고 있다. 이러한 현장개선연구의 특징을 통해 연구자로서 교사의 역할을 유추해볼 수 있다.

현장개선연구는 (1) 교사가 자신의 실천 행위를 이해하고, 실천에 대한 자기반성을 통해 의미를 찾는 자기반성적 행위이다. (2) 교육 실제에 대한 담론에 머무르지 않고 실제를 개선하고 상황, 여건을 개선하는 데 초점을 둔다. (3) 여러 사람이 공동으로 참여하고 수행되는 협업적 활동이다(최호성, 1995: 98). 현장개선연구의 특징에 근거할 때 연구자로서 교사의 역할은 연구를 통해 새로운 지식을 생산해내기보다 교육 실제를 개선하는 데 기여하며, 동료교사와 협업하고 자신의 교수 실천 행위를 반성한다.

비슷한 시기에 발표된 최의창(1998)의 연구에서는 학교교육 개선을 위한 다양한 노력들이 전문 연구자의 실증적 연구를 학교교육 현장에 적용하는 방식으로 이루어짐에 따라(밖에서 안으로의 접근) 실질적인 효과를 거두지 못하고 있다는 문제를 제기하고 교사 연구의 활성화를 통한(안에서 안으로의 접근) 새로운 접근이 필요하다고 제안하였다. 즉, 교사들이 자신의 교육활동을 체계적으로 반성하고 탐구할 때 교육현장의 개선을 가져올 수 있으며, 이를 위해 수업은 연구, 교사는 연구자가 되어야 한다고 주장하였다. 학교교육 개선은 교사 자신의 수업활동으로부터 시작되며 이를 위해 교사 연구자의 개념과 현장개선 연구 방법을 집중적으로 탐구할 필요가 있다는 것이다.

조재식(2002)은 최호성(1995)의 연구와 유사하게 현장교육연구(action research)의 일반적 모형과 절차를 제시함으로써 연구자로서 교사 개념을 간접적으로 다루고 있다. 조재식(2002)은 교육 변화의 계획과 실행 과정에서 가장 중요하게 고려되어야 할 점은 '교사의 일과 역할에 대한 반성적 이해'로 보고, 교사가 자신의 교실을 연구함으로써 얻게 될 교육 개선의 의미를 연구자로서의 교사 논의와 연계시켜 분석하였다.

이 연구에서는 현장교육연구(action research)의 절차를 네 단계로 제시하고 있는데 이를 토대로 연구자로서 교사의 역할을 정리해볼 수 있다. (1) 교사는 문제를 인식하고 문제 해결에 필요한 행위 계획(action plan)을 수립하게 된다. (2) 계획을 적절한 시점에 실제 행위로 옮겨야 하며, 이 과정에서 교사는 행위를 실제 속에서 주의 깊게 실천하고 반성적인 분석을 수행한다. (3) 자기평가에 의한 계획 수정과 새로운 행위 전략을 수립한다. (4) 실제적 지식의 이론화와 공유이다(조재식, 2002: 212-215). 정리하면, 연구자로서 교사는 교실에서 문제를 인식, 확인하고 문제 해결 계획을 수립하며 반성적 실천과 자기평가를 통해 문제와 해결책을 지속적으로 검토하며, 그 결과를 동료교사 등 다른 사람과 소통, 공유한다.

연구자로서 교사의 의미와 그 역할은 양은주(2003)의 연구에서 보다 직접적으로 제시하고 있다. 양은주(2003)는 학교교육과 교직의 위기 상황을 풀기 위한 대안적 교사상 탐색의 일환으로 연구자로서 교사의 의미를 분석하였다. 이 연구에서는 '학생을 가르치는 실천적 역할'과 '교육 현상을 탐구하는 연구자 역할'의 연결성을 강조한다. 즉, 연구자로서 교사는 이미 정해져 있는 지식을 그대로 전달하는 교수 활동에만 초점을 두는 존재가 아니라 지식 생산자로서 자신의 교수 실천 자체를 탐구 대상으로 삼고 교육학 관련 지식을 생산하는 과정을 통해 학교교육 실제를 질적으로 변화시키는 역할을 한다. 연구자로서 교사는 (1) 전문직적 수행 능력 개선을 위한 실제 방법적 탐구를 실천하며, (2) 교육의 본질과 교사의 실존적 의미에 대한 공동체적 이해, (3) 정의롭고 민주적인 사회로의 변혁을 위한 비판적 실천을 추구하는 사람이다.

종합하면, 연구자로서 교사의 역할을 분석한 연구들은 공통적으로 연구는 대학에서 이루어지고 교사는 연구 결과를 실천하는 사람이라는 이분법, 교사를 실천가 또는 연구자로 이분법적으로 구분하는 것은 경계할 필요가 있다고 지적한다(천호성, 1995; 이혁규, 2002; 이은주, 2018). 아울러 우리나라 연구에서 연구자로서 교사는 현장개선연구(실행연구)의 절차, 방법 등과 연계하여 논의되고 있어 연구자로서 교사의 역할이 무엇인가를 구체적으로 제시하기보다 현장개선연구 수행자로서 교사의 연구 수행 능력이 보다 강조되고 있다. 교사교육에서 연구자로서 교사의 역할을 수행할 수 있는 역량을 어떻게 개발해야 할 것인가에 대해서는 충분히 논의되지 못한 한계가 있다.

다. 반성적 실천가

반성적 실천가로서 교사를 보는 관점은 쇤(Schön, 1983/2018, 1987)의 실천적 인식론(epistemology of practice)에 기반을 두고 있다. 쇤(1983)은 실천가가 가지고 있는 전문지식은 과학적 지식을 실제 문제에 적용한 것이라고 보는 기술적 합리성 관점을 비판하고, 전문적 실천가의 지식과 앎은 불확실성, 불안정성, 특수성, 가치 갈등을 특징으로 하는 실천 상황에서 발휘되는 전문적 실천 행위의 기저에서 형성되는 것이라고 하여 실천적 인식론을 제안하였다(서경혜, 2005). 쇤의 실천적 인식론에서 지식, 앎은 객관적으로 존재하기보다는 우리의 행위 안에 붙박혀 있으며, 실천가는 반성적 행위를 통해서 의미를 구조화하고, 대상 세계에 대한 인식은 주관적인 체험에 따라 새롭게 구축되어 가는 것으로 이해된다(김재웅, 2000: 274-275).

이러한 실천적 인식론 관점에서 교사의 전문성은 실천 행동 속에 들어 있는 지식(knowledge-in-action)을 통해 형성되며, 실천 행동 속의 앎(행위 중 앎), 즉 실천적 앎은 실행 속의 반성(행위 중 반성, reflection-in-action)을 통해 형성된다(곽영순, 2014: 167; 서경혜, 2005: 313). 여기서 행위 중 반성은 그저 행위를 돌이켜 살피는 것이 아니라 행위 기저의 앎을 비판적으로 재구성하여 이를 행위로 옮겨 검증하는 것이다. 따라서 새로운 앎은 행위의 변화를 낳고 새로운 행위는 앎의 변화를 낳는다. 이러한 행위 중 반성을 통해 실천가는 실천적 지식을 구성, 발전시키며, 행위 중 반성을 통해 전문적 실천가로 성장한다(서경혜,

2005: 315). 따라서 교사의 전문성 발달은 교육이론과 지식을 습득하고 교사의 실천에 그대로 적용하는 것이 아니라 교사 스스로 실천에 참여하고 체득함으로써 이루어진다(김재웅, 2000: 275).

쇤의 실천적 인식론에서 교사의 역할은 단순히 지식을 전달하는 것이 아니라 실천적 전문가, 성찰적(반성적) 전문가로서 이해된다. 반성적 실천가로서 교사는 전문적인 실천 행위 과정은 복잡하고 모호하며 가치가 함의되어 있어 다양한 해석이 가능하다는 점을 인식하고 정형화된 이론적 지식과 처방보다는 행위에 대한 성찰(reflection)을 수행한다. 여기서 반성(성찰)은 실천 결과에 대한 반성을 의미하는 '행위 후 반성(reflection-on-action)'과 실천 과정에서 일어나는 '행위 중 반성(reflection-in-action)'으로 구분된다(Schön, 1983). 행위 후 성찰(반성)은 이미 일어난 행동에 대해 비판적으로 그 상황을 숙고하고 이를 통해 앞으로의 행동을 계획하는 것이며, 행위 중 성찰(반성)은 문제 상황을 해결하고자 문제를 구조화하고 문제 상황을 깊이 있게 이해하는 동시에 자신의 행동에 대한 비판적 평가 등이 일어나는 탐구과정이라 할 수 있다(유영만, 이상아, 2014: 190).

이러한 행위 중 성찰 과정은 연구 수행 과정에 비유될 수 있다. 즉, 연구자가 새로운 가설을 수립하고 기존 이론을 검증하기 위한 실험을 설계하고 수행하여 가설을 채택하거나 기각하듯이, 실천가는 자신의 행위 중 앎을 비판적으로 고찰하고 재구성하여 새로운 잠정적 앎을 수립하고 이를 검증하기 위한 후속 행위를 계획하고 수행하여 새로운 잠정적 앎을 실천적 앎으로 채택하거나 기각하는 것이다(서경혜, 2005: 313-314). 교사는 반성적 실천가로서 교육의 본질과 교사의 실존적 의미, 교수 활동을 숙고하고 깊이 이해하는 동시에 비판적 평가를 통해 성장, 발전할 수 있어야 한다. 이는 미래 사회 변화와 다양한 사회적 요구에 대응해야 하는 교사에게 요구되는 새로운 전문성, 교사의 역할이라 할 수 있다.

라. 책임 주체로서 교사

교사 전문성에 대한 기존 논의의 한계를 지적하고 교사의 역할에 대한 새로운 전망을 제시하는 개념으로 책임 주체로서 교사(책임 주체성), 교사 행위주체성(teacher agency)[18]을 들 수 있다(소경희, 최유리, 2018; 이상은 외, 2018; 이성회, 2017; 최수진 외, 2017, 2019). OECD 교육 2030 프로젝트(OECD, 2018)의 학습개념 틀에 교사 행위주체성이 포함되면서 국내에서 교사 행위주체성을 주제로 한 연구가 증가하고 있다.

교사 주체성 개념을 가장 체계적으로 분석하고 있는 소경희, 최유리(2018: 94)에 의하면, 교사 행위주체성은 사회학에서 오랫동안 논의되어 온 행위주체성(agency)을 교사의 실천과 관련지어 이론화하려는 개념으로, 국가 교육개혁 정책을 수용하는 과정에서 교사들의 행위주체성 성취에 영향을 미치는 요인과 성취 양상을 설명하기 위해 개발된 개념이다. 교사 행위주체성 논의는 교사가 행위주체성을 가지고 있는지와 더불어 어떤 맥락에서 행위주체성을 어느 정도 성취할 수 있는지에 주목하고 있다.

교육개혁에서 교사의 주체성, 자율성을 강조하는 논의는 교사 행위주체성 외에도 신전문주의, 전문가 자본주의, 임파워먼트(empowerment) 등이 제시된 바 있다. 그러나 교사 행위주체성 개념은 기존 논의와 달리 교사 행위나 실천에 대한 편협한 이해를 극복하고자 대두된 것으로, 외부에서 부과한 교육개혁 정책에 대한 교사의 능동적이고 주체적인 실천 양상을 좀 더 폭넓게 이해할 수 있다는 점에서 의의가 있다(소경희, 최유리, 2018).

교사 책임주체성은 교사가 학교를 둘러싼 사회 구조와 환경에 영향을 받는 동시에 이러한 구조와 환경에 영향을 미칠 수 있는 능력을 가지고 있으며, 생태학적 조건과의 상호작용 속에서 행위주체성을 성취하기도 한다는 점을 강조하는 개념이다. 특히 이성회(2017)는 교사 행위주체성 개념을 통해 교사의 행위나 실천에 대한 새로운 인식을 끌어내는 데 기여한 프리슬리, 비에스타, 로빈슨(Priestely, Biesta & Robinson, 2015)의 개념 모형을 소개하고 이를 통해 교사는 국가 정책을 준수하고 실행하는 주체일 뿐 아니라 경우에 따라 교육 정책에 저항하거나 침묵함으로써 교사 행위주체성을 성취할 수 있음을 보여주고 있다. 교사들이 보여주는 변화에의 저항이나 침묵이 보수적이거나 관례화된 행동이라기보다 그 자체가 능동적이고 주체적 행동을 표현하는 것일 수 있다는 것이다.

최수진 외(2017, 2019), 이상은 외(2018)는 OECD 교육 2030 프로젝트의 학습개념 틀(learning framework)에 제시된 교사 행위주체성 개념을 상세하게 소개하고 있다. OECD 교육 2030 프로젝트에서 교사 행위주체성 개념이 등장한 것은 2017년 5월 제5차 비공식 작업반(IWG, Informal Working Group) 회의에서이며, 제6차 IWG에서 발표된 학습개념 틀에 학생의 학습을 지원하는 협력적 행위주체성의 하나로 포함되었다(최수진 외, 2019). OECD 교육 2030 프로젝트에서 행위주체성이란 미래 사회에서 사회 구성원 모두가 '개인과 사회의 안녕'에 기여하는 방향으로 세계에 참여하려는 책임의식을 갖고 이를 통해 사람, 사태, 환경 등에 더 나은 방향으로 영향을 미치려는 책임의식을 갖는 것을 의미한다(이상은 외, 2018: 87).

이러한 행위주체성 개념은 학생을 비롯하여 학생 학습을 둘러싼 주요 주체들인 교사, 학부모, 지역사회 등에게도 적용되며, 이들은 협력적 행위주체성(co-agency)의 주체들이다. 협력적 행위주체성은 학생뿐만 아니라 교사, 학부모, 지역사회가 함께 가치 있는 목표를 향해 나가도록 서로 돕는 상호작용적이고 상호지원적인 관계를 나타낸다(이상은 외, 2018: 87). 이러한 협력적 행위주체성의 한 요소로서 교사 행위주체성은 OECD 교육 2030 프로젝트가 요구하는 학습이 이루어지기 위해 교사에게 필요한 전문성, 교실에서의 수업의 변화를 이끌 수 있는 주체로서 교사에게 부여된 기회(자율성), 교사의 전문지식과 역량 등을 교육과정 전달에 효과적으로 활용할 수 있는 권한 등이 필요하다는 의미를 담고 있다(이상은 외, 2018: 64-67).

종합하면, 교사의 행위나 실천을 행위주체성 개념, 맥락으로 이해하는 최근의 논의는 교사의 역할을 보다 확장시킨다는 점에서 의의가 있다. 교사 행위주체성은 교사가 자신이 놓여 있는 사회 구조와의 관계 속에서 능동적으로 행위하는 능력을 가지고 있음을 보여준다(소경희, 최유리, 2018: 100). 관련하여 OECD 교육 2030 프로젝트에서 교사 행위주체성은 학생 행위주체성을 증진하고 학부모와 지역사회와의 협력적 행위주체성을 성취함으로써 역량교육을 실행하는 데 기여하는 것으로 이해된다.

마. 학습 디자이너(컨설턴트)로서 교사

학습 디자이너, 학습 컨설턴트로서 교사의 역할은 최근 부각되고 있는 것으로 이를 제시한 연구로는 정미경 외(2017: 74-75)를 들 수 있다. 정미경 외(2017)는 주요국의 혁신적인 학교 운영 사례(예: 네덜란드의 Steve Jobs School 등) 분석을 토대로 학교에서 교사의 역할이 교과를 직접 가르치는 것에 그치지 않고 학생의 학습 코치나 가이드로서의 역할을 수행하고 있다는 점에 주목하였다. 즉, 학생이 학습 내용을 스스로 체득하는 과정에서 교사는 교과목의 내용을 전달하는 행위 그 이상의 역할을 한다.

정미경 외(2017)는 2030 초·중등학교를 구상하면서 학생의 학습활동과 학교생활을 지원하는 교원을 담임교사(교과 교사)와 학습 컨설턴트 등으로 구분하였다. 첫째, 담임교사는 학생에 관련된 정보를 받아 학습 및 학교생활을 점검하고, 학습 컨설턴트나 전문인력(영양사, 보건인력 등)과 협의하여 학생의 전체적인 학교생활 계획을 마련하고 점검한다. 학교에서 학생은 교과수업을 통해 학습한다. 학교가 변화했다고 학생이 기본적인 역량을 학습하도록 지도하는 교과 교사는 사라지지 않을 것이다. 다만 다양한 학생들이 동일한 내용을 동일한 시간에 배우는 것이 아니라 자신의 성취 속도에 따라 학습하게 되므로, 교과 교사는 개인별 학습 속도에 맞추어 핵심 학습내용을 선정하고 구성하는 역할을 해야 할 것이다.

둘째, 학습 컨설턴트는 학생의 학습 이력 정보를 토대로 학생별로 교과 및 모듈 선택, 학습 계획 설계, 학습 방법 선택 등에 대한 상담을 실시한다. 뿐만 아니라 학교 밖 외부 체험활동이나 학습활동, 진로 선택 등에 대한 상담을 실시한다. 교과수업 이외에 미래의 학교에서 중요한 배움은 학생들의 적성이나 흥미에 맞는 선택 과목, 현장실습, 프로젝트 수업 등이다. 학습 컨설턴트는 교과 교사와의 긴밀한 연계 속에 개별 학생의 적성, 흥미, 성취 수준, 학문적 발달 속도 등을 파악하고 학생과 학부모와 함께 적절한 선택 과목, 현장실습, 프로젝트 수업 주제 등에 대한 선별 및 학기별, 학년별 로드맵을 기획·관리한다.

이러한 교과 교사와 학습 컨설턴트는 교원양성기관에서부터 차별적인 과정을 이수함으로써 양성될 수 있다. 최근 초등교사를 학급 교사와 교과 전담 교사를 분리하여 선발할 필요가 있다는 주장이 제기되고 있고(한상윤, 2017: 83), 대입 준비를 지원하는 사설 컨설턴트 제도가 활용되고 있는 점에서 볼 때, 학생들의 학습 이력을 관리, 상담할 수 있는 학습 컨설턴트로서 교사의 역할이 요구되고 있다.

4. 소결

교사의 역할은 교육 내외적인 환경 변화에 따라 지속적으로 변화하고 있다. 특히 최근 제4차 산업혁명 시대에 대응한 학교교육 개선과 개혁에 대한 요구는 전 세계적인 현상이라 할 수 있다. 우리가 늘 모범 사례로 삼아 본받기 위해 노력한 선진 외국에서도 학교교육에 대한 비판과 대안 탐색은 지속적으로 이루어지고 있다. 그러나 무엇이 바뀌고 있으며 어떠한 방향으로 변화가 일어나고 있는가, 이러한 변화가 교직 사회의 전통적인 기풍과 긴장하고 갈등할 때(Lortie, 1975/2017), 어떻게 대응해야 할 것인가에 대한 문제는 충분한 주의를 끌지 못하고 있다.

어떤 형태의 미래 사회이든 공교육제도에 대한 비판과 불만을 토대로 미래 학교와 교사의 역할이 변화되어야 한다는 요구는 지속되고 있고 그에 대한 다양한 대안들이 개발되고 있다. 국내외적으로 미래 학교의 모습, 교사의 역할, 교사가 갖추어야 할 역량에 관한 논의는 개인 수준이나 국가 수준에서 다양한 형태로 이루어지고 있다. 그러나 이러한 대안에서 학교와 교직의 속성에 대한 이해, 교직의 전통적인 기풍이 어떻게 형성되어 왔으며, 그것이 미래 사회, 교육개혁에서 요구하는 가치와 어떤 점에서 충돌하고 조화될 수 있는지, 그러한 긴장과 갈등을 해소하기 위해 어떤 노력들이 필요한가에 주목하는 연구들은 거의 없다. 미래 사회 변화에 따라 학교와 교사가 적응하고 변화해야만 한다는 당위적 요구와 기대가 있을 뿐, 전통적인 학교 문화, 교직의 기풍은 무엇이며, 이것이 새로운 요구와 어떻게 조화될 수 있는가에 대한 이해는 부족하다.

로티(Lortie, 1975/2017)는 이러한 긴장과 갈등은 결국 학교 현실과 교직, 교사에 대한 이해를 통해서 극복될 수 있는 것으로 보고 있다. 최근 학교, 교직에 요구되는 변화는 교사들이 보다 큰 적응력을 발휘하고, 보다 효과적인 동료 관계를 개발, 유지하고 전문적 지식과 기술 문제에 대한 공동 책임 의식을 갖도록 다양한 역할을 요구하고 있다. 교사들이 교직사회의 전통, 특징 전통이 쇠퇴함에 따라 교사의 전통적 기풍과 새로운 상황에서 요구되는 역할을 어떻게 조화시킬 것이며, 이러한 조화는 어떤 상황에서 일어나고 유지될 것인가에 주목할 필요가 있다.

이러한 학교와 교직의 실제에 대한 이해 없이 교사를 변화시키려는 노력은 의도하지 않은 결과를 초래할 수 있다. 학교, 교직을 변화시키려는 제반 정책(투입)이 손상되지 않도록 하려면 이러한 긴장과 갈등을 해소하고 바로잡을 수 있을 정도로 충분한 융통성이 주어지고 정책수행 과정에 대한 철저한 감시가 필요하다. 정책 대안의 존재, 투입만으로 변화가 자동적으로 일어난다고 가정하지 않도록 주의해야 하며, 새로운 방법의 수용 여부는 상황에 따라 결정된다는 점, 또 변화가 받아들여지는 상황적 특성을 밝히는 것이 중요하다는 점에 주목할 필요가 있다.

제8장 교사의 역량

1. 역량의 개념과 교사 역량
2. 국내의 교사 역량 개발 사례
3. 유럽연합국가의 교사 역량 개발 사례
4. 소결

미래 사회 변화에 대응한 교육개혁 논의는 근대 교육제도가 수립된 이후 지속적으로 제기되고 있다. 교육개혁 논의의 배경은 시대에 따라 또 국가에 따라 다소 달랐지만, 현재의 학교교육이 미래 사회에서 살아가야 할 학생들에게 충분한 또는 적합한 지식과 기술을 제공하지 못하고 있고 새롭게 개선, 개혁, 혁신되어야 한다는 점만은 변함없는 요청이라 할 수 있다. 학교교육 개선, 개혁 요구는 학생을 직접 교육하는 교사의 역할, 전문성, 교사교육이 변화해야 한다는 당위로 이어진다.

최근 교육 분야에서 제시되는 주요 키워드 중 하나는 역량(competences)이다. 역량은 미국의 심리학자인 맥크렐랜드(McClelland, 1973)가 당시 대학이나 직장에서 인재 선발 수단으로 널리 활용되고 있던 지능 및 적성 검사의 타당성에 문제를 제기하고 역량이라는 새로운 개념을 제안하면서부터 널리 확산되기 시작하였다(이홍민, 김종인, 2003: 19). 지능이 선천적, 유전적인 성격이 강한 요소라면 역량은 구체적인 행동(활동)으로서 훈련이나 교육을 통해서 개발 가능하고 학습 가능한 것이라는 점에서 교육 분야, 특히 직업교육에서 주목해온 개념이다.

1990년대 중반 발표된 유네스코 보고서(Delors, 1996), 1997~2003년간 추진된 경제협력개발기구(OECD)의 DeSeCo(Definition and selection of competencies) 프로젝트(OECD, 2005) 등을 계기로 교육 분야에서 역량 개념이 보다 확산되었다(소경희, 2007; 최수진 외, 2017). 최근에는 OECD 교육 2030 프로젝트(2015~현재)와 21세기 교육 파트너십(P21: Partnership for 21st Century Skills)[19] 등을 중심으로 초·중등학교에서 역량 교육 실행을 위한 구체적인 방안들이 논의되고 있다(최수진 외, 2017: 25-26).

우리나라에서는 2000년대 초 생애능력 표준 설정에 관한 연구(유현숙 외, 2002)가 이루어졌으며 2000년대 중반 이후 핵심역량(교육혁신위원회, 2007), 미래사회 한국인의 핵심역량(이광우 외, 2009)을 규명하기 위한 연구가 발표되었다. 이들 연구는 모두 성인을 주요 대상으로 한 것이다. 직업교육, 평생교육 분야를 중심으로 논의되던 역량 개념, 역량 교육 논의가 초·중등교육 분야로 확산된 것은 2000년대 말 이후이다. 학생 역량(신체역량, 정신역량, 지적역량, 진로역량, 대인관계역량, 시민역량)을 규명한 연구(김창환 외, 2013), 역량 기반 교육과정 개발에 관한 연구(이광우 외, 2009; 이근호 외, 2013) 등이 그 예이다.

국가교육과정에서 역량(교육)의 중요성이 강조된 것은 2009 개정 교육과정에서부터이며(홍원표, 이근호, 2011), 2015 개정 교육과정에서는 여섯 가지의 핵심역량(자기관리 역량, 지식정보처리 역량, 창의적 사고 역량, 심미적 감성 역량, 의사소통 역량, 공동체 역량)이 제시되었다. 우리나라도 참여하고 있는 OECD 교육 2030 프로젝트는 역량 개념을 중심으로 학습 개념틀(learning framework)을 새롭게 개발하고, 이를 토대로 무엇을 가르칠 것인가와 더불어 어떻게 가르칠 것인가를 구상하기 위한 노력을 기울이고 있다(최수진 외, 2017; 이상은 외, 2018).

오늘날 역량은 21세기를 살아갈 미래 세대를 위해 학교에서 가르쳐야 할 핵심 내용으로 논의되고 있다. 역량 교육에 관한 초기 논의가 핵심역량을 규명하고 이것이 기존 교과교육과 어떤 차이가 있고 연계될 수 있는가에 집중되었다면 최근에는 역량 교육을 어떻게 실천할 것인가 즉, 역량 교육 실행을 위한 교육과정 설계, 평가, 교사 전문성 개발 등에 주목하고 있다(최상덕 외, 2013; 이근호 외, 2013; 최수진 외, 2017).

역량 교육이 강조되면서 이를 실천할 교사 역량 개발은 주요 정책 관심이 되고 있다(EC, 2013; 정미경 외, 2010; 김정원 외, 2012). 오늘날 대부분의 교사들은 역량 개념 및 역량 기반 교육에 관한 지식이 발달하기 전에 교사양성교육을 받았을 뿐 아니라 최근 교수학습에 관한 지식과 교수방법, 도구 등이 새롭게 발전하고 있다는 점에서 보면(EC, 2013: 7) 역량 교육을 실행할 교사의 능력은 제한적이라 할 수 있다. 우리나라에서도 교사들은 역량이라는 단어에 대해 생소함 또는 거부감을 갖고 있거나, 역량 기반 교육과정의 실행 방법에 대해 혼란스러워 하고 있고, 역량 기반 교육과정 실행에서 스스로 전문성을 갖췄다고 느끼지 않는다(최수진 외, 2017: 208-209).

역량 교육이 이루어지기 위해서는 이를 실행할 교사들이 그에 상응하는 능력을 갖추어야 할 것이다. 역량 교육을 실행하고 학생들이 역량을 함양하도록 지원해야 하는 교사들에게 요구되는 역량은 무엇이며, 이는 어떻게 개발될 수 있는가? 이러한 문제의식에서 이 장에서는 교사 역량의 개념을 분석하고, 교사 역량 (체계) 개발 사례, 교사 역량 개발을 위한 과제 등을 분석한다.

1. 역량의 개념과 교사 역량

가. 역량의 개념

역량 개념[20]은 1973년 맥크렐랜드(McClelland)가 “지능검사에 대한 역량 검사의 우위성(Testing for Competence rather than Intelligence)”이라는 논문을 발표하면서 처음 알려지기 시작하였다(이홍민, 김종인 2003: 19). 맥크렐랜드(McClelland, 1973)는 전통적인 학업 적성 검사나 지능검사가 업무성과나 인생의 성공 여부를 예측하지 못한다는 점에서 직무성과의 주요 변수로서 역량을 제시했다. 그는 직장에서 성공한 사람과 그렇지 못한 사람을 비교하여 성공 요인을 밝히고, 역량을 업무성과와 관련된 광범위한 심리적 또는 행동적 특성으로 정의하였다.

후속 연구들은 개인의 내적 특성에 초점을 둔 맥크렐랜드의 역량 개념을 수용하면서도 이를 보다 확장하였다(이승종, 윤두섭, 2005: 7). 예를 들어, 스펜서와 스펜서(Spencer & Sepncer, 1993)는 역량(competency)을 직무나 조직 상황에서 '뛰어난 수행과 연관된' 개인의 특성으로 규정하고, 역량은 구체적인 준거나 기준에 의해 개발되고 예측될 수 있는 것으로 보았다. 역량을 개인의 특성으로 파악한다는 점에서는 맥크렐랜드와 유사하지만 역량 모델링을 통해 공통 역량을 제시함으로써 역량 개념과 활용을 보다 진전시켰다고 할 수 있다.

또한 스패로우(Sparrow, 1996)는 역량을 개인역량(직무역량), 조직역량(핵심역량), 관리역량으로 구분하고 이들 역량이 서로 연관되어 있다고 본다. 여기서 개인역량은 직무수행과 관련된 조직 내 개인의 행동 양태를, 조직역량은 조직의 전반적인 자원과 능력을, 관리역량은 조직 밖에서 활용될 수 있는 자원, 능력을 말한다(이승종, 윤두섭, 2005: 8). 조직에서 중요한 것은 개인성과에 초점을 둔 개인역량(직무역량)이지만, 조직역량도 모든 직원들이 공유해야 하며 조직역량과 개인역량을 통합적으로 바라볼 필요가 있음을 잘 보여준다(박우성, 2002).

이러한 역량 개념은 외국의 경우 초기 개인의 내적 특성에서 조직, 시스템 수준으로 확장되는 과정을 거쳤으나 국내에서는 역량 개념이 도입된 초기부터 개인 수준과 조직 수준의 의미로 사용되었다(이승종, 윤두섭, 2005: 8). 개인 수준에서 역량은 조직의 목표 달성과 연계하여 뛰어난 직무수행을 보이는 고성과자의 차별화된 행동특성과 태도로 정의된다. 조직역량은 조직 내부에 축적되고 공유되며 다른 조직과 차별화되는 조직 특유의 능력, 기술, 지식의 합이라 할 수 있다(최상옥, 2012). 조직역량이 잘 발휘되는 조직은 조직 내·외의 자원 및 보유 능력을 효과적으로 동원하고 조직의 변화를 선도하여 조직이 환경에 적응하는 능력, 조직성과를 향상시킬 수 있다(최상옥, 2012).

이상 역량의 개념을 종합하면, (개인)역량이란 높은 성과를 창출한 고성과자로부터 일관되게 얻을 수 있는 행동 특성을 말하며, 지식, 태도, 기술(skills), 가치(value)의 상호작용으로 성공적인 결과를 이끌어낸 행동을 말한다(이홍민, 김종인, 2003: 20). 이러한 역량은 직무수행 과정에서 나타나는 구체적인 행동이며, 조직 변화를 지원하고, 상황 대응적이며, 성과에 초점을 맞출 뿐 아니라 개발 가능하며, 관찰과 측정이 가능하다는 특징이 있다(이홍민, 김종인, 2003: 24-26). 반면, 조직역량, 시스템 역량은 각각 조직 또는 전체 시스템이 효율적으로 기능할 수 있도록 하는 능력으로 조직의 미션과 전략, 문화/구조(조직역량), 법규, 시민사회의 성숙, 의사결정 분권화 정도(시스템 역량) 등의 하위 요소로 구성된다(최길수, 2005: 418).

나. 교사 역량의 개념

역량 개념에 비추어볼 때 교사 역량(teacher competences)은 높은 교육적 성과를 창출한 교사들이 나타내는 일관된 행동 특성으로, 지식, 기술, 태도, 가치의 총체라 정의할 수 있다. 국내 연구에서 교사 역량 개념을 정의한 연구들을 살펴보면, 김정원 외(2011:44)는 '효과적인 교사직무 수행으로 구현되는 학습 가능한 능력 특성'으로, 김창환 외(2015: 46)는 '학생 역량 개발 및 인성 향상을 목적으로 교육활동(교과교육, 생활교육, 진로교육 등) 및 교육 유관 활동을 성공적으로 수행하도록 하는 지식, 기술, 태도, 가치, 동기, 행동의 총체'로 정의하고 있다. 김정원 외(2011)는 교사직무 수행과 연계하여, 김창환 외(2015)는 학생 역량 교육에 필요한 요소(지식, 기술, 가치 등)를 중심으로 교사 역량을 정의하고 있다.

박영숙 외(2015: 12)는 교원의 역량이란 '교원이 교직에서 직무를 수행함에 있어 개인과 조직의 성과 제고를 위하여 측정 가능하고, 직무 변화 상황에 대응하여 지속적인 교육훈련과 학습 과정을 통해 지속적으로 개발할 수 있는 지식과 기술, 태도 및 가치의 집합체'로 정의하였다. 이는 앞에서 제시한 이홍민, 김종인(2003)의 역량 개념과 매우 유사한 것으로 일반역량 개념을 교사의 역량으로 정의한 것이라 할 수 있다.

한편, 교사 역량과 교수역량(teaching competences) 개념은 차이가 있다는 점에 주목할 필요가 있다. 교수역량은 가르치는 기술과 직접적으로 관련된 전문적인 지식과 기술에 초점을 둔 개념이라면 교사 역량은 교사 전문성(teacher professionalism)과 연계되는 보다 광범위한 개념으로 개인, 학교, 지역사회, 전문 네트워크 등 다양한 수준에서 논의될 수 있는 개념이다(EC, 2013: 10).

최근 (핵심)역량 개념이 학교교육에 도입되면서 교수학습 방법과 학생평가 등에서 근본적인 변화가 요구되고 있다. 교사들은 교과교육을 중심으로 한 지식교육뿐 아니라 창의성, 비판적 사고력, 문제해결력, 협력, 의사소통, 시민교육 등 민주사회에서 성공적으로 살아가는 데 필요한 다양한 역량을 교육할 것으로 기대되고 있다(EC, 2013; OECD, 2011). 즉, 교사들은 교과지식과 교수기술(pedagogical skill)을 갖추어야 할 뿐 아니라 반성적 실천, 자율적 학습, 연구와 혁신, 동료, 학부모와 협력, 학교 개선 참여 등 전문적인 가치와 태도를 증진하고 학습자의 요구에 개별적 또는 집단적으로 대응할 수 있어야 한다. 교사들은 비판적, 증거 기반 태도를 가지고, 학생의 교육성과를 관리하고, 자신의 교수 실천을 개선하기 위해 학급 내외에서 새로운 교수학습 성과를 수집하고 동료들과 전문적인 대화(교류)를 할 것으로 기대된다(EC, 2013: 7).

21세기에 요구되는 교사 역량은 광범위하고 복잡하기 때문에 한 교사가 모든 역량을 갖추거나 모든 역량을 동일한 수준으로 개발하기는 어렵다. 이 점에서 전 교직 경력에 걸친 교사 역량 개발과 이를 지원할 수 있는 학교체제와 교사팀(교사학습공동체) 등의 역할이 중요하다(EC, 2013: 8-9). 초기 교사양성 교육이 아무리 훌륭하다고 해도 교사에게 요구되는 모든 역량을 갖추게 할 수 없으며, 교사들은 교직에 있는 동안 지속적으로 자신의 역량을 개발하기 위한 노력을 기울일 필요가 있다.

사회 변화에 따라 교직에 대한 요구는 지속적으로 변하고 있으며 교사들에게 새로운 역할, 기대가 부과되고 있다. 학습자와 사회의 새로운 요구에 부응하기 위해 교사들은 자신의 교수실천을 반성하고 지속적으로 개선해야 하며, 지식과 기술을 최신화하기 위해 노력해야 한다. 교사 역량, 전문성 개발은 교육성과와 효과를 개선하기 위해서 뿐 아니라 교사들이 스스로 가르치는 일에 대한 헌신, 교사 정체성, 직업 만족을 향상시키기 위해서 필요한 일이기도 하다.

다. 교사 역량과 교사 전문성 기준(professional frameworks)

교사 역량 개념이 등장하면서 교사 전문성과 교사 역량은 어떤 차이와 유사성이 있는가, 교사 역량 체계/틀, 교사 전문성, 전문성 기준 등 유사한 개념 간 구분과 이해가 필요하다(EC, 2013: 15). 교사 역량과 교사 전문성(teacher professionalism, teacher expertise)은 논의되는 맥락의 차이는 있지만 교사가 갖추어야 할 지식, 기술, 태도, 가치, 동기 등을 포괄한다는 점에서는 유사한 개념으로 이해되기도 한다. 관련하여 교사 역량 관련 선행연구를 검토한 정미경 외(2010: 59)는 "교사 전문성, 자질, 역량 등은 경우에 따라 아주 미세한 차이를 보이기도 하나 기본적으로 교사가 교직을 수행하기 위해 필요로 하는 지식 및 기술 등을 포괄하는 전문적 능력을 의미한다는 점에서 대동소이하게 받아들여지고 있다."고 하여 교사 역량과 전문성 개념이 밀접하게 연계되어 있는 것으로 분석하고 있다.

그러나 지식, 기술, 가치, 태도 등의 총체로서 높은 성과를 보이는 교사들의 행동특성이라는 역량 개념에 비추어볼 때 교사 전문성이 역량 보다 넓은 개념이라 할 수 있다. 또한 전문성은 교육의 목적, 교사의 역할(직무 및 성격), 가르치는 일의 성격, 교수학습 이론, 전문직으로서 교직의 성격 등 교사와 관련된 보다 광범위한 논의를 포괄하는 개념이다.

교사 역량 체계/틀(teacher competences framework)은 교사들이 갖추어야 할 역량을 정의하고 구체화한 것을 말한다. 교사 역량 체계는 교사들이 역량 개발에 적극적으로 참여하도록 자극, 장려하고, 적절한 역량 개발이 이루어지고 있는가를 평가하는 도구로 그리고 교사들이 전 교직 경력에 걸쳐 자신에게 필요한 역량을 습득하고 개발할 수 있는 기회를 제공하는 기반이 될 수 있다(EC, 2013: 18).

교사 전문성 기준(professional standard)은 교사들이 알아야 하고 할 수 있어야 하는 것(what teachers should know and be able to do)을 구체화, 상세화한 것으로 주로 영미권 국가(미국, 영국, 호주 등)와 싱가폴 등에서 신규교사 자격 인증, 교사교육 프로그램 인증, 교사 전문성 개발 등 전문적 판단과 결정을 위한 도구로 활용되고 있다. 교사 전문성 기준은 교수 실천에 대한 공유된 비전을 포함하여 전문 실천가로서 교사들이 믿고, 알고, 이해하고, 할 수 있는 것을 기술한 것으로 대체로 책무성과 교사의 질에 관심을 두고 전문 단체나 기관이 개발한 것이라는 특징이 있다(EC, 2013: 15).

이러한 전문성 기준을 개발하는 목적은 다양할 수 있다. 예를 들어, 유럽연합집행위원회(EC, 2013: 15)는 교사 전문성 기준 개발의 목적을 크게 다섯 가시로 제시하고 있다. (1) 바람직한 교사 행동에 대한 정보 제공, (2) 전문 단체나 기관이 취해야 할 행동을 안내하는 원리, 지표(가이드), (3) 바람직한(이상적인) 전문적 질과 실천을 나타내는 견본 모델, (4) 교수, 교사교육, 전문성 개발에 적용할 일관된 방안, (5) 전문성 기준 준수 여부를 확인하는 준거 등이다.

교사 전문성 기준의 구체성 정도는 국가에 따라, 전문성 기준의 활용 목적에 따라 차이가 있는데, 크게 보면 관료적·기술적 접근과 발달적 접근에 기반을 두고 있다. 관료적·기술적 접근은 책무성을 목적으로 교사 행동을 측정, 모니터, 평가, 관리할 수 있는 구체적이고 상세한 전문성 기준을 개발하는 것이라면, 발달적 접근은 실천 원리와 규칙을 강조하며 교수 수행에 대한 느슨한 역량 기준을 제시한다.

교사 전문성 기준 설정의 필요성, 의의에 대해서도 다양한 입장이 있다. 전문성 기준이 교수 지식 기반과 교사 전문성을 정당화하고 교사 질 통제와 전문적 학습을 위한 유용한 수단, 교사 자격, 양성, 임용, 재교육을 연계하는 일관된 기준으로 보는 입장이 있는가 하면, 교사 전문성 기준이 교사 간에 공유되고 맥락 의존적인 특성을 갖는 교사 전문성, 역량의 성격을 간과하고 교사 행동과 학생 성취 간 인과관계를 가정하는 것을 경계한다. 교사 전문성 기준을 설정하는 것 자체로 교사의 질이 보장되는 것은 아니며 더 중요한 것은 이를 어떻게 해석하고 활용하는가이다(EC, 2013: 16).

교사 전문성 기준의 목적과 활용에 대한 이러한 다양한 입장은 교사 역량의 하위 요소를 구체화하고 교사 역량 체계 개발에도 적용될 수 있다. 교사 전문성 기준이 대체로 신규교사 자격 인증이나 교사양성교육 프로그램 인증을 위해 활용되고 있는 반면, 교사 역량 체계는 교사의 경력 단계에 따라 또는 교사교육의 연속적인 전 과정(양성교육, 입문교육, 재교육 등)과 연계되어 있다.

2. 국내외 교사 역량 개발 사례

이 절과 그 다음 절에서는 국내외 교사 역량 연구의 특징과 교사 역량 개발 사례를 분석한다. 국내에서 교사 역량에 관한 연구는 2000년대 후반부터 증가하고 있다. 여기서 국내 교사 역량 개발 사례는 이론적 고찰을 기반으로 실증적 분석(현직교사, 전문가 대상)을 통해 교사 역량을 개발, 논의한 사례로 한국교육개발원, 한국교육과정평가원에서 수행된 주요 연구를 범주화하여 제시한다. 국외 사례는 유럽연합집행위원회의 최근 교사 역량 연구를 토대로 주요 경향을 개괄적으로 분석하고 일부 국가 사례를 제시한다.

가. 국내 교사 역량 연구의 특징과 한계

교사 역량에 관한 논의는 미래 인재 양성은 교사에 크게 의존하며, 교사들이 미래 핵심역량을 가르칠 수 있는 능력을 갖추어야 한다는 논리에 기반을 두고 있다. 국내에서 교사 역량에 관한 연구는 2000년대 후반부터 활발하게 이루어지고 있다(김정원 외, 2012; 박영숙 외, 2015; 이경진 외, 2009; 정미경 외, 2010; 최진영 외, 2009). 이들 연구에서 교사 역량은 학교급을 구분하여 초등교사 또는 중등교사 역량에 초점을 둔 연구가 있는가 하면(예: 최진영 외, 2009; 이경진 외, 2009; 박용호 외, 2012; 김창환 외, 2015), 학교급을 구분하지 않고 일반적인 교사 (핵심)역량을 분석한 연구, 초·중등 교사 역량을 모두 분석한 연구들이 있다(정미경 외, 2010; 김정원 외, 2012; 박영숙 외, 2015; 홍선주 외, 2017).

또한 김창환 외(2015: 23)가 분석한 바와 같이 교사 역량에 관한 국내 연구는 (1) 지무역량에 관한 연구, (2) 교수역량에 관한 연구, (3) 핵심역량에 관한 연구 등 세 가지로 범주화할 수 있다. 이는 연구자들이 사용하는 용어와 초점에 차이가 있음을 보여준다. 특히 직무역량에 관한 연구는 대체로 교사 역량 분석과 교사 직무 분석을 엄밀히 구분하지 않으며, 이는 교사 역량 개념과 교사 역량 연구의 범위를 모호하게 하고 엄밀성을 저하시킨다고 할 수 있다. 교사 역량 연구에서 교사 역량, 교사 전문성, 교사직무, 교사자질 개념은 보다 엄밀하게 구분될 필요가 있다.

또한 교사 역량 연구에서 교사 역량과 교사 전문성 논의 맥락의 차이, 교사 역량에 주목해야 하는 이유, 근거를 엄밀하게 분석하고 있는 경우는 거의 없다. 교사 역량을 측정하기 위한 교사역량지수개발, 교사 역량 수준을 학교급별 또는 교사경력별로 비교하는 연구들이 발표되고 있지만 기존 교사 역할, 직무, 전문성 연구와 연계하여 교사 역량 개념이 갖는 의의를 드러내고 심도 있게 논의하는 연구는 부족하다. 나아가 교사 역량 개념을 교사교육 프로그램 개발에 적용하여 어떤 역량을 어떻게 개발, 교육할 것인가에 관한 구체적인 연구는 부족하다. 이는 교사 역량 연구가 상대적으로 새로운 분야라는 점에 기인하는 것으로 향후 관련 연구가 축적되어야 할 것이다.

나. 교사양성 교육과정 구성을 위한 교사 역량 개발

교사 역량 개발은 전 교직 경력 단계에서 지속적으로 이루어지며 교사양성 단계는 교사 역량에 대한 기초적 이해, 지식을 개발할 수 있는 시기라 할 수 있다. 교사양성교육 단계에서 교사 역량 개발과 활용을 제안한 연구로는 정미경 외(2010), 김정원 외(2012, 2013)를 들 수 있다.

정미경 외(2010)는 미래 사회에 적합한 교사양성 교육과정 구상을 위하여 교사 역량 개념에 주목하였다. 이 연구에서는 미래 교사의 역할과 기능, 교사상, 교사 직무, 교사 역량, 교사 전문성 등에 관한 국내외 선행연구를 광범위하게 분석하고 현직 교사와 교육전문직을 대상으로 한 전문가 협의회, 면담조사 등을 토대로 교사의 직무와 해당 직무를 성공적으로 수행하는 데 필요한 교사 역량을 도출하였다.

이 연구에서는 교원양성 교육과정이 추구해야 할 방향으로 역량 중심의 교육과정 개발을 통해 실천적 수준에서 역량 중심 교사양성교육을 실시하는 것으로 설정하고, 교직 수행에 필요한 역량을 예비교사에게 길러줄 수 있는 교사양성 교육과정을 구성할 것을 제안하였다. 이 연구는 교사 역량을 사회 변화, 교사직무, 학문, 국가교육정책 변화 등을 토대로 한 역량과 공통 역량 등 다섯 가지 범주로 구분하였다. 이 중 공통 역량은 모든 교사에게 요구되는 역량으로 5개 영역(교수학습, 대인관계, 의사소통, 리더십, 교직소양)과 20개 하위 역량으로 구성된다(정미경 외, 2010: 267-268). 이를 그림으로 나타내면 [그림 8-1]과 같다.

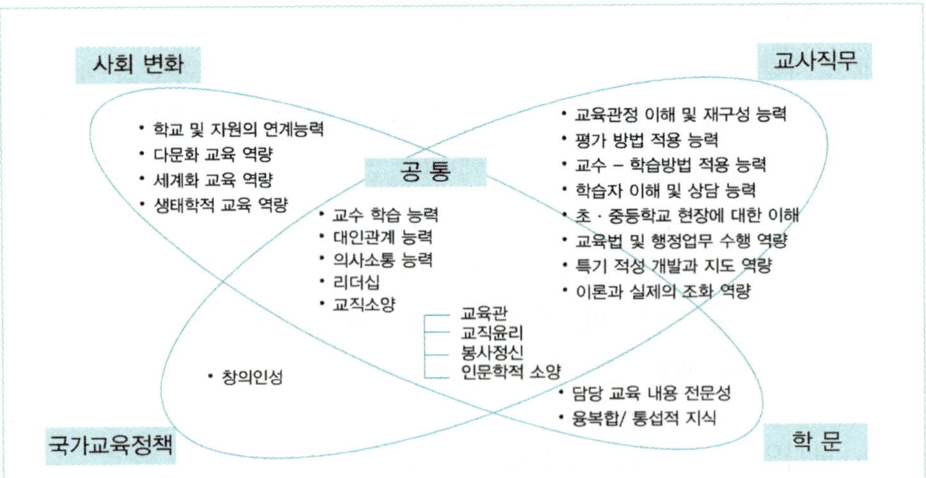

[그림 8-1] 교사에게 요구되는 역량

출처 : 정미경 외(2010). p.268.

다. 교사 직무수행과 연계된 생애단계별 교사 역량

교사의 생애단계별로 요구되는 역량을 파악하고 이를 강화하기 위한 방안 탐색을 위해 교사 역량을 체계적으로 분석한 연구로는 김정원 외(2011)를 들 수 있다. 이 연구에서는 질적 방법(초·중·고 교사 40명 대상 면담조사), 양적 방법(초중고 교사 대상 설문조사)을 활용하여 교사의 핵심 직무 내용에 따라 효과적인 직무 수행에 필요한 교사 역량을 도출하였다. 이 연구에서 교사 역량은 이해, 분석과 조직, 관계 형성 등의 3개 영역, 13개 하위 역량과 38개 세부 역량으로 구성된다(〈표 8-1〉 참고).

〈표 8-1〉 교사 직무수행에 필요한 교사 역량

영역(domains)	역량(competencies)	세부 역량(sub-competencies)
이해	학생 이해력	• 발달단계별 학생 특징 이해 • 학생문화 이해 • 학생환경과 교육과의 관계 이해(계층, 인종, 문화, 성, 지역 등)
	교과수업 및 평가 이해력	• 교과내용 이해 • 교수방법 이해 • 평가방법 이해
	교육과정 이해력	• 국가교육과정 이해 • 학교교육과정 이해 • 교과별/학년별 교육과정 이해 • 정규교육과정 외 학교 내 교육 프로그램 이해
	학급운영 이해력	• 학급운영 목적 이해 • 효과적인 학급운영 방법 이해
	학교조직 및 행정체계 이해력	• 학교조직체계 이해 • 학교행정 및 예산체계 이해
	지역사회 이해력	• 지역사회 인적·물적 자원이해 • 지역사회 프로그램 이해
	공교육체제 이해력	• 한국 공교육정책 이해 • 핵심 이슈 이해
	현대사회 이해력	• 한국 사회 변화 흐름 이해 • 노동시장 및 직업 구조 현황 이해 • 세계적 주요 이슈 이해
분석 및 조직	정보관리 및 연구 능력	• 정보수집 및 분석력

영역(domains)	역량(competencies)	세부 역량(sub-competencies)
		• 정보활용력 • 컴퓨터 및 기타 매체 활용 능력 • 논리적 글쓰기 능력 • 지속적 학습력
	기획 능력	• 요구분석력 • 비전 및 계획 수립 능력 • 공문서 작성 능력
관계 형성	대인관계 능력	• 친화력 • 공동작업 능력
	의사소통 능력	• 대상의 특징을 고려한 설명 능력 • 타인의 의견 경청 능력 • 설득 능력
	리더십	• 비전 공유 능력 • 다양한 의견 포용력 • 갈등 관리 능력 • 업무 추진력

출처: 김정원 외(2011). p.54.

그러나 이 연구에서 제시한 세부 역량은 교사 직무와 크게 다르지 않다는 점에서 이를 '역량'이라 할 수 있는가, 이 경우 역량과 직무는 어떤 차이가 있는가 등의 질문을 야기한다. 이는 '직무수행에 필요한 교사 역량'을 분석한 연구들에서 공통적으로 나타나는 문제로 교사 역량과 직무의 관계를 명확히 할 필요가 있음을 보여준다.

또한 현직 교사를 대상으로 학교급별, 교사 생애단계별 교사의 요구 역량을 분석한 결과, 초·중등교사에게 요구되는 공통 역량은 학생 이해, 교과수업 및 평가 이해이며, 교사 생애단계별로 전체적으로 요구 수준이 높은 역량은 의사소통 능력, 리더십, 교육과정 이해, 지역사회 이해, 현대사회 이해로 나타났다. 반면, 공통적으로 낮은 요구도를 보인 교사 역량은 공교육체제 이해, 기획 및 조직 능력, 학교조직 및 행정체계 이해, 대인관계 능력으로 나타났다(김정원 외, 2011: 185).

박영숙 외(2015)의 연구에서는 교직 환경 변화에 따른 교원의 직무수행 내용의 변화와 중점적으로 개발되어야 할 교원의 역량은 무엇이며, 이러한 교원

역량이 학교급별 및 직급별로 어떤 차이가 있는가를 설문조사, 교사 집담회 형식의 교사 면담을 통해서 분석하였다. 박영숙 외(2015)는 교원의 역량을 크게 세 가지 유형으로 구분하고 있다. 즉, 교직 환경의 변화에 대응하여 학교급이나 직급의 구분 없이 모든 교원이 공통적으로 갖추어야 할 공통 핵심역량군과 자격종별 및 직급별 특성을 반영하는 직무역량군, 그리고 교직 생애 발달 단계별로 요구되는 전문역량군이다(박영숙 외, 2015: 183). 그러나 박영숙 외(2015)는 각 역량군별 하위 역량을 구체적으로 제시하고 있지는 않다.

라. 미래형 교사교육 체제 개발과 교사 역량

미래 사회에서의 학교 역할, 미래형 교사교육체제 구안과 연계하여 교사 역량을 분석한 연구로 김정원 외(2012)를 들 수 있다. 이 연구에서는 교사 역량 도출을 위해 텍스트 분석과 집담회(대안교육 관계자와 공학, 문학, 미래학 등 일반전문가 집단, 교사양성기관 교수로 구성된 교육학 전문가 집단, 현직 초, 중, 고등학교 교사, 학생 등으로 구성된 초점 집단 구성) 분석을 주요 연구 방법으로 활용하였다.

이 연구에서 미래 학교의 역할에 부응하기 위한 교사 역량은 일반기초역량과 역할초점역량으로 구분된다([그림 8-2] 참고).

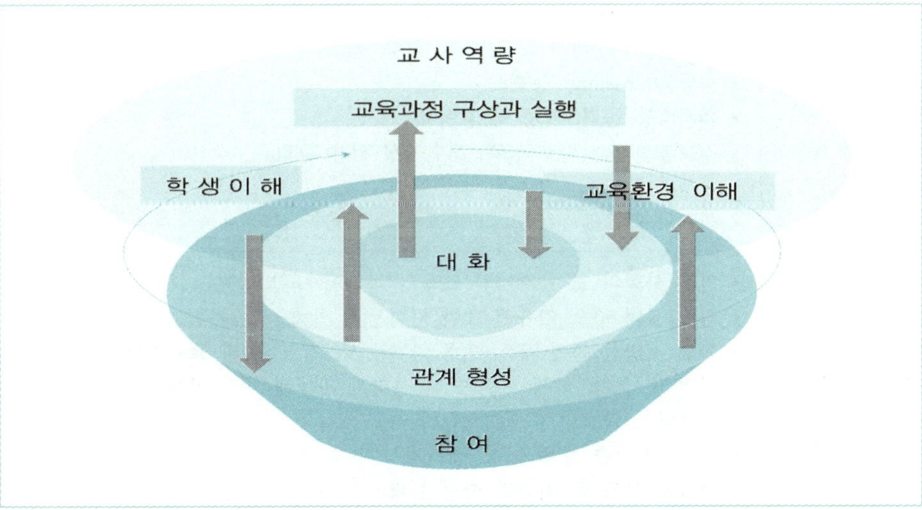

[그림 8-2] 교사의 역할 초점 역량과 일반 기초 역량 사이의 관계
출처: 김정원 외(2012). p.127.

여기서 (1) 일반기초역량은 참여(participation), 관계 형성(relationship), 대화(dialogue) 등 세 가지를 말한다. 이는 교사의 역할 수행 전반을 아울러 교사에게 요구되는 일반적 역량으로 교사교육 전반을 통해 길러야 할 교사의 역량이면서 동시에 전체 교사교육이 이에 기반하여 운영되어야 하는 교사교육 기본 운영 원리이기도 하다. (2) 역할초점역량은 교사에게 구체적으로 요구되는 역할과 관련된 교사 역량, 교사의 핵심 역할 중심으로 역량을 표현한 것으로 하위 요소는 학생의 다차원적 특성 이해(학생 이해), 교육에 대한 일반적 이해 및 학생과 교사를 둘러싼 교육환경에 대한 이해(교육환경 이해), 학생에게 의미 있는 교육과정 구상과 실행 역량 등 세 가지이다.

또한 김정원 외(2012)의 연구에서는 교사에게 요구되는 역량과 역량 요소를 예시적으로 제시하고 있다는 점에서 다른 연구와 차별화된다. 각 요소에 지식, 실천, 인성 역량이 혼재되어 있으며, 연구 능력이 공통적으로 포함되어 있다는 점이 특징적이다(〈표 8-2〉 참고).

〈표 8-2〉 교사 역량과 하위 역량 요소

교사 역량	교사 역량 요소(예시)
학생 이해 역량	• 아이들을 좋아하고 아이들의 세계를 공감하는 능력 • 인간의 인지 능력 및 심성 발달 이해 • 다양한 방면의 학생 소질과 재능 포착 능력 • 한 학생의 상황과 요구(배경, 성향, 관심 등)에 대한 총체적 파악 능력 • 상담(counseling) 능력 • 의사소통 능력, 갈등 해결 능력 • 정보통신기술 활용 능력, 집단지성 활용 능력 • 반성적 사고 및 지속적 학습 능력 • 연구 능력
교육 및 교육환경 이해 역량	• 인류 사회의 공적 가치와 교육의 목적에 대한 이해 • 인간 삶의 주요 이슈에 대한 다학문적 이해 • 학생 배경적 특성(계층, 인종, 문화, 성, 지역 등)과 교육과의 관계 이해 • 지역 및 국가, 국제 사회의 현 상황과 과제에 대한 이해 • 외국어 능력 • 정보통신기술 활용 능력, 집단지성 활용 능력 • 반성적 사고 및 지속적 학습 능력 • 연구 능력
교육과정 구상과 실행	• 학생에게 의미 있는 교육 프로그램(개별, 학급, 학교 단위) 개발 능력 • 학습 주제 관련 다학문적(통섭적) 접근 능력

교사 역량	교사 역량 요소(예시)
역량	• 학생의 다차원적 요구에 기초한 관련 네트워크 구축·활용 능력 • 학생의 학습 상황 판단 및 조언 능력 • 정보통신기술 활용 능력, 집단지성 활용 능력 • 의사소통 능력, 갈등 해결 능력 • 공동작업 능력 • 반성적 사고 및 지속적 학습 능력 • 연구 능력

출처: 김정원 외(2012). pp. 126-127.

마. 역량교육 실행을 위한 교사의 핵심역량

학생 역량교육, 교수학습 수행을 위한 교사의 핵심역량을 분석한 연구로는 김창환 외(2015), 홍선주 외(2017)가 있다. 김창환 외(2015: 10)는 학생 역량을 향상시키기 위해 필요한 교원역량을 규명하고 교원역량 수준을 주기적으로 진단하는 데 필요한 교원역량지수를 개발하였는 점에서 다른 연구와 차별화된다. 관련 문헌 분석, 심층 토론, 전문가 델파이 조사 등을 토대로 역량지수측정 모형, 교원역량지수체계(교원역량을 구성하는 지표들을 담고 있는 틀)를 개발하고 이를 구성하는 하위 역량을 도출하였다.

김창환 외(2015) 연구에서 도출한 미래 교원의 핵심역량은 교수역량, 학생 이해 및 지도 역량, 교육공동체 형성 및 참여 역량, 자기개발 및 관리 역량 등 4개 영역에서 13개 역량이다. 이를 정리하면 〈표 8-3〉과 같다.

〈표 8-3〉 미래 교원의 핵심역량

교수역량	학생 이해 및 지도 역량	교육공동체 형성 및 참여 역량	자기개발 및 관리 역량
• 교과 전문 역량 • 수업 역량 • 학생 학습지원 역량	• 학생 이해·공감 역량 • 심리상담 역량 • 진로지도 역량 • 생활지도 역량	• 소통 및 협업 역량 • 학습공동체 활동 역량 • 네트워크 구축 및 활용 역량	• 자기개발 역량 • 자기관리 능력 • 교직윤리 및 인성

출처: 김창환 외(2015). pp. 56-57의 내용을 정리함.

홍선주 외(2017)는 지능정보사회의 학교교육 및 교사 역할의 변화상을 전망하고 이를 시나리오로 구체화하여 이를 기반으로 지능정보사회의 학교교육에서 교수학습 수행을 위한 교사 역할과 필요 역량을 도출하였다. 이 연구에서는 지능정보사회에서 교사 역할 영역을 교수학습영역과 교수학습지원영역으로 구분하고 교수학습수행에 관련된 교사 역할 여덟 가지에 따른 교사 역량을 열아홉 가지로 도출하였다. 교사 역량을 교사의 핵심 역할인 교수학습수행에 초점을 두고 교수학습 영역별 교사 역할과 관련 역량을 도출하였다는 점에서 다른 연구와 차별화된다. 이를 정리하면 〈표 8-4〉와 같다.

〈표 8-4〉 지능정보사회 교사 역량(교수학습영역)

<table>
<tr><th>영역</th><th>역할</th><th>역량</th></tr>
<tr><td rowspan="8">기획 및 설계</td><td rowspan="2">학교 수준의 교육과정 기획</td><td>사회 패러다임 이해 및 변화 대응 역량</td></tr>
<tr><td>교육과정 편성 역량</td></tr>
<tr><td rowspan="4">개인 맞춤형 학습 설계</td><td>학습자 진단 역량</td></tr>
<tr><td>맞춤형 학습설계 역량</td></tr>
<tr><td>빅데이터 해석 역량</td></tr>
<tr><td>실제적 학습문제 개발 역량</td></tr>
<tr><td rowspan="2">학습생태계 조성</td><td>학습자원 조직 역량</td></tr>
<tr><td>학습생태계 조성 역량</td></tr>
<tr><td>개발</td><td>학습 테크놀로지 개발·선정·활용</td><td>학습 테크놀로지 개발·선정·활용 역량</td></tr>
<tr><td rowspan="3">실행</td><td rowspan="3">수업 실행</td><td>교수학습 커뮤티케이션 역량</td></tr>
<tr><td>퍼실리테이션 역량</td></tr>
<tr><td>수업문제 해결 역량</td></tr>
<tr><td rowspan="2">관리</td><td rowspan="2">학습관리</td><td>학습데이터 관리 역량</td></tr>
<tr><td>학습데이터 활용 역량</td></tr>
<tr><td rowspan="2">평가</td><td>학습과정 추적</td><td>진단적 피드백 제공 역량</td></tr>
<tr><td>학습성과 평가</td><td>학습성과 평가 역량</td></tr>
<tr><td colspan="2" rowspan="2">기타 필요 역량</td><td>학습윤리 역량</td></tr>
<tr><td>자기계발 역량</td></tr>
</table>

출처: 홍선주 외(2017). pp. 102-103.

바. 국내 교사 역량 연구 종합

2000년대 들어 교사 역량에 관한 연구는 상당수 발표되고 있다. 이들 연구는 교사 역량 개념을 분석한 연구에서 현직교사들의 역량 수준을 진단하는 연구, 경력에 따른 역량 수준의 차이를 검정하는 연구, 교사 역량 개념을 교사양성 교육과정 및 현직교육 개선, 교사교육체제 개편 등에 활용할 것을 제안하는 연구 등으로 다양하게 발전하고 있다. 최근에는 교사 역량을 규명하는 데에서 나아가 현직교사를 대상으로 핵심역량 보유도를 실증적으로 분석하고 이를 학교급별로 비교하는 연구들도 발표되고 있다(예: 임유나, 홍후조, 2018). 이러한 연구는 학교급별 교사 역량의 차이 및 이에 대한 적절한 정책적 대응이 필요하다는 시사점을 제공한다. 이상 교사역량 관련 선행연구에서 제시된 교사 역량을 종합해보면 〈표 8-5〉와 같다.

〈표 8-5〉 주요 국내 연구에서 도출한 교사 역량 (종합)

구분	교사 역량
정미경 외(2010)	① 사회 변화, ② 교사직무, ③ 국가 교육과정, ④ 학문변화 관련 역량과 ⑤ 공통영역 등에서 20개 하위 역량 도출 공통역량은 교수학습능력, 대인관계 능력, 의사소통 능력, 리더십, 교직소양(교육관, 교직윤리, 봉사정신, 인문학적 소양)을 말함
김정원 외(2011)	① 이해, ② 분석과 조직, ③ 관계 형성 역량
김정원 외(2012)	① 일반기초역량: 참여(participation), 관계 형성(relationship), 대화(dialogue), ② 역할초점역량: 학생 이해 역량, 교육 및 교육환경 이해 역량, 교육과정 구상과 실행 역량
박영숙 외(2015)	① 공통 핵심역량군, ② 직무 역량군, ③ 전문 역량군
김창환 외(2015)	① 교수역량, ② 학생 이해 및 지도 역량, ③ 교육공동체 형성 및 참여 역량, ④ 자기개발 및 관리 역량
홍선주 외(2017)	① 교수학습 기획 및 설계, ② 개발, ③ 실행, ④ 관리, ⑤ 평가 영역에서 총 19개 교사 역량 제안

교사 역량은 연구자에 따라 다양하게 제시되고 있으나 교수학습, 교수 관련 역량이 핵심을 이루고 있다. 교사의 핵심역량은 교수역량, 교직소양 역량, 학생 이해 및 지도 역량, 교육 및 교육환경 이해 역량, 교육과정 구상과 실행 역량 등 교사의 직무, 역할과 연계된 역량과 일반 역량(참여, 관계 형성 등)으로

구분할 수 있다. 또한 교사 역량은 대부분 개인 수준의 역량이나 관계 형성, 봉사정신, 윤리 등과 같이 집단·조직 수준의 역량을 포함하고 있다.

3. 유럽연합국가의 교사 역량 개발 사례

가. 유럽연합국가의 교사 역량 관련 정책 및 연구의 특징

외국에서 교사연구와 정책의 중점은 교사 전문성 개발(professional development)에 있으며, 교사 역량에 대한 정책적 관심은 상대적으로 낮은 편이라 할 수 있다. 우리나라에서 교사 역량 연구는 국책연구기관(한국교육개발원, 한국교육과정평가원)에서 시작되어 일반 연구자로 유행처럼 확산되고 있다고 할 수 있다.

외국에서 교사 역량에 관한 연구와 정책을 국가 수준에서 가장 체계적으로 분석한 사례로는 유럽연합집행위원회(European Commission)가 발표한 자료(Caena, 2011; EC, 2013)에서 확인해볼 수 있다. 유럽연합집행위원회는 지난 2006년 평생학습을 위한 핵심역량 틀(The European Reference Framework of Key Competences for Lifelong Learning)을 여덟 가지로 설정하였으며(EU, 2006), 2012년에는 이를 수정하여 다시 여덟 가지 역량을 제시하였다. 이를 정리하면 〈표 8-6〉과 같다.

〈표 8-6〉 유럽의 평생학습을 위한 핵심역량 준거 틀

2006년 제안된 핵심역량	2012년 개정 핵심역량
• 모국어로 의사소통(Communication in the mother tongue) • 외국어로 의사소통(Communication in foreign languages) • 수학 역량 및 과학기술 기초역량(Mathematical competence and basic competences in science and technology) • 디지털 역량(Digital competence) • 학습하는 것을 학습하기(메타 학습, Learning to learn)	• 문해 역량(Literacy competence) • 언어 역량(Languages competence) • 과학, 기술, 엔지니어링, 수학 역량(Science, technological, engineering and mathematical competence) • 디지털 역량(Digital competence) • 개인적, 사회적, 학습 역량(Personal, social and learning competence) • 시민역량(Civic competence) • 진취성 역량(Entrepreneurship competence)

2006년 제안된 핵심역량	2012년 개정 핵심역량
• 사회 및 시민역량(Social and civic competences) • 주도성 및 진취성(Sense of initiative and entrepreneurship) • 문화 자각과 표현(Cultural awareness and expression)	• 문화 의식과 표현 역량(Cultural awareness and expression competence)

출처: EC(2018). p.7, p.38의 내용을 표로 제시함.

유럽연합국가들은 이를 토대로 국가별로 핵심역량을 개발, 활용하고 있으며, 교사 역량도 이를 준거로 논의되고 있다. 유럽연합집행위원회(European Commission)에서 회원국을 대상으로 조사, 분석한 교사 전문성 개발에 관한 주제보고서에 의하면(2011년 조사, 2013년 업데이트), 국가별로 교사 역량을 개발하거나 활용하는 양상은 다양하게 나타나고 있다. 대체로 교수(teaching)에 요구되는 역량에 관한 일반적인 가이드라인은 교사양성교육이나 교사 전문성 개발에서 참고할 수 있도록 국가 수준 교육과정에 내포되어 있으나(예: 핀란드, 덴마크, 독일, 스페인 등) 교사교육 프로그램을 통해 교사들이 개발해야 할 역량 요건을 정하는 것은 대학의 자율에 맡겨져 있다(EC, 2013: 19).

또 일부 국가에서는 포괄적이고 기초적인 역량 영역(예: 평가 역량)을 교사양성교육이나 전문성 개발에 활용하도록 하고 있으며, 폴란드와 같이 최근 교사양성교육 기준을 과정(process)보다 결과(outcome) 중심으로 기술하도록 한 국가도 있다. 또 독일의 일부 주에서는 역량과 연계되는 공통된 개념 틀을 교사양성교육과 전문성 개발에 활용하도록 하고 있다.

반면, 교사 역량을 보다 구체적이고 상세하게 규정하는 사례도 있다. 교과나 학교급에 따라 지식, 기술, 태도, 가치 등으로 세분화한 구체적인 역량 목록과 이를 측정, 평가할 수 있는 지표(indicator), 할 수 있다는 진술문을 제시하고 있는 국가들이 있다(예: 네덜란드, 영국(스코틀랜드), 벨기에(플랑드르)). 이러한 역량 목록은 교사 전문성 기준이나 교사경력 발달과 연계하여 신규교사, 경력교사 역량을 규정하기도 한다.

또한 우리나라와 마찬가지로 유럽 일부 국가들은 2000년대 중반 교사 역량 개념을 교사교육 개혁을 위해 도입하고 있다. 예를 들어, 스웨덴은 2006년 학교급과 교과에 따라 교사 자격 기준으로 교사양성교육과 입문교육에서 역량을 활용하고 있다. 스페인은 2006년 교사 역량을 기술한 교육 틀(education framework)을 개발하였으며, 대학의 교사양성 교육과정은 역량 기술(competence descriptions)을 활용하여 구성하도록 하고 있으며 교사 전문성 개발 평가에서도 이를 활용할 것인지가 논란이 되고 있다.

대체로, 유럽 국가에서 교사 역량은 교직 전 기간에 걸쳐 계속적으로 발전하는 것으로 이해되고 있으나 개념 정의, 정책 활용, 관련 규정, 세부 기술 등의 면에서 국가별로 매우 다양하게 발전하고 있다. 일부 국가에서 역량 체계는 교사 선발, 교사양성교육, 교사 전문성 개발의 질을 보장하는 준거로 활용되고 있고 그 활용 범위를 점차 확장하고 있다. 그러나 영국과 같이 교사 전문성 기준을 일찍부터 개발, 활용하고 있는 국가들은 교사 역량 틀을 새롭게 개발하기보다 기존 체제를 유지하고 있어 교사 역량 개념이 교사교육 정책에 적극 활용되고 있다고 보기는 어렵다.

나. 네덜란드의 교사 역량 개발 사례

유럽 국가 중 네덜란드와 아일랜드는 비교적 상세하고 포괄적인 역량 체계(competence frameworks)를 개발, 활용하고 있는 국가라 할 수 있다. 네덜란드에서 교직의 질을 규제하는 교육법(Education Professions Act 2006)은 교사들은 역량 요건을 충족해야 하며 학교는 교사들의 계속적인 전문성 개발을 지원해야 한다고 규정하고 있다. 네덜란드에서 교사 역량 틀은 2004년 처음 개발되었으며 2006년 교육법에 명시되었다. 역량 틀은 일곱 가지 교사 역량을 세 수준으로 체계화한 것으로, 첫째, 역량의 가시적 측면(무엇을 어떻게 성취해야 하는가), 둘째, 전문적, 태도, 지식, 기술 등 역량 요건, 셋째, 교사 역량을 드러낼 수 있는 전문적 행동을 기술하는 지표이다.

교사 역량 틀은 초기 교사교육(교사양성교육)의 요건을 정의하고 학교위원회의 정책과 교사의 계속적인 전문성 개발(Continuing Professional Development: CPD) 활동의 준거로 활용되고 있다. 교육법에서 교사 역량 요건은 매 6년마다 개정하기로 함에 따라 2011년 개정 작업이 추진되었다. 첫 번째 역량 틀에 제시된 7개 역량[21] 간 우선순위가 없다는 문제가 제기되었을 뿐 아니라 교과를 가르치는 것이 교사 전문적 정체성과 질의 핵심이라는 점을 들어, 교사들은 교과 전문성, 교수 전문성, 교수법(교육학) 전문성 등 세 영역을 보다 강조하고

자 하였다.

정부의 요청으로 교사 역량 틀 개정 작업은 교사노조와 전문직 단체를 대표하는 교직 단체가 주도하였으나, 다른 이해관계자(학교위원회, 학부모 조직 등)의 승인을 받아야 했다. 교사 역량 틀 개발에 다양한 이해관계자가 참여한다는 점은 교육의 질 보장을 위해 교사 역량과 교사 전문성 개발이 중요하다는 데 대한 인식이 점차 확산되고 있음을 잘 보여준다.

또한 네덜란드의 교사정책에서 교사 질을 향상시키고 유지하는 것은 정부, 학교위원회, 교사의 공동 책임으로 이해되고 있다. 이에 따라 모든 교사정책에서 이들 세 주체 간 조화와 균형이 요구되고 있으며 이들의 주인의식은 효과적인 교사정책을 만드는 핵심 조건으로 간주되고 있다. 네덜란드 교사정책에서 각 주체의 주요 역할을 정리하면 다음과 같다(EC, 2013: 56-57).

첫째, 정부(교육부)는 교사 전문성 개발을 위한 틀을 정의한다. 교사 질 보장을 위한 틀은 2006년 교육법으로 규정되었으며, 이후 장학관(Inspectorate)은 정부 인적자원정책과 학교에 근무하는 교수 인력(teaching staff)의 질을 보다 면밀하게 검토하고 있다.

둘째, 학교위원회(school boards)는 학교에 근무하는 교수 인력의 전문성 개발을 장려하고 지원하는 책임을 진다. 총액 범위 내에서 인적자원개발을 위한 재정 자원을 제공하며 학교는 각 교사들의 전문성 개발 활동을 기록, 관리한다.

셋째, 교사들은 전문성 개발 활동을 통해 자신의 역량을 유지하며, 근무협약에 따라 교사 업무 시간의 10%까지 전문성 개발 활동에 할애할 수 있다. 그러나 중앙 통제나 보상 체제가 없기 때문에 교사 전문성 개발 활동은 학교의 지원에 의존하게 된다.

교사 전문성 개발 활동의 근무 학교에 따른 차이, 학교위원회 의존도를 줄이기 위해 정부는 학사나 석사 수준의 자격 과정에 대해 개별 교사들에게 학비 보조금(장학금)을 지원하는 제도를 도입하였으며 2008년 이후 26,000명의 교사가 지원하였다(EC, 2018: 57). 학비 보조금 체제는 최대 3년간 학비와 대체교사 비용(주당 반나절까지)을 지원하는 제도이다. 또한 교사 전문성 개발을 위해 상이한 보수 등급 체계가 도입되고 많은 학교에서 수석교사 자격과 연계되는 경력 단계를 만들고 있다.

다. 아일랜드의 교사 역량 개발 사례

아일랜드에서는 2006년 설립된 교수위원회(teaching council)가 교사 역량 체계(틀) 개발을 관장하고 있다. 아일랜드는 2001년 교수위원회법(Teaching Council Act)을 제정하여 교사 역량에 관한 법적 기반을 마련하였으며, 교사 역량 개발 과정에 다양한 요인들이 영향을 미쳤다.

첫째, 전문적 행동 규약(code of professional conduct). 2007년 처음 발표된 교수, 지식, 기술, 역량 기준은 교사와 학생, 교사와 학부모, 교사와 교육과정, 학습자로서 교사, 교사, 국가, 지역사회와 학교 등 교사의 역할, 책임, 관계를 나타내는 5개 소제목으로 구성되어 있다.

둘째, 교사양성 프로그램 평가와 인정(professional accreditation). 교수위원회법은 2007년 교사양성 프로그램 평가 과정과 평가 인정 준거를 포함하는 교사양성 프로그램 평가 및 인정 전략(Strategy for the Review and Professional Accreditation of initial teacher education Programmes)을 개발하였다. 이 전략은 2008년 시범적으로 실시되었으며, 프로그램 수준의 결과(역량)와 학생 학습 결과(성취 가능하고 측정 가능하며 평가할 수 있으며 대부분 모듈 수준) 간 구분이 필요하다는 점, 학문적 인정 요건과 조정이 필요하다는 점 등이 제기되었다.

셋째, 교사양성교육 제공자를 위한 기준과 가이드라인. 교수위원회는 2010년 교사양성 프로그램 평가 및 인정 전략에 포함되어 있는 준거를 검토하여 이를 별도 문서로 개발하였으며 시범 운영 결과를 반영하여 국가 자격 기준틀(National Framework of Qualification: NFQ)의 지식, 기술, 역량에 부합하도록 준거를 수정하였다.

넷째, 입문교육과 수습교육. 교수위원회는 교직 경력 입문 단계에 필요한 역량 개발에 초점을 두었다. 2012년 초안이 마련되었으며, 자문단의 피드백을 토대로 입문교육과 수습교육에 관한 새로운 제안을 담은 최종보고서는 2013년 발표되었다. 최종보고서는 2013/2015년간 시범 단계를 거쳐 교직 단체의 의견을 반영하여 보완되었다.

아일랜드는 교사양성교육 프로그램 졸업생들이 갖추어야 할 학습 결과를 영역별로 지식, 기술, 역량으로 구분하여 구체적으로 제시하고 있다. 여기서 학습 성과는 NQF에 따라 첫째, 지식(지식의 깊이와 지식의 종류), 둘째, 기술(노하우와 기술 범위, 노하우와 기술-선별), 셋째, 역량(역량-맥락 및 역량-역할, 역량-메타 학습, 역량-통찰)으로 범주화되어 있다.

첫째, 지식은 졸업생들이 5개 영역 각각에서 명시하고 있는 세부적인 요건에 대한 지식과 이해를 보여주어야 한다는 것을 말한다. 5개 영역은 (1) 윤리적 기준과 전문적 행동, (2) 교육과 교육체제, (3) 기획, 교수, 학습, 평가, 반성, 자기평가의 핵심 원리, (4) 교과지식, 교육과정 운영과 내용, (5) 의사소통과 관계 구축 등이다. 둘째, 기술은 졸업생들이 4개 영역을 할 수 있어야 한다는 것을 말한다. 4개 영역은 (1) 분석적, 비판적 사고, 문제해결, 반성과 자기평가 기술, (2) 기획, 교수, 학습과 평가 기술, (3) 학급경영과 조직 기술, (4) 의사소통과 관계 구축 기술을 말한다. 셋째, 역량에 관한 것으로 이 중 역량-맥락과 역량-역할은 복잡하고 예측하기 어려운 교육 상황에서 지식, 기술, 태도, 가치의 통합, 적용과 관련된 행동을 할 수 있는 역량을 말한다.

역량-메타 학습은 평생학습자로서 교사가 되기 위해 졸업생이 할 수 있어야 하는 것을 규정하고 있다. 또한 역량-통찰은 전문적·윤리적 교수(teaching)를 위해 졸업생들이 할 수 있어야 하는 사항들을 규정하고 있다(The Teaching Council, 2017: 25-29). 이 중 지식, 기술, 역량에 공통된 하위 요소는 의사소통과 관계 구축이다. 의사소통과 관계 구축 영역에서 졸업생들이 갖추어야 할 지식, 기술, 역량 측면의 하위 요건을 예시하면 다음과 같다.

첫째, (지식) 졸업생은 다음에 대한 지식과 이해를 보여주어야 한다. (1) 교수/학습 과정에서 교사-학생 관계의 중요성, (2) 긍정적인 관계 개발과 학생, 학부모, 동료 전문가, 학교장, 학교관리자, 동료, 지역사회와 효과적으로 소통하기 위한 전략, (3) 특색있는 학교의 활기와 교수·학습을 위한 긍정적인 환경을 개발하는 데 기여하는 이해관계자의 역할과 이들의 참여와 협력의 중요성

둘째, (기술) 졸업생은 아래 열거된 사항을 할 수 있다. (1) 상호 존중과 신뢰, 의미 있는 상호작용을 토대로 학생과 그리고 학생들 사이에 좋은 관계를 구축한다. (2) 주어진 상황과 환경에 맞는 적절한 기술, 스타일, 체제를 활용하여 학생, 학부모, 동료, 학교장, 학교관리자, 동료 전문가, 지역사회와 효과적으로 소통한다. (3) 학생들이 갈등을 해결하도록 한다. (4) 통합, 평등, 다양성의 개념을 이해하고 수용한다. (5) 적절하게 학생들의 흥미를 분명히 설명하고 대변한다.

셋째, (역량) 졸업생은 다음을 할 수 있다. (1) 학생의 요구에 따라 전문적인

교육적 지원을 부탁하고, 그리고 적절한 경우, 그러한 지원 제공에 참여함으로써 학습자를 대변하는 지지자로 행동한다. (2) 집단 성찰, 학습, 실천을 필요로 하는 전문적 학습공동체에 적극적으로 참여한다.

4. 소결

이 장에서는 역량 중심 교육, 역량 기반 교육과정 등 최근 교육학 분야에서 키워드로 널리 사용되고 있는 역량 개념을 분석하고 교사 전문성을 논의하는 새로운 틀로 부각되고 있는 교사 역량 개념, 교사 역량에 관한 국내외 연구, 사례 등을 분석하였다. 교사 역량에 대한 논의와 연구는 국내에서 보다 활발하게 이루어지고 있으며, 외국의 경우, 교육의 질 보장을 위한 교사 전문성 개발, 직전교육, 입문교육, 현직교육으로 이어지는 교사교육의 연속선에서 교사교육 프로그램의 질 관리를 위한 교사 전문성 기준 개발과 적용 등에 보다 주목하고 있음을 확인할 수 있다.

우리나라 교사 역량 논의와 연구는 교육의 질 개선, 교육성과 향상을 위한 교사 전문성 제고와 보다 밀접하게 연계될 필요가 있으며, 교사 역량과 교사 전문성, 교사 전문성 기준 등 관련 개념 간 유사성과 차이점에 대한 분석 등에서 보완이 필요하다. 또한 지식, 기술, 가치, 태도 등의 총합으로서 교사 역량은 교사들의 교직 전 생애에 걸쳐 발달할 수 있다는 점을 고려하여 교사교육의 전 과정에서 교사들이 자신의 필요에 맞는 역량을 개발할 수 있도록 진단하고 지원하는 정책이 개발될 필요가 있다. 이는 교사 역량을 진단, 평가할 수 있는 도구, 방법 개발과 더불어 교사양성교육과 현직교육에서 교사 역량 개념과 요소를 적극 활용할 필요가 있음을 의미한다.

제9장 우리나라 교사의 인구·사회·심리적 특성

교사와 교사교육에 관한 연구는 우리나라 교사의 특성에 대한 이해를 출발점으로 한다. 이 장에서는 교사의 특성을 인구학적 특성, 사회·심리적 특성으로 구분하여 분석한다. 교사의 인구학적 특성으로는 1980년대 이후 자료를 토대로 교원 수와 성비, 교육경력, 신규교사 규모, 퇴직률과 사유 등을 분석한다. 1980~2012년 데이터는 강영혜 외(2013)의 연구를 참고로 하며 2013~2019년 데이터는 교육부·한국교육개발원이 발간하는 『교육통계연보』, 『교육동세분석 자료집(유·초·중등교육통계 편)』, 한국교육개발원 교육통계 DB를 활용하여 분석한다.

교사의 사회·심리적 특성은 다양한 측면에서 분석해볼 수 있다. 교사의 지위, 직무/교직 만족, 효능감, 사기, 헌신, 소진, 동기, 정체성 등과 같은 사회·심리적 요인들은 교사와 교사교육 연구 분야의 주요 연구 주제로 다루어져왔다. 이 장에서는 사회적 특성으로서 교사 지위, 심리적 특성으로서 만족, 헌신, 효능감 측면에서 우리나라 교사의 특성을 분석한다.

1. 교사의 인구학적 특성

가. 교원 수 및 성비

우리나라의 초·중등학교 교원 수는 해방 이후 초·중등 교육기회 확대와 더불어 지속적으로 증가하였다. 정부 정책으로 인해 일시적으로 교원 수 증감에 변동이 있었으며 최근에는 학령인구가 감소하면서 교원 수 증가세가 둔화되고 있지만 전반적으로 1980년 이후 2019년까지 교원 수는 꾸준한 증가 추세를 보이고 있다. 1990년대에 일시적으로 교원 수 증가율이 둔화되었으나 2000년 이후 교육여건개선사업이 본격적으로 추진되면서 교원 수는 다시 증가하였다(강영혜 외, 2013: 2). 1980년 학교급별 교원 수는 초 119,064명, 중 54,858명, 고 50,948명이며, 2012년 초 181,436명, 중 111,004명, 고 132,963명으로 1980~2012년간 고등학교 교원 수가 가장 많이 증가하였다.

2013~2019년간 교원 수 추이를 보면, 2010년대부터 학령인구[22] 감소가 사회문제로 대두되고 있으나 교원 수의 감소 추세는 뚜렷하게 나타나지 않고 있다. 학령인구 감소의 영향을 먼저 받게 되는 초등학교 교원 수는 2013~2019년 간 중, 고에 비해 크게 증가하였다. 2019년 현재 학교급별 교원 수는 초 188,582명, 중 110,556명, 고 133,127명이다. 한국교육개발원 교육통계 DB를 토대로 2013~2019년간 교원 수 추이를 분석한 결과는 [그림 9-1]과 같다.

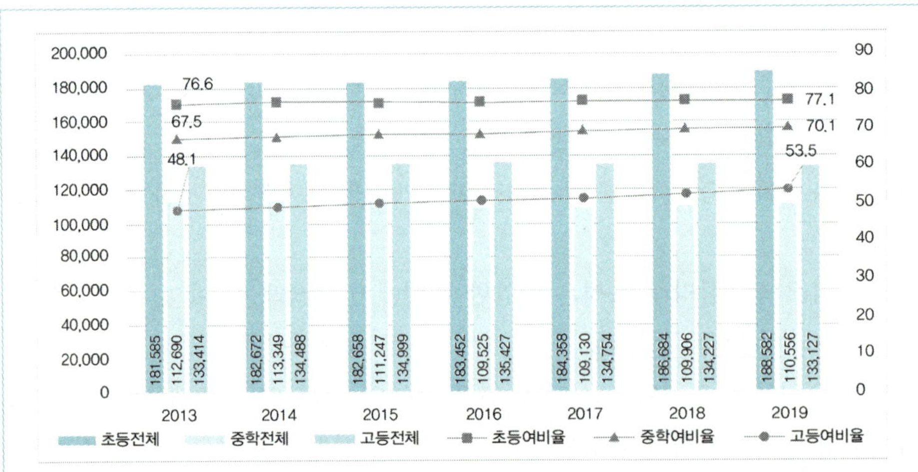

[그림 9-1] 연도별 학교급별 교원 수(명) 및 여교원 비율(%) (2013~2019)

출처: 한국교육개발원 교육통계DB.

교육부는 2020년 7월 23일 발표한 〈미래교육 환경변화에 대응하는 교원수급정책 추진계획〉에서 학령인구 감소를 교육의 질 개선 계기로 삼아 교원수급 정책을 추진해 나갈 것이라고 하였다. 이는 교원단체의 요구에 부응하는 것으로 학령인구 감소에도 교원 수를 크게 줄이기보다 적정 수준으로 유지하겠다는 것을 의미한다. 이에 따라 중등교원 신규채용 규모는 2020년 대비 2024년까지 최대 650명을 감축하며, 초등교원 신규 채용규모는 2020년 대비 2024년까지 최대 916명을 감축할 예정이다(교육부, 2020).

전체 교원 중 여교원 수는 1980년 이후 지속적으로 증가하였다. 이는 '여성의 교직 진출이 괄목할 만한 수준을 넘어 교직의 여성화라는 용어가 만들어질 만큼 급성장하고'(강영혜 외, 2013: 3) 있음을 보여준다. 1980~2012년간 학교급별 여교원 비율은 1980년 초 36.8%, 중 32.8%, 고 17.1%에서 2012년 초 76.2%, 중 67.3%, 고 47.3%로 모든 학교급에서 2배 이상 증가하였다. 상대적으로 여교원 수가 적었던 고등학교에서 여교원 증가가 두드러졌다.

여교원이 남교원보다 많아진 시기는 초등학교는 1985년~1990년, 중학교는 1995년~2000년이었다. 반면 고등학교는 2015년 이후 여교원 비율이 50%를 넘기 시작하였다. 2019년을 기준으로 학교급별 여교원 비율은 초 77.1%, 중 70.1%, 고 53.5%이다.

나. 교원의 평균 교육경력

우리나라 교원의 평균 교육경력은 시기별, 학교급에 따라 차이가 있다. 2004년의 경우 초 16.1년, 중 14.6년, 고 14.8년으로 초등이 가장 높았으나. 2012년에는 초 15.3년, 중 16.1년, 고 16.0년으로 초등은 감소 중, 고 교원의 평균 교육경력은 증가한 것으로 나타났다(강영혜 외, 2013: 3). 2013~2019년간 학교급별 교원의 평균 교육경력을 보면, 2013년 초 14.6년, 중 17.4년, 고 18.3년에서 2019년 초 14.4년, 중학교 17.0년, 고등학교 17.9년으로 초·중·고 교원 모두 2013년보다 2019년의 평균 교육경력은 줄었다. 2013~2019년간 학교급별 교원의 평균 교육경력은 [그림 9-2]와 같다.

[그림 9-2] 연도별 학교급별 교사의 평균 교육경력(연) (2013~2019)

주: 1. 각 연도 4월 1일 기준. 교장, 교감, 기간제교원, 시간강사, 퇴직교원 제외, 휴직 교원 포함. 교육경력에는 교원경력, 교육전문직경력, 기타경력 등 포함.

2. 평균 교육경력(년) = 총 경력연수(개월) ÷ 교원수(명) ÷ 12(개월).

출처: 한국교육개발원 교육통계DB.

초·중등 교원의 평균 교육경력 변화를 종합해보면, 2004년에는 초등 교원의 교육경력이 16.1년으로 가장 많았으나 2019년에는 고등학교 교원의 평균 교육경력이 17.9년으로 가장 많다. 2011년에는 초·중·고 교원의 평균 교육경력이 유사하였으나(초 15.4년, 중 15.9년, 고, 15.9년) 2012년 이후 격차가 벌어져 초등과 중등 교사의 평균 교육경력은 3년 정도 차이가 있다. 교원의 평균 교육경력 변화는 신규교사 채용 규모와 경력교사의 명예퇴직 규모에 영향을 받게 된다. 초등 교사의 평균 교육경력이 감소한 것은 중등에 비해 상대적으로 신규교사 채용이 많이 이루어진 결과라 할 수 있다.

다. 교원의 학력

우리나라 교사양성과정은 4년제 학부과정이 주를 이루고 있으며 현직 교사들은 대체로 교직 입직 이후 석사학위를 취득하게 된다. 현직 교원 중 석사학위 이상 소지한 교원은 2005년 초 17.4%, 중 26.6%, 고 32.3%이며, 2012년 초 26.9%, 중 36.8%, 고 39.9%(강영혜 외, 2013)로 고등학교 교원 중 석사학위 소지 비율이 월등히 높다. 2005~2012년간 석사학위 이상 교원의 비율은 계속 증가하였다(강영혜 외, 2013: 9).

2013~2019년간 학교급별 석사학위 이상 교원 비율은 [그림 9-3]과 같다.

이 기간 동안 초등 교원 중 석사학위 이상 교원 비율은 지속적으로 증가하였으나 중, 고 교원 중 석사학위 이상 교원 비율은 2018년부터 감소하고 있다. 2019년을 기준으로 석사학위 이상 교원 비율은 초 30.2%, 중 36.5%, 고 38.7%로 학교급이 높을수록 석사학위 이상 교원 비율은 높지만 그 차이는 2013년에 비해 크게 줄었다.

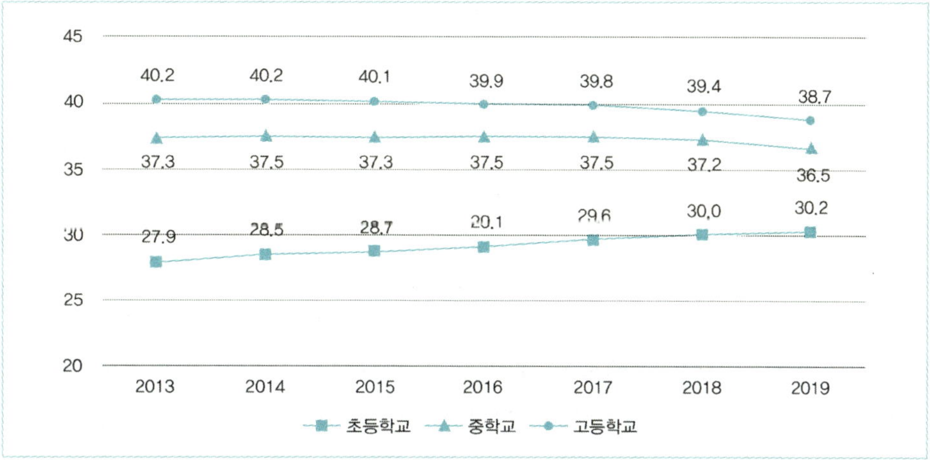

[그림 9-3] 연도별 학교급별 석사 이상 교원 비율(%) (2013~2019)
출처: 한국교육개발원(2019). p.106을 토대로 석사학위 이상 교원의 비율을 계산함.

2013~2019년간 학교급별 교사의 학력 분포를 정리하면 〈표 9-1〉과 같다.

〈표 9-1〉 연도별 학교급별 최종학력별 교원 비율 (2013~2019)

(단위: %)

구분	초등학교				중학교				고등학교			
	전문대졸 이하	대졸	석사	박사	전문대졸 이하	대졸	석사	박사	전문대졸 이하	대졸	석사	박사
2013	1.0	71.1	27.3	0.6	0.4	62.4	36.3	1.0	0.3	59.4	38.3	1.9
2014	0.8	70.7	27.8	0.7	0.4	62.1	36.5	1.0	0.3	59.5	38.3	1.9
2015	0.7	70.7	28.0	0.7	0.3	62.3	36.3	1.0	0.3	59.7	38.2	1.9
2016	0.5	70.3	28.4	0.7	0.3	62.2	36.4	1.1	0.2	59.9	38.0	1.9
2017	0.5	70.0	28.8	0.8	0.3	62.3	36.4	1.1	0.2	60.0	37.9	1.9
2018	0.4	69.6	29.2	0.8	0.3	62.5	36.1	1.1	0.2	60.4	37.5	1.9
2019	0.4	69.4	29.4	0.8	0.3	63.3	35.4	1.1	0.2	61.1	36.9	1.8

출처: 한국교육개발원(2019). p.106.

초등학교 교원의 70%는 대졸이며, 석사학위 소지자는 2013년 27.3%에서 2019년 29.4%로 증가하였다. 같은 기간 박사학위 소지자는 2013년 0.6%에서 2019년 0.8%로 소폭 증가하였다. 중학교 교원 중 63%는 대졸이며, 석사학위 소지자는 2013년 36.3%, 2019년 35.4%이다. 박사학위 소지자는 2013년 1.0%, 2019년 1.1%이다. 고등학교 교원은 60%가 대졸이며, 석사학위 소지자는 2013년 38.3%, 2019년 36.9%이다. 박사학위 소지자는 2013년 1.9%에서 2019년 1.8%로 감소하였다. 초·중등학교 교원 중 박사학위 소지자는 0.6%~1.9%로 소수라 할 수 있다.

라. 신규교사 규모

학령인구가 감소하면서 학교급별 신규교사의 충원 규모는 줄어들고 있다. 신규교사 충원 규모는 학령인구수, 학급당 학생수, 교사의 주당 수업시수 등 다양한 요인으로 결정된다. 최근 학령인구 감소로 교사 수요가 줄어들고 있지만 명예퇴직자의 증가로 새로운 교사 수요가 발생하고 있고 학령인구 감소를 교육의 질 개선 계기로 삼겠다는 교육부의 교원수급 정책 방향도 신규교사 충원 규모를 정하는 주요 요인이 되고 있다. 2004~2012년간 신규교사 규모는 [그림 9-4]와 같다.

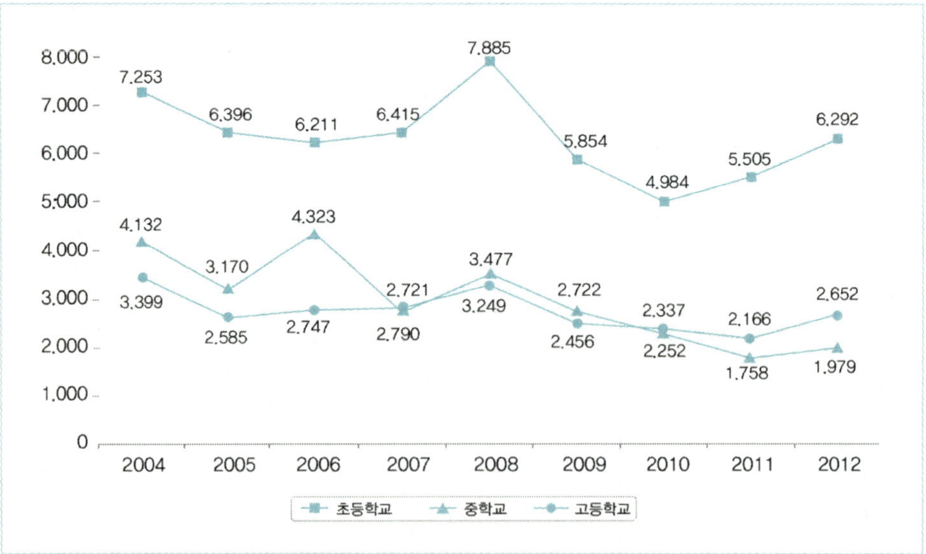

[그림 9-4] 연도별, 학교급별 신규교사 수(명) (2004~2012)

출처: 강영혜 외(2013). p.32.

초등 신규교사 수는 거의 2년 주기로 증감을 반복하고 있다. 2008년 신규교사 수는 7,885명이었으나 2010년에는 4,984명, 2012년 6,292명으로 증감의 폭이 다소 크다고 할 수 있다. 중학교 신규교사 수는 2004년 4,132명에서 매년 증감을 반복하다 2009~2011년에는 매년 감소하였다. 2012년 신규교사 수는 2011년보다 200여 명 증가한 1,979명이었다. 고등학교 신규교사 수는 초등학교나 중학교에 비해 증감 변동 폭이 적은 편이었다. 전반적으로 감소 추세이나 다른 학교급에 비해 크게 줄어든 것은 아니다.

2013년 이후에도 신규교사 수는 증감이 반복되고 있다. 2013~2019년간 신규교사 규모는 [그림 9-5]와 같다.

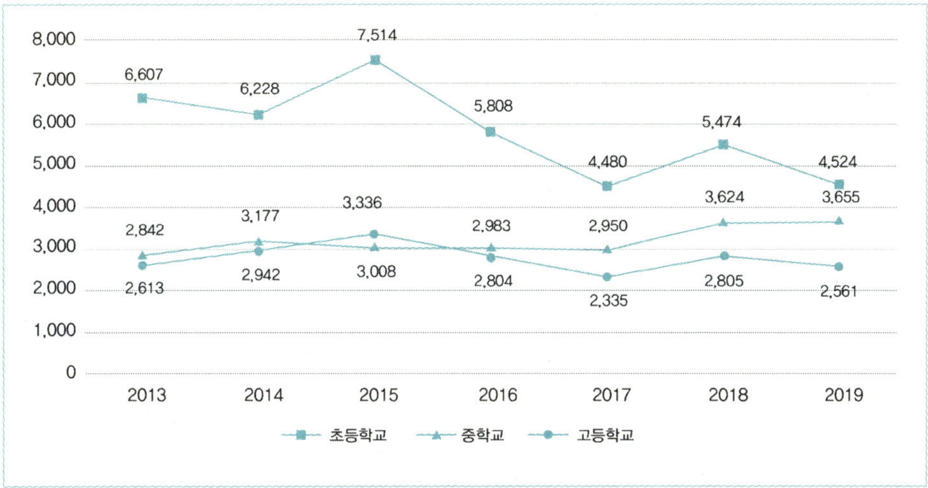

[그림 9-5] 연도별 학교급별 신규교사 수(명) (2013~2019)
출처: 한국교육개발원(각 연도). 교육통계연보.

학교급별 신규교사 수를 보면, 2013년 신규교사 수는 초 6,607명, 중 2,842명, 고 2,613명이었으나 2019년에는 초 4,524명, 중 3,655명, 고 2,561명으로 초등학교와 고등학교는 감소한 반면 중학교는 증가하였다. 전반적인 추세를 보면, 초등 신규교사 수는 여러 차례 증감을 반복하고 있는 반면 중학교는 증가, 고등학교는 감소 추세이다.

마. 교원의 퇴직률과 퇴직 사유

교원의 퇴직률은 교원수급에 영향을 미치는 주요 변수 중 하나이다. 교원의 퇴직 데이터는 당해 연도 4월 2일부터 다음 연도 4월 1일 사이의 퇴직자 수를 토대로 산출함에 따라 학년도로 표시하게 된다(강영혜 외, 2013: 106). 교육통계에서 교원의 퇴직률을 체계적으로 조사하기 시작한 2004~2011학년도의 초·중등학교 교원의 퇴직률은 강영혜 외(2013: 106)에서 확인할 수 있다. 이 기간 동안 교원 퇴직률은 미미하지만 전반적으로 증가 추세를 보였다. 2004학년도 교원 퇴직률은 초 1.2%, 중 1.3%, 고 1.4%였으며 2011학년도 퇴직률은 초 2.0%, 중 2.2%, 고 2.3%로 증가하였다.

2012~2018학년도 교원의 퇴직률은 2014학년도에 크게 증가하였으며 이후 2016년까지 감소하다 2017년부터 다시 증가하고 있다. 2018학년도 교원 퇴직률은 초 2.1%, 중 4.2%, 고 4.2%로 나타났다. 2011학년도와 비교할 때 초등에 비해 중, 고등학교 교원의 퇴직률이 크게 증가하였다([그림 9-6] 참고).

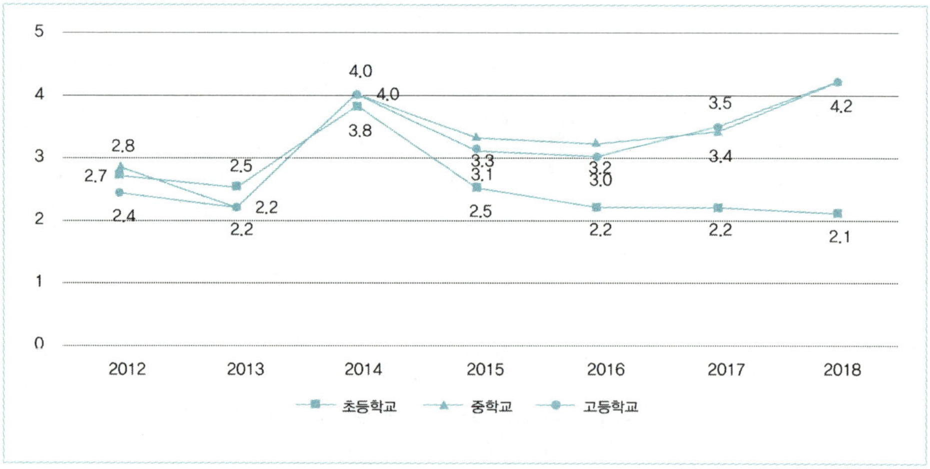

[그림 9-6] 연도별 학교급별 교원 퇴직률(%) (2012~2018)

주: 퇴직률 = (퇴직 교원수/전년도 교원수) × 100
출처: 한국교육개발원(2019). p.112.

교원 퇴직률은 지역, 학교급에 따라 차이가 있다. 2011학년도의 경우 초등 교원 퇴직률이 가장 높은 지역은 전남(5.6%), 경북(4.1%), 전북(3.3%) 순이었으며, 중학교는 서울(3.0%), 경북(2.9%), 제주(2.9%) 부산(2.8%)이, 고등학교는 부산(3.1%), 서울(2.8%) 순으로 교원 퇴직률이 높았다. 2018학년도의 경우 초등 교원의 퇴직률이 가장 높은 지역은 서울(3.2%)이며, 중학교와 고등학교 교원의 퇴직률이 가장 높은 지역은 부산으로 각각 6.7%, 6.4%로 나타났다. 교원 퇴직률이 낮은 지역은 초·중·고 모두 세종으로 각각 0.5%, 1.9%, 1.7%였다([그림 9-7] 참고).

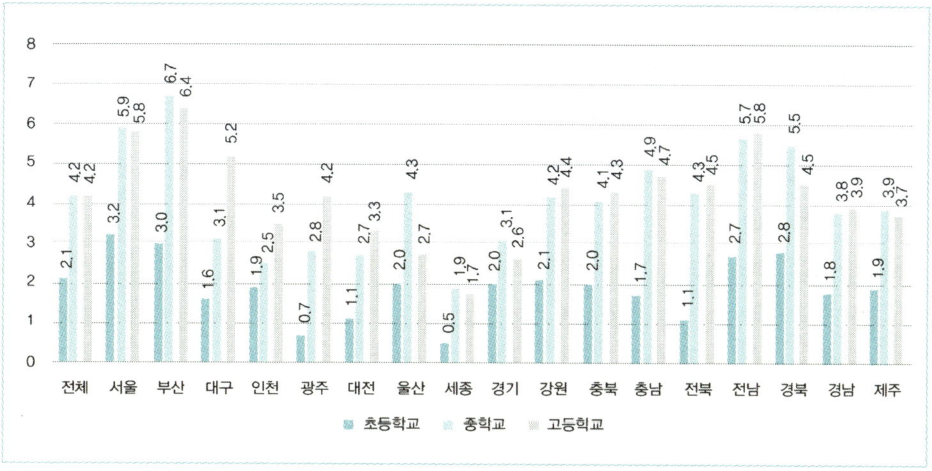

[그림 9-7] 지역별 학교급별 교원 퇴직률(%) (2018, 학년도)

출처: 한국교육개발원(2019). p.113.

교원의 퇴직 사유는 정년퇴직, 명예퇴직, 질병, 사망, 결혼, 징계, 이직 등으로 구분할 수 있다. 이 중 정년퇴직과 명예퇴직 사유의 비중이 가장 크다.

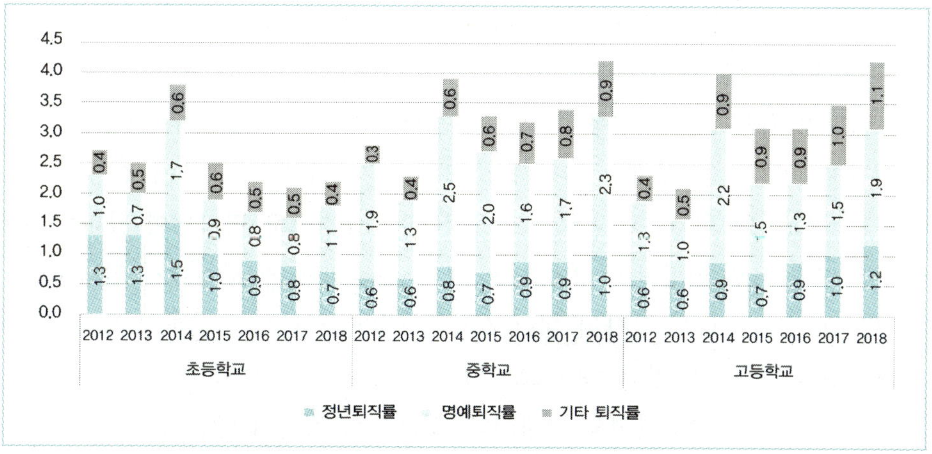

[그림 9-8] 연도별 학교급별 사유별 교원 퇴직률(%) (2012~2018, 학년도)

주: 정년퇴직률, 명예퇴직률, 기타 퇴직률은 전년도 교원수 대비 해당 교원수를 토대로 산출함. 기타 퇴직은 정년 및 명예퇴직 이외의 퇴직을 말하며, 질병, 사망, 결혼, 징계, 이직, 기타 등이 포함됨.

출처: 한국교육개발원(2019). p.112.

2012~2018학년도 학교급별 교원 퇴직률과 사유를 보면([그림 9-8] 참고), 초등 교원의 정년퇴직률은 2014학년도까지 증가하였다가 2015학년도부터 감소하였다. 중학교와 고등학교 교원의 정년퇴직률은 증감을 반복하여 2014학년도 증가, 2015학년도 감소, 2016학년도부터 다시 증가하는 경향을 보이고 있다. 명예퇴직 교원 비율은 학교급별로 차이가 있다. 초 0.7%~1.7%, 중 1.3%~2.5%, 고 1.0%~2.2%로 중학교 교원의 명예퇴직률이 다른 학교급보다 높다. 명예퇴직률이 상대적으로 높게 나타난 시기는 중학교와 고등학교의 경우 2014학년도와 2018학년도이다.

2. 교사의 사회·심리적 특성

가. 교사의 사회·경제적 지위

국가에 따라 교사의 사회적 지위는 차이가 있다. 세계교원단체총연합는 교사의 지위를 학문적 지위, 경제적 지위, 직업적 지위, 정치적 지위, 국가적 지위(정치참여의 지위) 등 다섯 가지로 구분한 바 있는데, 이 중 사회적 지위와 경제적 지위는 교원의 지위를 구축하는 가장 핵심적이고 대표적인 것이라 할 수 있다(유홍준 외, 2010: 88).

우리나라에서 교원은 전통적으로 스승으로 존칭되어 왔으며, 해방 이후에는 우수한 인재들이 교사로 지원하고 교사는 자부심으로 교육에 전념하면서(표시열, 2000: 120-121) 교원은 국가 발전의 원동력으로 평가되어 왔다. 그러나 1970년대 이후 성직관에 기반을 둔 교직, 존경받는 지도자 내지 인격자, 사회 발전의 공로자로서 교사에 대한 사회적 평가, 지위는 하락하고 있다.

교사에 대한 불신, 지위 하락 요인으로 표시열(2000: 138-140)은 세 가지를 들고 있다. 첫째, 사회 환경의 변화이다. 정보통신 기술의 발달 등으로 유일한 정보 전달자로서 교사의 지위는 약화되고 직업의 다양화, 교사 존중에 대한 학생, 학부모의 가치관이 변화하고 있다는 것이다. 둘째, 교사에 대한 신뢰 실추이다. 이는 교사의 자질에 대한 불신, 교원의 역할과 능력에 대한 학부모, 학생의 불만 요인을 말한다. 교사들이 자신의 전공 분야의 새로운 지식을 제대로 전수, 교육하고 있는가, 지식 전달은 학원만 못하고 학생에 대한 애정, 사랑의 지도가 이루어지고 있는가에 대한 신뢰 부족 등이 교사 지위 하락에 영향을 미치는 요인이 된다는 것이다. 셋째, 열악한 교육환경이다. 이는 낮은 봉급 수준, 후생복지시설, 수업시간, 공문서 및 외부행사 참여 등 잡무 등 교사의 입장에서 제기되는 불만 요인이다. 이들 세 가지 요인은 상호 밀접하게 연계되어 있어 엄밀하게 범주화하기 어렵고, 세부 내용은 차이가 있지만 이들 요인이 오늘날에도 교사의 사회적 지위 및 교직에 대한 사회적 인식에 영향을 준다고 할 수 있다.

유홍준 외(2010)는 학교교육의 질과 학생들의 성장·발달에 중요한 영향을 미치는 요인 중의 하나는 교원의 질이며 우수한 교원을 확보하기 위한 조건의 하나는 교원에 대한 좋은 사회적·경제적 대우라는 전제에서 한국 교원의 사회·경제적 지위에 대한 인식, 변화 추이, 이에 영향을 미치는 요인들을 분석하였다. 초·중·고등학교 교원, 예비교원, 고등학생과 학부모를 대상으로 한 전국 단위 설문조사를 실시한 결과(1,249명의 자료 분석), 현직 교원들은 예비교원 및 일반인에 비해 교원의 사회적 공헌도는 높게 인식하고 있으며, 교원의 사회적 공헌도에 비해 사회적, 경제적 지위가 상당히 낮다고 인식하고 있는 것으로 나타났다.

또한 이 연구에서는 교원의 사회·경제적 지위 인식에 영향을 미치는 요인을 제도적 요인(신분보장, 교직 안정성), 경제적 요인, 교직 내적 요인, 사회적 요인 등으로 구분, 분석하였다(유홍준 외, 2010: 90). 교원의 사회적 지위에 영향을 미치는 주요 요인은 일반인들의 교원에 대한 존경 여부이며, 교원의 경제적 지위에는 복지후생제도보다 보수의 적정성이나 타당성이 더 중요한 영향을 미치는 것으로 나타났다.

한편, 2013년 발표된 국제 비교 자료에 의하면 우리나라 교사의 위상은 21개국 중 4위로 높은 것으로 조사되었다(김이경, 2014). 그러나 교사의 높은 사회적 위상은 교사에 대한 신뢰를 보장하지 않으며 교사에 대한 신뢰감과 교사에 대한 존경심 역시 별개의 요소라 할 수 있다(김이경, 2014: 16). 이 조사에서 우리나라 교사는 존경받는 직업으로 인식되고 있으며, 부모들은 자녀가 교사가 되기를 원하지만 학생이 교사를 존경하는가, 교사들은 잘 가르치는가 항목에 대해서는 각각 21개국 가운데 최하위, 19위로 매우 낮게 나타났다. 이러한 결과는 교사들의 교육적 지위가 우려스러운 수준(김이경, 2014: 24)이라는 점을 보여준다. 학생들은 교사를 존경하지 않으며, 교사들은 학부모나 학생들에게 잘 가르친다는 믿음을 주고 있지 못하다.

우리나라에서 교원의 교육적 권위, 교사에 대한 학생과 학부모의 불신은 사교육, 선행학습의 확산과 무관하지 않다. 즉, 사교육이 확산되면서 교사들이 가장 중요한 일로 여기는 수업에서도 교사의 권위와 영향력은 제한을 받고 있다. 교사들이 가르치는 일을 수행하는 데 필요한 자율성, 자원, 권위를 가지고 있지 못하고 학교체제 내에서 결정권을 가지고 있지 못하다는 점도 교사들이 경험하는 다양한 심리적 좌절, 감정과 관련이 있다. 학교에서 교장의 권위는 강하게 유지되고 있으며, 학교의 주요 의사결정은 교장을 중심으로 이루어진다. 1990년대 중반 학교운영위원회가 각급학교에 설치되면서 학교의 주요 의사결정 과정에 교사의 참여가 확대되었지만, 교장의 권위, 교장 중심의 의사결정 체제는 여전히 강하게 유지되고 있다(정수현, 박상완, 2005).

또한 1990년대 중반 이후 신자유주의 이념에 기반한 수요자 중심 교육개혁이 추진되면서 학생, 학부모 요구와 영향력은 점차 강화되는 반면 교사의 교육활동을 위축시킨다(박상완, 2015). 교육개혁이 주로 '교육 수요자의 관점'과 '교육 공급자의 관점'으로 구분되면서(유길한, 2010) 교육개혁에서 교사들은 수동적인 위치에 있게 된다. 대부분의 교육개혁 아이디어가 외부에서 학교로 전달되는 외생적인 개혁 요구, 개혁 아이디어는 문제해결을 위한 교사의 내재적 동기, 주인의식을 유발시키지 못하고 문제해결을 위한 교사의 지적 역량 발휘를 저해한다(김인희, 2003: 62-63).

2000년대 초부터 교사평가 시행, 학생인권조례 제정, 학교폭력예방법 제정과 연계하여 교권침해, 교권보호가 쟁점이 되고 있다는 점도 교사 지위의 취약성을 보여준다(김나영, 홍미영, 2020). 조재현(2013)은 교육감사체계에서 교원의 법적 지위를 검토한 연구에서 교원의 법적 지위는 신분상의 지위, 경제적 지위, 교육의 주체로서 교육활동 보장 등으로 구분하고 교원의 법적 지위를 지속적으로 강화할 것을 제안하고 있다.

나. 교사의 교직만족

직무만족 개념은 조직이론에서 발달한 것으로 실제 성과와 바람직한(기대되는, 받을만한 가치가 있는) 성과 간의 비교를 토대로 한 직업에 대한 정서적·감정적 반응이라 할 수 있다(Hoy & Miskel, 1996: 252). 박상완, 윤미숙(2007)은 교사 직무만족은 교직이라는 직업 그 자체에 대한 만족(교직만족)과 가르치는 일이나 학교 직무 수행에 관련된 만족(직무만족)을 포괄하는 개념으로 본다.

우리나라 교사들의 (직무)만족 수준과 이에 영향을 미치는 요인은 1980년대 이후 현재까지 지속적으로 탐구되고 있는 연구 주제 중 하나이다. 특히 최근에는 종단연구 데이터가 축적되면서 교사 만족 수준뿐 아니라 교사 만족에 영향을 미치는 다양한 요인 및 이들 간의 관계를 규명하는 연구들이 이루어지고 있다(예: 주영효, 정주영, 2020).

교사 만족도 수준은 연구시기에 따라 차이가 있으며, 교사 만족에 영향을 미치는 요인은 연구 설계에 따라 다양하게 나타나고 있다. 교사의 직무만족도는 학교급, 성별, 경력 등에 따라 차이가 있다. 특히 성별에 따른 차이는 연구에 따라 상이한 결과를 보이고 있다. 김종수(2011: 85)에 의하면, 초등학교 교사들은 여교사보다 남교사, 평교사보다 부장교사, 20년 이상의 경력교사보다 5년 미만 교사의 본인 업무만족도가 더 높은 것으로 나타났다. 중학교 교사를 대상으로 조사한 임현수(2009)의 연구에서 교사의 직무만족도는 경력과 학력에서 통계적으로 유의한 차이가 있었으나 성별에서는 유의한 차이가 없는 것으로 나타났다.

우리나라 교사의 직무만족도는 OECD 국가 중에서도 낮은 편이다. 교원 및 교수·학습 환경에 대한 대규모 국제 조사인 OECD TALIS 2018년 결과에 따르면, 우리나라 교사들의 직업만족도는 OECD 평균에 비해 높지 않으며 학교 요인에 해당하는 직업 환경 만족도가 낮게 나타났다(이동엽 외, 2019b). 2009년 발표된 TALIS 1차 조사에서도 우리나라 교사들의 직무만족도는 조사에 참여한 국가들 중 낮은 편이었다(김갑성 외, 2011: 76).

교사의 직무만족에 영향을 미치는 요인을 분석한 연구들은 2000년대 이후 다양하게 발표되었다(이재덕, 허은정, 2008; 조대연 외, 2015). 김범준(2001)의 연구에서는 교사의 직무만족과 관련된 요인으로 학교장의 지도성, 의사소통, 조직풍토, 의사결정, 학교조직건강, 학교경영의 자율화 등을 들고 있다. 정회욱(2006)은 인구사회학적요인(성별, 학교급, 보직유무, 연령), 학교조직요인(상사의 지원, 학교 조직의 합리적 운영, 학교 조직의 단결), 사회심리학적요인(교사의 긍정적 성격과 자아존중감) 등으로 구분하고 이들 요인이 교사 직무만족과 관련이 있는 것으로 분석하였다.

김경화(2009)는 고등학교 교사를 대상으로 교사 직무만족을 촉진하는 요인과 저해하는 요인을 분석하였다. 교사의 직무만족도에 정적 영향을 미치는 요인으로는 교사의 학생 인식, 효능감, 교사의견 반영, 사기와 열의, 교사협동 등이었으며, 수업 부담, 교장의 관료적 지도성은 부적 영향을 미치는 것으로 나타났다. 장래찬(2009)의 연구는 교사 직무만족에 영향을 미치는 요인은 일 자체, 성장 가능성, 보수 등이며, 직무환경, 보수, 인간관계, 직업안정 등 외재적 요인의 영향은 적은 것으로 분석하였다.

최근 발표된 이은설, 신윤정(2019)의 연구는 교사의 직업만족과 전반적인 삶에 대한 만족과 같이 주관적 안녕감(subjective well-being)을 설명하는 개인 내 특성 요인, 환경적 요인, 사회인지적 요인 간의 관계를 분석하였다. 연구 결과 교사 직업에 대한 적응 수준이 높고 만족감을 많이 느낄수록 전반적인 삶에서의 만족도가 높은 것으로 나타났다. 주영효, 정주영(2020)은 중, 고등학교 교사의 교직 만족에 영향을 미치는 요인은 서로 다르지만 교사열의, 교직관, 교사소진 등은 교사 교직만족도에 영향을 미치는 공통 요인이라고 밝히고 있다. 또한 학교풍토와 교사열의는 교직만족도에 정적 영향을, 교사 효능감은 부적 영향을 미치는 것으로 나타났다.

교사 (직무)만족에 관한 연구를 종합해보면, 우리나라 교사의 만족도는 전반적으로 보통 수준보다 낮은 편이며, 이에 영향을 미치는 요인은 교사열의, 교직관, 효능감 등 개인 요인, 학교장, 학교풍토, 교사 간 협력, 자율성 등 학교 요인, 그리고 양적 연구에서 잘 드러나지는 않지만 일반인, 학생, 학부모의 교원에 대한 존경, 신뢰 등 사회적 요인 등으로 구분해볼 수 있다. 대체로 교사 만족도 수준이나 이에 영향을 미치는 요인은 연구자에 따라 차이가 있으며 경험적 인식과도 다소 차이가 있다. 이는 연구자에 따른 연구 설계, 변수 선택, 데이터 소스의 차이 등에 기인하는 것으로 볼 수 있다.

다. 교사 헌신

조직 구성원들이 직무에 얼마나 헌신하느냐에 따라 조직의 효율성이 달라진다는 점에서 조직 연구에서 헌신(commitment)은 중요한 요인으로 탐구되어 왔다. 헌신의 개념은 연구자에 따라서 다양하게 정의되고 있다. 파이어스톤과

로젠블럼(Firestone & Rosenblum, 1988)은 헌신을 특정한 대상에 대하여 가지게 되는 심리적 유대 또는 동일시로 정의하고, 교사 헌신은 그 대상에 따라 수업, 학생, 학교 헌신 등 세 가지로 구성되는 것으로 보았다. 파이어스톤(Firestone, 1990)은 교사 헌신(teacher commitment)을 교직의 전반적인 건강에 대한 관심과 학생이나 업무에 대한 교사들의 구체적인 관심을 연계시키는 개념으로 보고 이를 직업(occupation)에 대한 헌신과 직업의 구체적인 면에 대한 헌신으로 구분하였다. 이러한 교사 헌신은 학생들이 받는 교수(teaching)의 질에 영향을 미친다는 점에서 주목할 필요가 있다(Firestone, 1990: 153-154).

우리나라에서 교사 헌신 연구는 1980년대 석사학위 논문으로 발표된 바 있으며(유현숙, 1981), 1990년대 이후 다수의 연구자에 의해 이루어졌다(예: 노민구, 1995; 신헌석, 가신현, 1997). 초기의 교사 헌신 연구는 외국의 개념 틀과 측정도구를 원용하는 수준에서 이루어졌으나 2000년대 초 노종희(2004), 홍창남(2005)의 연구 등을 계기로 교사(교직) 헌신의 개념을 새롭게 규정하고 교사 헌신의 본질(속성), 대상을 구분하려는 노력이 이루어졌다(홍창남, 2005: 11). 아울러 교사 헌신의 결정 요인과 성과를 분석하는 연구도 발표되었다(Park, 2003).

교사 헌신 연구의 선구자로 할 수 있는 노종희(2004: 219-220)는 조직헌신과 교직헌신의 개념을 구분하고 조직헌신을 특정한 조직에 대해서 개인이 가지는 일체감과 열성의 상대적 강도로, 교직헌신은 교사들이 교과목과 학생, 교직 자체에 대해서 나타내는 심리적 애착의 상대적 강조로 규정하였다. 교사 헌신 개념을 정교화한 홍창남(2005: 40)은 교사 헌신을 교사가 교육활동과 관련하여 가치 있다고 여기는 특정한 대상에 대하여 갖는 심리적 유대의 정도로 규정하였다. 이러한 교사 헌신은 교사가 수업, 학생, 학교 조직에 대하여 갖는 인지적 측면의 가치인식, 정의적 측면의 동일시, 행위적 측면의 관여 정도로 구성된다고 보았다.

정광희 외(2008)는 우리나라의 헌신적인 교사들을 대상으로(학교급별 144명의 교사를 시도교육청으로부터 추천받아 최종 48명 선정) 심층면담을 실시하고 헌신적 교사의 특성을 세 영역(인성, 교육관, 과업수행) 열아홉 가지 실천 특성으로 도출하였다. 이 연구에서 도출한 헌신적 교사는 인성 특성에서 (1) 부지런하고 성실하다, (2) 긍정적인 가치관을 가지고 있다, (3) 책임감이 강하다, (4) 자신감이 있다, (5) 자신의 신념과 가치관이 뚜렷하다, (6) 남을 존중하고 배려한다, (7) 인정받고자 하는 욕구가 강하다. 교육관 특성에서는 (1) 교육에 대한 명확한 비전을 가지고 있다, (2) 어떤 학생에 대해서도 교육적인 변화 가능성을 믿는다, (3) 언제나 학생을 중심에 놓고 생각한다, (4) 교사로서의 자부심이 강하다, (5) 학생들과 함께 하려 한다는 특성이 있다. 과업수행 특성에서는 (1) 창의적이다, (2) 유능하다는 평을 듣는다, (3) 두려움이 적고 도전적이다, (4) 성취동기가 강하다, (5) 무슨 일이든지 잘 해내려고 한다, (6) 과업수행 자체를 즐긴다, (7) 맡은 일에 대해서는 적극적이고 협력적이다.

보다 최근의 교사 헌신 연구를 보면, 교직 헌신, 직무 헌신, 조직 헌신, 교사 헌신 등 연구자에 따라 다양한 개념이 사용되고 있다. 강미옥 외(2019)는 교직 선택 동기 및 교사 헌신 간의 관계를 분석하였다. 이 연구에서는 특히 교사 헌신에 관한 국내 연구들이 대부분 국내에서 제작된 설문지를 이용하고 있으며 이는 한국 내 특수 상황을 반영하였다는 장점이 있지만 선택된 요인들의 숫자가 적고 국제 수준에서 적용되지 않는다는 한계가 있다는 점에서 알렌과 마이어(Allen & Meyer, 1990, 1991)의 조직 헌신 모델(감정적 헌신, 지속적 헌신, 규범적 헌신)과 설문지를 토대로 연구를 수행하였다. 연구 결과, 교직에 대한 헌신은 하위 요소별로 차이가 있었다. 감정적 헌신은 전반적으로 높으나 규범적 헌신(충성심)과 지속적 헌신은 상대적으로 낮았다. 또한 교직 적성과 교직에 대한 감정적 헌신 및 교직·학교에 대한 규범적 헌신의 상관이 높게 나타났다. 이러한 교사 헌신은 교사 특성(성별, 경력 등)에 따라서도 차이가 있다.

교사 간 헌신의 차이는 교사 헌신 결정(영향) 요인에 관한 연구를 통해 분석되고 있다. 면담조사를 토대로 교사 헌신에 영향을 미치는 요인을 분석한 정광희 외(2009)는 이를 개인적 요인과 환경적 요인으로 구분하였다. 여기서 개인적 요인은 (1) 교직 사명감과 자신감, (2) 교사의 인성적 특성, (3) 교수 및 전공 교과에 대한 자신감, (4) 교직경력, (5) 가정생활이며, 환경적 요인은 (1) 역할 모델로서 동료교사, (2) 학교 관리자 요인, (3) 결과 성취와 심리적 보상, (4) 직무 및 교수활동 수행의 자율성, (5) 전문성 개발 및 학습기회, (6) 승진제도, (7) 기타 정부정책, 언론, 사회적 요인 등이다. 보다 최근 연구를 보면, 강경석(2016)은 분산적 리더십, 교사학습공동체가 교사의 교직헌신에 긍정적인 영향을 미치는 것으로 분석하였으며, 유준석, 엄준용(2020)은 직무만족 및 분산적 지도성이 교사 헌신에 직접적인 영향을 미치는 것으로 분석하였다.

종합하면, 교사 헌신 연구는 교사 헌신의 개념 및 구성(하위) 요소, 헌신적인 교사의 특성, 교사 헌신의 결정(영향) 요인을 탐색하는 연구들을 중심으로 이루어져왔다. 교사 헌신에 영향을 미치는 요인으로는 대체로 교사 개인 요인(성별, 경력)과 학교 요인 특히 교장의 지도성 요인을 들 수 있다. 즉, 교사 헌신은 학교 목적을 명료화하고, 교사에게 적절한 피드백을 제공하고 동료 간 협력 관계를 만들고, 수업의 장애 요인을 최소화하고, 조직(학교)의 신뢰를 높이는 것은 교사 헌신에 긍정적인 영향을 준다. 이는 파이어스톤(Firestone, 1990)의 연구에서 밝혀진 것과 크게 다르지 않다.

라. 교사 효능감

교사 효능감은 직무만족과 함께 교사교육 분야에서 가장 많이 연구되는 주제 중 하나이다. 특히 교사 효능감은 학생의 학업성취, 교육성과와 직접적인 관련성 있다는 점에서(Ashton, 1984; Hoy, 2001) 최근 들어서도 지속적으로 연구되는 분야이다. 교사 효능감의 개념은 다양하나 그 핵심적 의미는 학생의 학습을 교사가 어느 정도 도울 수 있는가에 대한 교사 자신의 지각, 학생의 학습 성장에 영향을 미치는 능력에 대한 믿음(강정원, 2001), 교사 업무를 수행하기 위해 필요한 다양한 능력에 대해 종합적으로 판단한 결과로 나타나는 자신에 대한 확신(이동엽 외, 2019a: 64)을 말한다. 자신의 능력에 대한 믿음, 확신이 있는 교사가 긍정적인 교육성과를 낼 것은 자명해 보인다.

교사 효능감 연구의 이론적 근거는 대체로 반두라(Bandura, 1977)의 자기효능감에 대한 인지사회학습이론에 근거해 있다(Hipp, 1996). 반두라는 자기효능감을 정해진 수행을 성취하는 데 요구되는 일련의 행동을 조직하고 실행하는 자신의 능력에 대한 사람들의 판단으로 정의하고, 이러한 자기효능감은 어떤 행위가 어떤 결과를 가져올 것이라고 믿지만(성과 기대) 자신이 그러한 행위를 할 수 있다고 느끼지 않으면(효능 기대) 그 행위를 시작하거나 지속하지 않을 것이라고 보았다(Hipp, 1996: 4에서 재인용).

이러한 성과 기대와 효능 기대라는 개념을 기초로 깁슨과 뎀보(Gibson & Dembo, 1984)는 교사 효능감을 일반적 교수 효능감(general teaching efficacy)과 개인적 교수 효능감(personal teaching efficacy)으로 구분하였다(강정원, 2001: 263에서 재인용). 여기서 일반적 교수효능감이란 교수 행위와 학습결과 간의 일반적 관련성에 대한 교사의 신념체계로 환경 변인과 비교하여 교수변인이 학생들의 학습결과와 행동에 얼마나 영향을 미칠 수 있을 것인지에 대한 교사의 지각을 의미한다. 개인적 교수 효능감은 교사 자신의 개인적 교수 능력에 대한 믿음으로 학생들의 지각과 행동에 교사 자신이 얼마나 영향을 미칠 수 있을 것인지에 대한 자기 지각을 의미한다. 교사는 특정한 교수행동이 학생 성과에 영향을 미칠 것이라 믿지만 동시에 그들이 필요한 행동을 수행할 것이라 믿지 않을 수 있다는 점에서 두 가지 영역은 구별된다.

우리나라 교사의 효능감은 사교육 영향, 심리적 소진, 스트레스 등으로 낮은 편이라 할 수 있다. 이는 국제비교 자료에서도 나타난다. OECD TALIS에서 우리나라 교사의 교수-학습, 학생 참여, 학급 경영 자기효능감에 대한 인식은 낮은 편이다(이동엽 외, 2019b). TALIS 2013과 비교해서 TALIS 2018에서 교사 효능감은 높아졌지만 여전히 OECD 평균보다 낮은 수준이다. 이에 따라 이동엽 외(2019b)는 교사의 효능감을 지원하기 위해서 교수-학습을 포함한 다양한 활동을 단위학교 내에서 자율적이고 유연한 방식으로 설계하고 운영할 수 있는 여건을 조성하고, 그 과정에서 교사들이 필요하다고 인식하는 전문성 개발 활동이나 프로그램을 제공함으로써 교사들이 전문가로서의 정체성을 확장하도록 지원해야 할 것으로 제안하였다.

교사의 효능감에 영향을 미치는 요인으로 종래에는 학교장 지도성이 주로 연구되었다. 예를 들어 이윤식, 이상미(2009)는 교장의 수업지도성과 감성지도성이 교사 효능감과 교사 헌신에 긍정적인 영향을 미치는 것으로, 이동배 외(2014)는 교장의 인화형과 과업형 지도성이 교사 효능감에 긍정적인 영향을 주는 것으로 분석하였다. 최근에는 전문적 학습공동체 참여, 교사 간 협력 등이 보다 중요한 요인으로 밝혀지고 있다(예: 김주영 외, 2018). 아울러 교사 효능감은 교사 만족, 스트레스, 지도성 등과 밀접한 관련이 있어 이들 간의 관계를 분석하고 교사 효능감 제고를 위한 연구와 정책적 지원을 제언들이 제시되고 있다(예: 엄준용, 2019).

3. 소결

우리나라 교사는 국가공무원으로 신분은 안정적이지만 학교체제 내에서 그리고 사회적으로 교사의 지위가 높다고 보기는 어렵다. 교사들은 교수(teaching)에 필요한 권한과 자율성은 부족하고 교사와 학생 간 관계도 좋지 않은 것으로 인식하고 있다(김갑성 외, 2011: 76). 교사들은 학생들에게 도움을 주어 학생의 성장이 이루어지고 그러한 노력이 학생들로부터 인정받을 때 성취감을 느끼며 자신의 권위의 원천을 학생의 인정에서 찾는다(김인희, 2003). 그러나 교사들의 이러한 기대는 충족되지 못하고 있는 것으로 보인다. OECD TALIS에서 우리나라 교사들의 직무만족과 효능감은 OECD 평균에 비해 낮은 수준을 보이고 있다는 점에 주목할 필요가 있다(이동엽 외, 2019b).

우리나라 교사의 교직 만족도, 헌신, 효능감과 이에 영향을 미치는 요인은 매우 복합적으로 나타나고 있다. 대부분의 연구들이 소규모 표집을 토대로 제한적인 변인을 검증하고 있어 종합적·일관된 결과를 파악하기는 어렵다. 그러나 교사 만족, 헌신, 효능감은 학생들이 받게 될 교수, 수업의 질과 관련이 있다는 점에서 이를 높이는 방안에 대한 연구와 정책 시행은 지속될 필요가 있다. 동시에 교사 만족, 헌신, 효능감이 교육성과에 긍정적인 영향을 미치며 이에 관련된 핵심 요인에 대한 탐구는 지속되어야 할 것이다.

최근 연구에 따르면 우리나라 교사들은 학교 현장에서 학생, 학부모, 동료 교사와의 관계, 행정업무, 교육정책 변화 등에 따른 스트레스, 소진을 경험하고 있다(김영만, 2016; 김영배, 신현숙, 2019; 김요진, 이희숙, 2016; 김선경, 안도현, 2015). 교사에 대한 예의나 존경심은 감소되고 교사의 권위가 인정되지 않는 분위기에 스트레스를 받고(송소원 외, 2010; 황수아, 최한올, 2014), 교사의 정서 노동 강도는 더 커지고 있다(임지윤, 도승이, 2014). 이에 따라 교사는 전문가에서 (감정) 노동자로 인식되고 있다(박상완, 2015). 이는 교사의 만족, 헌신, 효능감 등에 부적 영향을 줄 수 있다.

교사의 사회·심리적 요인과 교직문화, 학교문화, 학교 자율성의 관계에도 주목할 필요가 있다. 우리나라 교사의 특성, 교직문화를 분석한 연구에 의하면 우리나라 교사들은 개인주의와 보수주의 성향을 가지고 있으며(오영재 2001; 이혜영 외, 2001; 류방란, 이혜영, 2002; 김병찬, 2003) 학교급에 따라 교직문화 차이도 발견된다(류방란, 이혜영, 2002). 또한 초·중등교사의 공통점으로 인간관계 지향, 방어와 보수(학생지도와 평가 등에서 자신에게 부담을 주는 문제가 발생하지 않도록 일을 처리하는 성향), 동료 관계에서 공유와 견제, 상호 간의 경계 유지 성향(자신의 교육활동에 간섭받기를 싫어할 뿐 아니라 다른 교사의 교육활동에도 관여하지 않으려는 성향) 등은 교사의 특성을 잘 보여준다. 이동엽 외(2019a)의 연구에서 지적한 바와 같이 개별 교사에 대한 지원과 더불어 학교 자율성 제고 등 교사의 근무환경 속에서 교사가 효능감(만족, 헌신)을 느낄 수 있는 다양한 경험과 기회를 제공할 필요가 있다.

제4부

교사교육 체제, 교육과정, 거버넌스

제10장 교사교육 체제[23)]

교사교육 체제는 교사교육을 구성하는 다양한 요소의 상호 관계, 조직 및 운영 방식의 총체라고 정의해볼 수 있다. 이러한 요소로는 교사교육의 목적, 내용, 방법, 기간, 참여 주체 등을 들 수 있다. 교사교육 연구에서 교사교육 체제에 관한 논의는 대체로 우리나라 교사교육 체제의 문제와 쟁점을 확인하고 이를 개선하기 위한 과제를 도출하거나 더 나아가 대안적 교사교육 체제를 제안하는 데 초점을 두고 있다. 교사교육 체제 논의는 결국 보다 우수한 교사를 양성하기 위해 어떤 체제가 보다 적합한가를 탐색하는 것이라 할 수 있다.

우리나라 교사교육 체제의 문제, 관련 쟁점, 개편 방안(대안) 등은 다양한 연구에서 다루어진 바 있으며 이들 연구는 대체적으로 비슷한 분석 결과를 제시하고 있다(김갑성 외, 2009: 16). 1990년대 발표된 선행연구를 토대로 분석한 박상완(1999)의 연구, 2000년대 발표된 선행연구들을 토대로 교사교육의 현황, 문제점을 분석하고 개선 방안을 제시한 김갑성 외(2009)의 연구에서 제시한 주요 분석 결과는 20년이 지난 현 시점에서 볼 때에도 여전히 유효하다.

이는 한편으로 그간 교사교육 내용, 방법 등을 포함하여 교사교육 체제가 크게 달라지지 않아 연구 내용과 결과 면에서 새로울 것이 없기 때문이다. 다른 한편으로는 문제, 쟁점을 실증적으로 검증하기보다 기존 연구의 논의를 반복적으로 인용, 재인용하는 연구 접근법 때문일 수도 있다. 그러나 20년 전 연구를 인용하거나 이에 근거를 둔 논의라 하더라도 현 시점의 상황을 잘 드러낸다면 연구 시기는 문제가 되지 않는다.

다만, 최근 제기되는 교사교육 체제 논의는 사회 변화에 부응해야 한다는 점이 보다 강조되고 있다. 즉, 4차 산업혁명 시대, 지능정보사회에서 학교, 교사의 역할이 달라져야 하고 새로운 사회에 부합하는 교사의 전문성, 역량 개발을 위해 교사교육 체제 개편이 필요하다는 것이다. 미래 사회에서 학교, 교사의 역할과 교사에게 요구되는 역량을 새롭게 정의한 미래형 교사교육체제 개발(김정원 외, 2012), 새로운 사회 변화에 맞게 교육 체제가 바뀌어야 하고 새로운 교육 체제에 적합한 교사를 길러내는 교사교육체제 구축은 국가적 과제라 할 수 있다(김병찬 외, 2018: 3-4). 더구나 2020년 3월 11일 세계보건기구(WHO)가 선포한 COVID-19(코로나바이러스감염증-19) 팬데믹(pandemic)은 국제정치, 세계경제뿐 아니라 학교교육에도 큰 영향을 미치고 있다.

이 장에서는 교사교육 체제 관련 주요 쟁점을 세 가지로 정리하고(목적형-개방형, 초·중등 교사양성체제 통합·분리, 교사교육의 기간 및 수준 연장), 역대 정부의 교사교육 체제 관련 주요 정책, 현행 교사교육 체제에 대한 대안을 네 가지로 유형으로 구분하여 분석한다.

1. 교사교육 체제 관련 주요 쟁점

가. 목적형과 개방형 교사양성체제

우리나라 교사양성체제와 관련하여 가장 논란이 되고 있는 것은 교사양성체제를 목적형(폐쇄제)으로 할 것인가 개방형으로 할 것인가이다. 여기서 폐쇄제란 교사교육만을 목적으로 하는 소위 목적제 교사양성기관에서 교사교육이 이루어지는 것을 말한다. 이러한 목적제 교사양성체제에는 두 가지 의미가 내포되어 있다. 즉, 교사라는 특정 전문가 양성을 유일의 목표로 한다는 것으로 그 이외의 다른 분야 직업교육(법학교육, 의학교육 등)을 하지 않는다는 의미와 교사교육은 특정 대학(사대 또는 교대)의 전유물로 속해 다른 대학에는 이를 허용하지 않는다는 의미이다. 후자의 경우를 특히 폐쇄제라 할 수 있다(박상완, 1999: 192).

이런 두 가지 의미로 볼 때 사범대학은 어느 기준도 충족하지 못하고 있다. 교직과정, 교육대학원에서 교사교육이 이루어지고 있다는 점에서 후자의 경우는 물론이려니와 사범대학이 교사교육만을 유일한 목적으로 하는 것도 아니기 때문이다. 현실적으로 교사 임용이 어려워지면서 사범대학 졸업생은 교직 이외의 다양한 직업 분야에 취업을 하고 있으며 대학은 이러한 학생들의 필요, 진로를 고려하여 교사교육 프로그램 외에 보다 다양한 교육 경험을 제공해야 하는 형편이다.

교사양성체제의 개방제와 폐쇄제 논의는 교사교육 기회의 개방성 여부뿐 아니라 교사교육의 이념, 교육과정 구성의 원칙과 방법 등에서 서로 다른 관점을 보여준다. 목적형과 개방형 교사양성체제 간 교사교육의 질과 효과에 차이가 있는가, 어떤 체제가 보다 바람직한가의 논쟁은 교육대학, 사범대학과 같은 목적형 체제를 지지하는 입장과 일반대학 교직과정, 교육대학원 등 개방형 체제를 지지하는 입장을 중심으로 전개되어 왔다. 폐쇄형과 개방형 교사양성 체제 논의는 다소 진부하기는 하나 우리나라 교사교육 체제 논쟁의 핵심이라 할 수 있다. 여러 연구자들이 개방형과 폐쇄형의 장단점을 분석한 바 있으나 김명수(2003)의 연구를 토대로 이광현, 이차영(2006: 126)이 정리한 것이 비교적 최근의 것이며 또 간명하다(〈표 10-1〉 참고).

〈표 10-1〉 목적형과 개방형 교사양성체제의 장단점

구분	장점	단점
목적형 (교육대학, 사범대학)	• 교사로서의 사명감을 갖춘 교원양성 • 교직에 관한 전문 지식, 기술 향상 • 교과교수법 개발 용이 • 자격, 질 관리 가능	• 모든 교과 담당교사 양성 불가능 • 폐쇄적 학문 탐구 • 획일적 교육과정 운영으로 인한 다양성 결여
개방형(일반대학 교직과정, 교육대학원)	• 전공교과목에 대한 다양한 지식습득 • 폭넓은 안목의 교양 축적 • 자유경쟁에 의한 자질 향상 • 교원양성 비용-효과 우수	• 교직 윤리의식 미흡 • 교육학에 대한 소극적 태도 • 교과지도의 전문성 경시 및 지도능력의 미흡

그러나 목적형과 개방형 교사양성체제의 장단점은 실증적으로 검증된 것은 아니다. 1990년 교원임용시험제도가 도입된 이후 교사양성체제 개편 논의가 제기되었으나 목적형과 개방형 교사양성체제 간 차이, 교사양성 프로그램 간 차이를 객관적, 실증적으로 분석한 연구들은 한정되어 있다(조동섭, 2002; 이광현, 이차영, 2006). 교사양성과정 간 교사교육의 질적 차이를 분석한 연구들을 볼 때, 목적형인 사범대학이 여타 교사양성과정보다 더 우수하다는 점을 확인할 수는 없다. 이에 따라 이광현·이차영(2006)도 지적하고 있듯이 현재의 개방형 교사양성체제를 목적형으로 바꾸어야 한다는 주장도 설득력이 떨어진다. 초등 교사양성교육은 목적형으로만 이루어지고 있어 목적형과 개방형 교사양성체제의 질적인 차이를 직접 비교하기도 어렵다.

교사임용시험에서 사범대학생에 대한 가산점 부과가 위헌이라는 헌법재판소의 결정에서도 사범계 학생이 교사로서의 전문성과 사명감이 비사범계 학생보다 높다는 '실체적 증거'가 없다는 문제를 지적한 바 있다(헌재 2004. 3. 25. 2001헌마882). 사범대학의 교사교육과 일반대학 교직과정, 교육대학원의 교사교육이 별다른 차이를 보이지 않는다는 것이다. 우수한 교사를 양성하기 위해 어떤 교사교육체제가 보다 적합한가는 여전히 논란이 되고 있다. 교사양성체제의 개방형과 폐쇄형 구분과 관련한 논쟁은 보다 발전적으로 이루어질 필요가 있다. 최근의 개방적·다원적 사회 변화에서 볼 때, 기회의 제한, 진입 장벽을 높이는 접근은 교사교육의 질을 보장하고 우수한 교사를 확보하는 데 긍정적으로 작용하기 어렵다. 목적형-개방형 체제, 어떤 교사양성기관에서 교사교육을 할 것인가 보다 어떻게 할 것인가의 문제로 관심을 돌려야 할 때이다.

나. 초등과 중등 교사양성체제의 분리와 통합

우리나라에서 초등과 중등 교사양성체제는 분리된 채 발전하여 왔다. 이는 해방 후 교육제도 개편 과정에서 일제 강점기부터 설치·운영되어 온 사범학교를 초등 교사교육기관으로 계속 유지하는 입장이 고수되고(박수정, 2003: 144), 중등 교사양성은 사범학교를 본떠 해방 이후 설립한 사범대학을 통해 이루어졌기 때문이다. 사범학교와 사범대학은 1960년대 이후 중등 교사양성기관이 다양하게 분화하기 전까지 각각 초등교사와 중등교사를 양성하는 핵심 기관이었다.

1960~70년대에는 학령인구가 증가하면서 중등 교사양성체제는 다원화, 개방화되었다. 1955년 일반대학 교직과정이 인가되었으며, 1960~70년대 사립 사범대학 인가, 일반대학 교육과 설치, 교육대학원에 교사양성 기능이 허가되는 등 현재와 같이 다원화된 중등 교사양성체제가 발달되었다. 그러나 사범학교를 모태로 발달해 온 초등 교사양성체제는 국가 설립의 목적형 교사양성체제(국립대학 체제)를 계속 유지하였다. 학령인구 증가에 따라 초등교사 수요도 증가하였으나 정부는 각 지역에 사범학교를 증설함으로써 초등 교사양성체제는 목적형을 유지하였다. 사범학교(1945~1961년)는 고등학교 수준의 교육기관이었으나 이후 2년제 교육대학(1961~1980년), 4년제 교육대학(1981~현재)으로 개편·발전되었다. 1980년 7.30 교육개혁으로 교육대학이 4년제로 개편되면서 초등과 중등 교사양성기관 간 학력 격차는 해소되었다.

교사양성체제 분화, 발전 과정에서 초등과 중등 교사양성체제의 통합 문제는 크게 쟁점이 되지 않았다. 1985년 유·초·중등 교사양성교육을 통합한다는 취지에서 한국교원대학교가 설립되었으나 이러한 종합 교사양성기관은 더 이상 확대되지 않았다. 초등과 중등 교사양성체제 통합 논의가 본격적으로 논의된 것은 1990년대 중반 5.31 교육개혁을 계기로 국립사범대의 교육대학과의 통·폐합, 교사양성기관 구조조정, 대학원 수준 교사양성체제로 교육전문대학원 도입 등 교사양성체제 전반에 대한 개편 논의가 이루어지면서이다. 이에 따라 1990년대 중반 이후 초등과 중등 교사양성체제 통합 논의가 다양하게 이루어졌으며(이종재, 1995; 박남기, 1997), 지방 국립대학을 중심으로 통합 문제를 논의하기 위한 학술대회도 개최된 바 있다(곽영우, 1998).[24] 2008년에는 제주대학교와 제주교육대학이 통합되면서 초등과 중등 교사양성체제 통합이 다시 논란이 되었으나 크게 확산되지는 못하였다.

초등과 중등 교사양성체제의 통합 논의는 주로 초등교육과 중등교육 간 교과, 진로, 직업교육의 연계라는 교육적 목적과 일시적으로 있었던 초등교사의 공급 부족 문제 해소, 중등교사 임용 적체 해소를 위한 중등교사자격 소지자의 초등 교직 임용 기회의 개방 등 주로 교사수급 조정 목적에서 이루어졌다. 그러나 통합의 긍정적인 효과가 무엇인지 뚜렷하지 않으며, 그 효과를 검증하기 어렵다는 점에서 통합 논의는 제한적으로 이루어지고 있다.

특히 교육대학 관계자들은 교사양성체제 통합 시 현재와 같은 초등 교사교육의 독자성, 목적형이 유지되지 않을 것을 우려하여 반대하는 입장을 보이고 있다(김병찬 외, 2018: 297). 다만, 최근 학령인구 감소로 대학 구조개혁이 논의되고 있고 부산교육대학과 부산대학교가 새로운 종합교원양성체제 구축을 위한 업무협약을 체결하면서(조선일보, 2021.4.19.) 초등과 중등 교사양성체제의 분리·통합은 새로운 논란이 되고 있다.

다. 대학원 수준의 교사양성: 교사교육의 적정 수업 연한과 학력 수준

대학원 수준의 교사양성체제 도입 또는 교사교육 기간 연장을 지지하는 입장은 기본적으로 4년의 학부 수준 교사교육으로는 미래 사회가 요구하는 전문성을 갖춘 교사를 길러내기에 부족하며 교사의 학력 수준을 높일 필요가 있다는 점, 주요 국가에서 대학원 수준 교사교육을 실시하고 있다는 점을 주요 논거로 활용하고 있다(고전, 2009: 351). 우리나라에서 대학원 수준의 교사양성체제 도입은 1995년 발표된 5.31 교육개혁에서 제안되었으며 그 성격은 다소 차이가 있지만 국민의 정부, 참여정부, 이명박 정부 초기까지 논의되었다(김병찬 외, 2018).

그러나 한편에서는 단순한 수업 연한 연장, 학력 수준을 높이는 것이 능사는 아니며 현행 4년제 교사양성체제 하에서도 교사 전문성을 강화할 수 있다는 점에서 새로운 학위 과정을 도입할 필요가 있는가라는 문제를 제기하기도 한다(황영준, 2005). 교사양성체제 개편의 실효성을 들어 기존의 교사양성체제를 유지하려는 입장과 사회 변화에 따라 새로운 체제의 필요성을 주장하는 입장이 대립하면서 교사교육 기간 연장과 대학원 수준 교사양성체제 도입 논의는 여전히 그 가능성을 탐색하는 단계에 있다.

학부 수준 교사양성체제의 대안으로 제시되는 교사양성체제는 5년제 학부과정, 5년제 학·석사 통합과정, 6년제 학부과정, 6년제 교육(원)전문대학원(4+2모형, 2+4모형) 등으로 그 유형은 매우 다양하다. 대체로 대학원 수준 교사양성체제 도입을 주장하는 연구자들은 학부 4년 + 대학원 2년의 교육전문대학원 체제를 선호한다(정일화, 천세영, 2017). 일부에서는 초등 교사양성기관인 교육대학을 대학원 수준 교사양성체제로 개편하기보다는 교육대학에 특수전문대학원으로 두고 교육전문박사학위과정(Ed.D.)을 설치할 것을 요구하기도 한다(예: 허숙, 2004). 이는 종래 석사학위과정만 인가되어 있는 교육대학에 박사학위과정을 설치하자는 것으로 교육대학 입장에서는 교사양성과정의 수준(학부/대학원)보다 박사학위과정을 설치하여 대학의 위상을 높이는 것이 보다 중요한 관심사라 할 수 있다. 2013년 서울교대와 경인교대에 전문대학원이 설치되고 박사과정이 처음 인가된 것은 이러한 요구는 반영한 것이라 할 수 있다. 그러나 이후 교육대학의 박사과정 인가는 더 이상 확대되지 않고 있다.

대학원 수준 교사양성체제 도입은 단순히 교사교육 기간을 연장하는 것이 아니라 실무 중심의 전문교육, 연구자로서 교사의 역할 강화 등 교사교육의 질적인 전환을 의미한다. 초·중등 교사양성을 위해 4년제 학부 수준 교사양성체제를 유지할 것인가, 교사교육 기간을 확대하거나 교사양성체제를 대학원 수준으로 할 것인가는 여전히 논란이 되고 있다.

2. 역대 정부의 교사양성체제 개편 정책

역대 정부에서 교사양성체제 개편을 위한 다양한 방안들이 제시되어 왔다. 김병찬 외(2018: 111-114)는 선행연구를 토대로 문민정부 이후 역대 정부가 추진한 교사양성체제 개편 정책을 간략하게 분석하고 있다. 이에 의하면, 문민정부(1993~1998)는 5.31 교육개혁방안에서 교사양성체제 개편에 관한 다양한 정책들을 제시하였다(교육개혁위원회, 1995). 구체적으로 교육전문대학원 도입의 필요성, 교원의 전문적 자질을 향상시키면서 학교 현장과 연계되어 있는 대학원 중심 양성체제로의 전환을 장기과제로서 제시하였다. 또한 교사양성기관의 질 관리를 위한 평가인정제 도입과 중등교사 과잉 배출의 원인인 교직과정의 제한적 허용 및 교육대학을 종합대학 및 사범대학과 통합하는 방안 등이 제안되었다.

이후 국민의 정부(1998~2003)에서는 교원양성체제 개편을 포함한 다양한 교원정책들을 포괄한 교직발전종합방안을 발표하였다. 국민의 정부 대통령자문기구인 새교육공동체위원회는 중등교사양성을 위한 교원전문대학원 체제 도입을 통해 교육행정 및 교과교육전공 전문박사(Ed. D.) 과정을 신설하여 해당 학위자를 우대하고 교대와 종합대학 간의 교류를 증진하여 단계적으로 통합하는 방안을 제시하였다. 또 장기적으로는 교원을 대학원 수준에서 양성하는 것과 교원자격과 임용의 유연성과 개방화를 지향하였으며 교사양성기관 평가체제 도입을 추진하였다.

참여정부(2003~2008)의 대통령자문기구인 교육혁신위원회는 2006년 8월 교원양성체제의 전문화·특성화를 위한 장기과제를 제안하였으며 구체적으로 5년제 교원전문대학원 도입 방안이 제시되었다. 대통령자문기구를 설치하지 않은 이명박 정부(2008~2013)에서는 교육과학기술부의 2009년 대통령 업무보고를 통해 대학 운영의 효율성 제고를 위한 교사양성기관 개편 등 구조개혁 방안 마련, 교직 입문기회의 확대 등이 추진되었다(교육과학기술부, 2008; 고전, 2009). 이에 특정 분야의 전문 직업 경험자 및 박사학위 소지자 등 전문 인력의 교직 진출기회를 제공하고자 교원양성특별과정을 계획하여 추진하기도 하였다(교육과학기술부, 2008; 정일화, 천세영, 2017).

박근혜 정부(2013~2017)에서는 교육의 질을 높이기 위해 교사양성 및 임용체제 개편, 복수자격 취득기준 완화 및 교원양성규모 단계적 축소 등이 논의되었다. 그러나 실지로는 체제 개편보다 교사양성 교육과정 개선이 추진되었다. 교사양성 교육과정에서 전공과목 학점을 늘리고(42학점에서 50학점으로 확대), 교직 성적기준을 75점에서 80점으로 강화하였으며, 인성·사명감 함양 및 교직 실무 능력 관련 교육을 신설 또는 강화하였다. 또한 복수자격 취득 기준을 완화하여 전공과목 이수 학점을 기존 50학점에서 40~45학점으로 변경하였다.

이상 역대 정부의 교사양성체제 개편 정책을 요약하면 〈표 10-2〉와 같다.

〈표 10-2〉 역대 정부의 교사양성체제 개편 정책

기간	기본 추진내용	핵심사항
1993~1998 (문민정부)	교육개혁위원회를 통한 전반적 논의	• 교육전문대학원 도입 필요성 제기 • 양성기관 평가인정제 도입 제안 • 교직과정의 제한적 허용 • 교육대학을 종합대학과 사범대학으로 흡수 통일 방안 제시
1998~2003 (국민의 정부)	새교육공동체위원회 교직발전 종합방안 발표	• 교원전문대학원 Ed.D. 우대 제안 • 교대와 종합대학의 단계적 통합 • 교원자격과 임용의 유연성과 개방화 지향 • 평가체제 도입 추진

기간	기본 추진내용	핵심사항
2003~2008 (참여정부)	교원양성체제의 전문화와 특성화 지향	• 5년제 교원전문대학원 도입 제시
2008~2013 (이명박 정부)	효율성 제고, 교원진출 기회 개방화	• 대학운영 효율성 위한 양성기관 개편 • 전문 인력의 교직 진출기회 확대 (교원양성 특별과정)
2013~2017 (박근혜 정부)	교원양성교육과정 내실화 및 개편	• 전문성과 실무능력 함양 중심 교육과정 강화 • 복수자격 취득기준 완화 및 교원양성규모 단계적 축소

출처: 김병찬 외(2018). p.113.

역대 정부의 교사양성체제 개편 관련 주요 정책을 종합하면 세 가지로 정리할 수 있다. 첫째, 교사교육을 현 4년제 학부 과정에서 대학원 과정으로 개편하는 방안들이 지속적으로 제안되었으나 실지로 이행되지는 않았다. 둘째, 교사양성과정 이수 요건 강화, 교사 자격과 다양한 전문 인력의 교직 입직 유연화를 추구하였다. 셋째, 교사양성기관평가제 도입을 통해 교사양성의 질 관리와 교사양성 규모 조정을 추진하였다(김병찬 외, 2018: 113-114). 대체로 이수학점수 조정, 복수자격 취득 기준 완화 등 교사교육의 질 제고, 유연화 관련 정책은 추진된 반면 교육(원)전문대학원 도입, 교대와 종합대학의 통합 등 이해관계자 간 의견 대립이 큰 체제 개편은 추진되지 못하였다.

3. 교사양성체제의 유형

교사양성체제는 다양한 유형으로 구분해볼 수 있다. 김스테드와 홀(Gimmestad & Hall, 1995)은 미국의 다양한 교사양성과정을 4년 프로그램, 1+3 프로그램(1년의 교양과정과 3년의 전문교육), 2+2 프로그램(2년 교양과정과 2년의 전문교육), 5년제 프로그램(five year programs), 학부과정 후 1년의 대학원 과정을 추가하는 4+1 프로그램(fifth year programs) 등으로 구분한 바 있다. 우리나라는 4년제 학부과정, 일반대학 교직과정(2+2년), 교육대학원(4+2년)이 운영되고 있으며, 교사양성체제 개편 방안으로 교육(원)전문대학원, 5년제, 6년제 안이 논의되고 있다(황규호, 1999; 김병찬 외, 2018). 이 장에서는 선행연구를 토대로 교사양성체제의 유형을 크게 네 가지로 범주화하고 주요 특징을 분석한다. (1) 현행 4년 과정의 교사교육 기간을 연장한 학부 수준 교사양성체제로 5년제와 6년제 모델, (2) 대학원 수준 교사양성체제, (3) 초·중등 및 초등 통합 교사양성체제, (4) 학교 수준 교사양성제이다.

가. 5~6년제의 학부 수준 교사양성체제

현행 학부 수준 교사양성체제는 유지하되 교사교육 기간을 1~2년 연장한 교사양성체제로는 5년제 또는 6년제 모델을 들 수 있다. 선행연구에서 제안한 다양한 교사양성체제를 정리한 정일화(2016)는 학부 수준 교사양성체제를 6년제, 개방형 6년제, 4+1년제 등 세 가지로 구분한 바 있다.

5~6년제는 교사교육에서 다루어야 할 전문적 지식, 기술 등이 다양해지고 심화됨에 따라 현행 4년 기간이 충분하지 않으며, 일반교육학, 교과교육, 교육실습 교육 등을 보다 강화하기 위해 교사교육 기간을 연장하여 교사교육의 내용과 질을 보다 높여야 한다는 입장에서 제기되는 모델이다. 약학대학, 의과대학 체제를 모델로 한 것이다.

6년제는 다시 두 가지 유형으로 구분할 수 있다. 개방형과 일반형 6년제이다. 개방형 6년제는 전체 교육기간 6년 중 5년 차에 타 단과대학의 전과를 허용하여 신입생을 다시 선발한다는 점에서 일반형과 차이가 있다. 개방형 6년제에서는 1학년, 5학년에 각각 신입생을 선발하며 정일화(2016)는 각 50%를 선발할 것을 제안하고 있으나 이 비율은 조정할 수 있다.

6년제 교사교육체제의 문제점으로는 교사교육 기간을 단순 연장하는 것일 경우 비용만 증가시킬 뿐 교사교육의 질 제고를 보장하지 못한다는 점, 기존 교사양성체제의 폐쇄성을 해소하지 못한다는 점, 6년제 교사양성과정 이수 후 임용이 보장되지 않는다면 우수한 학생을 모집하거나 임용 적체 문제를 해소하기 어렵다는 점 등을 들 수 있다. 또 개방형 6년제의 경우 1학년과 5학년 입학생 간 교육과정, 교사자격의 차별화, 5학년 입학생의 교사교육 기간은 2년에 불과하다는 점 등의 문제가 있다.

5년제(4+1년제)는 현행 교사양성체제를 유지하되 현장 중심 교육 강화를 위해 4년의 교사양성과정 이수 후 임용시험 합격자를 대상으로 1년간 전문연수과정(수습교사제)을 제공하는 것이다. 유사 제도로는 사법연수원을 들 수 있다. 학교급에 따라 중학교 교사양성은 현재와 같이 4년제 과정으로, 고등학교 교사양성은 4+1년제로 할 것을 제안하기도 한다(노종희, 1994). 임용시험 합격 후 1년간 현장 교육을 추가하는 데 따른 사회적 비용이 발생하며, 부적격자 처리, 수습교사제 도입에 대한 교원단체의 반발, 수급 변화에 유연하게 대응하기 어렵다는 등의 문제를 예상할 수 있다. 이상 5년제, 6년제 학부 수준 교사양성체제의 주요 특징을 정리하면 〈표 10-3〉과 같다.

〈표 10-3〉 학부 수준 교사양성체제 유형별 특징

모형	기본성격	장점	단점	국내 유사 제도
6년제	• 교사교육 기간을 6년으로 연장	• 교사양성교육 기간 연장에 따른 교사 지위 향상 및 전문성 신장 • 목적형 교사양성체제의 장점 유지 • 현행 교사양성 교육과정의 문제점 해결(실습기간 확대, 일반교육학 강화 등)	• 현 교사양성체제의 구조조정 효과 미흡 • 교사양성체제의 폐쇄성 개선 미흡 • 임용 보장 불투명 • 사회적 비용 증가	의과대, 약학대, 수의대, 건축과
개방형 6년제	• 교육기간 총 6년 중 5년 차에 타 (단과)대학 전과 허용, 1학년·5학년 각 50% 선발	• 일반형 6년제의 폐쇄성 보완	• 1학년 신입생과 5학년 신입생 선발 기준, 선발규모, 교육과정 차별화 모호 • 5학년 신입생의 교사교육기간 2년에 불과	-
4+1 모형	• 4년제 학부교육 후 임용시험 합격자 대상 현장중심 전문연수과정	• 현 교사양성체제 유지로 안정적 • 현장 중심의 실습 강화	• 임용시험 합격자 대상 실습(연수) 운영에 따른 추가 비용 발생 • 수급 변화에 경직적 • 수습교사제에 대한 부정적 인식, 부적격자 처리 문제	사법연수원, 공인회계사 시보제

출처: 정일화(2016). pp. 287-289를 토대로 일부 내용을 수정, 보완함.

나. 대학원 수준 교사양성체제

1) 대학원 수준 교사양성체제의 필요성 및 세부 유형

대학원 수준 교사양성체제 도입의 필요성은 1990년대 중반 교육개혁위원회가 교육전문대학원 제도를 제안하면서 논의되기 시작하였다. 이후 최근까지 대학원 수준 교사양성체제는 다수 연구에서 제안되었다(황영준, 2005; 오형문, 2007; 정일화, 2016; 정일화, 천세영, 2017; 박상완, 2017; 김병찬 외, 2018).

대학원 수준 교사양성체제의 필요성을 제기하는 주요 논리는 연구자에 따라 다양하게 제시되고 있다. 세계 주요국의 교사양성교육이 4년제에서 대학원 수준으로 전환하는 추세라는 점, 교원의 사기, 전문성 신장, 사회적 인지도 향상, 학교교육의 신뢰성 확보를 위해 교원의 학력 수준을 일반인보다 높여야 한다는 점, 고도화, 고학력 현대 사회에서 4년의 교사양성체제로는 전문직으로 인정받기 어렵다는 점, 전문직 양성체제가 법학전문대학원, 의학전문대학원으로 정비되고 있다는 점, 창의 융합성 인재 양성이 요구되는 미래 사회에 적합한 교육체제 개편에 따라 이에 부합하는 교사양성체제가 필요하다는 점 등이다(오형문, 2007; 정일화, 천세영, 2017, 김병찬 외, 2018).

그러나 김병찬 외(2018)의 연구에 의하면, 교육(원)전문대학원 체제의 필요성, 실효성에 대해 연구자 간에도 인식 차이가 크며, 현직교원 및 교육전문직, 교육대학 교수, 교직과정 및 교육대학원 교수, 사범대학 교수, 교대/사대 학생의 공감 수준도 높지 않은 것으로 나타나고 있다. 대학원 수준 교사양성체제는 일부 전문 연구자들이 지지하는 방안으로(예: 정일화, 천세영, 2017, 박상완, 2017; 김병찬 외, 2018) 기존 교사양성체제를 크게 변화시켜야 한다는 점에서 보다 장기적인 과제로 논의되고 있다.

교육(원)전문대학원 체제의 구성과 세부 내용도 연구자에 따라 상당한 차이가 있다. 초·중등 교사양성체제를 통합하여 대학원 체제(교육전문대학원)로 개편하는 안(예: 김병찬 외, 2018), 초등과 중등을 분리하여 각기 독자적인 대학원 체제를 발전시키는 안(예: 고전, 2009), 중학교와 고등학교 교사를 양성하는 중등 교사양성체제를 중학교와 고등학교로 구분하여 고등학교만 전문대학원 체제로 발전시키는 방안(예: 이부하, 정경욱, 2015) 등이 제시되고 있다. 정일화(2016)는 대학원 수준 교사양성체제의 세부 유형으로 2+4, 4+2, 복합모형을 제시하고 장단점을 간략하게 비교한 바 있다. 여기서는 이들 세 유형을 좀 더 상세하게 분석한다.

2) 2+4 유형의 대학원 수준 교사양성체제

2+4 체제는 학부에서 2년간 교양교육을 이수한 후 4년간 교사양성과정을 이수하는 것이다. 교사양성에 필요한 전문교육을 보다 강화함으로써 교사 지위 향상 및 전문성 신장에 기여할 수 있으며, 현행 교사양성체제의 기본 구조를 유지함에 따라 체제 변화에 따른 혼란을 줄일 수 있다는 장점이 있다. 또한 4년간 교사교육을 통해 학교급 간 연계 과목 운영, 교직 사명감 교육, 통합교과 담당교사 양성 및 복수 전공 교사양성이 보다 용이할 수 있다. 반면, 학부 3학년에서 교사양성과정을 이수할 학생을 선발함에 따라 타 대학이나 타 학과의 학사 운영에 혼란을 야기할 수 있다. 전문대학원 진학을 위해 학생들은 소속 대학을 변경해야 하고 대학은 줄어든 학생 수만큼 편입생을 선발하는 등 추가적인 학사 관리가 필요하기 때문이다. 교육(원)전문대학원 입학생 선발 기준을 어떻게 정할 것인가도 논란이 될 수 있다.

3) 4+2 유형의 대학원 수준 교사양성체제

4+2 체제는 4년제 학부과정을 마친 후 2년간 교사양성과정을 이수하는 것으로 대학원 수준 교사양성체제를 제안하는 연구들에서 가장 선호하는 방안이다(정일화, 2016: 287). 고전(2009), 정일화, 천세영(2017), 박상완(2017), 김병찬 외(2018)의 연구에서 이를 기본 모델로 제시하고 있다.

김병찬 외(2018)가 제안한 4+2 교육전문대학원은 석사학위 과정과 박사학위 과정으로 구분되며 이 중 석사학위 과정이 전문적인 교사양성을 목표로 특화된 과정이다. 교육전문대학원은 교육학과, 초등교사교육학과, 중등교사교육학과, 상담교사교육학과, 특수교사교육학과 등 5개 학과로 구성되며, 교육과정은 교과교육학, 교직학, 교육실습, 논문 등 네 영역으로 구분된다(김병찬 외, 2018: 191-196). 김병찬 외(2018)는 4+2 교육전문대학원 체제 시행을 위해서는 교사양성 정원 조정(1단계), 권역별 4+2 체제 교육전문대학원 설치(2단계), 4+2 교육전문대학원 체제의 확대(3단계) 등 단계적 접근이 필요하며, 다원화되어 있는 교사양성 기능을 하나의 기관으로 일원화하고, 학부의 교직과정 및 교육대학원 교수의 사범대학 이동, 초·중등교사 중장기 수급계획 수립을 통해 적정 수의 교사양성, 교대의 종합대학 내로 통합, 전국 각 권역별 교육전문대학원 선도대학 선정을 통한 시범 운영 등을 제안하고 있다.

박상완(2017)은 초·중등 교사뿐 아니라 비교과 교육전문가(사서, 영양사, 상담사, 간호사-보건)를 양성하는 2년 과정의 교사양성대학원(교육전문대학원) 체제를 제안한다. 이는 교사자격-양성-임용이 통합된 체제로 연구자로서 교사 역량 강화, 학교 현장 실습과 대학원 교육을 병행하는 것을 주요 특징으로 한다(18장 참고). 학부과정 4년 졸업 후 2년간의 교육전문대학원 과정을 이수하며, 임용시험에 합격한 석사과정 2년 차 학생은 1년간 수습 공무원의 신분으로 일정한 보수를 받고 학교에서 근무(실습)하고, 석사과정 종료 시 최종 평가를 거친 후 정식 교사로 임용된다(박상완, 2017: 172-173). 교사양성-자격-임용을 연계하는 시스템을 갖추어야 하며 실습(수습교사)과 대학원 과정 병행을 위한 여건을 갖추어야 하는 등 상당한 정도의 현 체제 개편이 필요하다.

정일화, 천세영(2017: 165-166)의 연구에서 제안한 4+2 교육전문대학원은 현행 체제의 골격(교대, 사범대, 일반대 등)을 반영한 절충형, 개방형 지향의 현장중심 전문성 강화, 양성기관 연계 및 전문기관과의 협력체제, 학교급 간 연계 강화, 중·고 교원양성 트랙의 구분, 다양한 전문경력자 등의 교직진로 선택 시기 확장 등을 주요 특징으로 한다. 이는 교사양성체제 개편 관련 선행연구에서 제안한 주요 제언들을 포괄적으로 수용한 방안이다. 구체적으로 교육전문대학원은 현행 교사양성체제에서 임용고사를 거쳐 2급 정교사로 임용되는 트랙과 학부과정 졸업 후 교직적성검사를 거쳐 교육전문대학원에 진학하고 전문교사자격시험을 거쳐 1급 정교사로 임용되는 트랙으로 구성된다. 교육과정은 학부 전공을 바탕으로 부전공 및 복수전공 등 융합적 교과 전문성을 제고할 수 있는 현장 실무중심의 과정으로 운영된다.

4+2 체제는 교직 적성에 적합한 인력 선발이 가능하며, 교직사회의 개방화와 활력을 높이고 교사의 사회적 위상 제고에 기여하며, 교직 선택기회를 확대한다는 장점이 있다. 또한 전문대학원 입학생 수 조정을 통해 소수 정예의 교사양성교육(목적형), 교사 수급 문제를 해소할 수 있으며 다양한 전공 간 융합교육을 활성화할 수 있을 것으로 기대된다. 반면, 학부 수준의 교사양성체제 폐지에 따라 기존 교사양성기관의 반발 가능성, 교육(원)전문대학원 설치·인

가 기준 및 요건 설정, 2년간의 교사양성교육을 통해 통합교과 담당교사, 복수 전공 교사양성이 어려울 수 있다는 문제가 제기된다.

4) 복합모형

복합모형은 6년제 학부과정, 4+2년제 교육전문대학원 체제를 병행하거나 학교급별 교사양성체제를 달리하는 것을 말한다. 고전(2009)은 현재와 같이 초등과 중등 교사양성체제의 분리를 유지하면서 각각 교육전문대학원으로 개편할 것을 제안하고 있다. 초등 교사양성과정은 중등과 달리 교사양성기관이 난립되어 있지 않다는 점에서 바로 6년제의 교육전문대학원 체제로 전환하고, 중등 교사양성과정은 교사양성기관 정비와 사범대학의 교육전문대학원 개편을 함께 추진하며, 입학 자격은 사범대학, 교육대학원, 교직과정 등에서 2급 정교사 자격을 취득한 사람으로 설정할 것을 제안하였다.

김갑성 외(2009)는 초등과 중등 교사양성과정의 구분을 폐지하고 규모 면에서는 종합대학 수준에서, 전문성 측면에서는 대학원 수준에서 교사를 양성하고, 교사자격은 학생의 연령(학년)을 고려하여 유치원과 초등학교 저학년, 초등학교 중·고학년, 5~9학년, 10~12학년 자격 등으로 세분화할 것을 제안하였다. 교육전문대학원 입학생은 6년 과정의 사범대학(교육대학교 포함) 졸업자, 일반 학부교육 4년 과정을 마친 자, 비사범계 출신 중 사회 경험자를 대상으로 입학시험(1차 시험)을 통해 선발하며, 2년의 교직 심화과정을 거쳐 졸업시험(2차 시험)을 실시한다. 교육실습은 대학원 수준에서만 이루어지며 인턴교사제와 유사하게 운영하여 일정 급여를 제공할 것을 제안하고 있다.

김정원 외(2012)는 미래형 교사교육체제로 2년제 교원전문대학원 신설, 기존 교육대학과 사범내학을 개편한 6년제 교원양성대학의 병행 운영 등을 제시하고 있다. 장기적으로는 초·중등 교사양성기관 통합 지향, 대학원 수준에서 교사 양성과정과 학자 양성과정의 분리 등을 제안하였다.

한편, 이부하, 정경욱(2015)은 중학생과 고등학생의 발달 차이, 교육목적의 차별화 필요성에 따라 기존 중등학교 정교사의 단일 자격을 중등학교 정교사(중학교)와 고등학교 정교사(고등학교) 자격으로 이원화하고 교사양성체제도 구분할 것을 제안한다. 즉, 중학교 교사양성은 사범대학을 중심으로 인성 및 사명감 교육 강화, 복수 전공을 의무화하며, 고등학교 교사양성은 교원전문대학원을 신설하여 전공과목교육을 강화하여 전문성을 강화한다. 교원전문대학원은 2년제로 사범대학 졸업자와 교직과정을 이수한 대학 졸업자를 대상으로 입학자격을 부여하고 지역 안배를 통하여 12개 대학원을 설치·인가할 것을 제안하고 있다.

복합모형은 현행 교사양성체제의 기본 골격을 유지함으로써 체제 변화에 따른 적응이 상대적으로 쉬우며, 교사양성과정의 유연성 및 개방성을 높이고 학생의 다양한 진로 선택권을 강화한다는 장점이 있다. 특히 고교학점제 도입과 연계하여 고교 심화 선택과목 담당 교사의 전문성 강화에 기여할 것으로 기대된다. 반면, 기존 교사양성체제의 구조조정 효과나 교사 수급 조절 효과가 미미할 수 있으며 다양한 교사양성과정 운영에 따른 혼란 등의 문제가 있을 수 있다. 대학원 수준 교사양성체제의 세 유형별 주요 특징을 정리하면 〈표 10-4〉와 같다.

〈표 10-4〉 대학원 수준 교사양성체제 유형별 특징

모형	기본성격	장점	단점	국내 유사 제도
2+4 모형	• 학부 교양교육 2년 후 4년간 교사 전문교육 실시	• 교원양성교육 기간 연장에 따른 교사 지위 향상 및 전문성 신장 • 현행 양성체제의 구조의 기본 골격을 유지함으로써 체제 변화에 대한 적응 용이 • 사범교육의 특성화 유지 가능(연계 과목 운영, 교직 사명감 교육 등) • 통합교과 담당교사 양성 및 복수 전공·부전공 교사 양성 용이	• 새로운 학제의 도입에 따른 혼란(학부 3학년에서 학생을 선발함에 따라 타 대학 및 학과의 학사 운영에 혼란 야기) • 우수학생 유치 애로	약학전문대학원
4+2 모형	• 4년제 학부교육 이후 2년간 교사양성 전문교육 실시	• 교직적성에 적합한 인력 선발 가능 • 교직사회의 개방화와 활력 증대 • 교직에 대한 학생의 선택 기회 확대 • 소수정예의 교사 양성교육에 의한 교사 수급 문제 완화 • 다양한 전공 간 융합, 프로	• 학부수준의 사범대학 폐지에 따른 반발 가능 • 교과내용과 교과교육의 연계성 및 통합성 저하 우려 • 통합교과 담당교사 양성 곤란 • 복수전공·부전공	법학전문대학원(4+3), 의학 전문대학원(4+3)

모형	기본성격	장점	단점	국내 유사 제도
		젝트 교수학습방식 가능 • 대학원 수준의 교원양성교육에 따른 교사의 사회적 지위 향상	교사 양성 곤란 • 교직사명감 약화 우려	
복합 모형	• 4년제, 6년제 및 4+2년제를 복합 운영 • 6년 과정 이수자: 석사학위 및 1급 정교사 자격부여, 고교교사 임용	• 현행 양성체제의 구조의 기본 골격을 유지함으로써 체제 변화에 대한 적응 용이 • 교사양성과정의 유연성 및 개방성 증진 • 학생의 다양한 진로 선택권 강화 • 고교 심화선택과목 담당교원 전문성 신장	• 모집단위 광역화 등 대학 구조조정 방향과 갈등 야기(구조조정 효과 미미) • 다양한 과정 운영에 따른 혼란 가능성 • 수급조절 효과 미약	

출처: 정일화(2016). pp. 288-289.

다. 초·중등 통합 교사양성체제

교사양성체제 개편에 대한 논의는 교사양성 기간이나 수준(학부, 대학원)을 조정하는 것뿐만 아니라 기존 교사양성체제를 통폐합하는 데 초점을 두기도 한다. 특히 우리나라의 경우 초등과 중등 교사양성체제가 분리·운영되고 있어 두 체제의 통합 논의는 지속적으로 제기되어 왔으며 초등 교사양성기관 간 통합도 논의되고 있다.

관련하여 이수광 외(2015)는 교·사대 통폐합(1안)과 전국 교육대학의 단일대학으로의 통폐합(2안)을 제안하고 있다. 초등과 중등 교사양성체제가 각기 문제가 있으며 이를 해소하기 위해 통폐합 방안을 검토할 필요가 있다는 것이다. 교·사대 통폐합은 학생 발달의 종합적인 이해와 교육과정의 풍부화를 위해 교육대학과 사범대학을 통합하고 초등과정과 중등과정으로 구분하여 운영하되 희망자에 따라서 초등과 중등 교사자격증을 동시 취득할 수 있도록 하는 방안이다(이수광 외, 2015). 이는 농어촌지역 초등교사의 과부족 문제 해결, 교·사대생들에게 다양한 교과목 선택권 보장, 복수전공제 의무화 추진에 용이하다는 장점이 있다(정일화, 2016).

전국 교육대학의 단일대학으로의 통폐합 방안(2안)은 단일대학 멀티 캠퍼스 개념의 통폐합을 의미하는 것으로 한국방송대학을 예로 들 수 있다. 전국 교육대학을 단일대학으로 통합하는 안은 공동 교육과정 개발·운영, 캠퍼스별

교육과정 특성화(다문화·통합교육·융합교육 등), 현장중심 교육과정 운영, 초등학교 저학년, 고학년 중점 전공제 도입 등 다양한 교육과정 운영 방식을 시험해볼 수 있는 장점이 있다.

그러나 정진곤(2001), 허종렬(2011)은 전국 교육대학교 통합 또는 권역별 교육대학교 통합보다는 융·복합 시대에 맞춰 인근 국립대학과의 통합을 통해 다양한 학문적 교류가 가능한 종합대학교로 개편할 것을 제안한다. 김재복(2004)은 초등과 중등 모두 목적형 교사양성체제를 강화하되 고등학교의 특정 분야 또는 과목에 한해 개방형을 허용하고 교육의 연계성을 위해 유아, 초등, 중등 교사양성을 통합한 교사양성기관의 종합화를 추진할 필요가 있다고 지적한다. 또한 임용시험 합격 후 수습교사제 도입, 교사양성과정 이수(졸업)와 자격 취득의 분리(교사자격 취득 요건이 미달될 경우 졸업은 하되 교사 자격을 수여하지 않는 방안) 등을 제안한다.

교사양성체제 통폐합을 제안하는 연구들은 대체로 다양한 학문적 교류와 학교급 간 연계를 강화하기 위해 종합대학에서 교사양성교육이 이루어질 필요가 있다는 점을 주요 장점으로 들고 있다. 이 점에서 전국 교육대학교의 통합 또는 권역별 통합은 한계가 있다. 물리적으로 분리된 캠퍼스를 유지할 경우 통합의 효과는 제한적일 수밖에 없으며, 교육과정 공동 운영, 대학별 교육과정 특성화 효과도 기대하기 어렵다.

라. 학교 중심 교사양성체제

대학 중심의 교사양성체제의 대안으로 영미권에서 발달한 학교 중심 교사교육체제(School Centered Initial Teacher Training, School-based Teacher Education: SCITT)를 들 수 있다. 특히 영국에서는 대학 중심 교사교육이 학교 현장에서 요구하는 실제적, 실무적 능력을 개발하는 데 한계가 있으며, 일부 여건이 열악한 지역에 교사 충원이 어려워짐에 따라 지역별 또는 전국 단위의 초·중등학교 연합체가 지원하는 학교 중심 교사양성체제가 발달하였다.

학교 중심 교사양성체제는 1990년대 중반 박영숙(1995), 박덕규(1997), 김재웅(1998)의 연구를 통해 국내에 소개되었다. 박덕규(1997)는 학교 중심 교사양성체제를 반대하는 영국의 고등교육기관 입장과 이를 지지하는 정부 간의 입장 차이를 정리한 바 있다. 고등교육기관은 학교 중심 교사교육체제는 우수한 교사는 전문적이고 고도의 지적 훈련을 통해서만 양성될 수 있다는 사실을 경시함으로써 교직의 전문성을 약화시키는 제도라고 본다. 반면, 영국 정부는 우수한 신규 교사양성은 대학에서만 가능하다고 보기 어려우며 전문적 경험과 지식을 구비한 우수한 경력 교사의 직접 지도에 의해서도 가능하다는 입장이다. 또 정부는 교사양성과정의 다양화와 경쟁 원리 도입을 통해 신규교사의 질을 높일 수 있다는 점에서 학교 중심 교사양성체제를 확대하고자 한다.

학교 중심 교사양성과정은 영국의 교사자격 취득 경로(학부과정, 대학원과정, 학교 중심 과정) 중 가장 큰 비중을 차지하고 있다(박상완, 박정우, 2019). 2015/2016년 기준으로 예비교사의 50% 정도가 SCITT를 이수한 것으로 나타났다(Eurydice, 2016).

미국에서는 1980년대 중반 이후 각 지역의 초·중등학교에서 현장에 적합한 교사를 직접 양성·훈련하는 학교 중심(school-based) 교사양성 프로그램이 교사자격 취득을 위한 새로운 과정으로 부각된 바 있다(박영숙, 1995). 전통적으로 교사양성은 대학에서 담당해 왔으나 학교 중심 교사양성체제는 학교와 지역 특성에 맞게 교사를 훈련함으로써 학교 현장에 적합한 교사를 양성하고자 한다. 이러한 학교 중심 교사교육에 대해 김재웅(1998)은 정치적으로는 공급자(교육학자) 중심으로 이루어졌던 교사양성과정의 패러다임을 수요자(교사) 중심으로 전환시키고, 인식론적으로는 기술적 합리주의가 지배했던 교사양성과정을 실천적 인식론에 바탕을 두는 과정으로 전환시키는 것으로 높이 평가하고 있다.

그러나 우리나라에서 학교 중심 교사양성체제 논의는 크게 진전되지 못하였다. 우리나라와 같이 교사양성체제와 관련 제도가 경직되어 있는 경우 다양한 교사양성체제의 도입 가능성은 상당히 불투명하다. 사실, 우리나라의 교사교육은 이를 규제하는 법과 정부 정책으로 인해 대학 중심이 아니라 정부 중심으로 이루어지고 있다고 할 수 있다. 다양한 교사교육체제나 교사교육 프로그램을 운영할 수 있는 제도적 유연성이 부족한 경우 대안적 교사양성체제에 대한 논의 자체가 무의미할 수 있다.

학교 중심으로 교사교육 체제를 전환하는 것은 물론이려니와 교사교육 기간을 연장하거나 대학원 중심 교사양성체제를 도입하는 데에도 마찬가지의 어려움이 있다. 다만 최근에는 현행 교사양성체제 내에서 대학별로 특성화된 교사교육 프로그램을 개발하기 위한 노력이 이루어지고 있고, 정부에서도 창의교육 선도 교원양성대학 운영사업, 교원양성교육 선도 사범대학 지원사업, 교원양성대학 시민교육 역량강화사업 등을 통해 이를 지원하고 있다. 새로운 교사양성 교육과정 개발·운영 사례는 제12장에서 좀 더 상세하게 다룰 것이다.

4. 소결

사회 환경 변화에 대응하여 교사양성체제 개편에 대한 요구는 높지만 우수한 교사를 양성하는 데 보다 적합한 교사양성체제는 어떤 것인가에 대해서는 다양한 입장 차이가 있다. 학부 수준의 교사양성체제를 유지하되 교사교육 기간을 연장해야 한다는 입장, 대학원 수준 교사양성체제 도입의 필요성을 주장하는 입장, 교육 수준을 높이거나 기간 연장으로 교사교육의 질을 담보하지 못한다는 입장, 초·중등 교사양성의 통합을 주장하는 입장, 대학 중심 교사양성에서 벗어나 학교 중심 교사양성체제 도입을 주장하는 입장 등은 각기 장단점을 가지고 있다.

그러나 이해관계자의 상이한 요구로 인해, 대안적 교사양성체제의 효과에 대한 불확실성으로 인해 교사양성체제 개편 논의는 무성하였지만 실지로 실현되지는 못하였다. 또한 교사양성체제 개편과 같은 구조적인 변화를 위한 소모적인 논쟁보다 교사양성 교육과정의 다양화, 특성화, 현장 적합성 강화 등 교사교육 내용의 질적인 변화가 더 중요할 수 있다. 김왕준(2016: 56-63)이 지적한 바 있듯이 정책이나 제도 변화 논의에서 긍정적인 측면, 장밋빛 청사진만 과장하여 보고 부정적인 영향이나 부작용을 소홀히 하는 것도 경계해야 할 것이다.

그럼에도 불구하고 1990년대부터 제기되어 온 교사교육의 문제가 지속되고 있고 보다 발전적인 논의가 이루어지지 못하는 것은 기존 체제가 견고하게 유지되고 있어 새로운 변화를 추구하는 데 한계가 있기 때문이라 할 수 있다. 물론 체제 변화는 내용의 변화를 보장하지 못함에 따라 교사교육 체제와 교육과정의 변화는 동시에 추진되어야 할 것이다. 교사양성체제 변화 요구는 교사교육의 목적, 내용, 방법, 거버넌스 등을 보다 바람직한 방향으로 개선하기 위한 것이다. 교사양성체제 변화가 교사교육의 질 개선을 보장하지 못하지만 교사교육 개선을 위한 노력을 촉구할 여지는 충분하다.

교사양성체제 개편은 현실적 제약과 미래 발전 방향이 조화되는 접점에서 이루어져야 할 것이다. 이해관계와 현실을 무시하는 경우에도 또 이를 지나치게 고려할 경우에도 기대하는 결과를 가져오기 어렵다. 이 장에서 검토한 교사양성체제와 관련한 쟁점, 다양한 대안적 교사양성체제의 장단점은 교사교육 개선을 위해 이상과 현실을 조화시키는 데 활용될 수 있을 것이다.

제11장 교사양성 교육과정[25)]

세계화, 지식 기반 사회, 정보통기술(ICT) 융합을 기반으로 하는 지능정보사회, 제4차 산업혁명 시대를 넘어 최근의 코로나19 팬데믹에 이르기까지 학교를 둘러싼 외적인 환경은 복잡 · 다양하게 변화하고 있다. 정규 학교교육에 의존하던 교육기회는 대안교육, 홈스쿨링 등 학교 밖의 다양한 교육기관, 프로그램의 발달로 확대되고 있으며 첨단 매체를 이용한 사이버 교육도 더욱 다양화되고 있다. 코로나19 팬데믹은 사이버 교육, 온라인 교육이 학교교육을 보완하는 수준이 아니라 학교교육 속에 적극적으로 통합될 수 있는 가능성과 한계를 실험하는 기회를 제공하고 있다.

학교교육의 내용과 방법의 변화는 교사의 교수학습 실천을 통해 구현되며 이를 뒷받침하는 것은 교사교육이다. 사회 변화에 따라 학교교육이 달라져야 하고 이를 위해 교사교육의 개혁이 필요하다는 논의는 지속적으로 제기되고 있다. 교육부 차원에서도 2010년대 이후 교원양성 선도 사범대학 지원사업, 창의교육 선도 교원양성대학 사업, 글로벌 교원양성 거점대학 지원사업, 교원양성대학 시민교육 역량강화사업 등을 통해 교사양성 교육과정 변화를 추진해왔다. 특히 교원양성 선도 사범대학 지원사업은 2010년 시작된 제3주기 교원양성기관 평가 결과와 연계하여 양성기관규모 적정화뿐 아니라 교원양성과정 선진화, 즉 교원양성과정을 미래형·융합형으로 개편해 나가는 것을 지원하는 것을 목적으로 하였다(교육부, 2011).

그러나 교사양성 교육과정 개혁을 제안하는 연구나 정부의 지원 사업을 통해 교사교육의 실제가 크게 변화하거나 개선되고 있다고 보기는 어렵다. 교사교육 개혁 요구는 반복적으로 제기되고 있고 그 내용도 크게 달라지지 않은 것은 이를 잘 보여준다. 또 정부 사업에 참여하는 일부 대학들은 재정 지원에 힘입어 교사양성 교육과정 개편, 새로운 프로그램 개발, 교사교육 기준 개발 등을 추진해왔으나(예: 주영주 외, 2005a; 충남대, 2013; 광주교대, 2015) 이러한 교사교육 개혁이 교사양성기관 전반으로 확산되거나 해당 대학 내에서도 지속적으로 추진되고 있는 것은 아니다.

교사는 체계적이고 의도적인 일정 기간의 교육과 훈련을 통해 그 전문성이 함양되는 것이며, 교사교육의 질은 교사양성기관에서 제공하는 교육과정의 질에 크게 좌우된다. 교사양성 교육과정은 본질적으로 학교 현장에서 요구되는 교사의 자질과 능력은 무엇인가, 학교에서 교사는 어떤 역할을 수행하여야 하는가, 교육 전문가는 어떤 능력과 자질을 갖춘 사람인가라는 질문에 기초하여 구성되어야 할 것이다. 또 이러한 기본 질문들이 교사양성 교육과정 편성·운영, 교사양성 교육과정을 구성하는 각 교과목에 충실하게 반영되어 있어야 할 것이다.

이러한 문제인식에서 이 장은 교사양성 교육과정의 지식 기반과 교육과정 구성 준거, 교사양성 교육과정을 구성하는 각 교과목의 성격, 교사양성 교육과정에 대한 학생들의 인식, 교사양성 교육과정의 발전 과제 등을 탐색한다.

1. 교사양성 교육과정의 지식 기반

가. 교수 지식 기반의 원천

교사양성 교육과정 구성의 근거가 되는 교수(teaching)의 지적 기반, 교수 지식의 성격이 무엇인가는 교사교육의 학문적 위상 논의에서 중요한 쟁점이 되어 왔다(Schneider, 1987). 종합대학 내에서 유사한 학과를 운영하는 일반대학과 사범대학의 차별성을 드러내기 위해 교사교육의 학문적, 이론적 정체성을 명료하게 설정해야 했기 때문이다(Clifford & Guthrie, 1987). 그러나 1980년대 중반까지도 교사들이 가져야 할 공통된 지식 체계가 무엇이며, 예비교사들이 각 교과에서 배워야 할 내용이 무엇인가에 대해 명확하게 합의되어 있는 것은 아니었다(Lanier & Little, 1986: 546). 교사교육 관련 핵심 이론과 지식 기반이 취약하다는 점은 대학에서 교사교육 학과의 위상을 약화시키는 요인이 되어 왔다(Schneider, 1987).

교사교육의 지적 기반으로서 교수 지식의 원천을 체계적으로 정리한 연구자는 슐만(Shulman, 1987)이다. 그는 교수 지식의 원천(source)을 크게 네 가지를 제시하고 있다. 첫째, 각 학문 분야의 학문적 성과와 전공교과의 내용 지식이다. 교사는 자신이 가르치는 교과의 구조, 주요 개념의 조직 원리와 탐구 원리를 깊이 이해해야 하며, 학생들이 교과를 이해하도록 돕는 가장 중요한 자원이다. 교사는 학생의 다양성에 따라 유연하고 다면적으로 교과를 이해하고, 같은 개념이나 원리를 다양한 방식으로 설명할 수 있어야 한다.

둘째, 제도화되어 있는 교육 자료와 환경이다. 여기에는 교육과정, 시험, 규칙, 전문적 교사 조직, 정부 기관, 통제와 재정지원 등이 포함된다. 다양한 교수학습 자료와 구조는 학교교육의 목적을 실현하기 위해 만들어진 것이며, 교사는 이러한 구조 내에서 가르치는 일을 수행하고 있다는 점에서 교육 자료와 정책, 환경 등은 교수 지식 기반의 원천이라 할 수 있다.

셋째, 학교교육, 사회 조직, 인간 학습, 교수와 발달, 교사들이 하는 일에 영향을 미치는 다른 사회적·문화적 현상에 대한 연구 등 교육학적 연구이다. 이는 학교교육의 과정, 교수와 학습을 이해하는 데 도움이 되는 연구, 문헌들로 교육의 규범적, 철학적, 윤리적 기초에 관한 것뿐만 아니라 교수, 학습, 인간 발달에 관한 경험적 연구의 주요 결과와 방법들을 포함한다. 교수에서 가장 중요한 것은 훌륭한 교육을 구성하는 것이 무엇이며 잘 교육받은 학생은 어떤 것인가에 대한 비전을 풍부하게 해주는 것이며, 이 점에서 볼 때, 교사들에게 교육 목적, 비전에 대한 정보를 줄 수 있는 철학적, 비판적, 경험적 문헌과 교육학적 연구는 교수 지식 기반을 구성하는 주요 부분들이다.

넷째, 교사의 가르치는 일 그 자체에서 나오는 지혜이다. 이는 가장 성문화하기 어려운 교수 지식의 원천이다. 교수 개념은 교사의 교수 실제에 관한 지혜를 수집, 성문화, 요약함으로써 구체화될 수 있다. 훌륭한 교수 실제는 훌륭한 교수 기준을 설정하는 주요한 원천이 된다. 전문직으로서 교직의 문제 중 하나는 실천가들이 가지고 있는 지식이 체계적으로 정리되어 있지 않다는 점이다(Schneider, 1987; Lanier & Little, 1986). 실천가(교사)들은 자신들이 구체적으로 정리하려고 시도하지 않았지만 가르치는 일에 대해 상당히 많은 것을 알고 있다는 점에서 교사의 실제적 지식, 암묵적 지식을 수집하고, 대조하고, 해석하는 노력 및 관련 연구가 필요하다.

교수 지식 기반의 원천은 교수에 관한 연구가 발달하면서 교사교육 분야의 새로운 탐구 영역의 하나로 계속 발전하고 있다. 교수의 성격, 특성에 대해 더 많이 알게 됨에 따라 훌륭한 교사의 특성이나 교사의 교직 수행을 보다 잘 이해할 수 있으며(Shulman, 1987), 교수 지식 기반의 원천도 보다 확장되고 있다. 교사교육 실제 이해와 연구를 통해 교수 지식 기반의 원천을 지속적으로 개발, 확장해 나가야 할 것이다.

나. 교수 지식 기반의 범주

교수 지식 기반의 원천은 교사들이 갖추어야 할 지식 체계를 도출하고 명료화하는 데 기여한다. 슐만은 교직이 전문직이라는 주장 이면에는 교수 지식 기반이 존재하며 이것이 점차 발달하고 있다는 기본적인 가정이 함의되어 있는 것으로 본다(Shulman, 1987). 즉, 교직이 전문직이라는 것은 교직에 고유한 전문적 지식이 존재하며, 교사는 그러한 지식에 대한 이해를 갖추고 있어야 한다는 것이다. 교수 지식 기반의 원천에 근거하여 슐만은 교사들이 가져야 할 공통된 지식 체계를 일곱 가지로 범주화하고 있다.

- 교과내용지식(content knowledge)
- 일반 교육학적 지식으로 교과를 전달하는데 필요한 학급경영과 조직에 관한 광범위한 원칙과 전략을 말함.
- 교육과정 지식. 교육과정 자료와 프로그램에 대한 이해를 말함.
- 교육학적 내용 지식(pedagogical content knowledge). 이는 교사의 독창적인 영역이며, 전문적 이해에 관한 교사 자신의 특별한 지식 형태를 말함.
- 학습자와 그들의 특성에 대한 지식

• 교육적 맥락에 대한 지식으로 집단이나 학급에서부터 학교구의 거버넌스와 재정지원, 지역사회와 문화의 특성 등을 포괄함.
• 교육의 목적, 과정, 가치, 철학, 역사적 토대에 대한 지식

이러한 교수 지식 범주 중 슐만은 교과교육지식의 중요성을 가장 강조하였다. 이것은 교수에 관한 지식의 독특한 체계를 규정하는 것으로 특정 전공교과내용과 수업 방법을 학습자의 특성에 알맞게 조직하고 적용하는 것에 관한 지식을 말한다. 이는 교과내용과 교육학이 혼합된 것으로, 특정한 주제, 문제 또는 쟁점들이 어떻게 조직·제시되며, 또 학습자의 다양한 관심사와 능력 수준에 따라 어떻게 인식되는가에 대한 교사의 이해를 나타낸다.

슐만의 교수 지식 기반 범주가 제시된 지 거의 20년 후에 달링-하몬드와 브렌스포드(Darling-Hammond & Bransford, 2005)는 교사들이 무엇을 배워야 하는가 하는 학습의 관점에서 교사의 학습 영역을 크게 세 가지로 구분하고 각 영역별 하위 지식을 제시하였다([그림 11-1] 참고). 이는 첫째, 학습자에 대한 지식(학습, 발달, 언어발달에 대한 지식), 둘째, 교과와 교육과정에 대한 지식(교과, 교육과정 및 교육목적에 대한 지식), 셋째, 교수에 대한 지식(교과교수, 다양한 학습자, 학습평가, 학급운영, 협력 지식)이다.

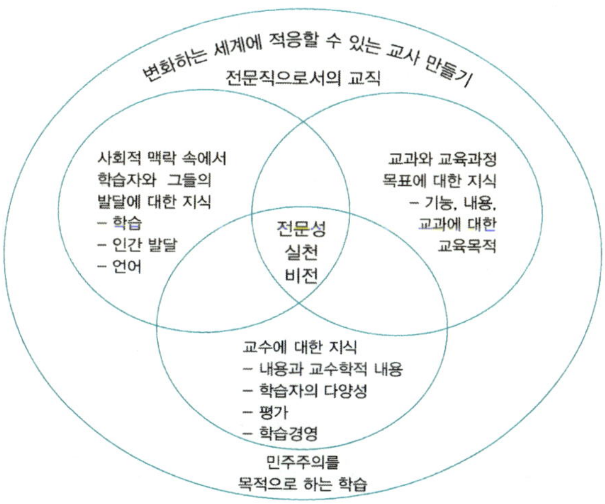

[그림 11-1] 교수-학습 이해를 위한 틀

출처: Darling-Hammond & Bransford(2005/2009). p.28.

슐만, 달링-하몬드와 브랜스포드가 제시한 교수 지식 체계는 교사양성 교육과정을 구성하는 근거가 되고 있다. 우리나라 교사양성 교육과정 구성에서 교수 지식 체계는 교원자격검정령에 기초한 교사자격 취득 요건에 반영되어 있다. 교원자격검정령(제19조 3항)에 따르면 교사자격 무시험검정에 합격하기 위해서는 전공과목(교과, 교육과정에 대한 지식) 50학점 이상, 교직과목(학습자, 교육과정, 교수에 관한 지식) 22학점 이상을 이수하고 교직 적성 및 인성 검사 적격 판정, 응급처치 및 심폐소생술 실습과 성인지 교육 이수 요건을 충족해야 한다. 슐만, 달링-하몬드와 브랜스포드가 제시한 교수 지식 기반과 우리나라 교사양성 교육과정 구성을 대응시켜 보면 〈표 11-1〉과 같다.

〈표 11-1〉 교수 지식 기반, 교사의 학습영역과 우리나라 교사양성 교육과정

슐만의 교수 지식 기반	달링-하몬드와 브랜스포드의 교사학습 영역	교원자격검정령의 교사양성 교육과정 구성
전공교과지식	교과와 교육과정에 대한 지식	전공과목(교과내용)
교육학 지식	교수에 대한 지식	교직과목
교육과정 지식	교과와 교육과정에 대한 지식	교직과목
교과교육지식	교수에 대한 지식	전공과목(교과교육)
학습자의 특성에 대한 지식	학습자에 대한 지식	교직과목
교육적 맥락에 대한 지식	교수에 대한 지식	교직과목
교육의 목적, 과정, 가치, 철학, 역사적 기초에 대한 지식	교수에 대한 지식	교직과목

출처: 박상완(2016). p.75.

2. 교사양성 교육과정 편성·운영을 위한 준거

가. 동시적 교육과정과 연속적 교육과정

교사양성 교육과정 편성·운영 원칙으로서 동시적 교육과정과 연속적 교육

과정은 전공교과(subject matter)와 교직교과(professional studies)를 이수하는 시간적 순서에 따라 교사교육과정을 구분하는 방식이다(Ben-Peretz, 1995). 동시적 교육과정 구성은 전공교과와 전문교과(교직교과)가 동시에 개설, 운영되는 것을 말하며 이는 주로 교사교육을 목적으로 하는 목적제 교사양성기관에서 운영된다. 우리나라 사범대학이나 교육대학에서는 1학년부터 전공교육 외에 교직이론(교육기초학) 프로그램을 제공하고 있다는 점에서 동시적 교육과정을 취한다고 볼 수 있다. 연속적 교육과정 구성은 전공과정을 이수한 후 교직과정을 이수하고 교육실습에 참여하는 것을 말한다. 우리나라의 일반대학 교직과정은 대학 3학년 이후 교직과정을 이수하므로 연속적 교육과정으로 운영된다고 볼 수 있다.

나. 공식적 교육과정과 잠재적 교육과정

초·중등학교 교육과정과 마찬가지로 교사양성 교육과정에도 잠재적 교육과정(hidden curriculum)이 존재한다. 잠재적 교육과정은 프로그램의 구조나 과정뿐 아니라 제도적 맥락을 통해서 학생들에게 전달되는 메시지로 정의할 수 있다(Ben-Peretz, 1995). 교사교육에서 잠재적 교육과정의 특징은 다양하게 나타나고 있다. 첫째, 가르치는 일은 낮은 계층 출신자들이 주로 갖는 직업이며 전문가 집단으로서 교사의 권력은 미약하다는 점이다. 둘째, 대학의 교사교육 강좌나 현장 실습 등은 지식에 대한 통합적 관점보다 분절적 관점을 전달한다. 셋째, 지식은 주어진 것이며 당연한 것으로 받아들여지며 비판적 사고는 상대적으로 장려되지 않는다. 잠재적 교육과정 논의는 공식적 교사교육과정에서 간과되고 있는 측면을 부각시키고 교사교육과정을 이해하는 시각을 확장시켜 준다는 점에서 의의가 있다(Ben-Peretz, 1995).

다. 전문성 기준 교육과정과 이수학점 기준 교육과정

우리나라에서 교사양성 교육과정 편성·운영은 교원자격검정령에 명시된 신규 교사자격검정 요건에 근거를 두고 있다. 우리나라에서 신규 교사자격검정은 무시험검정으로만 이루어진다. 교사양성 교육과정을 운영하는 기관(대학, 대학원)에서 일정한 학점을 이수하고 성적 기준, 기타 요건(교직적·인성검사 등)을 충족하면 별도 시험 없이 교사자격을 취득할 수 있다. 이러한 신규 교사

자격검정 기준은 교사양성 교육과정 편성·운영을 위한 최소 기준이며 교육과정의 질을 보장하는 수단이기도 하다.

미국, 호주, 영국, 싱가폴 등 일부 국가에서 교사교육의 질 보장을 위해 교사 전문성 기준(teacher professional standards)을 정하고 이에 따라 교사양성 프로그램을 구성·운영하고 있으나 우리나라는 이러한 성격의 교사 전문성 기준을 두고 있지 않다. 대신 교사양성 교육과정의 교과목 편성 기준(전공과목, 교직과목), 이수학점수, 성적 기준을 두고 있으며, 교원양성기관 평가(2018년부터 실시되는 5주기 평가부터 교원양성기관 역량진단으로 명칭 변경)를 주기적으로 실시하고 있다. 그러나 교원양성기관 평가/역량진단 지표는 매 주기마다 갱신되고 있어 교사교육 수준이나 실태를 객관적으로 파악하고 비교할 수 있는 준거로 활용되지 못하고 있다(이차영, 2014).

우리나라에서도 교사양성 교육과정 편성·운영의 준거가 될 기준 설정, 교사양성 교육과정 표준화에 대한 논의가 제기된 바 있다(박용헌, 1994; 정진곤 외 2004; 이창덕 외, 2005; 교육혁신위원회, 2006). 사범대학 교육과정 표준모형은 전국 사범대학에 공통적으로 적용되는 획일적 표준과정이 아니라 교사자격을 부여할 수 있는 과정으로서의 기준 설정을 제안한 것이다.

국가나 교원양성기관 협의회 차원에서 교원양성 교육과정을 구성하는 주요 교과목의 교수요목(실러버스)을 개발할 필요성도 제기된 바 있다(김이경 외, 2004). 교육부가 매년 발간하는 교원자격검정실무편람에 제시되고 있는 교직과목과 교과교육과목의 교수요목을 보다 확대, 발전시키자는 것이다. 보다 최근에 발표된 임연기(2013)의 연구에서는 교직과목의 표준교육과정 개발을 주장하였으나 모든 교원양성기관이 동일한 교원양성과정을 운영해야 하는지에 대해서는 의문을 제기하고 있다. 마찬가지로 황규호 외(2014)는 교원양성 교육과정에 대한 국가 수준의 엄격한 기준과 함께 각 교원양성기관의 특수성과 자율성을 고려할 필요가 있다고 지적한다.

교사양성 교육과정의 표준화 또는 최소 기준 설정은 교사양성대학의 자율성을 제한하고 교사교육 운영의 획일화를 유도할 것이라는 우려의 소리도 높다(김경자, 2007). 그러나 교사양성 교육과정 구성·운영을 위한 기준은 교사교육의 질적 수준을 최소한으로 보장하기 위해 불가피하게 요청된다고 보아야 할 것이다. 다만, 이러한 기준은 현재와 같은 이수학점수, 교수요목이 아니라 초·중등학교의 교육목적을 실현할 수 있는 교사의 전문성, 교사교육의 목적, 가치, 비전 등을 반영한 것이어야 할 것이다. 주요국의 교사 전문성 기준을 모델로 다양한 전문가의 참여 하에 우리나라 고유의 교사 전문성 기준을 개발할 수 있을 것이다.

3. 교사양성 교육과정의 구성과 성격

가. 교사양성 교육과정의 구성

교사양성 교육과정을 범주화하는 방식은 연구자에 따라 차이가 있다. 조석훈 외(2007)는 전공과목(교과내용, 교과교육), 교직과목(교육학, 교육실습)으로 구성된 이원모델로, 박상완(2007a)은 전공교육과 교직교육에 교양교육을 포함하여 세 영역으로 구분하고 있다. 고재천 외(2005)는 초등에 초점을 두고 교사양성 교육과정을 교양과정, 전공과정 및 자유선택의 세 가지로 구분하고 전공과정에 일반 교육학, 교과교육학, 교과내용학, 교육실습을 포함시키고 있다. 이는 교직과정(교육학)을 전공영역으로 구분함으로써 교사양성대학의 교육과정이 일반대학과 차이가 있다는 점을 강조한 것이다.

주영주 외(2005a)의 연구에서는 중등에 초점을 두고 교원양성 교육과정을 교육학, 교과내용학, 교과교육학, 교육실습의 네 영역으로 구분하였다. 여기서 교양교과는 교원양성 교육과정을 이수하는 학생들에게만 제공되거나 교원양성대학이 독자적으로 운영할 수 있는 영역은 아니라는 점에서 제외되었다. 그러나 교사교육에서 교양교육의 강화와 독자성을 강조하는 입장도 있다(Conant, 1963; Borrowman, 1956; 이홍우, 1980). 이 입장에서는 교양교과를 교사양성 교육과정을 구성하는 주요한 영역으로 간주하고 교사양성교육과 연관된 독자적인 교양교육을 강화할 것을 제안한다.

종합하면, 교사양성 교육과정은 교양교육, 전공교육, 교직교육의 세 영역으로 구분되며, 전공교육은 다시 교과내용교육과 교과교육으로, 교직교육은 교직이론(교육기초학과목)과 교육실습으로 구분할 수 있다. 이는 교사양성기관에서 각 교과를 담당하고 있는 단위(학과 또는 전공)를 중심으로 한 구분이며 교직교육을 전공교육과 분리시킴으로써 교사양성교육의 독자성을 강조한 것이다. 미국 등 주요국에서 구분하는 바와 같이 전문교육(professional studies)으로서 교사양성교육의 범위를 좁게 규정하면 교사양성교육은 전공교육 중 교과내용교육을 제외한 교과교육과 교직교육으로 한정된다. 교사양성 교육과정의 구성을 정리하면 [그림 11-2]와 같다.

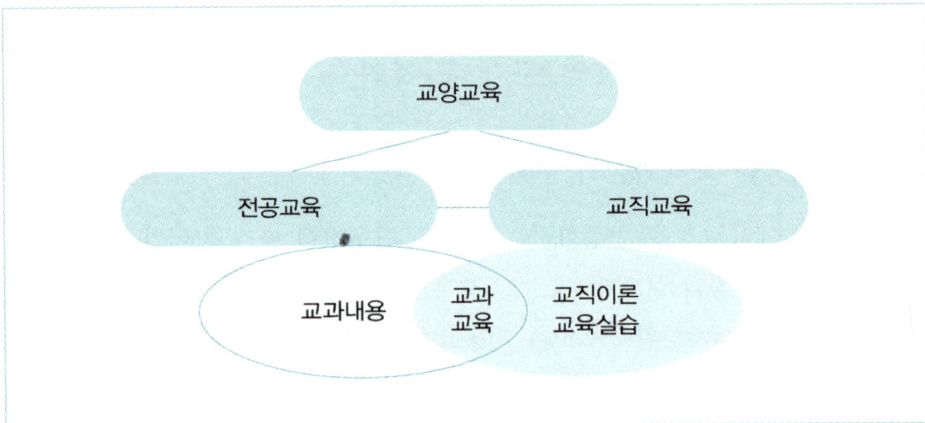

[그림 11-2] 교사양성 교육과정의 구성

나. 교양교육의 성격과 쟁점

교사양성 교육과정의 한 영역으로서 교양교육은 일반교양 및 다양한 학문영역에 관한 교육으로 교사의 역할 수행에 필요한 지적인 기초를 확립하기 위한 과정이다(진동섭, 1998). 일부에서는 교사양성교육에 적합한 교양교육이라는 점에서 교직교양이라 칭하기도 한다(이창덕 외, 2005). 그러나 교사양성교육에 적합한 교양교육이 별개로 존재하는가, 이때 교양교육의 성격은 무엇인가, 교양교육과 전문교육의 관계는 어떻게 설정할 수 있는가 등이 교양교육과 관련하여 주요 쟁점으로 제기되어 왔다(Ben-Peretz, 1995).

교사교육에서 교양교육의 중요성을 강조해 온 코난트(Conant, 1963)는 교사들을 위한 교육과정은 기술적·직업적인 면에 초점을 두기보다 지적으로 깊이 있고 엄격하게 구성될 필요가 있으며 전문교육(교직교육)과 교양교육의 통합을 주장해 왔다. 이와 유사한 맥락에서 바로우만(Borrowman, 1956)은 구체적이고 실제적인 문제에 대한 해결책을 제공하는 데 초점을 둔 교사교육을 반대한다.

그는 교사교육에서 전문교육과 교양교육은 대립되는 것이 아니라 자유교양 전문교육(liberal-professional education)과 기술적 전문교육(technical-professional education) 관점이 대비된다고 주장하면서 후자의 입장에서 전문교육을 추구하는 것을 비판하였다.

그러나 교양교육이 전문교육과 어떻게 연계될 수 있는가 하는 점은 여전히 문제로 남는다. 특히 중등 교사양성 교육과정에서 교양교육은 교사교육 프로그램과 분리, 단절되어 있다. 종합대학에서 교양교육은 사범대학이 아닌 다른 단과대학 중심으로 운영되고 있어 교사양성교육에 적합한 교양교육을 운영하기는 어려운 형편이다. 우리나라에서 교육대학이나 한국교원대학과 같이 교사양성을 목적으로 설립된 단설대학의 경우 독자적인 교양교육을 운영할 수 있지만 이들 대학에서 운영되는 교양교육의 양적, 질적 취약성은 2000년대 초부터 제기되어 왔다(박연호 외, 2003; 김명수, 2003).

교사양성교육에서 교양교육은 자유교양적 전문교육이라는 관점에서 이루어질 필요가 있다. 즉, 교사교육에 적합한 교양교과가 무엇이며, 교사로서 기초적인 소양과 관점을 길러주는 데 적합한 교양교육을 개발·운영할 필요가 있다(박연호 외, 2003). 또한 교양교육과 전문교육을 구성하는 각 교과(교과내용교육, 교과교육, 교직교육)의 연계 방법은 교사교육에서 지속적으로 탐구되어야 할 것이다.

다. 교직교육의 성격과 쟁점

1) 교직이론(교육기초학)

교사양성 교육과정의 한 영역으로서 교육기초학(foundation of education studies)은 다양한 학문 영역에서 유래된 개념과 이론으로 구성되어 있다(Borman, 1990). 우리나라에서 교육기초학은 교직과목으로 편성·운영되고 있으며 하위 학문 분야로는 다문화 교육, 교육철학, 교육사, 교육과정 이론, 교육쟁점과 동향, 교육의 사회적 기초, 교육심리, 비교교육, 교육에서의 인간관계 등이 포함된다(Borman, 1990; Sirotnik, 1990). 우리나라에서 교직과목은 교육사, 교육철학, 교육사회, 학교·학급경영, 교육심리, 교육과정, 교육행정 및 교육경영 등 교육학의 분과 학문으로 구성되어 있다.

교육기초학의 다양한 학문적 배경에도 불구하고 이들을 교육기초학이라는 범주로 묶어주는 공통점은 교육에 관한 해석적, 규범적, 비판적 관점을 길러주는 교육기초학의 성격에서 찾을 수 있다(Borman, 1990). 즉, 교육기초학은 교육과 관련된 사회적 쟁점과 지식이 교사의 학급운영이나 수업과 어떻게 관련되는가를 이해할 수 있게 해주는 역할을 한다(Borman, 1990: 395).

그러나 교사양성교육에서 교육기초학은 실제적인 유용성을 강조하는 입장으로부터 비판받고 있다. 교육기초학 지식이나 관점을 잘 아는 것이 교사 효과성을 증진시키는 것인지 분명하지 않다는 것이다. 우리나라에서도 교육기초학(교육학 과목)은 이론 중심적이고 학교 현장에서 별로 도움이 되지 못한다는 비판을 받아 왔다. 그러나 교육기초학은 예비교사들이 복잡한 교수 활동을 이해하도록 하는 가장 적절한 수단이며, 교육 실제를 개선하는 능력, 교육의 목적을 검토하고 현실적 대안을 탐구할 수 있는 기회를 제공해 주며, 이론과 실제 간의 균형을 유지하는 역할을 한다. 교육기초학의 교육내용과 방법은 이러한 본래적 성격에 맞게 재구조화되어야 할 것이다.

2) 교육실습

교육실습은 교사양성 교육과정 중 가장 유용한 것으로 평가받고 있으며 교사교육 프로그램에는 다양한 형태의 실습과목이 포함되어 있다(Griffin, 1986). 교육실습은 예비교사들의 교수에 관한 불안을 감소시키고 실제적인 교수 기술을 기르는 데 도움을 주며, 교직 실제와 가장 밀접하게 관련된 교과목이라 할 수 있다(Tisher, 1990: 75). 교육실습을 통해 예비교사들은 대학에서 배운 내용을 연습할 뿐만 아니라 교직 실제에 대한 현장 확인과 이해의 경험을 갖기도 한다. 즉, 교육실습은 현장 확인의 기회와 부분적인 연습의 기회의 성격을 동시에 가지고 있다(이홍우, 1980).

예비교사들은 교육실습을 높이 평가하고 있으나 이러한 경험으로부터 배우는 학습의 가치가 무엇인가는 명확하지 않다. 그리핀(Griffin, 1986)은 일찍이 교육실습과 관련된 주요 문제를 정리한 바 있다. 즉, 예비교사들에게 적절한 경험을 제공하기 위해 실습 지도교사와 대학의 실습 담당자들에게 요구되는 기술은 무엇인가, 이를 어떻게 훈련할 것인가, 교육실습 경험의 내용은 무엇이 되어야 하는가, 학교와 대학 간의 조화와 협력을 증진하기 위한 효과적인 수단은 무엇인가, 예비교사들이 실습 경험의 과정, 가치, 결과를 공유하고 실습이 예비교사들에게 의미 있는 경험이 되도록 하기 위해 어떤 제도적 보완이 필요한가? 이는 오늘날에도 여전히 유용한 질문들이다.

교육실습에서 대학의 역할, 대학과 학교 현장과의 연계는 우리나라에서도 문제가 되어 왔다. 실질적으로 교육실습에 대한 책임, 즉 실습생의 교육과 평가는 실습학교의 실습 지도교사가 담당해 왔으며, 대학에서는 교육실습 자료를 마련하고 간단한 오리엔테이션을 실시하고 있을 뿐이다. 대학 교수와 실습 지도교사 간 연계, 협력 부족, 실습학교의 실습생 수용 능력 한계, 실습 담당 교사의 전문성 부족, 실습학교에 대한 대학의 지원 부족 등은 교육실습과 관련하여 제기되는 주요 문제들이다(강현석, 2013; 정미재, 정제영, 2012; 박영숙 외, 2017). 교사양성 교육과정으로서 교육실습이 예비교사들에게 의미있는 경험을 제공하기 위해서는 교육실습과 관련된 주요 질문과 문제들이 해결되어야 할 것이다.

라. 전공교육의 성격과 쟁점

1) 교과내용교육

전공교과(교과내용교육)는 교사가 알아야 할 핵심 지식으로 교사양성 교육과정의 핵심 구성요소이다. 여기서 교과내용교육은 교과의 구조, 기술, 개념, 아이디어, 가치와 사실 등에 대한 전문적 지식과 학문 추구의 방법에 관한 교육을 말한다(진동섭, 1998).

교사들이 자신이 가르치는 교과에 대해서 알아야 할 것은 교과에서 다루는 주요 주제 그 이상이며(Ball & McDiarmid, 1990) 교사는 교과 그 자체의 지적인 구조와 본질, 특정한 지식을 아는 것이 왜 가치 있는가를 설명할 수 있어야 한다(Shulman, 1987). 예를 들어, 역사 교사는 과거의 사건과 인간에 대한 상세한 지식을 가지고 있어야 하며 동시에 역사란 무엇이며 역사적 지식의 성격, 과거에 대해 무엇인가를 찾아내고 또 안다는 것은 무엇을 의미하는가를 이해해야 한다(Ball & McDiarmid, 1990).

전공교과와 관련하여 제기되는 주요 질문은 교사들이 전공교과 지식을 아는 것은 무엇을 의미하는가, 어떤 요소들을 포함하는가, 교사들은 언제, 어떻게 교과내용 지식을 학습하게 되며 이러한 과정에 영향을 주는 요인들은 무엇인가, 교과지식 학습의 결과는 무엇인가 등으로 요약할 수 있다. 볼과 맥디아미드(Ball & McDiarmid, 1990)에 의하면 예비교사들이 교과내용에서 배우는 것은 지식뿐 아니라 교과 간 유사성과 차이점에 대한 이해 등을 포함한 교과에 관한 지식, 특정한 교과나 주제에 대한 선호 등 교과에 대한 성향 등을 포괄한다.

예비교사들이 교과내용 지식을 학습하는 경로와 과정, 교사들이 갖는 교과지식의 원천은 매우 다양한데 이는 크게 세 가지로 정리할 수 있다. 대학 입학 전 초·중등학교 교육 경험, 대학에서의 전공교육, 학교 현장에서의 교수 경험이다(Ball & McDiarmid, 1990). 초·중등학교에서 받은 교육 기간은 대학보다 길 뿐만 아니라 초·중등학교에서 학습한 교과의 내용은 예비교사들이 실제로 가르쳐야 할 내용과 유사하다. 교사들은 대학에서 배우지 않았던 내용이나 주제들도 가르쳐야 하는데 이때 교사들은 자신이 학생이었을 때 배운 교과지식에 의지하게 된다(Ball & McDiarmid, 1990). 대학에서 학습하지 않았지만 교사들이 가지고 있는 교과에 대한 개념, 지식은 교사 자신의 초·중등학교 경험의 결과물이라 할 수 있다.

교사들의 전공교육에 대한 준비는 대학의 교사교육을 통해서 이루어지지만 교사들이 갖고 있는 교과지식의 원천은 공식적 교사교육보다 매우 다양하고 오랜 기간 동안 형성된다. 또한 교과에 대한 교사의 이해 정도나 수준은 학생들의 학습 기회, 학습의 정도에 영향을 미치게 된다. 즉, 교과내용뿐 아니라 교과의 성격과 인식론에 대한 교사의 이해 수준은 학생들이 무엇을 배우는가에 영향을 미친다. 이는 교사교육에서 교사들이 보다 깊이 전공교과를 이해하도록 해야 한다는 것, 전공교육을 통해 예비교사들이 무엇을 배우는가에 보다 주목할 필요가 있으며, 이를 강화해야 함을 시사한다.

2) 교과교육

슐만(Shulman, 1987)이 전공 학문과 일반 교육학이 결합된 영역으로 교과교육을 교수 지식의 핵심 요소로 제안한 이래 교사양성교육에서 교과교육의 비중, 중요성은 커지고 있다. 우리나라에서 교과교육은 1990년대 초 교직과목의 하나로 처음 도입되었으며 현재는 전공교육으로 구분되고 있다.

교과교육(pedagogical content knowledge)은 교수 방법론 강좌와 교수에 관한 연구를 통해 생성된 지식에 기초를 둔 강좌를 말한다. 교과교육은 예비교사들이 교과를 가르치기 위해 먼저 교과를 이해하는 것에서부터 새로운 방식으로 교과를 학생들에게 설명할 수 있게 되기까지 학습자에서 교사가 되는 준비 과정의 핵심이라 할 수 있다. 교과교육은 교과를 이해하는 것을 넘어서 교과를 재조직하고 학생들이 이해할 수 있도록 교과에 다양한 활동, 감정, 은유, 예제 등을 적용하는 것을 학습하는 과정이다. 교과교육은 학생들이 교과 수업을 잘 이해할 수 있도록 학생의 다양한 관심사에 맞추어 교과내용을 구체화하고 새로운 지식, 방법을 적용하며 수업을 통해 전달하는 능력에 관한 전문적 지식이 포함된다(World Bank, 2005/2005: 197).

이러한 교과교육은 일반대학과 사범대학의 차별성을 드러낼 수 있는 교사양성교육의 핵심이라 할 수 있다. 전공교육과 교직교육의 성격을 모두 포함하고 있는 교과교육은 일반 교육학에 비해 최근에 발달한 학문 분야로 우리나라에서는 교과교육의 성격과 내용 구성이 교사교육자에 따라 많은 차이가 있다는 문제가 제기되고 있다(김갑성 외, 2009). 각 과 교과교육 간 중복, 차별성 부족 문제는 초등학교 10개 교과별 교과교육을 이수해야 하는 교육대학에서 특히 문제로 제기되고 있다(김갑성 외, 2009).

교사양성 교육과정에서 교과교육은 교직교육과 전공교육을 연계, 통합하는 핵심 영역으로서 다양한 이론적·실제적 연구를 통해 교과교육의 학문적 체계나 내용은 계속 발전하고 있다. 교사교육에서 교과교육의 비중이 낮아 이를 높여야 한다는 요구가 제기되고 있으며 이는 특히 중등 교사교육에서 계속 쟁점이 되고 있다.

4. 교사양성교육을 통한 예비교사의 경험과 이해의 성장

교사양성교육을 통해 학생들은 어떻게 미래의 교사로서 성장, 변화해 가는가? 교사양성과정 동안 학생들은 어떤 경험을 하며, 교사로서의 정체성, 교직, 교수, 교과에 대한 이해는 어떻게 발달해 가는가? 이 과정에서 교사양성교육은 어떤 역할, 기여를 하고 있으며, 한계는 무엇인가? 이러한 질문에 답하기 위해서는 교사양성과정에 있는 학생들의 관점, 경험을 분석한 연구들을 검토할 필요가 있다. 이들 연구는 주로 심층면담조사, 참여관찰 등 질적 연구방법을 활용하고 있으며 반성적 저널 쓰기, 자서전적 글쓰기와 같이 학생들이 직접 자신의 경험과 생각을 기술하는 자료를 토대로 한다.

가. 교사로서의 정체성

교사양성교육의 전 과정은 원칙적으로 예비교사들이 교사로서의 정체성을 개발하고 발달시키는 데 기여한다. 구체적으로 교양, 전공(교과내용과 교과교육), 교직과목, 교육실습 등으로 구성되는 교사양성 교육과정, 대학의 강의는 예비교사 경험의 상당 부분을 차지한다. 그러나 대학의 강의가 교사로서의 정체성을 개발하는데 영향을 미치는가의 여부, 그 정도는 학생에 따라 상당한 차이를 보인다.

교직 과정을 수강하면서 전공(교과) 지식의 중요성을 깨닫는 경우도 있고, 첫 제자를 가르치는 교육실습 경험을 감동적으로 느낌으로써 또 수업 시연을 통해 학생에서 교사로 정체성이 변해가는 경험을 하게 되기도 한다. 한재영(2012)은 이러한 예비교사의 정체성 변화 과정을 학생 → 예비교사(대학생) → 교생 → 교사 → 학생으로 정리하고 있다. 또한 한채영(2012: 86)은 예비교사들이 단순히 교사양성 프로그램에 참여하는 것만으로 전문적인 교사로서 정체성을 습득하는 것이 아니라 자기반성의 과정을 통해 지속적인 숙고, 사유의 결과 이를 개발하게 되는 것임을 강조한다.

대학의 공식적인 교사양성 교육과정뿐 아니라 다양한 경험이 예비교사들이 교사로서의 정체성을 형성, 개발하는데 기여한다는 점은 김갑성 외(2009)의 연구에서도 밝히고 있다. 이 연구에서는 특히 교육실습이 학생들이 스스로 자신의 교직 적성을 파악할 수 있는 중요한 계기가 됨을 보여준다. 교육실습은 현장 경험을 통해 교직에 대한 자신의 적성과 능력을 재확인하고 교직에 대한 진출을 최종 결정하는 시기(김갑성 외, 2009: 151)이다. 학생에 따라서는 대학에서 3년간 배운 것보다 교육실습 때 현장에 나가 배운 것이 훨씬 많다고 하는데, 이 때의 배운 것이란 학교 현장에서만 배울 수 있는 실제적인 것을 의미한다.

그러나 사범대학을 졸업한 신임교사를 대상으로 한 김병찬(2008)의 연구에서 교육실습은 수박 겉핥기 과정으로 평가되고 있다. 즉, 교육실습은 교직이수를 위한 하나의 형식적인 과정일 뿐이지, 제대로 된 실습이 이루어지지 않았다는 것이다. 이는 교사양성과정 중 가장 실제적인 과정으로 그리고 예비교사들이 가장 긍정적으로 평가하는 과정인 교육실습의 의미와 의의가 상대적일 수 있음을 보여준다. 현직 교사들의 눈으로 돌이켜볼 때 교육실습이 갖는 의미는 크지 않은 반면, 실제적 경험 기회가 적은 예비교사들의 눈에 교육실습의 의미가 상대적으로 더 크게 부각되는 것으로 이해된다.

다만, 이러한 연구 결과는 교사양성과정에서 실제적인 경험을 제공하는 기회가 더 많아질 필요가 있으며, 대학의 이론과 학교 현장의 실제가 연계될 필요가 있음을 시사하는 의미로 이해된다. 특히 김갑성 외(2009)의 연구에 참여한 교대생과 사대생들이 모두 성적에 맞추어, 교직이 주는 안정성에 기반한 소극적 동기로 교원양성기관에 진학하였다는 점에서 이러한 필요성은 더욱 큰 것으로 보인다.

나. 교과지식 및 교수방법 학습과 이해

교사양성 교육과정은 예비교사들이 미래의 교사로서 갖추어야 할 전공교과지식과 교수학습 방법을 함양할 수 있도록 구성된다. 그러나 예비교사들이 교사양성 교육과정을 통해 경험하는 내용과 전공교과에 대한 이해의 수준은 상이할 수 있다. 이에 따라 교사양성 교육과정을 구성하는 각 교과목과 교육실습이 예비교사들에게 어떤 의미가 있으며, 학생들이 경험하는 교육과정은 어떤 것인가, 교사양성 교육과정이 예비교사의 교과나 교수학습 방법에 대한 이해를 증진하는데 기여하는가에 관심을 두는 연구들은 예비교사를 대상으로 심층적인 면담 등 질적 연구를 수행해왔다(김갑성 외, 2009; 김병찬, 2008; 한재영, 2012; 노경주, 2012).

노경주(2012)는 교육대학교 4학년을 위해 개설된 교수법 강좌의 수강생 16명을 대상으로 예비교사의 개인적, 실제적 이론의 내용과 형성 원천을 분석하였다. 반성적 저널쓰기 방법을 통해 분석한 예비교사의 개인적, 실제적 이론은 교수 · 학습(학업지도, 생활지도, 인성 · 정체성 · 진로 지도), 학생과의 관계, 교사 자신, 교육 환경과의 관계 순으로 관심의 비중을 나타냈다. 예비교사들이 갖는 개인적, 실제적 이론이 형성되는 원천은 교육실습, 초 · 중 · 고등학교에서 교육받은 경험, 개인적 삶의 경험, 교사양성기관에서 교육받은 경험의 순으로 나타났다. 노경주(2019)는 초임교사 5명을 대상으로 한 최근 연구에서는 초등교사 양성교육의 정체성 확립을 주요 과제로 제시하고 있다.

김병찬(2008)은 사범대학을 졸업한 교직경력 3~5년인 초임교사 6명을 대상으로 사범대학 교육경험의 의미를 질적으로 분석하였다. 심층면담 결과를 토대로 김병찬(2008)은 사범대학의 교육과정 각각에 대해서 다음과 같은 주제어를 부여하였다. 교과내용학 과정은 학자 되기 위한 것 배우기로, 교과교육학 과정은 빈약한 것 배우기, 교직과목 과정은 교육학 이론 배우기, 교육실습 과정은 수박 겉핥기, 잠재적 교육과정은 가랑비에 옷 젖기이다.

이 연구에서 초임교사들은 자신들이 사범대학 재학 시절 배웠던 교과내용학 과목은 학문 지향적 성격이 강하며, 넓이보다는 깊이를 추구하고, 학교에서 가르치는 것과 다른 것을 다루는 과정으로 기억하였다. 전공교과와 교수학습 방법 지식이 통합한 교과교육학 과정은 교육내용도 부족하고, 이수 시간도 부족하며, 방법론도 부족한, 총체적으로 빈약한 것으로 언급하였다. 교직과목에 대해서는 교육학 이론을 배우는 과목, 오래된 이론과 외국의 이론을 배우는 과정으로 기억하였다. 교사양성 교육과정 중 예비교사들이 가장 긍정적으로 평가하는 교육실습에 대해 김병찬(2008)은 수박 겉핥기로 명명하였다. 이는 사범대학의 교육실습 기간이 충분하지 못할 뿐 아니라 실습학교의 준비도, 협조도 부족한 데 따른 것이다.

한편, 이러한 공식적 교사양성 교육과정 외에 사범대학에서 이루어지는 다양한 활동과 경험들을 김병찬(2008)은 잠재적 교육과정으로 보고 그 특징을 가랑비에 옷 젖기로 명명하였다. 이는 교사양성을 목적으로 하는 사범대학에서는 자연스럽게, 알게 모르게 교사 준비 분위기가 형성된다는 점을 표현한 것이다. 이러한 잠재적 교육과정은 공식적 교사양성 교육과정의 지적 영역 편중을 보완해 주는 역할을 하여 정의적, 정서적 측면에서 교사를 준비시키는 역할을 한다(김병찬, 2008: 124-125).

다. 중등 교사양성 교육과정에 대한 비판적 평가

교사양성과정에 있는 학생들이 경험하는 교육과정의 특성을 가장 체계적, 포괄적으로 분석한 연구는 한국교육개발원의 연구과제로 수행된 김갑성 외(2009)가 있다. 이들은 2개 교육대학과 2개 사범대학에 재학 중인 예비교사 46명을 대상으로 교사양성 교육과정을 이수하는 과정에서 실제로 무엇을 배우고 경험하는가를 분석하였다. 이 연구는 교육대학과 사범대학 예비교사들 간의 차이(예: 전공교과에 대한 인식, 실제적 유용성에 대한 요구 정도)도 어느 정도 보여주고 있다.

주요 분석 결과를 요약하면, 사범대 학생들은 사범대학의 교육과정에 대해 어떤 내용은 너무 많이 배우고, 어떤 내용은 정말 필요한데 배우지 못하는 것으로 인식하였다. 또한 대학 강의에서 교육과정과 상이한 교과목명이나 교과목표와는 다른 방식으로 수업이 진행되는 경우도 있음을 경험하였다. 학생에 따라 다소 차이는 있지만 대체로 사범대학생들은 일반 학과와 동일한 교과내용학을 배운다는 사실에 불만을 제기하였다.

특히 중등학교의 교육과정 수준을 넘어서는 고등 수준의 학문을 배우는 것에 대해(수학과의 경우 이러한 반응이 두드러지게 나타났다) 엇갈리는 견해를 보였다. 한편으로는 해당 교과의 고등 학문을 배우는 것은 해당 교과의 주요 원리와 개념 습득에 도움이 되고 이는 학생들에게 교과를 보다 체계적, 효과적으로 가르칠 수 있는 기반을 형성해 줄 것이라고 인식하였다. 반면, 일부 학생은 대학의 전공교과 수업에서 학교교육에서는 다루지 않을 고등학문을 다루는 것이 학자가 아니라 교사가 될 자신들에게는 적합하지 않다고 생각하였다.

교과교육학 과목에 대한 사범대 학생들의 반응을 보면, 교과교육학 과목이 전공교과의 특성과 무관한 일반적인 교수-학습모형이나 방법으로 구성된다는 점, 교과교육학 수업이지만 실제 전공교과 내용 심화로 가르쳐지고 있다는 점 등의 문제가 제기되었다. 이에 따라 대학교육과정을 학교교육과정으로 번역하고 해석하는 작업은 학생들 개인이 해야 할 일로 인식되고 있다. 기타 사범대학의 교육과정의 문제점으로는 교과내용학 중심 교육과정 편성, 교과교육학 과목 부족, 교과교육학 과목의 교수 방법은 일반적인 원리를 다루는 내용이 주를 이루고 있다는 점, 중·고등학교 교육과정의 내용 분석은 조금 다루어지거나 거의 다루어지지 않는다는 점, 임상 경험이 적은 점, 실제 경험과 전문성을 갖추지 못한다는 점 등이 지적되었다.

교과교육학 교육의 비중과 운영 방식은 교육대학과 사범대학의 교사교육에서 큰 차이를 보이는 부분이기도 하다. 교육대학에서는 초등학교 교사가 가르쳐야 할 10개 교과에 대한 교과교육 전문성을 기른다는 교육목표 하에서 각 교과(교과내용학)에 대한 심층적 내용을 다루기보다 초등학교 교육과정 내용을 중심으로(교과교육 중심으로) 강의가 이루어지고 있다. 이에 따라 교과내용학과 교과교육학의 구분이 용이하지 않다(김갑성 외, 2009). 이는 사범대학에서는 교과교육이, 교육대학에서는 교과내용교육이 상대적으로 부족하다는 점을 시사한다.

현직 교사 대상 설문조사, 교사와 교육전문직 대상 면담조사를 토대로 교사들이 가장 어려워하는 직무와 직무 영역별로 교사양성기관에서 보다 강화해야 할 교육내용(교사양성 교육과정에 대한 요구)을 분석한 정미경 외(2010)의 연구에서는 현직 교사들이 가장 어려워하는 직무는 생활지도, 학생 및 학부모 관계를 포함한 인간관계, 수업방법 적용 등 세 영역으로 나타났다. 또 교사양성 교육과정에서 전공과목과 교과교육과목 이수비율 확대, 교육실습 확대와 교직 소양과목 확대에 대한 요구가 많았다.

라. 초등 교사양성 교육과정에 대한 비판적 평가

또한 교육대학 학생들은 10개 전공교과의 교과교육학을 이수하게 되는데 전공교과별로 교과교육학의 내용이 차별화되지 못하고 유사한 내용이 반복된다는 점을 문제로 언급하였다. 교육대학의 교사양성 교육과정의 주요 특징은 전공교과에 대한 지식보다는 교과교육에 대한 지식을 주로 가르치는 데 치중되어 있다(김갑성 외, 2009). 또한 각 교과과정에 제시된 교육내용을 넘어서는 교과지식에 대한 심층적인 지식은 다루지 않으며, 학생들은 교과지식에 대한 내용은 고등학교 때 배운 내용에 많이 의존한다고 언급하였다는 점에서 문제의 심각성은 더하다.

이는 우리나라 초등교사들이 갖는 교과 전문성이 고등학교 수준에 머물러 있을 가능성이 높다는 점에서 문제가 된다. 이 연구에 참여한 일부 학생들은 심화전공과정을 통해 전공교과에 대한 안목이 형성된다는 점을 심화전공의 장점으로 지적하였다. 반면, 학교교육과정과의 연계가 전혀 이루어지지 않은 채 일반 학문 내용만 제시될 때 그 의미를 발견하기 어렵다고 생각하는 학생들도 있었다. 실제 일부 학생들은 초등학교 학생들을 잘 가르치기 위해 배워야 하는 지식은 고등학교 수준의 지식이라고 생각하고 있었다(김갑성 외, 2009).

이러한 상반된 학생들의 반응에서 볼 때, 교육대학의 교사양성교육의 목적과 교육과정 구성 전반을 재검토할 필요가 있다. 교육대학에 재학하는 모든 학생들이 초등학교에서 다루는 교과에 대한 전문적, 지적 안목이 형성되는 경험을 하지 못한 채, 학교교육과정과 연계된 전공교육 즉, 초등학교에서 가르치는 교과 수준 정도의 전공지식만 함양하기를 기대한다면 초등교사의 교과 전문성은 대학 수준이 아니라 고등학교 수준에 머무르게 될 것이다. 이 경우, 초등 교사양성을 4년제 대학 수준에서 할 필요가 있는가라는 문제가 제기된다. 이는 또한 중등학교 수준의 사범학교에서 2년제 초급대학을 거쳐 4년제 일반대학 과정으로 발달해온 초등 교사양성체제의 변화에 걸맞게 초등 교사양성 교육과정이 적절히 개편되지 못했음을 시사한다.

보다 최근에 발표된 초등 교사양성교육에 관한 연구로는 서강식 외(2016)를 들 수 있다. 이 연구에서는 초등 교사양성대학에 재학 중인 4학년 학생을 대상으로 교육과정 만족도와 교육과정 개선 요구를 조사하였다. 주요 결과는 첫째, 학생들은 현재 자신이 다니고 있는 대학교의 교육과정에 대해 만족한다는 응답보다 만족하지 않는다는 부정적이 응답이 더 많았다. 교육과정 영역 중 가장 만족하는 영역은 예술체육 실기가 가장 많았으며, 교과교육학, 교직교육, 심화과정, 교양, 외국어 교육의 순으로 나타났다.

둘째, 현재의 졸업이수학점 및 시수에 대해 이를 현행대로 유지해야 한다는 의견과 축소해야 한다는 의견이 거의 대등하게 나타났다. 졸업학점과 이수시수의 차이 및 일치에 대해서는 차이를 축소해야 한다는 의견이 가장 많았다. 셋째, 필수과목을 축소하고 선택과목을 확대할 필요에 대해서는 필요하다는 의견과 보통이라는 의견이 비슷하게 나타났고, 선택과목을 확대하기를 원하는 학생은 40% 정도였다. 다섯째, 교육과정 개선에 대해서는 현장 연계 과목 강화에 대한 요구가 높은 반면 지역 특성화 과목 신설 및 강화에 대해서는 보통 수준으로 응답하였다. 교사양성 교육과정에서 지향해야 할 혁신 가치는 전문성이며 주요 과제로 현장 적합성 제고 등이 언급되었다.

5. 교사양성 교육과정의 문제와 개선 과제

교사양성 교육과정의 문제는 교사양성교육(체제)을 주제로 한 대부분의 연구에서 제시되어 왔으며(황규호 외, 1999; 김명수, 2003; 정진곤 외, 2004; 조경원, 2004; 김갑성 외, 2009; 김정원 외, 2012; 박수정 외, 2015; 박영숙 외, 2017) 그 내용도 크게 다르지 않다. 이들 연구는 교사양성 교육과정을 이해의 대상이기보다 개선의 대상으로 파악함으로써(이홍우, 1980; 유한구 외, 1994) 교사양성 교육과정의 실제를 드러내는 데에는 한계가 있지만 개선방향, 개선과제를 확인하고 정리하는 데 도움이 된다.

가. 교사 핵심 능력 중심 교육과정 구성: 직전교육과 현직교육의 분화

교사양성 교육과정은 학교 현장에서 필요로 하는 직무수행능력과 자질을 갖춘 교사를 교육하기 위해 구성·운영된다. 교사양성교육을 통해 길러내고자 하는 교사상은 사회에서 요구되는 학교의 역할과 기능, 교사교육의 패러다임, 학교급의 특성에 따라서 달라질 수 있다. 따라서 교사양성 교육과정은 미래사회 교사들이 갖추어야 할 주요 자질과 능력이 무엇인가를 구체화하고 이를 기준으로 재구조화되어야 할 것이다.

교사가 갖추어야 할 능력과 자질은 단기간에 형성되는 것은 아닐 뿐만 아니라 교사에게 요구되는 자질과 능력도 계속적으로 변화해 간다. 로티(Lortie, 1975/2017)가 지적하듯이 예비교사들은 초·중등교육을 거치면서 가르치는 일에 대한 개인의 신념과 선호, 선입견과 내면화된 경험을 가지고 있다. 교사교육은 예비교사들이 과거에 무의식적으로 학습한 것을 이성적으로 통제할 수 있도록 도와주어야 할 것이다. 이를 위해 자서전, 소설, 전기, 수업 동영상 등을 활용해볼 수 있다. 이러한 교사교육을 통해 예비교사는 자신의 가치와 이해에 기초해서 다양한 교수방법을 선택할 수 있고 과거의 경험과 현재의 관행, 요구를 종합할 수 있을 것이다(Lortie, 1975/2017: 391-392).

아울러, 교사의 전문성 발달은 평생에 걸쳐 이루어진다는 점에서 교사양성 교육에서 평생교육적 접근이 필요하다(주영주 외, 2005b: 122). 교사양성교육은 가르치는 일을 준비하는 교육이며 학생들이 가르치는 일의 불명료성과 복잡성에 대처할 수 있는 능력을 신장하고 다양한 교수방법을 배울 수 있도록 구성되어야 할 것이다(Lortie, 1975/2017: 391). 융통성, 평생학습 능력은 교사의 중요한 자질이 된다. 평생학습 관점에서 교사의 전문성 개발을 위해 직전교육에서 해야 할 일과 현직교육에서 해야 할 일이 무엇인가에 대한 체계적인 분석이 필요하다.

교사양성교육에서 할 수 있는 것과 해야 할 것을 구분하지 않고 4년간의 짧은 교육을 통해 이후 20년 이상 지속될 교직 생활에서 요구되는 모든 것을 가르치고 배울 수는 없을 것이다. 이 점에서 교사양성교육은 특정한 지식과 기능에 초점을 두기보다는 평생에 걸쳐 학습하는 능력, 가르치는 것을 학습하는 능력(learning to teach)을 개발하는 데 초점을 두어야 할 것이다.

나. 사회 변화에 따른 현장 적합성과 협력을 강화한 교육과정 구성

국제화, 지능정보화 사회의 발달에 따라 학교교육의 기능은 전통적인 지식 중심의 교육에서 다양한 학습자들의 특성에 맞는 학습 경험과 기회를 제공하는 것이 중요해지고 있다. 교사들은 학생들이 살고 있고 또 앞으로 일하게 될 미래 사회의 특성과 사회 변화의 흐름을 파악하고 새로운 사회에 학생들을 준비시킬 수 있어야 할 것이다(Hargreaves, 2003).

2000년대 이후 국제적 인적 교류 확대, 국제결혼 증가 등에 따라 우리나라 학교에서도 언어와 문화적 배경이 다른 학생의 비중이 증가하고 있다(교육인적자원부, 2006). 이에 따라 교사양성교육에서 다문화 교육의 중요성, 다문화가정 자녀 지도, 소규모 학교에서의 학급경영 및 학생지도 등 미래 사회 변화에 따른 새로운 교과 또는 주제들을 유연하게 편성·운영할 것이 요구되고 있다.

교사교육의 교육내용과 방법에서의 변화도 요구된다. 포트폴리오, 사례연구법, 반성적 교수법 등 다양한 교수학습 방법과 효과적인 교수기법 등을 활용함으로써 교사양성교육의 효과성을 높일 필요가 있다. 계층이나 지역 간 교육격차가 심화됨에 따라 교사양성 교육과정에서 개인차를 고려한 교과지도, 학습결손 예방 등에 관한 준비도 강화할 필요가 있다.

아울러 교사양성교육에서 교사교육자와 현장 교사 간 협력 수업, 현장 실습의 비중, 집단적 노력, 협력의 기회를 더 많이 제공하는 것도 중요한 과제이다. 관련하여 로티(Lortie, 1975/2017: 398-399)는 의과대학에서 해부학 수업을 소규모의 팀으로 구성하고, 건축학 강좌들은 그룹 프로젝트를 부과한다는 점을 들어 교사양성과정에서 동료에게 의지하고 상호협력하는 것을 배울 것을 제안한다. 이를 위해 로티가 제안하듯이 개인주의적 성향보다 집단적인 성향을 가진 학생, 동료 간의 협동을 선호하는 학생들이 교사양성과정에 들어올 수 있도록 이를 변별할 수 있는 방법을 개발하고 교사의 개인주의적 사고, 성향에 변화를 주기 위해 교사양성교육에서 집단 활동, 팀 프로젝트, 소규모 집단(cohort, team 등) 기반 프로그램 운영 등을 보다 강화해야 할 것이다.

다. 이론(이해)과 실제(수행능력)의 조화

교사양성 교육과정 구성에 있어 주요 문제 중 하나는 실제적인 경험과 지적 교육 간의 긴장과 갈등이라 할 수 있다(Lanier & Little, 1986: 551). 일반적으로 이론은 번역과 적용의 과정을 통해서 실제를 가이드하며 반대로 이론은 실제로부터 추출된다(Ben-Peretz, 1995). 그러나 교사교육은 예비교사들의 실제 교직 생활에 도움이 되지 못하거나 실제와 밀접하게 연계되지 않는다는 비판을 받아 왔다. 이에 따라 대학의 교사교육과 교직 실제를 연계시키고자 하는 다양한 시도가 이루어져 왔다. 전문성 개발 학교(Professional Development School)나 현장 중심의 교사교육 모델, 반성적 교사교육 등의 아이디어는 그 예라 할 수 있다. 대학의 교사양성교육과 교직 실제 간 연계 및 통합 문제는 미래의 교사양성 교육에서도 여전히 주요 과제가 될 것이다.

한편으로 교사양성교육에서 이론보다 실습(실제)을 강조할 경우, 예비교사들은 가르치는 일은 주의 깊은 사고와 학문이 아니라 시행착오와 경험을 통해 배우는 것이라는 생각을 갖게 될 것이라는 우려도 제기된다(Lanier & Little, 1986). 교사양성교육이 교사로서 요구되는 실제적인 직무수행능력에 초점을 둘 것인가, 교수에 관한 학문적 이해에 초점을 둘 것인가, 학문적 이해와 실제적 기능 중 어느 것을 이상적 교사의 자질로 보다 중요시할 것인가 하는 문제는 양자택일의 문제로 보기 어렵다(유한구 외, 1994). 이상적인 교사상은 폭넓은 학문적 이해뿐만 아니라 학교와 교실에서의 역할을 성공적으로 수행할 수 있는 능력 등 두 가지 다른 측면을 모두 포함하기 때문이다.

교사양성 교육과정에는 교양과목과 교육기초학뿐 아니라 교육실습과 교과교육과목을 중요한 영역으로 포함하고 있다. 또한 이들 교과목은 그 성격상 학문적 이해나 실제적 기능을 보다 더 강조할 수는 있으나 전적으로 어느 하나의 가치만으로 구성되는 것은 아니다. 교사양성 교육과정을 구성하는 모든 교과목은 이론과 실제, 학문적 이해와 실제적 기능을 모두 포괄하고 있다. 따라서 학문적 이해를 제공하는 과목과 직무수행능력을 제공하는 과목이 따로 있다는 가정 하에 양자 사이의 상대적 비중을 조정하는 데 교육과정 편성·운영의 초점을 둘 것이 아니라 양자 사이의 통합이 필요하다(유한구 외, 1994). 교사의 직무, 교과를 가르치는 일 안에서 학문적 이해와 실제적인 직무수행능력은 서로 밀접한 관계를 맺고 있는 것으로 보아야 할 것이다.

라. 교사교육자에 대한 지원 강화

교사양성 교육과정 개선을 위해서는 교육과정의 내용과 편성·운영 방법의 개선과 더불어 교사교육자로서의 교수의 능력을 개발하고 지원할 필요가 있다. 교사양성교육에서 교수진의 문제는 우리나라의 경우 대체로 교과교육 전공자의 부족 문제, 교수진의 학교 현장 경험 부족 및 학교 현장에 대한 관심 부족 측면에서 제기되어 왔다(조경원, 2004). 특히 교사교육자들의 학교 현장 경험이 강조되면서 정부는 교육대학이나 사범대학의 교수 채용 시에 교직 경험이 있는 사람을 우대할 것을 권고하기도 한다.

교직 기회가 매우 제한되어 있는 우리나라 여건에 비추어볼 때 교수 임용 전에 교직경력을 요구하는 것보다 더 중요한 문제는 교수 임용 후에 현장 경험과 교류를 확대할 수 있도록 지원해 주는 일일 것이다. 이러한 제도는 특히 교육대학을 중심으로 발달하고 있는데 대부분의 교대에서 신임 교수들에 대해 현장 수업 참관을 승진 심사의 중요한 요건으로 반영하고 있으며 현장 교사와의 협동연구, 현장연구 등의 기회를 확대하고 있다.

그러나 일부 교사교육자들은 교대나 사범대학 임용 후에 학문적 정체성에 혼란을 겪기도 하고 교사교육자로서의 새로운 역할에 적응하는 데 어려움을 경험하기도 한다. 특히 교육대학의 경우 초등 교사양성을 위한 단설대학으로서 독특한 대학 문화가 형성되어 있고 대부분의 교사교육자들이 중등 교사교육 경험과 배경을 가지고 있어 교사교육자도 교수 임용과 더불어 초등교육, 초등 교사양성에 적합한 사회화 과정을 경험한다고 볼 수 있다. 따라서 교사양성 교육과정의 질을 높이기 위해서는 교사교육자의 교수 능력 개발과 학문 활동을 어떻게 지원할 것인가 하는 문제를 중요하게 고려해야 할 것이다. 대학의 교수학습센터는 학생뿐 아니라 교수를 위한 다양한 프로그램 개발을 더욱 강화해야 할 것이다.

6. 소결

교사양성교육을 개선하기 위한 접근법은 다양할 수 있다. 교사양성체제 개편, 교사자격검정 기준 개선, 교원양성기관 평가/역량진단 등 제도적인 변화와 더불어 보다 중요하게 고려되어야 할 점은 어떤 교사를 양성할 것인가에 대한 명확한 목표 설정과 그에 맞는 체계적인 교육과정을 구성·운영하는 일일 것이다. 즉, 교사양성 교육과정은 학교교육의 역할과 기능은 무엇인가, 가르치는 일이란 무엇인가, 학교에서 교사의 역할은 무엇인가, 교사들이 자신의 역할을 효과적으로 수행하기 위해 어떻게 교육받아야 하는가 등 핵심 질문에 기초하여 구성되어야 할 것이다.

이와 더불어 교사양성 교육과정에서 제공되는 다양한 경험을 통해서 예비교사들이 실제로 무엇을 배우는가를 알아야 할 것이며 이와 관련된 연구들도 보다 활성화될 필요가 있다(Cochran-Smith & Zeichner 2005). 교사양성교육을 통해서 예비교사들이 실제로 무엇을 어떻게 학습하고 있으며, 교사양성 교육과정을 구성하는 각 교과 간 연계와 통합, 교수내용과 방법의 혁신이 어떻게 수용되고 있는가, 대학과 학교 간 협력, 교수 간 공동 강의나 협력 실태와 문제는 무엇인가 등 교사양성교육과 관련하여 지난 수년간 반복적으로 제기되어 온 문제와 개혁안(주영주 외, 2005b: 25)을 보다 실증적으로 검토할 필요가 있다. 훌륭한 프로그램에 대한 피상적 수준의 특성 분석을 넘어서 이러한 프로그램이 어떻게 예비교사들의 능력 발달에 기여하는지, 교원양성 교육과정의 각 영역과 교과목 내에서 이러한 특성들이 어떻게 통합되는지 등을 명료하게 분석할 필요가 있다(Zeichner & Conklin, 2005: 701).

교사양성교육을 통해서 학교 현장에서 요구되는 모든 요구들을 다 수용하기는 어렵다. 이 점에서 평생교육(학습) 관점에서 교사양성교육과 현직교육의 유기적 연계와 역할 분담이 중요하다. 미래 학교교육의 기능 및 이에 기초한 교사의 역할, 요구되는 자질과 능력을 확인하고 교사양성 교육과정에서 중점을 두어야 할 부분과 현직교육을 통해서 계속적으로 개발되어야 할 부분을 명확히 할 필요가 있다.

제12장 교사교육의 거버넌스[26)]

1. 거버넌스의 개념과 교사교육 거버넌스
2. 교원양성기관평가/역량진단 제도의 발달과 주요 특징
3. 교원양성기관평가/역량진단과 교사교육의 거버넌스
4. 소결

교육정책 결정은 대부분 정부 주도형으로 이루어진다. 교육정책 결정 및 집행 과정에서 정부는 유일한 주체는 아니지만 핵심 주체로서 다양한 이해관계자들의 의견을 수렴·조정하는 역할을 담당하고 있다. 이 과정에서 교사는 정부가 해결해야 할 정책문제일 뿐 아니라 정부 정책을 수행하는 핵심 주체라는 이중적 역할을 한다. 교육정책에서 교사가 갖는 이러한 이중적인 위상은 우리나라만의 현상은 아니다.

코헨(Cohen, 1995: 13)은 교육의 질 저하는 교사들의 교수 지식 및 교수 기술 부족, 설명식 수업 방식, 학생에 대한 낮은 기대 등에 기인하지만 동시에 교사들이 교과지식을 높이고 새로운 교수법을 개발하지 않는다면 학생의 학습은 변화하지 않을 것이라는 점에서 교사가 교육의 질 저하의 요인이자 이를 해결할 수 있는 핵심 주체라는 점을 지적한 바 있다. 교사는 경우에 따라 해결해야 할 교육 문제의 대상이자 교육 문제 해결을 위해 정부 정책이 의존해야 할 주체(agent)라는 것이다.

대부분의 교육정책이 그렇지만 특히 교원정책 결정 과정에서 이해관계자

간 갈등과 분쟁, 대립구조, 경쟁 양상은 첨예하게 표출되어 왔다(박균열 외, 2013: 318). 교원능력개발평가제, 교장공모제, 교원성과급제 도입 과정은 이를 잘 보여준다. 이러한 갈등과 대립은 교원정책에 관련된 이해관계자가 교원, 학부모, 학생, 대학, 시민단체 등으로 광범위할 뿐 아니라 수요자-공급자로 대비되듯이 상반된 이해관계를 가진 교사와 학생, 학부모, 상이한 이념을 가진 교원단체 등 다양한 요인에 기인한다.

교사교육 분야도 예외는 아니다. 교사교육체제 개편, 교사양성 교육과정 개선 등 교사교육의 구조, 내용, 방법 등에 관한 결정은 대학 구성원뿐 아니라 일선 학교, 정부, 시도교육청 등이 주요 영향을 미친다. 교사와 교사교육 정책에 영향을 미치는 다양한 요인, 교사교육에 관한 주요 정책 결정 구조적 특징 등은 교사교육 거버넌스에 대한 분석을 통해 파악해볼 수 있다. 교사교육 거버넌스는 교사교육에 영향을 미치는 환경적 요인(Lanier & Little, 1986), 교사교육이 이루어지는 맥락(Corrigan & Haberman, 1990)을 분석한 연구들에서 다루어져왔다.

국내에서는 박균열 외(2013)가 교원정책이 지향해야 할 굿 거버넌스 지표를 제안한 바 있다. 굿 거버넌스 개념을 교사교육에 적용해보면 교사교육의 굿 거버넌스는 교사교육에 관련된 다양한 주체, 즉 정부, 교육청, 대학, 학교 등이 조화를 이루는 체제라 할 수 있다. 교사교육 거버넌스 분석은 교사교육에 관련된 이해관계자의 범위와 이들 간 관계, 교사교육의 맥락을 명확하게 할 수 있다는 점에서 의의가 있다.

이러한 배경에서 이 장에서는 교사교육 거버넌스 개념과 주요 특징을 분석한다. 교사교육 거버넌스는 유동적, 역동적인 것으로 교사교육체제 개편, 교육과정 변화, 쟁점이 되는 교사교육 문제(정책)에 따라 다양하게 변할 수 있다는 점에서 교사교육 분야 주요 정책 중 정부와 대학의 역할과 책임 분담이 잘 드러나는 교사양성기관평가/역량진단 제도를 중심으로 교사교육 거버넌스의 주요 특징을 분석·논의한다.

1. 거버넌스의 개념과 교사교육 거버넌스

가. 거버넌스의 개념

교육에 대한 국가의 독점적이고 관료적인 통제는 1980년대 들어 교육체제 운영의 비효율성과 교육의 질 저하의 원인으로 비판받기 시작하였다(김민조, 2007). OECD 국가들에서는 1980~90년대에 걸쳐 중앙정부에서 지방으로의 행정적 분권과 단위학교의 자율성 확대 등 정치적, 행정적 분권화 개혁을 진행해왔다(Mons, 2006). 이 과정에서 교육체제 운영에 관한 거버넌스의 변화가 나타나고 있으며 이는 주요 교육정책의 내용과 운영방식 결정에 누가 권한과 책임을 가질 것인가라는 질문을 야기하고 있다.

거버넌스(governance)의 개념은 연구자에 따라 다양하게 정의되고 있다. 1970년대부터 널리 논의되기 시작한 거버넌스 개념은 초기에는 정부의 통치 행위나 통치과정, 행정부의 집행 능력, 정부의 지시와 통제를 의미하는 것으로 이해되었다. 1980년대 이후 시민사회 성장, 지방 분권 발달 등으로 정부의 정책 결정에 다양한 주체가 참여하면서 거버넌스는 통치의 새로운 과정, 사회(제도, 정책)가 운영되는 새로운 방식을 의미하는 개념으로 확장되고 있다(박균열 외, 2013: 319). 이러한 거버넌스 개념은 다양한 이해관계자 간 통제권이 배분되는 방식(Murphy, 2000), 공공 서비스의 내용, 실행과 전달에 관한 법적 구속력이 있는 의사결정을 핵심으로 한다(Marks & Hooghe, 2004: 15).

최근에는 중앙정부 권한의 수평적(다양한 비정부 행위자들 간) 확장과 수직적(다양한 지방 행정 단위 간) 확장, 그리고 거버넌스의 상호의존성을 강조하는 다층 거버넌스 개념이 제시되면서 거버넌스 논의는 보다 확장되고 있다(Bache & Flinders, 2004). 관련하여 신현석(2010)은 중앙 및 지방정부 그리고 단위학교 차원에서 종적 또는 횡적으로 이루어지는 교육 전반에 관한 통치구조와 그 활동을 교육 거버넌스로 규정하고 있다. 이와 같이 거버넌스는 국가 중심의 배타적이고 독점적인 통치 또는 정부를 대체하는 용어로서 정부 이외에 시장과 시민사회 등 다양한 주체와의 파트너십, 네트워크 형성을 통한 새로운 공동체적 운영 체제나 제도, 메커니즘을 규정하는 개념이다.

최근에는 좋은, 바람직함의 의미를 거버넌스에 결합시킨 굿 거버넌스(good governance) 개념이 제시되고 있다. 굿 거버넌스는 긍정적인 가치와 가능성이 발현되는 거버넌스라는 의미로 정책결정 과정에서 정부의 통제와 시민, 기업 등 다양한 구성원의 참여가 조화를 이루는 체제를 말한다(박균열 외, 2013: 320). 박균열 외(2013)는 다양한 이해관계 집단 간 논란이 있었던 대표적인 교원정책 세 가지(교원능력개발평가제, 교장공모제, 교원성과급제)를 사례로 하여 교원정책에서 굿 거버넌스는 정부의 통제와 대중의 참여가 조화를 이루는 체제를 의미하는 것으로 규정하였다(박균열 외, 2013: 320). 정부의 정책결정 과정에서 이해당사자들의 참여 확대와 의견 수렴을 통해 합의를 도출하고 정보와 자료의 공개, 효율적인 공조와 상호협력을 통해 새로운 거버넌스 모델이 발달하고 있는 것이라 할 수 있다.

나. 교사교육 거버넌스

거버넌스 개념에 비추어 볼 때 교사교육 거버넌스는 교사교육에 관한 통제권이 배분되는 방식, 교사교육의 내용, 실행과 전달에 관한 핵심 의사결정, 교사교육의 통치구조와 그 활동으로 규정할 수 있다. 이러한 교사교육 거버넌스는 교사교육을 둘러싼 환경 변화에 따라 지속적으로 변화하고 있다. 사회 변화에 따른 새로운 교사 역량 개발과 이를 위한 교사양성 교육과정 개편, 현장에서 활용 가능한 지식과 기술 함양 등 교사교육의 내용, 방법 개선에 대한 요구는 지속되고 있으며 교사교육에 관한 주요 의사결정 주체, 통제권은 정부, 대학에서 교육청, 교원단체, 학부모 등으로 확대되고 있다.

교사교육에 영향을 미치는 요인들은 교사교육 개혁 논의, 교사교육 연구에서 직·간접적으로 제시되어 왔다. 예를 들어, 진동섭(1998)은 교사교육을 포괄적으로 이해하는 데 필요한 연구 영역과 주제로, 교사교육기관의 구조와 통치체제와 교원교육 지원체제와 환경(교원자격제도, 교원교육 평가인정제도, 행정적 지원체제, 유관 단체와 기관, 기타 정치적·문화적·사회적 환경 요인)을 제시하고 있다. 교사교육 거버넌스를 직접적으로 분석한 것은 아니지만 교사교육에 관련된 주요 요인, 주체를 잘 보여준다.

미국에서 교사교육 거버넌스는 교사교육 개혁이 활발하게 이루어진 1980년대 중반 발표된 연구들에서 찾아볼 수 있다. 레니어와 리틀(Lanier & Little, 1986)은 미국의 교사교육 연구를 개관하면서 교사교육의 환경적 요인으로 대학공동체, 일선 학교 공동체, 교육전문가(직) 공동체 등 세 가지를 들고 있다.

코리건과 하버만(Corrigan & Haberman, 1990)은 교사교육이 이루어지는 맥락(환경)으로서 교사교육에 영향을 미치는 외적 요인을 사회, 주정부, 대학, 사범대학, 일선 학교 등 다섯 가지로 구분하였다. 이 요인들은 상호 밀접하게 관련되어 있으며 요인 간 관계는 교사교육에서 중요한 변화가 일어나면 달라진다. 즉, 학교 중심 교사양성 프로그램이 발달할 경우 사범대학의 교사교육 기능은 약화되며 주정부나 지방정부의 규제가 강해지면 사범대학의 역할은 수동적으로 변한다는 것이다.

또한 포프케비츠와 브레넌(Popkewitz & Brennan, 1994)은 교사교육에 중요한 변화를 초래하는 주요 행위자(외부 조직 · 기관)로 연방 정부, 자선 조직(연구비를 지원하는 재단), 대학, 교사 조직, 교육 연구 집단 등 다섯 가지로 구분하고 있다. 아이미그와 스위처(Imig & Switzer, 1996: 218)는 포프케비츠와 브레넌이 제시한 다섯 행위자를 포함하여 교사교육에 영향을 주는 기관 또는 단체를 열일곱 가지로 제시하였다.

- 주의 규제 담당자 또는 담당 기관
- 전문적 기준과 표준 설정을 담당하는 각종 위원회
- 홈즈 그룹 등의 전문가 조직
- 주 교육부
- 대학의 총장
- 각 대학의 교사교육 프로그램을 평가 · 인정하는 기관
- 각 교과별 전문 조직. 예를 들면 사회교육학회, 수학교육학회 등의 전국 조직
- 교사 노조 조직
- 기업가
- 주요 연구 기관
- 상원 및 하원 의원 등 주의 주요 정책 입안가(정치가)
- 지역 학교
- 미디어
- 연구비를 지원하는 주요 재단
- 교사교육 연구 조직
- 시민권 관련 단체
- 출판사 및 시험 주관 기관

아이미그와 스위쳐의 연구에서 교사교육에 영향을 미치는 외부 요인이란, 결국 교사교육과 관련되어 있는 개인과 조직(단체, 기관)으로 이들은 모두 교사교육 거버넌스에 영향을 미치는 주요 주체들이다. 교사교육의 발달 역사와 교사교육 체제, 교육과정 구성, 관련 교원정책 등에 따라 교사교육 외부 요인의 종류와 그 영향력은 달라지지만 아이미그와 스위쳐가 제시한 포괄적인 교사교육 요인들은 우리나라의 교사교육 거버넌스 분석에서도 활용될 수 있을 것이다.

2. 교원양성기관평가/역량진단 제도의 발달과 주요 특징

가. 교원양성기관평가/역량진단 제도의 발달과 변화

교원양성기관평가제는 1996년 대통령자문 교육개혁위원회 제3차 교육개혁 보고서에서 제안된 이후 역대 정부의 주요 교원정책 과제로 제안되어 왔다. 교원양성기관평가는 교원양성체제 개혁과 교사교육의 책무성 강화 맥락에서 지속적으로 제기되어 온 교원정책이다. 교육개혁위원회 이전에도 정일환 외(1991)가 교사교육 평가인정제 도입을 제안한 바 있다. 여기서 교원양성기관에 대한 평가인정(accreditation)이란 교원양성기관의 질 보장, 질 개선을 위해 해당 교육기관이 일정한 기준을 충족하는지 여부를 공적으로 확인하는 제도이다(백순근, 2007: 35).

우리나라 교사양성기관은 국·사립 사범대학, 교육대학, 한국교원대학, 일반대학 교육학과, 교육대학원, 교직과정 등으로 다원화되어 있고 교사양성기관 및 프로그램 간 질적 격차가 크다는 문제가 제기되어 왔다. 특히 중등교원수급의 불균형 문제가 제기되면서 중등 교원양성기관에 대한 평가인정의 필요성이 제기되어 왔다(김이경 외, 2004; 정진곤 외, 2004; Coolahan et al., 2004). 실제 교원양성기관평가제가 도입된 것은 1998년이다. 이는 평가인정 방식은 아니지만 교사교육의 질 향상과 교사양성기관의 구조조정을 목적으로 한 것이다.

교원양성기관평가는 평가시기에 따라 평가주기를 구분하고 있는데, 처음 시작된 1주기 평가(1998~2002)는 교육부가 기본계획을 수립하고, 한국교육개발원이 실행 세부방안을 마련하여 평가를 추진하였다. 1998년 40개 사범대학

평가를 시작으로 1999년 69개 교육대학원 평가, 2000년 11개 교육대학교와 10개 교대 교육대학원(제주교대 제외), 2001년 30개 일반대학 교육과, 2002년 122개 교직과정 설치학과에 대한 평가가 연차적으로 이루어졌다.

제2주기 평가는 2003~2009년간 실시되었으며, 연차별로 사범대학(2003년 40개), 교육대학원(2004년 62개, 2005년 50개), 교육대학 및 교대 교육대학원(2006년 11개), 일반대학 교육과(2007년 53개), 교직과정 설치학과(2008년 76개, 2009년 84개) 평가가 실시되었다. 이어 3주기(2010~2014), 4주기(2015~2017) 교원양성기관평가가 시행되었으며, 2018년부터 5주기 평가(2018~2021)가 시행되고 있다.

2018년 교육대학교 및 교대 교육대학원, 한국교원대학교 등 초등 교사양성기관을 대상으로 교원양성기관평가가 실시되었으나 2018년 후반기부터 교원양성기관평가 지표 개편이 추진되면서 사범대학 설치 대학교 및 사범대학 미설치 대학교에 대한 평가(역량진단)는 2020년에 이루어졌다. 결과적으로 5주기 교원양성기관평가에서는 초등 교사양성기관과 중등 교사양성기관의 평가 지표가 달리 적용되었다. 또 2018년부터 실시된 5주기 교원양성기관평가는 '역량진단'으로 명칭이 변경되었으나 교사양성기관에 대한 종합적인 평가를 통해 교원양성기관을 체계적으로 관리한다는 정책 방향은 유지되고 있다(KEDI 교원양성기관 역량진단 http://necte.kedi.re.kr/intro.do, 2021. 5. 11. 검색).

나. 교원양성기관평가/역량진단의 목적과 특징

1) 교원양성기관평가/역량진단의 목적

교원양성기관평가 주관 기관인 한국교육개발원은 교사양성기관평가(역량진단)의 목적을 크게 네 가지로 제시하고 있다(KEDI 교원양성기관 역량진단 http://necte.kedi.re.kr/intro.do, 2021. 5. 11. 검색).

첫째, 교원양성교육의 질적 수준 향상이다. 교원양성기관평가는 교원양성기관의 교육경영 및 여건, 교육과정, 성과 등을 체계적으로 진단하고 그 평가 결과를 공개함으로써 교원양성기관이 제공하는 양성교육의 질을 보장하고 질적 수준 향상을 위한 여건을 조성하는 것을 목적으로 한다. 또한 각 교원양성기관이 저마다의 교육 경영 및 여건, 교육과정 성과 등을 타 교원 양성기관과 비교 분석 가능하게 하고 강점의 발굴과 약점의 개선을 위하여 적극적으로 노력하도록 유도한다.

둘째, 교원양성기관의 법적 책임을 확보한다. 법적 요건 준수는 국가 자격증을 발급하는 교원 양성 기관이 갖추어야 할 최소한의 책무성 요건에 해당된다. 이에 따라 교원양성기관평가는 교원양성기관이 교원양성교육을 수행함에 있어서 법에 명시된 요건을 충족하고 있는지 여부를 확인함으로써 교원양성교육의 질을 일정 수준 이상으로 유지하는 것을 목적으로 한다.

셋째, 교원양성체제 개편의 참고자료를 제공한다. 교원양성기간평가는 교원양성과 관련된 정책 방향을 설정하고 합리적인 행·재정적 지원정책을 추진하는 데 요구되는 타당한 근거 자료를 제공하는 것을 목적으로 한다. 다양한 형태로 이루어지고 있는 교원양성 교육의 실태와 수준을 명확하게 드러내어 유능하고 우수한 교원양성을 위하여 필요한 정책 구현을 위하여 요구되는 행·재정적 조치에 대한 참고자료로 활용한다.

넷째, 교직 희망자, 시·도교육청 및 학교 등에 정보를 제공한다. 교원양성기관평가는 교원양성기관의 교육 경영 및 여건, 교육과정, 성과 등에 관한 공정하고 신뢰할 수 있는 평가 결과 정보를 제공하며 이는 교직 희망자와 교원임용기관(교육청)의 의사결정에 중요한 참고자료로 활용될 수 있다. 평가 결과의 공개는 교원양성기관에서 이루어지고 있는 교육에 대한 교육적, 사회적 공신력을 높이고 이로 인해 그 기관을 통해 양성되는 교원의 교육적 전문성과 자질에 대한 사회적 신뢰성도 증가할 수 있다.

2) 교원양성기관평가의 주요 성과

1998년부터 시행되고 있는 교원양성기관평가는 평가주기별로 평가지표를 개선해왔을 뿐 아니라 평가방식도 평가 대상 기관의 요구나 정부의 정책적 필요에 의해 여러 차례 변경되었다. 이러한 잦은 지표 변화와 평가 방법 변화는 교원양성기관평가의 목적을 실현하는 데 장애가 된다. 관련하여 이차영(2014)은 1998년부터 교원양성기관평가가 주기적으로 시행되고 있지만 대학별 등급만 제공하는 제한적 평가 결과의 공개와 평가 지표의 변화 등으로 교사양성기관/프로그램별 교사교육 수준이나 실태를 객관적으로 파악하고 비교하기는 어렵다는 문제를 제기한 바 있다.

평가주기별 교원양성기관평가의 주요 변화와 특징을 정리한 한국교육개발원 교원양성기관역량진단 홈페이지 자료를 토대로 교원양성기관평가의 주요 성과를 종합하면 다음과 같다. 이는 교원양성기관평가를 시행하는 한국교육개발원의 입장에서 정리된 것으로 교원양성기관평가제의 도입 목적, 이상적 목표를 이해하는 데 도움이 된다. 대학 입장에서 교원양성기관평가의 성과는 이차영(2014) 연구에서 보여주듯 제한적이다.

첫째, 교원양성기관평가는 교원양성기관의 질 점검 체제의 기반을 마련하였다. 1998년부터 시작된 교원양성기관평가는 해방 이후 처음으로 전국의 교원양성기관의 질을 점검하기 위한 제도로서 교원양성기관이 교원양성교육의 목적에 따라 질을 제고하도록 자극하고, 교사양성 교육과정과 학교 현장과의 연계 강화, 우수 교원 확보, 교육 여건 개선 등의 측면에서 소기의 목적을 달성하였다고 평가할 수 있다.

둘째, 교원양성교육의 개선을 위한 대학의 재정투자와 관심을 제고하는 계기가 된다. 교원양성기관평가 결과는 각 대학에 제공되며, 평가 결과 미흡 또는 개선 요망 판정을 받은 교원양성기관 또는 과정에 대하여 자구 계획서를 제출하도록 하고, 재평가를 통하여 교원양성과정의 개선을 유도하고 있다. 교원양성과정의 개선을 위하여 대학의 자발적인 재정투자와 관심도를 증대시켰다고 평가할 수 있다.

셋째, 교원양성기관평가의 신뢰성, 객관성, 공정성 개선을 위해 평가지표, 평가방식 등을 지속적으로 개선함으로써 평가 결과의 실제 활용성을 강화하였다. 대학, 양성과정, 학과(전공) 수준의 평가방식 도입, 체계적이고 전문적인 평가 시스템 구축, 교육성과 평가의 강화, 평가지표 체계의 단순화 및 평가지표의 최소화, 수업실연 평가방식 등 새로운 평가방법 도입, 다양한 정성지표 도입을 통해 질적 측면까지 다루는 종합적 평가 등 교원양성기관평가제도의 체계화, 질적 개선이 지속적으로 이루어지고 있다. 특히 5주기 교원양성기관평가부터는 교원양성기관평가가 아니라 역량진단이라고 함으로써 교원양성기관에 대한 행·재정적인 지원이나 제재보다 교원양성기관의 역량을 종합적으로 진단하여 교원양성기관의 자기 발전을 유도하고 교직 희망자에게 참고자료를 제공하는 것으로 교원양성기관평가의 성격이 다소 변화되었다.

넷째, 모든 교원양성과정(사범대학, 일반대학 교육과, 일반대학 교직과정, 교육대학원) 동시 평가를 실시함으로써 다양한 교원양성기관에 대한 종합적인 운영 실태를 파악할 수 있다. 3주기 교원양성기관평가부터 교원양성과정별 평가에서 교원양성기관 내 모든 교원양성과정 동시 평가로 전환함으로써 평가 대상 기관(대학)의 평가 부담을 완화하고 평가의 효율성을 제고하였다.

3) 교원양성기관평가의 쟁점과 과제

교원양성기관평가는 당초 인정제 방식을 도입하여 평가 결과에 따라 평가 인정을 받지 못하는 교원양성기관의 경우 양성 인원을 감축하거나 교원양성기능을 박탈하는 등의 조치를 취하기 위한 목적으로 추진되었다. 구체적으로 제2주기 평가가 완료되는 2009년부터 교원양성기관 평가인정제 시행을 위한 기초 연구와 관련 법령 정비, 정책 과제 개발이 추진되었다(박상완, 2007b: 278).

그러나 교원양성기관 평가인정제 시행을 위해서는 해결해야 할 여러 문제들이 제기되었다. 이는 첫째, 교원양성기관 평가인정의 기초가 되는 신규교사의 자질과 능력에 관한 기본적인 기준을 무엇으로 설정할 것인가, 둘째, 교육과정 최소 기준 설정에 따른 대학의 교육과정 운영의 자율성 문제, 셋째, 운영상의 한계와 관련하여 교원양성기관 평가에 관한 법적 근거가 미흡하며 평가 결과에 따른 실질적인 행·재정 지원 조치나 제재 조치를 하기 어렵다는 점 등을 들 수 있다. 평가 결과를 기초로 인정기관과 비인정기관으로 판정할 경우 평가 결과 신뢰와 수용 여부 등도 우려되는 문제이다.

이차영(2014)의 연구에서는 1~3주기 교원양성기관평가를 검토한 결과 주요 문제점을 세 가지로 제시하고 있다. 첫째, 평가항목과 평가 기준이 매 주기별로 달라져 동일한 교사양성과정이 평가주기에 따라 어느 정도 발전해왔는지를 확인할 수 없다는 점, 둘째, 1, 2주기 평가까지는 동일 평가주기에서도 교사양성기관에 따라 평가항목과 평가 기준이 달라져 교사양성기관별 교과교육 실태를 객관적으로 비교하기 어렵다는 점, 셋째, 평가 결과를 등급으로만 공개하는 것은 교사양성기관들의 상대적 위치를 알려주는 데에는 편리하지만 절대적 수준을 알려주지 못해 결과 활용을 제한한다는 것이다.

종합하면, 교원양성기관평가는 교사양성교육의 질적 수준을 높이고, 교원양성기관의 법적 책임을 확보하며, 교직 희망자, 시도교육청, 학교 등 교육 수요자에게 정보를 제공하는 것을 목적으로 하는 제도이지만 이러한 목적을 달성하는 데 한계가 있다는 것이다. 이러한 문제를 해결하기 위해서는 다양한 과제를 검토해볼 수 있다. 이를 정리하면 다음과 같다.

첫째, 교원양성기관평가가 체계적·전문적으로 이루어질 수 있도록 '평가 인프라'를 구축해야 할 것이다. 즉, 교원양성기관평가에 필요한 예산, 기구 및 인력을 안정적으로 확보해야 할 것이며, 특히 평가자의 전문성을 개발할 수 있도록 인적자원 개발·관리에 집중할 필요가 있다.

둘째, 교원양성기관평가를 통해 특정 교원양성 경로(예: 일반대학 교직과정, 교육대학원 등)를 폐쇄하는 등의 급격한 구조적 변화를 추진하기보다는 개별 교원양성기관 정원 감축, 교육과정 개선 등의 점진적 조치를 취할 필요가 있다. 교원양성기관의 적절한 질과 규모가 유지될 수 있도록 교원양성기관평가의 목표, 평가 결과의 활용도를 구체화, 현실화할 필요가 있다.

셋째, 교원양성기관의 질과 성과를 체계적·실질적으로 평가할 수 있는 기준, 지표를 개발하고 이를 사전에 명시할 뿐 아니라 안정적으로 유지함으로써 교원양성기관이 교사양성교육의 최소 기준을 충족할 수 있도록 유인할 필요가 있다. 또 이러한 교원양성기관평가 기준은 교사 자격 기준과 연계된 구체적인 것이 되어야 할 것이다. 이수학점수, 이수과목 중심으로 제시된 교사양성 교육과정 이수 기준보다는 교사가 갖추어야 할 자질과 능력에 관한 일반적인 기준(교사 전문성 기준)을 개발하고 교원양성기관평가를 이와 연계해야 할 것이다.

넷째, 교원양성기관평가의 결과를 제시하는 방식을 다원화하여 다양한 정보를 제공하고 활용도를 높일 필요가 있다. 이는 이차영(2014)의 연구에서 제안한 것으로 평가 결과 제시 방식의 다원화는 현재와 같이 등급별 결과를 제공하는 것에 더하여 평가항목별 실태 수준을 확인할 수 있도록 절대적 수준을 제시할 필요가 있다는 것이다. 등급 부여 방식은 평가 결과를 활용하여 양성기관별로 서로 다른 행·재정 조치를 취하기 용이하다는 장점이 있으며 절대적 수준을 제시할 경우 해당 항목에 대한 교사양성과정별 특성이 어떻게 변하는지 평가주기별로 쉽게 확인할 수 있다는 장점이 있기 때문이다(이차영, 2014: 935). 평가 결과 제시 방식을 다원화할 경우 교원양성기관평가 결과는 교사양성기관 간 상대적 비교, 행·재정적 대응, 교사양성기관의 실태 및 변화 과정을 파악하고 개선을 위한 시사점 도출 등 다양한 목적으로 활용될 수 있다.

3. 교원양성기관평가/역량진단과 교사교육의 거버넌스

가. 교사교육 거버넌스의 주체

교원양성기관평가가 처음 시행된 1998년 전후에는 교원양성교육에 대한 비판과 반성이 활발하게 제기되었다. 이는 주로 교사양성 교육과정, 교사교육자, 예비교사의 특성과 관련된 것으로 교사양성교육의 문제점은 교원양성기관평가제 도입의 필요성과 근거가 되었다고 할 수 있다. 또한 교원양성기관평가제의 목적에서 알 수 있듯이 교원양성기관평가는 교원양성기관의 법적 책임을 확보하고, 교직 희망자, 시·도교육청 및 학교 등에 정보를 제공하며, 예비교사, 교육청에 대해 교원양성교육에 대한 정보를 제공하며, 정부의 교원양성체제 개편에 참고자료를 제공하기 위한 것이다.

교원양성기관평가제 도입 전후로 제기된 교사양성교육에 대한 비판과 교원양성기관평가제 도입 목적은 교사양성교육과 관련된 거버넌스의 주체와 그 범위를 보여준다는 점에서 주목할 필요가 있다. 앞에서 제시하였듯이 아이미그와 스위처(1996)는 교사교육에 영향을 주는 기관 또는 조직(entities)을 열일곱 가지로 광범위하게 제시하고 있는데, 이 중 우리나라 교사교육에 영향을 미치는 주체를 정리하면 [그림 12-1]과 같다.

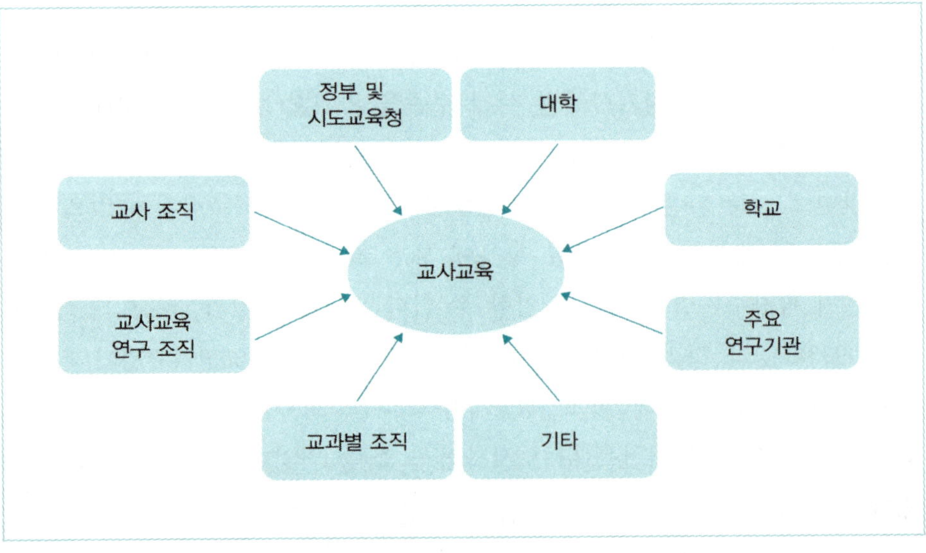

[그림 12-1] 교사교육에 영향을 미치는 주요 주체

(1) 정부, 시도교육청. 아이미그와 스위쳐(1996)는 교사교육에 영향을 미치는 외부 요인으로 주정부의 규제 담당 기관, 교사 전문성 기준을 설정하는 각종 위원회, 주 교육부, 상원 및 하원 의원 등 정책 입안가(정치가), 연구비 지원 재단 등 다양하게 제시하고 있다. 그러나 우리나라의 경우 미국과 같이 다양한 조직, 기관들이 발달되어 있지 않으며 교사양성교육에 영향을 미치는 주요 외부 요인은 정부(교육부)라 할 수 있다. 시도교육청은 교사 임용권자로서 그리고 교사양성 교육과정 중 교육실습을 분담하고 있는 주체로서 교사교육에 간접적인 영향을 미치고 있다.

(2) 대학. 일부 대학(교육대학교, 한국교원대학교, 전문대학)을 제외하고 교사양성교육은 종합대학 내에서 이루어지고 있다. 특히 사범대학, 일반대학 교직과정의 교사양성교육은 종합대학의 교육 비전, 성격에 영향을 받게 된다. 종합대학, 구체적으로는 대학의 총장, 주요 단과대학의 학장, 대학의 교무처장 등은 종합대학 내 사범대학의 체제 개편 과정에 중대한 영향을 미치게 된다. 아울러, 교사양성과정의 정원 감축 권한은 교육부에 있기 때문에 정부의 교원양성기관평가 결과가 대학 내부의 주요 의사결정에 영향을 미치게 된다.

4주기 교원양성기관평가 결과 인하대, 홍익대(세종캠퍼스)의 교직과정이 폐지되었으며(중앙일보, 2016.3.23.), 5주기 교원양성기관평가 결과 한성대, 창원대, 부경대의 교직과정과 부경대 교육대학원(양성과정) 등이 폐지된 것(매일경제, 2021.2.22.)은 이를 잘 보여준다. 교원양성기관평가는 교사양성 교육과정의 내용뿐 아니라(평가지표에 따라) 교사양성 교육과정의 존폐를 결정하는 데 영향을 미치고 있다. 각 사범대학은 종합대학의 성격에 따라 그에 적합한 위상을 정립해 나갈 필요성도 커지고 있다.

(3) 교사 조직. 미국의 교사 조직은 교사자격 기준의 설정에 참여할 뿐만 아니라, 일부 지역에서는 실습 교사들을 위해 대학원 수준의 교사교육 프로그램을 제공하는 등 교사교육에 중대한 영향을 미치고 있다는 점에서(Imig & Switzer, 1996) 교사교육에 영향을 미치는 외적 조직으로 인식되고 있다. 우리나라의 경우, 한국교원단체총연합회와 전국교직원노동조합과 같은 교원조직은 교원의 권익 보호를 주된 활동으로 하는 이익 집단으로서의 성격이 강하지만 교사교육에 직·간접적으로 영향을 미치고 있는 주요 주체이다.

(4) 학교. 일선 학교의 학교장이나 교사는 교육실습을 통해서 대학의 교사교

육에 참여하고 영향력을 행사할 수 있다. 그러나 현재 우리나라의 교사교육 체제 하에서는 교사교육에서 학교장이나 교사의 역할이 중요하다고 보기는 어렵다. 그것은 교육실습의 기간 자체가 짧고, 이 과정에서 대학과 학교 실무자들이 협력할 수 있는 제도적인 장치가 분명하지 않기 때문이다. 그러나 교사교육 과정에서 학교장이나 교사의 영향력은 교육실습의 중요성이 강화되고 교사교육에서 이론과 실제의 조화가 강조됨에 따라 더욱 커질 것으로 전망된다.

(5) 교사교육 연구 조직. 교사교육과 관련된 주요 연구 조직은 사범대학의 각 학과의 교과교육 전공자들로 구성된 교과교육학회와 교사교육에 관련된 주요 정책 연구와 연구 결과들을 발표하는 한국교원교육학회를 들 수 있다. 1990년대 들어서 각 학과별로 교과교육학의 중요성이 강조되면서 1996년 11월에는 교과교육학회가 창립되었다. 이 학회에서는 교과교육소식, 한국교과교육학회 연구모임자료 등을 발표하고 있다. 이외에도 교사교육 연구와 관련된 다양한 학술단체가 있으며, 이들 단체가 발간하는 학술지는 교사교육 연구와 실제에 관한 주요 연구 결과를 공유·소통함으로써 교사양성교육에 영향을 미치고 있다.

(6) 주요 연구 기관. 우리나라에서 교육 분야의 주요 연구 기관으로는 한국교육개발원을 들 수 있다. 한국교육개발원은 1970년대에 설립된 정부 출연 기관으로 교육 분야 전반에 관련된 주요 연구를 수행·발표하고 있다. 이와 함께 대학(원) 평가를 담당하고 있는 한국대학교육협의회는 사범계 대학 평가를 통해 간접적인 교사교육기관 평가를 수행하고 있으나 이 기관을 교사교육 프로그램을 평가하는 독립된 기관으로 보기는 어렵다. 교사교육 프로그램 평가가 강화되면, 이들 연구 기관에서 교사교육 프로그램 평가 기능을 담당할 수 있을 것이다.

(7) 교과별 조직. 국어교육학회, 한국수학교육학회 등의 교과별 학회는 각 학과의 주요 연구 결과를 발표하는 전문가 조직으로서의 성격이 강하다. 중학교 가정과와 기술과의 통합 과정에서 드러났듯이 이들 교과별 교사 조직은 국가교육과정 개편, 중등학교에서 각 교과목의 설치와 폐지, 대학 입시 과목의 포함 여부, 정부의 교과과정 개편 과정에서 중요한 이익 집단의 역할을 한다.

나. 교사교육 거버넌스 주체별 역할

교사교육의 거버넌스는 교사교육과 관련된 정부 정책과 쟁점에 따라 다양하게 변화할 수 있다. 이 절에서는 교사교육 거버넌스에 참여하는 핵심 주체인 정부(교육부), 학교, 교사 조직, 연구 조직(주요 연구 기관, 교사교육 연구 조직) 등이 교사교육에 미치는 영향, 역할을 분석한다.

1) 교사교육에 관한 정부의 역할

정부의 교사교육정책은 우리나라 교사교육에 상당한 영향을 미치고 있다. 우리나라와 같이 정부에 대한 의존도가 높고, 정부의 영향력이 강한 중앙집권적 구조 속에서 정부의 교사교육정책은 사범대학의 교사교육 실제와 그 운영에 상당한 영향을 미치고 있다. 정부는 교사교육 기관의 설립인가, 시설 기준, 학생 정원 및 선발 방법 결정, 등록금의 책정, 교육과정 및 학점 기준 설정 등 기타 세부적인 운영 사항에 이르기까지 규제·감독하고 있다.

이와 같은 행정적인 규제·감독 외에 정부는 교사교육을 포함한 교육 전반에 관한 기본 방향을 설정해 왔다. 예를 들면, 교육개혁심의회(1985~1987)의 교육개혁 종합 구상, 교육정책자문회의(1989~1992)의 교원종합대책안, 교육개혁위원회(1994~1997)의 신교육체제 수립을 위한 교육개혁방안, 새교육공동체위원회(1998~2000)의 교육비전 2002, 교직발전 종합 방안 등이 발표된 바 있다. 그러나 이들 보고서의 일부 교사교육 개혁안들은 실행 과정에서 교육계 내부뿐만 아니라 정부 내 관련 부처의 반발에 따라 구체적으로 실현되지 못하고 있다.

미국의 교사교육 개혁은 주지사, 정치가들로 구성된 특별 위원회 등을 통해 강력한 정치적 지도력이 뒷받침되어 이루어져 왔지만, 우리나라의 경우, 미국에 비해 교사교육 개혁 과정에 정부의 지도력이 강하게 발휘되지 못하였다. 1991년부터 시행된 교원임용시험제도는 교육정책자문회의의 교원종합대책안에서부터 제시된 것이었지만 그 실행은 결국 헌법재판소의 위헌 결정에 따른 대응 조치로 이루어졌다. 또한 교육 개혁안에 따라서는 교육부뿐만 아니라 정부 내 각 부처의 협력이 중요한 요건이 된다. 예를 들면, 최근 교육인적자원부에서 제시한 학급당 학생 수 축소안에 대해 경제부처에서는 반대 의견을 보이기도 하였다. 교사교육을 포함한 교육 개혁안이 추진되기 위해서는 교육인적

자원부의 강력한 지도력이 뒷받침되어야 할 뿐 아니라 타 부처의 협력을 끌어낼 수 있는 정치력도 중요한 요인이 되고 있다.

2) 교사교육에서 학교의 역할

대학의 교사교육은 학교와 밀접한 관련을 가지고 있다. 그러나 대학의 교사교육이 실제 학교 교사들에게 도움이 되지 않는다는 비판은 미국이나 한국에서 공통적으로 제기되어 왔다. 교사교육은 미래의 교사들이 학교에서 성공적이고 우수한 교사가 될 수 있도록 준비시키는 과정임에도 불구하고 대학의 교사교육이 도움이 되지 않거나 배운 바가 별로 없다는 현직 교사들이 다수를 차지하고 있다면, 교사교육이 필요한 것인가 하는 의문을 제기하게 만든다. 미국의 경우 현직 교사들이 제기하는 교사교육에 대한 비판은 정책 입안자들이 대학의 교사교육의 필요성과 질적 수준을 신뢰하지 못하게 되는 결과를 초래하고 있다(Clark, 1992).

미국의 교사교육 개혁은 대학과 학교의 연계, 이론과 실제의 연계를 핵심으로 하고 있다. 이를 위해서 교육실습의 기간을 연장하고 대학의 교사교육자와 학교의 실습지도 교사(mentor teacher, cooperative teacher)의 협력을 강화하기 위한 노력을 기울이고 있다. 교사교육 개혁 사례를 분석한 연구들에서도 공통적으로 교사교육 개혁의 주체로 교사교육자와 함께 현직 교사와 교장을 언급하고 있다(Barr, 1992; Ishler, 1992; Cooper & Tate, 1992; Clark, 1992).

우리나라의 경우 교사교육과정에서 대학과 학교가 협력하거나 교사교육자와 교사들이 교사교육자로서 공동으로 작업할 수 있는 기회는 4~10주간 교육실습을 제공하는 것으로 제한되어 있으며, 이 기간은 외국의 교육실습 기간에 비해서 매우 짧다. 우리나라의 경우 교육실습 외의 교사교육 프로그램은 대학에서, 교육실습은 학교에서 이루어진다는 암묵적 역할 분담이 이루어져 있으며, 이 과정에서 대학 교수와 교육실습 지도교사들이 협력할 수 있는 장치가 없다.

미국에서는 교사와 학교 행정가들이 대학의 교사교육에 관심을 가질 수밖에 없는데 그 이유로는 대학에서 실습학교가 속한 학교구에 지불하는 사례금(fee script) 제도를 들 수 있다(Anderson, 1992). 교육실습생을 받는 학교에 지원되는 이 사례금은 교생실습을 담당하는 교사에게 직접 전달되는 것이 아니라 학교구에 제공되며 이 사례금의 배분은 교육위원회와 교사노조의 고용 계약에서 중요한 협상 대상이 되고 있다. 각 학교구들은 교육실습 서비스를 제공하기 위해 경쟁하고 있으며 지역 교사 조직과 교육감은 새로운 교사교육 프로그램의 실행 여부에 깊은 관심을 가지고 있다.

우리나라의 경우에도 학교에 교육실습 비용을 지원하고 있으나 이는 교사들이 교육실습생을 적극적으로 지도할 수 있게 만드는 유인이 되지 못하고 있다. 실습교사에게 부여하는 인사 점수가 중요한 유인이 되고 있으나 이 제도의 활용 여부는 시도교육청에 따라 차이가 있다. 교사교육에서 대학과 학교 간의 연계와 협력을 강화할 수 있는 보다 실질적이고 구체적인 제도적인 기반을 구축할 필요가 있다.

3) 교사 조직의 역할

미국의 교사교육 개혁 과정에서 전국 단위의 교사 조직은 정치가들에게 조직적인 영향력을 발휘해 왔다. 미국의 교사 조직은 교사 연봉 협상이나 고용 조건, 근무 조건 등을 협상하는 데에 중요한 역할을 담당하고 있다. 이는 교사 임용이 개별 학교(구) 단위로 이루어지기 때문에 이 과정에서 교사 조직의 조직적 영향력은 개별 교사의 고용 협상을 유리하게 해주기 때문이기도 하다. 또 교사 조직은 교사교육 개혁에 관련된 연구 자금을 지원함으로써 간접적 영향력을 행사하고 있다(Imig & Switzer, 1996).

우리나라의 경우에도 한국교원단체총연합회와 전국교직원노동조합이라는 교사 조직이 있지만 이들 조직이 대학의 교사교육에 영향을 미친 경우는 거의 없다. 교사 조직의 활동은 정부의 주요 교육정책에 대해 집단적인 영향력을 행사하고 학교 조직 내에서 교사의 권익을 확대하는 데 초점을 두고 있기 때문이다. 교사 조직은 교육 문제 전반에 대해 조직적·집단적 의견을 제시하는 전문가 집단으로 활약하고 있으며 교사교육에서 대학과 현장의 연계가 강조되고 있고 교육실습의 중요성을 고려할 때 교사교육에서 교사 조직의 참여, 협력은 보다 강화될 필요가 있을 것이다.

4) 전문가 조직의 역할

전문 연구자 집단은 새로운 교사교육 개혁 의제를 제시하거나 초기 방향을 설정하는 과정에서 중요한 역할을 담당하고 있다. 1990년대 중반 교육개혁위원회가 교원전문대학원 체제를 처음 제안하였으며, 1980년대 중반 미국의 주요 대학에 도입되었던 교사교육 프로그램 개혁안은 홈즈 그룹이나 카네기 그룹 등 연구 집단에서 제안된 것이었다는 점은 이를 잘 보여준다. 전문가 조직이 실제 교사교육 개혁 과정에 미치는 영향력에 대한 평가는 상이할 수 있지만 새로운 개혁 의제 개발에서 전문가 조직은 중요한 역할을 담당하고 있다.

우리나라의 경우, 교사교육과 관련되어 있는 전문 조직이라 할 수 있는 교원교육학회, 한국교과교육학회 등의 연구 조직, 교과별 학회 조직이 있고 주요 연구 기관으로서 한국교육개발원, 대학교육협의회 등이 있지만 이들 조직이 교사교육에 미치는 영향력은 크다고 보기 어렵다. 다만, 이들 연구 조직은 대학 평가, 교원양성기관평가 등을 통해 교사교육에 직·간접적으로 영향을 미치고 있다.

우리나라에서 개별 대학에 대한 평가는 1994년부터 한국대학교육협의회가 담당하고 있으며, 교원양성기관평가는 1998년부터 한국교육개발원이 수행하고 있다. 앞에서 살펴본 바와 같이 교원양성기관평가는 정부의 기본 계획에 근거하여 한국교육개발원이 세부 실행방안을 마련하고 평가를 실시하고 있다. 교원양성기관평가를 실행하는 주체는 연구 기관이지만 세부 평가 방향과 내용은 교육부가 주도하고 있다는 점에서 교원양성기관평가에서 연구 기관의 자율성, 영향력은 제한적이다.

이는 2016년 교육자양성인정위원회(Council for the Accreditation of Educator Preparation)로 새로 개편된 미국의 비정부 교원양성기관/프로그램 평가인정기관이 갖는 자율성, 독자성과는 상당한 차이가 있다(CAEP 홈페이지 http://caepnet.org 검색: 2021.5.11.). 장기적으로 전문가 조직은 교원양성기관평가를 시행하는 주체로서뿐만 아니라 교사교육 개혁의 방향과 비전을 제시하고 새로운 교사교육 개혁 의제를 제안함으로써 교사교육에 직·간접적으로 영향력을 발휘할 수 있다.

4. 소결

이 장은 교사양성교육에 영향을 미치는 요인에 주목하여 교사교육의 거버넌스를 분석하였다. 거버넌스 및 교사교육 거버넌스의 개념과 교사교육에 영향을 미치는 외부 요인을 분석하고 교원양성기관평가/역량진단 정책을 중심으로 교사교육 거버넌스의 주요 특징을 분석하였다.

우리나라에서 교사교육 거버넌스의 주요 주체는 정부, 대학, 학교, 교사 조직(교원단체), 교사교육 연구 조직, 주요 연구 기관, 교과별 조직 등으로 정리해 볼 수 있다. 그러나 실제 교사교육에서 이들 외부 조직의 역할, 영향력은 크지 않다고 할 수 있다. 이는 우리나라의 교사교육 정책이 주로 정부 주도로 추진되고 있다는 점에 기인한다. 아울러, 대학 중심의 교사교육에서 학교, 교육청 등의 역할이 제한되어 있고 대학과 학교 간 협력 체제가 취약하다는 점, 교사교육 정책의 초점이 교사교육 프로그램의 질 관리보다 교원수급에 치우쳐 있다는 점 등과 관련이 있다. 교원양성기관평가/역량진단은 교사교육 프로그램의 질을 높이기보다 교원수급 조정에 주로 활용되고 있다.

교사교육 거버넌스가 복잡하게 형성되어 있는 미국의 경우 정부나 대학, 교육청(학교구), 교원단체, 주요 전문가 조직, 연구재단, 연구기관 등 다양한 주체들이 교사교육에 참여하고 있다. 특히 홈즈 그룹, 카네기 재단과 같은 전문가 조직, 연구 재단은 1980~90년대 미국 교사교육 개혁의 기본 방향을 설정하고 대학과 학교의 연계, 실습협력교사의 역할 체계화 등 교사교육의 내용, 방법을 개선하는 데 중요한 역할을 담당해왔다. 아울러, 전문가 조직을 중심으로 개발된 교사 전문성 기준은 교사교육 프로그램의 질적 수준을 평가·관리하는 핵심 준거로 활용되고 있다.

교사교육의 발달 역사, 교사교육이 이루어지는 맥락, 제도적 기반에 따라 교사교육의 거버넌스는 국가에 따라 큰 차이가 있다. 미국의 사례를 들어 우리나라 교사교육 거버넌스의 방향을 논의하는 것은 한계가 있음에도 불구하고 교사교육에서 다양한 이해관계자의 참여와 협력이 이루어지고 있다는 미국의 교사교육 거버넌스는 우리나라에 의미있는 시사점을 준다. 이는 기본적으로 미국의 교사교육 개혁이 교사교육 프로그램의 질적 수준을 높이는 데 초점을 두고 이를 위해 다양한 주체들이 협력하고 있는 체제라는 점에 주목할 필요가 있다.

우리나라 교사교육 정책, 개혁의 초점은 주로 교원수급에 치우쳐 있고 교사교육 프로그램의 질을 평가·관리하는 데 필요한 교사 전문성 기준을 구체화하지 못하였다. 향후 교사교육 거버넌스에 영향을 미칠 수 있는 잠재적 주체들이 교사교육의 질 개선에 보다 적극적인 역할을 수행할 수 있는 제도적 기반을 마련할 필요가 있으며 이는 교사교육 정책이 교원수급과 교사양성체제 개편 논의에서 벗어나는 데에서 출발해야 할 것이다. 아울러, 교사교육 프로그램의 질을 체계적으로 평가할 수 있는 교사 전문성 기준 개발과 이를 준거로 한 교원양성기관평가/역량진단 실행, 교사양성 교육과정 개편 등이 이루어져야 할 것이다.

또한 우리나라의 경우 교사교육 개혁의 방향을 설정하고 이를 감독하는 기능은 대통령자문기구, 정부를 중심으로 이루어져 왔으나 향후 교사 조직을 포함하여 전문가 조직, 주요 연구 기관, 교사교육 연구 조직의 역할을 보다 강화해야 할 것이다. 교사교육과 관련하여 제기되어 온 문제점을 해결하고 궁극적으로 교사교육의 질적 수준을 향상시키기 위해서는 교사교육에 영향을 미칠 수 있는 외부 조직들의 적극적인 역할과 상호작용, 효율적인 교사교육 거버넌스를 구축할 필요가 있다.

제5부

교사학습

교사의 질은 고정된 것이 아니라 계속적으로 변화한다. 교사는 교사양성교육을 통해서 그리고 교직에 있는 동안 계속적으로 가르치는 일(teaching)을 배워야 하며 이 과정에는 다양한 요인들이 포함된다. 교사는 학생의 특성이나 요구 그리고 사회 환경 변화에 대응하며 끊임없이 변화, 성장, 발전해 나가야 하며 학생을 보다 잘 가르치기 위해서, 학생들이 보다 잘 학습하도록 하기 위해 필요한 내용, 기술, 방법을 습득하고 개선해야 한다. 이 점에서 교사교육, 전문성 개발, 교사학습(teacher learning)은 상호 밀접하게 연계되어 있다. 교사교육은 교사학습을 지원하고 증진하는 과정이며 교사양성 교육과정은 교사학습의 원리, 내용, 방법에 근거하여 구성된다.

교사학습은 1980년대 이후 교사교육 분야의 주요 연구 주제로 부각되고 있다. 교사학습은 교사 전문성 개발(professional development)과 연계하여 교사학습의 원리, 교사학습의 내용과 방법을 분석하거나(Kennedy, 2019) 반성적 교사교육, 교사연구, 학습공동체, 탐구공동체와 연계하여 논의되고 있다(서경혜, 2013). 국내에서는 2000년대 초 교사학습을 주제로 한 연구들이 발표되기 시작하였으며, 소경희(2009), 서경혜(2006, 2013)의 연구는 교사학습의 이론적 논의를 보다 체계화하고 있다.

13장에서는 교사들이 가르치는 것을 배우는 것은 언제, 어떻게 학습하는가, 교사학습의 주요 내용과 방법, 교사학습의 원리, 목적, 특징은 무엇인가 등 교사학습과 관련된 주요 질문을 포괄하고 있는 교사학습의 개념적 틀, 교사학습을 이해하는 다양한 관점을 체계적으로 정리한다. 이는 교사학습에 관한 다양한 논의, 이론 간의 관계를 명확히 함으로써 교사교육에서 교사학습 논의가 갖는 의미, 위상을 이해하는 데 도움을 줄 것이다. 이어지는 제14장에서는 교사학습이 이루어지는 핵심 맥락이자 교사학습의 집단적 측면으로서 교사학습 공동체를 다룰 것이다.

제13장 교사학습: 관점과 쟁점

1. 교사학습 관점: 지식과 실천의 관계
2. 교사학습 관점: 교사학습 맥락과 방법
3. 교사학습 관점: 전통적 · 개인적 접근과 공동체적 접근
4. 교사학습 관점: 개인, 공동체, 정책 수준의 다층 모델
5. 교사학습 지원을 위한 쟁점과 과제
6. 소결

교사들이 가르치는 것을 배우는 것은 교수 지식의 성격에 대한 이해와 적용, 교사 생애 발달과 밀접하게 연계되어 있다. 교사들이 가르치는 것을 어떻게 학습하는가를 분석한 연구들로 이 장에서는 코크란-스미스와 라이틀(Cochran-Smith & Lytle, 1999), 슐만과 슐만(Shulman & Shulman, 2004), 소경희(2009), 서경혜(2013)의 연구를 검토한다.

코크란-스미스와 라이틀(1999)은 교사학습 연구에서 핵심 주제, 개념이라 할 수 있는 지식과 실천의 관계에 기초하여 교사학습을 보는 관점을 범주화하고 있다. 슐만과 슐만(2004)은 교사학습과 교사발달을 개념화하기 위한 새로운 틀, 모델을 제시하고 교사들은 어떻게, 무엇을 학습하는가를 체계적으로 분석하고 이론화할 수 있는 기반을 제공하였다는 점에서 주목할 필요가 있다.

국내에서 교사학습에 관한 관점을 분석한 대표적인 연구로는 소경희(2009), 서경혜(2013)를 들 수 있다. 소경희(2009)는 교사학습에 관한 관점을 체계적으로 정리함으로써 교육과정, 교과지도와 연계하여 제한적으로 논의되던 교사학습 연구를 보다 발전시키기 위한 이론적 기초를 제공하고 있다. 서경혜(2013)

는 교사학습에 관한 전통적 관점(도제적 관점, 학문적 관점, 반성적 관점)을 비판적으로 분석하고 대안적 관점으로서 공동체적 관점(학습공동체, 실천공동체, 탐구공동체)을 제안하고 있는데, 이는 교사학습 논의 맥락, 범위를 보다 확대한다는 점에서 의의가 있다.

소경희(2009)와 서경혜(2013)의 연구에서 교사학습 관점을 유형화하는 명칭은 상이하지만, 이들 연구는 기본적으로 코크란-스미스와 라이틀(1999)이 제안한 세 가지 교사학습 관점의 분석 내용을 상당 부분 수용하고 있다. 이 장에서는 이들 연구를 근거로 교사학습이 논의되는 맥락을 네 가지 관점으로 정리한다.

1. 교사학습 관점: 지식과 실천의 관계

가. 교사학습에 관련된 주요 질문

코크란-스미스와 라이틀(Cochran-Smith & Lytle, 1999)은 더 많이 아는 교사가 더 잘 가르칠 것이라는 가정은 사실일지 모르지만 더 많이 아는 것과 잘 가르친다는 것, 교사지식과 전문적 실천과 교사학습의 관계는 복잡하며 이에 대해 연구자 간 상당한 견해 차이가 있다는 점에 주목하였다. 이들은 교사학습에서 지식과 전문적 실천이 어떻게 연계되며 교사들이 공동체나 다양한 맥락 내에서 어떻게 학습하는가를 이해하는 세 가지 상이한 입장(conception)이 있는 것으로 분석하고 있다.

이 세 가지 관점은 지식의 성격, 전문적 실천, 교사의 역할, 교사학습에 관한 기본 가정 등에서 차이가 있다. 코크란-스미스와 라이틀은 교사학습에 대한 관점 차이를 파악할 수 있는 주요 질문들을 제시하고 있는데 이를 정리하면 〈표 13-1〉과 같다.

〈표 13-1〉 교사학습: 개념적 틀

구분	주요 질문
지식-실천 관계	• 지식과 실천의 관계에 대한 이해와 기본 가정은 무엇인가? • "더 많이 아는 것"과 "더 잘 가르치는 것"이 어떻게 연계되는가에 대한 가정은 무엇인가?

구분	주요 질문
지식에 관한 관념(image)	• 교사들이 "더 잘 가르치기" 위해 어떤 지식이 필요한가? • 그러한 지식의 영역, 원천, 형태는 무엇인가? • 누가 그러한 지식을 만드는가? • 누가 그러한 지식을 평가하고 해석하는가?
교사, 교수, 전문적 실천에 대한 관념(image)	• 교수 활동의 성격에 대한 기본 가정은 무엇인가? • "실제(실천)"에 대한 아이디어는 무엇을 내포하고 있는가? • 학급 내와 학급 밖에서 교사의 역할에 대한 가정은 무엇인가? • 학급 내와 학급 밖에서 교사가 하는 일의 관계는 무엇인가?
교사학습과 교육 변화에서 교사의 역할에 관한 관념(image)	• 교육변화에서 교사와 교사학습이 하는 역할에 대한 가정은 무엇인가? • 교사학습을 지원하는 지적, 사회적, 조직적 맥락에 대한 가정은 무엇인가? • 공동체(communities), 협력체(collaboratives), 집단(collectives)의 역할은 무엇인가?
현행 계획(current initiatives)	• 이러한 관념에 기반을 두고 있는 교사교육, 전문성 개발, 교사 평가에 관한 현행 계획은 무엇인가?

주: 여기서 관념(images)은 교수와 학습에 관한 기본적인 태도와 지향을 상징하는 공통된 개념을 의미함(p.253).

출처: Cochran-Smith & Lytle(1999). p.252.

나. 실천 적용을 위한 지식(knowledge-for-practice) 관점

실천 적용을 위한 지식(실천을 위한 지식) 관점에서 지식은 실천 적용을 위한 것으로 이해되며, 더 많은 지식을 알수록 더 잘 가르칠 수 있으며, 실천의 질이 높아지는 것으로 가정한다. 여기서 교수(실천)를 위한 지식은 형식적인 지식(formal knowledge), 일반 이론, 연구 기반 결과로 구성되는 지식, 지식 기반을 말한다. 이러한 지식은 교과 지식, 교육의 학문적 기초, 인간 발달과 학습자, 학급조직, 페다고지, 평가, 학교교육의 사회적·문화적 맥락, 교수 지식 등을 포함한다.

이 관점에서 유능한 교사는 교과 내용과 가장 효과적인 교수 전략에 관한 깊은 지식을 가지고 있는 사람이다. 교사들은 이러한 지식을 교사양성교육이나 전문성 개발 경험을 통해 학습하며, 교수 실천 개선을 위해 외부 전문가에게 배운 지식을 실행, 번역, 실천한다. 더 잘 가르치기 위해, 교수 실천을 위해 교사들은 지식을 배워야 한다.

또한 이 관점에서 지식은 대학에 기반을 둔 연구자와 학자들이 만들며, 교사들이 알아야 할 지식 기반은 분명하게 규정될 수 있는 것으로 가정한다. 지식은 외부 권위자가 만든 것이며 전문가로서 교사는 일상적인 실천에 지식 기반을 능숙하고 숙련되게 활용하는 사람이다. 교사들은 자신들이 학습한 지식 기반을 이행, 번역, 활용, 조정하고 실행하는 역할을 한다. 지식과 실천 간 관계는 도구적이라 할 수 있다. 교사는 아는 것이 많은 사람이지만 지식을 만들어 내거나 학급 실천을 이론화할 수 있는 사람으로 간주되지는 않는다.

이 관점에서 교사학습은 외부 전문가, 연구자가 개발한 최신 지식과 기술을 습득하는 것이며, 교사들은 이러한 새로운 지식, 정보, 기술을 학습할 필요가 있다는 점이 강조된다. 교사는 전문가 교사와 초보 교사, 유능한 교사와 단순히 경험이 많은 교사(효과적으로 가르치는 데 필요한 내용과 방법을 충분히 알지 못하는)로 구분할 수 있으며, 교육 변화에서 핵심적 역할을 수행한다. 이는 교사들이 최신의 전문적인 지식을 가지고 있으며, 교육현장의 문제를 인식하고 제기하기보다 검증된 절차에 따라 문제를 해결하는 역할을 수행하는 것으로 간주된다.

다. 실천 속의 지식(knowledge-in-practice) 관점

실천 속의 지식(교수 실제 속에서 터득한 지식) 관점은 교수를 위한 가장 핵심적인 지식, 교사들이 잘 가르치는 데 필요한 지식은 유능한 교사, 경험 있는 교사들의 모범적인 실천과 실천에 대한 반성 속에 그리고 실천적 탐구와 실천에 대한 설명에 깊이 내재되어 있다고 본다. 이러한 지식은 형식적 지식에 대비되는 실천적 지식(practical knowledge)으로 쇤(Schön, 1983)의 행위 중의 앎, 행위 중의 지식(knowledge in action) 개념과 연계되어 있으며, 지식에 대한 구성주의 관념에 뿌리를 두고 있다. 여기서 사고와 행동은 연계되어 있으며, 지식 생성과 지식 사용 간의 경계는 흐려진다.

실천 속의 지식 관점에서 교사는 학급 내에서 현명한 판단자이자 학습 설계자로서 간주된다. 교사학습은 교사가 숙련된 교사가 하는 일에 내재되어 있는 지식을 탐색하고 자신의 지식과 전문성을 심화할 때 이루어진다.

이 관점에서 가르치는 일은 불확실하고 즉흥적인 학급 상황에서 현명하게 행동하고 사고하는 과정, 기예로 이해된다. 가르치는 일은 단순한 기술이나 틀에 박힌 활동이 아니며 교사는 단순 기술자가 아니다. 교사들이 잘 가르치기 위해 사용하는 실천적 지식은 불확실한 학교와 학급 상황의 실천 속에서 교사의 행동, 결정, 판단에서 드러나며, 경험을 통해, 경험에 대한 반성, 탐구를 통해 습득된다.

이 관점에서 교사학습은 교사 자신의 행동에 대한 이해를 증진하는 데 초점을 두며 보다 잘 가르치기 위해 실천 속에서 실천에 관한 반성과 탐구에 기반을 둔 지식을 학습하는 것으로 이해된다. '실천을 위한 지식' 관점에서 교사학습은 외부 전문가가 만들어낸 지식을 학습하는 것이라면 '실천 속의 지식' 관점에서 교사학습은 다른 사람들에게 분명하고 적절하게 설명할 수 없는 암묵적으로 알려진 지식, 실천적 지식, 기예적 지식, 행위 중 앎, 학급 상황에서 유능한 교사들이 만들어낸 지식을 배우는 것이다. 가르치는 일을 개선하기 위해 교사들은 경험과 행위 속에 내재되어 있는 전략적 지식을 명확히 하는 기회를 가질 필요가 있다.

라. 실천에 관한 지식(knowledge-of-practice) 관점

실천에 관한 지식 관점은 지식을 형식적 지식이나 실제(천)적 지식으로 구분하기 어렵다고 보고 잘 가르치기 위해 필요한 지식은 교사들이 자신의 학급과 학교를 탐구 공간으로 인식하는 동시에 다른 사람이 생성한 지식과 이론을 탐구와 해석을 위한 자료로 여길 때 생성되는 것으로 간주한다. 지식은 공동체 내에서 집단적으로 구성되며, 지식 탐구의 목표는 결과물을 산출하는 것이 아니라 교육과정, 교사의 역할, 학교교육의 목적과 수단에 관한 근본적 문제를 제기하는 것이다.

이 관점에서 지식은 인식하는 자(인식아, 주체)와 분리하여 존재할 수 없는 것이다(이 점은 '실천 속의 지식' 관점과 유사). 지식을 만드는 것은 교육자의 활동이며, 지식은 사용되는 맥락에서 구성되며 인식아(knower)와 밀접하게 연계되어 있다. 지식은 상황에 적용되거나(첫 번째 관점) 상황 속에서 사용되는(두 번째 관점) 도구적인 것이라기보다 교사들이 판단하고 실천을 이론화하고, 교사의 실천을 지적, 사회적, 정치적 쟁점과 연계하는 개념적, 해석적 틀을 형성한다. 이 관점에서 지식은 다른 교사들과 협력하고, 교사와 학생과의 상호작용에서 교사가 자신의 이전 경험과 사전 지식을 어우르는 과정에서 사회적으로 구성된다.

실천에 관한 지식 관점에서 교사는 전 교직 생애에 걸쳐 실천에 관한 지식을 만드는 데 중심적이고 중요한 역할을 한다. 교사학습은 교사들이 자신이 하는 일을 이론화하고 이를 보다 큰 사회적, 문화적, 정치적 쟁점과 연계시키기 위해 탐구공동체 맥락에서 실천적 지식을 만들어내는 과정에서 이루어진다. 교사들은 탐구공동체나 네트워크에서 협력적, 집단적으로 학습하며, 교사 네트워크, 탐구공동체, 기타 학교 기반 공동체는 교사학습이 이루어지는 주요 맥락이다.

이 관점은 앞에서 제시한 두 관점(실천을 위한 지식 관점, 실천 속의 지식 관점)과 달리 형식적 지식과 실천적 지식이 구분된다는 아이디어에 반대함에 따라 전문 교사(경험 많은 유능한 교사)와 초보 교사를 구분하지 않는다. 교사 연구는 학급 내외에서 사회적으로 구성되는 지식이 무엇인가를 파악하는 수단, 방법으로 이해된다.

또한 교사학습은 전문가가 만들어낸 지식(첫 번째 관점)이나 유능한 교사들의 지식(두 번째 관점)을 습득하는 것을 의미하지 않는다. 실천에 관한 지식 관점에서는 대학에 기반을 둔 연구자가 생성한 지식이나 실천 개선을 위해 유능한 전문가가 생성한 지식이 교사들에게 중요한 것은 아니다. 교사들은 자신의 지식과 실천, 자신이 근무하는 학교와 공동체의 정책, 실천을 탐구하고 탐구공동체나 네트워크에서 협력적으로 학습한다. 공동체 참여자들은 다른 사람들과 의미 있는 현지 지식(local knowledge)을 구성하기 위해 고심하며, 탐구는 교수, 학습, 학교교육을 변화시키기 위한 노력의 일부로 이해된다.

지식과 실천의 관계를 중심으로 교사학습 관점을 정리하면 〈표 13-2〉와 같다.

〈표 13-2〉 교사학습 관점: 지식과 실천의 관계

구분	실천 적용을 위한 지식	실천 속의 지식	실천에 관한 지식
지식-실천 관계	지식을 실천에 적용. 더 많이 알수록 더 잘 가르침. 지식은 대학 기반 연구자, 학자들이 생성	실천 속에서 지식을 생성. 지식은 외부 전문가가 아니라 경험 많은 유능한 교사의 반성, 탐구를 통해 생성	지식은 외부 전문가나 유능한 교사가 개발하는 것이 아니라 교사가 자신의 실천을 다른 교사와 협력하여 반성, 탐구함으로써 생성

구분	실천 적용을 위한 지식	실천 속의 지식	실천에 관한 지식
지식에 관한 관념(image)	형식적 지식, 교사들이 배워야 할 지식, 지식 기반은 명확함	실천적 지식, 기예적 지식, 유능한 교사들이 반성, 탐구를 통해 도출한 지식	형식적 지식-실천적 지식의 이분법에 반대. 교사가 실천 속에서 생성하는 현지지식(local knowl-edge) 등 지식 유형은 다양함
교사, 교수, 전문적 실천에 대한 관념(image)	지식을 만들어내는 것이 아니라 외부 전문가가 만든 지식을 실천에 능숙하게 실행, 번역, 실천	교사는 지식을 생산할 뿐 아니라 지식을 활용하는 사람. 경험 많은 교사를 통해 도출한 지식을 적용, 활용	모든 교사는 교직 전 생애에 걸쳐 지식을 생성하는 데 중요한 역할을 함
교사학습과 교육 변화에서 교사의 역할에 관한 관념(image)	교사학습은 최신의 지식과 기술을 습득하는 것. 전문가 교사와 초보 교사, 유능한 교사와 경험 많은 교사를 구분. 교육 변화를 위해 핵심적인 역할 수행. 검증된 절차에 따라 문제 해결	교사학습은 유능한 교사들의 실천, 실천에 대한 반성에서 도출한 지식을 배우는 것. 실천 경험, 경험에 대한 반성, 탐구를 통해 습득. 불확실한 학교, 학급 상황 속에서 즉흥적으로 문제 해결	교사학습은 탐구 공동체, 네트워크 등의 맥락에서 다른 교사들과 협력적으로 이루어짐. 전문가 교사와 초보 교사를 구분하지 않으며 모든 교사들이 자신의 실천을 비판적으로 반성, 탐구하고 다른 교사와 협력을 통해 학습함
사례, 예시(cur-rent initiatives)	교사지식 기반 체계화, 효과적인 학교와 교사를 통해 좋은 실천 사례 도출, 교사자격시험에서 기본 교과지식 및 교육학 지식 평가	멘토링, 코칭 등 초임교사 입문교육, 반성, 사례방법, 탐구 실천과 연계된 방법 활용, 경력교사 대상 전문성 평가	자서전 쓰기, 교사 네트워크, 교사 연구, 현장 연구 지원, 교사교육자의 자기연구, 전문성 개발 학교를 통한 반성, 탐구

주: 여기서 관념(images)은 교수와 학습에 관한 기본적인 태도와 성향을 상징적으로 보여주는 핵심 개념(conceptions)을 의미함(Cochran-Smith & Lytle, 1999: 253).
출처: Cochran-Smith & Lytle(1999). p.252의 교사학습 개념 틀을 토대로 정리함.

2. 교사학습 관점: 교사학습 맥락과 방법

교사학습에 관한 논의에서 교사들이 무엇을 배우는가(내용)뿐 아니라 어떻게 배우는가(방법)도 중요한 쟁점이 된다. 교사들이 가르치는 것을 어떻게 배우는가라는 질문에 대한 답은 가르치는 일(teaching)의 성격과 밀접하게 연계되어 있으며 이는 교수 지식의 성격과 내용을 분석한 슐만(Shulman, 1987)의 연구를 기반으로 논의, 발전되어 왔다. 그러나 교사학습의 과정, 방법, 교사학습에서 지식과 실천의 관계와 이에 영향을 미치는 맥락, 환경 등에 대한 분석은 상대적으로 최근에 발달하고 있다.

교사학습이 이루어지는 맥락을 체계적으로 분석하고 종합적으로 정리한 연구로는 소경희(2009)를 들 수 있다. 소경희(2009)는 교사들이 어떻게 배우는가에 관한 접근은 교사학습에 대한 가정, 교사학습을 지원하는 맥락에 따라 다르다는 입장에서 교사학습을 이해하는 관점을 인지주의적 접근, 사회문화적 접근, 탐구적 접근의 세 가지로 구분하였다. 이 세 가지 접근은 코크란-스미스와 라이틀(1999)이 제시한 교수 실천 적용을 위한 지식, 교수 실천 속의 지식, 교수 실천에 관한 지식 관점에 각각 상응한다.

가. 인지주의적 접근

인지주의적 접근에서 학습은 개인의 마음에서 일어나는 개인적 과정이며, 개인이 특정 목적을 위해 지식, 기술, 이해를 습득하고 이를 활용할 때 이루어진다. 인지주의적 접근은 지식의 전달과 적용을 통한 학습을 강조하며 전문가와 초보자의 학습에 차이가 있는 것으로 본다. 전문가는 초보자보다 더 많은 지식을 가지고 있다기보다 지식의 구조에 차이가 있는 것으로 이해된다.

인지주의적 접근에서 교사학습은 전문 연구에 의해 확인된 지식, 기술, 이해를 습득하고 이를 교수 실천에 적용, 활용할 때 이루어진다. 이에 따라 교사들은 지속적으로 외부 전문가들이 생산한 지식 기반에 비추어 자신의 지식을 갱신하고, 다른 교사들의 모델과 사례를 학습할 것으로 기대된다. 교사학습은 외부 전문가들이 만든 지식과 이론을 교수 실제에 적용하는 것이라는 점에서 실천을 위한 지식(knowledge-for-practice)(Cochran-Smith & Lytle, 1999)을 학습하는 것이 중요하다.

그러나 이러한 인지주의적 접근은 교사학습의 복잡성과 다양성을 이해하지 못한다는 점에서 한계가 있다(소경희, 2009). 인지주의적 접근에서 교사학습은 외부 전문가에 의해 이미 알려진 지식을 배우는 것으로 간주됨에 따라, 교수 실천 속에서 터득한 지식(knowledge-in-practice)(Schön, 1983, 1987)이나 암묵적 지식(tacit knowledge)(Sternberg & Horvath, 1999)과 같은 교사지식의 다양성과 복잡성, 앎의 과정을 설명하지 못한다는 한계가 있다.

또한 인지주의 접근은 학습을 개인적 과정으로 봄에 따라 공동체, 학교조직 내에서 이루어지는 학습, 학습이 이루어지는 맥락을 고려하지 못한다는 한계가 있다. 인지주의적 접근은 교사학습에서 지식, 기술, 이해의 습득과 그것의 활용을 분리시키고 지식과 실천의 관계를 편향되게 이해한다고 볼 수 있다. 교사학습에서 지식과 실천의 관계는 인지주의적 관점에서 상정하듯이 전문가가 생성한 지식을 실천에 적용하는 것뿐 아니라 실천 속에서 지식이 생성될 수 있으며(knowledge-in-practice), 실천은 지식의 원천이 된다(knowledge-of-practice)는 점에서 복합적으로 이해되어야 할 것이다.

나. 사회문화적 접근

사회문화적 접근은 학습을 사회적, 상황적 맥락에서 이해하는 입장으로 학습의 사회성, 상황성을 학습의 본질적 구성 요소로 본다(소경희, 2009). 즉, 사회문화적 관점은 학습하는 방식, 학습 활동이 일어나는 사회적 맥락이 학습 내용에 영향을 미친다는 점에 주목하며, 교실에서 실제로 일어나는 활동을 중시할 뿐 아니라 학습을 사회적 상호작용의 산물로 이해한다. 개인은 이러한 상호작용을 통해서 사고방식과 생각을 표현하는 방식을 공유하며 공동체의 사고방식과 성향으로 문화화 된다(소경희, 2009).

사회문화적 접근에서 볼 때, 유능한 경력교사들은 자신들의 전문 영역, 즉 가르치는 일, 교수 실천에서 터득한 지식(knowledge-in-practice)을 가지고 있는 전문가이다. 이러한 지식은 교사들이 가르치는 과정에서 하는 행동, 결정, 판단 속에 내재해 있으며(Cochran-Smith & Lytle, 1999: 262), 교사들이 실천 맥락 속에서 경험에 대한 성찰을 통해 구축한 것이라 할 수 있다.

사회문화적 접근에서 교사학습이란 교사들이 유능한 경력교사들의 경험과 행동 속에 함의되어 있는 암묵적 지식을 배우는 것을 의미한다. 이러한 학습은 교수 실제의 규범과 실천을 함께 공유하고 반성할 수 있는 공동체 맥락 속에서 가장 잘 일어날 수 있다. 교사학습 맥락으로서 공동체를 강조하는 사회문화적 접근은 학습을 개인적 과정으로 보고 맥락이나 의도와 무관하게 이해하는 인지주의적 접근과 대비된다.

다. 탐구적 접근

탐구적 관점은 학습이 해당 분야의 실제(실천)에 대한 체계적, 의도적인 탐구를 통해서 일어난다고 보는 관점이다(소경희, 2009). 탐구적 관점에서 교사학습은 교사들이 자신의 경험, 가정, 신념을 확인하고 비판하며, 교수 실제 관련 쟁점, 문제를 규명하고, 교육과정을 재구성하는 등 다양한 탐구 활동을 통해 새로운 지식을 생산해낼 때 일어난다. 교사들은 탐구공동체 내에서 다양한 지식과 경험을 가진 교사들과 동료 학습자, 연구자로서 협력함으로써 학습하게 된다(소경희, 2009; 서경혜, 2013). 이러한 탐구공동체에서 참여자들은 전문가-초보자 관계가 아니라 교수실천 경험, 교수학습에서의 다양한 쟁점, 문제를 함께 연구, 탐구하는 동료라 할 수 있다. 교사들은 공동체 속에서 자신들의 교수 실제에 대한 지식을 생산하고, 실제를 이론화하며, 다른 사람들의 이론과 연구를 분석, 해석, 공유하게 된다(소경희, 2009).

교사학습에 대한 탐구적 접근은 교수 실제, 교사 전문성, 교사지식을 보는 관점 등에서 인지주의적 접근이나 사회문화적 접근과 차별화된다. 인지주의적 접근은 교수 실제에 적용될 수 있는 이론적 지식을, 사회문화적 접근은 교수 실제에서 터득한 실제적 지식을 교사들이 학습해야 한다고 보며, 이 경우 실제는 이론과 대비되는 실천적 맥락으로 이해된다. 반면 탐구적 접근에서 실제는 실천적 의미뿐 아니라 교수 실제에 대한 지식을 생성하는 연구, 탐구의 대상이자 탐구의 장이라 할 수 있다.

인지주의적 접근, 사회문화적 접근, 탐구적 접근은 교사 전문성에 대해서도 상이한 입장을 보이고 있다. 인지주의적 접근, 사회문화적 접근에서는 전문가와 초보자를 구분하고 양자 간 지식의 수준 차이를 가정한다. 이에 따라 인지주의적 접근에서는 외부 전문가에 의해 알려진 지식을, 사회문화적 접근에서는 유능한 경력교사들이 가지고 있는 지식을 교사들이 학습해야 한다고 본다. 그러나 탐구적 접근에서는 전문가와 초보자를 구분하지 않고 평생학습 관점에서 모든 교사들이 교직 생애 동안 공동체 속에서 교수 실제를 탐구하는 것으로 가정한다.

탐구적 접근은 교사학습의 내용(지식)에 주목하기 보다는 교사학습의 방법으로서 탐구를 강조하며, 교사들이 코크란-스미스와 라이틀(1999)이 제시한 교수 실제에 관한 지식(knowledge-of-practice), 실천지식을 생성할 것을 가정한다(소경희, 2009). 특히 교사 전문성 개발을 위한 교사학습은 평생에 걸쳐 교직 생애 전 과정에서 이루어지는 것으로 본다.

3. 교사학습 관점: 전통적·개인적 접근과 공동체적 접근

교사학습을 이해하는 관점을 전통적 접근과 공동체적 접근으로 대비시켜 논의한 연구로는 서경혜(2013)를 들 수 있다. 이 연구는 최근 교사 전문성 개발 활동이 개인주의적 방식에서 교사공동체를 통한 협력적 방식으로 확산되고 있다는 점에 주목하여 교사학습에 대한 공동체적 접근의 함의와 특징을 분석하였다. 서경혜(2013)는 교사학습에 관한 자이크너(Zeichner, 1983), 하그리브스(Hargreaves, 2000), 코크란-스미스와 라이틀(Cochran-Smith & Lytle, 1999)의 논의를 토대로 교사학습을 이해하는 관점을 전통적 접근과 대안적 접근으로 크게 구분하고, 전통적 접근으로 도제적 접근, 학문적 접근, 반성적 접근을 대안적 접근으로 공동체적 접근 등 총 네 가지 관점을 제시한다.

가. 도제적 접근

도제적 접근은 교사들이 경력교사, 전문가의 교육실천을 관찰하고 이를 모방함으로써 그리고 실제 경험을 통한 시행착오를 거쳐 교사학습이 이루어진다고 보는 관점이다. 교사교육 초기에는 주로 도제식 교육이 이루어졌으며 이는 교사의 전문성은 직접 실천해봄으로써 그리고 자신의 실천을 계속해서 개선, 향상시켜 나감으로써 형성, 발전시킬 수 있다는 가정에 기반을 둔 것이다(서경혜, 2013). 이러한 교사교육 관점에서 교사학습은 도제로서 실천에 참여하고 경력교사의 실천을 관찰, 모방하고, 시행착오를 통해 이루어진다.

가르치는 일을 배우기 위해 실제 현장에서 직접 가르치는 일은 필요하지만 교사학습 공간으로서 실제 현장이 갖는 위험성도 있다(서경혜, 2013). 즉, 예비교사들이 경력교사의 방법을 그대로 따라하거나 자신의 교수방법을 그에 맞추어 가는 것은 교사양성과정에서 배운 교수방법의 원리와 관련 없는 습관들을 갖게 된다는 점에서 문제가 있다는 것이다. 유사한 맥락에서 로티(Lortie, 1975/2017: 133)는 학생으로서 오랜 시간 교사를 관찰하면서 보낸 시간, 관찰 위주의 도제학습을 통해서 예비교사들이 가르치는 일의 여러 가지 복잡한 문제에 대한 감각을 익힐 수는 없다고 지적한다.

교사학습에 대한 도제적 접근은 현장에 기반을 두고 있다는 장점은 있지만 전문성과 체계성이 부족하다는 점에서 한계가 있다. 도제적 접근에 대한 대안으로 학문, 이론에 기반을 둔 교사교육, 교사학습 관점이 대두되었으며(서경혜, 2013) 이는 교사교육 패러다임 발달에서 실제적 관점에 이어 학문적 패러다임이 발달한 것에 상응한다.

나. 학문적 접근

미국에서 20세기 초는 교사교육 개혁의 일환으로 교직의 전문성을 확립하기 위한 노력이 다양하게 전개된 시기이다(Hargreaves, 2000). 교사교육이 종합대학에서 이루어지면서 교직(교수)의 전문지식을 규명하고 학문적 기반을 확립하며, 이를 토대로 교사교육 체계를 구축하고자 한 노력은 20세기 전반에 걸쳐 이루어졌다(Zeichner, 1983; Labaree, 2004/2020). 그 결과 기초학문(인문학, 수학, 과학 등), 응용학문(일반교육학, 교과교육학 등), 교수기술의 위계로 교직의 전문지식 체계가 확립되었으며, 이러한 지식 기반은 교사양성 교육과정, 교사자격(전문성) 기준, 교사양성기관평가의 준거로 활용되었다(서경혜, 2013).

학문적 접근은 교사의 실천이 학문에 기반을 두고 있음을 확인함으로써 교직의 전문성을 확보하고자 하며 교사교육은 이러한 학문적 지식을 전수하는 데 중점을 둔다. 교사들은 기초학문이나 교육학 분야 학자들이 개발한 최신의 학문적 지식을 습득하고 이를 자신의 수업에 적용하며 새로운 교수기술을 익히고 교육실천을 향상시키는 역할을 할 것으로 기대된다. 현직연수는 교사들에게 부족한 지식을 보충해주거나 최신 학문 지식을 제공하여 교사들이 자신의 지식을 계속해서 업데이트하도록 하는 것이다. 학문적 지식을 더 많이 학습할수록 더 잘 가르칠 수 있고 교사의 전문성은 신장된다고 여겨졌다(서경혜, 2013).

이러한 학문적 접근에서 교사학습은 교육현장, 교육실천에 적용하기 위한 학문적 지식을 습득하는 것을 의미한다. 학문적 이론, 지식을 적용하는 교육현장의 상황, 특징은 중요하게 고려되지 않은 채 교사들이 보다 많은 지식과 기술을 습득하고 이를 효율적으로 적용하는 데 주목한다.

그러나 다양한 가치와 갈등이 발생하는 교육실천 상황의 불확실성, 다양성으로 인해 학문적 지식을 많이 아는 것과 잘 가르치는 일은 별개로 간주되면서 교사들이 습득한 학문적 지식은 죽은 지식으로 간주되었다(서경혜, 2013). 교사학습에 대한 학문적 접근의 한계가 드러나면서 학문적 접근의 취약성을 보완하고 교육실천 현장에 보다 주목하는 새로운 관점으로 반성적 접근이 대두되었다. 1980년대 쇤(Schön, 1983, 1987)이 제시한 반성(reflection) 개념에서 발달한 반성적 교사교육, 반성적 학습은 오늘날에도 여전히 유효한 관점으로 간주되고 있다.

다. 반성적 접근

학문적 접근의 한계를 극복할 수 있는 새로운 관점으로 대두된 반성적 접근은 반성적 실천을 통한 전문성 개발(교사학습)을 강조한다(서경혜, 2005). 반성적 접근은 쇤(1983)의 행위 중 반성(reflection-in-action) 개념을 기반으로 한 것으로, 전문가의 실천은 학문적 지식을 적용하여 실제의 문제를 해결하는 기술적 합리성(technical rationality) 관점에서가 아니라 불확실성, 특수성, 가치 갈등 등을 특징으로 하는 다양한 실천 상황에서 문제를 규명하고 해결하는 행위 중 반성 관점에서 이해되어야 하는 것으로 본다.

쇤(1983)이 제시한 행위 중 반성은 행위가 진행되는 상황에서 행위 기저의 앎을 표면화하여 비판하고 재구성한 후 재구성한 앎을 후속 행위에 구현하고 검증하는 것을 말한다(서경혜, 2013). 반성적 접근에서 전문가는 반성을 통해 실천적 지식을 형성, 발전시키고 전문성을 개발하는 것으로 이해된다. 반성적 접근이 발달하면서 교사양성교육과 현직교육에서도 반성적 사고와 학습을 촉진하기 위해 반성적 접근을 활용한 다양한 방법들이 개발, 활용되었다. 교사양성교육에서는 반성일지(journal) 쓰기나 실습(practicum)이, 현직교사교육에서는 멘토링이나 코칭이 주로 이용되었다(서경혜, 2013).

그러나 지식과 실천, 앎과 행위의 상호작용을 기반으로 하는 반성적 접근이 일종의 사고능력 또는 기술로 이해되면서 교사교육과 교사학습에서 반성적 접근의 한계가 제기되고 있다. 이에 더하여 반성적 교사교육의 개인주의적 특성이 가진 한계도 있다(서경혜, 2013). 쇤(Schön, 1983)의 반성론은 전문가 학습에 있어 개인주의적 접근을 취하였다. 즉, 학습을 개인 수준에서 이루어지는 반성적 실천에 주목함에 따라 동료교사의 참여, 협력, 학교조직 수준에서 이루어지는 학습을 설명하는 데 한계가 있다. 반성적 접근에서 학습은 개인이 갖는 한계를 넘어서기 어렵다(서경혜, 2013)는 문제가 제기되면서 개인 수준을 넘어서는 학습에 주목하는 관점으로 공동체적 접근이 발달하고 있다.

라. 공동체적 접근

공동체적 접근은 교사학습이 개인 수준뿐 아니라 집단 수준, 공동체 수준에서 이루어진다는 점에 주목하는 입장이다. 도제적 접근, 학문적 접근, 반성적 접근은 모두 개인 수준에서 이루어지는 교사학습에 주목하였다면 교사학습에 대한 공동체적 접근은 교사들이 공동체를 형성하여 서로 가르치고 배우며 협력적으로 전문성을 개발하는 과정에서 교사학습이 보다 효율적으로 이루어진다고 본다. 학교 현장에서 동학년, 동교과 교사 간에 자발적·자율적으로 이루어지는 교과협의, 수업협의(비평, 나눔) 등은 늘 이루어져왔다는 점에서 볼 때, 교사학습에 대한 공동체적 접근은 교사학습에서 그간 간과되어 왔던 측면을 부각시키고 체계화한 것이라 할 수 있다.

서경혜(2013)는 교사학습에 대한 공동체적 접근의 대표적인 유형으로 전문가 학습공동체, 실천공동체, 탐구공동체 등 세 가지를 제안, 분석하였다. 세 가지 공동체는 그 성격이나 교사학습의 양상, 초점 등에서 차이가 있지만 기본적으로 교사학습을 협력학습, 공동학습으로 이해한다는 점에서 공통점이 있다.

또한 교사학습에 대한 공동체적 접근은 학습의 상황성을 강조한다는 점에서 전통적 학습 관점과 차이가 있다. 공동체적 접근에서 학습은 본질적으로 상황 의존적이며, 상황은 학습의 근본적인 요소로 이해된다. 이에 따라 모든 상황, 실천에 적용될 수 있는 탈맥락적인 일반화된 지식을 습득하는 것을 강조하기보다 교사 간 협력학습을 통해 상황을 공유·이해하고 이를 통해 새로운 실천적 지식을 생성할 수 있다고 본다. 이 점에서 학습은 또한 사회적 과정으로 이해된다(Vygotsky, 1978). 공동체적 접근에서 교사학습은 동료 교사 간 사회적 상호작용을 통해 이루어지는 사회적 과정으로, 공동체의 유형에 따라 학습의 구체적인 양상은 다양하게 나타날 수 있지만, 협력학습(collaborative learning)과 공동학습(collective learning)을 주요 특징으로 한다는 점에서 공통적이다(서경혜, 2013).

여기서 공동학습은 교사학습이 개인주의적 접근, 개인 간의 협력적 학습을 넘어서서 공동체 공동의 학습을 강조한다는 의미를 담고 있다. 즉, 공동체적 접근에서 교사는 교육실천에 필요한 전문지식을 생성하는 지식 창출자일 뿐 아니라 자신의 전문성을 다른 교사들과 나누고 다른 교사들의 학습에도 관심을 갖고 함께 배우는 공동 학습자라 할 수 있다. 공동체 구성원으로서 교사는 공동의 지식 형성·발전, 공동 실천의 향상, 공동체의 집단 전문성 신장을 중시하며, 공동학습을 위하여 구성원 간 교육에 대한 비전, 가치, 규범 공유, 공동목표 수립에 참여, 기여한다(서경혜, 2013).

그러나 교사학습에 대한 공동체 접근에도 한계는 있다. 이는 공동체적 접근에서 강조하는 '공동성'의 범위와 경직성에 기인하는 것으로, 집단, 공동체의 생각을 강요하고 개인의 자율성을 억압하게 될 때, 차이, 다름이 존중되지 않을 때 나타날 수 있다. 교사의 자발성, 전문적 자율성이 존중되지 않고 공동체의 공동성, 협력학습, 공동학습이 강제될 때 교사학습은 형식적 수준에서 이루어질 수 있다. 아울러, 교사학습이 교사 개인과 집단 수준의 전문성 개발에 머물고, 학생 학습과 성취 제고, 교육의 질 개선으로 이어지지 않는 점도 경계해야 할 것이다.

4. 교사학습 관점: 개인, 공동체, 정책 수준의 다층 모델

슐만과 슐만(Shulman & Shulman, 2004)은 학습자 공동체 강화(Fostering a Community of Learners: FCL) 프로젝트의 일환으로 추진한 연구에서 교사학습과 발달의 이론화를 위한 새로운 개념적 틀을 제안한 바 있다. 이들은 교사학습을 이론화하는 데 초점을 두고 뛰어난 교사(accomplished teacher)의 속성을 토대로 개인 수준과 공동체 수준에서 교사학습과 발달을 이해하는 모델을 제시하고 있다.

가. 개인 수준 교사학습 모델

교사학습의 특징을 분석하고 이론화하기 위해 슐만과 슐만(2004)은 뛰어난 교사(accomplished teacher)에 주목하였다. 교사에 따라 교과 지식, 기술, 태도 등에 차이가 있지만 뛰어난 교사들이 갖는 일반적인 속성이 있다는 것이다. 이러한 뛰어난 교사들의 특징을 토대로 슐만과 슐만(2004)은 교사학습과 발달을 이해하기 위한 새로운 모델의 구성 요소로 준비(비전 소유), 의지(동기를 가짐), 능력(아는 것과 할 수 있는 것), 반성(경험으로부터 학습), 집단 관련성(전문 공동체의 구성원으로 행동) 등 다섯 가지를 도출하였다.

슐만과 슐만은 이 다섯 가지 요소를 보다 간명하고 일반적인 개념으로 다시 여섯 가지(비전, 동기, 이해, 실천, 반성, 공동체)로 재정리하였다. 교사학습의 공동체 측면은 숙고, 협력, 상호지지, 전문성 공유 등을 말한다. 공동체를 제외한 다섯 가지 요소는 개인이 갖추어야 할 능력(capacity), 교사학습을 위한 개인 수준의 분석 요소(individual level of analysis)라 할 수 있다. 개인 수준 교사학습 모델은 [그림 13-1]과 같다.

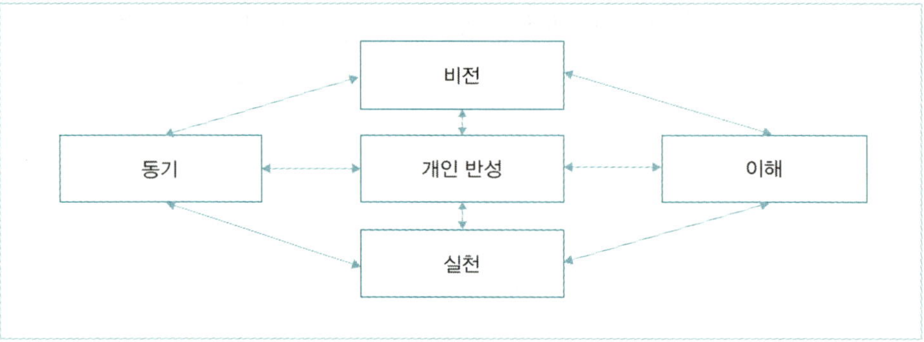

[그림 13-1] 개인 수준의 교사학습 분석 요소

출처: Shulman & Shulman(2004). p.260.

1) 준비: 비전 개발

교사는 가르칠 준비가 되어 있어야 한다. 즉, 교사는 학생 학습, 학생 이해, 학급 내 개인 활동과 집단 활동, 교육과정 등에 관한 구체적인 비전을 가지고 있어야 한다. 뛰어난 교사는 가르치는 일은 교사가 말해주는 것이 아니라 학습 과정으로, 학습은 반복이 아니라 과정으로 생각하며, 현상 유지에 만족하지 않는다. 비전과 실행 간의 차이는 교사가 학습할 동기를 만들지만 이 간격이 너무 크면 교사학습을 좌절시킬 수 있다. 교사의 준비도를 결정하는 교수-학습에 관한 적절한 비전 개발을 위해 교사학습에서 고려할 질문들은 어떤 교사교육 경험이 준비도를 증진하는가? 비전은 어떻게 개발, 변화, 심화되는가? 준비도의 단계, 수준, 범주는 어떻게 정할 수 있는가? 등이다.

2) 의지와 동기

교사는 동료와의 토의, 롤 모델, 이론 학습 등을 토대로 교수에 관한 새로운 비전을 개발할 수 있다. 그러나 이러한 비전을 실천할 수 있는 의지, 지원적 환경이 부족할 수 있다. 이에 따라 교사학습에서 고려할 주요 질문은 의지, 동기의 단계, 수준, 범주가 있는가? 어떤 교사교육, 교사 공동체 개발, 학교 재구조화, 전문적 네트워킹, 행정적 지원, 인지적 불균형 등이 그러한 동기를 개발하는 데 도움이 되는가? 교사들이 변화하려는 동기는 어디서 나오는가? 등이다.

3) 이해 능력

뛰어난 교사는 무엇을 가르쳐야 하는지, 어떻게 가르쳐야 하는가를 안다. 교사는 교육과정의 주요 문제, 핵심 주제와 쟁점, 근거, 성공적인 예시 등을 이해한다. 교사가 아는 것, 이해의 범주는 매우 광범위함에 따라 교수의 지식 기반으로서 공통된 기준, 요소를 확인할 필요가 있다. 이러한 지식은 학문지식, 교과내용지식, 다학문 지식, 교육과정 이해, 교육학적 내용 지식, 학급경영과 조직, 학급평가, 공동체(학급, 학교, 지역사회, 교직, 교육 개혁), 학습자의 지적·사회적·문화적·개인적 측면 이해 등을 포함한다. 교사학습과 관련하여 어떤 교사-개발 활동이 교사학습을 강화할 것인가에 대한 검토가 필요하다.

4) 적절한 실천 능력

뛰어난 교사는 교수를 위한 준비, 의지와 이해뿐 아니라 수행할 능력과 기술을 가지고 있어야 한다. 교육과정 설계와 재구성, 동시에 발생하는 다양한 학급 업무 관리, 공식적·비공식적 학생 평가, 교수 기술 활용 등을 위해 교사는 적절한 실천 능력을 갖추어야 한다. 이러한 기술은 오랜 시간에 걸쳐 천천히 개발된다. 이에 따라 교사교육자는 교수 기술 개발이 어떻게 이루어지며,

이것이 강화, 측정, 수정, 지속되는가를 분석할 필요가 있다. 또 교수의 복잡성으로 인해 그 결과(학생 학습)를 예측하기 어렵고 불확실하다는 점에서 경험을 통한 수정과 학습이 중요하다. 교사 자신의 실천에 대한 비판적 분석과 학생의 반응에 대한 비판적 평가는 교수 모델에서 핵심적인 요소이며, 따라서 교사학습에서 비판적 반성은 핵심적 과정이라 할 수 있다.

5) 반성을 거친 경험을 통한 학습

뛰어난 교사는 비전, 동기, 이해, 실천 능력을 가지고 있을 뿐 아니라 경험을 통한 학습, 의도적인 변화를 추진할 능력이 있어야 한다. 경력교사와 초보교사 간 공동 작업은 상당 부분 교사들이 자신의 이해, 수행, 성향을 파악하도록 지원하는 것이다. 교사는 자신이 하는 일에 대한 토론을 통해, 자신의 경험과 다른 교사의 경험을 통해 학습할 수 있는 능력을 개발, 향상시킨다. 슐만과 슐만(2004)의 모델에서 반성은 교사학습과 개발에 핵심적인 요소이다. 뛰어난 교사는 비전, 동기, 이해, 실천을 유연하게 통합하며 반성을 통해 교수 개선을 위한 학습을 한다.

나. 다층적 교사학습 모델

슐만과 슐만(2004)은 교사학습이 이루어지는 맥락을 고려한 개념 틀을 제시하고 있다. 이는 교사학습은 개인 수준, 공동체 수준뿐 아니라 교사학습이 이루어지는 보다 큰 사회적 맥락으로서 정책 수준을 고려해야 한다는 점을 보여주는 것이다. 또한 슐만과 슐만은 교사와 공동체를 이분법적으로 보기보다는 양자가 지속적으로 상호작용하며, 서로 영향을 미치는 것으로 이해한다. 즉, 교사들은 공동체의 일원으로 전문적 학습은 공동체 맥락에서 이루어진다. 개별 교사는 자신의 비전, 동기, 이해, 수행 능력, 반성을 하는 주체이며 동시에 공동체의 비전, 헌신, 지식 기반, 반성을 공유하는 교사 공동체의 일원이다. 이와 같이 개인과 공동체의 계속적인 상호작용을 나타내기 위해 슐만과 슐만(2004)은 다층 개념의 구조적 모델을 제시하고 있다([그림 13-2] 참고).

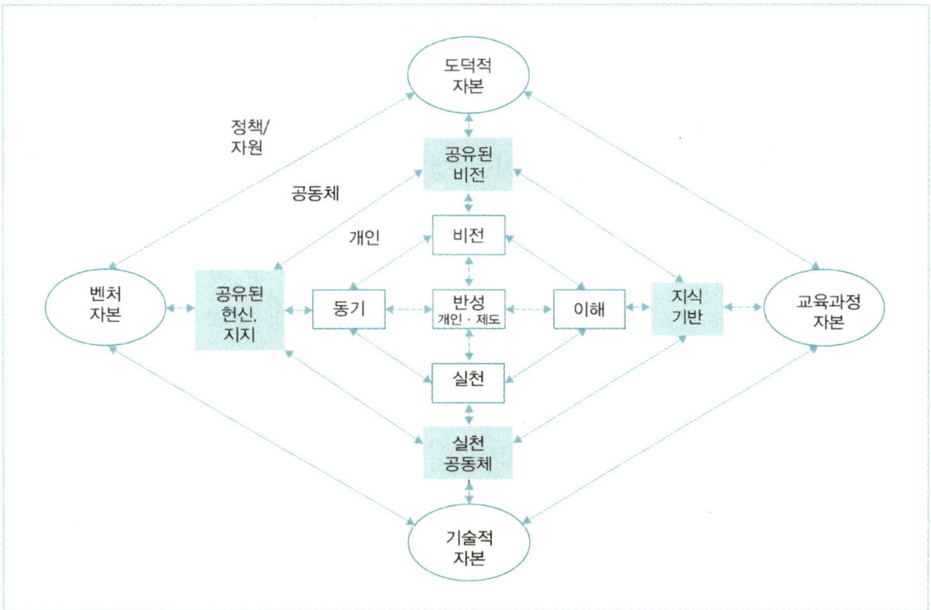

[그림 13-2] 교사학습 분석 수준: 개인, 공동체, 정책

출처: Shulman & Shulman(2004). p.268.

[그림 13-2]에서 내부 층은 개인 수준의 학습을 설명하는데 적합한 모델로, 학습자는 비전, 동기, 이해, 기술을 개발할 필요가 있으며, 학습은 메타인지적 자각과 학습 과정 분석, 학습공동체 구성원의 지원이 수반될 때 가장 효과적으로 이루어진다는 점을 보여준다. 두 번째 층은 학습자로서 교사가 공동체 내에서 교수와 가르치는 것을 배우는 모델이다. 교사교육과 학교 상황에서 교육자는 모든 구성원의 비전, 이해, 수행, 동기, 반성을 지원, 유지, 조정하는 환경을 만들어야 한다. 개인 수준과 공동체 수준은 독립적인 동시에 상호작용한다. 가장 바깥쪽 층은 정책 영역으로 자원의 배분을 포함한다. 학습과 교수는 멘토링, 직원 개발, 교육과정 및 관련 자료, 평가 도구와 모델, 물리적 공간 등 적절한 자원에 의존하며 이러한 자원이 제공될 때 효과적으로 이루어진다.

5. 교사학습 지원을 위한 쟁점과 과제

교사학습과 관련된 주요 쟁점들은 이론적 측면과 실천적 측면으로 크게 범주화할 수 있다. 지식과 실천 간의 관계에 근거하여 교사학습 관점을 제시한 코크란-스미스와 라이틀(1999)은 교사학습 논의에서 검토해야 할 쟁점으로 교사학습의 목적, 이원론적 지식 구분, 이론과 실천의 분리, 초보 교사와 숙련교사의 구분 문제를 제기하고 있다. 이들 쟁점은 교사학습 이론을 정교화 하는 과정에서 보다 구체화되어야 할 것이다. 교사양성교육 맥락에서 교사학습 관련 쟁점은 주영주 외(2005: 130-133)의 연구에서 찾아볼 수 있다. 이는 선(사전) 개념 문제, 실천 문제, 복잡성 문제 등 세 가지이다. 각 쟁점 및 관련 과제를 정리하면 다음과 같다.

가. 형식적 지식과 실천적 지식의 이원론적 지식 구분

교사학습을 이해하는 관점에 따라 교사들이 교수 실천을 개선하고 보다 잘 가르치기 위해 필요한 지식이 무엇인가에 대해서는 상이한 입장을 보이고 있다. 코크란-스미스와 라이틀이 범주화한 실천 속의 지식 관점에서는 교사의 실천적 지식을 강조한다. 보다 잘 가르치기 위해서 교사들은 많은 지식을 학습해야 하며 이러한 지식은 형식적 지식과 실천적 지식으로 구분된다는 것이다.

그러나 이러한 이원론적 지식 구분은 연구자와 교사, 행동하는 사람과 사고하는 사람, 행위자와 분석가, 아이디어와 행위를 분리시키고 실천적 지식의 지위를 형식적 지식보다 낮은 것으로 인식하게 된다는 점에서 문제가 있다(Cochran-Smith & Lytle, 1999). 이러한 지식의 이원론적 구분을 극복하고 교사들이 필요로 하는 지식을 보다 잘 파악할 수 있는 새로운 인식론이 필요하다. 코크란-스미스와 라이틀(1999)은 이를 현지 지식(local knowledge)으로 개념화하고 있다. 이는 형식적 지식과 실천적 지식의 이원론에서 벗어나 교사들이 자신의 교육 실천에 대한 지속적인 탐구와 반성을 통해 생성하는 지식을 말한다. 이러한 현지 지식이야말로 교육 공동체에, 교사학습에 보다 유익하며, 나아가 교사지식의 발달과 확대에도 기여할 수 있을 것이다.

나. 이론과 실천의 분리와 이론의 응용으로서 교수 실천의 문제

이론과 실천의 분리 문제는 교사학습에서만이 아니라 아는 것과 행하는 것의 분리에 관한 오랜 논쟁과 연계되어 있다. 실천(practice)은 통상 하는 것, 행동하는 것, 실행하는 것, 수행하는 것으로 이해된다. 이때 실천은 이론이나 연구에 대비되는 것으로, 매우 실제적이며, 유용하고, 즉각적이며, 기능적이라는 의미로 이해된다. 주영주 외(2005: 131)는 교사가 교수 지식을 실행하지 못하는 것을 실천의 문제로 규정하고 이를 교사교육의 주요 쟁점으로 제기한 바 있다. 교사교육에서는 이러한 실천의 문제 해결을 위해 현장에서 활용 가능한 방법, 전략을 가르치고 교육실습 기간을 늘림으로써 지식을 적용하는 연습, 기회를 확대해왔지만 이는 가르치는 일을 기술로 전락시킨다는 점에서 근본적인 해결책이 되지 못한다(주영주 외, 2005).

교수와 교사학습에서 이론과 실천의 관계를 이해하는 새로운 접근이 필요하며 이는 교수 그 자체는 실천적일 뿐 아니라 실천을 이해하기 위한 개념적·이론적 틀을 구성하고 재구성하는 행위로서 이해하는 것이어야 할 것이다. 이 점에서 코크란-스미스와 라이틀(1999)은 교수와 교사학습을 탐구 관점(inquiry as stance)에서 이해하고 접근할 필요가 있다고 본다. 교사들은 학교와 학급에서 늘 이론화를 실천하며 이론의 실천으로서 교수(teaching as praxis)를 이해할 필요가 있다는 것이다.

유사한 맥락에서 주영주 외(2005: 131-132)는 교사들이 실천적 지식을 형성하고 검증하며, 자신의 교수 이해와 실천을 계속적으로 반성하고 재구성하는 기회를 제공하고, 연구 능력을 개발하도록 지원할 것을 제안한다. 이는 교수는 매우 복잡하고 어려운 일이라는 전제 하에 교사학습을 설계하고 실행하는 것을 말한다. 즉, 교수는 다양한 목표와 요인을 고려해야 하며, 계속 변화하고, 다양한 배경과 요구를 가진 학생을 대상으로 다양한 지식과 기술을 통합적으로 활용해야 하는 복잡성을 특징으로 하며 이러한 교수 복잡성에 대응하기 위해 교사학습은 반성, 탐구, 연구 역량을 개발하는 데 초점을 둘 필요가 있다는 것이다.

다. 교사학습에서 초보 교사와 숙련교사의 구분

실천을 위한 지식과 실천 속의 지식 관점에서는 지식을 더 많이 아는 교사, 실천적 지식을 만들어내는 유능한 교사를 가정하고 있다. 이러한 관점에 따르면 전문가, 숙련가 교사와 초보 교사가 구분된다. 전문가, 숙련가 교사는 연구자들이 생성하고 체계화한 형식적 지식을 많이 알고, 이를 효과적으로 활용하며, 자신의 지식 기반을 최신화하고 다른 사람의 모델이 되는 교사(실천을 위한 지식 관점), 교수 실천을 통해 암묵적 지식을 만들고 초보 교사를 위해 이 지식을 구체화하는 교사(실천 속의 지식 관점)이다. 교사학습을 통해 교사는 초보 교사에서 전문가, 숙련교사가 되어 간다.

그러나 교사는 지식의 양이나 성격에 따라 초보 교사와 숙련교사로 구분하는 것은 적절하지 않으며, 초보 교사와 숙련교사는 모두 자신의 교수, 학습, 학생에 대한 기본 가정을 비판적으로 반성, 탐구하고 서로 공유한다는 점에서 유사한 지적 활동에 참여하는 것으로 이해할 필요가 있다(Cochran-Smith & Lytle, 1999). 평생학습, 탐구 관점에서 볼 때 교사학습은 전 교직 생활에 걸쳐 이루어지는 것이라 할 수 있다.

라. 선 개념의 형성과 작용

선 개념은 교사양성교육에서 특히 쟁점이 된다. 예비교사들은 교사양성교육에 입문할 때 교수에 대한 선 개념을 가지고 있으며, 이 선 개념은 학생으로서 교사를 오랫동안 관찰한 경험에 기초하여 형성된 것으로 여기에는 많은 오개념이 포함되어 있다(주영주 외, 2005). 학생들이 관찰하는 교수는 표면적인 행위이며 교수 활동에 요구되는 교사의 지식과 기능, 시간과 노력을 충분히 파악하지 못한다는 점에서 예비교사가 가진 교사, 교수에 대한 인식은 한계가 있다.

그러나 예비교사들이 가진 선 개념은 쉽게 바뀌지 않는다는 점에서 교사양성교육에서 예비교사가 가진 선 개념을 비판적으로 고찰하고 재구성할 기회를 지속적으로 제공할 필요가 있다. 아울러 선 개념의 문제는 교사양성교육에 국한되지 않는다. 경력교사도 자신의 교수 지식과 경험의 한계, 사회·문화적 맥락의 제한 등에 따른 오개념, 고정 관념을 형성할 수 있다. 교사학습은 비판적 탐구와 반성을 통해 교사들이 가진 선 개념을 최근의 이론과 연구, 실천을 통해 지속적으로 검증, 발전시키는 과정이라 할 수 있다.

6. 소결

교사들이 더 많이 알면 더 잘 가르칠 수 있다고 하지만, 교사학습의 목적과 결과가 무엇이며, 이는 누가 결정하는가, 교사학습은 사회적, 정치적, 지적 운동과 어떻게 연계되는가 등은 여전히 쟁점이 되고 있다. 이 장의 〈표 13-1〉에서 제시한 교사학습 논의에서 검토해야 할 주요 질문들, 즉 더 많이 아는 것과 더 잘 가르치는 것이 어떻게 연계되는가, 교사들이 더 잘 가르치기 위해 어떤 지식이 필요한가, 누가 그러한 지식을 만들고, 평가하는가, 지식과 실천의 관계에 대한 이해와 기본 가정은 무엇인가 등의 질문은 교사학습 연구에서 지속적으로 탐구되어야 할 것이다. 교사학습은 교수 문제와 딜레마를 해결하기보다 이에 문제를 제기하는 과정으로 이해된다.

아울러, 교사학습의 목적과 결과에 대한 질문은 특히 교사 주체성(agency), 주인의식(ownership)과 밀접하게 연결되어 있다는 점에 주목할 필요가 있다. 교사학습 참여가 학교나 교육청 수준에서 정해지고 교사학습 방법이 제한적일 경우, 교사학습은 시간과 장소에 한정되고 개인적 성장에 초점을 두는 단순한 전문성 개발 활동이 될 수 있다. 그러나 교사들이 적극적으로 교수 실천을 개선하고자 할 때 교사학습의 목적과 결과에 대한 교사의 주체성은 보다 확대될 수 있다(Cochran-Smith & Lytle, 1999).

교사 주체성은 이 책의 제8장에서도 다룬 바 있다. 교사는 학생학습을 증진할 뿐 아니라 이를 위해 필요한 전문성을 개발하고 수업의 변화를 이끌 수 있는 주체로서의 역할이 요구된다. 교사양성과정은 교직 전 생애에 걸친 교사학습의 출발점으로 이해되어야 할 것이다.

제14장 교사학습공동체와 교사학습

학교교육의 성과는 학생들의 학습을 향상시킬 수 있는 교사들의 개인적·집단적 역량(capacity) 그리고 이와 연계되어 있는 학교 전반의 역량에 의존한다. 교육의 질은 교사의 질에 달려있다고 할 때 교사의 질은 개인 수준뿐 아니라 집단(동학년, 동교과 교사), 나아가 학교 전체 맥락에서 이해되어야 할 것이다. 이 점에서 교사학습도 개인의 역량 개발에서 나아가 집단적 접근, 공동체적 접근(서경혜, 2013)이 주목받고 있다. 특히 전문적 학습공동체(Professional Learning Community: PLC)는 학교 구성원 상호 간의 학습과 학생 학습의 증진, 나아가 학교 개선에 기여한다는 점에서 교육 개혁의 새로운 접근법으로 주목받고 있다(Stoll et al., 2006).

교사학습공동체는 교사학습, 교사 전문성 개발이 교사 개인 수준에서, 단순히 새로운 교수 전략을 추가하는 것이 아니라 자신의 교수를 변혁하고 교수 실천을 반성하는 기회를 제공하는 데 기여할 수 있다. 교사들의 교수 실천은 지속적, 일관되며 집중적인 전문성 개발에 의해 변화될 수 있으며 (Darling-Hammond & Richardson, 2009), 교사학습은 가장 효과적인 교수 과정과 기법에 대한 최근의 정보를 얻기 위해 교사들이 모이는 정기적인 '교직원 연수'의 과정으로 간주되어서는 안 될 것이다(소경희, 2009).

아울러, 교사학습은 교사들이 이전에 가지고 있던 지식과 경험을 새로운 이해와 연결할 기회를 갖는 적극적 학습을 통해 이루어진다(소경희, 2009: 111). 시간상으로도 교사학습은 일시적, 단절적으로 일어나기보다 교직 전 생애에 걸쳐 지속적으로 이루어진다. 이에 따라 계속적인 전문성 개발(continuing professional development: CPD) 개념이 발달하고 있으며(Kennedy, 2005; Craft, 2004), 교사학습공동체는 교사학습이 지속적으로 이루어질 수 있는 맥락을 제공한다.

교사학습공동체가 확산되면서 교사학습공동체와 교사학습에 관한 연구는 양적으로 크게 증가하고 있으며 그 주제도 다양해지고 있다(Darling-Hammond & Richardson, 2009; Stoll et al., 2006). 교사학습공동체의 개념, 속성, 특징에 대한 이론적 논의에서 나아가 교사학습공동체의 유형(종류), 형성과 발달과정, 영향 요인, 활동 그 자체, 성과, 교사학습공동체에서 교사학습의 초점, 내용, 맥락, 방법 등이 주요 연구 주제로 다루어지고 있다. 교사학습공동체가 교사들의 단순 친교 모임이 아니라 교사 전문성 개발과 교사학습에 기여하기 위해서는 교사학습공동체에서 협력 학습과 공동 학습이 효과적으로 이루어져야 할 것이다.

이러한 배경에서 이 장은 교사 전문성 개발(교사학습)[27]과 교사학습공동체를 주제로 한 선행연구를 토대로, 교사학습에 대한 새로운 접근으로서 교사학습공동체의 개념과 주요 특징, 우리나라 교사학습공동체의 특징, 교사학습공동체의 형성 및 발달 과정과 이에 영향을 미치는 요인, 교사와 학생 측면에서 교사학습공동체의 특징을 분석한다.

1. 교사학습에 대한 새로운 접근: 교사학습공동체

가. 교사학습공동체의 개념과 특징

교사학습공동체(teacher learning communities)는 교사학습의 내용, 방법, 성과를 이해할 수 있는 새로운 맥락이라 할 수 있다. 우리나라에서 교사학습공동체는 전문적 학습공동체, 탐구공동체, 실천공동체, 교사 모임, 교사연구회, 교과연구회 등 다양한 명칭으로 불리고 있으며(서경혜, 2013; 고연주 외, 2017) 교사의 교수 지식과 실천, 교사 전문성을 증진하기 위한 활동, 프로그램을 포괄하는 의미로 사용되고 있다. 교사학습공동체의 속성은 교사학습공동체의 개념에 직간접적으로 반영되어 있으며 이는 교사학습, 교사 전문성 개발을 위한 교사학습공동체의 의의와도 연계되어 있다.

우리나라에서 교사학습공동체의 개념과 속성은 교사학습, 학습조직, 전문학습공동체 연구 분야의 주요 국외 선행연구(예: Hord, 1997; DuFour & Eaker, 1998; McLaughlin & Talbert, 2001, 2006; Stoll et al., 2006)를 분석한 일부 연구들에서 찾아볼 수 있다. 특히 권낙원(2007: 3)은 전문학습공동체 용어의 발달이 학습조직 및 학습공동체의 개념과 관련이 있으며 학습조직이라는 용어에서 학습공동체 용어가 등장하였고 이후 전문학습공동체라는 용어가 생겨난 것으로 분석하고 있다. 이들 개념에 대한 분석을 토대로 권낙원(2007: 6)은 전문학습공동체를 수업을 전문으로 하는 교사들이 자신의 성장과 발달을 위하여 자발적으로 모임을 구성하여 자신들의 전문성에 미흡한 부분을 찾아내어 이를 보충하고 발전시켜 성숙된 교사로서의 위치를 지킬 뿐 아니라 그 가운데 자기만족을 추구해 나가는 모임으로 정의한다.

그러나 권낙원(2007)이 정의한 교사학습공동체 개념은 교사학습이 교사 전문성에서 부족한 것을 보충, 발전시킨다는 결핍 모델에 근거해 있으며, 교사학습공동체를 수업 개선, 학생 학습보다 자기만족을 추구하는 모임으로 이해하고 있어 오늘날 교사학습공동체에 대한 이해와는 다소 거리가 있다. 결핍 관점에서 교사학습을 보는 입장을 비판한 연구자로는 서경혜(2009)를 들 수 있다. 서경혜(2009: 248)는 결핍 관점에 기초한 보정적 성격의 교사 연수, 개인 차원의 지식 획득, 시행착오를 통한 학습에 초점을 둔 교사 연수의 한계를 비판하고 교사 전문성 개발에 대한 대안적 접근으로서 교사학습공동체를 제시한다. 이 연구에서 교사학습공동체는 교사 전문성 신장과 학생의 학습 증진을 위해 협력적으로 배우고 탐구하고 실천하는 교사 집단을 말한다. 이러한 교사학습공동체는 가치와 규범의 공유, 교사와 학생의 학습에 중점, 구성원 간 협력을 핵심적 속성으로 한다(서경혜, 2009: 251).

서경혜(2009)의 연구와 유사하게 교사학습공동체에 관한 주요 국외 문헌에 기초하여 교사학습공동체의 개념과 특징을 분석한 연구로는 김민조 외(2016)

가 있다. 이 연구에서 교사학습공동체(Professional Learning Communities)는 학교 개혁과 학교 문화 개선에 관한 공적 책무성을 지닌 교사들이 집단적이고 지속적인 탐구와 실행 연구를 통해, 학생의 학습 능력을 신장하고, 자신과 동료교사의 전문성을 신장하고자 하는 학습 조직을 말한다(김민조 외, 2016: 228). 여기서 교사학습공동체는 전문적 학습공동체와 동일한 의미로 보고 있으며, 교사학습공동체는 학생 학습, 교사 전문성 신장을 목적으로 집단적·지속적 탐구와 실행 연구가 이루어지는 학습조직으로서의 성격을 갖고 있다.

그러나 교사학습공동체가 학습조직의 성격을 갖기는 하지만, 교사학습공동체를 학습조직으로 보는 것은 공동체와 조직이 갖는 차이를 고려하지 않은 것이라 할 수 있다. 또한 김민조 외(2016)는 교사학습공동체 관련 문헌을 분석하고 이에 나타난 교사학습공동체의 속성을 크게 다섯 가지로 도출하였다. 즉, 교사학습공동체는 학생의 학습 능력 신장, 교사 전문성 신장, 모든 공동체 구성원들이 학습하고 성장하게 하는 과정 및 관계, 협력을 통해 학교 공동체에 속한 사람들의 삶의 질을 개선하는 문화적 공간, 학교 개혁이나 변혁, 학습조직으로서의 특징을 가지고 있다(김민조 외, 2016: 226-228).

이는 서경혜(2009)가 제시한 교사학습공동체의 세 가지 속성을 보다 확장한 것이나, 교사학습공동체의 속성과 목적이 다소 혼재되어 있다는 한계가 있다. 그러나 교사학습공동체가 학교 개혁이나 변혁을 위해 적용 가능한 전략 또는 주체로 이해된다는 점은 서경혜(2009)의 연구에서 제시되지 않았던 새로운 측면이라 할 수 있다.

이승호 외(2015)는 교사 전문성 신장에 초점을 둔 교사학습공동체에 대한 사례연구를 대상으로 질적 메타분석을 실시하고, 우리나라 교사학습공동체의 속성을 체계적으로 분석하였다. 이 연구에서 분석한 교사학습공동체의 속성은 자발적 활동 의지, 수평적 상호작용, 수업사례 및 아이디어 공유, 공유를 통한 반성, 공동수업 설계, 협력, 전문가의 도움, 지속적 연구, 생산결과의 활용, 지원적 환경이며, 이 중 가장 핵심적 속성은 협력이다. 여기서 협력은 방향(수평적), 양상(공유, 반성 등), 깊이(수준)를 포함하는 것으로 전문가의 조언, 생산적 활동, 지원적 환경 등과 같은 속성과 영향을 주고받으며, 순환관계를 갖고, 이것이 궁극적으로 교사의 전문성 신장과 학생의 학습 성장을 지향하는 구조로 이루어지고 있다고 볼 수 있다(이승호 외, 2015: 96).

종합하면, 교사학습공동체는 교사 간 협력과 공동 작업을 기반으로 하는 '공동체'로서(성격), 학생 학습과 교사학습 증진, 교수 실천 개선, 교사의 전문적 성장을 공유하며(목적), 나아가 학교 개선과 변화에 기여하는(기대 효과) 교사 집단, 교사 모임을 말한다. 이러한 교사학습공동체는 구성원 간 철학·가치와 규범 공유, 반성·탐구·실천 등을 통한 학습, 구성원 간 공동 작업, 협력, 교사와 학생 학습, 개인 및 학교 수준의 변화, 개혁 지향의 특징을 가지고 있다.

나. 한국형 교사학습공동체의 주요 특징

우리나라 교사학습공동체의 주요 특징은 교사학습공동체에 관한 연구동향을 분석한 연구(신지혜, 2015; 이승호 외, 2015; 고연주 외, 2017), 한국형 교사학습공동체의 도대 및 전개 양상을 분석한 곽영순, 김종윤(2016)의 연구를 통해 정리해볼 수 있다. 이 중 고연주 외(2017)는 교사학습공동체에 관한 연구 중 연구내용, 방법, 결과 등에 교사학습공동체의 속성(가치와 규범 공유, 협력, 공동 성찰과 실천 등)이 드러난 연구만을 대상으로 교사학습공동체 연구 동향을 분석하였다. 이에 따라 2004년~2015년간 발표된 논문 총 86편을 분석하였다. 곽영순, 김종윤(2016)은 외국에서 유입된 교사학습공동체 개념이 우리나라에서 자생적으로 변형·진화하고 있으며, 그 양상을 '한국형 교사학습공동체'라 부를 것을 제안하였다. 이러한 한국형 교사학습공동체의 특징을 분석하기 위해 5개 학교를 대상으로 한 사례연구, 관계자 심층면담을 실시하였다.

여기서는 곽영순, 김종윤(2016)의 연구를 주로 참고하되 관점이나 해석상 차이가 있는 부분은 재정리하여 우리나라 교사학습공동체(한국형 교사학습공동체)의 주요 특징을 여섯 가지로 제시한다.

첫째, 우리나라 교사학습공동체는 다양한 명칭으로 불리고 있다. 외국의 교사학습공동체 연구에서는 전문적 학습공동체(Professional Learning Communities: PLC)라는 용어를 주로 사용하고 있으나 우리나라에서 교사학습공동체(Teachers' Learning Communities)는 전문적 학습공동체뿐 아니라 탐구공동체, 실천공동체, 교사 모임, 연구회 등 다양한 명칭이 사용되고 있다.

둘째, 교사학습공동체는 구성원의 범위, 활동 맥락에 따라 학교 안과 학교 밖 교사학습공동체로 구분될 수 있다. 학교 내 구성원을 중심으로 공동체가 구성된 경우 학교 안 교사학습공동체로, 특정 지역이나 학교 외부 교사나 전문가들을 중심으로 한 교사 모임이나 공동체는 학교 밖 교사공동체라 할 수 있다. 또한 학교 밖 교사학습공동체는 오프라인에서 직접 모임을 갖는 공동체와 온라인상에서 활동하는 공동체 등(고연주 외, 2017: 440), 다양한 교사학습공동체가 구성·운영되고 있다.

셋째, 우리나라에서 교사학습공동체의 발달은 국내의 상향식 교사 운동, 배움의 공동체 수업철학의 확산, 혁신학교 교육정책의 세 흐름과 맞물리면서 현장에 안착하게 되었으며, 그 영향력이 급속히 확대되고 있다(곽영순, 김종윤, 2016). 아울러, 이러한 세 가지 흐름은 다소 진보적 성향을 가진 사람들에 의해 주도되었다는 점도 추가되어야 할 것이다. 초기 혁신학교 정책은 진보 교육감이 선출된 경기, 서울, 전북교육청을 중심으로 도입, 추진되었으며 혁신학교 정책의 이론적 기반을 마련한 교육청 정책연구도 진보 교육감의 교육철학을 지지하는 특정 연구자들에 의해 주로 이루어졌다.

넷째, 외국 문헌에서 PLC는 교사들 간의 '학습'을 바탕으로 교사 전문성을 신장하고 학생의 학업을 증진하며, 학교를 개선한다는 의미를 담고 있지만, 국내에서는 교사의 집단적 전문성 및 공동체성을 통해 교육의 혁신을 불러온다는 의미를 담고 있다. 이는 한국에서 교사학습공동체가 외국의 이론을 들여오는 것에서 시작되었으나, 한국적 교육 환경에 뿌리내리면서 새로이 진화해 나갔던 것(곽영순, 김종윤, 2016: 182)임을 보여준다.

그러나 여기서 교사학습공동체가 교사 전문성 신장을 통해 학생 학습을 향상시키고 나아가 학교 개선, 변화, 혁신으로 이어질 수 있다는 기대는 우리나라와 외국의 차이점이 아니라 '공통점'이라고 보아야 할 것이다. 다만, 우리나라 교사학습공동체 활동과 연구는 학교교육 혁신을 보다 강조하는 반면, 외국의 경우 교사와 학생 학습에 방점을 두고 있다는 점에 차이가 있다. 그리고 이는 학교교육 성과나 교사 전문성 신장을 학생 학습, 성취도 개선과 연계시키지 않는 우리나라의 교육(정책) 맥락에 기인한다. 성취도 평가 자체를 비교육적인 것, 비판적으로 보는 입장에 있는 사람들이 혁신학교 정책을 지지하고, 이러한 혁신학교 정책의 발달과 함께 확대된 교사학습공동체는 학생의 학습, 성취도 개선보다 학교의 혁신 측면에 보다 초점을 두고 발달하였다.

다섯째, 한국에서의 교사학습공동체는 단위학교가 처한 현실적인 여건에 따라 '수업 주도형 학습공동체' 또는 '생활 주도형 학습공동체' 등 두 가지로 분화되어 학생의 학업과 학교의 문제를 해결해나가는 양상을 보여준다(곽영순, 김종윤, 2016). 이러한 분석은 곽영순 외(2014)의 연구에 근거를 둔 것으로, 수업 주도형 학습공동체는 수업 중심의 학습공동체를 구축하여 수업과 학교의 변화를 지향하며 수업 공유와 수업 개선을 위한 교사 간의 논의를 강조한다(곽영순, 김종윤, 2016: 188). 생활 주도형 학습공동체는 학교 공동체 구성원들 상호 간의 존중과 배려를 중시하며, 이를 토대로 하나의 인격체로서 존엄을 경험하고, 자신의 자아를 실현할 수 있도록 도움받고 성장할 수 있는 장(場)을 추구하는 공동체를 의미한다(곽영순, 김종윤, 2016: 190).

우리나라 교사학습공동체가 수업 주도형과 생활 주도형으로 구분되는 것은 외국과 달리 우리나라 교사들에게 기대되는 역할, 직무가 교과지도뿐 아니라 생활지도를 포함하고 있기 때문이라 할 수 있다. 또한 생활 주도형 학습공동체에서 학생 학습 증진을 위한 수업 논의가 없는 것은 아니며 생활지도는 수업지도를 보다 잘 하기 위한 것이라는 점에서 볼 때, 수업 주도형과 생활 주도형 교사학습공동체는 학생 교육(교과교육과 생활교육)을 증진하기 위한 교사 간 공동 학습, 협력 학습이라는 점에서는 큰 차이가 없다고 볼 수 있다.

여섯째, 한국형 교사학습공동체는 교사 문화 및 학교를 변화시키고자 하는 철학, 열정, 의지를 가진 소수의 리더급 교사들에 의존해서 발달하였다. 주요 리더 역할을 한 교사들은 상향식 교사 운동을 하던 교사, 배움의 공동체를 실천하는 교사, 혁신학교 교육정책의 지원을 받은 교사들이었으며(곽영순, 김종윤, 2016: 193-194), 진보적 성향을 가진 교사들이었다. 이동성(2011) 또한 우리나라에서 교사학습공동체(교과교육연구회)가 강력한 헌신과 주인의식을 지닌 소수 구성원들의 권력과 인적 네트워크를 통해서 구성된다는 점을 지적한 바 있다. 이에 따라 교사학습공동체의 지속가능성과 확산을 위해 소수의 열정적인 교사, 특정 개인의 역량과 네트워크에 의존하기보다 다양한 교사들의 자발적인 참여를 이끌어내는 것이 교사학습공동체 발달을 위한 주요 과제가 되고 있다(이승호 외, 2015; 정바울, 2016; 곽영순, 김종윤, 2016).

이상에서 정리한 우리나라 교사학습공동체의 특징은 교사학습공동체 관련 연구가 발달하면서 더 정교화되고 다양하게 규명될 수 있다. 교사학습공동체 연구에서 다루는 주제로는 교사학습공동체 형성 및 발달에 영향을 주는 요인(주영주, 조은아, 2006; 김민조 외, 2016), 지속성 및 지속 방안(정바울, 2016; 김정진, 2017), 교사학습공동체 운영 실제, 활동 사례(김민조 외, 2016; 김송자 외, 2013), 교사학습공동체가 교사협력, 만족 등에 미치는 영향 등 교사학습공동체의 효과(김주영 외, 2018) 등을 들 수 있다. 2000년대 이후 교사학습공동체를 주제로 한 많은 연구들이 발표되고 있으며, 이들 연구는 우리나라 교사학습공동체의 특징을 드러내고 한국형 교사학습공동체 이론 발달에 기여하는 다양한 연구 결과를 제시하고 있다.

2. 교사학습공동체 형성 및 발달 과정과 영향 요인

가. 교사학습공동체 형성 및 발달 과정

교사학습공동체는 어떤 단계로 발달해 가며 어떤 과정을 거치는가? 고연주 외(2017: 446-447)는 우리나라 교사학습공동체의 형성과 발달 과정을 분석한 연구를 초기-발달-성숙의 구조적 프레임으로 발달 과정을 탐색한 연구와 개인적 발달-협력적 공동체의 발달이라는 내용적 프레임으로 진행한 연구로 크게 구분한 바 있다. 전자에 해당하는 연구로는 김도헌(2008)을 들 수 있으며 후자의 연구로는 이승배 외(2010), 박나실 외(2015), 곽영순(2015) 등이 있다. 교사학습공동체 발달 과정을 분석한 국내 연구는 대체로 후자에 해당한다.

김도헌(2008)은 초등 교사들이 온라인상에 자생적으로 형성한 '인디스쿨'을 연구사례로 선정하여 6개월간에 걸쳐 질적 사례연구를 수행하였다. 김도헌(2008)은 벵거 외(Wenger et al., 2002)가 제시한 실천공동체 발달단계 모형(잠재기, 결합기, 성숙기, 유지기, 변형기의 5단계)을 인디스쿨 분석에 적용하여, 인디스쿨의 발달 과정을 나눔에의 열정 발견과 공동체를 향한 상상(잠재기), 공동체 신뢰 형성과 지식공유의 가치발견(결합기), 공동체 주인의식의 고양(성숙기), 초기 정신과 새로운 혁신 간의 긴장(유지기) 등 4단계로 구분하고 각 단계의 주요 발견주제(emerging theme)를 도출하였다.

내용적 프레임으로 교사학습공동체 형성 및 발달 과정을 분석한 연구로는 곽영순(2015)을 들 수 있다. 대부분의 연구들이 1개 학교 내 1개 교사학습공동체를 분석 대상으로 삼고 있으나 이 연구는 5개 학교 사례연구를 종합하여 교사학습공동체의 발달 과정, 단계를 분석하고 있다. 이 연구에 의하면, 단위학교의 교사학습공동체는 (1) 교육활동 중심의 학교공동체, (2) 윤리적 실천의 생활공동체, (3) 협력과 성장의 학습공동체의 발달 단계로 이행한다.

여기서 (1)은 기존 관료주의, 권위주의 학교체제를 민주적 자치와 자율을 특징으로 하는 학교 공동체로, 행정업무 중심의 학교조직을 교육활동 중심, 교육과정 중심 체제로 개편하고 이에 필요한 지원체제(예: 교사 행정업무 부담 경감을 위해 행정실무사 배치)를 마련한다는 것을 말한다. (2)는 교사와 학생이 인격체로서 존중받고, 동일성의 공동체가 아니라 다름의 공동체에서 서로를 존중하고, 배려하는 규범이 있는 공동체, 윤리적 실천을 특징으로 하는 공동체를 말한다.

이 연구에서는 생활공동체에서 교사학습공동체 단계로 이행하는 것은 교사들의 수업 개선에 대한 갈망에 근거한 것이라 분석하였다. 아울러, 교사학습공동체는 협력적 관계에서 상호 배움과 성장을 추구하며, 집단지성을 통한 공동작업과 실천을 통해 교육과정을 구현하고, 공동 실천 및 협력하는 과정에서 교사들이 성장해 나가는 특징이 있는 것으로 설명하고 있다(곽영순, 2015: 95-99). 그러나 생활공동체에서 교사학습공동체로의 이행 과정이 명확하지 않을 뿐 아니라 생활공동체라는 용어의 적절성, 교육활동 공동체의 교육과정 개편과 만들어가는 교육과정 구현의 차별성이 불분명하다는 점 등에서 한계가 있다.

이승배 외(2010)는 2년간의 참여관찰을 통해 한 초등 체육교과 학습공동체의 형성과정과 메커니즘을 분석하였다. 이 연구에서 교사학습공동체의 발달은 (1) 맹아적 학습공동체 단계, (2) 개별교사 중심의 형식적 학습공동체, (3) 자기주도적 학습공동체 단계, (4) 공동체 중심의 협력적 학습공동체 단계로 위계적 방향성을 지니고 변화·발전한다. 이를 좀 더 구체적으로 보면, (1) 맹아적 학습공동체 단계는 공동체 형성을 준비하는 단계이다. (2) 형식적 학습공동체 단계는 시스템 구축을 시도하는 개별교사 중심으로 활동이 이루어지며, (3) 자기주도적 학습공동체 단계는 공동체로의 진화가 이루어지는 가운데 거듭되는 난항과 해결책을 모색한다. (4) 협력적 학습공동체 단계는 구성원 상호 간 협력적 지원이 이루어지며 인프라를 구축하게 되는 공동체 중심의 교사학습공동체 단계로 이후 계속 성장하며 발전을 거듭해 나간다(이승배 외, 2010: 105).

이승배 외(2010)의 연구는 교사학습공동체가 단계적으로 발전하며 각 단계에서 교사학습공동체의 성격은 차이가 있다는 점을 잘 보여준다. 교사학습공동체가 교육활동 중심 공동체, 생활공동체 등 다른 공동체 형성 이후에 발달하는 것이 아니라 교사학습공동체의 성격이 심화, 발전된다고 보는 점에서 곽영순(2015)의 연구와 차이가 있다.

박나실 외(2015)는 경기도 소재 한 중학교 내에서 자발적으로 형성된 1개 교사학습공동체(독서모임)에 대한 사례연구를 통해(한 학년당 8~11학급으로 구성된 중학교로 5개 교사학습공동체가 운영됨), 학교 안 교사학습공동체가 어떻게 해서 형성되었으며, 7년 이상의 오랜 기간 동안 유지되고 발전될 수 있었는지 그리고 이 공동체가 학교의 변화에 어떻게 기여해 왔는지를 분석하였다.

이 연구는 교사학습공동체(독서모임)의 형성을 고립적이고 관료적인 학교문화에 대한 교사들의 문제의식 공유, 리더 교사의 제안과 교사들의 참여, 일상의 탈출구인 교사학습공동체로 제시하였다. 고립적이고 관료적인 학교에 대한 교사의 문제의식, 리더 교사의 역할은 곽영순(2015)이 제시한 교사학습공동체의 형성·발달에서도 확인할 수 있다. 아울러 박나실 외(2015)는 교사학습공동체의 발전과 유지 과정은 리더 교사들의 리더십과 이에 대한 타 교사들의 존경과 신뢰, 교사학습공동체의 융통성, 도전적 학습 텍스트가 주는 배움의 희열과 공유 등을 포함하는 것으로 분석하였다. 이는 개별 학교 내 교사학습공동체의 형성·구축, 발전·유지 과정을 이해하는 데 도움을 준다.

그러나 이 연구에 분석한 교사학습공동체의 발달 과정은 이에 영향을 미치는 요인과 크게 구분되지 않는다. 또한 이 연구는 교사학습공동체를 통한 교사 변화, 이러한 변화가 학교 변화로 어떻게 연계되는가라는 질문에 근거하여 교사학습공동체의 변화를 분석하였다는 점에서 교사학습공동체 자체의 형성·발달을 분석한 다른 연구와 차이가 있다. 이 연구에서 주장하는 바와 같이 교사학습공동체를 통한 교사 변화가 학교 변화로까지 확장되는지에 대해서뿐만 아니라 어떻게 확장될 수 있는지에 대한 더 많은 실증적인 연구가 필요하다(박나실 외, 2015: 97).

나. 교사학습공동체 형성 및 발달에 영향을 미치는 요인

교사학습공동체의 형성, 발달, 유지, 지속에 영향을 미치는 요인은 교사학습공동체 발달을 분석한 연구들에서 다양하게 제시하고 있다. 이러한 요인은 교사학습공동체의 발달 단계에 따라 형성, 발달, 유지, 지속에 영향을 미치는 요인으로 또는 교사학습공동체 발달 촉진 요인, 지속 요인, 저해 요인으로 구분할 수 있다. 고연주 외(2017)는 스톨 외(Stoll et al., 2006)와 유사하게 교사학습공동체의 발달에 영향을 주는 요인을 개인적 요인과 공동체적 요인, 외부 요인으로 구분하였다. 스톨 외(2006)는 교사학습공동체의 형성과 발달을 지원하거나 저해하는 요인으로 (1) 개인들의 변화 성향, (2) 구성원들의 헌신, 팀워크, 팀 문화 등 집단 역학(group dynamics), (3) 학교의 크기, 학교급, 위치, 학생 구성, 역사 등 학교 맥락 영향, (4) 지역공동체, 정책 결정 등 외부 영향 등 네 가지로 구분하였다. 여기서는 이러한 선행연구를 토대로 교사학습공동체 형성 및 발달에 영향을 미치는 요인을 개인 요인, 집단(공동체) 요인, 학교 요인, 외부 요인 등 네 가지로 제시한다.

1) 개인 요인

교사학습공동체 형성 및 발달에 영향을 주는 개인적 요인은 교사학습공동체에 참여하는 개별 교사들의 자발적인 의지와 노력, 교사 문화 및 학교를 변화시키고자 하는 열정과 철학, 의지를 가진 교사, 이를 이끌어 가는 리더급 교사들을 들 수 있다(곽영순, 김종윤, 2016). 이러한 리더급 교사들은 교사학습공동체 형성 단계에서 중요한 역할을 할 뿐 아니라 교사학습공동체를 유지, 발전, 지속시켜 나가는 데에도 중요하다. 김지선, 김도기(2017: 433)는 교사학습공동체를 이끌어줄 역할과 구성원을 참여시키는 역할을 수행할 존재로서 이러한 리더 교사(이끄미 교사)의 출현과 역량은 가히 절대적이라고 지적한다.

또한 김지선, 김도기(2017)는 중학교 교사학습공동체 참여 교사의 참여 요인을 분석한 결과, 수업 고충과 좋은 연수를 공유하고 싶은 마음, 수업철학의 중요성을 가르쳐주고 싶은 마음, 교사로서의 소명의식, 수업 문화를 바꾸고 싶은 마음, 자신의 수업에 대한 문제 인식, 수업에 대한 배움 욕구, 수업에 대한 성장 욕구 등 교사 개인적 요인이 교사학습공동체 형성에 영향을 미치는 것으로 분석하였다. 한양수, 김영화(2008)는 교육부에 등록되어 2년 이상 활동하고 있는 교과교육연구회의 회원을 대상으로 한 참여지속 계획에 영향을 미치는 요인을 위계적 선형모형을 활용하여 분석한 결과(77개 연구회, 1489명), 교사 개인 수준 요인으로 학습지향 참여 동기, 연구회에 대한 애착감, 구성원 간 유대관계 등이 참여지속에 영향을 미친다고 분석하였다. 배움에 대한 욕구, 심리적 여유 등의 개인적 요인은 교사학습공동체의 지속가능성에도 영향을 미치는 요인이기도 하다(김민조 외, 2016: 240).

그러나 교사학습공동체 형성을 관장, 주도하는 교사, 다른 교사들을 지원하는 조력자(facilitator) 역할을 하는 교사들에게 많은 역할이 부여됨으로써 심신의 피로와 많은 갈등 상황이 발생하기도 한다(이승배 외, 2010). 이에 따라 교사학습공동체 발달을 위해 소수의 교사들이 아닌 공동체에 속한 다수 교사들의 자발적 참여를 필요로 하게 된다(곽영순, 김종윤, 2016: 194).

한편, 교사의 자발적 참여, 자율성은 교사학습공동체 형성 단계에서 중요한 요인은 아니라고 할 수 있다. 우리나라에서 교사학습공동체가 활성화된 것은 2000년대 초부터 교육부와 시도교육청에서 학교 및 지역 단위 교과교육연구회 활동을 위해 많은 예산을 지원한 것과 관련이 있으며(한양수, 김영화, 2008), 실제 교육청 지원으로 교사학습공동체가 구성되고 관련 연구도 발표되었다. 예를 들어, 김송자 외(2013)의 연구는 교육청의 교과교육연구회 지원 계획에 관한 공문을 계기로 관심 분야가 같은 사람들끼리(국어교육에 관심 있는 사람) 모여 교과연구회를 구성하고 활동한 결과를 분석한 것이다. 이 연구는 교육청의 교사학습공동체 지원을 계기로 구성된 교사학습공동체는 공동체 구성원의 자발성과 내재적 동기가 강한 조직으로 변화한 것으로 분석하였다.

2) 집단(공동체) 요인

교사학습공동체의 형성과 발달은 개인 교사의 노력과 의지, 열정만으로 이루어지기는 어렵다. 가치와 철학을 공유하는 동료교사들의 참여와 협력, 지원이 필요하다. 관련하여 김지선, 김도기(2017)는 교사학습공동체에 참여하는 요인으로 동료교사의 권유와 적극적인 협조, 교장과 교감의 물질적·정신적 지원이 중요한 것으로 분석하였다. 동료교사와의 유대관계도 중요한 요인이다. 동료교사의 지지와 긍정적인 유대, 공동체 의식, 동료의식은 교사학습공동체의 지식 창출 및 공유 활동을 촉진하고(주영주, 조은아, 2006: 47) 구성원 상호간의 친밀한 인간관계 및 공동체 구성원들의 참여-대화-실천-학습의 자율성(이승배 외, 2010: 121)은 교사의 교사학습공동체 참여를 촉진하는 데 중요한 역할을 한다. 한양수, 김영화(2008)는 회장의 리더십(명확한 비전과 중장기 전략,

변화에 대한 강한 신념, 전문적 지식, 인화단결을 끌어내는 능력 등)이 공동체 수준의 주요 요인이라고 분석하였다.

아울러, 교사학습공동체에 참여하는 교사들 간 명확한 역할 분담과 정기적인 모임이 이루어지는가도 교사학습공동체 형성과 발달에 중요한 영향을 준다(오승현, 2014). 한양수, 김영화(2008)는 교사학습공동체의 지속 기간과 활동의 종류, 공동체 내의 리더십, 공동체가 처한 경제적인 어려움과 시공간적인 제약 등이 교사학습공동체에 영향을 미치는 요인으로 지적하였다.

3) 학교 요인

학교의 규모, 위치, 문화 등은 교사학습공동체의 형성 및 발달에 영향을 미치는 주요 요인이다. 특히 교사학습공동체가 학교의 전통적인 권위주의, 관료주의 문화, 행정업무 중심의 학교조직을 교육활동, 수업을 중심으로 한 공동체로 변화시키기 위해 발전하였다는 점에서 볼 때(곽영순, 김종윤, 2016), 학교 요인은 교사학습공동체 형성 및 발달의 동인이 되거나 교사학습공동체 활동을 좌절시키는 부정적인 영향 요인으로 이해될 수 있다. 관련하여 김지선, 김도기(2017: 430)는 고립된 교실 속에서의 수업에 대해 서로 문제를 공유하고 의논하지 않는 폐쇄적이고 개인적인 문화의 답답함이 일부 교사들로 하여금 학습공동체를 형성하여 자유롭게 수업을 논하는 문화를 형성하고 싶게 만든 것이라는 분석을 제시한 바 있다.

그러나 교사학습공동체가 유지되고 발전하는 데에는 지원적인 학교 조직문화가 기반이 된다는 점에서 학교 요인은 교사학습공동체에 긍정적인 요인으로 작용할 수 있다. 학교 요인으로 특히 주목할 점은 학교장의 리더십이다. 교사학습공동체에 영향을 미치는 요인을 분석한 양적 연구와 질적 연구 모두에서 학교장은 핵심 요인으로 간주되고 있다(김지선, 김도기, 2017; 이윤식, 김장래, 2019). 교사학습공동체에 영향을 미치는 요인을 위계적 선형모형을 활용하여 다층적으로 분석한 연구들도 발표되고 있는데(예: 한양수, 김영화, 2008; 이윤식, 김장래, 2019), 특히 이윤식, 김장래(2019: 301)는 교사학습공동체 수준의 학교 간 차이가 교사 개인의 특성보다 크며, 학교 수준의 변인 중에서 교사 협력, 의사결정 참여, 교장의 리더십 순으로 영향력이 큰 것으로 분석하였다.

4) 외부 요인

교사학습공동체 형성 및 발달에 영향을 미치는 외부 요인은 교육부, 교육청 등 외부 교육행정기관, 지역사회 자원 등이다. 교사학습공동체는 교사전문성 개발을 위한 대안적 모델(서경혜, 2009)로, 기존 연수에 대한 반발, 기존 교육행정기관에 대한 반발(김도헌, 2008)로 발달한 경향도 있다는 점에서 교육청은 교사학습공동체 형성의 동인이 된다고 할 수 있다. 아울러, 교사학습공동체의 형성과 발달에 교육청이 중요한 영향을 미치기도 한다. 특히 교육청 지원 사업의 일환으로 교사학습공동체가 구성·운영되는 경우, 교사학습공동체가 지속적으로 운영되기 위해서는 교육청의 연수나 지원이 중요한 요인이 된다(김송자 외, 2013).

한편, 온라인 교사학습공동체의 경우 테크놀로지의 발달은 교사학습공동체 유지와 발달에 중요한 영향을 미치는 요인이 된다. 온라인 교사학습공동체인 인디스쿨을 분석한 김도헌(2008: 22)의 연구에서는 테크놀로지의 지원을 주요하게 언급하였다. 인디스쿨의 경우 초기에는 정보소비자로서 교사 회원들의 정보 검색 및 수집의 효율화 측면에서 테크놀로지를 활용하였다면, 교사학습공동체가 성숙기를 거치면서 공동체적 집단 지성을 극대화하기 위한 지식 창조 및 공유 방식을 지원하는 데 테크놀로지를 활용하였다. 아울러, 인디스쿨의 테크놀로지 활용과정에서 주목할 점은 다양한 기능 개선이 가능함에도 불구하고 운영자 회의를 통해 구성원들이 원하는 것, 가장 필요로 하는 것부터 점진적으로 테크놀로지를 활용하고 있다는 점이다. 테크놀로지 활용에서도 교사학습공동체가 지향하는 참여, 공유, 협력 등의 가치를 고려하고 있음을 보여준다.

3. 교사학습공동체의 효과 및 발전 과제

교사학습공동체는 교사 전문성 개발, 교사학습 증진을 통해 학생 학습과 성취도를 개선하고 나아가 학교 전반의 변화, 혁신을 지향한다. 이에 따라 교사학습공동체의 성과는 교사학습, 학생 학습, 학교 변화 등 세 측면으로 구분해 볼 수 있다. 그러나 우리나라 교사학습공동체 연구에서 교사학습공동체가 학교 변화, 혁신에 미치는 영향은 체계적으로 분석되지 않아 여기서는 교사 측면과 학생 측면의 효과만 정리한다.

가. 교사 측면의 효과

교사학습공동체의 영향력에 대한 연구는 주로 교사의 수업활동 개선이나 교사 자기효능감 등 교사를 중심으로 이루어지고 있다(김이경 외, 2019: 94). 교사학습공동체가 교사에 미치는 영향, 효과는 교사학습공동체에 관한 대부분의 연구에서 간접적으로 제시하고 있지만, 직접적으로 교사학습공동체가 교사의 어떤 점에 영향을 미치는가, 효과가 있는가를 다룬 연구는 많지 않다. 교사학습공동체가 교사에 미치는 영향을 분석한 연구로는 김이경 외(2019), 김지선 외(2018), 박정주(2011) 등을 들 수 있다.

김이경 외(2019)는 교사학습공동체가 교사가 인식하는 수업 효과성과 학생이 인식하는 수업효과성에 미치는 영향을 서울교육종단연구 자료(고등학교 교사, 학생 데이터)를 활용하여 실증적으로 분석하였다. 여기서 수업효과성은 교사의 다양한 교수·학습방법에 의해 학생이 학업성취 등의 특정한 목표를 달성하는 정도를 의미한다(김이경 외, 2019: 92). 교사와 학생의 인식 수준과 영향관계를 분석한 결과, 교사학습공동체는 교사들이 인식하는 수업효과성에는 긍정적 영향을 미치는 반면, 학생들이 인식하는 수업효과성에는 유의한 영향을 미치지 않는 것으로 나타났다. 분석 결과를 토대로 이 연구에서는 교사학습공동체가 교사의 변화에서 나아가 학생의 학습과 성취에 실질적인 영향을 미칠 수 있도록 활성화되어야 한다는 점을 제언으로 제시하였다.

김지선 외(2018)는 경기교육종단연구 교사 설문 데이터를 활용하여 학교 안 교사학습공동체가 교사 효능감에 미치는 효과를 분석하였다. 여기서 학교 안 교사학습공동체는 종단연구 설문 문항 중 교사학습공동체의 특징(운영 개수, 운영시간, 도움 정도)을 말한다. 위계적 회귀분석 결과, 교사학습공동체는 교사 효능감 및 그 하위 요소인 수업지도효능감, 생활지도효능감 모두에 유의한 설명력을 지니지 못하는 것으로 나타났다. 이는 교사학습공동체가 교사 효능감에 영향을 미친다는 선행연구(박정주, 2011; 강호수 외, 2016)와 상반된 결과이다.

그 이유에 대해 김지선 외(2018)는 크게 세 가지를 제시하였다. 첫째, 교사들이 교사학습공동체를 경험한 시간이 충분하지 않아 교사 효능감을 높이는 데 한계가 있다는 점, 둘째, 교육청에 의한 의도적인 교사학습공동체 확산으로 교사의 형식주의적 순응 현상(윤정, 강에스더, 조영하, 2016)이 나타날 수 있다는 점, 셋째, 보수적, 개인주의적인 교사 문화의 한계 등이다.

반면, 박정주(2011)의 연구에서는 교사학습공동체가 교사 효능감에 영향을 미치는 것으로 나타났다. 박정주(2011)는 구조방정식 모형 분석을 통해 교사공동체와 교사몰입의 관계를 교사 효능감(개인 수준과 집단 수준)이 어떻게 매개하고 있는지를 분석하였다. 분석 결과, 교사공동체로 조직화된 학교에서 나타나는 가치·규범의 공유와 협동적 풍토는 교사몰입에 유의한 영향력을 미치는 것으로 나타났다. 또한 교사효능감은 개인 수준과 집단 수준 모두에서 교사공동체와 교사몰입의 관계를 유의하게 매개하고 있었는데, 이는 교사효능감을 강화함으로써 교사공동체의 교사몰입에 대한 효과를 높일 수 있음을 보여준다.

이동배(2012)는 구조방정식 분석을 통해 교사공동체와 수업지도성의 관계를 교사 효능감(개인 수준, 집단 수준)이 어떻게 매개하고 있는가를 분석하였으며, 분석 결과, 교사공동체는 개인적 효능감보다 집단적 교사 효능감에 미치는 더 큰 영향을 미치는 것으로 나타났다. 그러나 교사공동체가 교사의 수업지도성에 미치는 직접적인 효과는 미비한 것으로 나타났다(이동배, 2012).

김경은(2010)의 연구는 사회 수업 학습공동체 활동을 통해 교사들의 수업전문성 신장을 위한 태도가 보다 적극적인 형태로 변화되었다고 분석한다. 즉, 교사 전문성 신장이 이루어졌다고 단정할 수는 없지만(김경은, 2010: 50), 교사학습공동체를 통해 교사들은 스스로 수업전문성 신장을 위한 활동에 적극적으로 참여하고 스스로 부족한 부분에 대해 반성하며, 수업에 대한 아이디어를 공유하고 질 높은 수업을 만들고자 노력한다(김경은, 2010: 48). 또한 신지혜(2015)는 교사학습공동체에 참여함으로써 교사들이 교과와 관련하여 어떠한 의미 있는 경험을 하게 되었는지를 분석하였다. 이러한 경험은 교사학습공동체 참여의 효과를 간접적으로 시사한다. 신지혜(2015) 연구에서 제시한 교사의 의미 있는 경험은 다양한 수업전략 발견, 교과의 내용 및 활동에 대한 인식 변화(수업의 초점이 교사에서 학생으로), 교과 수업에 대한 자극 및 반성 등이며, 이는 교사의 수업 전략 변화에 교사학습공동체의 성과, 효과가 있음을 시사한다.

나. 학생 측면의 효과

우리나라 교사학습공동체 연구, 교사학습공동체 효과, 성과에 관한 연구는 대부분 교사에 초점을 두고 있으며 학생 학습, 학교의 변화에 초점을 둔 연구는 드물다(고연주 외, 2017). 교사학습공동체가 학생의 학업성취에 영향을 미치는가를 분석한 연구로는 한희진, 양정호(2011), 이승호 외(2016)를 들 수 있다.

이 중 한희진, 양정호(2011)는 한국교육종단연구(1차년도) 자료를 활용하여 교사공동체가 중학생의 수학 학업성취에 미치는 영향을 분석하였다. 여기서 교사공동체는 공유된 책임, 교사 간 협동, 교육과정 운영, 학교 운영 등에서 교사 참여 등의 문항을 활용하여 측정하였다. 위계적 선형모형을 활용하여 분석한 결과, 교사공동체는 학생의 수학 학업성취에 유의한 영향을 미치지 않는 것으로 나타났다. 교사공동체의 하위 지표 중 공유된 책임은 학생의 수학 성적에 유의한 긍정적 영향을 미치나 학교 운영에서 교사 참여는 부적 영향을 미치는 것으로 나타났다.

이승호 외(2016)는 경기교육종단연구 자료(초·중·일반고 학생의 1~3차년도 데이터)를 활용하여 학교 안 교사학습공동체가 학생의 학업성취에 미치는 영향을 분석하였다. 분석 결과, 분석 모형과 학교급에 따라 효과는 상이하게 나타났다. 합동최소자승회귀모형을 적용한 경우 초등학교에서는 교사의 교과 협의회 활동이 국어 학업성취에 부적인 영향을 미치는 것으로 나타났으며, 중학교에서는 영어와 수학 학업성취도에 부적인 영향을 미치는 것으로 나타났다. 고등학교에서는 국어와 영어 학업성취도에 유의하게 정적인 영향을 미치는 것으로 나타났다.

반면, 고정효과모형을 적용한 경우, 초등학교에서는 유의한 결과가 나오지 않았고, 중학교에서는 영어와 수학 학업성취도에 부적인 영향을 미치고, 고등학교에서는 국어와 수학 학업성취도에 부적인 영향을 미치는 것으로 나타났다. 이는 교사학습공동체가 학생의 학업성취에 미치는 영향은 뚜렷하지 않으며, 학교급, 교과에 따라 복합적인 나타난다는 점을 보여준다.

다. 교사학습공동체 발전 과제

교사학습공동체 발전 과제는 교사학습공동체를 주제로 한 대다수의 연구에서 제시하고 있지만 연구 주제에 따라 그 내용은 다양하다. 또 교사학습공동체 연구동향을 분석한 연구에서는 교사학습공동체 '연구'에서 보완되어야 할 점을 제시하고 있다. 여기서는 교사학습공동체의 발달 배경과 목적에 기초하여 교사학습공동체가 교사 전문성 개발, 교사와 학생의 학습 증진에 기여하는 데 필요한 과제를 정리한다.

첫째, 수업 개선, 학생 교육 개선을 위한 교사 협력학습, 공동학습을 실행하는 교사학습공동체 활동을 장려하고 이러한 교사학습공동체에 더 많은 지원을 제공할 필요가 있다. 즉, 교사의 전문지식 발달을 통해 궁극적으로 학생의 학업성취도 향상, 학생 생활교육 등에 긍정적인 영향을 미친다는 교사학습공동체의 목표를 명확히 할 필요가 있으며, 교사학습공동체의 활동 결과가 수업의 질 개선, 학급경영에 기여하도록 교사학습공동체 지원 기준을 조정할 필요가 있다. 교사학습공동체로 가장된 단순한 교사 친목 모임, 결과 보고서 작성 및 예산 사용을 위한 교사학습공동체 운영 등은 지양되어야 할 것이다.

둘째, 교사학습공동체 구성과 활동에 있어 참여 교사들의 실질적인 자발성과 자율성이 보호될 필요가 있다. 경기도교육청이 교사학습공동체 구성·운영을 장려하면서 95%가 넘는 학교에서 교사학습공동체가 운영되고 있다. 교사학습공동체가 교사의 내적 동기에 의해 자발적으로 구성되어야만 하는 것은 아니지만, 암묵적으로 강요된 자발성에 기초한 교사학습공동체 활동은 교사학습공동체의 취지와 목적을 왜곡할 우려가 있다. 교사학습공동체 참여가 법적, 제도적으로 강제되는 것은 아니지만, 집단 문화에 의해 강요되고 있는가에 대한 비판과 반성이 요구된다.

셋째, 학교 교육과정 편성, 업무 분장, 시간표 구성 등 학교 운영 전반에서 교사학습공동체 활동 지원을 고려하여 재편될 필요가 있다. 이를 위해 국내외 선행연구들에서 지적하는 바와 같이(예: Hord, 1997; 이윤식, 김장래, 2019) 교장의 리더십이 개선되어야 할 것이다. 단위학교에서 교사들의 의사결정 참여를 활성화하고 교사 협력의 문화를 만드는 데 가장 중요한 역할을 하는 사람이 바로 학교장이다(이윤식, 김장래, 2019). 학습공동체가 그 역할을 더 충실히 수행하기 위해서는 단위학교의 역량을 바탕으로 학생 맞춤형 교육과정을 편성·운영함으로써 학교의 경쟁력과 책무성을 확보할 필요가 있으며(곽영순, 김종윤, 2016: 193-194), 이는 일차적으로 교장의 리더십을 통해 해결해야 할 것이다. 교사학습공동체의 구성, 유지, 지속에 대해 교장을 대상으로 한 소규모 집중 연수를 정기적으로 실시할 필요가 있다. 이를 통해 교장의 수업 리더십, 교육 리더십을 강화할 필요가 있다.

넷째, 일부 연구에서도 제시하고 있는 바와 같이 교사학습공동체가 소수의 열정적인 교사에게만 의존하거나 이들만의 활동으로 치부되기보다 보다 많은 교사들이 자발적으로 교사학습공동체에 참여하도록 할 필요가 있다. 교감, 교장 승진에서 행정적, 관리적 업무 능력뿐 아니라 수업 전문성, 학생 교육 전문성 평가 비중을 강화하고, 부장교사의 역할과 직무가 교사학습공동체의 중간 리더와 연계되도록 할 필요가 있다.

4. 소결

학교 현장에서 교사학습공동체가 크게 유행하고 있고 현직 교사들이 발표한 교사학습공동체에 관한 연구도 그만큼 늘어나고 있다. 교사학습공동체가 확대되면서 공동학습, 협력학습의 형식화와 부작용도 우려된다. 협력, 공동체가 강조되면서 차이, 불일치, 갈등이 공동체에 해로운 것으로 여겨지고 형식적인 수준에서 학습이 이루어질 우려가 있다(Hargreaves, 1994; 서경혜, 2013). 교사학습공동체는 교사학습을 장려하기 위한 것임에도 공동체 내에서 교사 개개인의 학습요구보다 공동체의 학습요구가 우선되고 교사 개인의 발전보다 공동체의 발전이 중시될 우려도 있다(Scribner, Haeger, & Warne, 2002). 교사학습공동체의 양적 확대가 교사학습공동체의 의미와 의의에 대한 오해, 활동의 왜곡으로 이어지지 않도록 교사학습공동체는 교사의 계속적인 전문성 개발, 교사학습과 연계되어 되어야 할 것이다.

제6부

교사교육에서 이론과 실제

교사교육에서 이론과 실제(실천)의 분리, 이론(교육)의 현장 적합성 문제는 교사교육이 대학에서 이루어진 이래로 지속적으로 제기되고 있다. 통상 이론과 실천의 괴리는 '이론은 옳지만 현실은 그렇지 않다'는 표현에서 잘 드러난다(강영안, 1989: 1). 이는 실천의 이해와 개선에 있어 이론의 불충분성, 적용 불가능성을 지적하고 이론이 현실적, 실천적 요구에 순응하도록 이론적 반성을 촉구하는 것이지만 이론과 실천의 관계가 왜 문제시되는가를 드러내고 그것을 철저히 해명하지는 못한다(강영안, 1989). 교사교육에서 이론과 실천의 관계에 대한 비판적 논의도 마찬가지다. 교사교육에서 이론과 실제(실천)의 분리에 대한 비판은 다양하게 제시되어 왔으나 이러한 비판의 타당성, 대안에 대한 심도 있는 분석은 제한적이다.

또한 이는 우리나라 교사교육의 고유한 문제도 아니다. 미국에서도 교사양성 교육과정에서 대학과 학교 현장 간 연계가 부족하다는 문제는 늘 제기되어 왔으며(Zeichner, 2010: 91) 이를 해소하기 위한 다양한 교사교육 모델, 방법을 개발하고 활용해왔다. 영국에서는 교사수급의 문제 해소에 보다 초점을 둔 것이지만 학교 기반 교사교육(school-based teacher education)이 대학 기반 교사교육의 대안으로 발달하였다.

그러나 학교에서 교사교육이 이루어진다고 이론과 실천의 분리 문제가 완전히 해결되는 것은 아니다. 교사교육에서 이론과 실천의 괴리 문제는 대학 기반 이론교육의 가치에 대한 이해를 결여한 채 기능적, 실용적 관점에서 지식과 이론의 유용성, 활용성을 강조하는 입장에서 제기되는 것이라 할 수 있다. 교사교육에서 이론과 실천의 분리는 실천 프로그램의 비중 문제가 아니라 이론과 실천 각각의 고유한 가치에 대한 이해, 의사교육, 법률가 교육에서와 같이 교사교육에서 이론과 실천을 연계하는 고유한 방법론을 개발하지 못하였기 때문일 것이다.

이러한 문제 인식에서 제6부는 교사교육에서 이론과 실제의 관계에 관련된 이론적 논의(15장)를 분석하고 이론과 실제를 연계하기 위한 교사교육 방법, 접근법(16장)을 탐색한다. 이는 교사교육에서 이론과 실제의 관계에 관한 다양한 관점과 주요 쟁점, 이론과 실천을 연계, 통합하기 위한 대안적인 시도들을 좀 더 분명하게 이해하는 데 도움이 될 것이다.

제15장 교사교육에서 이론과 실제의 관계[28)]

교사교육에서 이론과 실제(실천)[29)]를 연계해야 한다는 것은 대학의 교사교육에 대해 제기되는 가장 일반적인 요구 중 하나이다. 대학에서 배운 것이 학교 현장에서 도움이 되지 못한다는 것, 즉 '현장 적합성'이 부족하다는 비판은 교사양성을 주목적으로 하는 교사양성대학에게는 심각한 비판이 아닐 수 없다. 현장에 도움이 되지 못한다는 것의 구체적인 의미와 그 진위, 비판의 타당성 여부를 깊이 따져보기도 전에 문제를 해결하기 위한 대안을 고심하는 것은 이 때문일 것이다.

교사양성교육이 학교 현장에 도움이 되어야 한다, 현장 적합성이 있어야 한다는 말은 일견 반박할 수 없는 것처럼 보이지만 그 의미와 구체적인 실현 방법에 관해서는 다양한 논란, 질문이 야기될 수 있다. 교사교육은 현장에서 당장 써먹을 수 있고 유용한 지식과 기법만 다루어야 한다는 것인가, 이론과 지식을 보다 잘 활용할 수 있도록 교수방법을 바꾸어야 한다는 것인가, 현장 실습을 늘리거나 의사교육의 인턴, 레지던트 과정과 같이 실험·실습 중심으로 교사교육이 이루어져야 한다는 것인가, 학교 현장, 교실 수업에서 교사가 수행하는 수많은 일을, 교육환경 변화에 따라 새롭게 요구되는 일을 포함하여 대학에서 모두 가르치고 배울 수 있는가 또 그래야 하는가?

교사교육에서 이론과 실제의 연계는 당연한 것으로 받아들여지고 있지만, 이의 타당성, 교사교육에서 이론과 실천의 의미와 성격, 이론과 실제를 연계한다는 의미와 그 방법 등에 관한 논의를 보다 체계적으로 분석할 필요가 있다. 이 장에서는 교사교육에서 이론과 실제의 분리 문제가 나타나는 맥락, 교사교육에서 이론과 실제의 관계를 다룬 주요 연구(듀이, 프링, 코타겐의 연구 관점)를 분석하고 이를 토대로 이론과 실제의 관계를 보는 입장을 정리한다.

1. 교사교육에서 이론과 실제의 개념과 가치

가. 이론의 개념과 가치

이론을 의미하는 theory의 희랍어 어원 theoria는 보는 것을 뜻한다. 어원적 의미에서 볼 때, 이론 또는 이론적인 것은 보는 것(seeing), 이러이러하다는 것을 아는 것, 이해하는 것, 관조하는 것을 말한다(Dewey, 1916/2007: 11, 380). 이론은 연구자에 따라 다양하게 정의되고 있지만 기본적으로 현상, 사실, 변수 간의 관계를 설명, 예측한다는 공통점이 있다. 예를 들어, 김태룡(2014: 38)은 이론은 현상을 분석하고 규칙성을 설명하고 이해시키며 미래를 예언하고 통제하는 데 지침이 되는 것으로 본다. 이와 유사하게 프링(Pring, 2000/2015: 119)은 이론을 사물에 대한 이해의 토대가 되고 설명의 전제가 되는 신념과 가치의 집합체로 정의한다.

종합하면, 이론이란 사실, 현상들의 연결 관계 또는 규칙성을 나타내는 진술로 구성된 명제로서 (1) 현상에 대한 체계적 견해를 제공하고, (2) 현상을 설명하며, (3) 미래에 일어날 일이나 다른 변수를 예측한다. 이러한 이론은 구체적인 가설을 도출할 수 있는 근거로서 교육연구의 지침이 된다.

교사교육에서 이론(교육)의 중요성은 교사교육의 발달과 함께 교육과학을 정립하고 연구를 통해 가치 있고 효과적인 실천에 관한 이론들을 정립할 것을 주장한 듀이(Dewey, 1904)가 강조한 바 있다. 듀이(Dewey, 1904)는 교사교육 프로그램에서 교과지식 교육, 교육이론과 원리 학습, 심리학 등의 응용 학문(의학교육에서 화학과 생리학을 중시하듯이)을 강화하고 이러한 이론교육 이후 실습이 수반되어야 한다고 보았다(Shulman, 1998: 513-514).

그러나 듀이의 입장은 이론을 그 자체로서의 가치보다 실천에의 적용, 활용성이라는 측면에서 이해하는 것으로 비판받기도 한다(이홍우, 2007). 이론을 그 자체의 내적인 가치보다 실천에의 적용, 유용성에 한정하여 이해하는 입장에 대한 비판은 이론과 실천의 관계에 대한 칸트(Kant)의 논의에서도 발견할 수 있다(강영안, 1989: 1). 이론이 그 자체의 가치를 가진다는 이론의 정당화에는 다양한 입장이 있으나 칸트는 이론적 지식의 소유는 내적인 가치를 지니며 이론적 탐구는 그 자체로 정당화될 수 있다고 본다. 즉, 이론은 그것이 가져올 수 있는 결과, 유익 때문이 아니라 바로 그 자체로 추구할만한 가치가 있다는 것이다(강영안, 1989). 이 입장에서 이론은 실천적 규칙의 보편적 원칙으로서 실천과 유리된 이론은 없다고 이해된다.

한편 프링(2000/2015: 156-158)은 이론을 실제나 실천의 이면에 있지만 인식되지 못하는 가정으로서의 이론과 치밀하게 조직된 설명 체계로서의 이론으로 구분하고 모든 관찰은 이론을 포함하고 있으며 관찰 대상은 관찰시 동반되는 우리의 개념과 신념에 의존하고 있다고 본다. 이러한 개념과 신념 틀은 일반 상식의 세계에서는 잘 드러나지 않지만 우리가 세계를 관찰할 때 불가피하게 수반되는 것으로서 우리의 관찰을 형성한다는 것이다. 프링에 의하면 이론은 우리가 참여하고 있는 실천 속에 들어 있는 신념과 이해의 틀을 정교화 한다. 이론은 우리가 세계에 대해 관찰할 때, 관찰에 대한 우리의 해석에 포함되어 있는 것으로 실천에 내포된 것을 명료화한 것이다.

나. 실제(실천)의 개념과 성격

실제(실천)를 의미하는 practice의 희랍어 어원 praxis는 행하는 것(doing), 활동(action), 행위(act)를 뜻한다. 이론이 이해, 관조, 상징적 기능 등에 적용되는 개념이라면, 실천은 상징적 수단 그 자체와는 구별된 모든 행위에 적용되는 개념이라 할 수 있다(이돈희, 1999: 340). 실천은 이론이 실현되는 과정으로서 이론과 상호 배타적인 별개의 것이 아니라 동맹관계에 있는 것으로 이해된다. 즉, 정도의 차이는 있지만 거의 모든 이론은 실천에 관한 것이고 또 거의 모든 실천은 정도의 차이는 있지만 이론의 도움을 받아 이루어진다(이돈희, 1999: 235-236, 340).

교사교육 맥락에서 실제(실천)의 성격은 전문직의 특성으로서 실천의 속성을 논의한 슐만(Shulman, 1998)의 연구에서 확인해볼 수 있다. 슐만은 교직을 포함하여 전문직의 지식 기반은 학자, 연구자들에 의해 발달하지만 이러한 지식 기반이 현장에서, 즉 실천에서 중요한 것으로 인정되기까지 전문적 지식은 안정적으로 정립된 것은 아니라고 본다(Shulman, 1998: 518). 나아가 슐만은 전문직은 궁극적으로 '실천'에 관한 것이라고 하여, 실천 현장은 전문가가 업무를 수행하는 곳일 뿐 아니라 지식의 가치가 검증되는 곳이라고 이해한다. 이론이 실천에 권위를 부여하는 기반이라면 전문적 실천 그 자체는 모든 지식이 지향하는 목적이라 할 수 있다(Shulman, 1998: 518).

한편, 프링(2000/2015)은 교육 실천을 하나의 고립된 활동이나 행위 그 이상으로 공유된 일련의 목적과 가치로 통합되어 있는 것으로 본다. 이에 따라 실천에 이론이 없는 것처럼 생각하거나 실천이 이론적 틀의 바깥에 존재하고 있는 것으로 보는 것은 비현실적인 이원론을 만드는 것이라 비판한다. 프링은 어떠한 실천도 이론적 틀을 벗어나지 않으며 실천을 검토하기 위해서는 실천을 보는 일, 즉 현재 실천되고 있는 것을 더 잘 설명해줄 수 있는 방법을 찾는 일, 신념과 이해를 분명하게 표현하고 증거나 개념적 명료화, 가치를 확인할 필요가 있다고 본다(Pring, 2000/2015: 157, 241-242).

프링에 의하면, 실행한다는 것, 실천에 참여하는 것은 어떤 이론적 입장이나 사물을 개념화하는 특정한 방식을 암묵적으로 전제하는 것이다. 이 점에서 실천은 이론적 틀의 한계에 의해 제한되고 이론적 틀 안에서 이해된다. 지성적으로 행위한다는 것은 이 생각의 틀, 이론적 틀에 대해 반성을 하는 것이며, 반성한다는 것은 실천 내에 있는 신념과 가정의 함의를 논리적으로 분석하는 것을 말한다(Pring, 2000/2015: 242-244).

슐만에게 실천은 이론을 검증하는 장이자 이론이 추구하는 궁극적인 목적이라면, 프링에게 실천은 이론을 내포한 행위라 할 수 있다. 실천을 이와 같이 이해할 경우 교수 이론을 학습한 후 이를 실천에 참여(적용)하는 교사교육(예: 듀이)은 적절하지 않은 것이라 할 수 있다. 그러나 개념적으로 이론과 실천이 불가분의 관계에 있다고 하더라도 실천 속에서 이론을 검증하거나 실천의 이면에 있는 가정, 이론을 비판적으로 검토하기 위해서는 특정한 교사교육 방법이 요구된다. 이러한 방법으로 프링은 현장연구를, 슐만은 판단(judgement)-사례방법, 전문 공동체를 제안하고 있다.

2. 교사교육에서 이론과 실제의 분리: 맥락과 현상

가. 교사교육 및 교수 지식의 발달과 교사교육에서 이론과 실제 분리

교사교육에서 이론과 실제의 분리 현상 및 그 원인에 대한 분석은 연구자에 따라 다양하게 제시되어 왔다. 일부 연구자들은 특히 교사교육의 발달 및 교수 지식 체계의 정립과 연계하여 이 문제를 다루고 있다(Schneider, 1987; Clifford & Guthrie, 1988; Labaree, 2004/2020). 이들 연구에 의하면, 교사교육은 실천 중심의 사범학교(normal school)에서 연구, 이론을 중시하는 종합대학 사범대학(teachers college, school/college of education)으로 발달해 왔으며 이 과정에서 이론과 실천 분리가 이루어졌다.

특히 20세기 초 대학에 기반을 둔 교사교육 체제가 발달하면서 대학의 교사교육 프로그램은 학문 공동체 내에서 그 위상을 공고히 해야 했을 뿐 아니라, 교사교육의 유용성, 현장 적합성에 대한 비판에 대응하고 대안을 모색해야 하는 이중적 어려움에 처하게 되었다. 종합대학 내에서 교사교육의 학문적 위상을 높이기 위한 과학적 탐구와 이론 교육을 강화할수록 후자의 문제, 즉 교사교육의 현장 적합성, 연계성이 약화되는 문제가 심화되었다고 할 수 있다.

라바리(Labaree, 2004/2020)가 『The Trouble with Ed School(교사교육의 딜레마)』에서 밝히고 있듯이 '실천이냐 이론이냐'는 미국의 교사교육 기관(대학)을 분열시키고 효과적인 교사교육을 저해하는 요인이 되어 왔다. 특히 의사나 법률가에 비해 준 전문직으로 간주되는 교사를 준비하는 과정인 교사교육은 종합대학 내 다른 단과대학에 비해 낮은 위상을 갖게 되었다(pp. 44-45). 교사교육이 종합대학 내 학문적 위계에서 주변적 지위를 차지하게 되면서 이를 극복하기 위해 이론 중시 풍조가 강화된 반면 학교 현장, 실천과의 분리는 심화되었다고 할 수 있다.

코타겐 외(Korthagen et al., 2001/2007: 29-30)는 교사교육에서 이론과 실제의 분리는 교수(teaching)에 관한 이론과 지식의 발달과 관련이 있다고 분석한다. 가르치는 기술은 전문적인 교사교육이 발달하기 전인 19세기 후반까지도 특별한 훈련 없이 현장 경험을 통해 습득되는 것으로 이해되었고 대부분의 교사들은 교사가 된 이후에 경력이 많은 교사의 도움을 받아 교과 지식과 가르치는 기술을 터득하였다. 그러나 19세기 후반~20세기 초 심리학과 교육학 지식이 크게 발전하면서 교사들에게 새로운 지식을 가르치고 교육 실천을 보다 '과학적으로(학문적으로)' 발전시켜야 한다는 필요성이 제기되면서 교사교육에서 이론과 실천은 점차 분리되었다는 것이다.

그로스만 외(Grossman et al., 2009) 또한 교수 지식, 교사지식의 발달 과정에서 교사교육에서 이론과 실제가 분리되어 온 것으로 분석한다. 즉, 가르치는 것을 전문적인 일로 강조하면서 1980년대 이후 교수에 필요한 지식을 규명하기 위한 연구들이 이루어졌으며, 이러한 연구는 교사들이 갖추어야 할 교과지식이 일반적으로 잘 교육받은 사람이 갖게 되는 지식과 어떻게 다른가, 차별화하고자 하였다. 이 과정에서 교수를 보는 관점은 교사의 개인적 특성에서 교사의 행동으로 이후 의사결정자와 반성적 실천가로 점차 발달되었다. 이에 대응하여 교사교육의 초점도 교수 기술(skill)에서 지식과 반성(reflection)으로 변화해왔다(Grossman et al., 2009: 274).

교사들이 갖추어야 할 지식의 체계화는 교사의 전문성(professionalism), 교직의 전문성 논의의 발전과도 연계된다. 고도의 지식 기술 발달은 교직의 전문적 기준에도 부합하는 것이었고 지식의 정교화, 체계화와 지식의 활용 능력은 특정 직업을 전문직으로 범주화할 수 있는 중요한 준거라 할 수 있다. 이에 따라 20세기 중반 이후 교사에게 필요한 전문적인 지식, 교수 지식을 구체화하고 이를 갖추도록 교육하는 것은 교사교육의 핵심 과제가 되었다(Korthagen et al., 2001/2007: 29-30). 관련 연구로는 슐만(Shulman, 1987), 카터(Carter, 1990), 톰과 발리(Tom & Valli, 1990), 펜스트마커(Fenstemacher, 1994) 등 교사 지식, 교수 지식에 관한 일련의 연구를 들 수 있다.

나. 교사교육 커리큘럼에서 이론과 실제의 분리

교사교육에서 이론과 실천의 간극, 대학과 학교 현장 간의 연계 부족은 미국 교사교육의 아킬레스건이라고 할 수 있다(Darling-Hammond, 2009). 그로스만 외(2009), 자이크너(Zeichner, 2010) 등은 전통적인 교사교육에 만연해 있는 핵심 문제로 캠퍼스(대학)와 학교 기반 교사교육 프로그램(실습)의 분리, 대학 기반 교사교육 코스와 현장 경험 사이에 연결이 부족하다는 문제를 제기해왔다. 특히 그로스만 외(2009: 274-276)는 미국 교사교육 커리큘럼이 기초코스(foundations courses)와 방법코스(methods courses), 대학의 강좌와 학교의 임상 경험으로 분리되어 있다는 점을 잘 분석하고 있다.

여기서 기초코스는 교수에 관한 학문적 지식, 개념적 도구(conceptual tools)를 제공하는 과정으로, 방법코스는 실제에 초점을 두고 실제적 도구(practical tools)를 제공하는 과정이라 할 수 있다. 기초과정에서 다루는 내용은 우리나라의 교직이론과 유사한 것으로 학습자와 학습에 관한 지식, 교육심리, 학교의 목적, 교육의 역사와 철학, 학교와 학급 구조에 관한 지식으로 교수와 학습에 관한 교사의 의사결정을 안내하는 지침, 기본 원리이다. 방법과정에서는 교과를 가르치는 것에 관련된 코스, 학급경영, 평가 관련 코스를 제공하며, 이는 우리나라의 교과교육과목, 교직실무 관련 강좌에 해당한다.

교사교육에서 기초코스와 방법코스의 분리를 비판한 그로스만 외(2009: 275)는 세 가지 문제점을 지적하였다. 첫째, 이론적 지식(기초코스)과 학급 내에서 교사의 실천(방법코스)을 분리하는 것은 이론과 실천의 분열과 단절을 초래하여 교사양성에 도움이 되지 않는다. 둘째, 교수 실천을 교사양성교육 전 과정에서 통합적으로 이해하기보다 특정 강좌의 문제로 한정하게 된다. 셋째, 교사교육에서 교직에서 필요로 하는 구체적인 실천보다 교수의 개념적 기초가 보다 강조되어 예비교사들이 교육실천을 교사교육의 핵심 과정으로 보지 않는다. 그로스만 외는 방법코스에서 다루는 실제적 도구가 지적인 것과 분리된 순전히 기술적 전략이라고 할 수 없으며 실제는 기술적이고 지적인 것을 포함하는 것으로 이해되어야 한다고 지적한다.

대학의 이론 강좌와 현장 실습 간의 연계를 강화하기 위한 노력은 다양하게 추진되어 왔으며 이는 현재에도 진행형이라 할 수 있다. 교사교육 프로그램 개선은 이론과 실제의 연계, 대학교육과 학교 실습의 연계를 핵심으로 하고 있으며, 연계의 방법, 강조점의 차이에 따라 다양한 교사교육 프로그램들이 시도되고 있다. 마이크로 티칭, 포트폴리오, 사례방법, 문제해결학습(Problem-Based

Learning) 등 교수법 혁신(pedagogical innovations), 반성적 교사교육(Schön, 1983), 현실적 교사교육(Korthagen et al., 2001/2007) 등은 그 예라 할 수 있다.

다. 교육실천에 대한 교사교육의 영향 제한

교사교육이 교육실천에 미치는 영향, 교사교육 프로그램의 효과는 제한적인 것으로 평가되고 있다(Korthagen, 2010b: 669-670). 교육실천에 대한 교사교육의 영향이 미약하다는 것은 기본적으로 교사교육의 질, 효과에 대한 비판, 대학의 이론, 지식교육과 학교 현장의 실천에 괴리가 있다는 비판을 전제하고 있는 것이라 할 수 있다. 이에 따라 교육실천에 대한 교사교육의 영향이 미약한 원인과 교사교육에서 이론과 실천 간 분리의 원인은 유사한 것으로 볼 수 있다. 이를 정리하면 크게 세 가지이다.

첫째, 가르치는 일의 복잡성, 교사가 갖추어야 할 지식의 성격과 종류가 다양하다는 점에 기인한다. 이 점은 호반(Hoban, 2005)이 잘 지적하고 있다. 학급에서 교사가 하는 일은 교육과정, 학교 맥락, 수업에 대한 학생의 반응 등 다양한 요소에 영향을 받으며 대체로 모호하고 가치가 개입되어 있다. 교사는 무엇을, 언제, 어떻게 가르칠 것인가에 대해 종합적인 판단을 내려야 하지만 특정한 교육 상황에서 어떤 이론, 방법을 활용하는 것이 가장 좋은가에 대해 전문가나 교사들은 상이한 관점을 가지고 있다.

둘째, 교사교육에서 예비교사들이 가지고 있는 사전 지식은 그들의 학습에 강력한 영향을 미친다. 교사들이 가진 선입견, 감정, 선호 등은 복잡하고 다양하며, 학교교육 체제에서 학생으로서 교사를 관찰하고 상호작용하면서 보낸 오랜 시간과 경험도 교사교육에 영향을 미친다(Lortie, 1975/2017: 128-129). 예비교사의 전문적 발달은 교사지식과 같은 인지적 측면뿐 아니라 느낌과 감정 등 정의적 측면, 사회적 측면도 고려되어야 하지만 교사교육에서 이러한 측면은 간과되고 있다.

셋째, 교사교육은 예비교사들이 형식적 지식(에피스테메)을 습득하는 데 초점을 두고 있고, 실천적 지혜(프로네시스)를 개발하는 데 충분한 지원을 제공하지 않는다. 이는 교사교육자들이 교사교육에서 이론과 실천의 간극을 만들어 내고 있음을 의미한다(Korthagen, 2010b: 672). 교사를 위한 전문적 훈련은 학급에서 되풀이되는 딜레마를 해결하는 데 사용할 수 있는 지식을 갖추어 주거나 그러한 문제를 논의할 수 있는 사례나 모의 상황 등을 제공해주지 않는다. 교사교육에서 교실의 실제 상황, 교직 일상의 기술적, 전략적 문제를 다루는 데 필요한 교육을 받지 못하기 때문에 교사들은 개인적인 추억에 의존할 수밖에 없으며 이러한 개인적 추억은 새로운 관점으로 대체되지 않는다(Lortie, 1975/2017: 139-140).

라. 교사교육에서 이론의 가치에 대한 제한적 이해

전문교육에서 이론(교육)의 가치는 실천적 경험에 비해 대체로 덜 중요한 것으로 이해되고 있다(Shulman, 1998). 특히 의사, 법률가 교육에 비해 실습의 비중이나 강도가 상대적으로 약한 교사교육에서 이론교육의 가치는 낮게 평가되고 교육실습의 비중을 높여야 한다는 요구는 지속적으로 제기되고 있다. 교사를 위한 전문교육에서 이론, 연구의 가치가 낮게 평가되는 이유는 무엇인가? 이에 대해 로티(Lortie, 1975/2017)와 슐만(1998), 프링(Pring, 2000/2015)은 각기 상이한 근거, 답을 제시하고 있다.

로티(1975/2017: 125)는 교사교육이 지적인 면에서나 조직적인 면에서 전통적인 전문직 교육만큼 복잡하지 않고 체계가 부족하다는 점을 들고 있다. 이는 교사교육의 지식 체계와 학문적 위상이 낮다는 비판의 전형을 잘 보여준다. 구체적으로 첫째, 의학과 공학 연구가 과학에 뿌리를 두고 있고 법학과 신학은 학문적 발달에 기여해 온 수 세대에 걸친 학자들을 지적해낼 수 있지만 교사교육은 그렇지 않다. 둘째, 교과에 관한 전문적인 연구의 역사가 짧고 현대의 지적 발달의 주류에 포함되지 않으며 교육에 관한 초기 연구는 학문과 동떨어져 있었다. 셋째, 법학, 공학, 의학, 신학, 건축학 등에서 찾아볼 수 있는 수 세기에 걸쳐 축적된 성문화된 경험 체계를 교육연구에서는 찾아볼 수 없다. 법학교육은 판례가 있고 의사교육은 수 세기에 걸친 경험적 치료법이 있지만 교사교육에서는 가르치는 일에 대한 기록과 구체적인 방법을 발견하기 어렵다.

슐만(1998: 517)은 전문교육에서 이론이 실제보다 덜 중요시되는 이유를 이론의 특징에 기인하는 것으로 설명한다. 첫째, 이론은 단순화와 축소를 통해 구축되며 이론에 정보를 제공하는 연구는 주로 통제된 상황이나 인위적인 조건 하에서 수행되기 때문이다. 이론이 구축되는 방식으로 볼 때 이론과 일상의 실천 세계의 연계는 미약할 수밖에 없다. 둘째, 실천적 문제는 학문 경계와 무관하게 또는 학문의 경계를 가로질러 발생하지만 이론은 분절적인 학문 내에 기반을 두고 있기 때문이다. 이론은 그 성격상 실천적 조건이나 맥락과 유리되어 있기에 예비교사나 초임교사들이 실천적 문제를 이해하고 설명하는 데 이론의 기여, 가치를 인식하기 어렵다는 것이다.

이에 더하여 슐만(1998: 517)은 학문적 지식, 이론은 실천에 대한 이론적 근거를 제공하지만 '기능적으로' 실천을 위해 필요한 것은 아니라고 한다. 즉, 교사교육에서 이론, 지식의 가치는 실천적 기능, 실천과의 관계에서가 아니라 독자적으로 이해할 필요가 있다는 것이다.

한편, 영국의 교육철학자 프링(2000/2015: 23-28)은 많은 교육연구가 양산되고 있음에도 교육연구가 교육실천에 영향을 미치는 데 실패한 이유를 논의한 바 있다. 이는 크게 네 가지로 정리할 수 있으며, 여기서 교육연구는 교육이론과 같은 의미로 볼 수 있다. 첫째, 교육연구는 교육정책에 관한 의사결정에 필요한 질문에 구체적인 답을 제공하거나 교육실천에 정보를 제공할 수 있는 일반화된 검증 결과를 제공하지 못한다. 둘째, 교육연구는 학급 내에서 이루어지는 학습이나 교수법 실천에 직접적·전문적인 도움을 주지 못한다. 셋째, 교육연구는 파편화되어 있으며 같은 문제를 다루더라도 다른 관점에서 다른 사례를 활용하고 있어 교육실천이나 교육정책을 위한 일관되고 믿을만한 지적 토대나 축적된 지식 체계를 만들어내지 못하며, 교육적 이해와 실천을 연계할 수 있는 이론적 틀을 개발하지 못하였다. 넷째, 교육연구는 편파적이거나 정치적 동기로 수행되어 이념을 공유하지 않는 연구자나 연구 결과를 배제한다.

프링은 교육연구가 교육실천에 미치는 영향이 제한적임에도 불구하고 교육연구의 결과를 성공적인 실천을 위한 구체적인 규칙으로 바로 연결시키는 것은 위험하다고 지적한다. 이는 연구 결과는 실천에 직접적으로 관련되기보다 간접적이며, '축적적 지식'을 가능하게 한다는 점에서 의의가 있다. 프링에 의하면, 연구 결과는 교사의 실천을 결정한다기보다는 실천의 방향을 형성함으로써 영향을 미친다(Pring, 2000/2015: 29-30). 또한 교육연구가 실천에 활용되지 못하거나 영향을 미치지 못하는 것은 연구의 질적 수준이 낮기 때문이라 보기도 어렵다. 연구 결과에 주의를 기울이지 않는 교사나 정책입안자의 무성의 등 여러 요인으로 인해 성공적인 연구라 할지라도 실제로는 정책과 실천에 영향을 미치지 못하는 경우도 많기 때문이다(Pring, 2000/2015: 30).

3. 이론과 실제의 관계: 듀이, 프링, 코타겐의 연구

교사교육에서 이론과 실천의 관계는 다양한 연구에서 다루어져 왔으나 대표적인 주요 연구는 세 가지를 들 수 있다. 교육에서 이론과 실천의 관계(실천에 대한 이론의 관계)를 처음 논의한 듀이(Dewey, 1904; 1916/2007)를 체계적으로 분석한 슐만(1998), 교육실천의 이해와 개선을 위한 교육연구 철학을 논의한 프링(2000/2015), 아리스토텔레스의 에피스테메(학문적 인식)와 프로네시스(실천적 지혜) 개념에 기초하여 이론과 실천을 연계하는 현실적 교사교육 모델을 제안한 코타겐 외(2001/2007)를 들 수 있다.

가. 듀이의 관점: 실험실 교육 기반 교사교육과 실천에 기초한 이론

듀이는 "교육에서 실천에 대한 이론의 관계"(1904),[30] 『민주주의와 교육』(1916/2007) 등에서 이론과 실천의 관계를 논의하고 있다. 1904년 발표된 듀이의 논문은 교사교육에서 이론과 실천을 관계를 논의하는 출발점이라 할 수 있다(Shulman, 1998). 1900년대 미국의 교사교육은 사범학교뿐 아니라 종합대학 내 사범대학 등 대학 수준에서 이루어지기 시작하였는데 이 시기에 발표된 듀이(1904)의 연구는 교사교육에서 이론과 실천, 대학과 현장의 관계를 정립하는데 중요한 영향을 미쳤다고 할 수 있다. 교사교육에서 이론과 실천의 관계에 대한 듀이의 입장은 기본적으로 이론의 중요성을 인정하되 이때의 이론은 실천에 기반을 두고 있다는 점에서 이론과 실천은 밀접하게 연계, 통합되어 있다. 이러한 듀이의 관점은 실천에 기초한 이론, 실험실 교육 기반 교사교육을 핵심으로 한다.

1) 실험실 교육 기반 교사교육

듀이(1904)는 교사를 위한 전문교육은 이론적 작업과 실제적 작업 모두를 포함하는 것으로 보고 전문교육 맥락에서 어떻게 이론과 실천이 연계될 수 있는가에 주목하였다. 듀이는 교사교육에서 이론적인 준비, 이론 교육은 교과를 가르치는 교사들에게 필수적으로 요구되지만 교사교육은 전적으로 이론적인 것은 아니며 일정 정도의 실천적인 작업을 포함하는 것으로 이해하였다. 이에 따라 예비교사들이 교수 이론과 함께 실천적 전략을 개발할 수 있도록 지원하는 것은 교사교육의 주요 과제가 되었다(Grossman et al., 2009: 276).

교사교육에서 이론과 실천의 관계와 관련하여 중요한 쟁점은 실천적인 측면이 어떻게, 어느 정도로 제공되어야 하는가, 이러한 실천 경험은 어떤 것인가 하는 점이다. 듀이는 교사교육에서 실천적 경험은 두 가지 목적에서 필요하다고 본다(Dewey, 1904). 즉, 매일매일 이루어지는 일상적인 실천적 과업을 보다 잘 수행하기 위해서 그리고 이론적 과업(교과지식, 교육 원리 및 이론에 대한 지식 등)을 보다 현실적으로 이해하고 이론에 정보를 제공하거나 이론을 검증하기 위해서이다. 듀이는 전자의 목적을 도제 접근(apprenticeship approach)으로, 후자의 목적을 실험실 관점(laboratory view)으로 규정하였다.

여기서 도제 접근은 가장 좋은 실천 사례를 보여주거나 연습을 통해 교사 학습이 이루어지는 것을 말한다. 반면 실험실 접근은 새로운 실천을 실험하고 검증되지 않은 제안을 시도하는 상황(setting)으로 이해된다. 도제는 전통을, 실험실은 과학(학문)을 상징한다. 또한 도제 접근에서는 경험과 실천의 지혜를 모방하고 모델링하며 특이하고 상황적인 특수성이 강조된다. 반면, 실험실 접근은 광범위하게 전이 가능한 보다 일반적인 지식을 산출하는 데 초점을 둔다.

듀이는 이 두 가지 접근 중 교사교육은 도제 접근의 실천적이고 전통적인 관점보다 실험실 접근의 과학적인 특성을 지향하고, (당시 미국의 교사교육 프로그램 운영 기관인) 사범학교를 개혁하여 연구대학에서 전문적 교사교육을 실시할 것을 제안하였다. 듀이는 전통적인 실천을 무비판적으로 수용하는 학급 관리자와 훈련가를 교육하는 전통적인 사범학교 교육을 비판하고, 교사교육 프로그램에서 학문적 요건을 보다 강화하고 관련 분야의 응용 학문을 활용하며 특정 기법 숙달보다는 지적 방법에 기초한 실천적 측면을 강화할 것을 제안하였다(Shulman, 1998: 513).

2) 이론과 실천의 관계: 실천에 기초한 이론

이론과 실천의 관계와 관련하여 듀이는 이론적 작업(theoretical work)은 실천적 작업(practical work)을 수반하는 것으로 이해한다. 듀이의 관점에서 전문가는 자신이나 동료의 '경험을 통한 학습'보다 대학에서 '과학적 탐구를 통한 학습'을 한다. 즉, 전문가로서 교사는 경험적 원리보다 과학적 원리에 기초하여 교육받아야 하며, 예비교사는 교과를 심도 있고 유연하게 배움으로써 학생들의 학습을 이끌 수 있어야 한다. 대학의 교사교육에서 이론은 학교 현장의 실천에 적용되고 검증되는 것이며, 실천교육의 목표는 노련한 실천가가 아니라 반성적인 전문가를 양성하는 것이다.

듀이는 이론 교육과 지적 숙달은 전문가 교육에 필수적인 것으로 이해하였다. 이론은 실천의 근거가 되며, 이론 발달에 책임 있는 대학이 학교 현장의 실천 조건 또한 통제해야 하는 것으로 이해하였다. 동시에 듀이는 교사교육에서 이론이 중요하지만 이러한 이론이 실천적 맥락에 연계되지 않는다면 죽은 것이라고 보았다. 이에 따라 듀이는 특별한 전문교육을 옹호하였다.

이는 실천을 위한 이론(theory-for-practice)의 이해와 이에 도움이 되는 실천 속의 이론(theory-in-practice)으로 구성된 교육과정이 전문교육의 핵심이 되어야 한다는 것이다(Shulman, 1998). 이론은 중요하지만 순수하게 학문적 상황에서만 이해될 수 없다는 것이다. 또 실천은 전문가 학습을 위해, 이론 개발을 위해, 그리고 이론의 타당성과 효율성을 검증하기 위한 주요 도구이자 새로운 이론 개발이 기반하는 증거의 원천으로 이해된다. 실천적 경험을 통한 학습은 전문적 지식과 학습의 개념을 정의하는 실천 이론을 창조하고 검증한다(Shulman, 1998: 522-523).

듀이가 실제와의 관계에 비추어 이론을 이해하는 입장은 실천과 연계되지 않는 학문적 이론, 지식 교육 그 자체의 가치를 강조하는 입장과 대비된다. 이홍우(2010: 12)는 "이론은 실제에서 파생되며 실제에 적용되는 한에서 가치를 가진다."는 듀이의 핵심 사상은 이론과 실제의 관련성을 강조하고 있기는 하지만 이론적 활동을 실제적 활동의 시녀 정도로만 취급하고 있다고 비판한다. 이론과 실제는 천의 씨줄과 날줄처럼 공존하고 있으며, 그 중 어느 것도 다른 것에 종속되거나 부차적인 지위를 가진 것으로 간주되어서는 안 된다는 것이다(이홍우, 2007: 25-26).

그러나 이홍우가 비판한대로 듀이가 교사교육에서 이론을 실천의 시녀로 취급한 것이라는 평가가 정당한 것인가는 논란이 있을 수 있다. 듀이는 기본적으로 교사를 위한 전문교육에서 이론은 실천에 연계되며, 실천에 기반을 둔 이론, 실천 속에서 이론을 이해하고, 경험과 도제교육보다는 과학적 원리에 기초한 교사교육을 강조한다.

3) 교사와 연구자, 아는 것과 연구하는 것의 구분

이와 함께 듀이는 새로운 실천적 지식의 가장 중요한 원천은 대학에서 수행하는 연구와 이론에 있다고 본다. 듀이는 교사들이 이러한 교육과학의 원리를 이해하고 자신의 일에 비판적으로 적용할 것을 기대한다. 즉, 교사들은 과학(학문)을 적용하는 것이지 '과학(학문)을 하는 것'은 아니라고 본다(Shulman, 1998: 524). 이러한 듀이의 입장, 즉 연구자와 교사, 학문을 연구하는 것과 교과를 아는 것은 차이가 있다는 점은 스페인의 철학자 오르테가(Ortega y Gasset)의 논의에서도 찾아볼 수 있다.

오르테가(Ortega, 1944)는 과학교사를 예로 들어 과학교사는 그들이 가르치는 과학을 '아는' 것으로 충분하다고 본다. 비범한 과학교사들이 있지만 이들은 연구자로서 과학자는 아니며 아는 것이 곧 연구하는 것은 아니라고 본다. 오르테가에 의하면 연구하는 것은 진리를 발견하는 것이며, 반대로 말하여 오류를 증명하는 것이다. 이에 비하여 안다는 것은 진리를 자신의 의식에 동화시키고 그 획득된 확고한 진리를 하나의 사실로 받아들이는 것을 말한다. 이러한 학문의 목적은 창조에 있는 것임에 비하여 교수의 목적은 창조된 것을 전달하면서 이해하고, 학습자들로 하여금 충분히 이해하도록 이끄는 것에 있다는 점에서 차이가 있다(Ortega, 1944: 74-75).

반면, 연구자로서 교사, 현장연구(action research)를 강조하는 입장(예: Pring)과 대비된다. 프링은 교육연구는 교수-학습, 교사와 학생의 상호작용 등 교육실천을 대상으로 해야 하며, 교사가 자신의 실천을 검토, 반성하는 것은 연구(실행연구)로 확장되어야 한다고 주장한다(Pring, 2000/2015: 253).

나. 프링의 관점: 지식 생산 일반연구와 교육실천 중심 교육연구

프링(2000/2015)은 『교육연구의 철학』에서 교육연구의 주요 대상은 가치 지향적 활동으로서 교수와 학습, 즉 교육실천이 되어야 하며, 교육연구는 지식 생산을 위한 일반연구와 달리 교육실천의 이해와 개선, 현장 실천가들의 전문적 판단을 함양하고 개선하는 데 기여해야 한다고 주장한다. 프링의 관점에서 보면 교육연구는 교수-학습, 교사와 학생 간 상호작용을 주요 대상으로 하기에 현장 교사들이 가장 잘 수행할 수 있다. 이에 따라 교육실천을 개선하기 위한 연구로서 교사가 수행하는 실행연구, 연구자로서 교사, 교육실천을 대상으로 하는 교육연구를 중시한다.

1) 교수과학적 접근의 한계와 교육실천 중심 교육연구의 필요성

프링은 연구를 통해 가치있고 효과적인 실천에 대한 이론을 정립해야 한다거나 교사교육에서 이론을 먼저 배우고 나서 이것을 실천에 옮겨야 한다는 교수과학적(science of teaching) 입장에 비판적이다. 이러한 접근은 효과적인 실천(예: 효과적인 교수법, 효과적인 학교)을 위한 올바른 공식(법칙)이 있는 것으로 가정하고 실천에 앞서 만들어지고 실천에 대해 잘 기술된 안내로서의 이론을 정립하고자 하지만 이는 이론과 실천의 관계를 잘못 파악하는 것이라 비판한다(Pring, 2000/2015: 237-240).

프링은 교육실천은 무한한 범위의 활동을 포함하고 있고 교사의 교육실천이 이루어지는 제도적 틀, 사회적 맥락에 내재되어 있는 신념과 가치, 그리고 교사가 가지는 신념과 가치는 이론이라 불릴 수도 있고 그렇지 않을 수도 있다고 본다(Pring, 2000/2015: 240). 프링의 이러한 주장은 두 가지 의미로 해석할 수 있다. 첫째, 이론은 교육실천이 이루어지는 맥락, 교사의 가치와 신념에 따라 가설적이고 잠정적인 것이며(보편적인 법칙, 공식, 일반화라기보다), 둘째, 교사의 교육실천에는 암묵적인 이론이 가정 또는 내재되어 있다.

이러한 프링의 관점에 의하면, 어떠한 실천도 이론적 틀을 벗어나지 않는다. 즉, 실천에 참여하는 것은 특정한 이론적 입장이나 사물을 개념화하는 방식을 암묵적으로 전제하는 것이며 실천은 이론적 틀의 한계에 의해 제한된다. 실천을 검토하는 것은 실천 내에 있는 신념과 이해를 분명히 하고 이를 비판에 노출시키는 것이라 할 수 있다(Pring, 2000/2015: 241-245).

이론과 실천의 관계에 대해 프링과 듀이는 서로 다른 관점에서 양자의 불가분성을 이야기하고 있다. 듀이는 이론은 실제에서 파생되며 실제에 적용되는 한에서 가치를 가진다고 하여 이론에 방점을 두고 있다면, 프링은 실천에는 이론적 틀이 반영되어 있다고 하여 실천에 보다 초점을 두고 있다. 실천은 이론적 틀을 벗어나지 않으며 이론적 틀의 한계에 의해 제한된다고 본다(Pring, 2000/2015: 244-245). 이러한 프링의 입장은 칸트철학에서 이론과 실천의 관계를 보는 입장과 연계된다.

칸트는 1793년 발표한 "이론은 옳을 수 있지만 실천에는 아무 소용이 없다는 속설에 관하여"라는 글에서 개인의 윤리와 정치, 국제 관계에서 이론과 실천의 관계를 논의한 바 있다(강영안, 1989; 오진석 역, 2011). 이론과 실천의 관

계에 대한 칸트의 논의에서 이론은 개별적 상황과 조건에서 벗어나 그것을 규정하고 필연적으로 영향을 줄 수 있는 규칙들의 집합으로서 실천을 가능케 하는 구성적 원리로 이해된다(강영안, 1989: 8). 즉, 실천 영역은 인간 지성을 통해 고안된 이론이 실제로 적용되는 독립적 영역이 아니라 이론을 통해 설정된 목적을 현실적으로 실현하는 영역이며, 이론의 정당성은 실천에의 적용 가능성을 통해서 얻어지는 것이 아니라(듀이의 입장), 실천을 가능케 하는 근거라는 사실을 통해서 얻어지는 것이라고 본다(강영안, 1989: 8).

이론과 실천의 관계에 대한 프링과 칸트의 입장에서 볼 때, 실천은 이론과 상관없이 이론과 떨어져서 저기 저 밖에 존재하고, 이론은 그것을 기술하고 그것에 적용되기 위한 하나의 지적인 노력이라고 보는 것은 실천이 언제나 하나의 이론적 반성의 결과임을 간과하는 것이라 할 수 있다. 실천은 이론과 분리되어 그 자체로 존재하는 실체적인 현실이 아니라 일정한 이론을 통해 비쳐지고 그 이론을 통해 확인, 파악되는 현실이라 할 수 있다(강영안, 1989: 1-2).

2) 교사가 참여하는 실행연구를 통한 이론과 실천의 연계

프링의 관점에서 이론과 실천의 연계는 교육실천에 대한 연구, 교육연구를 통해 이루어진다. 교사교육은 교육연구를 통해 발달한 전문적 지식을 활용할 뿐 아니라 예비교사들이 연구자가 되도록 교육하는 과정이라 할 수 있다. 프링은 교육연구는 교육실천을 주요 대상으로 삼아야 하며 이를 위해서는 교사가 연구에 참여하는 실행연구가 필요하다고 본다. 교육실천의 복잡성과 교육실천 내에 있는 신념, 가치, 가정의 복잡성, 특정 학교나 학급 상황의 특유성과 고유성 등을 고려할 때, 교사만이 교실을 이해하는 데 결정적인 자료에 접근할 수 있으며 교사는 교육연구의 핵심 자료를 수집하는데 특권적인 위치에 있다. 이에 따라 교사는 교육연구의 대상이 아니라 교사 자신이 연구자가 될 필요가 있다(Pring, 2000/2015: 230).

실행연구에서 교육실천과 교육연구는 통합적으로 이해된다. 즉, 교육연구는 교수활동의 한 형태이며, 교수활동은 교육연구의 한 형태로 간주된다(Pring, 2000/2015: 247-248). 또한 실행연구는 새로운 지식을 생산하는 것을 목적으로 하는 일반연구와 달리 교육적 실천을 개선하기 위한 연구, 교사가 자신의 실천을 검토하는 연구이다(Pring, 2000/2015: 248, 252). 이러한 실행연구는 교사가 자신의 교수활동을 비판적으로 검토하고 체계적으로 성찰함으로써 전문적 지식 체계를 구축할 수 있고 새로운 전문 지식을 재창조하고 재발견할 수 있게 해준다. 이를 통해 교사의 전문적 지식은 끊임없이 검증되고 성찰되며, 상황에 맞게 수정될 수 있다(Pring, 2000/2015: 247, 249).

아울러 프링에 의하면, 교육실천, 교육연구를 통한 교사의 전문적 지식의 성장이 이루어지기 위해서는 공감적이면서도 비판적인 공동체, 전문 네트워크나 공동체의 발달이 중요하다. 실천을 개선하기 위해서는 실천에 대한 성찰이 공적인 활동으로 이루어질 필요가 있다는 것이다.

교사교육 발달에서 교사교육대학은 실천이냐 이론이냐, 교사양성교육이냐 교육연구냐와 같은 극단적인 요구에 대응하여, 교사교육, 교육이론 생산, 교육연구, 교육연구자 양성·훈련 등 다양한 기능을 담당해왔다(Labaree, 2004/2020: iii, 13). 프링은 전통적으로 구분되어 온 교육이론과 교육실천 간의 이분법적 위계를 극복하고 양자를 연계하기 위한 새로운 방식으로 교사에 의한 실행연구를 제안함으로써 교사교육에서 이론, 교육연구와 실천의 관계에 대한 새로운 시각을 보여준다.

다. 코타겐의 관점: 프로네시스적 지식 관점에 기초한 현실적 교사교육

네덜란드 암스테르담 자유대학(Vrije Universiteit, VU University Amsterdam) 교수인 코타겐(Korthagen)은 교사교육에서 이론과 실천의 분리 문제와 지식의 성격을 비판적으로 분석하고 현실적 교사교육이라는 대안적 교사교육 모델을 제안하고 있다(Korthagen, 2010a; 2010b; Korthagen et al., 2001/2007).[31]

1) 전통적 교사교육에서 다루는 지식의 성격 문제

전통적 교사교육의 문제로 특히 코타겐은 교사교육에서 다루는 지식의 성격과 지식습득 과정에 관한 전이 문제(transfer problem)를 제기한다(Korthagen, 2010b: 671). 교사교육에서 이론과 실천을 연계하기 위한 다양한 연구들을 검토한 코타겐은 전통적인 교사교육 모델은 효과적으로 기능하지 못하고 있다고 비판한다(Korthagen, 2010b: 669). 교사들은 대학에서 배운 이론보다 현실적인 모델(동료교사)에 더 의존하며 예비교사들은 교사교육자들이 제시하는 추상적이고 일반적인 전문가 지식보다 즉각적이고 구체적인 답을 원한다는 것이다(Korthagen, 2010a: 409).

코타겐은 철학 전공자인 케셀스(Kessels)와 공동으로 발표한 연구를 토대로 실제에 적합한 이론은 전통적 성격의 이론과는 다르다고 보고 교사교육에서 이론과 실제의 관계, 교사교육의 목적과 방법을 새로운 방식으로 이해하기 위해 아리스토텔레스의 에피스테메(epistēmē)와 프로네시스(phronesis) 개념을 활용한 새로운 교사교육 모델을 제시하였다(Kessels & Korthagen, 1996). 여기서 에피스테메(학문적 인식)는 설명, 탐구, 전달할 수 있는 언설의 집합으로서 다양한 상황과 문제에 적용될 수 있는 일반적인 성격을 가진다(Korthagen et al., 2001/2007: 63). 에피스테메가 보편적이고 필연적인 것에 대한 판단, 보편적 지식인데 반해 프로네시스는 개념적, 구상적(conceptual)이라기보다 지각에 의존하며 특정 상황에 대한 행위자의 지각과 유용한 행동을 찾는 데 초점을 둔다(Korthagen, 2010b: 671).

에피스테메(학문적 인식)로서의 지식과 프로네시스로서의 지식의 성격에 대한 분석을 토대로 코타겐 외(2001/2007: 71)는 교사교육이 프로네시스적 접근을 취해야 한다고 주장한다. 즉, 교사교육에서 이론과 실제 사이의 간극은 교수 상황에서 본래 기인하는 문제가 아니라 에피스테메로서의 지식에 근거한 교사교육 방식, 접근에 기인하는 것이다. 프로네시스로서의 지식 관점에서는 이론과 실제 사이의 간극에 어떻게 다리를 놓아야 하는지, 구체적이고 경험적인 상황의 복잡성을 추상적인 규칙과 어떻게 관련지어야 하는가의 문제가 존재하지 않는다. 이러한 프로네시스적 지식 개념에 기초한 대안적 교사교육 모델로 코타겐은 현실적 교사교육(realistic teacher education)을 제안한다.

2) 이론과 실천의 연계를 위한 현실적 교사교육과 교사교육자의 역할

코타겐이 제시하는 현실적 교사교육은 이론에서 실제로 옮겨가는 전통적 접근을 거부하고 현실(reality) 속에 깔려 있는 인간 활동에 초점을 두는 '실제에서 이론'으로의 접근이라 할 수 있다(Korthagen et al., 2001/2007: 50). 현실적 교사교육 모델은 행동과 반성 과정의 5단계(행동 → 행동에 대한 반성 → 본질적 양상의 인식 → 대안적 행동 방법 구상 → 시도)로 구성되는 순환과정이다. 이러한 현실적 교사교육은 예비교사들이 현재 당면한 문제의 기저에 깔려 있는 구조를 인식하게 하고 교사교육과 학교 현장에서 일어나는 일 사이의 거리(차이)를 줄이거나 없앨 수 있는 방안을 제공하며 경험 학습과 경험에 대한 반성을 중시한다(Korthagen et al., 2001/2007: 53).

현실적 교사교육에서 이론과 실제의 괴리는 생기지 않다. 이는 현실적 접근에서 학습은 예비교사가 문제 상황과 씨름하는 과정 속에서 이루어지며 구체적 상황이 참고 기준이 되기 때문이다(Korthagen et al., 2001/2007: 50). 또한 현실적 교사교육은 예비교사들이 현실에서 경험하는 문제와 실제적 경험을 통해서 발전시킨 관심을 기초로 하며, 특정 관심과 질문, 문제에 초점을 둔다.

교사교육자의 역할도 달라진다. 에피스테메적 접근에서 교사교육자는 이론과 실제 사이의 간극에 다리를 놓는 역할을 하지만 프로네시스적 접근에서 교사교육자는 예비교사가 경험의 특징을 잘 알 수 있도록 도와주는 역할을 한다. 즉, 에피스테메적 접근에서 교사교육자는 예비교사에게 수많은 개념을 가르쳐주고 일련의 규칙을 제공하고, 교육이론에 관한 강의를 하고 일반적인 규칙을 가르치거나 지도 원리에 관한 토론을 위해 존재한다. 프로네시스적 접근에서 교사교육자는 예비교사들이 자신의 지각을 정련시킬 수 있도록 도와주고 예비교사가 가지고 있는 암묵적인 지식을 명시적인 지식으로 만들고 지각적 지식을 개발하도록 지원한다(Korthagen et al., 2001/2007: 71-72).

현실적 교사교육 모델에서 교사교육자는 이론을 소개할 수 있지만(본질적 양상의 인식 단계) 이는 예비교사와 반성의 대상인 상황의 필요와 관심에 맞추어 소개된다(Korthagen et al., 2001/2007: 87, 96-97). 교사교육자는 학생들이 당면하는 구체적인 문제를 해결하는 데 도움이 되는 이론을 제시한다(Korthagen et al., 2001/2007: 51-52).

코타겐은 교사교육에서 다루는 지식의 성격을 새롭게 규정(재인식)하고 예비교사들이 경험하는 현실적, 실천적 문제에 초점을 두는 새로운 교사교육 모델에 근거할 때 이론과 실천의 연계가 가능하다고 본다. 이와 유사한 입장은 교사교육에서 이론과 실천, 기초코스와 방법코스 등의 분리를 비판하고 핵심실천을 중심으로 교사교육을 조직할 것을 제안한 그로스만 외(2009)를 들 수 있다. 이들 연구는 대학에서의 형식적 지식, 명제적 지식이 아니라 학교 현장, 교사의 구체적인 실천, 관심, 문제에 기초한 교사교육을 지지한다.

4. 교사교육에서 이론과 실제의 연계 모델

가. 이론의 실천 적용(theory-into-practice) 모델

이론의 실천 적용, 이론에서 실천으로(theory-to-practice) 모델은 이론이 실천에 보다 잘 연결될 수 있도록 하는 데 관심을 두는 것으로 교사교육에서 이론과 실천의 관계를 이해하는 전통적인 입장이라 할 수 있다. 전통적인 교사교육은 듀이(1904)의 관점에서 잘 나타나듯이 대학에서 이론을 학습하고 현장에 가서 자신이 배운 것을 실천하거나 적용하는 것, 이론의 실천 적용을 강조한다. 교사교육에서 이론과 실천의 관계를 이와 같이 이해하는 입장을 자이크너(2010)는 이론 적용(application of theory) 모델로, 칼슨(Carlson, 1999)은 이론에서 실천으로 접근(theory-to-practice approach)으로, 쇤(Schön, 1983)은 기술적-합리성 모델(technical-rationality model)로 칭하고 있다.

전통적인 교사교육 관점으로서 이론 적용 모델은 대학이 이론과 연구를 통해 지식을 생성하고 학교는 그러한 지식이 실천되는 환경(장소)을 제공하며 교사는 지식을 현장에 적용하기 위해 노력하는 것으로 가정한다. 교사교육 프로그램은 예비교사들에게 가르쳐야 할 다양한 이론, 명제적 지식을 중심으로, 실천과 연계되지 않는 서로 분절적인 코스의 조합으로 구성된다. 쇤의 기술적-합리성 모델에서 가정하듯이 교사의 전문적 활동은 과학적인 이론과 기술을 적용함으로써 보다 엄격해진다.

또한 학급 교사로서 완전한 책임은 대학에서 다양한 강의를 이수하고 멘토교사의 가이드 하에서 인턴십이나 레지던트를 한 다음에 점진적으로 부과되는 것으로 이해된다. 코타겐(2010b: 699)은 이러한 전통적인 교사교육 모델에는 세 가지 기본 가정이 함의되어 있는 것으로 분석한다. 첫째, 이론은 교사들이 자신의 일을 더 잘 할 수 있도록 도움이 된다. 둘째, 이러한 이론은 과학적 연구에 기반을 두어야 하며, 셋째, 교사교육자들은 교사교육 프로그램에 포함되어야 할 이론을 선택해야 한다는 것이다.

그러나 예비교사들이 대학에서 배운 것과 학교 현장에서의 실천 간 간극은 여전히 크다. 전통적 교사교육에서도 실험학교, 현장 실습 강화 등을 통해 이론의 실천 적용을 강조하고 있지만 대학에서 현장 경험을 세심하게 계획하고 운영하는 데 한계가 있다(Zeichner, 2010: 91). 현장 경험, 교육실습(teaching practice)은 단순히 대학에서 배운 것을 적용하거나 보여주는 것이 아니며 교사 학습, 연구, 탐구를 위한 중요한 기회로 이해되고 있다(Cochran-Smith & Lytle, 2009). 이에 따라 전통적 교사교육에서 현장 경험의 역할과 내용을 개혁하기 위한 다양한 관점, 프로그램(예: 전문성 개발학교, 파트너 학교)들이 발달하고 있다(Zeichner, 2010: 91). 예비교사들의 현장 실천에 영향을 미치는 데 실패했음을 보여주는 많은 연구에도 불구하고 전통적 교사교육 모델은 교사교육에서 여전히 지배적인 위치를 차지하고 있다(Korthagen, 2010b: 669).

나. 실천에서 이론으로(practice to theory) 모델

실천에서 이론 모델은 형식적 지식, 명제적 지식에 기반을 둔 교사교육은 학교 현장의 교육실천에 도움이 되지 않는다는 입장에서 실천이 어떻게 이론과 연계되는가에 초점을 둔다. 교사교육에서 실천을 강조하는 이 입장은 교육실천에 교사교육의 영향, 효과는 미약하며 이론에서 실천으로의 전이(transfer)를 가정하는 기술적-합리성에 기초한 전통적 교사교육은 한계가 있다고 본다.

교사교육에서 이론의 한계는 대체로 교사들의 교직 수행에 있어 대학(교사교육)의 영향이 미미하며, 학교 현장의 영향 또는 과거 학생으로 지낸 경험의 영향이 더 크다는 점에 근거를 두고 있다. 대학의 교사교육에서 개발된 생각과 개념은 현장 경험 동안 씻겨나가 버리며(Zeichner & Tabachnick, 1981), 학교 현장에서 신규교사들은 이행 충격(transition shock)을 경험한다(Veenman, 1984). 교사들은 교직 첫해 동안 (교사교육에서 배운) 교수와 학습에 관한 과학적 통찰(지식, 이론)이 아니라 근무학교의 실천 관행에 적응하고 맞추게 되며 교사 발달에 학교가 지배적인 영향을 미친다(Korthagen, 2010b: 670). 신규 교사들은 대학의 교사교육을 통해 충분히 준비되었다고 느끼지 않으며, 동료, 선배 교사를 현실적인 역할 모델로 간주한다(Korthagen, 2010b)는 것이다.

교사교육에서 이론 먼저, 실천은 나중(이론에서 실천으로)이라는 전통적 접근을 실천 먼저, 이론은 나중(실천에서 이론으로)이라는 접근으로 대체하고 교사교육에서 이론과 실천 사이의 간격을 메우기 위한 다양한 방법, 전략들이 제시되어 왔다. 자이크너(2010)가 구분한 조기 진입(early entry) 모델, 영국에서 1990년대 이후 발달한 학교 중심 교사교육 모델은 그 예라 할 수 있다. 조기 진입 모델은 이론 적용(theory application) 모델과 달리, 이론 교육을 거의 제공하지 않고 입문교육(guide induction)을 중심으로 한 교사교육이다. 대학은 교사교육에서 최소한의 역할을 담당하며 초임 교사들은 학교 현장에서 실천을 통해 가르치는 일을 배우는 것으로 가정된다. 교사들이 배워야 할 것은 현장 실천을 위한 준비 과정(대학)에서보다 실천 속에서, 실천을 통해 배운다는 것이다(Zeichner, 2010).

그러나 실천에서 이론 모델이 중시하는 실천 경험은 교사학습, 전문성 개발에 기여하기보다 교직 관행에 적응하는 사회화의 과정일 수 있으며 현장 경험이 모두 교육적이라고 보기도 어렵다. 즉, 실천에서 이론 모델은 교사교육을 통한 교사학습, 교사 전문성 개발 기회를 보장하지 못한다는 점에서 비판받는다. 듀이(1904)는 실천 경험을 강조할 경우 학교 현장의 관행이 예비교사나 신규교사들에게 무비판적으로 수용될 수 있음을 우려한 바 있다.

또한 이론 적용 모델과 실천에서 이론 모델은 모두 교사교육에서 이론과 실천이 분리되어 있는 것으로 가정한다는 공통된 한계가 있다. 이러한 접근은 이론-실천 분리에 대한 근본적인 해결책이 되지 못한다. 이론-실천 간 균형이 이론에 대한 강조에서 실천적 경험에 대한 강조로 그 초점만 달라졌을 뿐 이론-실천은 여전히 분리되어 있다. 이에 따라 교사교육에서 이론과 실천의 통합을 지향하는 다양한 대안적 접근들이 제시되고 있다.

다. 이론과 실천의 연계 모델

교사교육에서 이론과 실천을 연계하는 모델은 다양하게 제시되어 왔다. 앞에서 제시한 코타겐의 현실적 교사교육 모델, 프링의 교육실천에 초점을 둔 교육연구, 실행연구도 교사교육에서 이론과 실천을 연계, 통합하는 접근이라 할 수 있다. 교사교육에서 이론과 실천의 통합 모델, 프로그램을 예시하면 다음과 같다.

첫째, 교사교육에서 이론과 실천을 통합하기 위한 접근법으로 전문성 개발 학교(professional development schools: PDSs)를 들 수 있다(Darling-Hammond, 1994). PDS는 교사교육자와 학교 기반 교사들 간의 협력적 파트너십 하에서 교사양성을 위한 책임을 공유하고, 새로운 교수 방법 개발, 참여하는 모든 사람의 계속적인 전문성 개발을 강조한다. PDS와 같이 교사양성교육을 대학에서 학교로 이동하려는 접근은 교사교육을 실천적 맥락에서 실시하는 한편 교사교육자들이 전통적인 교육 관행으로 조기 사회화되는 위험을 피하고자 한다. 또한 PDS는 기존 실천에 대한 비판적 반성, 형식적 지식의 실천 적용, 대학 교수와 학교 교사 간 강력하고 장기간의 파트너십 등을 주요 특징으로 한다(McIntyre & Hagger, 1992).

둘째, 교사 전문성 개발을 위한 교사 연구를 강조하는 입장(Cochran-Smith & Lytle, 1993; Stenhouse, 1975) 또한 이론과 실천을 연계하는 접근법으로 볼 수 있다(Korthagen, 2010b). 실행연구(action research), 반성적 탐구(reflective inquiry), 실천가 연구(practitioner research), 자기 연구(self-study research) 등 교사 연구의 다양한 접근법은 기본적으로 이론과 실천의 연계, 통합을 추구한다고 할 수 있다. 다만, 코크란-스미스와 라이틀(Cochran-Smith & Lytle, 1999: 21)이 지적한 바와 같이, 교사 연구의 범위가 매우 넓고 경계가 모호함에 따라 교사 연구는 "무엇이든지 다 될 위험이 있다." 이에 따라 명확한 방법론을 개발하고 개인 연구 성과를 보다 큰 연구 공동체와 연계하기 위한 노력이 요구된다(Zeichner, 2007).

셋째, 이론과 실천의 결합을 강화하는 방안으로 사례 지식(case knowledge), 사례방법(case method)을 들 수 있다. 미국 법학교육에서 발전된 사례방법은 교수 방법이나 현장 실천에 접근하는 수단이라기보다 과학(학문)으로서 법을 가르치고, 법이론(legal theory)을 가르치는 데 효과적이라는 점에서 널리 활용되어 왔다(Shulman, 1986: 11). 사례방법에서 '사례'는 단순히 사건이나 분쟁에 관한 보고서가 아니라 실천에 관한 특정 사건의 예시, 즉 어떻게 도구적인 사건이 발생하였는가에 대한 상세한 기술이며, 이론과 연관되어 있고 보다 추상적인 명제나 이론적 주장을 제시할 수 있어야 한다. 이 점에서 사례방법은 사례를 활용하여 실천적 측면과 이론적 측면 양자를 명확히 하는 것이다. 이론적인 이해 없이 사례 지식은 있을 수 없으며 이론 없는 사례 지식은 단순한 일화일 뿐이다(Shulman, 1986: 11-12).

넷째, 교사교육에서 이론과 실천의 연계를 위해 대학과 학교 현장의 물리적 공간을 통합하는 제3공간(third space) 개념을 들 수 있다(Zeichner, 2010). 이는 혼성 이론(hybridity theory)에 근거를 둔 것으로 실천가와 대학교수, 이론과 실천 등의 이분법을 거부하고 실천가와 학문적 지식을 연계하는 새로운 하이브리드 공간 만들기, 대학(캠퍼스)과 학교 간의 다양한 경계 넘기를 논의하기 위한 개념이다. 여기서는 교수 지식의 주요 원천으로서 실천가의 지식과 대학 교수의 학문적 지식은 동등하게 존중되고 변증법적으로 작용하는 것으로 이해된다(Zeichner, 2010: 92). 이를 위해 현장 교사와 그들의 지식을 대학 코스와 현장 실습에 결합하고 교사 공동체의 지식을 교사교육에 통합하기 위한 다양한 프로그램을 개발한다. 교사교육을 위한 장소는 대학과 학교에서 지역사회로 확장되고 지역사회에서 현장 실습을 하거나 지역사회 자원을 교사교육에 활용한다.

5. 소결

교사교육에서 이론과 실천, 실제적인 경험과 지적인 교육 간의 긴장과 갈등은 대학에서 교사교육이 이루어진 이래로 교사교육의 주요 쟁점이 되어 왔다. 이론과 실천의 분리는 모든 전문교육이 갖고 있는 문제라 할 수 있지만 교사교육에서 두드러지게 나타나고 있다. 의학교육은 대학교육에 이어 장기간의 인턴, 레지던트, 펠로우십을 거치도록 함으로써 이 문제를 해결하고 있으며, 법학교육은 현장 경험은 채용 기관이 책임을 지도록 하는 대신 이론에 기반을 둔 사례방법, 사례 지식을 개발하는 데 중점을 둠으로써 이론과 실천의 분리 문제에 대응하고 있다.

전문교육에서 이론과 실천 간 관계는 대학에서 배운 지식을 현장에 적용하고 전달하는 것으로 단순화하기는 어려우며 지식, 이론과 현장 적용 사이에는 다양한 요소가 작용한다(Shulman, 1998). 이론은 번역과 적용의 과정을 통해서 실천을 가이드하며, 반대로 이론은 실제, 실천으로부터 도출된다. 교사교육에서 이론보다 실천을 강조할 경우, 예비교사들은 가르치는 일은 주의 깊은 사고와 학문이 아니라 시행착오와 경험을 통해 배우는 것이라는 생각을 갖게 될 것으로 우려된다(Lanier & Little, 1986). 교사교육이 교사로서 요구되는 실제적인 직무 수행 능력에 초점을 둘 것인가, 교수에 관한 학문적 이해에 초점을 둘 것인가, 학문적 이해와 실제적 기능 중 어느 것을 이상적 교사의 자질로 보다 중요시할 것인가를 양자택일의 문제로 보는 시각을 극복할 필요가 있다. 교사는 학문적 이해뿐만 아니라 학교와 교실에서의 역할을 성공적으로 수행할 수 있는 능력을 모두 포함해야 할 것이기 때문이다.

교사양성 교육과정을 구성하는 모든 교과목은 이론과 실천, 학문적 이해와 실천적 기능을 모두 포괄하고 있다. 따라서 학문적 이해를 제공하는 과목과 직무수행능력을 제공하는 과목이 따로 있다는 가정 하에 양자 사이의 상대적 비중을 조정하기보다 양자를 통합할 필요가 있다(유한구 외, 1994). 교과를 가르치는 일(교육실천) 내에서 학문적 이해와 실천적 역량은 서로 밀접한 관계를 맺고 있는 것으로 보아야 할 것이다.

아울러 이론 중심-실천 중심, 대학-학교 현장이라는 이분법적 구분을 지양하고 양자를 통합하기 위해서는 교사교육자에 보다 주목할 필요가 있다. 교사교육기관 내부에서 교사교육이 어떻게 이루어지고 있는가는 모호한 채로 남아있다. 내부자 관점에서 교사교육과 실천의 연계(예: Anderson & Herr, 1999), 교사교육자에 의한 자기 연구(예: Loughran et al., 2004), 교사교육자와 현장 교사의 협력 행위에 대한 분석, 예비교사의 학습 과정에 대한 교사교육자의 영향 등에 대한 연구는 교사교육에서 이론과 실천의 통합을 위한 새로운 정보를 제공해줄 것이다.

제16장 이론과 실제의 연계를 위한 교사교육 방법

전통적인 교사교육이 이론을 실천에 적용하는 데 초점을 두었다면 그 대안들은 실천을 중심으로 이론을 통합하고자 하였다. 최근에는 교사교육에서 이론과 실천의 이분법을 극복하기 위한 다양한 접근법이 제시되고 있다. 사례방법, 문제 기반 학습, 반성적 교사교육, 전문성 개발 학교 등은 그 예이다. 이러한 변화는 2000년대 중반 이후 교사교육에서 제공되는 다양한 교육 기회를 통해 예비교사들이 실지로 무엇을 배우는가에 대한 연구, 교사학습, 교사지식과 이론에 관한 연구의 발달과 밀접한 관련이 있다(Cochran-Smith & Zeichner, 2005).

이러한 연구들은 예비교사에게 영향을 미치는 핵심 요인은 교사교육 프로그램의 구조(교사교육 기간, 교직과목을 언제 제공하느냐, 교직과 전공과목의 학점 배분 등)가 아니라 그 내용이며, 교사교육 프로그램의 각 영역과 교과목을 통합하는 방법을 탐구하고 있다. 나아가 예비교사들의 지식, 이해, 태도의 성장과 발달을 위해 대학과 학교 간 협력, 이론교육과 실천교육을 어떻게 통합할 것인가가 주요 쟁점이 되고 있다. 1980년대 중반 홈즈 그룹이 제안한 전문성 개발 학교는 대표적인 예라고 할 수 있다.

1980~90년대 이후 미국을 중심으로 추진되고 있는 교사교육 개선을 위한

다양한 접근법, 교사교육 방법들은 그 강조점과 세부적인 내용에 차이는 있지만 기본적으로 교사교육에서 이론(교육)과 실천(교육)을 통합하고 대학과 학교 현장의 연계를 강화하는 방향으로 나아가고 있다. 우리나라에서도 교사교육에서 교육실습의 비중을 높이거나(학점, 이수시간) 실습의 종류를 다양화하고 있지만 교사교육에서 대학과 현장, 이론과 실제의 통합에 대한 인식, 이를 위한 교사교육 프로그램, 방법을 개발하려는 노력은 상대적으로 취약하다.

이 장에서는 교사교육에서 이론(교육)과 실천(교육), 대학과 현장의 연계, 통합을 보다 강화하기 위한 교사교육 방법, 접근법으로서 사례방법, 반성적 교수법, 문제 기반 학습의 주요 특징을 분석한다.

1. 사례방법[32)]

가. 전문교육에서 사례방법의 발달

1) 법학, 경영학 분야에서 사례방법의 발달

사례방법을 활용한 교육(case methods of teaching)은 1875년 하버드 법학대학원(Harvard Law School)의 학장인 랑델(Langdell)이 처음 개발하였다. 이는 판례를 기반으로 질문 중심의 소크라테스식 교수법(문답법, 산파법)을 활용하는 것으로 중요한 사건을 결정한 판사의 추론을 주의 깊게 분석함으로써 법 원리를 파악하고 특정한 결정(판결)을 법 원리에 대한 이해로 일반화할 수 있는 교육방법이라 할 수 있다(Merseth, 1991: 243; Shulman, 1992: 3). 하버드 법학대학원에서 개발된 사례방법은 1910년대 이후 전국의 주요 대학으로 확산되었으며 하버드 의학대학원(Harvard Medical School)과 경영대학원(Harvard Business School)에도 사례 기반 교육과정이 도입되었다(Doyle, 1990).

특히 하버드 경영대학원(Harvard business School)은 법학대학원의 사례방법을 모델로 하되 경영대학의 특성에 맞는 사례 기반 교육과정(case-based curriculum)을 개발하였다. 경영대학원은 법학대학원과 달리 미리 만들어진 사례 자료(판결문, 판례)가 없었을 뿐 아니라 실제 생활에 기초한 문제 중심 접근을 강조하는 교육 특성으로 인해 법학대학원과는 다른 형태의 사례 개발과 교수 방법이 요구되었다.

경영대학원에서 사례방법이 본격적으로 발달한 것은 1919년 법학대학원 출신 돈햄(Donham)이 학장이 되면서이다. 돈햄은 경영대학의 특성에 맞는 사례 기반 교육과정을 마련하기 위해 우수한 교수 자료(사례) 개발과 교수들의 전문성 개발(사례방법 교수 능력)에 대한 지원을 강화하고 강의에 활용할 수 있는 사례 개발과 수집을 위해 경영연구소(Bureau of Business Research: BBR)를 설립하였다. 1920년대 중반에는 경영대학원의 대부분의 강의 중심 코스가 사례방법에 기초한 토론 코스로 전환되었다(Merseth, 1991: 244).

법학대학원의 사례방법은 사례를 통한 보편적인 이론, 원칙을 교육하는 것에 초점을 두었다면 경영대학원에서 사례방법은 실제 상황에서의 '의사결정'을 강조한다는 점에서 차이가 있다. 사례방법을 활용한 교육 목적과 방법의 차이에도 불구하고 법학대학원과 경영대학원에서 사례방법은 성공적으로 도입되었으며 이러한 사례 기반 교육과정과 교수방법은 현재에도 유지되고 있다.

2) 교사교육에서 사례방법의 발달

법학대학원과 경영대학원에서 사례방법이 성공적으로 도입되면서 1920년대 설립된 하버드 교육대학원(Harvard Graduate School of Education)도 교사와 행정가를 위한 전문교육에 사례방법을 활용하고자 하였다. 그러나 교육대학원에서는 사례방법이 성공적으로 정착되지 못하였다. 머세스(Merseth, 1991: 245-246)는 그 이유를 경영대학원에서 사례방법 도입 과정과 비교하여 세 가지를 들고 있다.

첫째, 수업에 사용할 사례 확보이다. 경영대학원에서 사례방법에 기초한 교육과정을 도입하고자 하였을 때 강의에 활용할 수 있는 사례 자료는 거의 없었다. 이에 따라 경영대학원은 대규모 연구와 교수들의 적극적인 참여를 유인하여 단기간에 사례 자료를 개발하고 이를 교수 자료로 배포하였다. 또한 초기 사례 개발은 개별 기업이나 특정 산업 분야 전문 조직의 재정 지원으로 이루어졌으며 이를 통해 경영대학원은 사례방법을 성공적으로 도입할 수 있었다. 그러나 교육대학원의 경우 사례 개발을 위해 사용할 수 있는 기금이나 사례 개발을 지원해줄 기업, 학교, 교육청은 없었으며 수업에 활용할 수 있는 사례 자료를 확보하는 데 어려움이 있었다.

둘째, 경영대학원은 사례방법 도입 초기부터 사례 개발과 사례 작성(case writing)을 교수들의 연구로 규정하고 이를 교수 승진과 보수 등에 반영하였다. 또한 경영대학원에서 사례 자료 개발은 초기부터 사례 수집 기구(case collection agency)의 역할을 수행한 경영연구소(BBR)가 담당하였다. 그러나 교육대학원에서는 사례 개발을 위해 교수의 연구를 지원하거나 연구소를 운영하기보다 현장 교사와 행정가 중심으로 사례 개발을 추진하였다. 이는 이론적 엄격성과 연구를 강조하는 대학 본부(총장)의 방침에 부합하지 않았으며 교육대학원의 사례 기반 교육과정은 대학의 승인을 받지 못하였다.

셋째, 의사결정을 핵심으로 하는 경영학의 교육 목적은 사례 활용, 사례 기반 교육과정과 잘 부합되었다. 그러나 교육대학원 프로그램의 교육 목적과 성격은 일치된 의견을 보이지 않았다. 머세스(1991)는 교육대학원에서 사례방법을 도입하고자 한 홈즈(Holmes) 교육대학원장도 교육에서 철학과 역사 연구의 중요성을 강조할 것인가 실천적 또는 구체적인 기술의 중요성을 강조할 것인가에 대해서 명확한 입장을 가지지 못한 것으로 평가하였다. 사례 기반 교육과정이 대학의 승인을 받지 못하게 되면서 교육대학원의 교육과정도 파트타임의 경력 있는 현장 실천가를 대상으로 한 교육에서 보다 젊고, 경험 없는 전일제 학생을 위한 과정으로 개편되었다(Merseth, 1991: 246).

교사교육에서 사례방법은 하버드 교육대학원뿐 아니라 19세기 후반부터 간헐적으로 사용되었으며(Doyle, 1990), 1980년대 이후 보다 발달하였다. 교사교육에서 사례 지식의 특징을 분석한 연구(Shulman, 1986), 경영대학원 모델을 따라 교사를 의사결정자로 전제하고 의사결정을 위한 전략을 제안한 사례집(Greenwood & Parkay, 1989), 교수 윤리에 관한 사례를 모은 교사교육용 교재(Strike & Soltis, 1985) 등을 들 수 있다. 1994년에는 1921~1993년간 교사교육에서 사례방법, 사례연구 활용을 인용한 450개의 문헌 목록도 발표되었다(Thaller, 1994).

나. 사례의 개념과 사례방법 활용의 목적

1) 사례의 개념

사례 기반 교육과정, 사례방법을 활용한 교사교육에서 사례란 무엇이며, 사례에 포함되어야 할 핵심 요소는 무엇인가? 교사교육에서 활용 가능한 사례는 법학대학원이나 경영대학원의 사례와 어떤 차이와 특징이 있는가? 전문교육에서 사례방법을 활용한 수업, 사례 교수(case teaching)라 할 때 사례는 다양한 의미와 형태를 담고 있다. 슐만(Shulman, 1992)은 (무엇에 관한) 사례라고 부르기 위해서는 특정한 이론적 주장을 내포하고 있어야 한다고 본다. 즉, 단순한 일화, 소품문 등은 사례라 할 수 없다. 특정한 이야기, 사건, 텍스트 등이 사례가 되려면 이론과 연관성이 있어야 한다는 것이다.

사례는 활용 목적(교육목적)에 따라 다양하게 규정될 수 있으며 그 형태도 다양하다. 내러티브, 이야기, 일련의 사건, 비디오테이프, 판례, 대화, 텍스트 등은 모두 사례 자료가 될 수 있다. 사익스와 버드(Sykes & Bird, 1992)는 교사교육에서 활용되는 사례는 교사교육 교재에서 각 장별로 제시하는 사례(textbook case), 사례집(casebooks), 대화, 비디오테이프, 특정 교과 기반 사례(예: 수학교과), 특정 맥락에 기반을 둔 사례(예: 지역 공동체) 등을 제시하고 있다.

슐만(1992)은 사례방법을 활용한 교사교육에서는 대체로 다양한 형식의 내러티브가 주로 활용되고 있다는 점에서 내러티브 사례에 한정하여 그 특징을 정리한 바 있다. 이에 의하면, 내러티브는 플롯(시작, 중간, 결론)이 있으며 구체적이고 한정적이다. 또 일정한 시간과 공간의 틀 속에서 일어나는 사건이며, 인간의 정신, 마음, 동기, 개념 등의 작용을 드러내는 행위나 탐구이며, 사회적·문화적 맥락을 반영하고 있다(p.21).

교사교육에서 사례와 사례방법에 관한 문헌들이 다양하게 발표되면서 사례를 포함하거나 사례와 관련된 다양한 개념들이 사용되고 있다. 슐만(1992: 19-20)은 관련된 다양한 용어들을 명확하게 구분, 정리하고 있다. (1) 사례 자료(case materials)는 사례를 구성하는 원 자료로 일기, 개인 편지, 학생들의 작업 샘플, 비디오테이프, 관찰자 노트 등 그 소스는 매우 다양하다. (2) 사례보고(case report)는 1인칭 화자의 설명(이야기)으로 자신의 경험, 활동, 해석을 보고한 것이다. (3) 사례연구(case studies)는 원주민에 대한 인류학자의 보고, 심리학자의 학급 에피소드 묘사, 교사의 아동에 관한 이야기 발표 등 제3자의 분석, 설명을 말한다.

(4) 교수 사례(teaching cases)는 교수 목적으로 편집하거나 작성된 사례보고나 사례연구를 말한다. 학생 교육(교수)을 위해 개발된 경영대학원의 사례들이 이에 해당한다. 교수 사례의 길이는 한 두 단락의 짧은 글에서부터 50페이지

에 이르기까지 다양하다. (5) 사례방법을 활용한 교수(case methods of teaching)는 사례를 활용한 교육방법(method of pedagogy)으로 그 형태는 다양하다. 경영대학원 교육 프로그램들은 대체로 학생의 참여 수준이 높은 소크라테스식 상호작용 방법을 활용한다. 이외에도 사례방법을 활용한 교수 형태는 다양한데, 사례와 사례 해설을 읽고 수행하는 자기교수, 교수 사례를 토대로 만들어진 상호작용적 컴퓨터 프로그램, 사례를 활용한 강의, 사례를 활용한 집단 토의 등도 사례방법을 활용한 교수라 할 수 있다.

(6) 사례집(casebooks)은 사례보고, 사례연구, 교수 사례를 선별하고 체계화·조직하고 교육 목적을 위해 해석을 붙인 것을 말한다. 이러한 사례집을 조직, 구성하는 방식은 다양하다. 교사교육 사례집(casebooks for teacher education)은 학교 교과에서 다루기 어려운 주제나 목표, 학생 유형(예: 특수아동), 학생과 관련된 주요 도전, 교사가 대응해야 할 정책 갈등, 학부모, 학생, 동료, 행정가와의 관계에서 발생하는 긴장, 갈등에 초점을 둘 수 있다. (7) 사례 기반 교육과정(case-based curriculum)은 사례나 사례집을 활용하는 코스나 전체 프로그램을 말한다. 문제 기반 학습에 기초한 의학교육 프로그램을 운영하는 캐나다 맥마스터 대학(McMaster University)의 커리큘럼, 경영대학원 코스를 들 수 있다.

2) 사례방법 활용의 목적과 의의

법학, 의학, 경영학 등의 전문교육에서 사례 기반 접근은 이론에서 실천으로의 전이를 더 용이하게 하며 학생의 참여와 동기 유발을 높이고 문제해결력과 비판적 사고력을 길러줄 수 있는 것으로 이해된다(Shulman, 1992: 22). 교사교육에서 사례와 사례방법을 지지하는 연구자들 또한 사례 기반 접근이 갖는 이러한 특성에 주목하고 있다. 사례 기반 교사교육은 이론과 실천을 연계하고 복잡하고 불확실한 학교 현장, 실천 상황에서 교사들의 문제해결력과 의사결정 능력을 높일 수 있을 것으로 기대된다(Sykes & Bird, 1992; Hewitt et al., 2003).

특히 슐만(1992: 1)은 사례방법은 강의와 교과서라는 두 가지 악령(demons)에 의존해 온 학문적 교사교육 프로그램에 대한 비판을 해소할 수 있는 해결책이 될 수 있는 것으로 보고 교사교육에서 사례교육학(pedagogy of cases)을 보다 발전시킬 것을 제안하고 있다. 관련하여 슐만(1992: 2-10)은 사례방법의 활용 목적 및 의의를 크게 다섯 가지로 제시하고 있다.

첫째, 사례방법은 이론적 개념이나 원리를 가르치기 위한 것이다. 이는 법학대학원에서 사례방법을 활용하는 주요 목적이기도 하다. 법학교육에서 사례방법은 학생들이 법 원리를 적용하여 보다 깊이 추론하고 중요한 사건(사례)의 기본 원리를 파악하도록 하는 데 초점이 있다. 사례는 구체적인 사건을 제시하기 위해서가 아니라 법 원리를 예시하거나 검증하고 법 이론을 가르치기 위해 활용된다. 사례 기반 교육과정을 구성하기 위해서는 먼저 가르치고자 하는 원리, 이론을 확인해야 하며, 이러한 이론, 원리를 예시하는 교수 사례를 선별하고 구성하는 것이 중요하다. 사례는 이론, 원리를 예시하고 맥락을 보여준다는 점에서 가치가 있다.

둘째, 실천을 위한 선례를 가르치기 위해 활용된다. 사례는 교사가 직면하는 문제 상황을 제시하고 문제 해결 방식에 대한 다양한 집근과 설명을 세시할 수 있다. 이러한 사례에서 교사의 행동은 실천 모델로 간주될 수 있다. 특정 사건(사례)에 대한 공식적인 판결이 내려지면 그 판결은 선례로 정립되며 유사한 상황에 직면할 경우 다른 법률가들이 주목하게 된다. 선례가 축적되면 원리, 원칙으로 일반화될 수 있으며 광범위한 실천적 원리가 될 수 있다. 사례가 미래의 실천을 위한 선례가 될 경우 이는 유용한 교육적 수단일 수도 있고 위험한 수단이 될 수도 있다. 선례가 잘 정립되어 있는 경우 이를 맹목적으로 따를 위험이 있지만, 사례가 교실에서 실제 이루어지는 일과 그 결과를 보여준다는 점에서 예비교사들에게 도움이 될 수 있다.

셋째, 도덕적, 윤리적 원칙을 가르치기 위한 것이다. 이야기나 우화, 설화 등은 전통적으로 도덕적 법칙, 윤리 원칙, 교훈을 가르치기 위해 널리 활용되어 왔다. 여기서 이야기, 우화는 교육 목적을 위한 사례가 된다. 사례는 바람직한 행동이나 태도를 예시하는 모델을 제시하고 정당한 도덕적·윤리적 행동에 관한 탐구와 토론을 위한 수단으로 사용될 수 있다.

넷째, 전문교육에서 사례방법은 신참자들이 전문가와 같이 생각하고 행동할 수 있도록 교육하기 위해 활용된다. 예측이 어렵고 불확실한 상황, 전문적 판단이 중요한 전문교육에서 사례방법은 전문가들이 수행하는 전략, 성향, 반성, 마음의 습관을 개발하도록 가르치는 데 적절한 수단이다. 특히 교사교육에서 사례방법은 교사들이 반성적으로 사고하고 행동할 수 있도록 교육하는 데 적절한 방법이라 할 수 있다.

다섯째, 사례방법은 실천적인 현실과 바람직한 이상 사이의 긴장 속에서 가능한 비전과 이상을 가르치는 데 활용될 수 있다. 슐만(1992)은 훌륭한 실천에 관한 전형을 보여주는 사례연구는 몽상가의 환상과 상상력, 영감이 부족한 실천 사이의 중간 지대를 제시할 수 있는 것으로 본다. 즉, 사례는 실행할 가치가 있는 구체적인 활동의 이미지를 그려보고 대안적인 실천 형태를 고려해볼 수 있도록 자극함으로써 비전과 이상을 생각해볼 수 있게 해준다.

종합하면, 교사교육에서 사례와 사례방법의 활용은 교사교육을 이론에서 실천으로, 설명에서 내러티브로 전환한다는 의미가 있다. 즉, 사례 기반 교사교육은 법칙 개발에서 해석적 탐구로, 보편적 법칙에서 특정한 관계에 대한 관심으로, 실증주의적 입장에서 실용적 입장으로, 권위적인 지식 전달에서 상호 지식 탐구로, 교수와 교사 간 상호작용 방식은 강의에서 대화로의 변화를 지향한다(Sykes & Bird, 1992: 465). 이는 교사교육의 강조점, 초점의 변화라기보다 교사교육을 이해하는 관점, 인식론의 전환이라 할 수 있다. 교사교육에서 사례와 사례방법은 단순히 반성과 토론을 기반으로 한 교수법이 아니라 교사들이 새로운 사건을 인지하고, 교육적인 행동 방식을 고안할 수 있는 지식 구조를 개발하기 위한 핵심 과정으로 이해된다(Doyle, 1990).

다. 교사교육에서 사례방법 활용의 한계와 과제

1) 사례방법의 한계

사례방법의 강점에도 불구하고 사례방법의 잠재적인 취약점, 한계도 있다(Shulman, 1992; Sykes & Bird, 1992). 이는 사례의 독특성이나 현실적인 문제, 즉 교사교육에서 사례방법을 활용할 때 직면하는 한계, 문제점들이라 할 수 있다.

첫째, 사례의 범위는 매우 광범위하고 사례 개발(생산)은 시간 소모적이며 현장 검증이 필요하다. 사례방법을 활용하기 위해서는 수업에 활용할 사례가 충분히 개발되어야 하지만 법학, 경영학 분야와 달리 교사교육 분야에서 활용 가능한, 축적되어 있는 교수 사례는 부족하다. 사례 개발에는 많은 시간과 비용이 소요되며 이를 지원할 비용이나 조직을 확보하기 어렵다.

둘째, 사례는 잘 가르치기 어렵다. 특히 소크라테스식 교수법으로 사례를 가르치기 위해서는 교사교육자가 관련 교수 훈련, 교육을 받아야 한다. 또한 교사교육자는 교수 준비에 많은 시간을 투자할 의지를 가지고 재능 있는 교사가 되어야 한다.

셋째, 사례는 비효율적이다. 사례방법은 강의나 교과서를 활용하는 수업에 비해 교육 내용을 다루는 범위나 속도는 느리다. 시간은 오래 걸리지만 장시간 동안 다루는 수업 내용, 자료는 적다. 사례방법을 활용하기 위해서는 기존 교육내용을 재조직화 해야 한다. 사례 기반 접근에서는 내용이 과정보다 덜 중요하다고 하지만 내용과 과정은 적절하게 고려되어야 하며, 사례방법에서 이러한 균형을 잡기는 어렵다.

넷째, 사례는 단편적인 사건으로 이루어져 있고 연속적이지 않으며 이에 따라 학생들이 보다 큰 전체를 구조화하고 조직화하는 것이 쉽지 않다. 교사교육 커리큘럼은 다양한 학문 분야, 교과로 파편화되고 있고 통합성이 부족하다는 비판을 받고 있으며, 사례방법은 이러한 문제를 더 악화시킬 수 있다. 내러티브 사례의 독특성이 일반적, 보편적인 이해를 제한하기 때문에 학습자가 일반적 법칙, 원리를 파악하기 어렵다.

다섯째, 사례는 과잉 일반화를 허용할 수 있다. 한 가지 사례가 매우 강력하여 이 사례가 주는 메시지가 금언으로 변형될 수 있다. 이는 사례 기반 교사교육에서 다양한 사례의 활용을 권장하는 이유이기도 하다.

여섯째, 사례방법은 법학대학원, 경영학대학원에서 발달한 것으로 학부과정의 일반교육이 아니라 대학원과정의 전문교육에 적합하다고 볼 수 있다. 또한 교육대학원 과정에서도 사례방법이 성공적으로 활용된 경험이 없기 때문에 교사교육을 위한 사례방법의 타당성과 가능성은 충분히 검토되지 않았다고 할 수 있다.

2) 교사교육에서 사례방법 활용을 위한 과제

교사교육에서 사례방법을 활용하기 위해 고려해야 할 점, 과제는 사례방법의 한계를 제시한 연구들(Merseth, 1991; Shulman, 1992; Sykes & Bird, 1992)에서 직·간접적으로 확인할 수 있다. 이를 여섯 가지로 정리해보면 다음과 같다.

첫째, 교사교육에서 사례 기반 접근의 효과, 타당성에 대한 이론적·실증적인 분석과 연구가 이루어질 필요가 있다. 사익스와 버드(1992)는 교사교육에서 사례방법을 지지하는 입장을 중도적 입장(사례방법은 기존 교사교육에 결여된 지식, 기술, 성격 등을 강화하는 대안)과 대담한 입장(사례방법은 기존과는 다른 교사교육의 새로운 틀과 운영 방식 제시)으로 구분하고 각각의 입장에서 제시하는 사례방법의 타당성을 이론적 근거와 학습 효과에 기초하여 검토할 필요가 있는 것으로 본다. 구체적으로 교사교육에서 사례방법의 설계와 활용(실행) 결과에 대한 분석, 사례 기반 접근과 다른 수업 접근 간 비교, 사례 기반 교육과정과 수업 효과에 영향을 미치는 변인 분석, 사례 지식의 성격, 사례 기반 교사교육과정 구축과 검증, 사례 아이디어를 발전시킬 수 협력 조직에 관한 연구 등을 예로 들 수 있다.

둘째, 교사교육자는 다양하고 복잡한 사례와 해설(commentary)을 활용함으로써 가르치는 일은 판단과 결정을 요구하는 복잡한 일이라는 것을 예비교사들과 소통할 수 있어야 한다. 또한 사례방법은 이론과 실천을 연계하기 위해 교사교육 프로그램의 기초코스와 방법코스 모두에 활용될 수 있다. 교사교육자는 사례방법은 강의나 교과서에 비해 교육내용을 다루는 속도는 늦지만 보다 깊이 있는 토론과 이해를 도모할 수 있다는 점에서 까다로운 이론 학습이나 딜레마, 쟁점, 의사결정, 판단이 필요한 주제 학습에 활용할 수 있다는 점을 이해하고 수업에 이를 적극 활용하려는 노력이 필요하다.

셋째, 설명, 강의식 교수의 경제성과 사례의 상호보완적인 측면을 적절하게 통합할 수 있어야 한다. 교사교육을 전면적으로 사례 기반 접근으로 개편하기보다 원리, 이론과 비유, 우화 사이에서 교사교육에 적합한 적절한 균형점, 지혜를 찾아야 할 것이다. 교사교육에서 사례 기반 접근은 이론과 실천, 강의식 교육과 사례 교육을 균형 있게 통합하고 법학대학원의 소크라테스식 사례방법, 의학대학원의 침대 옆 교육(bedside teaching)과 환자 회진, 사례 컨퍼런스, 경영대학원의 의사결정 실제에 초점을 둔 사례방법 등을 결합하여 교사교육에 적합한 고유한 사례방법을 개발할 필요가 있다.

넷째, 사례방법을 도입하기 위해서는 사례 자료 개발, 사례쓰기와 편집, 교육과정 개발이 이루어져야 하며 이를 위해 한 세대 이상의 노력, 헌신이 요구된다(Shulman, 1992). 도일(1990)은 사례 개발을 위한 자원 투자가 없다면 교사교육에서 사례연구가 정당화될 수 없고 활용되지 않을 것이라 하여 사례 개발의 중요성을 강조하고 있다. 또한 사례쓰기는 내러티브 형식이지만 문화기술지적 사례연구(case study research)와는 다르다는 점에 유의할 필요가 있다. 사례쓰기는 기본적으로 주제 선정, 데이터 수집, 제시(글, 전자매체)를 포함한다(Merseth, 1991: 247). 특히 교수 사례 개발을 위해서는 사례 작성자와 교사교육자 간 소통, 조정이 이루어져야 하며 교사교육자와 현장 교사의 참여가 요구된다. 이 점에서 사익스와 버드(1992)는 교사, 연구자, 교사교육자들이 사례 아이디어를 함께 발전시킬 수 있는 장, 공동체를 만들 것을 제안한다.

다섯째, 사례와 사례방법을 활용한 교사교육을 실행할 교수, 강사에 대한 지원이 필요하다. 하버드 경영대학원은 사례방법 도입 시 교수 지원을 핵심과제로 설정하고 강의 실러버스, 강의 방법 등을 토론하기 위한 정기적인 회의, 기타 수업 지원책을 다양하게 운영하였다. 이러한 지원은 현재에도 지속되고 있다. 사례 교수는 사례 자료-학생, 교수-학생, 학생-학생 등 다양한 차원과 수준의 상호작용이 요구되며 이러한 상호작용은 개념적, 교육적, 사회적, 인지적 수준에서 면밀하게 검토할 필요가 있다. 이를 위해 교수들은 수업 관련 토론 집단(faculty teaching discussion group)을 운영할 수 있을 것이다(Merseth, 1991). 또한 교사교육자들이 사례 기반 교수학습에 대한 연구, 사례 개발을 연구 활동으로 인정하고 적절한 보상을 제공할 필요가 있다.

여섯째, 사례는 직접적인 교육실습보다 학생들이 보다 많은 경험을 할 수 있게 해주며, 학생들이 직접적으로 경험하기 어려운 상황과 딜레마를 접할 수 있는 모의 실습(simulated residencies) 기회로 활용할 수 있다. 이 점에서 사례방법은 더 많은 현장 경험과 통제된 실습 경험 사이의 이상적인 타협이 될 수 있다(Shulman, 1992: 27). 교육실습에 소요되는 조정의 복잡성과 실습 학교 확보, 학교 현장의 여러 가지 제약을 고려할 때, 사례방법은 학생들이 직접적인 경험을 통해서 얻을 수 있는 것보다 상상을 통해서 훨씬 더 많은 상황을 경험하게 해준다.

종합하면, 사례방법은 이론과 실천의 분리, 교사교육의 현장 적합성(이론의 현장 적용) 문제에 대응할 수 있는 새로운 아이디어와 실천을 탐색하는 접근법이라 할 수 있다. 사례방법은 교수와 가르치는 것을 학습하는 것에 대한 새로운 관점에 기초한 것으로 교사교육에서 사례의 정의, 선별, 설계, 분류는 교수에 관한 이론적 지식을 기반으로 한다. 교사교육에서 사례 기반 접근이 발전하기 위해서는 무엇보다 교수에 관한 주요 이론적 지식을 토대로 다양한 사례를 개발, 구축할 수 있어야 할 것이다.

2. 반성적 교수법

가. 반성적 교수의 개념과 반성적 교사

1) 반성적 교수의 개념

반성적 교수(reflective teaching)는 1980년대 이후 교사교육에서 새로운 접근법으로 주목받고 있다. 반성적 교수는 교사교육의 기법이나 방법을 넘어서는 새로운 인식론, 교수 철학으로 이해된다. 반성적 교수의 개념적, 철학적 기반은 듀이(Dewey, 1933)의 반성적 사고(reflective thinking)에서 그 연원을 찾을 수 있다. 오하이오 주립대 대학원생 자격으로 발표한 논문에서 조재식(1995: 107)은 크뤽섕크(Cruickshank, 1987)를 인용하면서 오하이오 주립대학이 듀이의 반성적 사고 개념을 토대로 교사교육 프로그램을 개발, 적용한 것으로 설명하고 있다. 크뤽섕크(1987)는 반성적 교수에 기반한 수업(reflective teaching lesson: RTL)을 제안하고 반성적 교수가 교사양성교육과 현직교육을 향상시키는 데 활용될 수 있다고 제안하였다.

이러한 반성적 교수의 개념은 전문교육의 혁신을 강조하는 쇤(Schön, 1983/2018, 1987)의 연구를 토대로 크게 발전하였다. 특히 서경혜(2005)는 반성적 교사교육의 근원은 듀이가 아니라 쇤(1983)의 반성론에 있으며 반성적 교사교육의 이론적 기반을 제공한 것도 쇤이라 보고 있다. 서경혜(2005: 311)는 듀이의 반성은 과학적 합리적 사고를 쇤의 반성은 실천적 인식을 강조한다는 점에서 듀이와 쇤의 반성 개념은 상이한 것으로 분석하고 있다. 이외에도 반성적 교사교육의 필요성을 강조하는 자이크너(Zeichner, 1983, 1987)의 탐구 지향적 교사교육 패러다임이나 사회재건주의 교사교육 전통(Liston & Zeichner, 1991) 등에서 반성적 교수를 지지하는 입장을 찾아볼 수 있다(박상완, 1998; 박진형, 이병희, 2000).

반성적 교수에서 반성의 개념은 매우 다양한 의미를 가지고 있다. 듀이(1993)에 의하면 반성은 신념이나 지식이 기반하고 있는 근거와 향후 변화 경향을 고려한 관점에서 신념이나 지식에 대해 적극적이고, 지속적이며, 주의 깊게 고려하는 것을 의미한다. 이러한 듀이의 반성 개념에 비추어볼 때 교사들은 학급 내에서 틀에 짜여진 행동을 하거나 전통적이고 권위적인 존재가 되어서는 안 되며 매일 자신의 교수방법과 행동 등 교수 실제에 대해 생각할 수 있어야 한다(조재식, 1995: 113). 이러한 생각은 숀(Schön, 1983/2018)의 행위 속의 반성(reflection-in-action), 행위 이론(theory of action), 행위 속의 앎, 행동지(knowledge-in-action) 등에도 잘 나타나 있다.

숀(1983/2018)의 반성 개념은 이종일(2003)의 연구에서 세밀하게 분석하고 있다. 이에 의하면, 숀(1983)은 앎은 행위 속에서 생겨나는 것이라고 보고, 모든 실행가들의 전문적인 지식은 행위 속에서 반성하는 가운데 형성되는 것으로 본다. 전문가의 지식, 앎은 이론적 차원의 언어적 설명만으로는 충분하지 않다. 전문가는 자신의 분야에서 적합한 행위의 영역을 알기 위해 자신이 한 행위에서 적합도가 맞지 않는 수준을 반성적으로 인식하고 그러한 행위를 반복하지 않아야 한다. 숀은 이것을 행위 중 앎의 순간으로 보았다(이종일, 2003: 12-13). 이러한 행위 속의 반성은 진문가에게 요구되는 능력이다. 전문가는 자신이 일하는 상황에서 제기되는 문제의 틀을 형성하고 재구성할 수 있으며 반성을 통해 자신의 행동을 개선할 수 있는 역량을 지닌 사람이다.

2) 반성적 교사

반성적 교수에서 상정하는 교사의 이미지는 가르치기만 하는 교사가 아닌 교사 스스로 배우면서 성장하는 사람이다(Cruickshank, 1987). 크뤽섕크(1987)는 교사는 교수(teaching)에 대해 평생 학습하는 학생, 전 경력에 걸쳐 학습하는 학생이 되어야 하며 이를 위해 반성적 사고가 필요하다고 본다. 크뤽섕크와 애플게이트(Cruickshank & Applegate, 1981: 553)는 반성은 교사들이 어떤 일이 발생하였는가, 왜 발생하였는가, 목표 달성을 위해 어떤 다른 일을 할 수 있었는가에 대해 생각하도록 돕는 것이라 본다. 반성적 교수는 교사들이 교수에 대한 학생이 되도록 하는 것이다.

반성적 사고를 하는 교사는 나는 지금 교실에서 무엇을 하고 있으며, 왜 이것을 하는가와 같은 '왜'라는 질문을 스스로에게 제기하고, 학생을 위해 진지한 고민을 하는 교사이다. 반성적 교사는 언제나 자신의 목적과 행동에 대해 질문하고 실행과 산출을 모니터하며, 아동에 대한 장·단기적 효과를 반성적으로 고려하여 교육과정과 교수기법을 개발하는 사람을 말한다.

반성적 교사는 자신이 실천가이면서 곧 연구자가 되어 여러 교육이론을 자신의 교실 상황에 맞게 수정, 적용하면서 문제점들을 적극 모색, 해결하는 비판적이고 전문적인 교사상을 추구한다. 또한 반성적 교사는 학교에서 학생들과 생활하면서 자신의 긍정적, 부정적 경험을 통찰할 수 있고, 자신의 행동을 비판하며, 자신의 고정된 사고방식을 새롭게 바꿀 수 있는 교사이다(박진형, 이병희, 2000). 교사교육은 예비교사들이 반성적 교사가 되도록 교육하는 과정이라 할 수 있다.

나. 반성적 교수의 이론적 기초

반성적 교수는 이론과 실제 간의 연계와 통합이 중요한 전문교육 프로그램에서 실제와 유리된 이론적 지식 중심 교육이 이루어진 것에 대한 반성에서 비롯된 것이라 볼 수 있다(장상호, 1999). 이러한 반성적 사고, 반성적 교수 개념은 교육의 내용 및 형식에 있어 기존 실증주의에 기반한 교육을 비판하면서 새로운 지식관을 제안하고 있다. 이러한 입장을 견지하는 대표적인 이론은 숀의 전문가 교육론과 자이크너의 반성적 교사교육을 들 수 있다.

1) 숀의 전문가 교육론: 실증주의 교육에 대한 비판

숀(Schön, 1983/2018, 1987)을 비롯한 실천적 인식론, 반성적 교수를 주장하는 일련의 연구자들은 이론적 지식이 곧 실천에서 응용될 수 있다는 실증주의 인식론을 비판하면서 전문 직업교육을 위한 새로운 인식론적 관점이 필요하다고 주장한다. 숀은 학문적 지식과 직무수행 능력 간에는 직접적인 관련이 있을 것으로 가정하고 있는 실증주의(positivism) 인식론에 비판적인 입장을 취한다. 실증주의 입장에서는 특정 직업에 종사할 사람들이 직무를 능률적으로 수행하기 위해서는 학문적인 지식과 기술을 배워야 하며 지식을 잘 알고 있으면 현장(실무)에서 자연스럽게 응용할 수 있을 것이라고 가정한다. 이러한 지식은 그 분야의 학자나 연구자들이 연구를 통하여 산출해 낸 최근의 지식이다. 교사교육을 비롯하여 대학(원)에 기반을 둔 대부분의 전문 직업교육, 예를 들어 의사, 법률가 교육은 이러한 실증주의에 기초하여 이루어졌다(장상호, 1999).

그러나 숀(1983/2018)은 이러한 실증주의 관점에 토대를 두고 있는 이른바 기술적 합리주의(technical rationality) 모형의 한계를 지적하면서 대학에서 이루어지는 전문교육에 변혁이 필요하다고 주장한다(박상완, 1998). 즉, 전문가는 기술적 합리주의에서 가정하듯이 그 응용 학문에 숙달함으로써 자신의 실천 행위를 개선할 수 있는 것이 아니라 실천(practice) 맥락에서 자신의 문제를 계속적으로 반성(reflection)함으로써 전문적 지식을 획득하고 성장할 수 있다는 것이다.

이때 실천은 불확실하고, 불안정하며, 가치 갈등적 요소가 있으며 가변적이다. 전문가들은 이러한 실천의 문제를, 실증주의에서 가정하듯이, 기존 이론이나 기법을 동원하여 규정하거나 해결하는 것이 아니라 실천의 고유한 특성에 부합하는 새로운 방법을 고안하여 대처한다는 것이다. 전문직 종사자는 이론적 지식이 아닌 실천의 맥락에서 자신의 문제를 고유하게 규정하고 실천해나갈 필요가 있다. 또한 전문가의 행함(doing)과 사고(thinking)는 분리되어 있지 않다. 실천은 반성적 행위를 포함하며 자신의 행위 속에 나타나는 지식의 부적절함을 그때그때 반성함으로써 새로운 지식을 형성하고 발전시켜 나간다.

이러한 쇤(1983/2018)의 실천적 인식론(epistemology of practice)은 실천의 복합성을 인정하고 반성적 사고를 통해 실천을 개선해나가는 교육의 과정을 중시한다. 직업에서 중요한 것은 해당 학문 분야의 최신 지식, 학문적 체험보다는 실천과 이에 관련된 체험과 반성적 사고라는 것이다. 아울러 쇤(1988)은 교사교육에서 반성적 가르침의 코칭(coaching reflective teaching)을 제안하고 있다. 이는 바람직한 교사교육은 미리 주어진 답을 제시하는 식의 가르침을 지양하고 반성적인 실천에 토대를 두어야 하며 교사들은 반성적 가르침을 실천하기 위해 노력해야 한다는 것이다. 이를 위해 예비교사들이 전문직으로서 교직을 수행할 수 있는 특별한 준비과정, 교사교육을 마련할 필요가 있다고 본다.

2) 자이크너의 반성적 교사교육

자이크너(Zeichner, 1986, 1987)는 학문적 이론 중심의 전통적 교사교육은 견습생 모델(apprenticeship model)을 따르고 있다고 비판하면서 이러한 모델은 예비교사의 자기주도적 성장을 무시하고 그들의 전문적 발달을 지원하는 데 실패하고 있다고 지적한다. 자이크너는 교사들에게 반성적 사고는 개인적 의미뿐 아니라 사회적 의미에서 필수적으로 요청된다고 보았다. 즉, 교사교육의 목적은 예비교사들이 자기주도적으로 성장할 수 있도록 하는 것일 뿐 아니라 교육정책 결정에서 중요한 파트너로서 개인적 · 집단적으로 참여할 수 있도록 그에 필요한 기법과 기술을 익히도록 하는 것이다.

이 점에서 자이크너는 교사교육의 명시적 목적 이면에는 해방(liberation)의 메타포가 존재한다고 하였다. 교사가 열정적으로 자기 일의 내용과 과정에 대해 판단하고 학교를 교육적 환경으로 만들기 위해 노력하고 그 방향을 제시할 때, 교사와 학생의 학습은 더 심오해지게 된다. 자이크너는 반성적 교수가 개인의 성장뿐 아니라 사회적 해방의 의미를 함께 지니고 있음을 설명하기 위해 반성의 수준을 세 가지로 구분하고 이를 교사교육에 적용하였다(박진형, 이병희, 2000).

첫째, 기술적 합리성(technical rationality) 수준이다. 이 수준에서 교육목적은 주어진 것으로 받아들이고, 지식의 효과적 전달 및 적용에 주된 관심을 둔다. 또 이 수준에서는 교육목적, 교실, 학교, 공동체, 사회 등의 제도적 맥락에 문제를 제기하지 않는다.

둘째, 교육적 합리성(educational rationality)에 대한 비판적 반성 수준이다. 이 수준에서는 교육 실행 단계에서 그 사태가 함의하고 있는 가정과 전제 조건들을 분명히 하고 행위가 의도하는 교육적 결과들을 평가하는 것이다. 각 행위가 특정한 가치와 연계된 것으로 간주하고 있지만 행위자는 교육적 목적을 수행하기 위한 한 요인에 불과한 것으로 파악한다.

세 번째 수준은 윤리적 합리성(ethical rationality)에 대한 비판적 반성이다. 여기에서는 도덕적, 윤리적 규준을 실제적 행위에 대한 담론과 통합시킨다. 이 수준에서는 정의, 평등 등의 가치를 구현하기 위한 삶의 형태들이 어떻게 교육목적과 교육적 경험 및 행위들에 반영되고 있는지에 대해 문제를 제기한다. 또 현재의 교육 행위가 인간의 필요를 충족시키고 있는지를 반성한다. 이 수준에서 교수와 상황적 맥락들은 사회의 다양한 가능성으로부터 선택된 가치 지향의 문제로 간주된다.

이러한 자이크너의 반성적 교사교육에서 예비교사들은 개인적으로 또는 집단적으로 교실과 학교의 방향을 결정하는 데 중요한 역할을 해야 하고 또 그러한 능력을 갖추도록 준비된다. 반성적 교사교육 프로그램을 이수한 사람들은 자신의 일에 보다 많은 통제권을 갖기 위해 노력하고, 학부모, 행정가, 학생 등과 함께 더욱 민주적으로 조직된 의사결정 구조 속에서 교육정책을 결정하는 데 참여할 것으로 기대된다.

다. 반성적 교수 모형

반성적 교수의 모델은 연구자에 따라 다양하게 제안되고 있다. 여기서는 쇤(1988)과 크뤽섄크와 애플게이트(Cruickshank & Applegate, 1981) 연구를 예시적으로 소개한다.

쇤(1988)은 교사교육에 기반을 둔 반성적 교수 모형을 제시하고 있다. 이 모형은 인지적, 심동적, 정의적 영역을 포함하는 학생의 성장에 초점을 둔 것으로 교사 스스로 자신의 행동에 대해 반성함으로써 교실, 학교 및 사회에서 영향력 있는 사람이 되도록 하는 데 초점이 있다. 쇤의 반성적 교수 모형은 4단계로 구분된다(조재식, 1995: 19-1201). 여기서 교사양성교육(직전교육) 단계는 기본적인 단계로 비연속적으로 진행되는 과정이며 준비단계와 경험단계로 다시 구분된다. 현직교사교육의 과정은 교사로서 실제적이고 계속적인 성장과 발달이 이루어지는 단계로 실행단계와 반성의 단계로 이루어진다(박진형, 이병희, 2000).

첫째, 준비단계. 예비교사들은 다른 사람을 가르치는 것에 관심을 가지고는 있지만 교육의 개념, 교수의 개념 등에 대해 잘 모르는 상태에서 교사교육 프로그램에 참여한다. 대체로 예비교사들은 어린 시절에 그들에게 영향을 준 교사, 멘토, 부모의 영향을 받아 교사양성기관에 입학하게 된다. 교사양성기관에서는 예비교사들의 다양한 흥미와 관심을 충족시킬 수 있는 체계적인 교육 프로그램을 제공한다. 이 과정에서 예비교사들은 교육학, 교과교육학 지식을 습득하고 자신의 흥미와 관심을 확장하고 집중해 가면서 교사로서의 전문적 지식을 습득하게 된다.

둘째, 경험단계. 예비교사들은 교육실습을 통하여 학교 현장에 참여하게 되며 학교에 대한 그들만의 고유한 관점을 형성하게 된다. 이 시기에는 왜 질문을 스스로에게 던져보고 이를 졸업 시까지 지속하며 다른 사람을 이해하고 인정할 수 있도록 먼저 자기관심(self-caring)을 가져야 한다.

셋째, 실행(실험)단계. 예비교사들은 교사가 된 후 그들이 대학에서 배운 방법 및 지식과 자신의 경험을 기초로 학생들을 가르치게 된다. 교사들은 학생을 가르치면서 많은 경험을 쌓게 된다. 이 단계에서 교사들은 자신의 독단을 배제하고 열린 마음으로 왜라는 질문을 통해 자신의 수업 및 교실 상황을 관찰하고 개선하도록 노력한다.

넷째, 반성단계. 반성단계에서 교사는 학생의 성장에 초점을 두고 교실 상황, 교수활동, 개인적 성향 등에 대해 반성한다. 반성을 통해 교사들은 현장에서의 실제적 경험을 재검토하고 자신의 사명감, 사회적 책무성을 되돌아보게 된다. 또한 교사들은 동료교사와의 토론을 통해 지적으로, 사회적으로 동료와의 폭넓은 관계를 형성하게 되고, 사회, 문화, 정치, 경제적 맥락에서 교육을 이해하고, 비판적 안목을 형성하게 된다. 교직이 전문성을 갖기 위해서는 이러한 반성이 필수적으로 요청된다.

크뤽섄크와 애플게이트(Cruickshank & Applegate, 1981: 553-554)는 교사 성장을 위한 전략으로서 반성적 교수 수업(reflective teaching lesson: RTL)이라는 반성적 교수의 4단계 모델을 제시한 바 있다. 여기서 반성적 교수의 첫 단계는 예비교사들을 4~6명 규모의 소집단으로 구분하는 것이다. 각 집단에서 한 명을 교사로 지정하고(지명교사) 나머지 구성원들은 학생이 된다. 두 번째 단계에서는 각 집단의 지명교사들에게 동일한 반성적 교수 레슨(RTL)을 주고 각 집단 구성원들이 협의하여 교수 방법을 계획하도록 한다. 이때 고려할 점은 RTL은 15분 이내로 가르칠 것, 학생들이 교수와 학습에 흥미를 가지도록 할 것, 수업 내용은 독자적인 것으로 구성하되 학습자들이 친숙한 학문적 교과는 아닐 것, 학생들의 학습 성과와 만족도를 평가할 것 등이다.

세 번째 단계에서는 각 집단의 지명교사들이 구성원을 대상으로 가르친다(수업을 한다). 수업은 각 집단별로 동시에 진행되며 한 교실 내에서 구획을 나누어 실시하거나 또는 분리된 교실이나 홀에서 이루어진다. 지명교사들은 각자 자신의 수업 자료를 준비, 제공한다. 지명교사는 수업할 내용을 알지 못하므로 이를 먼저 배우고 나서 그 과정을 가르치기 위해 약 15분을 사용한다. 제한된 시간의 마지막 무렵에 지명교사는 제공된 평가기법이나 도구를 활용하여 학생의 성취와 만족을 평가한다.

네 번째 단계에서 교수에 대한 반성이 이루어진다. 지명교사들은 교수와 학습 과정이 어떠하였는가를 동료들과 개방적으로 토론한다. 먼저 소집단에서 수업에 대해 약 10분간 토론한다. 즉, 내용이 얼마나 어려운지 또는 쉬운지, 수업을 준비할 때 생각한 것은 무엇이었는지, 학습자들이 자신의 성취나 부족한 점에 대해 어떻게 생각하는지, 교사는 학생들이 어떻게 학습에 흥미를 갖도록 했는지 등을 토론한다.

소집단 토론에 이어서 전체 집단이 모여서 다른 질문들에 대해 토론한다. 전체 집단의 반성적 활동에서는 대안적 교수 방법에 대한 토론이 장려된다. 리더는 각 수업이 어떻게 계획되고 가르쳤는지, 각 집단에서 학습과 만족에 기여한 요인은 무엇인지 등을 토론한다. 모든 참여자는 질문을 제기하고 자신의 경험을 기술하고 교수에 대해 반성한다. 또 자신이 새롭게 얻은 통찰을 토대로 경험의 구체적인 내용을 이야기하며 교수의 복잡성과 미묘한 의미를 토론한다.

이러한 반성적 교수는 교사들에게 자신의 교수 행동을 주의 깊게 생각할 시간을 주고 다른 경험 있는 전문가들의 행위를 볼 수 있는 기회를 제공한다. 교사들은 교수에 대한 관심을 새롭게 할 수 있는 의미 있는 탐구 과정에 참여하게 된다. 그 결과 교사들은 교수에 대해 보다 반성적이고 자기 개선에 더 관심을 가지게 된다. 반성적 교수는 교사의 성장을 위한 의미 있는 기회가 될 수 있다.

라. 반성적 교사교육의 한계와 과제

반성적 교사교육은 쇤(1983/2018)이 이론적 기초를 제공한 이래 교사교육의 새로운 접근법으로 주목받고 있다. 반성적 교사교육은 앎과 실천의 상호작용, 즉 반성을 교사교육의 핵심으로 보고 반성을 통한 전문성 개발을 강조한다(서경혜, 2005: 309). 즉, 반성적 교사교육은 반성적 사고, 반성적 교수를 통해 실천적 지식을 구성하고 자신의 실천을 지속적으로 개선하는 반성적 실천가, 개혁자의 육성을 목적으로 하며, 앎과 실천의 상호작용을 강조하는 교육과정, 개인 반성과 교사 간의 협력적 반성을 지원하는 교육방법을 주요 특징으로 한다(서경혜, 2005: 327). 이러한 반성적 교사교육은 예비교사뿐 아니라 현직교사들을 위한 교사교육 프로그램으로 광범위하게 활용되고 있다.

그러나 반성적 교사교육에서 반성적 '사고'만이 지나치게 강조되고, 반성이 실천과 분리되어 반성이 교사가 배워야 할 기술로, 반성적 교사교육은 반성적 사고를 가르치는 프로그램으로 전락하는 문제는 반성적 교사교육의 주요 한계라 할 수 있다(서경혜, 2005: 310, 327). 관련하여 반성적 교사교육에서 반성적 사고와 반성적 실천의 괴리, 앎과 실천의 역동적인 상호작용이 약화되는 문제도 나타나고 있다.

이러한 반성적 교사교육의 문제, 한계를 해소하기 위해 해결해야 할 과제는 다음과 같다. 첫째, 반성적 교사교육에서 반성이 사고로 끝나는 것이 아니라 사고 과정을 통해 실천의 이면에 있는 앎을 표면화하고 비판하고 재구성하고, 재구성한 지식, 앎을 실천에 옮겨 검증하는 과정을 포함하는 것임을 보다 강조, 강화할 필요가 있다(서경혜, 2005: 310). 반성적 교사교육에서 이론과 실제, 앎과 실천이 밀접하게 연계, 통합될 수 있도록 해야 할 것이다.

둘째, 반성적 교사교육에서 예비교사들이 반성적 교수의 특징을 이해하고 현재의 교육 문제에 대해 '반성적으로' 사고하고 또 적극적으로 행동할 수 있는 능력을 기를 수 있도록 다양한 기회를 제공할 필요가 있다. 반성적 사고 능력 함양을 위해 예비교사는 학교교육 상황, 교육 문제의 다양한 측면을 볼 수 있어야 하고, 폭넓은 사회적, 정치적, 도덕적, 경제적 관점을 고려할 수 있어야 한다. 또 대안적인 해결책을 찾고 그 원리를 이해해야 할 것이다. 이를 위해서는 세미나, 저널쓰기, 포트폴리오, 현장 실습 등 다양한 방법을 활용해야 하며, 예비교사들의 반성적 능력을 극대화시키기 위해 이러한 여러 요소, 방법들을 통합할 수 있어야 할 것이다.

셋째, 예비교사들에게 반성적 사고를 안내하기 위해서는 교사교육과정의 재구조화가 필요하다. 비판적 반성 능력을 갖춘 예비교사를 양성하는 것은 반성적 교사교육 프로그램의 핵심적인 임무이다. 예비교사를 위한 반성적 훈련은 교사양성 교육과정을 통해 장기간에 걸쳐 체계적으로 이루어지고 유지되어야 하며, 예비교사들에게 반성적 접근법의 다양한 측면과 연계된 많은 임상적, 실제적 경험을 제공해야 할 것이다.

넷째, 교사교육자들은 반성적 교수의 특징에 대한 충분한 이해, 지식을 갖추어야 하며 교사교육자 스스로 비판적 반성, 반성적 사고력을 갖추어야 할 것이다. 반성적 교사교육은 교사를 지식 적용자, 실행자, 소비자가 아니라 지식 구성자로 본다는 점에서 교사교육자는 교육실천연구자로서 예비교사의 역량을 개발할 수 있어야 할 것이다.

3. 문제 기반 학습

가. 문제 기반 학습의 개념과 발달 배경

1) 개념

문제 기반 학습 또는 문제 중심 학습(Problem-based Learning: 이하 PBL)은 문제를 활용한 학습자 중심의 교수-학습 방법으로 간명하게 정의할 수 있다(Barrows, 1994; 최정임, 장경원, 2011: 14; 오희정, 2017: 101). PBL은 실제 문제의 해결에 초점을 둔다는 점에서 실제(실천) 기반 학습이라 할 수 있다. PBL 수업에 관한 실제적인 내용을 다루고 있는 최정임, 장경원(2011: 131)은 PBL을 '학습자에게 실제적인 문제를 제시하고 제시된 문제를 해결하기 위해 학습자들이 함께 문제해결 방안을 강구하고 개별학습과 협동학습을 통해 공통의 해결안을 마련하는 일련의 과정에서 학습이 이루어지는 학습방법'으로 정의한다. PBL을 교사교육에 활용하고 있는 주요 연구자인 드 시몬(De Simone, 2014: 17)은 학습자들이 목표 지향 탐구에 참여할 기회를 제공하는 학습자 중심 교육 접근(learner-centered pedagogical approach)으로 PBL을 규정하고 있다.

PBL에서 문제를 활용한다는 것은 기존의 주요 이론, 지식으로 구성된 교재, 텍스트 중심에 대비되는 말이며, 학생 중심이라는 것은 교사 중심의 교육에 대비되는 말이라 할 수 있다. 플로라이트와 왓킨스(Plowright & Watkins, 2004)는 의학교육이 아닌 사회사업교육(social work education)에서는 (해결할) 문제가 아니라 탐구가 핵심이라는 점에서 탐구 기반 교육(inquiry-based learning: IBL)이라고 해야 한다고 제안한다. 이는 PBL에서 다루는 문제의 범위와 성격이 다양하고 문제 해결뿐만 아니라 문제에 대한 이해, 분석, 탐구가 중시된다는 점을 부각시킨 것이라 할 수 있다.

국내에서는 학습자 중심 교육, 구성주의 교육이 강조된 1990년대에 PBL이 소개되면서 PBL은 학습자 중심의 구성주의 기반 교수-학습 방법으로 이해되고 있다(최정임, 장경원, 2011, 2015; 강인애 편, 2002). 그러나 이러한 해석은 오해의 여지가 있다. PBL은 구성주의 이론에 비추어 해석할 수 있고 이에 부합하는 접근법이기는 하지만 구성주의를 '이념적 기반으로 발달한' 것이라 하기는 어렵다. 오히려 더피와 커닝햄(Duffy & Cunningham, 1996)이 분석한 바와 같이, 현실적 문제를 해결하기 위한 학습모델로서 PBL은 구성주의라는 인식론적인 흐름과 만나면서 학습자 중심의 학습 모델로 더욱 정교화된 것으로 볼 수 있다(김병찬, 유수현, 2002: 11). 최근 들어 PBL은 21세기 사회에서 요구되는 문제해결력, 협력 등을 강화한다는 점에서 교사교육과 학교교육 모두에서 21세기 교육개혁 요구를 충족할 수 있는 교육적 접근으로 이해되고 있다(최정임, 장경원, 2011; De Simone, 2014).

종합하면, PBL은 실제적 문제를 활용하여 학생 주도 학습을 지원하는 탐구 기반 교수학습 방법, 교육적 접근으로 규정할 수 있다. 이러한 PBL은 문제 해결(problem solving)과는 구분된다. PBL의 학습목표는 직면한 문제를 해결하는 것이 아니며, 문제는 학생들이 자신의 학습 요구를 확인하는 것을 돕기 위해 활용된다. PBL은 학생들이 문제를 이해하고 문제에 관련된 정보를 수집·종합·분석하고, 소집단 구성원, 튜터와 함께 학습하고 이들로부터 학습하는 데 초점을 둔다.

아울러 PBL은 문제를 교육 소재로 한다는 점에서 문제 중심 학습보다는 문제 기반 학습으로 칭하는 것이 더 타당할 것이다. 맥피(McPhee, 2002: 62)가 문제 중심 코스(problem-focused course)와 문제 기반 코스(problem-based course)를 구분하고 있는 바와 같이 문제 중심 코스는 전통적인 학습 기법을 지속하고 이를 통해 학습한 원리를 문제 상황에 적용하는 것인 반면 문제 기반 학습(PBL)은 문제 자체가 학습의 기반을 구성하는 서로 연결된 경험의 망이라 할 수 있다.

2) PBL의 발달 배경

PBL은 전통적인 의사교육의 문제를 개선하기 위해 도입된 새로운 교육 모델, 접근법이다. PBL은 1965년 설립된 캐나다 맥마스터 대학(McMaster University) 의과대학의 대학원과정(MD degree)으로 1969년 처음 도입되었다(Lee & Kwan, 1997: 151). 맥마스터 의대의 초기 PBL 프로그램은 의학교육에서 학생들에게 과도한 내용을 제공하던 교육과정 구조를 벗어나기 위해 개발되었으며 학문 중심의 교과 없이 문제 해결을 강조한 3년 과정의 프로그램으로 구성되었다.

리와 콴(1997)에 의하면, 프로그램의 주요 특징은 세 가지로 정리할 수 있다. 지식 습득과 적용을 위한 주요 방법으로 의료 문제의 분석, 학생들의 독립적이고 평생학습 기술 개발, 5~6명의 학생과 1명의 교수로 구성된 튜터 방식의 소규모 집단(tutorial group) 활용 등이다. 교육과정은 간학문적 블록(단위)으로 구성되며 프로그램 초기부터 임상 기술을 학습하고 마지막 연도에는 다양한 분야의 임상 실습을 거치도록 하였다.

PBL 프로그램은 1983년 크게 개정되었다. 이는 새로운 의학지식을 통합하고 프로그램 목적을 보다 명확하게 규정하여 학생 평가 체제를 개선하고 학생들이 자신의 공부 기간과 범위를 보다 유연하게 조직하기 위한 것이었다(Lee & Kwan, 1997: 151). PBL 프로그램은 계속 개선, 보완되고 있으며 현재에도 맥마스터 의대의 대학원과정은 자기주도적 학습과 함께 PBL을 주요 교육방법으로 활용하고 있다.[33)]

맥마스터 의과대학에서 개발한 PBL 프로그램의 핵심 개념은 '맥마스터 철학(McMaster Philosophy)'으로 표현된다(Neufeld & Barrows, 1974). 이는 개별 학생-의사(student-physician)에게 초점을 둔 것으로 의대 교수들은 당시 의학교육 프로그램의 사실적 지식 체계는 불완전하고 불필요한 것이라고 보고 학생들이 데이터를 다루고, 문제를 인식하고 규정하며, 해결책을 평가할 수 있는 능력을 중요하게 생각하였다(Neufeld & Barrows, 1974: 1040).

초기 PBL 교육 프로그램은 자기주도 학습, 문제 기반 학습, 소집단 학습, 학습 자원의 효율적 활용, 진단적 평가, 통합적 학습, 교수 책임(헌신) 등 일곱 가지로 구성되었다. 노이펠트와 바로우(1974)가 지적한 바와 같이 각 프로그램 요소들은 전적으로 새로운 것은 아니다. 맥마스터 의대교육의 특징적인 점은 이러한 아이디어를 단일의 통합된 접근으로(PBL로) 구성하고 이 아이디어가 잘 발전할 수 있도록 행정적인 지원 체계를 만들었다는 데 있다(Neufeld & Barrows, 1974: 1041).

맥마스터 의과대학의 PBL 개발을 주도한 교수로서 바로우(Barrows)는 1970년대부터 맥마스터 대학의 의학교육 철학, PBL의 주요 내용을 소개하는 다양한 글을 발표하였다(Neufeld & Barrows, 1974; Barrows & Tamblyn, 1980; Barrows, 1994). 이후 PBL은 기존 의과대학 교육의 문제점을 개선하기 위한 주요 교수-학습방법, 모델로 타 의과대학으로, 나아가 법학, 경영학, 간호학 등 다양한 분야로 확산되었다.

교사교육에서 PBL은 1980년대 이후 발달하였으며 맥마스터 의대와 같이 교육 프로그램을 PBL 접근으로 전면적으로 개편한 것은 아니지만 직전교육뿐 아니라 현직교육에서도 부분적으로 활용되고 있다(De Simone, 2014: 17). 미국 럿거스 대학교(Rutgers University), 위스콘신 대학교(University of Wisconsin), 캐나다 브리티시 컬럼비아 대학(University of British Columbia: 이하 UBC)의 교사교육에서 PBL을 활용하였다(De Simone, 2014: 18).[34] 영국 글래스고 대학의 교사양성교육에서 PBL 활용 사례는 맥피(McPhee, 2002)의 연구에서 확인해볼 수 있다.[35] 우리나라 교사양성교육에서도 개별 교수들을 중심으로 PBL이 활용되고 있고(예: 오희정, 2017), 현직교육에서도 적용되고 있다(예: 김병찬, 유수현, 2002).[36]

PBL이 오늘날 의학교육뿐 아니라 다양한 전문교육 분야로, 그리고 초중등교육과 대학교육에서도 널리 활용되고 있는 것은 실제 문제 기반, 학습자 중심, 자기주도적 학습, 소집단 협력학습 등 PBL이 강조하는 교육적 접근의 보편성 때문이라 할 수 있다. 교육 분야에서 PBL은 지식의 구성과 학습자 중심의 학습을 강조하는 구성주의 관점, 계속적인 자기주도적 학습을 강조하는 평생교육(학습) 관점 등 다양한 관점에서 이해되고 있다. 또한 실제 '문제'에 기반을 둔다는 점에서 PBL은 이론과 실제의 연계, 통합을 위한 교사교육 관점에서도 새로운 접근으로 이해되고 있다.

나. 문제 기반 학습의 특징 및 교사교육에서 PBL 접근의 의의

1) 문제 기반 학습의 특징

PBL은 학문 계열에 따라 조직된 이론, 지식을 학습하는 대신 '문제'에 기초하여 학습이 구성되고 이루어진다는 점에서 새로운 교수학습 방법, 교육 접근으로 이해된다. PBL은 실제적이고, 구체적인 현장의 문제를 중심으로 학습이 이루어진다는 점, 교수 중심이 아닌 학습자 중심이라는 점, 교수의 역할이 지식의 전달보다는 학습자들의 지식구성 촉진에 주목한다는 점, 협동학습과 자기주도적 학습을 주요 학습방법으로 한다는 특징이 있다(김병찬, 유수현, 2002).

이러한 PBL의 특징은 기본적으로 전통적인 강의식 수업과의 차이, 학습의 기반이 되는 '문제'의 성격, PBL 교육과정의 구성 등에서 도출해볼 수 있다. PBL 관련 연구를 토대로 PBL의 특징을 정리하면 다음과 같다.

첫째, 문제를 기반으로 학습이 이루어진다. 여기서 문제는 문제 기반 사례

(De Simone, 2014), 환자 기반 사례(맥마스터 의과대학) 등으로 부르기도 한다. 최근에는 각 문제(사례)와 함께 문제를 통해 학습해야 할 학습목표를 명시하고 학생들이 학습할 내용과 내용 영역에서 학생의 강점과 약점을 확인할 수 있는 기회를 제공한다(예: 맥마스터 의과대학 PBL). PBL에서 다루는 문제는 학습자들이 다양한 주제 및 개념을 탐색할 수 있게 하며, 하나의 정답이 제시되는 구조화된 문제가 아니라 다양한 대안과 방법, 해결책을 생각해볼 수 있는 비 구조화된 문제이다(최정임, 장경원, 2011: 18-19). 또한 문제해결학습(PBL)과 문제해결력(problem solving ability)은 구분된다. PBL은 학습의 출발점으로서 문제를 활용하는 학습의 과정이며, 문제해결 능력, 문제해결 기술(problem solving skill: PSS)은 문제 해결을 위해 습득한 지식을 적용하는 것이라 할 수 있다(Lee & Kwan, 1997: 154).

둘째, PBL은 개별학습뿐만 아니라 소집단 학습, 튜터 학습을 중요한 요소로 포함하고 있다. 소집단은 대체로 5~8명으로 구성되며 집단별로 1명의 튜터를 배정하게 된다. 전통적인 튜터 방식은 지식과 권위를 가지고 있는 교사가 대부분의 질문에 답을 제시하는 등 핵심적인 역할을 하지만 PBL의 소집단 학습에서 튜터는 학생의 학습 과정을 지원하고 촉진하는 역할을 한다. 이 점에서 PBL의 교수, 튜터는 촉진자, 퍼실리테이터로 불린다. 효과적인 튜터가 되기 위해 튜터가 내용 전문가가 되어야 하는 것은 아니다(Lee & Kwan, 1997: 153).

셋째, PBL은 학생 중심 학습, 자기주도적 학습을 통해 새로운 지식을 배운다. PBL에서 학습은 학습 동기, 내용, 방법 면에서 교수가 아니라 학생이 주체적으로 참여하여 이루어진다. 학습자는 자신이 경험하지 못한 독특한 문제나 상황에 적응하기 위해 새로운 지식을 습득해야 하며, 자신의 지식과 기능에 부족한 점을 확인하고 계속적으로 학습하는 자기주도적 학습을 할 것으로 기대된다. 자기주도적 학습을 통해 학생들은 자신의 교육에 보다 적극적이며 자신의 관심, 흥미를 탐색하는 기회를 가질 수 있다.

넷째, PBL에서 교수는 지식 전달자가 아니라 학습 촉진자의 역할을 한다. 소집단 튜터 학습이 이루어지는 PBL에서 교사는 강의를 통해 지식을 전달하는 것이 아니라 학생들이 문제를 이해·분석하고 관련 지식·정보를 수집, 종합할 수 있도록 지원·촉진하는 촉진자, 튜터의 역할을 한다. 촉진자는 개방적이고 복잡한 질문의 활용을 통해서 학생들이 고차적인 사고 기술을 개발하도록 지원하고 소집단 내 모든 학생들이 자신의 생각을 정당화하고 서로의 아이디어를 토론하도록 격려한다. 튜터는 수업을 담당하는 교사가 될 수도 있고 별도의 수업 지원자, 보조자가 맡을 수도 있다.

2) 교사교육에서 PBL 접근의 의의

교사교육에서 PBL은 1980년대 이후 개별 교수 중심으로 활용되기 시작하였으며 일부 대학(예: UBC)의 교사교육 프로그램에 PBL이 적용되고 있다. 교사교육에서 PBL 접근은 가르치는 일의 복잡성, 동료와의 협력이 요구되는 교직 사회의 특성, 교수와 학습에 대한 구성주의 접근 등 다양한 근거에서 지지되고 있다. 교사교육에서 PBL 접근의 의의, 근거는 드 시몬(2014: 17)이 세 가지로 잘 요약하고 있다.

첫째, 학교 현장에서 교사들은 다른 동료, 학부모, 학생 등과 협력해서 다양한 교육 문제, 쟁점을 검토, 토론하고 해결할 것으로 기대되고 있다. 교사는 점차 혼자 일하기보다 동료, 다양한 이해관계자와 협력에서 일할 필요가 있으며 이러한 요구는 더 커지고 있다. PBL의 소집단 학습, 튜터 체제는 예비교사들이 학급 상황이나 교직 관련 주요 문제, 쟁점을 이해·분석하고 문제 해결을 위해 협력학습, 집단학습을 수행하고 다양한 관점을 조정하여 최종 해결책을 도출하는 과정을 경험할 기회를 제공한다.

둘째, 교육환경, 교육정책, 제도의 변화, 새로운 교육학 지식의 발달로 교사는 전 교직 생애 동안 자기주도적 학습자, 평생학습자가 될 것으로 요구되고 있다. 학생 중심, 자기주도적 학습을 기반으로 하는 PBL은 예비교사들이 새로운 지식을 스스로 탐색, 학습할 수 있는 능력을 개발할 뿐 아니라 교사로서 학생들의 자기주도적 학습을 지원하고 촉진할 수 있는 전문성을 함양하는 데 기여할 수 있다.

셋째, 최근 문제해결력, 소통, 협력 등 새로운 교육개혁 요구에 교사들이 적응하는 것을 지원하기 위해 보다 종합적인 교육학적 틀(comprehensive pedagogical framework)이 요구되며 PBL은 이러한 요구에 부합한다. PBL의 소집단 학습 과정을 통해 예비교사들은 실제적인 문제, 쟁점을 토대로 문제해결력, 협력학습, 의사소통 능력을 배양할 수 있다.

다. 교사교육에서 문제 기반 학습 활용의 한계와 과제

1) PBL 활용의 한계

PBL은 학습자 중심의 실천적인 접근을 주요 특징으로 한다. PBL은 다양한 학문 분야에서 새로운 교육적 접근으로 활용되고 있으나 여러 가지 쟁점과 한계점도 제시되고 있다. 맥피(2002: 62-64)와 드 시몬(2014: 22-23)은 교사교육에서 PBL 활용과 관련한 실제적인 도전과 딜레마를 제시하고 있는데 이는 다섯 가지로 정리해볼 수 있다.

첫째, PBL은 개별 교사교육 코스의 기반이 되는 방법론으로서 기존의 교사교육 코스에 부가되는 것이 아니라 전체적인 접근으로 이해된다. PBL의 이러한 성격, 특성은 다양한 학문으로 분화, 구성되어 있는 교사교육에서 교육과정을 통합하고 학생들이 이를 통합적으로 이해하도록 하는 데 어려움이 있다. 이러한 통합적 접근은 의학교육에는 적합할지 모르지만 교사교육에는 적용되기 어렵다는 것이다. 교사교육 과목을 담당하는 교수는 서로 다른 단과대학이나 학과에 소속되어 있으며 교육실습은 대학이 아니라 학교, 교육청 주도 하에 이루어진다. 이러한 교사양성 교육과정의 분절적인 구조로 인해 의사교육과 같이 전체 교사교육과정에 PBL을 도입하거나 교사교육과목을 통합적으로 운영하기는 어렵다는 것이다.

둘째, PBL의 발달 맥락에서 볼 때에도 교사교육에서 PBL이 활용되는 데 한계가 있다. PBL은 보건, 의료 분야에서 발달되었으며 이들 분야는 서로 유사성이 있고 해결해야 할 문제, 딜레마가 상대적으로 명확하다. 또 의사교육과 교사교육은 모두 인간을 돌보고 인간의 전인 발달, 복지에 관심을 두고 있지만 의사교육은 자연과학의 탐구 과정을 통해 수집된 정보, 지식, 이론 등 객관적·과학적 지식(법칙)에 기반을 두고 있는 반면 교사교육의 기반이 되는 지식, 이론은 엄밀한 법칙이라기보다는 다소 주관적이다. 또한 의사교육에서 문제를 규정하는 것이 용이한 반면 교사교육은 문제화하기 어렵다. 교사교육에서는 문제보다 쟁점이나 주제를 주로 다루게 된다.

셋째, 개인에 대한 사례연구 활용에 있어 PBL이 적합한 의사교육과 교사교육은 많은 차이가 있다. 의사교육과 교사교육에서 전문 실천가-환자 관계는 규모와 성격 면에서 다르다. 교사는 한 명의 학생이 아니라 학생 집단을 상대하게 되며 학생의 삶 전반에 큰 영향을 미치게 된다. 교사교육 PBL에서 다루는 문제, 학습의 범위는 성격상 광범위하다. 또한 PBL 활용 시 학생평가는 소집단 활동, 협력 활동에 대해 이루어진다. 개별 평가가 불가능한 것은 아니지만 개인적 성취로 규정되는 역량을 기록, 증명하기 어려우며, 이는 교사교육에서 PBL을 도입하는 데 장애가 된다.

넷째, PBL은 자원 집약적(Resource Intensiveness)이다. 교사교육에 PBL을 도입하기 위해서는 교사교육 계획, 교육과정, 평가 등에서 변화가 요구된다. 즉, PBL 문제(사례)의 선별, 교사교육 내용과 사례 조율, 사례 평가 등을 포함하여 교육과정을 통합적으로 재구성할 필요가 있으며, PBL 코스 실행과 설계를 위해 상당한 시간과 노력이 요구된다. 또한 대규모 강의에서 PBL을 활용할 경우 촉진자 역할을 할 튜터 등 추가 자원이 요구된다. 이는 교사교육에서 PBL 적용을 저해하는 현실적 제약이라 할 수 있다.

다섯째, 실행 감소(Implementation Dip) 효과를 들 수 있다. 이는 새로운 방법을 시도할 경우 새로운 요구로 인해 현재 교사교육 상황이 더 악화될 수 있음을 말한다. PBL과 같이 새로운 기술, 이해를 요구하는 혁신을 처음 접하는 예비교사나 교수들은 이를 환영하기보다 더 많은 지침을 필요로 하고 다른 구성원과 협력하는 데 어려움을 겪을 수 있다. 새로운 방법, 변화를 실행하고자 할 경우 교수나 학생들에게 구체적인 이점, 이익이 있어야 하며, 지속성, 효과를 보여줄 수 있어야 한다. 선행연구에서 PBL의 효과를 제시하고 있지만 소규모 사례연구에 기초한 것이라는 한계가 있으며, 요구되는 자원(시간, 노력 등)과 비교할 수 있어야 할 것이다.

2) 교사교육에서 PBL 활용을 위한 과제

교사교육에서 PBL은 다양한 수준에서 활용될 수 있다. 드 시몬(2014)은 PBL이 실행되는 수준을 전체 교수들이 PBL을 실행하는 경우, PBL 코호트 실행, 기관 간 PBL 실행, 개인 또는 소규모 실행 등 네 가지로 구분한 바 있다. 전체 교수들이 PBL을 실행하는 경우는 PBL을 처음 도입한 맥마스터 의대 사례, PBL 코호트 실행은 UBC의 초등 교사교육 프로그램을 예로 들 수 있다. 우리나라에서 PBL 접근은 대부분 개인 수준에서 실행된 것이라 할 수 있다. 기관 간 PBL 실행은 PBL 사례 개발과 설계, 자원 공유 등을 위해 검토해볼 수 있다. 교사교육에서 PBL 실행 수준에 따라 검토해야 할 과제도 달라진다고 할 수 있다.

선행연구를 토대로 교사교육에서 PBL 활용을 위한 과제는 네 가지로 정리할 수 있다. 첫째, 교사교육에서 PBL 문제의 개념과 범위의 명료화와 문제 개발을 위한 지원이 요구된다. 맥피(2002)가 지적한 바와 의학교육에서 문제에 초점을 두는 것은 적절하겠지만 교사교육에서 이는 부정적이고 결핍 기반 접근으로 이해된다. 교사교육에서 다루는 아동 발달, 학습은 문제(problem)가 아니라 쟁점, 주제라 볼 수 있으며 탐구에 초점을 두는 것이 보다 적절할 것이다. 이 점에서 플로라이트와 왓킨스(Plowright & Watkins, 2004)는 PBL을 탐구 기반 학습이라고 할 것을 제안한다. 교사교육에서 PBL은 문제가 아니라 교사의 관심(concerns), 핵심 실천(core practice) 등 특정 사례(PBL 사례)를 기반으로 운영될 수 있으며 이때 PBL과 사례방법은 밀접하게 연계될 수 있다.

둘째, 교사교육에서 PBL 접근을 도입하기 위해서는 정부의 교원자격기준 요건을 충족하고 교사 임용 등에서도 성공적인 결과를 보여줄 수 있어야 할 것이다. 맥마스터 의대에서 PBL을 도입하였을 때에도 국가자격시험에서 일정한 성과를 보여주는 것이 주요 과제가 되었으며, 이에 따라 일부 새로운 프로그램이 도입되기도 하였다(Lee & Kwan, 1997). 교사교육에서 PBL을 도입하기 위해서는 교사교육과 관련된 다양한 제도적인 요구에 PBL 접근이 부응할 수 있는지를 검토해야 할 것이며 이에 기초하여 교사교육과정을 구성할 필요가 있다.

셋째, 교사교육에서 PBL 코스 개발, 구축을 위한 자원을 확보하고 다양한 전공 분야 간 협력이 요구된다. PBL은 교수 개인 수준, 일부 프로그램 수준, 교사교육 프로그램 전반에 적용해볼 수 있다. 교수 개인 수준을 벗어나 보다 광범위하게 PBL을 활용하기 위해서는 교수를 비롯하여 다양한 이해관계자의 지원과 협력이 요구된다. 다양한 전공 분야 교수 간 상호지원과 상호작용이 이루어져야 하며, 이를 위해서는 대학 차원에서 필요한 환경, 자원을 제공할 수 있어야 할 것이다. 또한 PBL에서 활용할 문제(사례) 개발과 관련 수업 자료 개발·보급, PBL 수업 효과에 대한 실증적인 검증과 홍보 등이 요구된다. 이는 모두 상당한 자원과 시간을 요하는 일이다.

넷째, PBL 활용을 위한 교수, 강사, 튜터 등을 대상으로 한 연수와 이에 대한 비용(staff development costs)을 확보, 지원할 필요가 있다. PBL은 소집단 학습을 필수 요소로 포함하고 있으며, PBL을 실행할 교수와 강사의 시간, 노력을 확보하고 이에 대한 보상이 제공되어야 할 것이다. 아울러, 창의적인 시간표 구성과 공간 확보 등도 요구된다. 대학 입장에서는 이러한 비용을 부담할 가치가 있는지 평가해야 할 것이다. PBL은 현실의 다양한 측면에서 발생하는 교수 상황을 기반으로 예비교사들이 소집단 속에서 협력할 수 있는 발전적인 맥락을 제공할 수 있다는 점에서 의의가 있다.

4. 소결

이 장은 교사교육에서 이론과 실제의 연계, 통합을 실현하기 위한 방법론으로서 사례방법, 반성적 교수법, 문제 기반 학습 등 세 가지를 검토하였다. 사례방법은 하버드대학 로스쿨에서 처음 개발된 이후 의과대학, 경영대학에서 주요 교육 방법론으로 발전해왔다. 교사교육에서 사례방법은 1920년대 처음 시도되었으나 성공적으로 발전하지는 못하였다. 교사교육에서 사례방법의 활용을 위해서는 교수에 활용할 다양한 사례 개발과 교사교육자의 교수 능력을 개발하는 것이 중요한 과제라 할 수 있다.

반성적 교사교육, 반성적 교수법은 듀이의 반성적 사고에서 개념적, 철학적 연원을 찾을 수 있으며, 특히 쇤의 반성적 실천가, 행위 속의 반성 등의 개념은 교사교육에서 '반성'이 다양한 맥락에서 광범위하게 활용되는 기반을 제공했다고 할 수 있다. 반성적 교수는 실제와 유리된 이론적 지식 중심의 전문교육을 반성하고 이론과 실제 간의 연계와 통합을 지향하는 새로운 교사교육 접근법이라 할 수 있다.

문제 기반 학습은 캐나다 맥마스터 의과대학에서 1960년대 말 처음 개발되었으며 이후 간호학, 경영학, 사회복지 등 다양한 분야에서 활용되고 있다. 문제 기반 학습은 문제를 중심으로 한 '학습'에 초점이 있다는 점에서 문제해결 능력을 개발하는 것과는 차이가 있다. 사례방법과 마찬가지로 문제 기반 학습에서 교수에 활용할 문제 개발 및 구성, 교사교육자의 교수 능력 개발 등이 주요 과제가 되고 있다.

이 장에서 검토한 세 가지 교사교육 접근법은 문제 기반 학습에 대해 맥피(2002: 73)가 제기한 바와 같이 교사교육을 위한 새로운 미래를 제시하는가, 괜찮아 보이지만 가망 없는 일(blind alley)인가, 지나가는 유행인가? 현 시점에서 이 질문에 답하기는 어려울 것이다. 사실 우리나라에서는 이 세 가지 교사교육 방법을 제대로 시도해본 적도 없다고 할 수 있다. 교사교육 접근, 방법이 적용 가능한지 여부는 실지로 시도해봄으로써 시행착오를 통해서만 확인할 수 있을 것이다. 이러한 시도를 하지 않는다면 교사교육은 다른 전문직에 비해 교육의 질과 방법론에서 계속 뒤처지게 될 것이다. 사례방법, 문제 기반 학습을 발전시켜 온 의사교육, 법률가 교육에서도 전문교육의 질과 성과를 높이기 위한 다양한 시도가 계속되고 있다. 교사교육에서 이론과 실천의 연계, 통합을 위한 교사교육 방법 개발과 개선 노력은 지속되어야 할 것이다.

제17장 결론: 교사교육의 재설계

교사와 교사교육의 미래를 재설계해보는 것으로 이 책을 마무리하고자 한다. 오늘날 교육의 변화는 피할 수 없는 것으로 보인다. 미래 사회 변화에 따른 교육, 학교, 교사의 역할 변화에 대해 끊임없는 논의가 이루어지고 있다. 그러나 변화의 방향과 구체적인 내용은 분명하지 않고 이에 대한 사회적 합의는 부족하다. 미래의 교사와 교사교육은 어떻게 변화되어야 할 것인가? 무엇을 어떻게 바꾸어야 할 것인가? 동시에 무엇을 유지하고 보다 강화해야 할 것인가?

교육, 학교, 교사 변화에 대한 요구와 논의는 많지만 그에 비해 학교 현실과 교사에 관한 정확한 정보와 이해는 부족하다. 이러한 상황에서 학교, 교사를 대대적으로 변화시키려는 노력은 기대한 성과를 거두기 어렵다. 또한 이론적, 관념적으로 가능한 것과 실제 변화 가능한 것을 구분할 필요가 있다. 변화 가능성과 실제의 괴리는 교육 변화 논의에서 계속적으로 문제가 되어 왔다. 다양한 대안과 요구가 제기되고 있다는 것만으로 변화가 자동적으로 일어날 것이라 기대하기는 어렵다(Lortie, 1975/2017: 377). 변화 가능성이 실제 변화로 이어지기 위해서는 현실에 대한 이해와 체계적이고 구체적인 변화 계획, 구상이 필요하다(Fullan, 2016/2017).

교사와 교사교육에 관한 다양한 주제를 탐색한 이 책의 마지막 장에서는 사회 변화 요구에 대응하여 교사교육을 재설계하기 위한 미래 방향과 과제를 제안한다. 이는 교사교육의 질을 높이고 전문교육으로서 교사교육의 위상을 강화하기 위해 이 분야 전문가와 실천가들이 지속적으로 협의하고 발전시켜 나가야 할 잠정적인 안이다. 로티(Lortie, 1975/2017)가 자신의 책 서문에서 언급하였듯이 연구자가 제시하는 실천에 관한 제안이나 시사점은 사변적일 수밖에 없고 개인적 가치나 선호에 기반을 두게 된다. 의견으로서 생각은 과학적 타당성은 부족하지만 새로운 사고와 아이디어를 자극하고 활발한 토론을 이끌어 낼 수 있다는 점에서 의의가 있다. 이러한 생각의 실천은 교사와 교사교육을 개선하려는 사람들에 의해 현장 속에서 이루어져야 할 것이다.

1. 교사교육 재설계의 필요성

가. 사회 패러다임과 교사교육 환경의 변화

우리나라 교사양성교육은 1945년 해방 이후 사범학교(초등)와 사범대학(중심)을 중심으로 발전해왔다(7장 참고). 초·중등교육의 양적 확대 과정에서 사범학교에서 발전한 교육대학교와 사범대학은 질적으로 우수한 교사를 안정적으로 확보하고 교육함으로써 우리나라 공교육 발전에 기여해왔다. 1960~80년대에 걸쳐 교사양성체제는 교육대학교, 일반대학 교직과정, 일반대학 교육학과, 교육대학원으로 다원화되었지만 교사양성교육의 내용과 방법이 크게 변화된 것은 아니다.

1990년대 이후 세계화, 지식정보화 사회의 도래와 함께 창의·융합형 인재 육성이 중요한 과제가 되면서 새로운 사회 변화에 맞는 교사교육체제 변화, 교사양성 교육과정 변화가 요구되어 왔다. 보다 최근에는 지식정보화사회, 지능정보사회, 4차 산업혁명, 코로나바이러스감염증-19 (COVID-19) 등 기존 산업사회에 기초한 사회·경제적 패러다임이 변화하고 있고 이는 보다 급격한 교사교육 체제와 내용 개선을 요구하는 새로운 요인이 되고 있다.

사회는 늘 역동적으로 변화하고 있다. 사회 변화에 따른 교육의 변화와 이에 부합하는 교사교육 체제 개발과 프로그램 개선에 대한 요구는 늘 제기되어 왔다. 사회 변화에 따라 새롭게 요구되는 교사의 역할, 교사의 자질과 역량을 개발하기 위해서는 그에 맞는 교사교육의 방향과 철학의 정립 등 교사교육 재설계가 요구된다.

나. 교사교육의 질과 전문화 수준의 한계

우리나라 교사양성교육은 4년제 대학(학부)과정과 교육대학원 체제의 병존, 초등(폐쇄제)과 중등(개방제) 교사양성체제의 분리를 주요 특징으로 하고 있다. 1980년대 이후 유럽의 주요 국가(핀란드, 독일, 프랑스 등)와 영미권에서 석사과정 수준으로 교사교육을 고도화, 전문화시키고 있지만 우리나라 교사교육은 해방 후부터 현재까지 4년제 대학 수준을 유지하고 있다. 일부 교육대학원에서 교사양성 프로그램이 제공되고 있지만 이는 1970년대 고등교육의 양적 확대를 위해 발달한 제도로 교사교육의 질적 수준을 높이고 전문화를 지향한 것이라 하기는 어렵다.

교사교육의 내용 면에서도 전문교육 프로그램으로서 체계화는 부족하다. 법률가 교육, 의사교육에서 사례방법, 문제 기반 학습 등 독자적인 교육방법, 프로그램이 개발된 것에 비해(17장 참고) 교사교육에 고유한 방법은 정립되지 못하였다. 또한 우리나라에서 교사자격인정은 전문성 기준(professional standards)이 아니라 교육부에서 정한 전공과목과 교직과목 이수학점에 기초하여 이루어지고 있다. 사토마나부(2015/2018: 38-39)는 이를 '면허장주의'라 규정하고 있다. 면허장주의에서 교사교육과정과 자격인정은 정부가 정한 면허 과목에 의해 관료적으로 통제된다. 교사양성교육의 질은 프로그램의 내용과 방법이 아니라 이수과목과 학점 수 충족 여부로 판단된다.

아울러, 우리나라에서는 교사교육 프로그램을 담당하는 세 주체 즉, 교과내용과목, 교과교육과목, 교직과목 담당 교수 간 협력보다는 견제와 갈등이 상존한다. 이는 일본에서 전문학부(전공교육), 교양교육, 교사교육 지향 교수 세력이 분열되어 있는 점과 유사하다(사토마나부, 2015/2018: 37). 세부 내용은 차이가 있지만 교사교육 관련 세 주체 간 긴장과 대립이 교사교육의 발전과 전문화를 저해하고 있는 양상은 유사하다.

교과내용과목 담당 교수는 순수 학문 전공자이며 이들은 대체로 교사교육보다는 전공 학문 연구와 교수에 관심을 두고 있다. 교과교육과목과 교직과목 담당 교수는 교육학 배경을 가진 교수들로 일부 학문적 기반을 일부 공유하고 있지만 교사양성 교육과정 구성과 이수학점수 분배를 둘러싸고 상호협력적 관계라기보다 견제와 갈등 관계에 있다. 교과교육 담당 교수들은 교사양성 교육과정 내에서 교과교육과목의 비중을 확대하기 위해 교직과목을 축소하려는 입장을 취하고 있다. 이는 일부 사범대학에서 두드러진 현상일 수 있지만 교사교육 내용과 방법의 전문화, 교사교육을 독자적인 전공, 학문 분야로 발전시키는 것을 저해하는 행태라 할 수 있다.

교사교육을 대학(원)교육에 부합하는 학문 수준과 전문교육으로 보다 발전시키기 위해서는 세 주체 간 대립과 갈등을 극복하고 교사교육의 내용과 방법을 새롭게 개편할 필요가 있다. 아울러 교육실습으로 한정되어 있는 학교 현장과의 연계를 보다 강화함으로써 이론과 실제를 통합한 전문교육이 요구된다. 대학의 규모 확장과 학생 충원을 위한 목적으로 운영되는 교사양성과정이 아니라 질적으로 우수한 전문교육을 제공하고 교사교육을 학문적, 실천적으로 보다 발전시키려는 사명에 기초하여 교사교육을 재설계할 필요가 있다.

다. 교직 선호도는 높으나 만족도는 저조한 교직 현실

우리나라 교사의 질은 OECD 국가 중에서도 최고 수준을 유지하고 있다. 핀란드의 교사와 교사교육이 우수하다고 하지만 우리나라 교사의 수준도 그에 못지않다. 그러나 사회 전반의 학력 수준이 높아지고 사교육의 영향이 커지면서 공교육을 담당하는 교사의 역할과 위상은 점차 위축되고 있다. 사교육의 영향이 큰 지역과 고등학교 수준에서 이러한 경향은 더하다고 볼 수 있다.

이에 따라 우리나라는 교직 선호도는 높지만 정작 교직에 있는 교사의 만족도는 낮은 아이러니한 현상이 나타나고 있다. 교직 선호도마저 직업 안정성 때문이며 교직이 미래의 유망 직업이기 때문은 아니라는 언론보도도 있다(경남일보, 2019.6.11.). 교사의 교직 만족도 저하는 2000년대 말부터 두드러지게 나타나고 있다. 2012년 5월 한국교원단체총연합회가 실시한 전국 초·중·고 교사 대상 온라인 조사에 의하면 교직 만족도와 사기가 떨어졌다는 응답 비율은 80%였다. 이 비율은 2009년 55.3%, 2010년 63.4%, 2011년 79.5%로 4년간 계속해서 떨어진 것이다. 교직 만족도 하락의 주된 이유는 학생 생활지도의 어려움,

교사의 권위를 인정하지 않는 학부모의 태도, 교직에 대한 사회적 비난 여론, 교과지도 및 잡무의 어려움 등에서 찾을 수 있다(한국경제신문, 2012. 5. 15.).

교직 만족도 저하는 명예퇴직 희망자 증가에서도 확인할 수 있다. 교직에서 명예퇴직은 2000년대 말부터 증가하는 경향을 보이고 있다. 김성기(2012: 11)는 한국교육개발원의 이메일링 시스템을 활용한 설문조사를 토대로 초·중등 교원의 명예퇴직 이유를 분석하였는데 교직 업무 곤란도(50.9%), 건강(6.5%), 금전적 고려(6.2%)와 학부모 관계(6.2%), 교원 간 인간관계(5.4%) 등이 주된 이유로 나타났다. 교단을 떠나는 명예퇴직 교사 증가 현상은 2020년 현재에도 지속되고 있다(KBS 뉴스, 2020.6.29.).

현직 교사들의 교직 만족도, 사기, 효능감 저하는 다양한 요인에 기인한다. 이는 학교, 교사 개인의 노력, 교사교육 개선으로 해소할 수 없는 구조적인 문제일 수 있다. 그럼에도 불구하고 교사양성교육 단계에서 현직 교사의 교직 만족과 사기를 저하시키는 다양한 요인에 대한 이해와 적절한 대비를 할 수 있을 것이다. 교사양성교육에서 교직 만족도와 사기 저하의 주된 요인으로 밝혀진 학생 생활지도 등 업무 곤란, 학부모 관계, 교원 간 인간관계 문제에 대응할 수 있는 교육을 보다 강화할 수 있을 것이다. 교사교육 재설계의 필요성은 교직 내부, 교직 현실에서도 찾아볼 수 있다.

2. 교사교육 재설계의 방향과 원칙

가. 전문교육으로서 교사교육의 위상 강화

교사교육은 기본적으로 학교교육의 목적, 비전에 기초하여 설계되고 전문가로서 교사의 역할에 부합하는 자질과 능력을 개발하는 방향으로 실행되어야 할 것이다. 비판적·반성적 수준의 미래 학교교육 담론을 벗어나 미래 교육을 긍정적으로 볼 수 있는 학교교육 비전을 설정하고 이를 실현하는 핵심 주체, 전문가로서 교사의 위상을 정립할 수 있는 교사교육이 필요하다. 이를 위해 교사교육은 명시적이든 묵시적이든 바람직한 미래 교육의 모습은 무엇이며, 이러한 교육을 어떻게 실현하고 만들어갈 것인가, 미래 학교에서 교사의 핵심 역할은 무엇인가 등의 질문에 대한 답을 포함하고 있어야 할 것이다.

관련하여 교사교육 패러다임 논의를 참고해볼 수 있다(3장 참고). 교사교육 패러다임은 학문적 패러다임, 실제적 패러다임, 기술적 패러다임, 개인주의적 패러다임, 비판적/사회적 패러다임으로 발달해왔으며 각 패러다임에서 교사의 핵심 역할, 교사상은 효과적 교사, 반성적 교사, 탐구적 교사, 변혁적 교사, 학자, 양육자, 임상 전문가, 도덕적 행위자 등으로 다양하게 제시되고 있다. 교사와 교사교육을 이해하는 관점의 차이는 있지만 교사교육 패러다임은 교사를 전문가로, 교사교육을 의사교육, 법률가 교육과 마찬가지로 전문교육으로 발전시키는 방향으로 발전되어 왔다.

교사교육의 재설계는 교사교육 패러다임 발달과 연계하여 이전 패러다임의 한계를 극복하고 전문가로서 교사와 교직 전문성을 보다 강화하고 전문교육으로서 교사교육을 체계화하는 데 초점을 두어야 할 것이다. 여기서 전문교육은 이론·지식·연구와 실천의 통합, 교사 전문성이 실현되는 학교 현장과 교사교육을 제공하는 대학 간의 연계와 협력을 핵심으로 한다. 또한 전문가로서 교사는 반성적 실천가, 연구자, 의사결정자로서 다양하고 불확실한 교육 상황에서 전문적 지식(professional knowledge)과 실천적 지혜(practical wisdom)를 가지고 합리적인 판단을 할 수 있어야 할 것이다. 교사교육의 내용과 방법은 이러한 전문교육의 특성을 구현하고 전문가로서 교사의 자질과 능력을 개발하도록 도와주는 것이어야 할 것이다.

나. 교사양성교육과 현직교육의 계속성과 일관성 확보

전문가로서 교사의 성장과 발달은 교사양성교육 단계에서 완성되는 것이 아니라 현직교육을 통해 지속적으로 이루어진다. 교사들은 교직 전 생애를 통해 계속 새로 지식과 기능을 학습하게 되며 교직 입직 전 한정된 기간 동안 이루어지는 교사양성교육을 통해 교수 지식과 기능을 모두 학습할 수는 없다. 교직 입직 후 30년 이상 근무하게 되는 우리나라 교사들에게 2~4년간 이루어지는 교사양성교육은 전문교육의 완성이 아니라 시작 단계에 해당된다. 이에 따라 교사양성교육의 목적은 교사들이 후일 교사로서 역량을 키워가는 데 기초가 될 핵심 아이디어와 교수학습에 대한 폭넓은 이해를 가지도록 하는 데 있다(Darling-Hammond & Bransford, 2005/2009: 19).

아울러, 교사양성교육(직전교육)과 현직교육 간 적절한 역할 분담과 계속성과 일관성이 요구된다. 평생교육, 평생학습 개념은 오늘날 뿐 아니라 미래 사회에도 그리고 교사교육뿐 아니라 모든 직업교육에 적용된다. 특히 교사는 스스로 평생학습자가 되어야 할 뿐 아니라 학생들이 평생학습자로 성장하도록 지원하고 교육해야 할 위치에 있다. 교사는 가르치는 전문가일 뿐 아니라 평생학습자이며, 학생들이 평생학습자가 되도록 교육하는 전문가라 할 수 있다.

다. 학교 현장의 요구(현실)와 미래 발전 방향(이상)의 조화

교사교육에 대해 가장 흔히 제기되는 비판 중 하나는 학교 현장(현실)에 도움이 되지 않거나 현장과 유리되어 있다는 것이다. 이론과 지식 중심의 전통적 교사교육에 대한 대안적 교사교육 논의(17장 참고)는 거의 대부분 이론과 실제, 대학과 현장의 분리를 극복하는 데 초점을 두고 있듯이 교사교육 재설계에서도 이를 고려해야 할 것이다.

그러나 학교 현장의 여건과 요구를 고려하되 현실적인 이해관계에 갇혀서 바람직한 목표를 상실하거나 왜곡하는 것이 되어서는 안 될 것이다. 새로운 제도 구상, 설계는 기존 체제의 문제를 극복하고 이를 보다 바람직한 방향으로 변화시키기 위한 것이라는 점에서 현실을 고려하되 현실을 넘어서야 한다. 교사교육의 재설계 또한 학교 현장의 요구와 교사교육의 미래 방향이 조화되는 접점에서 이루어져야 할 것이다. 아울러 교사교육체제, 구조의 변화가 교사교육의 질 개선으로 곧바로 이어지지 않을 수 있지만 교사교육과 관련된 주요 주체들의 상호작용 방식과 규칙의 변화를 가져올 수 있다는 점에서 현실 개선에 기여할 수 있을 것이다. 이를 위해 교사교육 주체들의 전문적, 교육적 리더십이 요구된다.

3. 교사교육 재설계 방안[37]

가. 교사교육의 기본 구조

이 책에서 제안하는 교사교육 재설계(안)는 현 대학 수준의 교사교육을 대학원 수준으로 개편하여 '교사교육전문대학원' 체제를 도입하는 것을 주요 내용으로 한다. 이는 학부과정에서 가르칠 교과와 관련된 전공교육을 받은 후 교사교육전문대학원 석사과정에서 2년간 교사교육과정(교과교육과목, 교직과목, 교육실습)을 집중적으로 이수하는 것으로 기존 초등과 중등 교사양성기관을 정비·통합하고 직전교육과 현직교육을 연계하는 전문 교사교육 체제이다.

교사교육전문대학원의 기본 구조는 교사자격 취득과 교사양성교육, 임용이 통합된 체제로 실무, 실습 중심의 전문대학원 과정이다. 입학정원은 교사수급을 고려하여 조정하며, 4학기제로 편성하며, 석사과정 1년 동안 교직 실제 입문에 초점을 둔 관찰(참관)실습에 참여한다. 석사 과정 1년 종료 시 임용시험에 응시하고 합격자에 한해 3학기에 진학한다.

임용시험은 전공과 교직 소양 관련 논술 시험으로 실시하며, 대학원 과정의 성적 및 평가(대학원), 관찰 및 실무 실습 평가(현장 교사가 평가)를 반영한다. 임용시험 합격자에 한해 석사 2년 과정에 진학하며 석사 2년 과정은 학교에서의 현장 실습과 대학원 과정을 병행한다. 임용시험(자격시험)에 합격한 교직 후보자들은 수습 공무원의 신분으로 이에 상응하는 보수를 받으며 학교에서 실습, 근무한다.

교사교육전문대학원의 교육과정은 전공교육, 연구과정(석사학위논문), 교수법을 포함한 교과교육, 교직과목교육, 교육실습으로 편성할 수 있다. 전공교육은 학부과정에서 이수한 교과내용 지식을 토대로 교과교육을 중심으로 운영하며, 다양한 학문 분야 간 융합교육과정을 강화한다. 교사자격검정은 석사과정 2년 종료 시 교사교육전문대학원의 교사자격검정위원회에서 실시한다. 교사자격검정위원회는 교사교육전문대학원, 실습학교 대표, 시도교육청 및 교육부의 교사교육, 교사자격검정 담당 등으로 구성한다. 교사자격검정 시 주요 평가 요소는 전문대학원 과정의 성적, 석사학위논문, 교육실습 과정의 교직 소양, 학생 지도역량 등을 포함한다.

이 책에서 제시하는 교사교육전문대학원 체제를 그림으로 나타내면 [그림 17-1]과 같다.

[그림 17-1] 교사교육전문대학원(안)

주: 연구=석사논문 준비, Ⓕ: 수습공무원의 지위, Ⓡ: 유급 실습 과정(현장 실습 50% + 대학원 교육 50%), Ⓣ: 학교 현장의 실습 지도교사와 대학원 지도교사의 지도를 받음
출처: 박상완(2017), p.172에서 일부 내용을 수정함.

나. 교사교육전문대학원 체제의 특징 및 고려 사항

대학원 수준의 교사양성체제는 유럽의 주요 국가들에서 채택하고 있는 교사양성교육 모델로, 교직에 입직할 예비교사를 대상으로 집중적이고 체계적인 교사양성교육을 제공함으로써 교사교육의 고도화와 전문화를 실현할 수 있다. 사회 전반의 학력 수준 향상 및 전문직으로 교직의 사회적 위상 강화를 위한 현실적 요구, 교직 선택 기회 확대, 교직 지원자의 폭넓은 교양교육 및 전공교육 기회 제공, 초중등 교사양성과정 간 연계 강화 등 다양한 교육적 측면을 고려한 방안이라 할 수 있다.

최근 대학원 수준 교사양성체제 개편을 제안한 연구로는 김정원 외(2012), 정일화, 천세영(2017), 김병찬 외(2018)가 있다(11장 참고). 김정원 외(2012)는 단기적으로 2년제 교원전문대학원 신설, 기존 교육대학과 사범대학을 개편한

6년제 교원양성대학의 병행 운영을 제안하고 장기적으로는 초·중등 교사양성 기관 통합을 지향하며 대학원 수준에서 교사 양성과정과 학자 양성과정의 분리를 제안하고 있다. 정일화, 천세영(2017), 김병찬 외(2018)는 대학원 수준의 교사양성교육으로서 학부 4년 + 대학원 2년(4+2) 교육전문대학원 체제를 제안하고 있으나 세부 내용은 상당한 차이가 있다.

특히 김병찬 외(2018: 182)는 홈즈 그룹(Homes Group, 1986) 보고서에 제시된 교직학(pedagogical studies)을 교사를 준비시키는 과목(과정)으로 교사교육의 고유한 영역이며 핵심 영역으로 정립할 것을 제안하고 있다. 여기서 교직학은 교직과목, 교과교육학, 교육실습 등으로 구성된다. 이 책에서는 이를 교사양성 교육과정으로 본다. 김병찬 외(2018)가 교직학으로 번역한 "pedagogical studies"는 교수방법학에 가깝다. 교사교육을 위한 교육과정은 슐만(Shulman, 1987)이 교수 지식기반으로 제시하고 있듯이 교수방법학 뿐 아니라 교육 철학, 역사, 교육에 대한 사회학적 이해 등을 포괄하는 교육학(educational studies)을 포함해야 할 것이다.

또한 교사교육전문대학원은 초등학교부터 고등학교까지 모든 학교급의 교사를 위한 과정일 뿐 아니라 비교과 교육전문가(사서, 영양사, 상담사, 간호사-보건)를 위한 양성과정을 포함한다는 점에서는 정일화, 천세영(2017)의 제안과 유사한 점이 있다. 교사교육전문대학원 과정은 석사과정과 박사과정으로 구분되며 교사양성 프로그램은 석사과정에서 제공된다는 점은 김정원 외(2012), 정일화, 천세영(2017), 김병찬 외(2018)의 연구와 유사하다.

이 책에서 제안하는 '교사교육전문대학원' 체제를 실행하기 위해서는 김병찬 외(2018)와 마찬가지로 현행 교사양성체제의 구조 조정을 필요로 한다. 해방 이후부터 현재까지 유지되어 온 교사양성체제의 기본 틀을 바꾸어야 한다는 점에서 급진적이지만 우리나라 교사교육에 대해 지속적으로 제기되어 온 문제, 즉 대학과 학교 현장, 이론과 실천의 분리, 초등과 중등 교사교육의 분리, 교사가 되지 않거나 되지 못하는 학생을 대상으로 하는 사범대학 교사교육의 한계 등을 해소하고, 대학원 수준 교사양성교육을 통해 교수(teaching) 전문가로서 교사의 연구 능력을 강화하고자 하는 교사교육 개선 방향에 부응하기 위해서는 보다 근본적인 교사양성체제 개편이 요구된다.

이와 함께 대학원 수준으로 교사양성교육을 개편할 경우 두 가지 방향을 고려해볼 수 있다. 첫째, 미국, 영국과 같이 대학 수준의 교사양성교육과 대학원 수준의 교사양성교육을 병행하되 대학원 졸업자를 우대하는 경우, 둘째, 프랑스, 핀란드와 같이 대학 수준의 교사양성교육을 모두 대학원 수준으로 개편하는 경우이다. 교사 수급과 교직 선호도를 고려할 때, 우리나라는 영미권보다 유럽식 체제를 채택할 수 있는 기반을 갖추고 있다. 다만 다양한 이해관계가 얽혀 있는 기존 교사양성체제를 개편할 수 있는 정부의 정치력과 리더십, 교사양성체제 개편을 위한 적절한 유인책 개발이 관건이 될 것이다.

다. 교사상: 반성적 실천가, 연구자로서 교사

교사양성교육이 지향하는 전문가는 반성적 실천가로서 교사, 연구자로서 교사, 교직의 변화, 학교 개선, 사회 개선을 이끌어가고 학생교육에 헌신하는 전문적 역량(aptitude + capability)을 갖춘 교사를 상정해볼 수 있다. 반성적 교사는 쇤(Schön, 1983/2018)의 반성적 실천가로서 전문가 상에 근거한 것이다. 반성적 교사는 지식 전달을 핵심으로 하는 기술적 숙달자(technical expert)에서 행위 속의 반성 원리에 근거하여 교육실천을 수행하고 현장연구 능력을 갖춘 교사이다.

교직의 변화, 학교 개선, 사회적 개선의 주체로서 교사는 하그리브스와 풀란(Hargreaves & Fullan, 2012)이 제시한 '전문적 자본(professional capital)'을 갖춘 교사와 유사하다. 즉, 교직은 바람직한 학교교육 실현을 위해 사람들의 헌신과 역량을 통합하고 공교육을 개혁하고, 사회의 공동선(common good), 사회정의를 실현하기 위한 동력이라 할 수 있다(Hargreaves & Fullan, 2012: 88). 미래 교직은 온라인 학습과 경쟁, 대립하는 것이 아니라 이를 학습 자원으로 적극 활용하고 가르치는 일을 통해 교사로 성장하는 것이어야 할 것이다.

라. 교사 전문성 기준 설정 및 교사교육 내용 및 방법 개선

현재 다원화되어 있는 교사양성체제를 대학원 수준으로 개편하는 과정에서 다원적인 교사양성체제가 유지될 수 있다. 대학원 수준으로 교사양성체제의 개편은 다양한 이해관계자 간 입장 차이로 인해 소모적인 논쟁을 야기하고 교사교육의 전문화라는 보다 중요한 과제를 간과하게 될 우려가 있다. 여기서 교사교육의 전문화는 교사교육의 내용과 방법에서 전문교육으로서 성격을 보다 강화하는 것을 말한다.

이를 위해 첫째, 교사 전문성 기준을 설정하고 이에 기초하여 교사양성 교육과정을 조직하고 실시하는 것이다. 교사 전문성 기준을 설정하고 있는 국가로는 영국, 미국, 호주, 싱가포르 등을 들 수 있다. 이들 국가에서 교사 전문성 기준은 국가 주도로 개발한 경우(예: 영국, 싱가포르)와 전문직 단체 및 전문가 주도로 개발한 경우(예: 미국)로 구분할 수 있다. 우리나라의 경우 2000년대 초 교육혁신위원회(2006: 16)가 교원양성에 대한 국가수준의 기준으로서 '신규교사 자격기준'을 교육부 고시 형태로 제정할 것을 제안한 바 있다. 이화여자대학교 사범대학에서는 교원교육기준을 개발하기도 하였다(주영주 외, 2006). 교사의 기본적 자질과 수행능력을 규정한 교사 전문성 기준은 교사교육 프로그램 구성뿐 아니라 교사교육기관평가, 교사평가, 교사자격인정, 현직교육을 위한 근거로 활용될 수 있을 것이다.

둘째, 교사교육 프로그램으로서 교과교육과목과 교직과목, 교육실습 교육은 보다 강화되어야 할 것이다. 1980년대 이후 수업이론, 학습이론, 교육과정이론은 학습과학, 인지과학 등으로 보다 발전하고 있으며 교사교육의 지식 기반으로 수용되고 있다(사토마나부, 2015/2018). 또한 교과내용지식과 함께 이를 학생들이 보다 효과적으로 학습하도록 지원하는 교사의 수업 역량이 보다 중요해지면서 교사는 교과내용 전문가일 뿐 아니라 교과 수업(학습)에 관한 지식과 기법(교과교육) 전문가가 되어야 할 것이다.

교사교육에서 실습은 이론과 실천을 통합하는 전문가 교육의 중심적인 과정이라 할 수 있다. 의학교육의 임상경험에 해당하는 교육실습은 교사의 실행연구 역량을 개발하는 과정으로도 활용된다. 즉, 교육실습 기간은 6개월 이상으로 연장되고 대학의 교사교육자와 현장의 실습지도 교사 간 협력을 통해 예비교사의 실행연구를 지원하게 된다.

셋째, 교사교육 방법으로서 사례방법(문제 기반 학습 포함)을 활용하고 나아가 법률가 교육, 의사교육에서와 같이 이를 중심으로 교사교육 프로그램을 개편해야 할 것이다. 사례방법을 교사교육의 고유한 방법론으로 발전시키고 이를 기반으로 교사교육을 설계하기 위해서는 대학의 교수와 현장 교사들이 협력하여 문제, 쟁점 기반의 다양한 사례를 개발할 필요가 있다. 아울러 교사교육자들이 다양한 사례를 교수자료로 활용하고 토론, 탐구, 협력 학습 기반의 사례방법을 활용할 수 있도록 교육해야 할 것이다. 사례방법은 이론과 실제를 통합하기 위한 교사양성교육을 위한 핵심 방법이라 할 수 있다.

4. 소결

교사, 교직, 교사교육에 영향을 미치는 새로운 변화들은 계속하여 나타나고 있다. 미래 사회에 대비한 교육 변화, 학교 혁신, 교사교육 혁신에 대한 요구는 줄곧 있어 왔다. 사실 교육(학교)은 어느 시대에서나 다음 세대들이 사회 변화에 보다 잘 대응하고, 미래 사회에서 요구되는 지식, 기술, 소양을 준비시키는 역할을 해왔다. 학교교육을 대체하거나 보완하는 온라인 학습, 첨단 매체와 기술을 활용한 비대면 교육은 최근 새롭게 등장한 것은 아니다. 이미 2000년대 들어 칸 아카데미(Khan Academy), 칸랩 스쿨을 비롯하여 알트 스쿨, 스티브 잡스 학교 등 IT(정보기술) 기업가들이 세운 학교들은 다양한 매체를 활용한 개별화 교육을 실험해왔다(블로터, 2016.3.15.; 한국일보, 2016.11.24.). 2019년 말부터 전 세계로 확산된 코로나바이러스감염증-19(COVID-19)는 온라인 학습이 학교교육을 보완하는 선택적 요소가 아니라 필수 요소가 될 수 있음을 보여주었다.

미래 사회에서 지능정보 기술은 더욱 빨리 보다 혁신적으로 변화할 것으로 예상되고 있다. 다양한 온라인 학습기회가 확대되면서 전통적인 교육기관으로서 학교, 교사의 역할과 중요성은 점차 약화되고 있다. 교수방법에서도 이론 중심 수업, 지식 전달 수업, 암기식 교육은 이미 구시대의 유물로 간주되고 있으며 학생 참여, 자기주도적(self-directed) 학습, 협력 학습이 새로운 교수학습 모델로 중시되고 있다. 교육의 초점은 교수(teaching)에서 학습(learning)으로 변화되고 있으며 이러한 변화는 교사의 역할과 교육 활동을 새롭게 규정하고 그에 부합하는 교사교육이 필요함을 요구하고 있다.

미래 사회 변화에 대응한 교사교육은 그동안 여러 학자, 연구자, 실무자 등에 의해 다각적으로 논의되어 왔다. 교사양성 교육과정을 구성하고 있는 교육학과 교과교육학의 학문적 성격 논의를 포함한 교사교육의 전문적 지식과 기술체계, 교사지식과 교사학습의 성격, 교사교육의 패러다임, 교사교육에 영향을 미치는 외부 요인과 교사교육의 거버넌스에 대한 논의 등 교사교육 실천의 쟁점과 교사교육 연구의 주제는 보다 다양해지고 있다.

오늘날 학교 개선과 교육 변화, 교사교육 개혁에 대한 요구는 전 세계적인 현상이다. 우리가 늘 모범 사례를 찾고 닮으려고 하는 선진 외국에서도 새로운 대안 탐색은 지속적으로 이루어지고 있다. 교육 내외적인 환경 변화가 교육의 가치, 규범, 제도, 정책 변화로 이어지기 위해서는 보다 많은 시간, 준비가 필요하며, 시간이 지나면서 기술·정보의 변화가 사회 제도, 정책, 가치관 등에 어떤 영향을 줄 것인지 예측하고 보다 바람직한 방향으로 나아가기 위한 방안을 마련할 필요가 있다. 이 책에서 제안한 교사교육의 재설계는 교사교육의 전문화를 위한 하나의 대안이다. 이는 현 시점에서 새로운 교사교육 논의를 시작하기 위한 출발점으로 이해할 필요가 있다.

미주

1장

1) 우리나라에서 '교원'과 '교사'는 구분되는 개념이다. 교육공무원법에 의하면, 교원은 대학의 교원을 포함하여 초·중등학교의 교사, 교감, 교장을 총칭하는 말이다. 교사는 교감, 교장과 구분하여 각급학교에 근무하면서 학생을 가르치는 사람을 말한다. 교원과 교사가 법적으로 동일한 개념은 아님에도 불구하고 국내 문헌에서 교원과 교사는 엄밀하게 구분되지 않은 채 사용되고 있다. 교원교육과 교사교육도 마찬가지이다. 또한 교감, 교장을 대상으로 한 교육은 교감 연수, 교장 연수라 별도로 칭한다는 점에서 교원교육보다는 교사교육이 더 적절한 용어라 할 수 있다. 이 책에서는 교사교육, 교원정책 등과 같이 교사와 교원을 엄밀히 구분하지 않고 사용하되 교사가 더 적절한 용어라고 보아 가급적 교사로 표기한다.
2) "우리 국가는 위기에 처해 있다."라는 문장으로 시작하는 미국 교육부 교육수월성 위원회의 위기에 처한 국가(A nation at risk)(The National Commission on Excellence in Education, 1983)는 미국 교육, 학교가 실패하고 있다는 경각심을 고취하고 연방, 주, 지방정부 수준의 전면적인 교육개혁이 필요함을 제언하고 있다. 미국 교육개혁을 다룬 대부분의 문헌에서 널리 인용되고 있으며 우리나라의 5.31 교육개혁보고서와 같이 미국 교육(개혁) 역사에서 중요한 위치를 차지하고 있는 보고서이다.
3) 교수에 관한 연구와 교사교육에 관한 연구의 차이는 코크란-스미스와 프리스(2008)가 잘 정리하고 있다. 이들에 의하면, 교수에 관한 연구는 초중등학교 교사의 교수(teaching)에 초점을 두는 연구로서 초중등학교의 교사와 학생에 초점을 두는 연구이다. 반면, 교사교육에 관한 연구는 초중등학교 교사의 교육(양성, 준비)을 연구하는 것으로 교사교육자와 예비교사에 초점을 둔다. 교사교육에 관한 연구는 교수에 관한 연구의 부분집합으로 볼 수 있다(Cochran-Smith & Fries, 2008: 1053).

3장

4) 코크란-스미스와 프리스는 2005년도와 2008년도 발표된 연구에서 교사교육의 문제를 다루고 있다. 미국에서 교사교육 연구는 1950년대 이후 크게 발달하기 시작하였으나 코크란-스미스와 프리스가 분석 시기를 1920년대부터로 잡은 것은 각종 자문 조직, 위원회 구성 등 교직을 개선하기 위한 노력들이 1920년대부터 전국적인 수준에서 이루어지기 시작했기 때문이다(Cochran-Smith & Fries, 2008: 1050). 또한 코크란-스미스와 프리스의 연구에서 문제(problem)는 부정적인 의미가 아니라 사회과학 연구자들이 정의하듯이 쟁점, 질문, 조건을 포함하여 특정한 연구에서 검토되는 '문제'의 의미로 사용되었다(Cochran-Smith와 Fries, 2005: 72). 코크란-스미스와 프리스가 제시한 네 가지 문제 중 훈련, 학습 및 정책의 문제는 박상완(2007a: 160-163)의 연구를 토대로 재정리한 것이며, 교육과정 문제는 2008년 연구를 참고로 새로 정리한 것이다.

4장

5) TALIS 2008에는 23개국, TALIS 2013에는 34개국이 참여하였으며, TALIS 2018인 3주기 조사에는 48개국이 참여하였다. 현재 계획 중인 TALIS 2024에서는 참여국의 수가 더 증가할 것으로 전망된다(김혜진 외, 2020). 조사 대상도 중학교 교사 대상 본 조사에 더하여 TALIS 2018에서는 초·중·고등학교 교원 및 유아교육·보육 종사자를 대상으로 한 옵션 조사로 확대되었다.

   우리나라는 1~3주기 사업에 모두 참여하였으며 3주기에는 중학교 교원 대상 본 조사뿐 아니라 초등교사 대상 옵션 조사에도 참여하였다. TALIS 조사 참여를 통해 교원과 교직 환경에 어떤 변화가 있는지, 국제사회에서 한국 교원의 상대적 위치를 파악할 수 있었다(박소영 외, 2017: 58). TALIS 조사 주기별 결과보고서는 김갑성 외(2011), 허주 외(2015), 이동엽 외(2019b), 김혜진 외(2020)로 발간되었다.

6) 야잔(Yazan, 2015)은 인, 메리암, 스테이크의 주요 저작을 토대로 이들 세 연구자가 제시하는 사례연구의 차이점과 공통점 등 주요 특징을 비교분석하였다. 이는 인(2002)의 사례연구(Case Study Research: Design and Methods), 스테이크(1995)의 사례연구기술(The Art of Case Study Research), 메리암(1998)의 질적 연구와 교육에서 사례연구의 적용(Qualitative Research and Case Study Application in Education) 등이다.

5장

7) 미국의 교사양성교육의 역사를 분석한 클리포드와 거쓰리(Clifford & Guthrie, 1988), 라바리(Labaree, 2004/2020), 미국 교직의 역사를 분석한 로티(Lortie, 1975/2017) 등도 이러한 접근법을 취하고 있다. 클리포드와 거쓰리, 라바리는 교육대학(education school)의 발달 과정에서 나타난 주요 쟁점을 통해 미국 교사교육의 특성을 분석하였다.

8) 전통적인 4년제 교사교육의 문제점으로 교수 및 미국의 미래에 관한 전국위원회(The National Commission on Teaching and America's Future, 1996)는 다섯 가지를 들었다. (1) 4년의 교사교육 과정이 전공과목과 교육학 과목을 배우기에 짧으며, (2) 대학의 교육과정이 실제와 분리되어 있을 뿐 아니라 일반대학의 교수와 교사교육학과 교수가 단절되어 있으며, (3) 교수방법이 여전히 강의 중심으로 이루어지고 있고, (4) 교사교육과정에서 다루는 지식들이 피상적이며 실제의 문제를 이해하고 다루기에 충분하지 못하며, (5) 교사교육 프로그램은 예비교사들이 팀으로서가 아니라 혼자 고립되어 일하는 것을 배우는 구조로 되어 있다는 것이다.

9) 이 절(영국의 교사교육 역사)은 로빈슨(Robinson, 2006), 포스터(Foster, 2019)의 연구를 토대로 정리하였으며 박상완(2016)과 박상완, 박정우(2019)의 영국 사례를 참고로 보완한 것이다.

10) 이 절(프랑스의 교사교육 역사)은 코누(Cornu, 2015)의 연구와 박상완(2016), 박상완, 박정우(2019)의 프랑스 사례를 참고로 정리한 것이다.

6장

11) 박의수 외(2003)는 교육사 연구의 유형을 다섯 가지로 구분하고 있다. (1) 교육을 문화의 일부로 간주하고 교육문화사적 접근을 취하는 연구, (2) 교육제도사를 중심으로 교육사를 전개하는 연구, (3) 교육사상사 중심의 교육사, (4) 교육학이라는 학문의 역사를 중심으로 접근한 교육사, (5) 교육목적, 교육방법, 교육과정, 초등교육, 중등교육 등 다양한 교육문제를 중심으로 서술한 교육문제사를 말한다(김재웅, 2008: 3). 우리나라 교사양성교육사를 분석한 연구는 대부분 교육제도사 연구로 범주화할 수 있다(예: 김영우, 1989, 1996; 박수정, 2003). 교육제도사는 실증적인 자료와 법령을 토대로 교육제도의 발달, 변화 과정을 상세하게 기술하고(실증주의 역사학 관점) 제도 변화의 동인으로 주요 사상, 인물, 외부 환경의

영향을 분석, 해석한다(해석주의 역사학 관점)(김재웅, 2008: 3). 그러나 교육제도사와 교육사상사는 밀접하게 연계되어 있다. 교육사상을 실현하기 위한 수단으로 교육제도가 만들어지고 기존 교육제도와 실천에 대한 비판적 반성으로 새로운 교육사상이 발달한다고 볼 수 있기 때문이다(정은해, 2000).

12) 이 절(교사교육의 특징)은 박상완(2016)의 pp. 65-67의 내용을 가져온 것이다.

7장

13) 창의적 체험활동은 교과와 상호보완적 관계 속에서 앎을 적극적으로 실천하고 심신을 조화롭게 발달시키기 위하여 실시하는 교과 이외의 활동(교육부, 2015: 3)으로 2009 개정 교육과정에서 기존 재량활동과 특별활동을 통합하여 신설한 것이다. 자율활동, 동아리활동, 봉사활동, 진로활동의 4개 영역으로 구성된다. 심각한 사회문제로 대두된 학교폭력문제에 효과적으로 대응하기 위해 학교폭력예방 프로그램이 시행되고(2004.1.29. 학교 폭력 예방 및 대책에 관한 법률 제정), 정보기술의 발전과 활용의 원천으로서 인성이 강조되면서 학교에서 인성교육이 도입되었다(2015.1.20. 인성교육진흥법 제정). 사회 변화, 지식과 정보의 폭발적 증가에 대응할 수 있는 역량교육이 필요하며, 이를 국가 교육과정에 반영해야 한다는 요구에 따라 개정된 2015 개정 교육과정(2015.9.23.)은 국가 교육과정 사상 처음으로 역량 개념을 도입하였다.

14) 한국교육학술정보원(2017.4.13.)의 "제4차 산업혁명 시대에 대응하기 위한 차기 정부 미래교육 혁신 방안 정책 세미나", 한국교원교육학회 제2회 교원정책 포럼(2017.4.28.)의 "제4차 산업혁명과 교원정책의 새로운 전망" 등을 들 수 있다.

15) 박상완(2019: 70)은 전문성을 지칭하는 세 가지 용어의 차이를 제시한 바 있다. 이에 의하면, Professionalism은 기술과 높은 기준(skill and high standards)의 조합으로 전문성을 전문직(직업)의 속성으로 볼 때 사용되는 용어이다(박선형, 2005: 93). 반대말은 아마추어이다. Expertise는 훈련, 학습, 실천을 통해 획득되는 특별한 기술과 지식(special skill and knowledge)을 의미하며, 이는 전문성의 인지적 측면을 부각시키는 개념이다(박선형, 2005: 94). 즉, expertise는 인지과학적 시각에서 지·정·의를 포괄하는 전문성 개념이며 반대말은 초보자이다(박선형, 2005: 95). 주로 인적자원개발 분야 전문성 연구에서 expertise가 사용된다(예: 오헌석, 김정아, 2007; 장환영, 백평구, 2016). Specialty는 전문의(medical

specialist)와 같이 특정 분야의 기능, 기술을 가지고 있다는 의미로 사용된다. 즉, 전문가(specialist)는 특정한 주제, 분야에 특별한 기술을 가지고 있고 해당 분야를 많이 아는 사람을 의미한다.

16) 리버만(Liberman)이 제시한 전문직 기준은 사회봉사 기능, 고도의 지적 기술, 장기간의 준비교육, 광범위한 자율성, 행동과 판단에 대한 책임, 경제적인 이익보다 사회봉사 우선, 자치조직 결성, 윤리강령 준수 등이다(고전, 2002: 68). 허병기(1994)가 제시하는 전문직 기준은 (1) 장기적으로 고도화된 교육과 지속적 능력개발, (2) 엄격한 자격증 제도와 어려운 직업 입문, (3) 전문적 지식과 기술의 행사, (4) 폭넓은 자율성 행사, (5) 자율 통제와 권익 보호를 위한 단체 결성, (6) 상대적 우위의 사회적 위세와 경제적 보상이다.

17) 최호성(1995: 92)은 action research는 연구자에 따라 현장연구, 현장교육연구, 실천연구 등으로 다양하게 번역되고 있으나 연구의 궁극적 목적이 교육현장의 실천적 문제를 발견하고 해결책을 찾아냄으로써 교육 실제를 개선하는 데 있다는 점에서 현장개선연구로 번역하고 있다. 현장개선연구의 역사적 발달은 최호성(1995: 97), 최의창(1998: 381-382)이 제시한 바 있다. 이에 의하면 현장개선연구라는 용어는 실제의 개선을 위한 연구가 필요하다는 문제 인식에서 미국의 사회심리학자인 레빈(Lewin, 1946)에 의해 처음 사용되었다. 이후 1970년대 들어 엘리엇(Elliott)이 수행한 포드티칭프로젝트(Ford Teaching Project, 1973-1976)의 수업활동 탐구에 현장교사들이 공동연구자로 참여하면서 주목받기 시작하였다(최의창, 1998: 382).

18) Teacher agency는 연구자에 따라 다양하게 번역되고 있다. 최수진 외(2017)는 교사 에이전시, 이성회(2017)는 교사 행위자성, 최수진 외(2019)는 교사 행위주체성으로 번역하고 있다. 여기서는 교육행정 분야에서 agency가 책임기관으로 번역되고 있는 점, 그리고 행위주체라는 용어가 행위자의 주체성을 강조하기 위한 것으로 이해되지만 그 의미 전달이 명확하지 않고, 주체성은 관할권을 가지고 있고 의무와 책임을 부담한다는 의미가 있는 것으로 보아 책임주체로 번역하였다.

8장

19) 2001년 설립된 미국의 비영리단체인 어린이를 위한 투쟁(Battelle for Kids)은 학교, 교육전문가, 글로벌기업가 등으로 21세기 기술을 위한 파트너십(Partnership

for 21st Century Skills: P21)을 구성하였다(2017). P21은 전 세계의 모든 학생들이 21세기 학습을 경험하도록 보장하는 것을 주요 사명으로 삼고 4C(비판적 사고, 의사소통, 협업 및 창의성)를 비롯하여 21세기 학습 틀(Framework for 21st Century Learning)을 개발함으로써 역량 교육을 위해 노력하고 있다(https://www.battelleforkids.org/networks/p21, 2021. 4. 20. 검색).

20) 역량은 competency, competence, capacity 등으로 사용된다. 사전적 의미로 competency와 competence는 일을 효과적으로 잘 수행할 수 있는 능력(ability)을, capacity는 일을 할 수 있는 양으로 용량적 의미의 능력이라는 미묘한 차이가 있다. 그러나 이러한 구분은 실제적으로 명확하지 않으며, 엄밀히 구분해야 할 실익도 크지 않다(이승종, 윤두섭, 2005: 7). 이에 따라 교사 역량이라고 할 때 역량은 이를 모두 포함하는 것으로 본다. 국내 연구에서는 대부분의 연구자들이 역량을 competence나 comeptency로 사용하나 최영출(2003)은 지방정부 역량 논의에서 capacity를 사용하고 있다.

21) 여기서 7개 역량은 유럽연합집행위원회가 정한 8개 역량 중 메타 학습을 제외한 역량으로 ① 언어 기술-네덜란드어(Language skills-Dutch), ② 언어 기술-영어(Language skills-English), ③ 수리과학(Numeracy & Science), ④ 디지털 문해력(Digital literacy), ⑤ 사회 및 시민교육(Social studies & Citizenship), ⑥ 언어와 문화(Language & culture), ⑦ 다학문 기술-창의성, 비판적 사고, 문제해결, 협력(Interdisciplinary skills: Creativity, Critical thinking, Problem solving, Cooperation) 등을 말한다(EC, 2018: 13-15).

9장

22) 학령인구는 초등학교~대학교 취학연령인 6~21세 사이의 인구를 의미하며, 1987년 1,366명에서 1997년 1,155명, 2007년 1033명, 2017년 846명으로 지속적으로 감소하였다(https://kosis.kr/visual/populationKorea/ 통계청. 인구로 보는 대한민국, 2021. 5. 20. 검색)

10장

23) 10장은 박상완(1999, 2017), 김병찬 외(2018: 45-72)에서 저자가 작성한 부분과 김병찬 외(2018: 111-124)에서 공동연구자의 허락을 구하여 최근 연구를 보완·

재정리한 것이다.

24) 1990년대 중반 각 지방별로 교대와 사범대학을 통폐합하는 방안을 모색하는 학술대회가 이루어진 바 있다. 경북대 사대와 대구교대가 공동으로 개최하여 대구·경북지역의 국립 교원양성기관의 통합가능성을 검토한 바 있고, 전북지역에서도 전북대 사대와 전주교대가 공동으로 교원양성체제 개혁 방안을 고찰한 바 있으며, 그 외에도 서울, 인천, 광주, 제주 등에서도 교대총장회의, 교무처장회의 등의 이름으로 개별 사대와 교육대학 개혁차원에서 여러 가지 논의와 검토가 이루어졌다(곽영우, 1998).

11장

25) 11장은 박상완(2007a, 2016, 2017)을 토대로 최근의 연구를 보완하여 새로 작성한 것이다.

12장

26) 12장은 박상완(2001, 2011)을 토대로 최근 연구를 보완하여 재작성한 것이다.

14장

27) 교사 전문성 개발은 교사에게 요구되는 지식과 기술을 '학습'하는 것이라는 점에서 보면, 교사 전문성 개발과 교사학습은 거의 동일한 의미로 볼 수 있다. 교사학습과 전문성 개발을 구분하지 않는 예는 케네디(Kennedy, 2019)의 연구에서도 찾아볼 수 있다. 이에 따라 이 장에서는 양자를 구분 없이 사용하였으며 경우에 따라 병렬적으로 제시하기도 하였다. 또한 이 장에서 저자는 혁신학교 정책이 추구하는 교육 혁신, 변화의 축으로서 '교사의 전문적 학습공동체'(곽영순, 김종윤, 2016: 180)를 보는 입장보다는 학생 학습 증진을 위한 교사의 전문성 개발, 교사의 학습에 대한 공동체적 접근(서경혜, 2013)을 지지한다.

15장

28) 15장은 박상완(2021)의 연구를 발전시킨 것이다.

29) practice는 맥락에 따라 실제, 실천으로 사용하였으며 경우에 따라 실제(실천)로 제시하였다. 이돈희(1999)의 『교육정의론』에서 practice를 '실제(실천)'로 표현한

것을 찾아볼 수 있다.

30) 듀이가 1904년에 발표한 "The relation of theory to practice in education"은 여러 판본이 있다. 여기서는 나부 프레스(Nabu Press, 2011)에서 발간한 『The third year book of the national society for the scientific study of education』의 1부(the relation of theory to practice in the education of teachers)에 수록된 맥머리(McMurry)가 편집한 것을 참고하였다.

31) 코타겐 외(2001)가 실천과 이론의 관계를 분석한 저서는 우리나라에서 『반성적 교사교육: 실제와 이론』(조덕주 외 역)이라는 제목으로 2007년 번역·발표되었다. 이 책의 원 제목은 『Linking practice and theory: The pedagogy of realistic teacher education』이다. 번역서의 제목은 반성적 교사교육이 아니라 원저에 충실하게 "교사교육에서 실천과 이론의 연계: 현실적 교사교육"이 더 적절할 것이다. 현실적 교사교육 모델에서 반성이 핵심 개념이기는 하지만 교사교육에서 반성은 다양한 맥락에서 사용되고 있어 코타겐 외(2001/2007)가 주장하는 '대안적' 교사교육으로서 이 모델을 지칭하기에는 부족하기 때문이다. 예를 들어, 파이먼-넴서(Feiman-Nemser, 1990)는 반성적 교사교육을(reflective teacher education) 프로그램으로서가 아니라 일반적인 전문적 성향으로 파악한다. 즉, 반성, 반성적 사고는 교사의 전문적 성향(능력)으로 특정 교사교육 프로그램이나 특정 관점에서 강조하는 아이디어는 아니라 본다.

16장

32) 이 절(사례방법)은 박상완(2021)의 연구를 발전시킨 것이다.

33) 맥마스터 대학의 의과대학(MD 프로그램) 사이트에서는 PBL이 1969년 의과대학에 도입된 독특한 실천적인 접근(hands-on approach)이라고 소개하고 있다. PBL과 함께 자기주도학습(self-directed learning), 환자와의 조기 상호작용 등을 주요 교육방법으로 소개하고 있다(https://mdprogram.mcmaster.ca/md-program/overview, 2021. 2. 1. 검색)

34) UBC의 PBL 활용 경험을 분석한 바에 의하면, UBC는 1998년 가을 맥마스터 의과대학 교수로서 PBL을 경험한 바 있는 시겔(Linda Siegel) 교수를 중심으로 11개월 과정의 초등 교사교육 프로그램에 학생 중심 학습이라는 PBL 철학에 기초한 PBL 코호트를 도입하였다(Filipenko, Naslund, & Siegel, 2016: 2). UBC의 교

사교육 프로그램에서 PBL은 예비교사들이 초등학교 교육에 관련된 쟁점을 확인하고 대응하는 능력을 개발하기 위한 것으로 쟁점에 기초한 사례 기반 튜터 접근(case-based tutorial approach)을 활용하였다.

35) 영국(스코틀랜드) 글래스고 대학(University of Glasgow)은 2000~2001학년도 교사양성교육에 PBL을 활용하였다. 대학원 수준 교사양성과정(PGCE 중등)에서 PBL 자료 개발과 수업 경험이 있는 튜터를 중심으로 학부 수준에서 PBL을 적용한 것이다. PBL은 2000~2001학년도에 개설된 2개의 대규모 강의인 기술교육학사(엔지니어링 교수와 팀티칭)와 음악교육학사(왕립 스코틀랜드 아카데미의 음악 및 드라마 부문과 팀티칭)의 1학년, 3학년 수업(모듈)에 활용되었다.

36) PBL을 다룬 국내 연구에서 PBL의 발달을 1970년대 중반으로 소개하고 있거나(예: 최정임, 장경원, 1991; 김병찬, 유수현, 2002), 구성주의 인식론에 기반을 두고 있다는 분석(예: 강인애 편, 2002; 김병찬, 유수현, 2002)은 정확한 것이라 보기 어렵다. 의학교육의 문제점 개선을 위해 1967~1969년에 걸쳐 개발된 PBL이 다양한 학문 분야에서 활용되면서 이론적, 방법론적으로 보다 발전해갔으며 교육학 분야에서는 특히 학습에 대한 구성주의 관점에서 이해되었다. PBL의 발달 배경과 초기 PBL의 특징에 대해 보다 정확한 이해가 필요하다.

17장

37) 이 절(교사교육 재설계 방안)은 박상완(2017)의 연구에서 일부 내용을 수정·보완하여 재정리한 것이다. 교사교육을 위한 전문대학원의 명칭도 교육전문대학원에서 교사교육전문대학원으로 변경하였으며, 교사자격검정 등을 수정·보완하였다.

참고문헌

강경석(2016). 분산적 리더십, 교사학습공동체, 교사의 교직헌신 간의 관계. **교사교육연구, 55**(3), 350-362.

강기수(2000). **교사교육론**. 부산: 세종.

강미옥, 박빛나라, 이정애(2019). 중등 현직 교사의 교직 선택 동기 및 헌신 연구. **교사교육연구, 58**(1), 1-20.

강신복(1995). 체육교과교육의 교사지식 체계화 연구. **사대논총, 51,** 205-242.

강영안(1989). 칸트철학에서 이론과 실천의 문제. **철학연구, 45**, 1-31.

강영혜 외(2013). **통계로 본 한국과 세계교육 시리즈 14: 한국의 교원.** 통계자료 SM 2013-03-02. 서울: 한국교육개발원.

강인애(편)(2002). **PBL의 이론과 실제**. 서울: 문음사.

강정원(2001). 교사가 지각한 교장 수업지도성과 학생 학업성취도와의 관계 구조 분석. **열린교육연구, 9**(2), 255-280.

강태중, 류성창, 정제영, 김승배(2016). **지능정보사회를 위한 교육 발전 전략 구상.** CR 2016-25. 한국교육개발원, 중앙대학교.

강현석(2013). 한국 교사양성과정에서 교육실습 교육에 대한 성찰과 미래 방향. **한국교원교육연구, 30**(3), 47-74.

강호수, 김지혜, 송승원, 김한나(2016). 교사효능감에 영향을 미치는 교사학습공동체의 특성 탐색. **학습자중심교과교육연구, 16**(4), 769-791.

강환국(1995). **교사교육론.** 서울: 교학연구사.

경남일보(2019.6.11). [교육칼럼] 교사는 무엇으로 사는가? http://www.gnnews.co.kr/news/articleView.html?idxno=413556, 2021. 2. 18. 검색.

고연주, 김영주, 이현주, 임규연(2017). 교사학습공동체 관련 국내 연구동향 분석: 주제분석법을 활용하여. **학습자중심교과교육연구, 17**(4), 429-457.

고재천 외(2005). **초등교사 양성교육을 위한 교사론 프로그램 및 지도방법 개발 연구.** 교사교육프로그램개발과제 2005-8-5. 서울: 교육인적자원부.

고재천 외(2007). **초등학교 교사론.** 서울: 학지사.

고전(2002). **한국교원과 교원정책.** 서울: 하우.

고전(2009). 교육전문대학원 도입 방안의 검토와 과제. **한국교원교육연구, 26**(2), 345-364.

곽영순(2014). **교사 그리고 질적 연구: 앎에서 삶으로.** 파주: 교육과학사.

곽영순(2015). 교사 학습공동체의 발달 단계 탐색. **교육과정평가연구, 18**(2), 83-104.

곽영순, 김종윤(2016). 한국형 교사 학습공동체의 특성과 과제. **교육과정평가연구, 19**(1), 179-198.

곽영순, 임수연, 민재원, 백인화, 안수해(2014). **교사의 학교 수준 교육과정 편성·운영 역량 강화 방안(Ⅱ)**. 연구보고 RRC 2014-9. 서울: 한국교육과정평가원.

곽영우 외(1996). 한국 교원교육의 정체성 탐색 및 개선 방안 연구. **한국교사교육, 13**, 1-140.

곽영우(1998). 교육개혁과 사범대학의 발전 과제. **한국교사교육, 15**(1), 88-108.

광주교대(2015). 2013 창의·인성교육 선도 교원양성대학 최종결과보고서.

권낙원(2007). 전문학습공동체 구성 가능성 탐색. **학습자중심교과교육연구, 7**(2), 1-27.

교육과학기술부(2008). 2009년 교과부 업무보고. 교육과학기술부.

교육과학기술부(2010). 보도자료: 2010년 교원양성기관 평가 결과, 이화여대 사범대학 등 8개 사범대학 A등급. http://www.korea.kr, 2020. 1. 19. 검색.

교육부(2011). 교원양성 선도 사범대학 선정·지원. 보도자료.

교육부(2015). 창의적 체험활동 교육과정. 교육부 고시 제2015-74호. [별책 42]

교육부(2020.7.23.). [설명자료] 교육부는 학령인구 감소를 교육의 질 개선 계기로 삼아 교원수급 정책을 추진해 나갈 것입니다.

교육혁신위원회(2006). **교육력 제고를 위한 교원정책 개선방안: 대통령 보고서 Ⅱ.** 대통령 자문 교육혁신위원회.

교육혁신위원회(2007). **학습사회 실현을 위한 미래교육 비전과 전략(안).** 공청회 자료집.

김갑성, 김이경, 박상완(2011). **교원 및 교직환경 국제 비교 연구: 1주기 TALIS 결과를 중심으로.** 연구보고 RR2011-07. 서울: 한국교육개발원.

김갑성, 김주아, 김도기, 김용, 남수경(2009). **교원양성교육과정실태분석: 경험한 교육과정을중심으로.** 연구보고 RR 2009-07. 서울: 한국교육개발원.

김갑성 외(2009). **교원양성체제 개편 방안 연구**. 현안보고 OR 2009-02. 한국교육개발원.

김경자(2007). 교사교육 담론에 나타난 '기준' 관련 쟁점 탐색. **한국교원교육연구, 24**(3), 25-275.

김경애 외(2015). **학생 수 감소 시대의 미래지향적 교육체제 조성 방안.** RR2015-04. 서울: 한국교육개발원.

김경은(2010). 수업전문성신장을 위한 사회수업 학습공동체 활동 사례 연구. **열린교육연구, 18**(4), 31-55.

김경화(2009). 우리나라 고등학교 교사의 직무만족도에 영향을 미치는 변인에 관한 연구. **교육행정학연구, 27**(2), 109-128.

김기태, 조평호(2003). **미래지향적 교사론.** 서울: 교육과학사.

김나영, 홍미영(2020). 토픽모델링을 활용한 교권침해 관련 언론 기사 분석. **교사교육연구,**

59(3), 475-496.
김남성 외(2005). **교사교육론.** 학지사.
김덕년(2017). **'교육과정-수업-평가-기록의 일체화'에 대한 고찰.** 이슈페이퍼 CP 2017-02-01. 서울: 한국교육개발원.
김도헌(2008). 교사들의 지식공유 및 전문성 향상을 위한 네트워크 기반 실천공동체의 발달 과정: 인디스쿨 사례연구. **교육공학연구, 24**(2), 1-30.
김명수(2003). 교원양성체제와 신규 임용. 한국교원교육학회(편). **한국교원교육학회 제39차 춘계학술대회 자료집** (pp. 29-66). 서울: 한국교원교육학회.
김민조(2007). 공립 초등학교 통제체제 변화의 특성 분석: 서울지역을 중심으로. 박사학위논문. 서울대학교.
김민조, 심영택, 김남균, 김종원(2016). 교사들의 '반(半) 자발성'에서 출발한 학교내 교사학습공동체 운영 사례 연구. **한국교원교육연구, 33**(4), 223-248.
김범준(2001). 교사들의 직무만족도 관련 변수에 대한 meta 분석. 박사학위논문. 연세대학교.
김병찬(2000). 교사교육의 패러다임 변화. **한국교원교육연구, 17**(3), 113-141.
김병찬(2003). 중학교 교사들이 교직문화에 대한 질적 사례 연구. **교육행정학연구, 21**(1), 1-27.
김병찬(2008). 사범대학 교육 경험의 의미에 관한 질적 사례 연구. **한국교원교육연구, 25**(2), 105-137.
김병찬(2009). 교직과목 수업에서 '저널쓰기'의 의미 탐색 : 교육행정 및 교육경영 과목 수업 사례 연구. **한국교원교육연구, 26**(1), 285-313.
김병찬, 김갑성, 박상완, 송경오, 이기영(2018). **교원 양성 및 임용 체제 개편 방안**. 국가교육회의. 서울: 경희대학교.
김병찬, 유경훈(2013). '한국교원교육연구' 학술지 논문에 나타난 교원교육 분야 연구 동향 특징. **한국교원교육연구, 30**(4), 1-34.
김병찬, 유수현(2002). PBL(Problem-Based Learning)기반 교사교육 프로그램 개발 -도덕과 교사 연수 프로그램- **한국교원교육연구, 19**(3), 5-29.
김병찬, 임종헌(2017). 한국 교사의 희, 노, 애, 락 : 교사의 삶에 관한 일 고찰. **한국교원교육연구, 34**(4), 49-80.
김선경, 안도현(2015). 학교상담: 초등교사 소진의 유형. **상담학연구, 16**(5), 1598-2068.
김성기(2012). 초·중등 교원의 명예퇴직 사유 분석을 통해 본 교단 안정화 방안. **이슈페이퍼 제5호**. 현안보고 OR2012-02-05. 서울: 한국교육개발원 교육정책네트워크.
김송자, 맹재숙, 박수정(2013). 초등학교 교사학습공동체 운영 사례 연구. **교육연구논총, 34**(1), 227-247.
김수진, 이미숙(2019). 예비교사의 장애 및 통합교육 인식 변화를 위한'문제중심학습(PBL)' 적용 효과 연구. **한국교원교육연구, 36**(3), 55-75.

김양분 외(2013). **한국교육종단연구(KELS) 2013(Ⅰ) -조사개요보고서-**. 서울: 한국교육개발원.

김영만(2016). 교사의 심리적 소진에 대한 메타분석. **교사교육연구, 55**(4), 441-459.

김영배, 신현숙(2019). 중등교사의 학교내 일상 정서경험과 소진의 관계: 경험표집법을 활용하여. **교육연구, 41**(2), 41-63.

김영우(1967). 우리나라 초등교원 양성의 제도적 변천에 관한 역사적 연구. **춘천교육대학교 논문집, 4**, 67-88.

김영우(1987). **한국근대교원교육사(I): 초등학교 교원양성교육사**. 서울: 정민사

김영우(1989). **한국중등교원양성교육사**. 서울: 교육과학사.

김영우(1992). 한국 교사교육정책의 역사적 평가. **한국교육사학, 14**, 131-167.

김영우(1996). **교원교육: 한국 초·중등교원교육사**. 서울: 하우.

김영우(1998). **한국교원현직교육사**. 서울: 교육과학사.

김영우(2001). **한국교원현직교육사 2**. 서울: 하우.

김요진, 이희숙(2016). 교사 직무스트레스 관련 변인에 대한 메타분석. **교육행정학연구, 34**(4), 25-47.

김이경(2014). **'2013 국제 교사 위상 지수' 분석 결과 및 한국 교원정책에 주는 시사점.** 현안보고 CP2014-07-1. 서울: 한국교육개발원.

김이경, 고대혁, 김재춘, 박상완, 정수현(2004). **교원자격·양성제도 개편 방안 연구.** CR 2004-21. 서울: 한국교육개발원.

김이경, 김경현, 박병선, 황혜정(2019). 교사의 학습공동체가 수업효과성에 미치는 영향분석: 교사와 학생의 인식 비교를 중심으로. **역량개발학습연구, 14**(1), 87-107.

김인희(2003). 교육개혁과 교사참여. **한국교원교육연구, 20**(2), 55-76.

김재복(2004). 교육발전을 위한 교원양성체제의 혁신 방안. **한국교원교육연구, 21**(3), 29-47.

김재웅(1998). 교육정치학적 관점에서 본 교사양성체제. 한국교육정치학회(편). **1998년도 한국교육정치학회 연차학술대회 자료집** (pp. 21-39). 서울: 한국교육정치학회.

김재웅(2000). 학교행정가의 전문성 보장을 위한 대안적 접근: Schön의 실천적 인식론을 중심으로. **교육행정학연구, 18**(1), 263-278.

김재웅(2008). 미국 교육사 연구의 역사에 대한 비판적 고찰: 교육사 연구를 위한 새로운 접근의 가능성. **교육원리연구, 13**(2), 1-31.

김재윤, 이동성(2020). 초등 예비교사들의 학습문화 형성에 대한 자문화기술지. **한국교원교육연구, 37**(3), 161-187.

김정원, 김기수, 정미경, 홍인기(2012). **미래형 교사교육체제 구안 연구.** 연구보고 RR 2012-03. 서울: 한국교육개발원.

김정원, 박소영, 김기수, 정미경(2011). **교사 생애단계별 역량 강화 방안 연구.** 연구보고 RR

2011-06. 서울: 한국교육개발원.

김정진(2017). 교사학습공동체 지속방안 연구. **예술인문사회융합멀티미디어논문지, 7**(12), 295-306.

김종수(2011). 초등교사의 직무만족도 측정·분석: 경기도 안양시를 중심으로. **한국정책연구, 11**(2), 75-94.

김주영, 장재홍, 박인우(2018). 전문적 학습공동체 참여 여부에 따른 교사협력정도, 수업개선활동, 교사효능감, 교직만족도 비교 분석. **교사교육연구, 57**(1), 1-15.

김지선, 김도기(2017). 중학교 내 자생적 교사학습공동체의 참여 요인 탐색. **교육행정학연구, 35**(1), 411-439.

김지선, 김도기, 권순형, 윤소희, 문영빛(2018). 학교 안 교사학습공동체가 교사효능감에 미치는 효과. **한국교원교육연구, 35**(3), 55-81.

김창환 외(2013). **한국의 교육지표·지수 개발 연구(Ⅲ): 학생역량지수 개발 연구.** 연구보고 RR 2013-23. 서울: 한국교육개발원.

김창환 외(2015). **한국의 교육지표·지수 개발 연구(Ⅳ): 교원역량지수 개발 연구.** 연구보고 RR 2015-28. 서울: 한국교육개발원.

김태룡(2014). **행정이론** (3정판). 서울: 대영문화사.

김태웅(2015). 근대개혁기, 일제강점 초기 백암(白巖) 박은식(朴殷植)의 사범교육(師範教育) 활동과 교재 편찬. **교육연구와 실천, 81**, 57-77.

김혜진 외(2020). **교원 및 교직환경 국제비교 연구: TALIS 결과를 중심으로(Ⅱ).** 연구보고 RR 2020-04. 진천: 한국교육개발원.

노경주(2012). 예비교사의 개인적 실제적 이론에 관한 사례 연구: 반성적 저널쓰기를 통한 자기 이해와 반성의 제고. **한국교원교육연구, 29**(4), 417-443.

노경주(2019). 초등교사양성교육에 대한 비판적 성찰: 초등 초임교사에 의해 드러난 쟁점(emic issues)을 중심으로. **한국교원교육연구, 36**(3), 343-372.

노민구(1995). 사립 중등학교 교사의 조직헌신도 선행변인 탐색. **교육행정학연구, 13**(4), 225-247.

노종희(1994). 교사교육체제와 질 관리. **교육학연구, 32**(4), 115-135.

노종희(2004). 초 · 중등교사의 교직헌신의 개념화 및 측정도구 개발. **교육행정학연구, 22**(2), 215-232.

노진아, 서경혜(2009). 교사 연구자들의 연구 경험에 대한 내러티브 탐구. **교과교육학연구, 13**(4), 669-695.

대통령자문 정책기획위원회(2006). **선진복지한국의 비전과 전략.** 서울: 동도원.

류방란, 이혜영(2002). **초등학교 교사의 생활과 문화.** 서울: 한국교육개발원.

류방란, 박상완(2004). 교원 임용 시험 가산점 위헌 결정에 대한 정책적 대응방향. **교육연구개발 연계체제 이슈페이퍼**(RM 2004-60) (pp. 111-136). 서울: 한국교육개발원.

매일경제(2021.2.22.) '함량미달' 교직과정 폐쇄…부경대 한성대 창원대 학생 교직이수 못한다. https://www.mk.co.kr/news/society/view/2021/02/174541/, 2021. 5. 11. 검색.

박균열, 엄준용, 주영효(2013). 교원정책의 굿 거버넌스: 평가지표 개발 및 주요 교원정책 평가. **교육정치학연구, 20**(4), 317-341.

박나실, 장연우, 소경희(2015). 내부로부터의 학교 변화: 학교 안교사학습공동체의 형성 및 발달에 관한 사례 연구. **교육과정연구, 33**(4), 91-114.

박남기(1997). 초등교원 양성제도 및 교육과정. 한국교육행정학회(편). **1997년 한국교육행정학회 제104차 하계 학술대회 자료집.** (pp. 1-30). 서울: 한국교육행정학회.

박남기(2001). 교사교육 경제학적 관점에서 바라본 한국 교사교육 연구 방향. **한국교사교육, 18**(1), 171-189.

박남기 외(2017). **초등 학급경영의 이론과 실제.** 파주: 교육과학사

박덕규(1997). **교원인사제도 국제비교연구.** 서울: 한국교육개발원.

박상완(1998). 교사교육의 정체성 논의에 관한 소고. **교육학연구노트, 제5호,** 1-28. 서울대학교 사범대학.

박상완(1999). 교사교육 연구의 성격과 한계. **교육행정학연구, 17**(1), 177-206.

박상완(2000). 사범대학의 교사교육 패러다임 분석: 서울대학교 사례를 중심으로. **교육행정학연구, 18**(2), 275-298.

박상완(2001). 중등 교사교육에 영향을 미치는 외부 요인의 특성. **교육학연구, 39**(4), 183-206.

박상완(2007a). 교원양성 교육과정의 발전 방향과 과제. **한국교원교육연구, 24**(2), 143-173.

박상완(2007b). 교원정책의 평가와 과제. 한국교육개발원. **교육정책 쟁점과 과제** (pp. 263-304). OR 2007-07. 서울: 한국교육개발원.

박상완(2011). 프랑스의 교육행정체계 및 거버넌스 분석과 시사점. **교육정치학연구, 18**(4), 109-139.

박상완(2013). 한국에서 현직교사교육 연구 동향 및 성찰. 한국교원교육학회(편). **한국교원교육학회 제42차 학술대회 자료집** (pp. 93-130). 서울: 한국교원교육학회.

박상완(2015). 신자유주의 교육개혁에서 교직의 전문성. **교원교육, 31**(1), 227-245.

박상완(2016). 교사는 어떻게 준비되는가? 한국교육행정학회(편). **2016 한국교육행정학회 추계학술대회자료집** (pp. 62-90). 서울: 한국교육행정학회.

박상완(2016). 교원 양성·자격·재교육 지원체제 운영 현황. 김미숙, 윤종혁, 최수진, 구자억. **주요국의 교육정책 비교 연구** (pp. 205-265). 교육부 정책연구 CRM 2016-163. 서울: 한국교육개발원.

박상완(2017). 교사와 학부모 관계. 박남기 외. **초등 학급경영의 이론과 실제** (pp. 369-417). 파주: 교육과학사.

박상완(2017). 초등교육의 목적과 성격에 기초한 초등교원정책의 쟁점과 과제 탐색. **한국교**

원교육연구, 34(4), 149-182.

박상완(2019). 학교행정가 전문성의 개념과 개발 방안. **교육행정학연구, 37**(2), 65-91.

박상완(2021). 교사교육에서 이론과 실제의 연계를 위한 사례방법의 활용 가능성 탐색. **교육행정학연구, 39**(3), 243-267.

박상완, 윤미숙(2007). 학교장의 변혁적 지도성, 교사의 교직수행 및 수업간의 관계 구조 분석. **교육행정학연구, 25**(1), 93-117.

박상완, 박정우(2019). 주요국의 초등교원 양성 교육과정의 경향과 시사점. 한국초등교육학회(편). **2019 한국초등교육학회 연차학술대회 자료집** (pp. 55-94). 서울: 한국초등교육학회.

박상현 외(2018). **『서울교원패널』 구축을 위한 실행 방안 연구.** 서울특별시교육청 교육연구정보원.

박선형(2005). 교원전문성 개발을 위한 인지과학적 연구: 쟁점, 이론적 기제 및 개발 실천과제. **교육행정학연구, 23**(2), 91-116.

박소영, 박상완, 이고운(2017). **『서울교원패널』 기초 설계 및 설문 문항 개발 연구.** 서교연 2017-122. 서울특별시교육청 교육연구정보원.

박수정(2003). 한국 사범대학 제도의 형성. **한국교원교육연구, 20**(1), 135-157.

박수정, 박상완, 박용한, 이길재, 이인회(2015). **교원양성체제 개편방안 연구.** 대전: 충남대학교.

박알뜨리, 이정인, 이신혜(2018). 교사가 인식하는 연구자로서의 교사와 연구경험에 대한 사례연구. **교사교육연구, 57**(1), 129-143.

박연호 외(2003). **교사교육 교양과목 프로그램 개발: 교대 교양과정의 제 문제와 개선 방안.** 교사교육 프로그램 개발 과제 2003-6. 서울: 교육인적자원부.

박영숙(1995). 미국의 교사양성정책. **교육개발, 96**, 107-111.

박영숙, 박균열, 전광희, 김갑성, 전제상(2015). **교직환경 변화에 따른 교원 정책의 진단과 과제 -교원의 역량 개발을 중심으로.** 연구보고 RR 2015-03. 서울: 한국교육개발원.

박영숙 외(2017). **교직환경 변화에 따른 교원 정책 혁신 과제(Ⅰ): 교원 양성 및 채용 정책의 혁신 과제.** 연구보고 RR 2017-06. 진천: 한국교육개발원.

박용호, 조대연, 배현경, 이해정(2012). 중등교사의 직무역량 요구분석. **한국교원교육연구, 29**(2), 299-320.

박용헌(1994). **사범대학 교육과정의 표준모형 연구.** 서울대학교 사범대학.

박우성(2002). 역량중심의 인적자원관리 혁신 방안에 대한 연구. **기업경영연구, 8**(1), 115-137.

박의수, 강승규, 정영수, 강선보(2003). **교육의 역사와 철학.** 서울: 동문사.

박정주(2011). 교사공동체가 교사몰입에 미치는 영향: 교사효능감 매개효과를 중심으로. **한국교원교육연구, 28**(2), 191-211.

박지애, 소경희(2015). 국내 교사연구 동향에 대한 고찰. **교사교육연구, 54**(3), 471-482.
박진형, 이병희(2000). 반성적 교수를 위한 교사교육 프로그램 연구. 진동섭, 정수현, 김병찬, 박상완, 박소영(2005). 교원교육론. 미발간자료집.
백순근(2007). 교원양성기관 평가인정제의 성공적 시행을 위한 정책적 방향. **교육평가연구, 20**(2), 25-49.
블로터(2016.3.15.). IT 기업가가 세운 학교...구경해보셨나요? http://www.bloter.net/archives/252065, 2021. 2. 27. 검색.
서강식, 김은정, 정광순, 주현준(2016). **초등교원 양성대학교 교육과정 개선방안 연구**. 교육부 2016 정책연구. 세종: 교육부.
서경혜(2005). 반성적 교사교육의 허(虛)와 실(實). **한국교원교육연구, 22**(3), 307-332.
서경혜(2006). 교사의 학습과 교육과정. **교육과정연구, 24**(2), 257-276.
서경혜(2008). 학교 밖 교사학습공동체에 대한 사례연구. **한국교원교육연구, 25**(2), 53-80.
서경혜(2009). 교사 전문성 개발을 위한 대안적 접근으로서 교사학습공동체의 가능성과 한계. **한국교원교육연구, 26**(2), 243-276.
서경혜(2011). 온라인 교사공동체의 협력적 전문성 개발: 인디스쿨 사례연구. **한국교원교육연구, 28**(1), 133-161.
서경혜(2013). 교사 학습에 대한 공동체적 접근. **교육과학연구, 44**(3), 161-191.
서경혜 외(2006). 교원교육기준기반 교육실습 프로그램 개발 연구. **한국교원교육연구, 23**(3), 275-303.
서재복 외(2011). **교사교육론**. 서울: 태영출판사.
소경희(2007). 학교교육의 맥락에서 본 '역량(competency)'의 의미와 교육과정적 함의. **교육과정연구, 25**(3), 1-21.
소경희(2009). 교사학습(teacher learning) 이해를 위한 이론적 기초 탐색. **교육과정연구, 27**(3), 107-126.
소경희, 최유리(2018). 학교 중심 교육 개혁 맥락에서 교사의 실천 이해: '교사 행위주체성' 개념을 중심으로. **교육과정연구, 36**(1), 91-112.
손준종(2010). 교사 전문성 담론의 성격 분석: 이명박 정부 교원정책을 중심으로. **교육정치학연구, 17**(4), 91-119.
손준종(2011). 초등학교 교사의 감정노동 연구. **한국교육학연구, 17**(3), 93-127.
송경오(2014). 미국의 교사교육 연구동향 분석: Journal of Teacher Education 발표 논문을 중심으로. **한국교원교육연구, 31**(4), 227-250.
송소원, 장석진, 이정화, 조민아(2010). 직무스트레스와 교사 효능감이 초등교사의 심리적 소진에 미치는 영향: 적응 유연성의 매개효과를 중심으로. **교원교육, 26**(4), 17-37.
신지혜(2015). 실행공동체를 활용한 교사 전문성 개발 연구 동향 분석: 음악교사 전문성 개발 연구의 시사점을 중심으로. **음악교육연구, 44**(3), 69-89.

신현석(1995). Teacher education research in the 1980s: A systematic analysis of research themes. **교육학연구, 33**(3), 325-342.

신현석(2010). **한국의 교원정책.** 서울: 학지사.

신현석, 가신현(1997). 교사의 학교조직 헌신도에 영향을 미치는 선행요인의 탐색적 연구. **교육연구, 5**(1), 89-112.

신현석 외(2020). **한국 교원양성교육의 현황과 미래**. 서울: 박영스토리.

안홍선(2016). 해방 이후 교사양성제도: 폐쇄형 체제에서 개방형 체제로의 변화. 한국사상연구회(편). **2016 한국교육사상연구회 학술논문집** (pp. 55-82). 서울: 한국사상연구회.

안홍선(2017). 일제강점기 사범학교제도의 식민지적 성격(1910-1945). **교육사학연구, 27**(1), 103-133.

양성관(2006). 미국의 교사양성과정. **비교교육연구, 16**(2), 77-103.

양은주(2003). 연구자로서의 교사 개념과 대안적 교실 실천. **한국교사교육, 20**(2), 203-221.

양은주(2009). 초등교사 양성 교육과정의 변천: 광주교대 사례를 중심으로. **교육과정연구, 27**(1), 83-110.

엄준용(2019). 학교장의 분산적 지도성이 교사효능감, 교사의 수업전문성, 교사의 직무만족에 미치는 영향 분석. **교육문제연구, 32**(1), 71-97.

오승현(2014). 학습공동체 참여를 통한 체육교사의 변화 경험과 요인 탐색. **한국스포츠교육학회지, 21**(3), 67-88.

오영재(2001). 교단일기를 통해 본 중등교사들의 삶과 문화. **교육학연구, 39**(4), 207-230.

오욱환(2005). **교사 전문성: 교육전문가로서의 교사에 대한 논의.** 서울: 교육과학사.

오진석(역)(2011). **속설에 대하여** (b판고전 03). 서울: 도서출판b.

오헌석, 김정아(2007). 전문성 연구의 주요 쟁점과 전망. **기업교육연구, 9**(1), 143-168.

오형문(2007). 영국과 뉴질랜드의 초·중등 교사양성 비교연구. **교육연구논총, 28**(2), 35-56.

오희정(2017). 문제 중심 학습(Problem-Based Learning)을 활용한 예비 영어교사 프로그램 운영 사례 연구. **교과교육학연구, 21**(2), 100-109.

우용제, 안홍선(2006). 근대적 교원양성제도의 변천과 사범대학의 설립. **아시아교육연구, 7**(4), 187-215.

유길한(2010). 우리나라 정부 시기별 교육개혁 정책에 대한 교사의 정책실천 효과성에 관한 구조분석. **교육행정학연구, 28**(4), 109-137.

유영만, 이상아(2014). HRD 담당자의 실천적 성찰에 기반한 기술적 전문성 규명에 관한 연구. **학습과학연구, 8**(3), 180-197.

유준석, 엄준용(2020). 교사헌신 영향 요인에 대한 구조적 분석. **한국교육학연구, 26**(2), 169-204.

유한구, 김양현, 송광용(1994). 교육대학 교육프로그램의 평가. **서울교육대학교 논문집, 27**, 195-318.

유현숙(1981). 공·사립 교사집단의 학교조직에 대한 헌신도. 석사학위논문. 고려대학교.
유현숙 외(2002). **국가 수준의 생애 능력 표준 설정 및 학습체제 질 관리 방안 연구(1).** 연구보고 RR 2002-19. 서울: 한국교육개발원.
유홍준, 정태인, 김월화(2010). 한국 교원의 사회·경제적 지위에 대한 교육관련 주체들의 인식: 현황, 변화 및 결정요인. **한국교육, 37**(1), 83-111.
윤기옥(1992). 교사교육에서의 기초지식. **인천교육대학교 논문집, 26**(2), 713-752.
윤정, 강에스더, 조영하(2016). 학교 안 전문적 학습공동체 운영과정에 대한 초등학교 교사들의 경험 분석: 미래초등학교 사례를 중심으로. **교육행정학연구, 34**(4), 155-185.
윤정일(1995). 교원교육체제 개선에 관한 연구. **사대논총, 51**, 1-33.
이가희, 양은주(2016). 교사를 위한 교육철학적 반성의 의미와 실제. **교육철학연구, 38**(1), 103-132.
이경진, 최진영, 장신호(2009). 초등교사의 핵심역량 수준 및 교직경력별 핵심역량 수준 차이 분석. **한국교원교육연구, 26**(3), 219-240.
이광우, 전제철, 허경철, 홍원표, 김문숙(2009). **미래 한국인의 핵심역량 증진을 위한 초·중등학교 교육과정 설계 방안 연구: 총괄 보고서.** 연구보고 RRC 2009-10-1. 서울: 한국교육과정평가원.
이광현, 이차영(2006). 중등 교사의 양성체제의 차이가 교직선택 동기와 교수방식에 영향을 미치는가. **교육행정학연구, 24**(3), 119-140.
이근호, 이광우, 박지만, 박민정(2013). **핵심역량 중심의 교육과정 재구조화 방안 연구**. 서울: 교육부·한국교육과정평가원.
이돈희(1999). **교육정의론**. 서울: 교육과학사.
이동배(2012). 교사 공동체가 교사의 수업지도성에 미치는 영향. **학습자중심교과교육연구, 12**(3), 389-410.
이동배, 고장완, 김용련(2014). 교장지도성이 교사공동체와 교사효능감을 매개로 교사수업활동에 미치는 영향. **교육행정학연구, 32**(1), 245-270.
이동성(2011). 한 교사 연구자의 변환적인 역할과 관점에 대한 자문화기술지. **교육인류학연구, 14**(2), 61-90.
이동엽 외(2018). **교원 및 교직환경 국제비교 연구: 3주기 OECD TALIS 본조사 지원 사업(Ⅲ).** 기술보고 TR2018-98. 진천: 한국교육개발원.
이동엽, 함은혜, 함승환(2019a). 한국에서 교사의 효능감은 왜 낮은가? 학교자율성 제도화의 중요성. **교육행정학연구, 37**(1), 63-81.
이동엽 외(2019b). **교원 및 교직환경 국제 비교 연구: TALIS 2018 결과를 중심으로(Ⅰ).** 연구보고 RR2019-22. 진천: 한국교육개발원.
이병승(2011). 피터스의 교사교육의 철학. **교육철학, 45**, 161-190.
이부하, 정경욱(2015). 우리나라 중등교원 양성체제 개편에 관한 정책적 고찰. **법과 정책연**

구, 15(2), 611-629.

이상은 외(2018). **OECD 교육 2030 참여 연구: 역량의 교육 정책적 적용 과제 탐색.** 연구보고 RR 2018-08. 진천: 한국교육개발원.

이성회(2017). 교사 행위자성(Teacher Agency) 개념모델이 교사학습공동체 논의에 주는 도전과 함의. **한국성인교육학회, 20**(2), 1-27.

이수광 외(2015). **4·16 교육체제 비전과 전략 연구**. 기본연구 2015-05. 경기도교육연구원.

이승배, 김택천, 박윤혁(2010). 초등교사의 체육교과 학습공동체 형성. **한국스포츠교육학회지, 17**(2), 101-125.

이승종, 윤두섭(2005). 지방정부의 역량에 관한 개념화 연구. **한국지방자치학회보, 17**(3), 5-24.

이승호 외(2015). 교사학습공동체의 속성에 관한 질적 메타 분석. **교육학연구, 53**(4), 77-101.

이승호 외(2016). 학교 안 교사학습공동체가 학업성취에 미치는 영향 : 혁신학교를 중심으로. **교육학연구, 54**(2), 85-113.

이윤식, 김장래(2019). 위계적 선형모형을 활용한 초등학교 교사학습공동체에 영향을 미치는 요인의 효과 분석. **한국교원교육연구, 36**(1), 274-303.

이윤식, 이상미(2009). 학교장의 수업지도성과 감성지도성이 교사효능감과 교사헌신에 미치는 영향. **교육행정학연구, 27**(2), 1-24.

이은설, 신윤정(2019). 사회인지진로이론의 관점에서 본 중고등학교 교사의 직업만족과 삶의 만족. **교사교육연구, 58**(4), 683-698.

이은주(2018). 교사 연구와 교사 연구자의 실제에 대한 교사 연구자의 인식. **교육인류학연구, 21**(3), 1-46.

이재덕, 허은정(2008). 위계적 선형모형을 활용한 교사의 직무만족도 영향요인 분석. **한국교원교육연구, 25**(3), 51-71.

이정은(2019). 문제중심학습(PBL) 적용 교직실무 수업의 효과: 보건교사 양성 과정을 중심으로. **학습자중심교과교육연구, 19**(17), 401-422.

이종일(2003). 반성적 실행을 통한 사회과 교사자질 개선. **사회과교육, 42**(2), 5-27.

이종재(1995). 종합대학에서의 사범대학의 위상과 교육과정의 구조. **중등교육연구, 제7집,** 2-36.

이차영(2014). 교과교육 분야 교원양성기관 평가의 실태와 과제. **교과교육학연구, 18**(4), 917-940.

이차영, 박찬주, 김영철(2003). **한국 교원정책의 종합적 진단과 전망.** 현안보고 OR 2003-6. 서울: 한국교육개발원.

이창덕, 고전, 김수연, 추병완, 한승희(2005). **초등교사 자격 및 교육과정 최소기준 개발 연구.** 교사교육 프로그램개발 연구과제 2005-23. 서울: 교육인적자원부.

이철배(1992). 교사교육의 유형에 관한 분석적 연구. 석사학위논문. 고려대학교.

이혁규(2002). 현장연구지원제도의 현황과 개선방향. **교육인류학연구, 5**(2), 115-155.

이혜영, 류방란, 윤여각(2001). **중등학교 교사의 생활과 문화.** 서울: 한국교육개발원.

이홍민, 김종인(2003). **핵심역량·핵심인재: 인적 자원 핵심역량 모델의 개발과 역량 평가.** 서울: 한국능률협회.

이홍우(1980). **교원교육과 교직과정: 대학 교육과정과 교직 교육과정.** 서울대학교 사범대학 교육연구소.

이홍우(1992). **교육과정탐구.** 서울: 박영사.

이홍우(2007). 역자 해설. 이홍우(번역·주석). **민주주의와 교육** (개정·증보판) (pp. 7-29). 서울: 교육과학사.

이효휘, 박창언(2019). 텍스트 마이닝과 언어네트워크 분석을 활용한 국외 '교사교육자' 연구 동향 분석. **예술인문사회융합멀티미디어논문지, 9**(8), 241-254.

임승렬(2000). 교사교육에서 포트폴리오 개발과 활용. **한국교사교육, 17**(1), 315-335.

임연기(2013). 한국 교사양성과정에서 교직과목 교육에 대한 성찰과 미래 방향 탐색. **한국교원교육연구, 30**(4), 189-213.

임유나, 홍후조(2018). 교사 핵심역량에 대한 초·중등교사의 인식과 요구 비교 분석. **교육학연구, 56**(2), 1-31.

임종헌, 유경훈, 김병찬(2017). 4차 산업혁명사회에서 교육의 방향과 교원의 역량에 관한 탐색적 연구. **한국교육, 44**(2), 5-32.

임지윤, 도승이(2014). 교사의 정서노동이 직무스트레스, 소진 및 교사효능감에 미치는 영향. **한국교원교육연구, 31**(1), 197-220.

임현수(2009). 중학교 교사의 경력, 학력, 성별에 따른 직무만족도의 분석. **아시아교육연구, 10**(1), 99-122.

장래찬(2009). 내·외적 보상 요인과 교사의 교직 만족 및 몰입과의 관계: 광주, 전남 초·중등 교사를 중심으로. **한국교원교육연구, 26**(3), 19-38.

장상호(1999). **학문과 교육.** 서울: 서울대학교 출판부.

장환영, 백평구(2016). 전문성 연구의 비판적 검토와 미래 연구 과제 탐색. **기업교육연구, 18**(2), 1-26.

정광희, 김병찬, 박상완(2008). 헌신적인 교사의 특성 탐색 연구. **한국교육, 35**(2), 63-94.

정광희, 박상완, 김병찬(2009). 교사헌신의 영향 요인에 대한 탐색적 연구. **한국교육, 36**(1), 95-123.

정미경, 김갑성, 류성창, 김병찬, 박상완(2010). **교원양성 교육과정 개선 방안 연구.** 연구보고 RR 2010-11. 서울: 한국교육개발원.

정미경, 외(2017). **교육개혁 전망과 과제(Ⅱ) - 초·중등교육 영역.** 연구보고 RR 2017-01. 진천: 한국교육개발원.

정미재, 정제영(2012). 교육실습이 예비교사의 역량 변화에 미치는 영향 분석. **한국교원교육연구, 29**(4), 63-83.

정민수, 이동성(2014). 스마트교육 선도 교사들의 교수경험에 대한 질적 사례연구. **교육종합연구, 12**(3), 85-104.

정바울(2016). 전문적 학습 공동체의 지속성에 대한 질적 사례 연구. **교육정치학연구, 23**(2), 127-151.

정송, 송주연, 노언경, 박상현, 김효진(2018). **『서울교원패널』 문항개발 및 타당화**. 서울특별시교육청교육연구정보원.

정송(2020). 「서울교원종단연구 2020」 의의와 추진방향. **이슈페이퍼 2020 봄호 (238호)**. 서울시교육청.

정수현, 박상완(2005). 학교운영위원회 운영 실태 및 성과 분석. **교육행정학연구, 23**(2), 303-328.

정우현(1993). **교사론.** 서울: 배영사.

정윤경(2013). 한국 교사교육 철학(관점) 연구동향 성찰과 전망. 한국교원교육학회(편). **한국교원교육학회 제42차 학술대회 자료집** (pp. 175-200). 서울: 한국교원교육학회.

정은해(2000). **교육사 연구방법론.** 서울: 원미사.

정일화(2016). 지능정보사회의 대학원 수준 교원양성. 한국교원교육학회(편). **한국교원교육학회 제70차 연차학술대회 자료집** (pp. 283-294). 서울: 한국교원교육학회.

정일화, 천세영(2017). 교육전문대학원 교원양성체제의 탐색. **한국교원교육연구, 34**(1), 149-173.

정일환, 김용우, 조준래(1991). **교사교육 평가인정제도 도입 방안 연구.** 연구보고 RR 91-11. 서울: 한국교육개발원.

정진곤(2001). 현행 교원양성의 질적 관리 체제의 문제점과 정책대안. **한국교원교육연구, 18**(3), 89-111.

정진곤, 황규호, 조동섭(2004). **교원양성체제 개편 종합방안 연구.** 서울: 교육인적자원부.

정회욱(2006). 인구사회학적요인, 학교조직요인 및 교사의 사회심리학적 요인이 직무만족도에 미치는 영향. **교육과학연구, 37**(2), 75-96.

조경원(2004). 중등교원 양성교육과 비판적 검토. **교육과학연구, 35**(1), 1-19.

조대연, 가신현, 유주영, 김종윤(2015). 교사의 직무만족에 대한 영향 요인 탐색: 서울시 중등교사를 중심으로. **한국교육, 42**(1), 51-80.

조덕주(2009). 반성적 실천 기반 교사교육 프로그램 사례 연구. **비교교육연구, 19**(1), 131-165.

조동섭(2002). 초등교원양성체제의 발전 방향. 한국교원교육학회(편). **한국교원교육학회 제36차 춘계학술대회 자료집** (pp. 61-78). 서울: 한국교원교육학회.

조선일보(2021.4.19.). 부산대·부산교대 통합 업무협약 체결. https://www.chosun.com/national/national_general/2021/04/19/7VNG3OO66BEOROXBJ7QKQTJJJQ/, 검색: 2021. 4. 30. 검색.

조석훈(1998). 수요자 중심 교육체제의 입장에서 '교육의 전문성'에 대한 재해석. **교육행정학연구, 16**(3), 422-456.

조석훈(2016). 교육행정학 연구에서 전문성의 의미 구조: 줄기세포? **교육행정학연구, 34**(2), 45-74.

조석훈, 김병찬, 나민주, 양성관(2007). **교원자격 및 양성에 관련 법령 제정방안 연구**. 서울: 교육인적자원부.

조연순, 황규호, 박은혜, 전숙자, 조경원, 박종윤(1997). **전문성 제고를 위한 교원양성 교육과정 개선방안 연구.** 서울: 이화여자대학교 사범대학 교육과학연구소.

조재식(1995). 반성적 교수 모형 개발. **대구교육대학교 초등교육연구논총, 7,** 107-123.

조재식(2002). 연구자로서의 교사 개념에 대한 이론적 고찰. **교육인류학연구, 5**(2), 193-225.

조재현(2013). 현행법 하에서의 교육감사체계와 교원의 법적지위. **한국부패학회보, 18**(3), 177-196.

조정수(2001). 수학교사의 신념과 교실 규범 연구를 위한 Ethnography. **수학교육논문집, 12,** 349-361.

주영주 외(2005a). **이화교원교육기준 개발연구.** 서울: 이화여자대학교 교원교육분야특성화사업단.

주영주 외(2005b). **교원양성체제 개편 후속조치 정책연구. 서울:** 교육인적자원부.

주영주 외(2006). 이화교원교육기준 개발 연구. **한국교원교육연구, 23**(2), 153-187.

주영주, 조은아(2006). 교사 학습공동체 내 지식창출 활동의 성격 및 촉진요인에 대한 사례연구. **교과교육학연구, 10**(1), 37-54.

주영효, 정주영(2020). 중등교사의 교직만족도 영향 요인 및 구조적 관계 분석. **한국교육학연구, 26**(2), 309-333.

주영흠(2000). 생활지도의 원리와 기능. **학생생활연구, 4**, 71-89.

중앙일보(2016.3.23.). 인하대·홍대(세종) 교직과정 폐지..청주대 사대 정원 50% 감축. https://news.joins.com/article/19767130, 2021. 5. 11. 검색.

지정민(2014). 교사 전문성에 관한 역사적 고찰: 미국 미시간 대학교의 교사양성과정 변천 1879-1929. **한국교육사학, 36**(3), 183-201.

진동섭(1998). 교원교육: 개념. **교육학 대백과사전** (pp. 308-317). 서울: 도서출판 하우.

최길수(2005). 지방정부의 자치역량강화에 관한 연구. 한국지방자치학회(편). **한국지방자치학회 2004년도 동계학술대회 자료집** (pp. 411-445). 서울: 한국지방자치학회.

최상덕 외(2013). **미래 인재 양성을 위한 핵심역량 교육 및 혁신적 학습생태계 구축(I).** 연구보고 RR 2013-20. 서울: 한국교육개발원.

최상옥(2012). 정부의 질 연구: 효과성 제고를 위한 정부역량 개념의 탐색적 고찰. **정부학연**

구, 18(2), 77-97.

최수진 외(2017). **OECD 교육 2030 참여연구: 역량 개념틀 타당성 분석 및 역량 개발을 위한 교육체제 탐색.** 연구보고 RR 2017-18. 진천: 한국교육개발원.

최수진 외(2019). **OECD 교육 2030 참여 연구: 미래지향적 역량교육의 실행 전략 탐색**. 연구보고 RR 2019-06. 진천: 한국교육개발원.

최영출(2003). 지방분권화에 따른 지방정부의 역량 강화. **지방행정연구, 17**(2), 27-50.

최의창(1998). 학교교육의 개선, 교사연구자, 그리고 현장개선연구. **교육과정연구, 16**(2), 373-399.

최인희 외(2019). **교원종단 연구 설계 방안.** 연구보고 RR 2019-25. 진천: 한국교육개발원.

최정임, 장경원 (2011). **PBL로 수업하기**. 서울: 학지사.

최진영, 이경진, 장신호, 김경자(2009). 초등학교 교사의 핵심역량 탐색. **한국교육학연구, 15**(3), 103-130.

최한올(2013). 사회적 폐쇄의 관점에서 교직의 전문직으로서의 위상을 저해하는 요인에 대한 고찰. **교육종합연구, 11**(3), 95-117.

최호성(1995). 세계화와 교사혁신: "연구자로서의 교사" **교육이론과 실천, 5**, 91-107.

충남대학교(2013), 2012년 교원양성 선도 사범대학 결과보고서. 대전: 충남대학교

충남대학교 사범대학. https://edu.cnu.ac.kr/edu/intro/history.do., 2020. 1. 30. 검색.

캐나다 맥마스터대학 MD프로그램. https://mdprogram.mcmaster.ca/md-program/overview, 2021. 2. 1. 검색.

통계청. 인구로 보는 대한민국. https://kosis.kr/visual/populationKorea, 2021. 5. 20. 검색.

표시열(2000). 21세기 교사의 법적·사회적 지위. **한국교원교육연구, 17**(1), 119-145.

한겨레(2020.12.23.) 부산 교사 명예퇴직 신청자 5년 만에 2.3배 증가. http://www.hani.co.kr/arti/area/yeongnam/975619.html, 2021. 2. 18. 검색.

한국경제신문(2020.11.12.). AI와 인간이 같이 일하는 시대…'수포자'는 절대 되지 마라. https://www.hankyung.com/society/article/2020111242971, 2021. 2. 18. 검색.

한국경제신문(2012.5.15). 교직 만족도 하락, 직업 선호도 1위 교사가 왜? "학생들이…" https://www.hankyung.com/news/article/201205155968q, 2021. 2. 18. 검색.

한국교원교육학회 편(2018). **한국의 교직과 교사 탐구**. 서울: 학지사.

한국교원교육학회 편(2019). **한국 교사교육 - 성찰과 미래 방향 -**. 서울: 학지사.

한국교육개발원(2019). **교육통계분석자료집: 유초중등교육통계편.** 진천: 한국교육개발원.

한국교육개발원(2019). **2019~2020년 5주기 교원양성기관 역량진단 편람.** 진천: 한국교육개발원.

한국교육개발원 교원양성기관 역량진단 홈페이지. http://necte.kedi.re.kr/intro.do, 2021. 5. 11. 검색.

한국방송대학교 교육학과 홈페이지. https://learn.knou.ac.kr/, 2020. 1. 20. 검색.

한국일보(2016.11.24.). 사람은 각자 배우는 속도가 다르다-미국 칸랩스쿨. https://www.hankookilbo.com/News/Read/201611242053361628, 2021. 5. 28. 검색.

한기철(2019). 교사 교육 과목으로서의 교육철학: 수업의 목표와 방법. **교육철학연구, 41**(4), 399-422.

한상윤(2017). 신규교사 채용 정책의 현장 적합성 진단과 혁신 방향. **제104차 KEDI 교육정책포럼 자료집** (pp. 41-86). 진천: 한국교육개발원.

한양수, 김영화(2008). 초등교사의 교과교육 학습공동체 참여지속 계획에 영향을 미치는 요인 분석. **평생교육학연구, 14,** 133-154.

한용진(2006). 개화기 사범학교와 교원양성교육. **대학의 역사와 문화, 3**, 99-129.

한재영(2012). 사범대학 예비교사의 삶과 정체성 변화 연구. **교사교육연구, 51**(1), 75-89. 부산대학교 사범대학 과학교육연구소.

한희진, 양정호(2011). 교사공동체가 중학생의 수학 학업성취에 미치는 영향 분석. **한국교원교육연구, 28**(4), 117-140.

허병기(1994). 교직성격 고찰: 교직의 전문직성에 관한 반성적 논의. **교육학연구, 32**(1), 49-77.

허숙(2004). 초등교육 발전과 교대 박사과정 개설. 한국교육신문. http://www.hangyo.com/news/article.html?no=73537, 2021. 4. 25. 검색.

허종렬(2011). 특집-대학 구조조정- 교대 체제 이대로 좋은가. **대학교육, 174**, 24-31.

허주, 박영숙, 최수진, 최원석, 김갑성(2016). **교원 및 교직환경 국제비교 연구: 3주기 OECD TALIS 본조사 지원 사업.** 기술보고 TR2016-56. 서울: 한국교육개발원.

허주 외(2018). **교직환경 변화에 따른 교원 정책 혁신 과제(Ⅱ): 교사전문성 개발 지원 체제 구축 방안 연구.** 연구보고 RR 2018-13. 진천: 한국교육개발원.

허주, 최수진, 김이경, 김갑성, 김용련(2015). **교원 및 교직환경 국제비교 연구: TALIS 2주기 결과를 중심으로.** 연구보고 RR 2015-22. 서울: 한국교육개발원.

헌재 2004. 3. 25. 2001헌마882

홍선주, 남민우, 이영태, 이동원, 박수정(2017). **지능정보사회 교사 역할 및 역량 탐색.** 연구보고 RRI 2017-2. 서울: 한국교육과정평가원.

홍원표, 이근호(2011). 역량기반 교육과정의 현장적용 방안 연구: 캐나다 퀘백의 사례를 중심으로. **교육과정연구, 29**(1), 67-86.

홍창남(2005). 학교 특성과 교사 헌신의 구조적 관계. 박사학위논문. 서울대학교.

황규호(1999). 대학원 수준에서의 교원양성 방안. **교육과학연구, 30**, 33-49.

황규호, 김아영, 박남기, 박은혜, 한민주(1999). **교원양성·연수교육체제 개선방안.** 서울: 교육부 교원양성 · 연수체제 개선연구위원회.

황규호, 박소영, 윤건영, 이성균, 최의창(2014). **교원양성 교육과정 및 무시험검정기준 개정 연구.** 교육부 · 인천광역시교육청.

황수아, 최한올(2014). 심층면담을 통한 초등교사의 감정노동에 대한 인식 및 실태에 관한 연구. **교원교육, 30**(1), 59-91.

황영준(2005). 교원전문대학원 도입의 쟁점 및 발전적 대안 탐색. **한국교원교육연구, 22**(2), 139-157.

21세기 기술을 위한 파트너십 P21. https://www.battelleforkids.org/networks/p21, 2021. 4. 20. 검색.

KBS뉴스(2020.6.29). "학교 떠나고 싶어요."…교단 떠나는 명퇴 교사 증가. https://news.kbs.co.kr/news/view.do?ncd=4481655, 2021. 2. 18. 검색.

左藤學(2015). 學校を改革する : 學びの共同體の構想と實踐. 손우정 역(2018). **교사교육 개혁의 그랜드 디자인.** 서울: 에듀니티.

Allen, N. J., & Meyer, J. P. (1990). The measurement and antecedents of affective, continuance and normative commitment to the organization. *Journal of Occupational Psychology, 63*, 1-18.

Allen, N. J., & Meyer, J. P. (1991). A three-component conceptualization of organizational commitment. *Human Recourse Management Review, 1*(1), 61-89.

Anderson, D. P. (1992). Implementing the Holmes agenda: An institutional perspective. In Gideonse, H. D. (Eds.). *Teacher education policy: Narratives, stories, and cases* (pp. 181-198). Albany: State University of New York Press.

Anderson, G. L., & Herr, K. (1999). The new paradigm wars: Is there room for rigorous practitioner knowledge in schools and universities? *Educational Researcher, 28*(5), 12-21, 40.

Apple, M. W. (2006). *Educating the "right" way: Market, standards, god and inequality* (2nd ed.). New York: Routledge.

Ashton, P. (1984). Teacher efficacy: A motivational paradigm for effective teacher education. *Journal of Teacher Education, 35*(5), 28-32

Bache, I., & Flinders, M. (2004). Themes and issues in multi-level governance. In Bache, I. & Flinders, M. (Eds.). *Multi-level governance* (pp. 1-11). Oxford: Oxford University Press.

Ball, D. L., & McDiarmid, G. W. (1990). The subject-matter preparation of teachers. In Houston, W. R. et al. (Eds.). *Handbook of research on teacher education* (pp. 437-449). New York: MacMillan Publishing Company.

Bandura, A. (1997). *Self-Efficacy: The exercise of control.* New York: W. H. Freeman

Barr, R. D. (1992). Turmoil in teacher education in Oregon. In Gideonse, H. D. (Eds.).

Teacher education policy: Narratives, stories, and cases (pp. 111–131). Albany: State University of New York Press.

Barrows, H. S. (1994). *Practice–based learning: Problem–based learning applied to medical education*. Springfield, IL: Southern Illinois University School of Medicine.

Barrows, H. S., & Tamblyn, R. M. (1980). *Problem–based learning*. New York: Springer.

Ben–Peretz, M. (1995). Curriculum of teacher education programs. In Anderson, L. (Eds.). *International encyclopedia of teaching and teacher education* (2nd ed.) (pp. 543–547). NY: Pergamon.

Berry, B., & the Teacher Solutions 2030 Team (2011). *Teaching 2030: What we must to for our students and our public schools– now and in the future*. New York: Teacher College Press.

Borman, K. M. (1990). Foundations of education in teacher education. In Houston, W. R. et al. (Eds.). *Handbook of research on teacher education* (pp. 393–402). New York: MacMillan Publishing Company.

Borrowman, M. L. (1956). *The liberal and technical in teacher education*. New York: Teachers College Bureau of Publications.

CAEP homepage. http://caepnet.org, 2021. 5. 11. 검색.

Carlson, H. L. (1999). From practice to theory: A social constructivist approach to teacher education. *Teachers and Teaching: Theory and Practice, 5*(2), 203–218.

Carr, E. H. (1961). *What is history?* New York: Random House.

Carter, K. (1990). Teachers' knowledge and learning to teach. Houston, W. R. et al. (Eds.). *Handbook of research on teacher education* (pp. 291–310). New York: Macmillan.

Caena, F. (2011). *Literature review: Teachers' core competences: requirements and development*. Brussels: European Commission.

Clandinin, D. J., & Husu, J. (Eds.) (2017). *The Sage handbook of research on teacher education* (Vol. 2). London: SAGE Publications.

Clark, D. L. (1992). Leadership in policy development by teacher educators: Search for a more effective future. In Gideonse, H. D. (Eds.). *Teacher education policy: Narratives, stories, and cases* (pp. 269–295). Albany: State University of New York Press.

Clifford, G. J., & Guthrie, J. W. (1988). *Ed school: A brief for professional education*. Chicago: University of Chicago Press.

Cochran–Smith, M., & Demers, K. E. (2008). How do we know what we know? Research and teacher education. In Cochran–Smith, M., Feiman–Nemser, S., McIntyre, D. J., & Demers, K. E. (Eds). *Handbook of research on teacher education* (3rd ed.) (pp. 1009–1016). New York: Routledge.

Cochran-Smith, M., Feiman-Nembser, S., Mcintyre, D. J., & Demers, K. E. (Eds.) (2008). *Handbook of research on teacher education: Enduring questions in changing contexts* (3rd ed.). N.Y.: Routledge, Taylor & Francis.

Cochran-Smith, M., & Fries, K. (2005). Researching teacher education in changing times: Politics and paradigms. In Cochran-Smith, M., & Zeichner, K. M. (Eds.). *Studying teacher education: The report of the AERA panel on research and teacher education* (pp. 69-109). NJ: LEA.

Cochran-Smith, M., & Fries, K. (2008). Research on teacher education: Changing times, changing paradigms. In Cochran-Smith, M., Feiman-Nemser, S., McIntyre, D. J., & Demers, K. E. (Eds.). *Handbook of research on teacher education* (3rd ed.) (pp. 1050-1093). New York: Routledge.

Cochran-Smith, M., & Lytle, S. L. (1999). Relationships of knowledge and practice: Teacher learning in communities. In Iran-Nejad, A., & Pearson, P. D. (Eds.). *Review of research in education* (pp. 249-306). Washington, DC: American Educational Research Association.

Cochran-Smith, M., & Lytle, S. (1999). The teacher research movement: A decade later. *Educational Researcher, 28*(7), 15-26.

Cochran-Smith, M., & Lytle, S. (2009). *Inquiry as a stance: Practitioner research in the next generation*. New York: Teachers College Press.

Cochran-Smith, M., & Zeichner, K. (Eds.) (2005). *Studying teacher education: The report of the AERA panel on research and teacher*. NJ: LEA, AERA.

Cochran-Smith, M., & Zeichner, K. M. (2005). Executive summary. In Cochran-Smith, M., & Zeichner, K. M. (Eds.). *Studying teacher education: The report of the AERA panel on research and teacher education* (pp. 1-36). NJ: LEA, AERA.

Cohen, D. K. (1995). What is the system in systemic reform. *Educational Researcher, 24*(9), 11-17, 31.

Conant, J. (1963). *The education of american teachers*. New York: McGraw-Hill.

Coolahan, J., Santiago, P., Phair, R., & Ninomiya, A. (2004). *Attracting, developing and retaining effective teachers*. Korea: OECD.

Cooper, J. M., & Tate, P. M. (1992). Restructuring teacher education in the old dominion. In Gideonse, H. D. (Eds.). *Teacher education policy: Narratives, stories, and cases* (pp. 133-155). Albany: State University of New York Press.

Cornu, B. (2015). Teacher education in France: Universitisation and professionalisation - from IUFMs to ESPEs. *Education Inquiry, 6*(3), 289-307.

Corrigan, D. C. & Haberman, M. (1990). The context of teacher education. In Houston, W.

R. et al. (Eds.). *Handbook of research on teacher education* (pp. 195-211). NY: Macmillan Publishing Company.

Craft, A. (2004). *Continuing professional development: A practical guide for teachers and schools* (2nd ed.). London: Routledge.

Cruickshank, D. R. (1987). *Reflective teaching: The preparation of students of teaching*. Virginia: Association of Teaching Educators. ED283792.

Cruickshank, D. R., & Applegate, J. H. (1981). Reflective teaching as a strategy for teacher growth. *Educational Leadership, April*, 553-554.

Darling-Hammond, L. (1994). *Professional development schools: Schools for developing a profession*. New York: Teachers College Press.

Darling-Hammond, L. (2000). How teacher education matters. *Journal of Teacher Education, 51*(3), 166-173.

Darling-Hammond, L. (2009). *Teacher education and the American future*. Charles W. Hunt Lecture. Presented at the annual meeting of the American Association of Colleges for Teacher Education, Chicago.

Darling-Hammond, L., & Bransford, J. (2005). *Preparing teachers for a changing world: What teachers should learn and be able to do*. San Francisco, CA: Jossey-Bass.

Darling-Hammond, L., & Bransford, J. (2005). *Preparing teachers for a changing world : What teachers should learn and be able to do*. San Francisco, CA: Jossey-Bass. 강현석 외(2009). **최신 교사교육론**. 서울: 학이당.

Darling-Hammond, L., & Richardson, N. (2009). Teacher learning: What matters?. *Educational Leadership, 66*(5), 46-53.

Dede, C. (1990). Futures research and strategic planning in teacher education. In Houston, W. R. et al. (Eds.). *Handbook of research on teacher education* (pp. 83-97). New York: Macmillan.

Delors, J. (1996). *Learning the treasure within*. Paris: UNESCO

Dewey, J. (1904). The relation of theory to practice in the education of teachers. In McMurry, C. A. (Ed.). *The third yearbook of the national society for the scientific study of education* (pp.9-30). Tennessee: Nabu Press.

Dewey, J. (1916). *Democracy and education : An introduction to the philosophy of education*. New York: Macmillan. 이홍우 번역·주석(2007). **민주주의와 교육** (개정·증보판). 서울: 교육과학사.

Dewey, J. (1933). *How we think*. New York: Minton Balch Company.

De Simone, C. (2014). Problem-based learning in teacher education: Trajectories of change. *International Journal of Humanities and Social Science, 4*(12), 17-29.

Doyle, W. (1990). Case methods in the education of teachers. *Teacher Education Quarterly, 17*(1), 7-15.

Doyle, W. (1990). Themes in teacher education research. In Houston, W. R., Haberman, M., & Sikula, J. (1990). *Handbook of research on teacher education: A project of the Association of Teacher Educators* (pp. 3-24). NY: Macmillan Publishing Company.

Ducharme, E. R., & Ducharme, M. K. (1996). Needed research in teacher education. In Sikula, J. P. et al. (Eds.). *Handbook of research on teacher education* (2nd ed.) (pp. 1030-1046). New York: Macmillan.

DuFour, R., & Eaker, R. (1998). *Professional learning communities at work: Best practices for enhancing student learning.* Bloomington, IN: Solution tree.

Duffy, T. M., & Cunningham, D. J. (1996). Constructivism: Implications for the design and delivery of instruction. In D. H. Jonassen (Ed.). *Handbook of research for educational communications and technology* (pp.170-198). NY: Macmillan Library Reference.

Eckstein, H. (1975). Case study and theory in political science. In Greenstein, F. I., & Polsby, N. W. (Eds.). *The handbook of political science* (Vol. 7) (pp. 94-137). Reading, MA: Addison-Wesley.

Elsbree, W. S. (1939). *The American teacher.* New York: American Book Co.

European Commission (2013). Supporting teacher competence development: For better learning outcomes. https://ec.europa.eu/assets/eac/education/experts-groups/2011-2013/teacher/teachercomp_en.pdf, 2021. 4. 25. 검색.

European Commission (2018). Proposal for a council recommendation on key competences for lifelong learning. https://eur-lex.europa.eu/resource.html?uri=cellar:395443f6-fb6d-11e7-b8f5-01aa75ed71a1.0001.02/DOC_1&format=PDF, 2021. 4. 25. 검색.

Eurydice (2016). United Kingdom(England). Initial education for teachers working in early childhood and school education. Retrieved from https://webgate.ec.europa.eu/fpfis/mwikis/eurydice/index.php/United-Kingdom-England:Initial_Education_for_Teachers_Working_in_Early_Childhood_and_School_Education.

Feiman-Nemser, S. (1990). Teacher preparation: Structural and conceptual alternatives. In Houston, W. R. et al. (Eds.). *Handbook of research on teacher education* (pp. 212-233). New York: Macmillan Publishing Company.

Fenstermacher, G. D. (1994). The knower and the known: The nature of knowledge in research on teaching. *Review of Research in Education, 20,* 3-56.

Filipenko, M., Naslund, Jo-Anne, & Siegel, L. S. (2016). Discovering, uncovering and creating meanings: Problem-based learning in teacher education. In Filipenko, M., & Naslund, J-A. (Eds.). *Problem-based learning in teacher education* (pp. 1-10). Springer.

Firestone, W. A. (1990). The commitments of teachers: Implications for policy, administration, and research. *Advances in Research and Theories of School Management and Educational Policy, 1*, 151–183. JAI Press Inc.

Firestone, W. A., & Rosenblum, S. (1988). Building commitment in urban high schools. *Educational Evaluation and Policy Analysis, 10*(4), 285–299.

Flexner, A. (1910). Medical education in the United States and Canada: A report to the carnegie foundation for the advancement of teaching. Carnegie Foundation for the Advancement of Teaching. http://www.scielosp.org/pdf/bwho/v80n7/a12v80n7.pdf

Floden, R. E. (2008). Improving methods for research on teacher education. In Cochran–Smith, M., Feiman–Nemser, S., McIntyre, D. J., & Demers, K. E. (Eds.). *Handbook of research on teacher education : Enduring questions in changing contexts* (3rd ed.) (pp. 1183–1188). NY: Routledge.

Foster, D. (2019). Initial teacher training in England. *Briefing Paper*, No. 6710. House of Commons Library.

Fullan, M. (2007). The new meaning of educational change. New York: Teachers College Press. 이찬승, 은수진 역(2016). **학교개혁은 왜 실패하는가.** 서울: 21세기 교육연구소.

Gage, N. L. (Ed.) (1963). *Handbook of research on teaching*. Chicago: Rand McNally.

Gibson, S., & Dembo, M. (1984). Teacher efficacy: A construct validation. *Journal of Educational Psychology, 76*(4), 569–582.

Gideonse, H. D. (Eds.) (1992). *Teacher education policy: Narratives, stories, and cases.* Albany: State University of New York Press.

Gimmestad, M. J., & Hall, G. E. (1995). Structure of teacher education program. In Anderson, L. (Eds.). *International encyclopedia of teaching and teacher education* (2nd ed.) (pp. 548–552). NY: Pergamon.

Gitomer, D. H., & Bell, C. A. (eds.) (2016). *Handbook of research on teaching* (Fifth ed). District of Columbia: American Educational Research Association.

Greenwood, G. E., & Parkay, F. W. (1989). *Case studies for teacher education.* New York: Teachers College Press.

Griffin, G. A. (1986). Issues in student teaching: A review. In Katz, L., & Raths, J. (Eds.). *Advances in teacher education* (Vol. 2) (pp. 239–273). Norwood. NJ: Ablex.

Griffin, G. A. (1992). Teacher characteristics. In M. C. Alkin. (Eds.). *Encyclopedia of educational research* (6th ed.) (Vol. 4) (pp. 1333–1345). New York: Macmillan Publishing Company.

Grossman, P., Hammerness, K., & McDonald, M. (2009) Redefining teaching, re-imagining teacher education. *Teachers and Teaching, 15*(2), 273–289.

Grow-Maienza, J. (1996). Philosophical and structural perspectives on teacher education. In Murray, F. B. (Eds.). *The teacher educator's handbook: Building a knowledge base for the preparation of teachers* (pp. 506-525). San Francisco: Jossey-Bass Publishers.

Hansen, D. T. (2008a). Introduction: Why educate teachers? In Cochran-Smith, M., Feiman-Nemser, S., McIntyre, D. J., & Demers, K. E. (Eds.). *Handbook of research on teacher education : Enduring questions in changing contexts* (3rd ed.) (pp. 5-9). NY: Routledge.

Hansen, D. T. (2008b). Values and purpose in teacher education. In Cochran-Smith, M., Feiman-Nemser, S., McIntyre, D. J., & Demers, K. E. (Eds.). *Handbook of research on teacher education : Enduring questions in changing contexts* (3rd ed.) (pp. 10-26). NY: Routledge.

Hargreaves, A. (1994). *Changing teachers, changing times: Teacher's work and culture in the postmodern age.* New York: Teachers College Press.

Hargreaves, A. (2000). Four ages of professionalism and professional learning. *Teachers and Teaching: History and Practice, 6*(2), 151-182.

Hargreaves, A. (2003). *Teaching in the knowledge society: Education in the age of insecurity.* New York: Teachers College Press.

Hargreaves, A., & Fullan, M. (2012). *Professional capital: Transforming teaching in every school.* NY: Teachers College Press.

Heck, S. F., & Williams, R. C. (1984). *The complex roles of the teacher : An ecological perspective.* New York: Teachers College Press. 황기우 역(2002). **21세기 교사의 역할: 생태학적인 관점.** 서울: 원미사.

Hewitt, J., Pedretti, E., Bencze, L., Vaillancourt, B. D., & Yoon, S. (2003). New applications for multimedia cases: Promoting reflective practice in pre-service teacher education. *Journal of Technology and Teacher Education, 11*(4), 483-500.

Hipp, K. A. (1996). *Teacher efficacy: Influence of principal leadership behavior.* Paper presented at the Annual Meeting of the American Educational Research Association. New York, April 8-12.

Hoban, G. F. (2005). *The missing links in teacher education design: Developing a multi-linked conceptual framework.* Dordrecht: Springer.

Holmes Group (1986). *Tomorrow's teachers.* East Lansing, MI: Holmes Group.

Hord, M. (1997). *Professional learning communities: Communities of continuous inquiry and improvement.* Austin, TX: Southwest Educational Development Laboratory.

Houston, W. R., Haberman, M., & Sikula, J. (1990). *Handbook of research on teacher education : A project of the association of teacher educators.* NY: Macmillan Publishing

Company.

Hoy, W. K., & Miskel, C. G. (1996). *Educational administration: Theory, research, and practice*. McGraw-Hill Education.

Imig, D. G., & Switzer, T. J. (1996). Changing teacher education programs: restructuring collegiate-based teacher education. In Sikula, J., Buttery, T. J., & Guyton E. (Eds.). *Handbook of research on teacher education* (2nd ed.) (pp. 213-226). New York: Macmillan.

Ingersoll, R. M. (2003). *Who controls teachers' work? : Power and accountability in America's schools*. Harvard University Press.

Ishler, R. E. (1992). Teacher education policy: The Texas experience. In Gideonse, H. D. (Eds.). *Teacher education policy: Narratives, stories, and cases* (pp. 1-26). Albany: State University of New York Press.

Katz, L. G., & Rath, J. D. (1985). A framework for research on teacher education programs. *Journal of Teacher Education, 36*(6), 5-15.

Kennedy, A. (2005). Models of continuing professional development: A framework for analysis. *Journal of In-service Education, 31*(2), 235-250.

Kennedy, M. (2019). How we learn about teacher learning. *Review of Research in Education, 43*, 138-162. 10.3102/0091732X19838970.

Kessels, J. P. A. M., & Korthagen, F. A. (1996). The relationship between theory and practice: Back to the classics. *Educational Researcher, 25*(3), 17-22.

Korthagen, F. A. J. (2001). *Linking practice and theory : The pedagogy of realistic teacher education*. Mahwah, N.J. : L. Erlbaum Associates. 조덕주 외 역(2007). **반성적 교사교육: 이론과 실제.** 서울: 학지사.

Korthagen, F. A. J. (2010a). How teacher education can make a difference, *Journal of Education for Teaching, 36*(4), 407-423, DOI: 10.1080/02607476.2010.513854

Korthagen, F. A. J. (2010b). The relationship between theory and practice in teacher education. In Peterson, P., Baker, E., & McGaw, B. (Eds.). *International Encyclopedia of Education* (Vol. 7) (pp. 669-675). Oxford: Elsevier.

Labaree, D. F. (1996). The trouble with ed schools. *Educational Foundations, 10*(3), 27-45.

Labaree, D. F. (2004). *The trouble with Ed schools*. New Haven: Yale University Press. 유성상, 김민조, 정바울, 이정민 역(2020). **교사교육의 딜레마.** 서울: 박영story.

Lanier, J. E., & Little, J. W. (1986). Research on teacher education. In Wittrock, M. (Eds.). *Handbook of research on teaching* (3rd ed.) (pp. 527-569). New York: Macmillan Publishing Company.

Lee, O., & Yarger, S. J. (1996). Modes of inquiry in research on teacher education. In Sikula,

J. P. et al. (Eds.). *Handbook of research on teacher education* (2nd ed.) (pp. 14–37). New York: Macmillan.

Lee, R. M. K. W., & Kwan C–Y. (1997). The use of problem–based learning in medical education. *Journal of Med Education, 1*(2), 149–157.

Levi–Strauss, C. (1967). *Structural anthropology.* Garden City, N.Y.: Doubleday.

Lewin, K. (1946). Action research and minority problems. *Journal of Social Issues, 2*, 34–46.

Liston, D. P., & Zeichner, K. M. (1991). Traditions of reform in the U. S. teacher education. In Liston, D. P., & Zeichner, K. M. (Eds.). *Teacher education and the social conditions of schooling* (pp. 3–20). NY: Routledge, Chapman and Hall, Inc.

Lieberman, M. (1956). *Education as profession.* NJ: Prentice–Hall.

Lortie, D. C. (1975). *Schoolteacher : A sociological study.* Chicago: University of Chicago Press. 진동섭, 정수현, 박상완, 김병찬 역·저(2017). **미국과 한국의 교직 사회: 교직과 교사의 삶.** 서울: 양서원.

Loughran, J. J., Hamilton, M. L., La Boskey, V. K., & Russell, T. (2004). *International handbook of self–study of teaching and teacher education practices.* Dordrecht: Kluwer.

Marks, G., & Hooghe, L. (2004). Contrasting visions of multi–level governance (pp. 15–30). In Bache, I., & Flinders, M. (Eds.). *Multi–level governance.* Oxford: Oxford University Press.

McClelland, D. C. (1973). Testing for competence rather than intelligence. *American Psychologist, 28*(1), 1–14.

McLaughlin, M. W., & Talbert, J. E. (2001). *Professional communities and the work of high school teaching.* Chicago: University of Chicago Press.

McLaughlin, M. W., & Talbert, J. E. (2006). *Building school–based teacher learning communities: Professional strategies to improve student achievement.* New York: Teachers College Press.

McIntyre, D., & Hagger, H. (1992). Professional development through the Oxford Internship model. *British Journal of Education Studies, 40*, 264–283.

McPhee, A. D. (2002). Problem–based learning in initial teacher education: Taking the agenda forward. *Journal of Educational Enquiry, 3*(1), 60–78.

Merriam, S. B. (1998). *Qualitative research and case study applications in education.* San Francisco, CA: Jossey–Bass.

Merseth, K. K. (1991). The early history of case–based instruction: Insights for teacher education today. *Journal of Teacher Education, 42*(4), 243–249.

Mons, N. (2006). Décentralisation : Y a–t–il une exception française? : Les enseignements des comparaisons internationales. *La revue de l'inspection générale, septembre 2006, no. 3*, 108-115.

Murphy, J. (2000). Governing America's schools: The shifting playing field. *Teachers College Record, 102*(1), 57-84.

Neufeld, V. R., & Barrows, H. S. (1974). The 'McMaster philosophy': An approach to medical education. *Journal of Medical Education, 49*, 1040-1050.

OECD (2005). *The definition and selection of key competencies: Executive summary*. Paris: OECD.

OECD (2011). *Preparing teachers and developing school leaders for 21st century - Lessons from around the world* (Background Report for the International Summit on the Teaching Profession). Paris: OECD.

OECD (2018). *The future of education and skills: Education 2030*. Paris: OECD. https://www.oecd.org/education/2030/E2030%20Position%20Paper%20(05.04.2018).pdf, 2020. 6. 20. 검색.

Ortega y Gasset (1944). *Mission of the university* (Trans. H. L. Nostrand). NJ: Princeton University Press.

Park, Insim(2003). The effects of teacher empowerment on teacher commitment. **교육행정학연구, 21**(3), 179-203.

Plowright, D., & Watkins, M. (2004). There are no problems to be solved, only inquiries to be made, in social work education, *Innovations in Education and Teaching International, 41*(2), 185-206.

Podeschi, R. (1987). Purpose, pluralism, and public teacher education. *Journal of Thought, 22*(2), 8-13

Popkewitz, T. B., & Brennan, M. (1994). Certification to credentialing: Reconstituting control mechanisms in teacher education. In Borman, K., & Greenman, N. (Eds.). *Changing American education* (pp. 33-70). Albany: State University of New York Press.

Powell, A. (1976). University schools of education in the twentieth century. *Peaboday Journal of Education, 54*(1), 3-20.

Priestly, M., Biesta, G., & Robinson, S.(2015). *Teacher agency: An ecological apporach*. London: Bloomsbury.

Pring, R. (2000). *Philosophy of educational research*. New York: Continuum. 곽덕주, 김회용, 유재봉, 홍은숙 역(2015). **교육연구의 철학.** 서울: 학지사.

Ranke, L. (2009). *History of the reformation in Germany (*Austin, S., Trans.). UK: Longman. (Original work published 1845/1966)

Reyes, P., Wagstaff, L. H., & Fusarelli, L. D. (1999). Delta forces: The changing fabric of

American society and education. In Murphy, J., & Louis, K. S. (Eds.). *Handbook of research on educational administration: A project of the American educational re-search association* (2nd ed.) (pp. 183-201). San Francisco: Jossey-Bass Publishers.

Robinson, W. (2006). Teacher training in England and Wales: Past, present and future perspectives. *Education Research and Perspectives, 33*(2), 19-36.

Schneider, B. (1987). Tracing the provenance of teacher education. In Popkewitz, T. (Ed.). *Critical studies in teacher education* (pp. 211-241). New York: The Falmer Press.

Schwartz, H. (1996). The changing nature of teacher education. In Sikula, J. P. et al. (Eds.). *Handbook of research on teacher education* (2nd ed.) (pp. 3-13). NY: Macmillan.

Schön, D. A. (1983). *The reflective practitioner: How professional think in action*. NY: Basic Books.

Schön, D. A. (1983). *The reflective practitioner: How professionals think in action*. New York: Basic Books. 배을규 역(2018). **전문가의 조건: 기술적 숙련가에서 성찰적 실천가로.** 서울: 박영story.

Schön, D. A. (1987). *Educating the reflective practitioner*. San Francisco: Jossey-Bass.

Schön, D. A. (1988). Coaching reflective teaching. In P. P. Grimmett & G. L. Erickson (Eds.). *Reflection in teacher education* (pp. 19-29). New York: Teachers College, Columbia University.

Scriber, J. P., Hager, D. R., & Warne, T. R. (2002). The paradox of professional community: Tales from two high schools. *Educational Administration Quarterly, 38*(1), 45-76.

Shulman, L. S. (1986). Those who understand: Knowledge growth in teaching. *Educational Researcher, 15*(2), 4-14.

Shulman, L. S. (1987). Knowledge and teaching: Foundations of the new reform. *Harvard Educational Review, 57*(1), 1-22.

Shulman, L. S. (1992). Toward a pedagogy of cases. In Shulman, J. H. (Ed.). *Case methods in teacher education* (pp.1-30). New York: Teachers College Press.

Shulman, L. S. (1998). Theory, practice, and the education of professionals. *Elementary School Journal, 98*(5), 511-526.

Shulman, L. S., & Shulman, J. H. (2004) How and what teachers learn: A shifting perspective. *Journal of Curriculum Studies, 36*(2), 257-271.

Sikula, J. P., Buttery, T. J., & Guyton, E. (Eds.) (1996). *Handbook of research on teacher education: A project of the association of teacher educators* (2nd ed.). New York: Macmillan.

Sirotnik, K. A. (1990). On the eroding foundations of teacher education. *Phi Delta Kappan, 71*(9), 710-716.

Snoek, M. (2019). The purpose of teacher education in Europe: Reflections on the 'quality' of teachers, teacher education and teacher educators. Keynote Abstract. TEPE (Teacher Education Policy in Europe) 2019. http://tepe2019.pl/wp-content/uploads/2018/12/Snoek-Abstract_TEPE_2019.pdf, 2021. 5. 3. 검색.

Sockett, H. (2008). The moral and epistemic purposes of teacher education. In Cochran-Smith, M., Feiman-Nemser, S., McIntyre, D. J., & Demers, K. E. (Eds.). *Handbook of research on teacher education: Enduring questions in changing contexts* (3rd ed.) (pp. 45-65). NY: Routledge.

Sparrow, P. R. (1996). Competency based pay too good to be true. *People Management (DEC 5), 2*(24), 22-27.

Spencer, L. M., & Spencer, S. M. (1993). *Comtetence at work.* NY: John Wiley & Sons.

Stake, R. E. (1995). *The art of case study research.* Thousand Oaks, CA: Sage.

Stenhouse, L. (1975). *An introduction to curriculum research and development.* London: Heinemann Educational Books.

Sternberg, R., & Horvath, J. (1999). *Tacit knowledge in professional practice.* London: Lawrence Erlbaum.

Stoll, L., Bolam, R., McMahon, A., Wallace, M., & Thomas, S. (2006). Professional learning communities: A review of the literature. *Journal of Educational Change, 7*(4), 221-258.

Strike, K. A., & Soltis, J. F. (1985). *The ethics of teaching.* New York: Teachers College Press.

Sykes, G. (1999). The "new professionalism" in education: An appraisal. In Murphy, J., & Louis K. S. (Eds.). *Handbook of research on educational administration* (2nd ed.) (pp. 227-249). Sang Francisco: Jossey-Bass.

Sykes, G., & Bird, T. (1992). Teacher education and the case idea. *Review of Research in Education, 18*, 457-521.

Thaller, E. A. (1994). *Bibliography for the case method: Using case studies in teacher education.* Reference Materials - Bibliographies. ED 367 610.

The Learning and Redesign Lab (2014). The new school in 2030: How can we make learning and working attractive? Possible futures for education in Flanders - Report of a joint exploration. https://onderwijs.vlaanderen.be/sites/default/files/atoms/files/Results%20of%20the%20learn%20and%20design%20lab.pdf, 2021. 5. 3. 검색.

The National Commission on Excellence in Education (1983). *A nation at risk: The imperative for educational reform.* Washington, D. C.: U. S. Department of Education.

The National Commission on Teaching and America's Future(1996). *What matters most: Teaching for America's future.* New York: NCTAF.

The Teaching Council(2017). Initial Teacher Education: Criteria and Guidelines for Programme Providers. http://www.teachingcouncil.ie/en/Publications/Teacher-Education/Initial-Teacher-Education-Criteria-and-Guidelines-for-Programme-Providers.pdf, 2021. 4. 25. 검색.

Tisher, R. P. (1990). One and a half decades of research on teacher education in Australia. In Tisher, R. P., & Wideen, M. F. (Eds.). *Research in teacher education: International perspectives* (pp. 67-87). London: Falmer Press.

Tom, A., & Valli, L. (1990). Professional knowledge for teachers. In Houston, W. R., Haberman, M., & Sikula, J. (1990). *Handbook of research on teacher education: A project of the association of teacher educators* (pp. 373-392). New York: Macmillan.

Veenman, S. (1984). Perceived problems of beginning teachers. *Review of Educational Research, 54*(2), 143-178.

Vygotsky, L. S. (1978). *Mind in society: The development of higher psychological processes.* Cambridge, MA: Harvard University Press.

Wenger, E., McDermott, R., & Snyder, W. M. (2002). *Cultivating communities of practice.* Boston, MA: Havard business school press.

World Bank(2005). *Expanding opportunities and building competencies for young people : A new agenda for secondary education.* Washington, D.C.: World Bank. 한국교육개발원 국제협력팀 역(2006). **세계화와 중등교육의 새로운 아젠다.** 서울: 한국교육개발원.

Yager, S. J., & Smith, P. L. (1990). Issues in research on teacher education. In W. Houston (Ed.). *Handbook of research on teacher education* (pp. 25-41). NY: Macmillan Publishing Company.

Yazan, B. (2015). Three approaches to case study methods in education: Yin, Merriam, and Stake. *The Qualitative Report, 20*(2), 134-152.

Yin, R. K. (2002). *Case study research: Design and methods.* Thousand Oaks, CA: Sage.

Yin, R. K. (2009). *Case study research: Design and methods* (4th ed.). Los Angeles, CA: Sage.

Zeichner, K. M. (1983). Alternative paradigms of teacher education. *Journal of Teacher Education, 34*(3), 3-9.

Zeichner, K. M. (1986). Preparing reflective teachers: An overview of instructional strategies which have been employed in pre-service teacher education. *International Journal of Educational Research, 11*(5), 567-575.

Zeichner, K. M. (1987). Preparing reflective teachers: An overview of instructional strategies in pre-service teacher education. *International Journal of Educational Research, 11*(5), 565-575.

Zeichner, K. M. (1999). The new scholarship in teacher education. *Educational Researcher,*

28(9), 4–15.

Zeichner, K. M. (2007). Accumulating knowledge across self–studies in teacher education. *Journal of Teacher Education, 58*(1), 36-46.

Zeichner, K. M. (2010). Rethinking the connections between campus courses and field experiences in college– and university–based teacher education. *Journal of Teacher Education, 61*, 89–99.

Zeichner, K. M., & Conklin, H. G. (2005). Teacher education programs. In Cochran–Smith, M. & Zeichner, K. M. (Eds.). *Studying teacher education: The report of the AERA panel on research and teacher education* (pp. 645–735). NJ: LEA.

Zeichner, K. M., & Gore, J. M. (1990). Teacher socialization. In Houston, W. R. et al. (Eds.). *Handbook of research on teacher education* (pp 329-348). New York: Macmillan.

Zeichner, K. M., & Tabachnik, B. R. (1981). Are the effects of university teacher education washed out by school experiences?. *Journal of Teacher Education 32*(3), 7-11.

Zembylas, M. (2003). Interrogating "teacher identity": Emotion, resistance, and self–formation. *Educational Theory, 53*(1), 107–127.

저자약력

박상완

현 부산교육대학교 교수, 한국연구재단 인문사회연구본부 전문위원
전 부산교육대학교 기획처장, 교무부처장, 한국교육개발원 부연구위원

주요 저서 및 논문:
(저서) 『지방분권과 교육』, 『학교장론』, 『한국의 지방교육자치』, 『미국과 한국의 교직 사회-교직과 교사의 삶』 외 다수
(논문) 신뢰의 개념 구조 및 교육행정 연구에의 적용, 학교행정가 전문성의 개념과 개발 방안, 신자유주의 교육개혁에서 교직의 전문성 외 다수

교사와 교사교육

초판발행 2021년 10월 18일

지은이 박상완
펴낸이 노 현

편 집 김다혜
기획/마케팅 정성혁
표지디자인 Benstory
제 작 고철민·조영환

펴낸곳 ㈜ 피와이메이트
서울특별시 금천구 가산디지털2로 53, 한라시그마밸리 210호(가산동)
등록 2014. 2. 12. 제2018-000080호
전 화 02)733-6771
f a x 02)736-4818
e-mail pys@pybook.co.kr
homepage www.pybook.co.kr
ISBN 979-11-6519-181-8 93370

정 가 28,000원